KB194231

서경강설

서경강설

이기동 역해

성균관대학교
출 판 부

새로운 판을 내면서

사서삼경강설을 집필하면서 『서경강설』을 맨 마지막에 내놓았다. 그것은 그만큼 난해한데다가 대중적 관심도 적으리라 생각했기 때문이었다. 그래서 처음에는 전공하시는 분들만 찾아 읽으리라 생각하고 원문에 한글 독음을 달지 않았다. 그러나 사실은 그렇지 않았다.

『서경강설』을 찾는 독자는 의외로 많았다. 쇄를 거듭할수록 인터넷에 독자들의 의견이 올라오기도 했다. 그 의견들은 대체로 다음의 두 가지로 요약되는 것이었다. 하나는 한글 독음이 달려 있으면 좋겠다는 것이고, 다른 하나는 해설이 더 자세하고 많았으면 좋겠다는 것이었다. 또한 해설이 자세해지면 책은 그만큼 두꺼워질 테지만, 어쩔 수 없는 것이라고 이해해주기도 했다. 사실 그랬다. 『서경강설』을 집필하면서 책이 너무 두꺼워질까봐 내내 염려했다. 그래서 많은 부분 해설을 간략하게 했다. 이 점은 독자들에게 양해를 바랄 수밖에 없다.

그 대신 이번에 한글 독음을 다시 달아 새 판을 내어놓는다. 『서경』에는 어려운 글자가 많고, 또 원래의 음과 다르게 쓰이는 글자가 많아서 독음을 달기를 잘했다는 생각이 든다. 독자 여러분들이 읽기에 조금이라도 더 쉬워졌으면 하는 마음 간절하다.

2010년 12월

오륜동 우거에서 이기동

머리말

참으로 많은 시간이 흘렀다. 사서삼경강설을 집필하기로 계획하고 『대학·중용강설』을 출판한 지가 벌써 10년이 훌쩍 넘었다. 그간 『논어강설』·『맹자강설』·『주역강설』·『시경강설』을 내놓았고 이제 마지막으로 『서경강설』을 마무리했다. 처음 계획한 것보다 너무 많은 시간이 소요되었다. 사서보다도 삼경에 더 많은 시간이 소비되었다. 『주역강설』을 집필할 때는 괘 하나를 이해하기 위해 며칠씩 생각에 잠기기도 했고, 『시경강설』을 집필할 때는 한밤중에 시의 세계에 빠지기도 했다. 『서경강설』을 집필할 때도 결코 쉽지가 않았다. 당나라의 대문호인 한유韓愈도 「진학해進學解」에서 "『서경』은 어려워 읽기 어렵다"고 말했을 정도다. 그러나 이 어려운 한문을 읽어가면서 한편으로는 도도한 역사의 흐름 속에서 배양되어온 정치의 큰 원리에 매료되기도 했다. 예정보다 늦어지긴 했으나 돌이켜보면 매우 보람 있고 귀중한 시간이었다. 이 점은 두고두고 추억거리가 되리라 생각한다.

필자가 과문한 탓인지는 모르나 유사 이래로 사서삼경의 해설집을 한 사람의 손으로 내놓은 것은 처음이라 생각된다. 이 점에 대해서는 뿌듯하게 생각되기도 한다.

『서경』의 편제와 순서는 기본적으로 채침蔡沈의 집주集註에 따랐으나 권을 나누지는 않았다. 본문의 단락은 채침의 집주와 일본 집영사集英社에서 간행한 이케다 스에토시池田末利의 『상서尙書』를 참고하면서, 문단의 양을 고려하여 적절히 나누었다. 그 외에 내용을 이해하는 데 있어서도 상기의 두 서적을 상당부분 참조했음을 밝힌다. 번거로움을 피하기 위해 참고한 내용을 일일이 밝히지는 않았다.

『서경』은 천하를 다스리는 크나큰 지혜를 담고 있는 책이다. 천하를 다스리는 근본 지혜는 고금이 다를 것이 없고 동서가 다를 것이 없을 것이다. 오늘을 사는 우리가 『서경』을 읽어야 하는 가장 큰 이유가 여기에 있다고 하겠다.

『서경강설』을 비롯한 사서삼경강설은 심혈을 기울인 책이다. 독자 여러분들에게 도움이 되었으면 하는 마음 간절하다. 그리고 부족한 부분에 대해서는 독자 여러분들의 질정을 기다린다.

2006년 가을

오륜동 우거에서 이기동 씀

차례

해설

1. 『서경』의 명칭

『서경』은 유교의 기본 경전인 오경의 하나로서, 상고의 요堯임금에서부터 주나라에 이르기까지 여러 제왕들의 정법상政法上의 발언과 행위를 기록한 책이다. 『서경』의 명칭은 선진先秦 때는 단지 『서書』라고만 일컬어졌으나, 한대漢代 때부터 『상서尙書』라고 일컬어졌다. '상서'라는 명칭이 처음 보이는 문헌은 『묵자墨子』「명귀하明鬼下」이다. 공안국孔安國은 '상서'의 명칭에 대해서, "상고의 서書를 상서라 한다"고 했고, 위서緯書 『선기검璇璣鈐』에서는 "상尙이란 상上이다"라고 했으며, 왕숙王肅은 "위에서 하신 말씀을 아래서 적은 것이므로 상서라고 한다"고 설명했다. 한편 정현鄭玄은 "공자가 서書를 편찬하였으므로 이를 높여 상서라고 한다"라고 했다. 이처럼 『상서』의 상尙이라는 글자에는 대체로 상고上古라는 의미와 존숭尊崇이라는 의미가 내포되어 있음을 알 수 있다.

『순자荀子』「권학勸學」에서 시詩 · 서書 · 예禮 · 악樂 · 춘추春秋를 '오

경五經'이라 하고, 「유효儒效」에서 "서書는 성인의 사업에 대해 말한 것이다"라고 한 것을 보면, 순자 이전에 이미 오경의 하나로서 『서경』이 있었고 『서경』이란 명칭도 있었던 것으로 짐작할 수 있다.

2. 『서경』을 읽어야 하는 이유

사람은 정치적 동물이다. 정치를 하는 방법은 복잡하고 세밀하다. 그러므로 복잡하고 세밀한 것에 몰두하다 보면 큰 틀을 잃어버리기 쉽다. 산을 관찰할 때 전체의 윤곽을 살피지 않고 산 속에 들어가 그 세밀한 부분을 살피다 보면 방향을 잃고 헤매기 쉽다. 언제나 산 전체의 윤곽이 파악이 되어 있지 않으면 안 된다. 정치라는 것의 큰 틀은 정치가 최초로 시작되었던 그 옛날에 정해진 것이다. 그러므로 정치의 큰 틀을 이해하기 위해서는 최초에 행해진 정치의 내용을 살피지 않으면 안 된다.

사람들이 가장 하기 싫어해야 하는 직업 중에서 으뜸을 말하면 구세주일 것이고, 두 번째는 임금일 것이며, 세 번째는 스승일 것이다. 구세주는 자신을 위한 삶은 없다. 오로지 사람들을 구제하기 위해 자신의 삶을 버린다. 십자가에 못 박혀 죽기도 하고 수레를 타고 천하를 끊임없이 돌아다니기도 한다. 그러한 희생 덕분에 후세 사람들에게 숭앙을 받기도 한다.

그러나 세상에는 구세주처럼 희생하지는 않으면서 구세주처럼 숭앙받고 싶은 사람들이 많다. 그런 사람들은 자신의 욕심을 채우고 싶은 사이비들이다. 임금 또한 이런 위험성을 내포하고 있다. 오로지 백성들을 위해 평생을 희생할 때에는 백성들은 임금을 부모처럼 따르며 잊지 못한다. 그런데 세상에는 백성들은 위하지도 않으면서 임금이 갖는 온갖 정치권력을 행사하며 백성들에게 존중받고 싶어하는 사람들이 많다. 그런 사람들 역시 사이비들이다. 스승도 이런 면에서 마찬가지다.

세상에는 정치권력을 탐하는 사람들이 참으로 많다. 그러나 그 들 대부분은 그 옛날의 성군聖君처럼 국민들을 위해 희생을 할 마음가짐이 되어 있지는 않은 것 같다. 그러면서도 정치권력을 갖고 싶어하고, 국민들에게 존경을 받고 싶어하니 가히 사이비라 할 만하다. 그러한 사람들이 정치권력을 잡게 되면 모두가 불행해지는 심각한 사태가 벌어진다. 따라서 정치인들은 사이비가 되지 말아야 하고, 또 국민들은 사이비들을 가려낼 수 있는 안목을 가져야 한다. 이를 위해서 읽어야 할 가장 중요한 책 중의 하나가 『서경』일 것이다. 『서경』은 옛 임금들의 마음 씀씀이를 기록해 놓은 책이고, 정치방식을 기록해 놓은 책이다. 정치의 근본 원리가 여기에 있다. 따라서 오늘날의 사람들이 정치의 큰 틀을 이해하기 위한 첩경은 『서경』을 읽는 것이라 생각된다. 『서경』을 읽어야 할 중요한 이유 중의 하나가 여기에 있다.

3. 『서경』의 성립

『국어國語』나 『춘추좌씨전春秋左氏傳』 등을 보면, 공자孔子 이전에 『서書』가 이미 하나의 책으로 묶어져 널리 유포되고 있었음을 알게 하는 문구가 보인다. 예를 들면, 『춘추좌씨전』 「소공昭公」 2년조에는 진晋의 한기韓起가 노魯에 사신으로 가서 노魯의 태사太史에게서 서書·역상易象·춘추春秋를 보고, "주나라의 예가 모두 노나라에 있다"고 감탄한 내용이 나온다.

『서경』의 여러 편들의 성립과정에 대해서는 이설이 분분하다. 본래의 서書는 「주서周書」 몇 편에 국한되고, 나머지 대부분은 그것을 토대로 하여 후세에 보충한 것이라는 설도 있다. 문헌학자들의 연구에 의하면, 현행본 58편 가운데 이른바 '오고五誥'라고 일컫는, 「대고大誥」·「강고康誥」·「주고酒誥」·「소고召誥」·「낙고洛誥」와 「금등金縢」·「자재梓材」·「다사多士」·「다방多方」 등이 『서경』 가운데 가장 일찍 성립된 것으로서, 모두 주나라 초기의 기록이라고 한다. 이것을 토대로 증보된 서書는 전국시대 말기에는 거의 100여 편이 있었는데, 진시황의 분서갱유로 인하여 거의 산실되었다고 한다. 이러한 문헌학자들의 판단은 이른바 오고 등의 문제가 가장 난해한 데서 유래하는데, 이러한 판단에는 문제가 없지 않다. 어떤 사실을 판단할 때는 형식과 내용을 가지고 동시에 판단하여야 하는데, 이러한 판단은 형식만 가지고 파악한 것이기 때문이다. 형식의 난이도로 성립시기를 판단함에는 문제가 있다. 후대에 기록된 것이 얼마든지 어려울 수도 있다. 문장을 쓰는 사람이 권위를 높이기 위해 일부러 어렵게 기록할 수도 있고, 또 그 기록을 전하는 과정에서 어려워질 수도 있기 때문이다. 문장의 내용을 보면, 「고요모皐陶謨」에는 사상적으로 노장철학과 유가철학이 분화되지 않은 것이 나오는데, 이러한 것은 노장철학과 유가철학이 분화된 후대의 사람들이 만들 수 없는 것이다. 이러한 점으로 보면 오고 등이 가장 먼저 성립되었다는 판단에는 문제가 있다.

한漢나라의 경학經學에는 금문今文으로 된 경학과 고문古文으로 된 경학의 두 가지가 있었다. 금문은 한나라 당시의 통용체인 예서隷書를 말하고, 고문은 선진시대에 씌어졌던 과두문자蝌蚪文字를 일컫는다. 고문은 분서갱유 이후로 거의 산실되었으나 한나라 때에 이르러 협서율挾書律이 해제되면서 옛 집의 벽 가운데서 발견되기도 하였다고 한다. 금문과 고문은 글자 자체의 차이뿐만 아니라 경문經文 자체에도 많은 차이가 있어서, 각 파의 입장에 따라 이설이 분분하였는데, 이것이 이른바 '금고문논쟁今古文論爭'이다. 금고문의 내용을 정리하면 다음과 같다.

금문상서(今文尙書)

한漢대에 최초로 『서』를 전한 사람은 진秦나라의 복생伏生이며, 그가 전한 『상서』를 『금문상서』라 한다. 『사기史記』에 의하면, 그는 제남 사람으로 본래 진秦의 박사였다. 문제文帝 때 상서에 달통한 사람을 구하고자 하여 복생을 초빙하려 하였으나, 그 때는 이미 90여 세로 거동할 수 없었다. 이에 조조鼂錯를 보내 전수를 받도록 하였다. 진의 분서갱유 때에 복생은 『서』를 벽 속에 감춘 뒤 전란을 피해 돌아다니다가 한漢나라의 통일로 안정되고 난 뒤에, 『서』를 찾아내었으나 수십 편을 잃고 29편만을 얻었다. 이것을 가지고 제齊・노魯 지방에서 제자들을 길렀는데, 제남濟南의 장생張生・천승千乘, 산동山東의 구양생歐陽生에게 가르쳤다. 그 후 장생은 박사가 되었다고 한다. 한편 복생이 책을 감추었던 것을 조조가 베껴 쓴 것이 아니라, 복생이 구술한 것을 받아 적은 것이라는 설도 있다. 후한의 고문학자 위굉衛宏은 "복생은 노년이어서 말도 제대로 할 수 없었고 말을 해도 의미를 알 수 없었으므로 그의 딸이 그 의미를 조조에게 설명해 주었다. 따라서 제齊의 방언이 조조의 영천穎川 방언과 달라서 조조가 이해하지 못한 것이 열 가운데 두세 개가 되어, 조조는 자신의 추측으로 문맥을 바로잡았다"라고 하였다. 금문상서가 유독 난해한 것은 이러한 연유 때문인 것 같기도 하다. 이에 비해 고문상서의 내용은 훨씬 해독하기가 쉽다. 문헌학자들이 고문상서를 후대의 위작으로 보는 주요한 이유 중의 하나는 이처럼 현격히 다른 문체 때문이다. 그런데 『금문상서』의 난해함이 복생의 방언 때문이었다고 한다면, 문체의 차이를 근거로 『고문상서』를 위작으로 보는 것은 잘못일 것이다.

고문상서(古文尙書)

전한 경제景帝 때 노공왕魯恭王이 궁실을 확장하기 위해 공자의 옛집을 헐다가 그 벽 가운데에서 『춘추』・『논어』・『효경』 등과 함께 『상서』를 얻었다고 하였는데, 그것이 이른바 『고문상서』이다. 모두 과두문자로 되어 있었으므로 '고문상서'라고 한다. 처음에 왕이 공자의 당에 이르니 금석사죽金石絲竹의 소리가 들리므로, 두려워서 집을 헐지 못하고 이 책들을 모두 공씨가孔氏家에게 돌려주었다는 일화가 전한다.

『한서漢書』「예문지藝文志」에 의하면, 공자의 자손인 공안국孔安國이 무제武帝 때 이 책을 취하여 복생의 29편과 비교해 본 결과 그보다 16편이 더 많아서 이것을 조정에 헌상하였으나 '무고誣告의 변'을 만나 학관學官에 세울 수가 없었다고 한다. 그러나 「예문지」의 기록에는 문제가 있다. 노공왕은 무제 원년인 기원전 128년에 죽었으므로, 공자의 옛집을 헐었다 하더라도 그것은 무제의 말년이 될 수 없는 일이다. 또 공자의 12대 자손인 공안국은 『사기』의 완성 이전에 죽었을 것이므로 그 완성 후 기원전 91년에 일어난 무고의 사건에 관련될 수 없다. 따라서 왕충王充은 "경제 때 공왕이 공자의 집에서 100편의 『상서』를 얻었는데, 후에 무제가 그것을 가져왔으나 해독할 수가 없어서 궁중에 보관하였다"(『논형論衡』「정설正說」)고 설명했다. 한편, 『사기』에도 공안국이 『고문상서』를 전한 사실을 분명히 했고, 공안국이 무제 때 박사가 되었던 사실이 있는 것으로 보아 당시의 『고문상서』의 존재는 의심할 여지가 없는 듯하다. 『고문상서』의 내용은 오늘날의 『상서』와 비교해 보면, 편명이 같은 것도 있으나 다른 것도 있다.

『고문상서』는 평제平帝 때 학관에 채택되었으나 얼마 지나지 않아서 폐지되었다. 후한 말에 고문을 전한 가규賈逵·마융馬融·정현鄭玄 등도 『서경』의 주석은 『금문상서』에만 달았다. 광무제光武帝 때에는 「무성武成」편이 없어지고, '영가永嘉의 난'에 이르러 나머지 15편도 없어졌다고 한다. 오늘날에 전해지는 『고문상서』는 동진東晉 때 매색梅賾이 전한 『상서』에 수록되어 있는 것인데, 『고문상서』의 각 편이 다 수록되어 있는 것은 아니고, 없어진 부분도 있다.

『한서』에 의하면, 공안국의 『고문상서』 이외에 다른 책도 있었다고 한다. 예컨대 경왕의 아들 하간헌왕河間獻王에게도 『고문상서』가 있었다고 하는데, 후에 전해진 기록은 없다. 이외에 위서緯書로, 『선기검』·『상서중후』 등도 출현하여 당시에 이미 여러 계통의 『상서』가 있었음을 짐작케 한다.

전한에서는 공안국孔安國의 『고문상서』를 신뢰한 학자가 적었으나, 후한에 이르러서는 『금문상서』의 학파를 압도하기도 했다. 특히 정현은 위굉·가규·마융 등의 고문학을 종합함과 동시에 고문을 위주로 하여 금문을 검토함으로써 경학의 체계를 구축하였다. 그런데 그의 『상서주尙書註』 아홉 권은 당나라 때까지만 전해지다가 사라지고, 부분적으로 다른 책에 인용된 것이 있을 뿐이다.

서서(書序)

공자의 옛집에서 고문경전이 나올 때 이른바 서서書序라고 하는 『서경소서書經小序』도 함께 나왔다고 한다. 이 『서경』의 서문은 각 편이 씌어지게 된 연유를 간략하게 설명한 것이다. 공영달孔穎達은 『시경詩經』의 소서小序처럼 각 편의 앞부분에 서문을 나누어 붙여 놓은 것이라 하여 이를 소서라 칭하였다. 서서는 공자가 지었다는 설이 유향劉向과 그의 아들 유흠劉歆에 의해 제기되고, 이 설을 따르는 학자들도 여럿 배출되었다. 그 뒤 송宋나라 때 주자朱子는 서서를 공자의 작이 아니고, 복생이 전한 『금문상서』에는 붙어 있지 않았다고 주장한 이래 많은 학자들이 서서를 공자의 작으로 보지 않게 되었다. 「탕정湯征」과 「태갑太甲」의 서문이 맹자孟子의 설을 따르고 있는 것을 보면, 아마도 서서는 전국시대 말기의 학자가 『상서』를 연구하면서 『상서』의 유래를 역사적 배경과 결부시키면서 만든 것으로 추정할 수 있다. 그런데 복생이 전한 금문에 서서가 붙어 있었는지에 대한 설은 학자에 따라 분분하다. 서서의 내용은 현존본 『서경』의 「고요모皐陶謨」·「익직益稷」·「주고酒誥」·「자재梓材」편에 해당하는 것만 없고 나머지 편에 해당하는 것은 모두 남아 있다. 현존본 『서경』 이외의 편에 해당하는 것은 물론 남아 있지 않다.

서서에 의하면, 『서경』은 100편으로 되어 있다고 기록되어 있고, 『한서』 「예문지」 등에도 공자가 편찬한 『서경』에는 100편이 있었다고 한다.

매요본상서(梅姚本尙書)

동진東晉 때 공안국이 전한 『상서』로 일컬어지는 이른바 『위고문상서僞古文尙書』가 출현했는데, 이것이 현존본 『상서』의 원형이다. 『수서隋書』 「경적지經籍志」에 의하면, "진晉나라 때에는 비부秘府에 『고문상서』의 경문이 있었는데 지금은 전하지 않는다. '영가永嘉의 난'에 이르러 구양歐陽과 대소 하후夏侯의 『상서』도 모두 없어졌다. 동진 때에 예장내사豫章內史 매색梅賾이 비로소 『공안국전상서』을 얻어 임금에게 바쳤다. 이때에는 「순전舜典」이 없었는데, 제齊의 건무建武 연간에 오흥吳興 사람 요방흥姚方興이 대항두大航頭에서 이것을 얻어 임금에게 바쳤다." 그런데 이 「순전」은 마융·정현이 주를 단 것보다 28자가 많았다. 그 28자는 '왈약계고제순曰若稽古帝舜 왈중화曰重華 협우제協于帝 준철문명濬哲文明 온공윤색溫恭允塞 현덕승문玄德升聞 내명이위乃命以位'이다. 그 후 『상서』가 국학에 채택되었다. 이 『상서』가 58편으로 되어 있는 현존본 『상서』와 동일한 것이다. 『상서』 58편은 복생의 29편을 33편으로 나누고, 그 외 25편을 추가한 것이다.

당대唐代에 이르러 태종太宗은 경서의 해석을 통일하기 위해 공영달孔穎達 등에게 명하여 『오경정의』를 편찬하게 하였다. 『오경정의』는 그 후 증보·수정되어 고종高宗 때 반포하여 과거科擧의 기준이 되었다. 이 가운데 『상서정의尙書正義』는 매색의 『공안국전상서』를 저본으로 하고 소疏를 덧붙인 것인데, 여기에는 수대隋代의 유현劉玄·유작劉焯의 설이 많이 반영되었다. 또한 『상서정의』와 마찬가지로 이보다 앞서 간행된 육덕명陸德明의 『경전석문經典釋文』도 매색의 『공안국전상서』를 진본 『고문상서』로 인정하게 되었다. 이로부터 복생의 『금문상서』는 물론 정현 등이 주석한 『상서』도 따로 전하지 않게 되었다.

그러나 송대에 이르러 오역吳棫·주희朱熹 등이 처음으로 매색의 『공안국전상서』를 위작이라 의심하였고, 원대의 오징吳澄은 『서찬언書

纂言』에서 추가된 25편을 따로 뒤에 편집하였으며, 명대의 매작梅鷟은 『상서고이尙書考異』에서 이것이 위작임을 논증했다. 그 후 청대에 이르러 염약거閻若璩의 『상서고문소증尙書古文疏證』과 혜동惠棟의 『고문상서고古文尙書考』 등에서 위작임을 확언했다. 한편 모기령毛奇齡 등의 학자는 『고문상서원사古文尙書寃詞』를 지어 이에 반박하기도 했으나, 대부분의 학자들은 『고문상서』에 해당하는 25편이 위작임을 의심하지 않는 분위기가 되었다. 일본의 이케다 스에토시池田末利도 『상서』를 역해하면서 25편에 해당하는 부분과 「순전舜典」에 첨가된 28자를 '위고문僞古文'이라 하여 뒤에 따로 붙였다.

그런데 매색이 전한 『공안국전상서』를 『위고문상서』로 명명하는 것은 문제가 있어 보인다. 이를 『위고문상서』로 명명하면 현존본 『상서』가 모두 가짜인 것 같은 착각을 일으키기 때문이다. 현존본 『상서』 가운데, 『고문상서』에 해당하는 부분만이 의심되는 것이기 때문에, 모두를 『위고문상서』라고 하기보다는 매색과 요방흥이 전한 『상서』이기 때문에 『매요본상서梅姚本尙書』 또는 『현존본상서』로 명명하는 것이 타당해 보인다. 이런 까닭으로 필자는 매색이 전하고 요방흥이 보완한 『상서』를 『매요본상서』로 명명하고자 한다.

그런데 『매요본상서』에서 위고문僞古文으로 인정되는 것은 복생伏生본 금문에 들어있지 않은 부분에 한정한다. 또한 위고문으로 인정되는 부분이 위고문으로 인식되는 가장 큰 이유는 문체文體의 차이이다. 복생의 금문이 지나치게 난해한 반면에 위고문은 그다지 난해하지 않다. 그런데 우리는 여기에서 두 가지 사실을 짚고 넘어가야 한다. 금문이 난해한 이유를 후한의 고문학자 위굉의 말대로 복생이 『상서』를 전할 때 이미 노년이어서 말도 제대로 할 수 없었고 또 방언이 심했기 때문으로 이해한다면, 금문今文과 난해도가 다르다고 해서 고문古文을 위작으로 간주하는 것에는 무리가 있다. 또 위작이라고 간주한 고문 가운데 나오는 일식이나 월식에 대한 기록이 오늘날 천체과학의 확인으로 사실임이 드러나고 있다는 사실을 가지고 본다면 위고문 논쟁은 새로운 국면을 맞이할 것이다.

아래에 『상서』 100편의 명칭과 서서書序가 있는 부분, 복생본 금문에 남아 있는 편명, 『고문상서』에 들어있는 편명, 매요본 『상서』에 들어있는 편명을 대조하면 다음의 표와 같다.

	상서백편	서서가 있는 편	복생본금문	공벽고문	정현본고문	매요본상서
1	堯典	○	○		○	○
2	舜典	○				○
3	汨作			○		
4	九共(一)			○		
5	九共(二)			○		
6	九共(三)			○		
7	九共(四)			○		
8	九共(五)			○		
9	九共(六)			○		
10	九共(七)			○		
11	九共(八)			○		
12	九共(九)			○		
13	槀飫					
14	大禹謨	○		○		○
15	皐陶謨		○		○	○
16	益稷			○		○ (고요모皐陶謨에서 분리)
17	禹貢	○	○		○	○
18	甘誓	○	○		○	○
19	五子之歌	○		○		○

<table>
<tr><th></th><th>상서백편</th><th>서서가 있는 편</th><th>복생본금문</th><th>공벽고문</th><th>정현본고문</th><th>매요본상서</th></tr>
<tr><td>20</td><td>胤征</td><td>○</td><td></td><td>○</td><td></td><td>○</td></tr>
<tr><td>21</td><td>帝告</td><td></td><td></td><td></td><td></td><td></td></tr>
<tr><td>22</td><td>釐沃</td><td></td><td></td><td></td><td></td><td></td></tr>
<tr><td>23</td><td>湯征</td><td></td><td></td><td></td><td></td><td></td></tr>
<tr><td>24</td><td>汝鳩</td><td></td><td></td><td></td><td></td><td></td></tr>
<tr><td>25</td><td>汝方</td><td></td><td></td><td></td><td></td><td></td></tr>
<tr><td>26</td><td>湯誓</td><td>○</td><td>○</td><td></td><td>○</td><td></td></tr>
<tr><td>27</td><td>夏社</td><td></td><td></td><td></td><td></td><td></td></tr>
<tr><td>28</td><td>疑至</td><td></td><td></td><td></td><td></td><td></td></tr>
<tr><td>29</td><td>臣扈</td><td></td><td></td><td></td><td></td><td></td></tr>
<tr><td>30</td><td>典寶</td><td></td><td></td><td>○</td><td></td><td></td></tr>
<tr><td>31</td><td>仲虺之誥</td><td>○</td><td></td><td></td><td></td><td>○</td></tr>
<tr><td>32</td><td>湯誥</td><td>○</td><td></td><td>○</td><td></td><td>○</td></tr>
<tr><td>33</td><td>明居</td><td></td><td></td><td></td><td></td><td></td></tr>
<tr><td>34</td><td>伊訓</td><td>○</td><td></td><td>○</td><td></td><td>○</td></tr>
<tr><td>35</td><td>肆命</td><td></td><td></td><td>○</td><td></td><td></td></tr>
<tr><td>36</td><td>徂后</td><td></td><td></td><td></td><td></td><td></td></tr>
<tr><td>37</td><td>太甲 上</td><td rowspan="3">○</td><td></td><td></td><td></td><td>○</td></tr>
<tr><td>38</td><td>太甲 中</td><td></td><td></td><td></td><td>○</td></tr>
<tr><td>39</td><td>太甲 下</td><td></td><td></td><td></td><td>○</td></tr>
<tr><td>40</td><td>咸有一德</td><td>○</td><td></td><td>○</td><td></td><td>○</td></tr>
<tr><td>41</td><td>沃丁</td><td></td><td></td><td></td><td></td><td></td></tr>
<tr><td>42</td><td>咸乂(一)</td><td></td><td></td><td></td><td></td><td></td></tr>
<tr><td>43</td><td>咸乂(二)</td><td></td><td></td><td></td><td></td><td></td></tr>
<tr><td>44</td><td>咸乂(三)</td><td></td><td></td><td></td><td></td><td></td></tr>
<tr><td>45</td><td>咸乂(四)</td><td></td><td></td><td></td><td></td><td></td></tr>
</table>

<table>
<tr><th></th><th>상서백편</th><th>서서가 있는 편</th><th>복생본금문</th><th>공벽고문</th><th>정현본고문</th><th>매요본상서</th></tr>
<tr><td>46</td><td>伊陟</td><td></td><td></td><td></td><td></td><td></td></tr>
<tr><td>47</td><td>原命</td><td></td><td></td><td>○</td><td></td><td></td></tr>
<tr><td>48</td><td>仲丁</td><td></td><td></td><td></td><td></td><td></td></tr>
<tr><td>49</td><td>河亶甲</td><td></td><td></td><td></td><td></td><td></td></tr>
<tr><td>50</td><td>祖乙</td><td></td><td></td><td></td><td></td><td></td></tr>
<tr><td>51</td><td>盤庚 上</td><td rowspan="3">○</td><td rowspan="3">○</td><td></td><td>○</td><td>○</td></tr>
<tr><td>52</td><td>盤庚 中</td><td></td><td>○</td><td>○</td></tr>
<tr><td>53</td><td>盤庚 下</td><td></td><td>○</td><td>○</td></tr>
<tr><td>54</td><td>說命 上</td><td rowspan="3">○</td><td></td><td></td><td></td><td>○</td></tr>
<tr><td>55</td><td>說命 中</td><td></td><td></td><td></td><td>○</td></tr>
<tr><td>56</td><td>說命 下</td><td></td><td></td><td></td><td>○</td></tr>
<tr><td>57</td><td>高宗肜日</td><td>○</td><td>○</td><td></td><td>○</td><td>○</td></tr>
<tr><td>58</td><td>高宗之訓</td><td></td><td></td><td></td><td></td><td></td></tr>
<tr><td>59</td><td>西伯戡黎</td><td>○</td><td>○</td><td></td><td>○</td><td>○</td></tr>
<tr><td>60</td><td>微子</td><td>○</td><td>○</td><td></td><td>○</td><td>○</td></tr>
<tr><td>61</td><td>泰誓(上)</td><td rowspan="3">○</td><td rowspan="3" colspan="2">구양대소하후본歐陽大小夏侯本에 상중하上中下가 합쳐져 한 편으로 들어 있음</td><td>○</td><td>○</td></tr>
<tr><td>62</td><td>泰誓(中)</td><td>○</td><td>○</td></tr>
<tr><td>63</td><td>泰誓(下)</td><td>○</td><td>○</td></tr>
<tr><td>64</td><td>牧誓</td><td>○</td><td>○</td><td></td><td>○</td><td>○</td></tr>
<tr><td>65</td><td>武成</td><td>○</td><td></td><td>○</td><td></td><td>○</td></tr>
<tr><td>66</td><td>洪範</td><td>○</td><td>○</td><td></td><td>○</td><td>○</td></tr>
<tr><td>67</td><td>分器</td><td></td><td></td><td></td><td></td><td></td></tr>
<tr><td>68</td><td>旅獒</td><td>○</td><td></td><td>○</td><td></td><td>○</td></tr>
<tr><td>69</td><td>旅巢命</td><td></td><td></td><td></td><td></td><td></td></tr>
<tr><td>70</td><td>金縢</td><td>○</td><td>○</td><td></td><td>○</td><td>○</td></tr>
<tr><td>71</td><td>大誥</td><td>○</td><td>○</td><td></td><td>○</td><td>○</td></tr>
</table>

	상서백편	서서가 있는 편	복생본금문	공벽고문	정현본고문	매요본상서
72	微子之命	○				○
73	歸禾					
74	嘉禾					
75	康誥		○		○	○
76	酒誥	○	○		○	○
77	梓材		○		○	○
78	召誥	○	○		○	○
79	洛誥	○	○		○	○
80	多士	○	○		○	○
81	無逸	○	○		○	○
82	君奭	○	○		○	○
83	蔡仲之命	○				○
84	成王政					
85	將薄姑					
86	多方	○	○		○	○
87	立政	○	○		○	○
88	周官	○				○
89	賄肅愼之命					
90	亳姑					
91	君陳	○				○
92	顧命	○	○ 구양대소하후본歐陽大小夏侯本에 합쳐져 한 편임		○	○
93	康王之誥	○	○		○	○
94	畢命	○				○
95	君牙	○				○
96	冏命	○		○		○
97	呂刑	○	○		○	○

	상서백편	서서가 있는 편	복생본금문	공벽고문	정현본고문	매요본상서
98	文侯之命	○	○		○	○
99	費誓	○	○ (여형呂刑 앞에 위치)		○ (여형呂刑 앞에 위치)	○
100	秦誓	○	○		○	○

※ 위의 표는 이케다 스에토시의 『상서尙書』를 참조해서 작성한 것임.

4. 『서경』의 편자編者

『한서』「예문지」에는 다음과 같은 말이 있다. "고대에는 왕의 측근에 사관이 있어서, 좌사左史가 왕의 말을 기록하고, 우사右史가 왕의 행사를 기록하였다. 행사의 기록이 『춘추春秋』이고, 말의 기록이 『상서尙書』다." 그렇다면 『서경』의 원래 저자는 각 시대의 사관이라는 결론이 도출된다.

『서경』이 한 사람에 의해 편집되기 이전에 몇 가지의 서로 다른 계통이 있었을 가능성도 있다. 각종 문헌에 인용된 편명을 보면, 『맹자孟子』에 「탕서」·「태서」·「강고」, 『묵자墨子』에 「탕서」·「태서」·「중훼지고」·「태서」·「홍범」·「여형」, 『순자荀子』에 「태서」·「강고」·「중훼지고」·「태서」·「홍범」·「여형」 등이 보인다. 『순자』에 인용편이 많은 것을 근거로 『서경』의 집대성은 순자에 의한 것이라는 설도 있다.

그러나 『순자』「권학」에서 시詩·서書·예禮·악樂·춘추를 '오경五經'이라 하고, 「유효」에서 "서書는 성인의 사업에 대해 말한 것이다"라고 한 것을 보면, 순자 이전에 이미 오경의 하나로서 『서경』이 존재했음을 시사하고 있다.

한편 공자가 서書를 편집하였다는 설은 『사기史記』에서 비롯된다. 『사기』에는 "공자가 서書의 순서를 바로잡아, 위로는 당우唐虞의 일을 기록하고, 아래로는 진秦 목공穆公 때의 일까지 기록하여 그 사적을 편집했다…… 서書의 전傳, 예禮의 기記는 공씨孔氏로부터 시작되었다"라고 되어 있다.

위서緯書 『선기검』에는 다음과 같은 기록이 있다. "공자가 서書를 구하였는데, 황제의 현손 제괴帝魁가 전하는 서書로부터 진秦 목공에 이르기까지의 3,240편을 구할 수 있었다. 그 중에서 너무 오래돼 불확실한 기록은 버리고, 가까운 시대의 것을 취하였는데, 세상의 법도가 될 만한 것 120편을 선정하여, 그 중에서 102편을 모아 『상서』를 짓고, 18편으로 「중후中侯」를 만들었다." 또 『한서』 「예문지」에도 "공자가 서書 100편을 편집하고, 그 서序를 지었다"고 하였고, 후한의 정현은 『선기검』의 견해를 따르고 있다. 그러나 공자의 산서설刪書說을 의심하는 학자들도 많다. 그렇다 하더라도 적어도 오늘날의 『서경』이 공자에 의해 토대가 마련되었다는 것은 부인하기 어렵다.

5. 『서경』의 체제體制

『서경』은 요임금에서 시작하여 진秦나라 목공 때에 이르기까지의 정치 철학적인 내용에 대한 기록인데, 이 기록들의 편찬 체제는 전하는 자에 따라 약간씩 차이가 있다.

『매요본상서』에서는 우서虞書와 하서夏書를 나누어, 우서虞書, 하서夏書, 상서商書, 주서周書로 되어 있으나, 마융馬融 · 정현鄭玄 · 왕숙王肅 · 유향劉向은 우서虞書와 하서夏書를 붙여 우하서虞夏書라 명명하였다. 『설문說問』에서는 「요전堯典」을 인용할 때 당서唐書라 하기도 하고, 『좌전左傳』에서는 「순전舜典」을 인용할 때 우서라 했으며, 『묵자』에는 「요전」의 내용이 하서로 기록되어 있다. 이를 보면 춘추전국시대에는 우서와 하서의 명칭이 통일되어 있지 않았던 것으로 보인다.

채침蔡沈의 『서경집전書經集傳』에서는 우서와 하서를 분리하여 우서, 하서, 상서, 주서로 나누었다. 우서는 다시 「요전」, 「순전」, 「대우모大

禹謨」, 「고요모皐陶謨」, 「익직益稷」으로 구성되어 있고, 하서는 「우공禹貢」, 「감서甘誓」, 「오자지가五子之歌」, 「윤정胤征」으로 되어 있다. 또 상서는 「탕서湯誓」, 「중훼지고仲虺之誥」, 「탕고湯誥」, 「이훈伊訓」, 「태갑太甲 상上·중中·하下」, 「함유일덕咸有一德」, 「반경盤庚 상上·중中·하下」, 「설명說命 상上·중中·하下」, 「고종융일高宗肜日」·「서백감려西伯戡黎」·「미자微子」로 되어 있고, 주서는 「태서泰誓 상上·중中·하下」에서 「진서秦誓」에 이르기까지의 32편으로 이루어져 있다. 『서경』은 우虞·하夏·상商·주周의 네 왕조에 걸쳐 전典·모謨·훈訓·고誥·서誓·명命의 여섯 가지 문체로 이루어져 있으므로 이를 사서四書·육체六體라 부르기도 한다.

6. 『서경』의 연구사

『서경』은 상고시대의 숭고한 말씀이란 뜻으로 일명 『상서尙書』라고도 한다. 『서경』은 당唐·우虞·하夏·은殷·주周의 훌륭한 제왕들이 행한 정치적 행적과 발언에 대한 기록이다. 그 내용이 전典·모謨·훈訓·고誥·서誓·명命의 여섯 가지 문체로 되어 있어 이를 육체六體라 하기도 하고, 이에 정征·공貢·가歌·범範을 더하여 십례十例라 하기도 한다.

『서경』은 금고문今古文에 따른 진위문제와 문체의 난해성 등으로 말미암아 고래로부터 많은 연구자들이 주석을 달았다.

『서경』에 대한 연구는 고래로 번성하였으나 경서 자체에 대한 철저한 분석과 비판은 송대 이후의 일이다. 유창劉敞 『칠경소전七經小傳』의 「상서」조에서 이전의 『상서정의』에 구애됨이 없이 최초로 새로운 해석을 시도하였고, 왕안석王安石의 『삼경신의三經新義』는 『상서정의』에 대신하여 과거科擧의 표준교재로 채택되기도 했다. 이후에 나온 대표적인 주석서 및 참고서로는 소식蘇軾의 『서전書傳』, 임지기林之奇의 『상서전해尙書全解』, 채침蔡沈의 『서집전書集傳』, 김이상金履祥의 『상서표주尙書表注』, 왕백王栢의 『서의書疑』, 원대 오징吳澄의 『서찬언書纂言』, 진력陳櫟의 『상서집전찬소尙書集傳纂疏』, 진사개陳師凱의 『서채전방통書蔡傳旁通』, 명대 호광胡廣 등이 칙찬한 『서전대전書傳大全』, 매작梅鷟의 『상서고이尙書考異』, 청대 호위胡渭의 『우공추지禹貢錐指』, 장정석蔣廷錫의 『상서지리금석尙書地理今釋』, 염약거閻若璩의 『상서고문소증尙書古文疏證』, 모기령毛奇齡의 『고문상서원사古文尙書寃詞』, 혜동惠棟의 『고문상서고古文尙書考』, 손성연孫星衍의 『상서고금문주소尙書古今文注疏』·『상서마정주尙書馬鄭注』, 강성江聲의 『상서집주음소尙書集注音疏』·『상서경사계표尙書經師系表』, 왕명성王鳴盛의 『상서후안尙書後案』, 마국한馬國翰의 『상서왕씨주尙書王氏注』, 단옥재段玉裁의 『고문상서찬이古文尙書撰異』, 완원阮元의 『상서주소교감기尙書注疏校勘記』, 장술조莊述祖의 『상서금고문고증尙書今古文考證』, 유봉록劉逢祿의 『상서금고문집해尙書今古文集解』, 황식삼黃式三의 『상서계몽尙書啓蒙』, 진교종陳喬樅의 『금문상서경설고今文尙書經說考』, 피석서皮錫瑞의 『금문상서고증今文尙書考證』, 왕선겸王先謙의 『상서공전참정尙書孔傳參正』, 왕인지王引之의 『경의술문經義述聞』, 유월俞樾의 『군경평의群經平義』, 고힐강顧頡剛의 『상서강의尙書講義』, 진몽가陳蒙家의 『상서통론尙書通論』, 장서당張西堂의 『상서인론尙書引論』 등이 있다.

우리나라에 『서경』이 전래된 것은 일찍이 삼국시대 무렵으로 보인다. 신라시대의 기록인 「임신서기석壬申誓記石」에는 『상서』를 배울 것을 기약하는 내용이 실려 있다. 고려시대와 조선시대에 들어와서도 『서경』에 관한 교육과 강론은 활발하게 진행되었으나, 단독 연구서가 많이 배출되지는 않았다. 우리나라에서는 주자학朱子學이 학문을 주도함에 따라 채침의 『서집전』이 널리 퍼졌다. 이황李滉의 『삼경석의三經釋義』, 김장생金長生의 『경서변의經書辨疑』, 이익李瀷의 『질서疾書』 등이 모두 『서집전』을 바탕으로 이루어졌다. 조선시대 후기에 들어와서는 정조正祖의 칙찬勅撰인 『상서강의』·『어제서전조문御製書傳條問』, 조익

趙翼의 『서경천설書經淺說』, 정약용丁若鏞의 『상서고훈尙書古訓』·『상서지원록尙書知遠錄』·『매씨상서평梅氏尙書平』, 찬자 미상의 『서전대문書傳大文』과 『서전정음書傳正音』이 있으며, 언해본으로는 선조 때 『서전언해書傳言解』가 있다.

일본에서는 근래 『상서』에 관한 상당한 업적들이 나왔으나 대개가 중국 청나라 학자와 마찬가지로 문헌학적 성격을 띠고 있다. 대표적인 연구서로는 『전석한문대계全釋漢文大系』(전 11권)에 포함되어 있는 이케다 스에토시池田末利의 『상서尙書』를 들 수 있다. 이 책은 중국의 여러 고증학자들의 업적을 두루 섭렵한 역작이지만, 사상 내용에 관한 분석이 부족한 점은 흠이라고 하겠다.

본서의 편차編次는 한국에서 널리 읽히고 있는 채침의 『서집전』을 저본으로 했음을 밝힌다. 그리고 해설을 집필함에 있어서는 유교사전편찬위원회에서 간행한 『유교대사전』(박영사博英社 간행)과 일본의 이케다 스에토시가 역해한 『상서』에 크게 도움을 받았다.

하상주 삼대 제왕 계보도
夏商周 三代 帝王 系譜圖

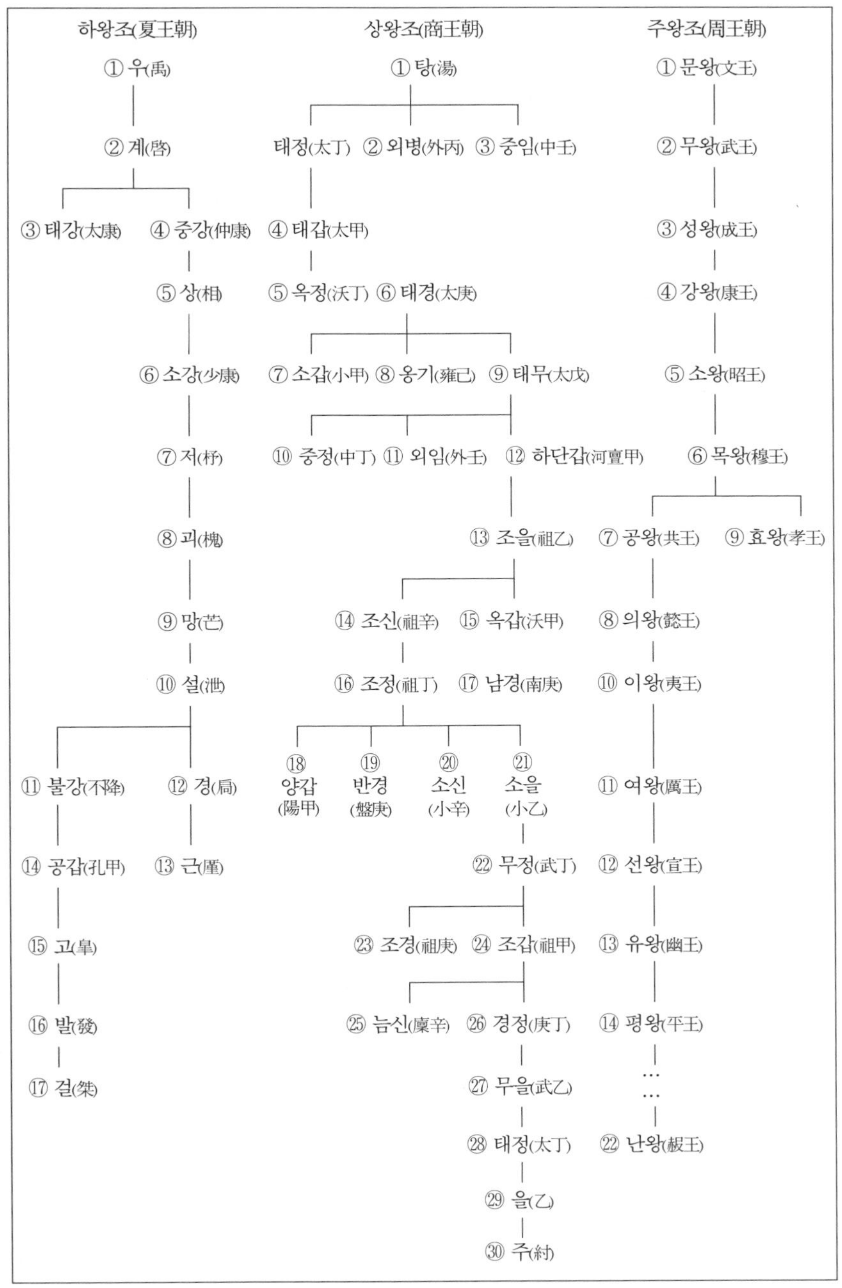

우서
虞書

학자에 따라서 우서虞書와 다음의 하서夏書를 붙여 우하서虞夏書로 통합하는 경우도 있다. 본서에서는 채침의 분류에 따라 우서와 하서를 분리했다. 우서의 첫째는 요전堯典이다. 요전은 당唐나라 때의 일이므로 당서唐書라고 해야 할 것이다. 실제로 『설문說文』에서는 요전을 인용하면서 당서라고 했다. 그러나 채침에 의하면, 우虞나라의 사관이 기록했다 하여 우서에 넣었다고 했다. 그렇다면 순전舜典 이하는 하夏나라의 사관이 기록한 것이므로 하서에 넣어야 할 것이다. 실제로 『춘추좌씨전春秋左氏傳』에서는 순전을 인용하면서 하서라 일컫기도 했다. 그러나 본서에서 이들을 우서에 넣은 까닭은, 공자가 『서경』을 정리 · 편찬할 때 그렇게 분류했기 때문이다.

堯典 | 요전

요임금 시대의 일을 기록한 것이다. 전典은 모범이 되는 것을 말한다. 『금문상서今文尙書』와 『고문상서古文尙書』에 모두 들어 있다.

왈 약 계 고 제 요 　 왈 방 훈 　 흠 명 문 사 안 안
曰若稽古帝堯한대 曰放勳이시니 欽明文思安安하시
1 　 2 　 3

윤 공 극 양 　 광 피 사 표 　 격 우 상 하
며 允恭克讓하사 光被四表하시며 格于上下하시니라
4 　 5 　 6

국역 |

아아! 옛 임금 요를 생각하니, (문명의 불을 놓으신) 방훈이시다. 경건하시고, 밝으시며, 교양 있으시고, 사려 깊으시며, 편안하시고, 안락하시며 진실로 공손하시고 참으로 겸손하셨다. 발하신 환한 빛이 사방으로 퍼져나갔으며 하늘에 닿고 땅에 닿았다.

난자풀이 |

1 曰若(왈약) : 발어사. '아아!'로 번역했다. 『사기史記』 등에서는 사관史官의 이름이라고도 한다.

2 放勳(방훈) : 『맹자孟子』에 '방훈내조락放勳乃徂落'·'방훈왈放勳曰' 등의 문장이 있는 것을 보면 방훈放勳은 요임금의 이름임을 알 수 있다. 『사기』 「요본기堯本紀」에도 방훈을 요임금의 이름으로 기록하고 있다. 다만, 그 이름지어진 뜻이 '문명의 불을 놓다'는 뜻이 된다. 방훈은 흠명欽明과 합쳐서 사자성구를 이루므로 요임금의 이름이 아니라는 설이 있지만, 동의하기 어렵다.

3 文(문) : 교양. 문채. 무늬.

4 克(극) : 능能과 같은 뜻. 잘. 참으로.
5 格(격) : 지至와 같은 뜻. 이르다.
6 上下(상하) : 위로 하늘과 아래로 땅을 말함.

강설 |

요임금 이전에도 위대한 인물이 없었던 것은 아닐 것이다. 그러나 공자가 요임금에서부터 『서경』을 서술하기 시작한 까닭은, 요임금의 중용사상中庸思想을 본보기로 삼았기 때문이고, 또 역사적으로 증명할 수 있는 인물이기도 하기 때문이었을 것이다.

克明俊德(극명준덕)[1]하사 以親九族(이친구족)[2]하신대 九族(구족)이 旣睦(기목)이어늘 平章百姓(평장백성)[3][4]하신대 百姓(백성)이 昭明(소명)하며 協和萬邦(협화만방)[5]하신대 黎民(여민)[6]이 於變時雍(오변시옹)[7][8][9]하니라

국역 |

빼어난 덕을 거뜬히 밝혀 구족九族과 한마음이 되시니 구족이 화목해졌고, 백성을 느긋하고 훤하게 만드시니 백성이 밝아졌으며, 모든 나라를 어우러지게 하시니 모든 나라의 사람들이 아아! 착한 마음을 회복하여 곧바로 온화해졌다.

난자풀이

1 克明(극명) : 거뜬히 밝히다. 극克은 '능히 해내다'는 뜻이다.

2 九族(구족) : 고조에서 현손에 이르기까지의 친족을 의미한다고도 하지만, 그보다는 구九를 '여럿' 또는 '많은'의 뜻으로 보아 구족九族을 '여러 친족' 또는 '모든 친척' 등의 뜻으로 보는 것이 좋다.

3 平(평) : 사람과 사람이 서로 한마음이 되었을 때 나타나는 편안한 상태.

4 章(장) : 창彰과 통용되어, '빛나다'는 뜻이 됨. 마음이 편안하여 느긋해지면, 몸에서 훤하게 빛이 난다.

5 協和(협화) : 서로 어우러져 협조하고 화목하게 하는 것.

6 黎民(려민) : 백성. 백성들은 머리가 검다는 뜻에서 검은 백성이라 한다.

7 於(오) : 감탄사. 아아! 어조사로 쓰일 때는 음이 '오'이다.

8 變(변) : 사람이 바뀌는 것을 말한다. 착한 사람과 함께 있으면 악한 사람도 착해진다.

9 時(시) : 시是와 통용. 이에. 곧바로. 곧.

강설

하늘에서 받은 본마음을 그대로 실현하는 능력이 덕德이다. 그 덕을 가진 사람은 남과 하나가 되는 사람이다. 그 덕을 가진 사람은 하늘의 능력을 발휘하는 사람이다. 그 덕을 가진 사람은 하늘의 입장에서 다른 사람과 하나가 되고 만물과 하나가 된다. 그러한 사람이 나타나면 그의 주위에 있는 사람도 그에게 동화되어 그와 하나가 된다. 그래서 세상이 진리가 실현되는 낙원이 되는 것이다. 이 문장은 『대학大學』「경1장經1章」의 '명명덕明明德 친민親民 지어지선止於至善'과 같은 뜻이다. 다만 『대학』에서는 준덕俊德 대신에 명덕明德이라 했을 뿐이다.

내명희화 흠약호천 역상일월성신 경
乃命羲和하사 欽若昊天하여 曆象日月星辰하여 敬
①　②　③　④

수인시
授人時하시다
⑤

국역 |

이윽고 희씨와 화씨에게 명령하셨다. "경건한 마음으로 하늘을 따르라. 해와 달과 별들의 운행을 살피고 본받아, 진실하게 사람들에게 때를 알려 주라."

난자풀이 |

① 乃(내) : 이에. 이윽고.

② 羲和(희화) : 희씨羲氏 성을 가진 일족과 화씨和氏 성을 가진 일족. 당시 천문과 역법에 밝았던 사람들이었던 것으로 짐작된다. 뒷 문장에 희중羲仲과 희숙羲叔, 화중和仲과 화숙和叔이 나오는 것을 보면, 여기서 말한 희화羲和는 희백羲伯을 포함한 희씨 성을 가진 사람들의 일족과 화백和伯을 포함한 화씨 성을 가진 일족을 통틀어서 말하는 것으로 보인다. 3형제가 있을 경우 장남을 백伯, 차남을 중仲, 삼남을 숙叔이라고 칭하는 예에서 보면, 희씨와 화씨 중에 희백과 화백이 포함되어 있었을 것으로 짐작할 수 있다.

③ 若(약) : 순順과 같은 뜻. 따르다.

④ 曆(력) : 달력. 책력. 역歷과 통용되기도 한다. 달력은 해와 달의 운행을 살펴 그것을 본받아 만들기 때문에 여기서는 '살펴'로 번역했다.

⑤ 時(시) : 계절. 때.

강설 |

요임금 때는 이미 농경이 시작되었다. 사람이 농사를 지으며 살 수 있는 첫 번째 조건은 때를 파악하는 것이다. 때를 알지 못하면 씨 뿌려야 할 때 뿌리지 못하고 수확해야 할 때 수확하지 못한다. 그래서 요임금이 제일 먼저 시작한 것이 때를 파악하는 것이다.

> 분명희중　　택우이　　　왈양곡　　인빈출일
> 分命[1]羲仲[2]하사 宅嵎夷[3]하시니 曰暘谷[4]이라 寅賓出日[5]하
>
> 　평질동작　　　일중　　성조　　이은중춘　　궐
> 여 平秩[6]東作[7]하니 日中[8]이요 星鳥[9]라 以殷[10]仲春[11]이니 厥
>
> 민　석　　조수　자미
> 民은 析[12]이요 鳥獸는 孶尾[13]니라

국역 |

희중에게 다시 명령하시어 동쪽 끝에 살게 하시니, 양곡이라는 해뜨는 골짜기라. 떠오르는 해를 공경히 맞이하여 동쪽에서 나오는 것을 차례차례 관찰하여 고르게 하니, 날이 중간이 되고 별이 조수鳥宿가 되었다. 봄의 한가운데를 정하니 백성들은 흩어지고 새와 짐승들은 새끼를 낳고 교미를 하였다.

난자풀이 |

[1] 分命(분명) : 전체적인 명령을 한 뒤 역할 분담을 시켜 구체적으로 다시 명령하는 것을 말한다.

2 羲仲(희중) : 희씨 성을 가진 일족 중에서 차남에 해당하는 사람.
3 嵎夷(우이) : 우嵎는 산모퉁이. 이夷는 동쪽. 우이嵎夷는 동쪽의 산모퉁이.
4 暘谷(양곡) : '해뜨는 골짜기'란 뜻으로 붙여진 이름. 일설에는 수양산곡首陽山谷이라 하여, 지금의 요양현遼陽縣 지경地境이라 하기도 한다.
5 賓(빈) : 손. 손으로 대우하다. '손으로 대우하는 것'은 '맞이하는 것'이므로 여기서는 '맞이하다'로 번역했다.
6 平秩(평질) : 해가 나오는 지점을 차례로 관찰하여 평균을 내다.
7 東作(동작) : 동쪽은 봄과 일치하므로 동쪽에서 시작한다는 것은 봄에 경작을 시작하는 것이 된다.
8 日中(일중) : 낮과 밤이 반반인 것. 날이 중간이면 밤도 중간이다.
9 星鳥(성조) : 별자리 28수宿 중에 남방 7수인 주작朱雀을 말한다. 춘분의 초저녁에 나타난다.
10 殷(은) : 가운데. 바로잡다.
11 仲春(중춘) : 봄의 한가운데. 춘분.
12 析(석) : 농사를 짓기 위해서 들로 흩어지다.
13 孳尾(자미) : 자孳는 새끼를 낳거나 부화하는 것이고 미尾는 교미하는 것.

강설 |

때를 아는 것의 구체적인 내용은 사계절을 정확하게 아는 것이다. 또 사계절을 정확하게 아는 것은 동서남북을 정확하게 아는 것이 되기도 한다. 해뜨는 지점의 한 가운데가 정동正東이 되고, 해가 거기에 올 때가 춘분春分이 되므로 사계절과 동서남북은 동시에 파악이 된다. 농경생활을 하며 살아가는 사람들의 필수적인 요건이 사계절과 동서남북의 기준을 정하는 것이다. 요임금은 정치를 할 때 맨 먼저 이 일부터 시작했다.

요임금이 희중에게 명령하여 동쪽 모퉁이에 살게 해서 해뜨는 것을 관찰하여 해뜨는 지점이 중간이 되는 때를 정하게 하니 그 때가 밤낮의 길이가 같은 춘분이다. 춘분을 정하여 백성들에게 알림으로써 백성들은 그 때가 농사를 시작하는 때임을 알아서 들로 농사를 지으러 흩어졌다. 그 때가 바로 새나 길짐승들이 교미를 하고 새끼를 낳거나 부화를 하는 시기였다.

申命羲叔하사 宅南交하시니 (曰明都라) 平秩南訛하여 敬致니 日永이요 星火라 以正仲夏면 厥民은 因이요 鳥獸는 希革이니라

국역 |

다시 희숙에게 명령하시어 남쪽 교외에 살게 하시니, 명도라는 밝은 곳이라. 남쪽의 일을 평화롭고 질서 있게 하여 공경히 맞이하니 해는 길고 별은 대화 중의 한 별이다. 한여름의 일을 바로잡으면 백성들은 그대로 살고 조수는 털이 듬성해지다가 털갈이를 한다.

난자풀이 |

1 羲叔(희숙) : 희씨 성을 가진 일족 중에서 삼남에 해당하는 사람.

2 交(교) : 교郊와 통용. 남쪽의 교외.

3 曰明都(왈명도) : 정현鄭玄은 왈명도曰明都 세 글자가 있어야 할 것이 빠졌다고 하여 보충했다.

4 平秩(평질) : 평화롭고 질서 있게 함.

5 南訛(남와) : 남쪽의 일. 남방의 일. 와訛는 여기서는 바뀌는 것. 변하는 것을 말한다. 남쪽에서 바뀌고 변하는 일은 주로 농사일일 것이다.

6 火(화) : 정현은 동방 7숙宿의 총칭인 대화大火로 보았다. 증씨曾氏는 대화大火 중의 심성心星으로 보고 있다.
7 仲夏(중하) : 한여름. 여름의 한가운데.
8 因(인) : 하던 일을 그대로 계속하는 것.
9 希革(희혁) : 듬성듬성해지다가 바뀌는 것.

강설 |

해뜨는 곳을 관찰하여 춘분을 정하고 봄일을 시작하게 하고 난 요임금은 다시 희숙에게 명하여 남쪽 모퉁이에 살게 해서 여름의 일을 살피게 했다. 여름에는 백성들이 봄에부터 자라기 시작한 농작물을 계속 가꾸기만 하면 된다. 여름부터 동물들은 서서히 털갈이를 하기 시작한다.

分命和仲(분명화중)하사 宅西(택서)하시니 曰昧谷(왈매곡)이라 寅餞納日(인전납일)하여 平秩西成(평질서성)이니 宵中(소중)이요 星虛(성허)라 以殷仲秋(이은중추)면 厥民(궐민)은 夷(이)요 鳥獸(조수)는 毛毨(모선)이니라

(주석 번호: 分1 和2 昧3 餞4 日5 西6 宵7 虛8 夷9 毨10)

국역 |

화중에게 분명하시어 서쪽에 살게 하시니, 매곡이라는 해지는 곳이라. 들어가는 해를 공경히 전송하여 가을에 수확하는 일을 다스려 질서 있게 하니 밤은 중간이고 별은 허숙虛宿라 중추를 알맞게 하면 백

성들은 평화롭고 조수는 털갈이를 하여 윤택해진다.

난자풀이 |

1 分命(분명) : 분야를 나누어 분야별로 명령을 하는 것.
2 和仲(화중) : 화씨 성을 가진 일족의 차남.
3 昧谷(매곡) : 해지는 곳의 어두운 골짜기.
4 寅餞(인전) : 경건하게 전송하는 것을 말한다. 인寅은 공경. 전餞은 전별.
5 納日(납일) : 들어가는 태양.
6 西成(서성) : 서쪽에서 이루는 일. 서쪽은 가을을 의미하므로 가을에 수확하는 일을 말한다.
7 宵中(소중) : 추분. 밤의 길이가 같다. 밤의 길이가 낮의 길이와 같은 것이 추분이다. 춘분은 낮의 길이가 같다고 표현했고, 추분은 밤의 길이가 같다고 표현했다.
8 虛(허) : 추분의 초저녁에 하늘 한가운데에 뜨는 별.
9 夷(이) : 평화롭다. 이夷는 원래 동이족을 지칭하던 말이다. 동이족은 성격이 느긋하고 낙천적이기 때문에 夷에 '평화롭다'는 뜻이 있다. 이 외에도 동이족은 상처를 잘 받기 때문에 '상처 입는다'는 뜻도 있다.
10 毛毨(모선) : 털을 갈아서 반지르르 하다.

강설 |

화중에게 명하여 가을의 일을 살피고 백성들에게 지도하게 하니, 가을의 일이 순조롭게 진행되어 백성들이 순조롭게 수확을 하게 되었다.

신명화숙 택삭방 왈유도 평재삭역
申命和叔하사 宅朔方하시니 曰幽都라 平在朔易이니
[1] [2] [3] [4]

일단 성묘 이정중동 궐민 오 조수
日短이요 星昴라 以正仲冬이면 厥民은 隩요 鳥獸는
[5] [6] [7]

용모
氄毛니라
[8]

국역 |

다시 화숙에게 명령하시어 북쪽에 살게 하시니, 유도라는 어두운 곳이라. 다시 소생하는 일을 고르게 살피니, 해는 짧고 별은 묘수이다. 중동을 알맞게 하면 백성들은 아랫목에 있고 조수는 가는 털이 난다.

난자풀이 |

[1] 和叔(화숙) : 화씨 성을 가진 일족의 삼남.

[2] 幽都(유도) : 북방의 어두운 곳. 언덕의 북쪽 사면은 해가 들지 않아 어둡다. 또 겨울에는 그나마 해가 들지 않아 더욱 어둡기 때문에 유도幽都라 한 것이다.

[3] 平在(평재) : 공평하게 살피다. 고르게 살피다. 재在는 찰察과 같은 뜻.

[4] 朔易(삭역) : 『사기史記』에는 복물伏物로 되어 있다. 역易은 역埸과 통용. 국경. 북쪽은 겨울에 해당되므로 삭역朔易은 겨울 일로 볼 수 있다.

[5] 日短(일단) : 해가 가장 짧을 때. 동지.

[6] 昴(묘) : 28수宿의 하나.

[7] 隩(오) : 오奧와 통용. 아랫목. 속.

[8] 氄毛(용모) : 솜털. 가는 털.

강설 |

가을걷이를 끝내고 난 뒤에는 겨울 일을 시작해야 한다. 동지를 정하고 사람들을 방에서 따뜻하게 살도록 유도하는 것이 중요하다.

제 왈 자 여 희 기 화 기 삼 백 유 육 순 유 육 일
帝曰 咨汝羲暨和아 朞는 三百有六旬有六日이니
[1] [2]
이 윤 월 정 사 시 성 세 윤 리 백 공 서 적
以閏月이라사 定四時成歲하여 允釐百工하여 庶績이
[3]
함 희
咸熙하리라

국역 |

임금님께서 말씀하셨다. "아아! 너희 희와 화야 일년은 366일이니 윤달을 만들어야 사시를 확정하고 해를 이루어 진실로 백공을 다스려서 모든 공적이 다 빛날 것이다."

난자풀이 |

[1] 暨(기) : 여與와 같은 뜻. '~와 또는 ~과'의 뜻.
[2] 朞(기) : 돌. 만 하루. 만 1개월. 또는 만 1년.
[3] 允釐(윤리) : 진실로 다스리다.

강설 |

예나 지금이나 사람이 살아가는 데 있어 가장 중요한 것 중의 하나가 달력을 확정하는 것이다. 달력이 없다면 생활이 거의 불가능하다. 그래서 사계절의 일을 안정시킨 요임금은 희씨와 화씨에게 명하여 일년의 달력을 만들도록 했다. 달력은 해의 주기와 달의 주기를 가지고 만드는데, 해의 주기와 달의 주기가 일치하지 않기 때문에 문제가 생긴다. 그 차이를 조절하기 위해 윤달을 만드는데, 그 원리는 채침의 『서집전書集傳』에 다음과 같이 나와 있다.

천체天體는 둥근데, 그 주위가 365와 4분의 1도이다. 천체는 땅을 왼쪽으로 한 바퀴 돌되 항상 하루에 한 바퀴를 돌고 1도를 지나치게 된다. 해[日]는 하늘에 걸려 있는데 이보다 다소 늦다. 해의 운행은 하루에 또한 땅을 한 바퀴 돌되 1도를 미치지 못한다. 그래서 365와 940분의 235일이 되어 하늘과 만난다. 이것이 해가 1년간 운행하는 수이다. 달[月]은 하늘에 걸려 있는데, 더욱 느려서 하루에 항상 하늘보다 13과 19분의 7도를 미치지 못한다. 29와 940분의 499일을 지나 해와 만나니, 열두 번 만나면, 348일이 되고 여분을 모은 것이 940분의 5988일이니, 또 6일이 되고 남는 것이 940분의 348일이다. 그래서 날짜를 합치면 354와 940분의 348일이 되니, 이는 1년 동안 달이 운행하는 수이다. 해에는 12개월이 있고, 달에는 30일이 있으니, 360은 1년의 기준이 되는 수이다. 그러므로 해가 하늘과 만날 적에는 5일과 940분의 235일이 더 많은데, 이것을 기영氣盈이라 하고, 달이 해와 만날 적에는 5일과 940분의 592일이 적은데 이것을 삭허朔虛라 하니, 기영과 삭허를 합쳐서 윤달[閏月]이 생긴다. 그러므로 1년에 윤달의 비율은 10일과 940분의 827일이 되니, 3년에 한 번 윤달을 두면 32일과 940분의 601일이 되고, 5년에 두 번 윤달을 두면 54일과 940분의 75일이 되며, 19년에 일곱 번 윤달을 두면 기영과 삭허가 분한이 고르게 되니, 이를 1장章이라 한다.

위와 같은 풀이가 된 과정을 살펴보면 다음과 같다. 채침은 우선 천체를 하나의 공처럼 생각하고 그 공의 한가운데에 지구가 있으며, 해와 달은 천체에 붙어 있으면서 자체적으로 운행하는 것으로 생각했다. 지구가 움직이고, 천체가 고정되어 있다고 생각하든, 천체가 움직이고 지구가 고정되어 있다고 생각하든, 상대적인 운동의 변화를 보는 면에서는 차이가 없으므로, 채침의 생각대로 따라가 보는 것도 의미가 있을 것으로 생각된다. 채침은 천체의 주위를 365와 4분의 1도로 보았다. 이 천체가 지구를 중심으로 회전을 하는데, 하루에 한 바퀴씩만 도는 것이 아니라, 한 바퀴를 돌고 1도를 더 돈다고 관측했다. 그러나 이에 비해 해는 천체보다 하루에 1도씩 덜 돌기 때문에 처음에 천체와 해가 만난 뒤에 다시 만날 때까지의 시간은 365와 4분의 1일이 걸린다. 그런데 뒤의 숫자계산과 일치시키기 위해 채침은 이를 365와 940분의 235으로 표현했다. 이것이 태양의 운행을 중심으로 본 1년이다.

또 달은 천체에 걸려 있으면서 더욱 느려서 하루에 천체보다 13과 19분의 7도씩 덜 돈다. 그렇다면 해보다는 12와 19분의 7도씩 덜 도는 셈이 된다. 그러면 달이 해와 만났다가 다시 만나게 되는 기간은 365와 4분의 1에서 12와 19분의 7을 나누면 된다. 이때의 답은 29와 940분의 499일이 된다. 그리고 해와 달이 열두 번 만나면, 29일에 12를 곱해서 나온 348일과, 940분의 499일에 12를 곱해서 나온 940분의 5988일이다. 940분의 5988일은 6과 940분의 348일이다. 전체를 합하면 354와 940분의 348일이 되는데, 이것이 1년 동안 달이 운행하는 수이다.

그런데 1년에는 열두 달이 있고, 한 달에는 30일이 있으므로 1년의 표준이 되는 날의 수는 360일이다. 이 기준에서 보면 해와 천체가 만나는 기간은 5와 940분의 235일이 남고, 해와 달이 만나는 기간은 5와 940분의 592가 모자라는 것이므로, 이를 합하면 10과 940분의 827일의 차이가 난다. 이 차이의 3년 치를 합하여 윤달로 정하면 윤달이 32와 940분의 601일이 되어 좀 남음이 있다. 또 5년에 두 번 윤달을 정하면 54와 940분의 375일이 되므로 모자람이 있게 된다. 따라서 19년에 일곱 번 윤달을 정하면, 거의 남는 것이 없어져 가장 합당하게 된다.

제 왈	주 자 약 시 등 용	방 제 왈	윤 자 주 계 명
帝曰	疇咨若時登庸고	放齊曰	胤子朱啓明하니이다
	① ② ③ ④		⑤

제 왈	우	은 송	가 호
帝曰	吁라	嚚訟이어니	可乎아
	⑥	⑦	

국역 |

요임금이 "누가 이 등용에 합당하겠는가?" 하고 물으시니, 방제가 말하기를, "맏아드님인 단주가 계명합니다" 하고 대답하였다. 그러자 요임금이 말씀하셨다. "에이! 어리석고 잘 다투니 되겠는가?"

난자풀이 |

1 疇(주) : '누구'라는 뜻.
2 咨(자) : 감탄의 의미를 내포하고 있는 조음소.
3 若(약) : 따르다. 순順의 뜻. 어떤 것에 잘 따른다는 것은 그것에 합당한 경우이다. 그래서 여기서는 '합당하다'로 번역했다.
4 時(시) : 시是와 통용.
5 胤(윤) : 맏아들.
6 吁(우) : 부정적으로 탄식하는 말. '에이!', '말도 안 돼' 등의 뜻이다.
7 嚚(은) : 어리석다.

강설 |

요임금은 먼저 사계절과 동서남북의 기준을 정하고 일년 열두 달과 365일의 기준을 정했다. 이는 사람이 살아가기 위한 필수 조건이다. 특히 농경사회에서는 더욱 그러하다. 이로써 보면 요임금 시대는 농경사회가 정착되는 시기로 보인다.

사람의 삶에 필요한 기본 조건을 갖춘 뒤에 요임금은 인재를 등용하여 정치적 업무를 시작했다. 인재등용에 있어서 제일 먼저 염두에 두어야 할 것은 사심을 배제하는 것이다. 자기의 피붙이나 자기를 위해 공을 세운 사람 등을 우선하여 등용하는 데서 정치는 어긋나기 시작한다. 일체의 사심을 배제하고 적임자를 찾아내는가 못 내는가에 정치의 성패가 달려 있는 것이다. 요임금은 이를 보여주고 있다. 비록 자기의 아들이라도 역량이 부족하면 등용하지 않고 배제한 것이다.

帝(제)曰(왈) 疇(주)咨(자)若(약)[1]予(여)采(채)[2]오 驩(환)兜(두)[3]曰(왈) 都(도)[4]라 共(공)工(공)[5]이 方(방)[6]鳩(구)[7]僝(잔)[8]功(공)하나니이다 帝(제)曰(왈) 吁(우)라 靜(정)言(언)庸(용)違(위)하고 象(상)[9]恭(공)滔(도)[10]天(천)하니라

국역 |

요임금이 “누가 나의 일을 잘 도울 수 있겠는가?” 하고 물으시니, 환두가 대답하기를, “아아! 공공이 일을 구석구석 모아서 처리하여 공을 잘 이룹니다” 하자, 요임금이 말씀하셨다. “에이! 고요할 때에는 말을

잘하나 막상 등용되어 쓰일 때는 어그러지고 외모는 공손하지만, 하늘을 업신여긴다."

난자풀이 |

[1] 若(약) : 따르다. 내가 하는 일에 잘 따라주는 것은 나를 잘 돕는 것이므로 여기서는 '돕는다'로 해석했다.

[2] 釆(채) : 일.

[3] 驩兜(환두) : 요임금의 신하.

[4] 都(도) : 어떤 물음에 대해 잘 알고 있다는 뜻으로 대답할 때의 감탄사. '아아! 그것 말입니까? 제가 잘 알지요.' 또는 '아아! 이제 그 뜻을 알겠습니다.' 등의 뜻을 내포하고 있다.

[5] 共工(공공) : 요임금의 신하.

[6] 方(방) : 사방. 방방곡곡. 구석구석.

[7] 鳩(구) : 모으다. 모이다.

[8] 僝(잔) : 나타내다. 갖추다. 이루다.

[9] 象恭(상공) : 모양으로만 공손하다.

[10] 滔天(도천) : 하늘에까지 넘친다는 것은 하늘을 업신여긴다는 뜻이다.

강설 |

사람은 가만히 있을 때의 겉모양만 보고 평가해서는 안 된다. 그 속마음이 어떤지를 파악해야 제대로 평가하는 것이다. 욕심이 많은 사람은 겉으로는 점잖은 채 위장할 수 있고, 머리를 써서 말을 잘 할 수도 있다. 그러나 일을 할 때는 그 한계가 드러난다. 일은 말이나 머리로 하는 것이 아니라 덕으로 하는 것이다. 그러므로 덕이 없는 사람은 일을 잘할 수 없다.

그런데 욕심이 많으면서 머리가 발달한 사람은 덕을 간직하기 어렵다. 그런 사람은 남을 무시한다. 그런 사람은 자기의 욕심을 채우는 일에 몰두한다. 그런 사람은 자기의 욕심을 채우기 위해 하늘도 업신여긴다. 인재를 등용할 때 가장 먼저 배제해야 할 사람이다. 요임금이 이를 잘 보여주고 있다.

帝曰(제왈) 咨四岳(자사악)[1]아 湯湯(상상)[2]洪水方割(홍수방할)[3]하여 蕩蕩懷山襄陵(탕탕회산양릉)하여 浩浩(호호)[4]滔(도)[5]天(천)일새 下民其(하민기)[6]咨(자)[7]하나니 有能(유능)이어든 俾乂(비예)하리라 僉曰(첨왈) 於(오)[8]라 鯀哉(곤재)니이다 帝曰(제왈) 吁(우)라 咈(불)[9]哉(재)라 方命(방명)[10]하며 圮(비)[11]族(족)하나니라 岳曰(악왈) 异(이)[12]哉(재)나 試可(시가)오 乃已(내이)니이다 帝曰(제왈) 往(왕)하여 欽哉(흠재)하라하시니 九載(구재)에 績用(적용)이 弗成(불성)하니라

국역 |

요임금이 말씀하시기를, "자! 사악아. 넘실거리는 홍수가 바야흐로 폐해를 끼쳐서 거대한 세력으로 산을 에워싸고 언덕을 넘어 질펀하게 하늘까지 번지기에 저 아래 백성들이 한탄하고 있으니, 능력자가 있다면 그로 하여금 다스리게 하리라" 하니, 모두가 말했다. "아! 곤입니다." 이에 요임금이 말씀하셨다. "에이! 틀렸어. 그는 천명을 거스르고 동족을 망칠 것이다." 그러자 사악이 말했다. "그만두더라도 가한지를 시험해보고 나서 그만두어야 합니다." 이에 요임금이 말씀하셨다. "가서 공경히 임무를 수행하라." 그러나 9년이 되어도 업적이 이루어지지 않았다.

난자풀이 |

1 四岳(사악) : 관직 이름. 천자의 곁에 있으면서 사방의 제후를 관리하는 역할을 하는 신하. 오늘날의 비서관에 해당하는 듯하다.
2 湯湯(상상) : 물이 넘실넘실 세차게 흐르는 모양. 이때의 음은 '상상'.
3 割(할) : 베다. 쪼개다. 폐해를 끼치다.
4 浩浩(호호) : 물이 질펀하게 흐르는 모양.
5 滔(도) : 이르다. 도달하다.
6 其(기) : 추측을 나타내는 말. 아마도.
7 咨(자) : 탄식하다.
8 於(오) : 감탄사. 이때의 음은 '오'가 된다.
9 咈(불) : 어그러지다. 어기다.
10 方命(방명) : 명령을 거역하다. 명령을 거스르다.
11 圮(비) : 무너지다. 무너뜨리다.
12 异(이) : 그만두다.

강설 |

인재를 뽑는 또 하나의 방식을 보여주는 대목이다. 자기의 판단으로 적임자가 아니라고 생각되는 사람이라 하더라도 모두가 추천하는 사람이라면 일단 자기의 고집을 꺾고 모두의 의견을 따르는 것이 하나의 방편이다. 일단 등용해 본 뒤 부적격자임이 판명되면 그 때 물리치면 된다.

제 왈 자 사 악 짐 재 위 칠 십 재 여 능 용 명
帝曰 咨四岳아 朕이 在位七十載니 汝能庸命하나니 [1]

손 짐 위 악 왈 부 덕 첨 제 위 왈 명 명
巽朕位인저 [2] 岳曰 否德이라 忝帝位하리이다 曰 明明 [3]

하며 揚側陋(양측루)[4]하라 師(사)[5]錫(사)[6]帝曰(제왈) 有鰥(유환)이 在下(재하)하니 曰虞舜(왈우순)이니이다 帝曰(제왈) 兪(유)라 予聞(여문)호니 如何(여하)오

국역 |

요임금이 말씀하시기를, "자! 사악아. 짐이 재위한 지가 70년인데, 네가 나의 명령을 잘 따랐으니, 짐의 지위를 선양하겠다"고 하자, 사악이 말하기를, "저는 덕이 없어 제위를 욕되게 할 것입니다" 하고 사양했다. 이에 요임금이 말씀하셨다. "현명한 자를 밝혀내고 소외되거나 미천한 자라도 천거하라." 그러자 모두가 임금에게 말했다. "노총각이 민간에 있사온데, 우순이라 합니다." 임금께서 말씀하셨다. "옳지. 나도 들었다. 어떠한 사람인가?"

난자풀이 |

1 庸(용) : 용用과 통용. 쓰다. 따르다.
2 巽(손) : 양보하다. 사양하다.
3 明明(명명) : 앞의 명明은 '밝힌다'는 뜻의 동사이고, 뒤의 명明은 '현명한 사람'이란 명사이다.
4 側陋(측루) : 옆으로 빠져 소외되어 있거나 누추한 지위에 있는 사람.
5 師(사) : 무리. 뭇 사람.
6 錫(사) : '주다'는 뜻. 여기서는 '말해주다'는 뜻.

강설 |

정치에서 가장 중요한 것 중의 하나는 후계자를 어떻게 정하는가

하는 것이다. 요임금은 사람이 살 수 있는 기본 조건을 만들고 다음으로 정치적 역할을 수행한 뒤 마지막으로 후계자를 정하는 문제에 돌입했다. 보통 사람들은 자기에게 유리한 자를 골라 후계자를 삼으려고 하지만, 그것은 잘못이다. 하늘의 뜻에 따르는 사람은 전체의 입장에서 적임자를 찾으려고 노력할 것이다. 그리고 일정한 집단의 사람들만 대상으로 찾는 것이 아니라 모든 사람들 중에서 찾을 것이다. 요임금은 소외되고 미천한 사람까지 포함한 모든 사람들 중에서 후계자를 찾았다. 그리하여 우순이라는 사람을 찾아내었다.

악 왈 고 자 부 완 모 은 상 오 극 해 이 효
岳曰 瞽子니 父頑母嚚[1]하며 象[2]傲어늘 克[3]諧[4]以孝하여

증 증 예 불 격 간 제 왈 아 기 시 재 여
烝[5]烝乂[6]하여 不格[7]姦하니이다 帝曰 我其試哉인저 女[8]

우 시 관 궐 형 우 이 녀 이 강 이 녀 우 규
于時[9]하여 觀厥刑于二女하리라하시고 釐降二女于嬀[10]

예 빈 우 우 제 왈 흠 재
汭[11]하사 嬪[12]于虞하시고 帝曰 欽哉하라하시다

국역 |

사악이 말했다. "소경의 아들로서 아버지는 완강하고 어머니는 어리석으며 동생 상은 오만한데도, 효도를 다해 잘 화합하여 차츰 어질어졌으므로 간악한 지경에 이르지 않았습니다." 그러자 요임금이 말씀하시기를, "내가 좀 시험해보겠다. 그에게 딸을 주어 두 딸에게 모범이 되는지 관찰하겠다." 하시고, 두 딸을 치장하여 규수嬀水의 물굽이에 내려

보내 우순의 아내가 되게 하시고는, "잘 해보아라." 하고 당부하셨다.

난자풀이 |

1 嚚(은) : 어리석다.
2 象(상) : 순임금의 동생 이름.
3 克(극) : ~할 수 있다. 잘 해내다. 영어의 can에 해당한다.
4 諧(해) : 화합하다. 화해하다. 어울리다.
5 烝烝(증증) : 차츰. 점점.
6 乂(예) : 베다. 다스리다. 어질다.
7 格(격) : 이르다.
8 女(여) : 딸을 주다.
9 時(시) : 是와 통용. 이. 저. 여기서는 순을 지칭함. 그래서 '그'로 번역했다.
10 嬀(규) : 지금의 하중부河中府 하동현河東縣에 있는 강의 이름. 규수.
11 汭(예) : 물굽이. 굽어 흐르는 물의 안쪽.
12 嬪(빈) : 아내.

강설 |

인사人事 중에 가장 중요한 것은 후계자를 정하는 일이다. 후계자를 잘못 정하면 모든 것이 허사가 되고 말기 때문이다. 훌륭한 사람을 찾는 첫 번째 방법은 효자 중에서 찾는 것이다. 불효자 중에 훌륭한 사람은 없다. 부모도 위할 줄 모르는 사람이 다른 사람을 위한다는 것은 있을 수 없는 일이기 때문이다. 순은 빼어난 효자였다. 계모의 꾐에 빠진 아버지와 동생이 순을 죽이려고 온갖 꾀를 내었지만, 순은 그것을 견뎌내었을 뿐만 아니라, 오히려 더욱 효도하여 온 가족의 마음을 감화시키고 화목한 가정을 이루어내었다. 자기를 죽이려고 한 자에게 더욱 사랑을 베푼다는 것은 빼어난 인품을 가진 자가 아니면 불가능한 일이다. 이 사실을 안 요임금은 순을 후계자로 지목했다. 그러나 후계자를 정하는 일은 워낙 중요한 사안이기 때문에 신중을 기하지 않을 수 없다. 사람이 하는 일 중에서 가장 어려운 것 중의 하나는 부인이 남편에게 존경받고, 남편이 부인에게 존경받는 일이다. 만약 남편에게 존경받는 부인이나 부인에게 존경받는 남편이 있다면 그는 훌륭한 사람임에 틀림없다. 특히 남자로서 두 부인에게 존경받는다는 것은 더더욱 어려운 일이다. 요임금은 이 일로 순을 시험했다. 자기의 두 딸을 순에게 시집보내 두 여자에게 모범을 보이는지 어떤지를 관찰하기로 한 것이다. 두 부인에게 동시에 존경을 받는다면 그의 인품은 더 이상 시험할 필요가 없을 것이다.

끝 부분에 '흠재欽哉'라고 한 말은 '경건하게 일을 잘 처리하라'는 당부의 말이다. 이 말을 여러 주석가들은 요임금이 자기의 두 딸에게 한 당부로 보았다. 그러나 딸에게 당부하는 일은 주로 어머니의 역할이다. 또 지금의 문제의 초점은 요임금이 순을 시험하는 것이기 때문에 순에게 당부하는 말로 보는 것이 좋을 것이다.

舜典 | 순전

『금문상서今文尙書』와 『고문상서古文尙書』에 다 들어 있다. 그런데 『금문상서』에는 요전堯典 속에 들어 있고, 또 첫머리에서 내명이위乃命以位까지의 스물여덟 글자가 없다. 채침은 당唐나라 공영달孔穎達의 말을 인용하여 다음과 같이 말했다. "동진東晉의 매색梅賾이 공안국孔安國이 전한 『서경書經』을 임금에게 올렸을 때에 위의 28자가 없었으니, 세상에 전해지지 않는 것이었다. 그리하여 대부분 왕숙王肅과 범녕范甯의 주를 가지고 공안국이 전한 『서경』에 없는 부분을 보충하고, 모두 '신휘오전愼徽五典' 이하를 순전舜典의 처음으로 삼았었는데, 제나라 소란蕭鸞의 건무建武 4년에 이르러 요방흥이 대항大航의 앞에서 공안국이 전한 순전을 얻어 올렸다가 일이 미처 시행되기 전에 요방홍이 죄를 얻어 죽임을 당하였다. 그러다가 수나라 개황開皇 초기에 이르러 순전을 구입하여 비로소 이것을 얻게 되었다."

曰若稽古帝舜(왈약계고제순)한대 曰重華(왈중화)①이시니 協于帝(협우제)하시며 濬哲(준철)文明(문명)하시며 溫恭允塞(온공윤색)하사 玄(현)②德(덕)이 升(승)③聞(문)④하신대 乃命以位(내명이위)하시다

국역 |

옛 임금 순을 상고하건대 중화이시니, 요임금과 덕이 합치되시며 깊고 명철하고 문채나고 분명하시며 온화하고 공손하고 성실하고 독실하시어 그윽한 덕이 위로 알려지니, 요임금이 마침내 자리를 이어라 명하셨다.

난자풀이 |

① 重華(중화) : 순의 호號로 볼 수 있다. 거듭 빛냈다는 의미로 지어진 호이다. 요가 이 세상의 문명의 불을 놓았다면 순은 거듭 빛낸 사람이다.
② 玄(현) : 깊고 깊어 가물가물한 상태를 말한다.
③ 升(승) : 위로 올라간다는 뜻.
④ 聞(문) : 들리다. 소문나다.

강설 |

요임금이 이 세상의 문명의 불을 놓으신 분이라면 순임금은 그 뒤를 이어 거듭 빛을 밝히신 분이다. 그래서 거듭 빛냈다는 의미의 중화重華라는 칭호가 붙었다. 준濬은 '깊다'는 뜻이다. 순임금의 덕이 깊다는 것은, 그의 삶의 주체가 하늘의 뜻에 닿아 있음을 의미한다.

삶이 얕은 사람은 육체적 차원에서 살기 때문에 남과 자기를 구별하고 경쟁한다. 그러나 삶이 깊어 삶의 주체가 하늘에 닿아 있는 사람은 남을 자신과 하나로 여긴다. 남과 경쟁하는 마음에서 바라보면 모든 것은 경쟁상대로 보이게 마련이다. 그러한 상태에서는 사물을 제대로 보지 못한다. 그러한 사람은 밝지 못하다. 그러나 하늘의 입장에서 남을 나처럼 보는 사람은 사물을 정확하게 보고 제대로 본다. 그러한 사람은 밝은 지혜로 살아간다. 그래서 순임금을 밝다고 표현했다. 밝은 지혜를 가진 사람은 몸에서 빛이 나고 교양미가 배어 나온다. 그러한 사람의 처신은 망설임이 없이 언제나 분명하다. 남을 나처럼 여기기 때문에 온화하고 남에게 공손하다. 하늘처럼 살기 때문에 성실하고 독실하다.

愼徽五典(신휘오전)[1]하신대 五典(오전)이 克從(극종)[2]하며 納于百揆(납우백규)[3]하신대 百揆時敍(백규시서)[4][5]하며 賓于四門(빈우사문)[6]하신대 四門(사문)이 穆穆(목목)하며 納于大麓(납우대록)하신대 烈風雷雨(열풍뇌우) 弗迷(불미)러라

국역 |

신중하게 다섯 가지 윤리를 빛내게 하시니 다섯 가지 윤리가 잘 확립되었고, 관료의 우두머리에 앉히시니 모든 정사가 잘 진행되었으며, 사방의 관문에서 손님을 맞이하게 하시니 사방의 관문이 화목해지고, 큰 산기슭에 들어가게 하시니 사나운 바람과 번개와 비가 어지럽지 않았다.

난자풀이 |

1 五典(오전) : 여러 설이 있어 어느 것이 정확한지 알기 어렵다. 여기서는 오상五常, 즉 오륜五倫과 같은 뜻으로 보면 무난할 것이다.
2 從(종) : 잘 따라주었다. 잘 실시되었다. 오륜이 잘 실시된 것은 잘 확립된 것이므로 여기서는 '확립되었다'로 번역했다.
3 百揆(백규) : 모든 정사. 앞의 백규百揆는 모든 정사를 관장하는 관료의 우두머리를 말하고, 뒤의 백규는 모든 정사를 말한다.
4 時(시) : 시是와 통용. 여기서는 '이에' "이처럼' 이라는 뜻이지만, 문맥을 고려하여 번역하지 않았다.
5 敍(서) : 펼쳐지다. 순조롭게 진행되다.
6 賓(빈) : 손님. 여기서는 '손님을 맞이하다'는 뜻의 동사로 쓰였다.

강설 |

순에 대한 두 가지 시험을 끝낸 요임금은 순을 실제의 정치에 참여시켜 마지막으로 정치적 능력을 시험하였다. 먼저 교육정책을 담당케 하여 윤리가 잘 확립되는지를 보았고, 다음으로 내무행정을 담당케 하여 행정이 순조롭게 진행되는지를 보았으며, 다음으로 외교를 담당케 하여 외교가 순조롭게 되는지를 보았다. 요임금이 이 세 가지를 순에게 맡긴 것에서 우리는 정치에 있어 이 세 가지의 중요성을 파악할 수 있다. 순에게 맡겨진 이 세 가지의 일이 잘 진행되었다는 것은 사람들이 순을 인정하고 따랐다는 것을 입증하는 것이다.

요임금은 마지막으로 순을 산 속으로 들여보냈다. 거친 산 속에서 다니다가 보면 사나운 바람이 불어 고생할 수도 있고, 눈비를 맞아 고생할 수도 있다. 또 번개를 맞아 죽을 수도 있다. 그러나 순이 산 속에 있을 때는 그런 일이 없었다. 바람과 번개와 비가 그를 해치지 않았다. 순에게는 바람과 번개와 비를 피할 수 있는 능력이 있었기 때문이다.

욕심이 없는 사람은 생명력이 왕성하다. 모든 생명체는 자연의 생명력을 갖고 있다. 생명을 유지하기 위해서는 먹어야 할 때 먹고, 쉬어야 할 때 쉬며, 자야 할 때 자야 한다. 먹어야 할 때 먹는 것은 배고픔을 느끼기 때문이고, 쉬어야 할 때 쉬는 것은 피곤함을 느끼기 때문이며, 자야 할 때 자는 것은 자고 싶은 느낌이 들기 때문이다. 그 느낌이 생명을 유지하기 위한 자연의 생명력이다. 그러나 사람에게 욕심이 생기면 느낌이 둔화된다. 큰 위험에 처할 때도 그렇다. 태풍이 불고 산이 무너지는 위험스런 사태가 일어날 때도 피하고 싶은 느낌이 들지만 욕심이 많은 사람은 느낌이 둔화되기 때문에 피하지 못한다.

순임금은 욕심이 없는 사람이다. 그는 느낌이 왕성하기 때문에 자연재해를 피할 수 있었다.

帝曰(제왈) 格(격)하라 汝舜(여순)아 詢[1]事考[2]言(순사고언)한대 乃言(내언)이 底[3]可[4]績(저가적)이 三載(삼재)니 汝陟帝位(여척제위)하라 舜(순)이 讓于德(양우덕)하사 弗嗣(불사)하시다

국역 |

요임금이 말씀하셨다. "이리 오라! 너 순아. 네가 하는 일에 대해 물

어보고 너에 대한 여러 사람들의 말을 살펴보았더니, 업적을 이룰 수 있다고 말들을 하는 것이 3년째이다. 그러니, 네가 제위에 오르라." 순은 덕이 있는 사람에게 사양하고 이어받지 않으셨다.

난자풀이 |

1 詢事(순사) : 순이 일을 잘하고 있는지 물어보는 것.
2 考言(고언) : 순에 대한 다른 사람들의 말이나 평가를 살펴보는 것.
3 底(저) : 지至와 통용. 이르다. 급及과도 통한다.
4 言底可績(언저가적) : 언급가적言及可績과 같다. 요임금이 사람들에게 순의 일에 대해 물을 때마다 업적을 이룰 수 있다고 긍정적으로 언급한 것을 말한다.

강설 |

순에 대한 마지막 시험은 그에게 정사를 맡겨보는 것이었다. 그러면서 그가 일을 잘 처리하는지 사람들에게 물어보기도 하고, 또 사람들이 순에 대해 하는 말이나 평가를 들어보기도 했다. 그럴 때마다 사람들은 순이 하는 일이 성공적이라고 대답했다. 그런지가 3년이 되자 드디어 요임금은 순에게 자리를 선양했다. 그러나 순은 사양하고 받지 않았다.

正月上日(정월상일) 受終于文祖(수종우문조)하시다
1 上日, 2 受終, 3 文祖

국역 |

정월 상순의 어느 날에 문조에서 인수인계를 하셨다.

난자풀이 |

1 上日(상일) : 초하루라는 설도 있고 상순의 어느 날이라는 설도 있다. 상순에 속하는 어느 날 중에 길한 날을 뽑아서 행사를 거행했을 것으로 본다면 '상순의 어느 날'로 보는 것이 좋을 것이다.
2 受終(수종) : 받고 마치는 것. 한 쪽에서는 일을 받고 한 쪽에서는 일을 마치는 것이므로 오늘날 인수인계와 같다.
3 文祖(문조) : 요임금 시조의 사당.

강설 |

순이 사양했으나 요임금의 뜻은 이미 확고했다. 순이 요임금의 정치를 대행하지 않을 수 없었다. 그래서 다음 해 정월 상순의 어느 길일을 택해 조상의 사당에서 인수인계를 했다.

재선기옥형　　이제칠정
在璿璣玉衡하사 以齊七政하시다
1 2 3

국역 |

선기와 옥형을 살펴 칠정을 고르게 하셨다.

난자풀이 |

1 在(재) : 찰察과 같은 뜻. 살피다.
2 璿璣玉衡(선기옥형) : 혼천의渾天儀를 말한다. 옛날 천체를 오늘날 지구본처럼 둥글게 만들어 해와 달 및 별자리를 관찰했다. 선璿은 옥의 일종이고 기璣는 둥근 그릇 모양을 한 것을 말한다. 옥玉은 옥으로 만든 것을 말하는 것이고 형衡은 혼천의 속에 가로로 고정시킨 막대를 말한다.
3 七政(칠정) : 해와 달 및 다섯 가지 별들의 운행.

강설 |

선기옥형은 혼천의를 말한다. 지구본처럼 둥글게 만들어 천체를 나타내었다. 그리고 그 천체에 태양이나 달의 궤적으로 그려넣고 각종 별자리를 그려 넣어 천문을 관찰하는 도구로 삼았다. 순이 요임금의 정사를 대행하게 되어 맨처음으로 한 것이 하늘의 천문을 살펴 해와 달과 별들의 운행 법칙과 원리를 파악하는 것이었다. 이는 사람의 삶의 기본이 되기 때문이다. 특히 농사를 생업으로 하는 경우에 더욱 그러하다.

사류우상제
肆類于上帝하시며 (1 類, 2 上帝) 인우육종 禋于六宗하시며 (3 禋, 4 六宗) 망우산천 望于山川하시며 (5 望)
편우군신
徧于群神하시다 (6 徧)

국역 |

드디어 하느님께 유類라는 제사를 지내시며 육종에게 인禋이라는 제사를 지내시며 산천에 망望이라는 제사를 지내시며 여러 신에게 두루 제사하셨다.

난자풀이 |

1 類(류) : 무리. 동류. 떼. 여기서는 하늘에 지내는 제사.
2 上帝(상제) : 하느님. 천天보다 인격적 성격이 더 강하기 때문에 '하느님'으로 번역했다. 이에 비해 천天은 '하늘'로 번역했다.
3 禋(인) : 하늘에 있는 해와 달 등에 대해 지내는 제사. 연煙과 뜻이 통하므로 인禋이라는 제사는 연기를 피워 하늘에 있는 해와 달에게 뜻을 전달하는 의미가 있다.
4 六宗(육종) : 하늘에 있는 여섯 가지 귀중한 존재. 해와 달 및 중요한 별들. 이 외에도 여러 가지 설들이 있다.
5 望(망) : 산천에 지내는 제사. 산 아래의 평지에서 산을 바라보고 지내기 때문에 망望이라는 이름이 붙었다.
6 徧(편) : 두루. 여기서는 모든 신들에게 두루 제사를 지낸다는 뜻이다.

강설 |

천문과 역법을 파악하고 난 순은 다음으로 두루 제사를 지냈다. 제사의 의미는 기독교에서 행하는 기도와 같다. 인간의 삶에서 나타나는 모든 문제는 인간 자신이 유한자有限者라 생각하는 데서 비롯된다. 자신과 남 사이에 한계를 긋기 때문에 남과의 갈등이 일어난다. 자신을 유한한 존재로 생각하기 때문에 자신이 왜소해지며, 늙고 죽는 고통이 생겨난다. 그러나 사실은 그렇지 않다.

물위에 떠 있는 얼음 덩어리들을 모양을 가진 덩어리로 본다면 모든 얼음 덩어리들은 각각 독립된 개체이다. 그러나 그 얼음 덩어리들이 사실은 여전히 물이라는 사실을 이해한다면 모든 얼음 덩어리들은 독립된 개체가 아니다. 모든 얼음 덩어리는 여전히 물이며, 똑 같이 물의 성질을 그대로 가지고 있다. 모든 얼음 덩어리는 0℃ 이상이 되면 녹는다. 모양이 있는 것만 있는 것이라고 한다면 얼음과 얼음 사이에는 아무 것도 존재하지 않는다. 그러나 물의 차원에서 보면 얼음과 얼음 사이에 아무 것도 없는 것이 아니다. 빈틈없이 물이 가득 차있다. 가득 차 있는 그 물의 성질이 모든 얼음에 그대로 나타나는 것이다. 물과 얼음은 둘이 아니다. 얼음이 만약 이를 모른다면 다른 얼음과 모양의 아름답기 경쟁을 할 것이고, 녹아서 물이 되는 것을 없어지는 것으로 알고 슬퍼할 것이다. 그러나 그 얼음이 물임을 알고 있다면 다른 얼음과 경쟁하지 않을 것이고, 녹아서 물이 되는 것을 슬퍼하지 않고 기꺼이 받아들일 것이다.

사람의 삶도 이와 같다. 사람의 몸은 우주에 흩어져 있는 물질인 기氣가 잠시 모여 있는 것일 뿐이다. 모여 있을 때나 흩어져 있을 때나 그 기氣의 차원에서 보면 차이가 없다. 사람들이 그것을 모르고 모여 있는 상태를 살아있다고 하고 흩어져 있는 상태를 죽었다고 한다. 또 기氣의 차원에서 보면 나와 남의 구별이 없고 나와 만물이 구별이 없다. 사람들이 눈에 보이는 것만 있는 것으로 착각한 나머지 이를 모르고 공연히 남과 나를 구별하고 만물과 나를 구별한다.

그리고 사람의 마음 또한 우주에 충만해 있는 마음과 다른 것이 아니다. 나의 마음은 내 몸에만 있고, 다른 사람의 마음은 다른 사람의 몸에만 있는 것이라면 그 마음이 같을 수 없다. 그러나 사람의 마음은 근본적으로 같다. 사람은 누구나 배고플 때 먹고 싶어하고, 피곤할 때 쉬고 싶어한다. 이와 같은 사람의 마음은 우주에 충만해 있는 마음이 사람의 몸을 통해서 나타나는 것일 뿐이다. 사람들이 이를 모르고 자기의 몸과 마음이 남과 구별되는 유한한 것이라 생각할 때 온갖 고통과 슬픔이 생겨난다. 그렇다면 우리가 해야 할 일은 유한자가 아닌 원래의 모습을 되찾는 것이다. 그것이 진리를 얻는 것이고 영생을 얻는 것이다.

진리를 얻는 것은 남과 하나가 되는 것이고, 만물과 하나인 자신의 본래모습을 회복하는 것이다. 그러기 위해서는 먼저 그것을 강력하게 희망해야 하고, 그렇게 되기 위한 수행을 해야 한다. 그 중요한 방법 중의 하나가 제사이다.

존재의 본질은 하늘이다. 얼음에게는 물이 하늘이듯이 사람에게는 남과 구별되기 이전의 본래의 상태가 하늘이다. 그러므로 하늘의 입장이 되면 모두가 하나가 된다. 모두가 같은 범주에 들어가는 것을 유類라 한다. 모든 사람이 같은 범주에 들어있다는 뜻으로 말할 때 인류라 한다. 하늘에 지내는 제사의 이름을 유類라 한 것은 그 제사의 목적이 하늘의 입장에서 모두 하나임을 확인하기 위한 것이기 때문이다.

사람이 모두 하나로 연결되어 있듯이 해와 달과 별과도 하나로 연결되어 있다. 그렇기 때문에 해와 달과 별에게도 하나로 연결되어 있음을 확인하는 제사를 지낸다. 특히 해와 달과 별들은 위에 있기 때문에 제사를 지낼 때 연기를 위로 보내 뜻을 전한다. 그래서 제사 이름을 연煙과 통하는 글자인 인禋으로 붙였다.

하늘과 해와 달과 별 외에 또 사람이 살아가는 데 중요한 것은 산천이다. 그래서 사람들은 또 산천과도 하나임을 확인하는 제사를 지낸다. 산천에 제사지낼 때는 산이나 강의 옆에 떨어져서 바라보고 지내기 때문에 제사 이름을 망望으로 붙였다.

輯五瑞(집오서)[1]하시니 旣月(기월)이어늘 乃日覲四岳[2]群牧[3](내일근사악군목)하시고 班瑞于群后(반서우군후)하시다

국역 |

다섯 가지 임명장인 서옥을 거두시고, 한 달쯤 지나서 날마다 사악과 여러 목민관들을 만나보시고 여러 제후들에게 서옥을 나누어주셨다.

난자풀이 |

1 瑞(서) : 홀. 천자가 제후를 봉할 때 임명장으로 주는 홀. 옥으로 만들었음.
2 四岳(사악) : 천자 곁에 있으면서 사방 제후의 일을 관리하는 신하. 오늘날의 비서관에 해당하는 듯하다.
3 群牧(군목) : 여러 목민관. 오늘날 도지사나 군수 등이 이에 해당한다.

강설 |

모두와의 화합을 위한 제사를 마친 순은 제후들의 임명장을 거두어들였다. 그러고는 한 달쯤 그들의 인품과 공과를 신하들에게 물어보기도 하고 다른 방법으로 조사하기도 했다. 그런 뒤에 유임시킬 제후와 새로 임명할 제후들을 정하여 새로 임명장을 수여했다. 이러한 방법은 오늘날의 정치에서도 예외가 아니다.

세 이 월　동 순 수　지 우 대 종　시　망 질
歲二月에 東巡守하사 至于岱宗하사 柴하시며 望秩
1 2 3 4

우 산 천　사 근 동 후　협 시 월　정 일
于山川하시고 肆覲東后하시니 協時月하사 正日하시며

동 률 도 량 형　수 오 례　오 옥　삼 백　이 생　일
同律度量衡하시며 修五禮, 五玉, 三帛, 二生, 一
5 6 7 8 9 10 11 12

사지　여오기　졸내복
死贄하시며[13] 如五器하시고[14] 卒乃復하시다[15]

오월　남순수　지우남악　여대례　팔
五月에 南巡守하사 至于南岳하사[16] 如岱禮하시며 八

월　서순수　지우서악　여초　십유일
月에 西巡守하사 至于西岳하사[17] 如初하시며 十有一

월　삭순수　지우북악　여서례　귀격
月에 朔巡守하사[18] 至于北岳하사[19] 如西禮하시고 歸格

우예조　용특
于藝祖하사[20] 用特하시다[21]

국역 |

그 해 2월에 동쪽 지방을 순수하여 대종에 이르러 시柴라는 제사를 지내시고, 산천을 바라보고 차례를 정하여 제사지내시고, 마침내 동쪽 제후들을 만나시어 사계절과 달을 맞추고 날짜를 바로잡으며, 율여律呂·도·량·형을 통일시키며, 다섯 가지 예·다섯 가지 옥·세 가지 폐백·두 마리의 산 짐승·한 마리의 죽은 짐승의 예물을 확인하시며, 다섯 가지 기물을 똑같게 하시고, 끝나면 다시 순수 길에 오르셨다. 5월에 남쪽 지방을 순수하여 남악에 이르러 대종의 예와 똑같이 하시며, 8월에 서쪽 지방을 순수하여 서악에 이르러 처음과 똑같이 하시고, 11월에 북쪽 지방을 순수하여 북악에 이르러 서쪽의 예와 똑같이 하시고, 돌아와 예조의 사당에 이르러 한 마리의 소를 써서 제사지내셨다.

난자풀이 |

[1] 巡守(순수) : 지키는 곳을 순행하는 것. 제후들의 정치하는 곳을 돌아보는 것.

2 岱宗(대종) : 태산. 대岱는 대표적인 산이란 뜻이고, 종宗은 가장 높은 산이란 뜻으로 함께 태산을 지칭한다.

3 柴(시) : 나무에 불을 태워 지내는 제사의 방식.

4 望秩(망질) : 망望이라는 제사를 차례로 지내다. 망望은 산천을 우러러보고 지내는 제사의 방식.

5 律(율) : 채침蔡沈의 주에 의하면 율律에 대한 설명은 다음과 같다. 율律은 십이률十二律이니, 곧 십이음의 악률樂律이다. 이에는 양육陽六의 육률六律과 음육陰六의 육려六呂가 있다. 육률六律은 황종黃鐘(십일월에 해당)・태주太簇(정월)・고선姑洗(삼월)・유빈蕤賓(오월)・이칙夷則(칠월)・무역無射(구월)이고, 육려六呂는 대려大呂(십이월)・협종夾鐘(이월)・중려仲呂(사월)・임종林鐘(유월)・남려南呂(팔월)・응종應鐘(시월)이다. 십이률은 본래 열두 개의 대통으로 만들었다. 대통의 구멍의 직경이 3푼 남짓하고 둘레가 9푼이다. 황종의 길이는 9촌인데 대려大呂 이하는 차례대로 조금씩 짧아져서 응종에 이르러서 가장 짧다. 이것을 가지고 악기를 만들어 소리를 조절하면, 긴 것은 소리가 낮고 무겁고 탁하고 느리며, 짧을수록 소리가 높고 가볍고 맑고 빠르다.

또 황종의 길이를 90등분 한 것이 한 푼 [一分]이고, 열 푼이 한 치 [1寸]이며 열 치가 한 자 [1尺]이고 열 자가 한 장丈이며 열 장이 한 인引이다. 또 황종의 통 속에 곡식을 넣으면 곡식 중 중간 크기의 검은 기장 1200개가 들어가는데, 그 부피가 한 약龠이고, 열 약이 한 홉 [1合]이며, 열 홉이 한 되 [1升]이고 열 되가 한 말 [1斗]이며, 열 말이 한 곡斛이다.

그리고 황종에 들어가는 1200개의 기장의 무게가 12수銖이고, 그 배인 24수가 한 냥兩이며, 16냥이 한 근斤이고 서른 근이 한 균鈞이고 네 균이 한 석石이다.

이를 보면 도량형의 단위를 정하는 기준이 12률律에서 나옴을 알 수 있다. 그러므로 도량형을 바로잡기 전에 먼저 12률을 바로잡아야 하는 것이다.

6 度(도) : 길이.

7 量(량) : 양. 부피.

8 衡(형) : 저울. 무게의 단위를 재는 기구.

9 五禮(오례) : 다섯 가지 예禮. 길吉・흉凶・빈賓・군軍・가嘉의 다섯 예禮로 보는 설과 부자・형제・부부・군신・붕우 간에 지켜야 할 예禮로 보는 설이 있다.

⑩ 五玉(오옥) : 다섯 가지 옥玉. 이때의 옥玉은 제후들이 신분을 증명하는 신분증인데, 제후의 등급이 다섯 가지이기 때문에 신분증도 다섯 가지이다.

⑪ 三帛(삼백) : 세 가지 비단. 적색·흑색·백색의 옥에 까는 비단. 채침蔡沈의 주에 의하면, 제후의 세자는 붉은 비단, 공公의 고아는 검은 비단, 부용국의 군주는 누런 비단을 쓴다고 한다.

⑫ 二生(이생) : 경卿은 염소, 대부는 기러기를 예물로 쓴다.

⑬ 一死贄(일사지) : 사士는 한 마리의 죽은 꿩을 예물로 쓴다.

⑭ 五器(오기) : 다섯 가지 갖추는 기구. 경卿·대부大夫·상사上士·중사中士·하사下士의 다섯 계급의 사람들의 복장, 장식, 복장의 무늬 등이 모두 器에 해당한다.

⑮ 復(복) : 반복하다. 여기서는 다시 순수 길에 오르는 것을 말한다.

⑯ 南岳(남악) : 『사기』에는 형산衡山으로 되어 있으나 확실한 지 알 수 없다.

⑰ 西岳(서악) : 화산華山.

⑱ 朔(삭) : 북방.

⑲ 北岳(북악) : 항산恒山.

⑳ 藝祖(예조) : 『사기』에는 예藝가 녜禰로 되어 있다. 채침은 예조를 할아버지와 아버지의 사당이라는 설과, 문조文祖로 보는 설을 다 소개했다.

㉑ 特(특) : 소. 황소.

강설 |

제후를 새로 임명한 순임금은 다음으로 제후의 나라를 순수하여 제후들의 정치 상황을 점검했다. 오늘날의 연두순시와 같다.

五載(오재)에 一巡守(일순수)①어시든 群后(군후)는 四朝(사조)하나니 敷奏以言(부주이언)하시며 明試以功(명시이공)하시며 車服以庸(거복이용)②하시다 肇十有二州(조십유이주)③하

시고 封十有二山(봉십유이산)하시며 濬川(준천)하시다
[4] [5]

국역 |

5년에 한번 순수하면 여러 제후는 네 번 조회에 참석하여 자신들의 일을 말로 진술하고 아뢴다. 그러면 순임금은 그 공을 분명하게 시험하고 수레와 의복으로 공을 표창하셨다. 12주를 처음으로 만들고 12주의 산에 단을 만들어 제사를 지내시고 내를 깊이 파셨다.

난자풀이 |

[1] 巡守(순수) : 제후들이 지키고 있는 곳을 돌아보는 것.
[2] 庸(용) : 공을 표창하는 것.
[3] 十有二州(십유이주) : 채침은 기冀, 연兗, 청靑, 서徐, 형荊, 양揚, 예豫, 양梁, 옹雍, 유幽, 병幷, 영營이라 했다.
[4] 封(봉) : 산에 단을 쌓고 제사지내는 것.
[5] 十有二山(십유이산) : 12주의 대표되는 산.

강설 |

순임금의 순시는 5년에 한번이었다. 그러면 나머지 4년간은 제후들이 1년에 한 번씩 네 번 순임금에게로 와서 자신들의 일을 보고했다. 그러고는 영토를 확정했다.

象以典刑하시되 流宥五刑하시며 鞭作官刑하시며 扑作教刑하시며 金作贖刑하시며 眚災는 肆赦하시고 怙終은 賊刑하사되 欽哉欽哉하사 惟刑之恤哉하시다

국역 |

기본적인 형벌을 만드시되 귀양 보내는 것으로 오형을 용서해주시며, 채찍으로 관청의 형벌로 삼고, 회초리로 학교의 형벌로 삼으시며, 돈으로 속죄하는 법을 만드시며, 과오와 본의 아니게 지은 죄는 놓아주시고, 믿는 구석이 있어 저지른 죄나 끝까지 계속하는 죄는 더 무겁게 벌하시되, 조심하고 조심하여 오직 형벌을 신중히 하셨다.

난자풀이 |

1 象(상) : 이미지를 본받아 드러내는 것. 하늘도 형벌을 준다. 사람이 만드는 형벌은 그냥 아무렇게나 만드는 것이 아니다. 하늘의 형벌을 본받은 것이어야 한다.

2 典刑(전형) : 기본적인 법의 틀.

3 流(류) : 유배. 귀양 보내는 것.

4 宥(유) : 용서하다.

5 五刑(오형) : 얼굴에 먹물을 넣어 죄의 내용을 표시하는 묵형墨刑・코를 베는 의형劓刑・발을 베는 비형剕刑・거세하는 궁형宮刑・사형에 처하는 대벽大辟을 말한다.

6 扑(복) : 회초리로 종아리를 때리다. 또는 회초리.

7 眚災(생재) : 과오나 본의 아니게 저지른 죄.

8 怙(호) : 믿는 구석이 있어 저지르는 죄.
9 終(종) : 끝까지 계속하는 죄.
10 之(지) : 도치를 나타낼 때 쓰이는 조사. 휼형恤刑으로 놓고 해석하면 된다.

강설 |

형벌이나 법을 만드는 데는 두 가지 원리가 있다. 사람이 모두 악하다고 보는 성악설적 정서에서는 사람들이 악을 행하지 않고 함께 살아갈 수 있도록 유도하기 위해서 법을 만든다. 그렇기 때문에 법은 사람들의 합의에 의해 만들어지는 것이다. 그러나 성선설적 정서를 가진 사람들은 하늘의 뜻대로 사는 것이 바람직한 삶이기 때문에 법이나 형벌도 하늘의 뜻에 따라서 제정해야 한다. 그러므로 하늘의 뜻을 모르는 사람은 법을 제정할 수 없다.

하늘은 사람들에게 벌을 주기도 한다. 재해를 내리는 것도 벌이다. 또 겨울의 추위가 열매들을 심판하여 충실하지 않은 열매는 죽이고 충실한 열매만 남겨 놓는데, 이 역시 하늘의 형벌이다. 사람의 법도 이러한 하늘의 법에 따라야 한다는 것이 성선설적 정서를 가진 사람들의 사고방식이다. 요임금은 법을 만들 때 상象이라는 말로 표현했다. 상象은 하늘의 뜻을 본받아 드러내는 것을 말한다.

고의로 저지를 죄가 아닌 것은 실수에 의한 것이다. 그것은 욕심을 채우기 위하여 의도한 죄가 아니다. 원래 형벌은 욕심을 줄여 본심으로 살도록 유도하기 위해서 만들어진다. 그러므로 욕심으로 저지른 죄가 아닌 것은 가볍게 벌을 주지만, 욕심을 채우기 위해 저지른 죄는 무겁게 벌을 준다.

流共工于幽洲하시며 放驩兜于崇山하시며 竄三苗于三危하시며 殛鯀于羽山하사 四罪하신대 而天下咸服하니라

(유공공우유주 방환두우숭산 찬삼묘 우삼위 극곤우우산 사죄 이천하함복)

국역 |

공공을 유주에 귀양보내고 환두를 숭산으로 추방하고 삼묘를 삼위에 몰아내고 곤을 우산에 가두어 네 가지 경우의 죄를 주시니, 천하가 다 복종하였다.

난자풀이 |

1 共工(공공) : 순임금의 신하.

2 幽洲(유주) : 채침蔡沈은 북쪽 변방의 땅이라 했고, 일본의 이케다 스에토시는 『괄지지括地志』를 인용하여 지금의 하북성河北省 밀운현密雲縣에 있었다고 한다.

3 崇山(숭산) : 채침은 남쪽 변방의 산으로 지금의 풍주灃州에 있었다고 하고, 이케다는 지금의 호남성湖南省 대용현大庸縣의 서남에 있었다고 한다.

4 三苗(삼묘) : 남쪽 변방에 살고 있었던 종족.

5 三危(삼위) : 산 이름. 서쪽 변방. 지금의 감숙성甘肅省 위원현渭源縣 경계에 있음.

6 殛(극) : 죽이다. 음은 '극'. 여기서는 죽을 때까지 가두어 두는 것을 말한다.

7 羽山(우산) : 동쪽 변방에 있는 산. 지금의 산동성山東省 담성현郯城縣과 봉래현蓬萊縣에 우산羽山이라는 이름의 산이 있다. 아마도 이 둘 중의 하나일 것이다.

강설 |

형벌에 적용한 실례를 든 것이다.

이 십 유 팔 재　　제 내 조 락　　　백 성　　여 상 고 비
二十有八載에 帝乃殂落[1]하시거늘 百姓은 如喪考妣[2]
　삼 재　　사 해　　알 밀 팔 음
를 三載하고 四海는 遏密八音[3]하니라

국역 |

섭위한 지 28년 만에 요임금이 마침내 돌아가시니, 백성들은 부모의 상을 당한 듯이 3년을 지냈고 온 나라에는 모든 음악을 그쳐 조용히 하였다.

난자풀이 |

[1] 殂落(조락) : 죽는다. 조殂는 올라가는 것이고, 락落은 떨어지는 것이다. 사람이 사는 것은 하늘 기운과 땅의 기운이 결합해 있는 것이고, 죽는다는 것은 하늘 기운과 땅의 기운이 분리되는 것을 말한다. 사람이 죽을 때 하늘에서 온 기운은 도로 하늘로 올라가는데, 이를 혼魂이라 한다. 또 땅에서 온 기운은 도로 땅으로 내려가는데, 이를 백魄이라 한다.

[2] 考妣(고비) : 죽은 아버지와 어머니.

[3] 八音(팔음) : 쇠[金]·돌[石]·실[絲]·대[竹]·박[匏]·흙[土]·가죽[革]·나무[木]로 된 여덟 종류의 악기에서 나는 소리.

月正元日(월정원일)에 舜(순)이 格于文祖(격우문조)하시다
[1] [2]

국역 |

정월 초하루에 순이 문조의 사당에 나아가셨다.

난자풀이 |

[1] 月正(정월) : 달이 바르게 되었을 때. 열두 달 중에 바른 달은 정월이므로 여기서는 정월을 말한다.
[2] 元日(원일) : 초하루.

강설 |

순임금이 문조에 나아가 배알하고 황제의 자리에 즉위했다.

詢于四岳(순우사악)하사 闢四門(벽사문)하시며 明四目(명사목)하시며 達四聰(달사총)하시다

국역 |

사악에게 물어 사방의 문을 열어놓고 사방의 눈을 밝히고 사방의 귀를 통하게 하셨다.

강설 |

순임금이 즉위한 뒤 제일 먼저 행한 것은 백성들의 눈과 귀를 열어 준 것이다. 일반적으로 사람들은 평소에는 다른 사람들과 하나가 되어 마음이 통하다가도, 지위를 가지게 되면 그 지위를 이용하여 사람들을 탄압하는 경우가 많다. 이는 지위에 있음으로 해서 자기가 다른 사람과 구별되는 특별한 사람이란 생각을 하기 때문이다. 이러한 생각은 잘못이다. 순임금은 임금이 되었어도 임금이 되었다는 의식을 하지 않았다. 그래서 그 이전과 마찬가지로 백성들의 마음과 늘 하나가 되고 백성들의 눈과 귀가 되었다.

자십유이목 왈 식재유시 유원능이 돈
咨十有二牧하사 曰 食哉惟時니 柔遠能邇하며 惇
덕윤원 이난임인 만이 솔복
德允元[1]하고 而難任人[2]이면 蠻夷도 率服하리라

국역 |

열두 목민관에게 물어보시고는 말씀하셨다. "곡식이 제일이다. 오직 때를 잘 맞추어야 한다. 그리고 멀리 있는 자를 부드럽게 어루만지고 가까이 있는 자를 능력자가 되게 하며, 덕이 있는 자를 후대하고 우수한 자를 믿으며 간사한 자를 어렵게 만들면, 변방 오랑캐도 모두 감복할 것이다."

▌난자풀이 |

[1] 元(원) : 으뜸인 자. 우수한 자.

[2] 難任人(난임인) : 『사기』에는 원녕인遠佞人으로 되어 있다. 간사한 자를 어렵게 만들다.

▌강설 |

백성과 한마음을 유지하는 것을 첫 번째로 확인한 순임금은 다음으로 목민관들에게 경제의 중요성과 사람 다스리는 법을 깨우쳤다.

순 왈 자 사 악 유 능 분 용 희 제 지 재 사 택
舜曰 咨四岳아 有能奮庸[1]하여 熙帝之載어든 使宅[2]

백 규 양 채 혜 주 첨 왈 백 우 작 사 공
百[3]揆하여 亮[4]采[5]惠疇[6]하리라 僉曰 伯[7]禹作司[8]空하니이다

제 왈 유 자 우 여 평 수 토 유 시 무 재 우
帝曰 兪라 咨禹아 汝平水土하니 惟時懋哉인저 禹

배 계 수 양 우 직 설 기 고 요 제 왈 유 여
拜稽首하여 讓于稷[9]契[10]과 曁皐[11]陶한대 帝曰 兪[12]라 汝

왕 재
往哉하라

국역 |

순임금이 말씀하시기를 "자! 사악아. 공을 떨쳐 요임금의 일을 밝힐 자가 있으면 백규 자리에 두어 여러 일을 밝혀 백성들에게 은혜를 베풀게 하겠다" 하시니, 모두가, "백우가 현재 사공이 되어 있습니다" 하였다. 이에 순임금이 말씀하시길, "옳지. 자! 우야. 네가 물과 땅을 잘 다스렸으니, 오직 이를 힘쓸진저" 하였다. 우가 절하고 머리를 조아려 직과 설 및 고요에게 사양하니, 순임금이 말씀하셨다. "옳지! 네가 가서 임무를 수행하라."

난자풀이 |

1 奮庸(분용) : 용庸은 공이므로 분용奮庸은 공을 떨쳐 이룸을 말한다.
2 使宅(사택) : '거처하게 한다' '자리에 있게 한다' 등의 뜻이지만, 자리에 있게 하는 것은 그런 자리에 두는 것이므로 여기서는 '두다'로 해석했다.
3 百揆(백규) : 오늘날 총리직에 해당하는 관직. 백규.
4 亮(량) : 밝히다.
5 采(채) : 여러 가지 일.
6 疇(주) : 무리들. 여기서는 백성을 가리킴.
7 伯禹(백우) : 우임금. 그의 아버지 곤鯀의 작위를 이어받았으므로 백伯자를 앞에 붙임.
8 司空(사공) : 금문金文에는 사공司工으로 되어 있다. 토지를 관장하는 관리.
9 稷(직) : 성은 희姬, 이름은 기棄. 농사와 토지를 관장하는 관직. 태邰에 봉해졌다.
10 契(설) : 순임금의 신하. 성이 자子, 이름이 계契.
11 皐陶(고요) : 순임금의 신하 중의 한 사람. '고도'로 읽는 것은 잘못임.
12 兪(유) : 옳지! '사양하는 것을 보니 듣던 대로 훌륭하다'는 뜻을 지니고 있다.

강설 |

정치에 있어서 가장 중요한 것은 정치적 지도자의 수양 정도이다. 수양이 되어 백성과 늘 하나가 되는 사람이 정치를 한다면 아무 문제가 없다. 순임금은 먼저 자신이 백성과 한마음이 된다는 것을 확인한 뒤, 정치 원리를 확정했다. 그것은 경제와 인간관리에 관한 것이었다. 그리고 그 다음에 중요한 것은 훌륭한 인물을 찾아내는 것이다. 그 중에서 제일 먼저 찾아야 하는 것이 총리이고 다음이 경제 전문가, 교육 전문가, 법률 전문가, 산업 전문가, 환경 전문가, 제사 등을 관장하는 전례 전문가, 음악 전문가, 대변인 순서로 이어진다.

帝曰(제왈) 棄(기)아 黎民(여민)이 阻飢(조기)일새 汝后稷(여후직)이니 播時百穀(파시백곡)하라 帝曰(제왈) 契(설)아 百姓(백성)이 不親(불친)하며 五品(오품)이 不遜(불손)일새 汝(여)作司徒(작사도)니 敬敷五教(경부오교)하되 在寬(재관)하라

[1] 棄 [2] 阻飢 [3] 播時百穀 [4] 不親 [5] 五品 [6] 不遜 [7] 作司徒 [8] 五教 [9] 寬

국역 |

순임금이 말씀하시기를, "기야! 백성들이 곤궁하여 굶주리고 있다. 너는 후직이니, 백곡을 파종하도록 하라" 하시고, 또 말씀하시기를, "설아! 백성이 친하지 않고 오품이 순조롭지 않으므로 너를 사도로 삼으니, 조심해서 다섯 가지 가르침을 펴되 잘 살펴 너그럽게 하라" 하셨다.

난자풀이

1 棄(기) : 후직后稷의 이름.
2 阻(조) : 험하다. 걱정하다. 여기서는 곤궁하여 걱정이 많은 상태를 말한다.
3 時(시) : 시是와 통용. '이'라는 뜻이지만, 조음소처럼 쓰이기도 한다. 여기서는 조음소로 쓰였으므로 번역하지 않았다.
4 親(친) : 하나가 되는 것. 한 마음이 되는 것.
5 五品(오품) : 다섯 가지 인간관계. 즉, 부모와 자녀 관계, 임금(직장의 상관과 부하직원을 포함함)과 신하관계, 부부 관계, 나이 많은 사람과 어린 사람과의 관계, 친구 관계 등의 다섯 가지 인간관계를 말한다. 어떠한 사람도 이 다섯 가지의 인간관계에서 벗어난 사람은 없다.
6 不遜(불손) : 순조롭지 않다. 불손하다.
7 司徒(사도) : 오늘날의 교육부 장관에 해당함.
8 五敎(오교) : 다섯 가지 가르침. 인간관계에서 지켜야 하는 도리. 즉, 부모와 자녀 관계에서 서로 하나가 되는 윤리인 친親, 임금과 신하 사이에 하나가 되는 윤리인 의義, 부부가 서로 하나가 되는 윤리인 별別, 나이 많은 사람과 젊은 사람이 서로 하나가 되는 윤리인 서序, 벗들이 서로 하나가 되는 윤리인 신信을 말한다.
9 在(재) : 찰察과 같은 뜻. 살피다.

강설

총리를 발탁한 다음에 중요한 것은 경제 전문가와 교육 전문가를 찾아내어 발탁하는 것이다.

帝曰(제왈) 皐陶(고요)아 蠻夷猾夏(만이활하)[1]하여 寇賊姦宄(구적간귀)[2]할새 汝作士(여작사)[3]니 五刑(오형)에 有服(유복)[4]하되 五服(오복)을 三就(삼취)[5]하며 五流(오류)[6]에 有宅(유택)하되 五宅(오택)[7]에 三居(삼거)[8]니 惟明(유명)이라사 克允(극윤)하리라

국역 |

순임금께서 말씀하셨다. "고요야! 변방의 오랑캐가 중하를 침범하여 노략질하고 해치고 나쁜 일을 하고 도적질을 하는구나. 너를 사사로 삼으니, (그들을) 다섯 가지 형벌에 처하되 다섯 가지 처벌을 세 곳에 가서 하고, 다섯 가지 귀양보내는 형벌을 내릴 때 머무는 집이 있게 하되 다섯 가지 머무는 집을 세 구역으로 나누어 거처하게 해야 할 것이니, 분명하게 살펴야 미덥게 처리할 수 있을 것이다."

난자풀이 |

[1] 夏(하) : 서부 지역에 살던 한 부족에 대한 칭호였다가 차츰 동이족에 대립된 개념으로 쓰였던 듯하다. 뒤에 우임금이 나라이름을 하夏로 한 것도 이러한 전통을 이은 것으로 보인다.

[2] 宄(귀) : 도둑. 도적질하다.

[3] 士(사) : 사사士師. 오늘날의 법무부 장관에 해당함.

[4] 五服(오복) : 다섯 가지 형벌에 처하는 것.

[5] 三就(삼취) : 다섯 가지 형벌에 처하는 것을 세 장소에 나아가게 하는 것. 세 장소에 대해서는 여러 설이 있지만, 대체로 들판, 조정, 시장이라는 설도 있고, 시장, 잠실, 그 외 한가한 곳이라는 설도 있다.

6 五流(오류) : 다섯 가지의 귀양보내는 형벌.

7 五宅(오택) : 다섯 가지 귀양보내는 형벌을 받은 자가 머무는 다섯 가지 종류의 주거.

8 三居(삼거) : 다섯 가지 귀양가는 죄수들의 다섯 가지 주거를 두게 하는 세 장소. 아마 중원지방에서 바다에 이르는 지역을 셋으로 구역을 나누었던 것으로 보인다.

제왈 주약여공 첨왈 수재 제왈 유 자수
帝曰 疇若予工고 僉曰 垂哉니이다 帝曰 兪라 咨垂

여공공 수배계수 양우수장 기백여
아 汝共工[1]이어다 垂拜稽首하며 讓于殳[2]斨[3]과 暨伯與[4]

제왈 유 왕재여해
한대 帝曰 兪라 往哉汝諧[5]하라

▌국역 |

순임금께서 말씀하시기를, "누가 나의 공업을 순조롭게 다스리겠는가?" 하니, 모두가 말했다. "수垂입니다." (그러자) 순임금께서 말씀하셨다. "옳지! 자. 수야! 네가 공공이다." 수가 절하고 머리를 조아리며 수殳와 장 그리고 백여에게 사양하니, 순임금께서 말씀하셨다. "옳지! (공공의 자리로) 가거라. 네가 조화롭게 다스려라."

▌난자풀이 |

1 共工(공공) : 산업과 공업을 담당하는 장관. 공共을 동사로 보고 '공업을 담당하다'로 해석하는 경우도 있다.

② 殳(수) : 창. 나무 지팡이. 아마도 나무 창을 잘 만들던 사람의 이름인 듯하다.

③ 斨(장) : 도끼. 도끼를 잘 만들던 사람의 이름인 듯하다. 수殳와 장斨을 한 사람으로 보고 수장殳斨으로 번역하는 경우도 있다.

④ 伯與(백여) : 무엇인가를 잘 만들었던 장인일 것으로 추정된다.

⑤ 諧(해) : 화합하다. 잘 어울리다. 여기서는 수垂가 추천한 사람들과 함께 가서 '화합하며 일을 잘하라'는 뜻이다.

帝曰(제왈) 疇若予上下草木鳥獸(주약여상하초목조수)①오 僉曰(첨왈) 益哉(익재)니이다 帝(제)曰(왈) 兪(유)라 咨益(자익)아 汝作朕虞(여작짐우)②하라 益(익)이 拜稽首(배계수)하며 讓(양)于朱虎熊羆(우주호웅비)③한대 帝曰(제왈) 兪(유)라 往哉汝諧(왕재여해)하라

국역 |

순임금께서 말씀하시기를, "누가 나의 산과 들의 초목과 조수를 순조롭게 다스리겠는가?" 하니, 모두가 말했다. "익입니다." (그러자) 순임금께서 말씀하셨다. "옳지! 자. 익아. 네가 나의 우虞가 되어라." 익이 절하고 머리를 조아리며 주·호·웅·비에게 사양하니, 순임금께서 말씀하셨다. "옳지! (우의 근무지로) 가거라. 네가 조화롭게 다스려라."

난자풀이 |

[1] 上下(상하) : 위아래. 위는 산에 있는 동식물이나 하늘을 나는 새들이 있는 장소이고, 아래는 들에 있는 동식물을 말한다. 그래서 여기서는 '산과 들'로 번역했다.

[2] 虞(우) : 산이나 들의 동식물을 관리하던 관리. 오늘날의 환경부장관에 해당한다.

[3] 朱虎熊羆(주호웅비) : 네 사람으로 보기도 하고, 두 사람으로 보기도 한다. 아마도 호랑이 곰 등을 잘 다루던 사람이었을 것이다.

帝曰(제왈) 咨四岳(자사악)아 有能典朕(유능전짐)의 三禮(삼례)[1]아 僉曰(첨왈) 伯夷(백이)니이다 帝曰(제왈) 兪(유)라 咨伯(자백)아 汝作秩宗(여작질종)[2]이니 夙夜(숙야)에 惟寅(유인)[3]하여 直(직)[4]哉(재)라사 惟淸(유청)[5]하리라 伯(백)이 拜稽首(배계수)하며 讓于夔(양우기)[6]龍(룡)[7]한대 帝曰(제왈) 兪(유)라 往欽裁(왕흠재)하라

국역 |

순임금께서 말씀하시기를, "자! 사악아. 나의 세 가지 예를 맡아낼 자가 있겠는가?" 하니, 모두가 말했다. "백이입니다." (그러자) 순임금께서 말씀하셨다. "옳지! 자. 백아. 네가 질종이 되었으니, 밤낮으로 오직 공경하여 마음이 비뚤어지지 않아야 맑아질 것이다." 백이 절하고 머리를 조아리며 기와 용에게 사양하니, 순임금이 말씀하셨다. "옳지! 가서 경건하게 임무를 수행하라."

난자풀이 |

1 三禮(삼례) : 하늘과 땅과 사람의 신에게 제사지내는 예.
2 秩宗(질종) : 삼례를 담당하던 관리.
3 寅(인) : 삼가다. 조심하다.
4 直(직) : 곧다. 마음이 비뚤어지지 않는 것. 제사를 담당하는 사람은 마음을 사악하게 가지면 안 된다.
5 淸(청) : 마음이 맑아지는 것을 말한다. 마음이 맑아야 제사를 지낼 수 있다.
6 夔(기) : 신하의 이름. 제사에 대해 잘 아는 사람이었던 듯하다.
7 龍(용) : 신하의 이름. 제사에 대해 잘 아는 사람이었던 듯하다.

강설 |

이름으로 보면 백이伯夷는 동이족이었을 것으로 추정된다. 동이족의 중요한 특징 중의 하나가 제사를 잘 지내는 것이다. 지금도 한국인들은 명절날 고향에 가는 풍속이 있는데, 고향에 가는 중요한 이유 중의 하나가 제사를 지내는 것이다. 이러한 의미에서 본다면 백이가 제사를 잘 지내는 사람이었다는 것은 짐작이 간다.

제 왈 기 명 여 전 악 교 주 자 직 이 온
帝曰 夔아 命汝하여 典樂하노니 敎胄子하되 直而溫하
1
관 이 률 강 이 무 학 간 이 무 오 시
며 寬而栗하며 剛而無虐하며 簡而無傲케 하리니 詩는
언 지 가 영 언 성 의 영 율 화 성
言志요 歌는 永言이요 聲은 依永이요 律은 和聲하나니
팔 음 극 해 무 상 탈 륜 신 인 이 화
八音이 克諧하여 無相奪倫이라사 神人以和하리라
2

기왈 오 여격석부석 백수솔무
夔曰 於라 予擊石拊石하니 百獸率舞하더이다
[3] [4]

국역 |

순임금께서 말씀하셨다. "기야! 너를 명하여 음악을 담당케 하니, 어린이를 가르치되 곧으면서도 온화하며, 너그러우면서도 무서우며, 굳세면서도 학대함이 없으며, 간단명료하되 오만함이 없게 해야 할 것이다. 시는 뜻을 말한 것이고, 노래는 말을 길게 읊는 것이며, 소리는 길게 늘어뜨린 말에 의한 것이고 율은 소리를 조화시키는 것이니, 팔음의 악기가 잘 어울려 서로 질서를 빼앗음이 없어야 신과 사람이 화합할 것이다." (그러자) 기가 말했다. "아! 제가 돌로 된 악기를 두드리거나 돌로 된 악기를 어루만지면 모든 짐승들이 다 춤을 춥니다."

난자풀이 |

[1] 冑子(주자) : 맏아들. 또는 아들. 어린이. 자녀들.
[2] 八音(팔음) : 여덟 가지 재료의 악기로 된 음악. 여덟 가지 재료는 쇠, 돌, 실, 대, 흙, 박, 가죽, 나무이다.
[3] 於(오) : 감탄사. 이때는 음이 '오'가 된다.
[4] 石(석) : 돌로 된 악기.

강설 |

지금까지의 다른 신하들은 모두 관직에 임명되었을 때 덕이 없다고 사양하고 다른 사람에게 양보하는 모습을 보였으나 기는 달랐다. 기는 음악을 담당하는 우두머리로 임명되자 자기의 능력을 과시하며 말했다. 이를 보면 기는 다른 신하들보다 덕이 모자라는 것을 알 수 있다. 인자仁者와 지자知者로 분류한 공자의 분류 방법에 의하면, 인자는 사양을 잘 하지만, 지자는 자기의 장점을 드러내는 특징이 있으므로 아마도 기는 지자의 범주에 속하는 사람으로 분류할 수 있다.

帝曰(제왈) 龍(용)아 朕(짐)은 堲(즉)[1]讒說(참설)이 殄(진)[2]行(행)하여 震驚(진경)朕(짐)師(사)[3]하니 命(명)汝(여)하여 作納言(작납언)[4]하노니 夙夜(숙야)에 出納朕命(출납짐명)하되 惟允(유윤)하라

국역 |

순임금께서 말씀하셨다. "용아! 짐은 참언이 선행을 막아 짐의 백성들을 흔들고 놀라게 함을 미워하니, 너를 명하여 납언으로 삼으니, 밤낮으로 짐의 명령을 출납하되 오로지 진실하게 하라."

난자풀이 |

[1] 堲(즉) : 미워하다.
[2] 殄(진) : 다하다. 끊다.
[3] 師(사) : 무리. 백성.
[4] 納言(납언) : 임금의 말을 밖으로 전하고 바깥 신하의 말을 임금에게 전하는 관리. 오늘날의 비서실장에 해당함.

강설 |

순임금은 여러 장관들을 임명하고 마지막으로 비서실장에 해당하는 납언을 임명했다. 여기서 우리는 순임금의 인재등용의 사례를 살필 수 있다.

제왈 자 여이십유이인 흠재 유시량천공
帝曰 咨라 汝二十有二人아 欽哉하라 惟時亮天功하라
[1] [2] [3]

국역 |

순임금께서 말씀하셨다. "자! 너희 22인아. 경건하게 처리하라. 오직 하늘의 일을 밝혀라."

난자풀이 |

[1] 二十有二人(이십유이인) : 십이목十二牧의 12인과 사악四岳과 아홉 관리를 합한 숫자임.
[2] 時(시) : 시是와 통용. 여기서는 조음소 정도로 보고 해석하지 않는 것이 부드럽다.
[3] 亮(량) : 밝다. 드러내다. 밝히다.

강설 |

이 세상을 이끌어 가는 것은 근본적으로 하늘의 일이다. 따라서 사람이 다스린다는 것은 하늘의 일을 대행하는 것일 뿐이다. 그래서 '하늘의 일을 밝혀라'고 한 것이다.

三載(삼재)에 考績(고적)하시고 三考(삼고)에 黜陟幽明(출척유명)[1]하신대 庶績(서적)이 咸熙(함희)하여 分北三苗(분배삼묘)[2]하시다

국역 |

3년에 한 번씩 공적을 살피시어 세 번 살핀 다음 어두운 자를 내치고 밝은 자를 올려주시니, 여러 공적이 다 밝아져서, 삼묘를 흩어져 달아나게 했다.

난자풀이 |

[1] 黜陟(출척) : 내치고 높여주는 것.

[2] 北(배) : 달아나다. 도망하다. 이때의 음은 '배'가 된다.

강설 |

여러 장관을 임명하고 난 뒤 3년에 한 번씩 고과를 하고 세 번 고과를 한 뒤, 즉 9년이 지난 뒤에 상벌을 단행했다.

순생삼십 징용 삼십 재위 오십재
舜生三十에 徵庸하시고 三十을 在位하시며 五十載에

척방내사
陟方乃死하시니라
1

국역 |

순임금은 30세 때에 부름을 받아 등용되시고, 30년 동안 섭정하는 자리에 계셨으며 50년이 지나 순수하시다가 승하하셨다.

난자풀이 |

1 陟方(척방) : 순수巡狩하다. 일설에는 천자의 죽음을 말한다.

강설 |

순임금은 30세에 요임금에게 등용되었고, 30세에서 60세까지 30년간 섭정을 했으며, 60세에서 110세까지 50년간 황제의 자리에 있다가 승하하셨다.

大禹謨 | 대우모

謨는 '꾀'라는 말이다. 『금문상서今文尙書』에는 들어 있지 않고, 『고문상서古文尙書』에는 들어 있다. 위대한 우임금이란 뜻에서 대우大禹라 한 것이다.

曰若稽古大禹한대 曰文命이시니 敷于四海하시고 祗[1] 承于帝하시다

(왈약계고대우 / 왈문명 / 부우사해 / 지 / 승우제)

국역 |

옛날의 위대하신 우를 상고해보건대 (요순의 명에 무늬를 잘 내었다는 뜻의) 문명文命이라 하니, 사해에 펼치고 경건하게 순임금에게 이어받았다.

난자풀이 |

[1] 祗(지) : 경건하게. 경건하다.

강설 |

문명은 문맥상 우에 대한 호로 보아야 할 것이다. 이는 요임금을 부르는 호가 방훈放勳인 것과 문맥이 같다. 문文은 무늬를 내는 것이고, 명命은 요순의 뜻이므로 문명은 '요순의 정치내용을 잘 꾸며서 빛냈다'는 뜻이다.

曰(왈) 后克艱厥后(후극간궐후)하며 臣克艱厥臣(신극간궐신)이라사 政乃乂(정내예)하여 黎民(여민)이 敏德(민덕)하리이다

국역 |

우가 말했다. "임금이 그 임금 노릇함을 매우 어렵게 여기며 신하가 그 신하 노릇함을 매우 어렵게 여겨야 정사가 비로소 다스려져서 백성들이 속히 덕에 교화될 것입니다."

강설 |

덕이 없는 사람일수록 임금 노릇하는 것이나 신하 노릇하는 것을 자기도 할 수 있는 것으로 생각하기 쉽다. 그런 사람들은 임금이나 신하가 가지는 권력이나 명예를 탐하는 욕심쟁이일 뿐이다. 그들은 자기의 욕심에 눈이 멀어 백성들을 제대로 다스리지 못한다. 임금 노릇하고 신하 노릇하는 것은 덕이 완벽하게 갖추어진 뒤에야 가능하다. 덕을 완벽하게 갖춘다는 것은 지극히 어렵다. 그러므로 임금 노릇하는 것이나 신하 노릇하는 것은 지극히 어려운 것이다.

帝曰(제왈) 兪(유)라 允若茲(윤약자)하면 嘉言(가언)이 罔攸伏(망유복)[1]하며 野無遺(야무유) 賢(현)하여 萬邦(만방)이 咸寧(함녕)하리니 稽于衆(계우중)하여 舍己從人(사기종인)하며

불학무고 불폐곤궁 유제 시극
不虐無告하며 不廢困窮은 惟帝가 時克이러시니라

국역 |

순임금이 말씀하셨다. "옳지! 진실로 이와 같다면 아름다운 말이 숨겨지는 바가 없으며 들에는 버려진 현자가 없어서 만방이 다 편안할 것이니, 여러 사람에게서 살펴 자기를 버리고 남을 따르며, 하소연할 곳 없는 자들을 학대하지 않으며, 곤궁한 자들을 폐하지 않는 것은 오직 요임금만이 잘 해내셨다."

난자풀이 |

1 罔(망) : 무無와 같은 뜻이나 무無보다 강하다.

강설 |

덕이 완벽하게 갖추어진 사람은 '자기'라는 의식이 없다. 그러한 사람은 늘 남과 하나가 된다. 그래서 늘 남의 마음을 자기의 마음으로 삼아 자기를 버리고 남을 따른다. 불쌍하고 어려운 사람일수록 더욱 아끼고 사랑한다. 그러한 사람이 정치하는 세상은 낙원이 된다. 순임금은 요임금이 그러한 사람이었다고 했다. 그러나 『맹자』에서는 순임금이 자기를 버리고 남을 따르는[사기종인舍己從人] 사람이었다고 설명하고 있다.

익왈 도 제덕 광운 내성내신 내무내
益曰 都라 帝德이 廣運하여 乃聖乃神하며 乃武乃
문 황천 권명 엄유사해 위천하군
文하니 皇天이 眷命하사 奄有四海하사 爲天下君이시
[1] [2]
니이다

국역 |

익이 말했다. "아아! (이제 알겠습니다) 요임금의 덕이 광대하게 운행되어 성스럽고 신묘하며 씩씩하고 교양이 있어, 하늘이 돌아보고 명하시니 사해를 다 소유하시어 천하의 군주가 되셨습니다."

난자풀이 |

[1] 眷(권) : 돌아보다. 돌보다.
[2] 奄(엄) : 문득. 갑자기. 여기서는 조음소 정도로 이해하는 것이 좋다.

강설 |

순임금과 우가 대화하는 것을 옆에서 듣고 있던 익이 한 마디 거든 것이다.

우왈 혜적 길 종역 흉 유영향
禹曰 惠迪하면 吉하고 從逆하면 凶하니 惟影響이니이
[1] [2]
다

국역 |

우가 말했다. "제대로 된 길을 순조롭게 따르면 길하고 거스르는 길을 따르면 흉하니, 이는 그림자나 메아리 같습니다."

난자풀이 |

[1] 惠(혜) : 은혜. 은혜롭게 여기면 좋아하고 따르므로 여기서는 '따른다'고 해석했다.

[2] 迪(적) : 제대로 된 길. 도덕. 도. 진리.

강설 |

『명심보감』에는 "선을 하는 사람은 하늘이 복을 주고, 불선을 하는 사람은 하늘이 재앙을 준다"는 말이 있고, 『맹자』에는 "하늘을 따르는 자는 살고, 하늘을 거스르는 자는 망한다"는 말이 있다. 이는 인과의 법칙이기도 하다. 인과의 법칙은 조금도 어긋남이 없다. 그래서 '물체에 따르는 그림자와 같고 소리에 응하는 메아리와 같다'고 했다. 그러나 큰 소리가 멀리서 날 때는 그 메아리도 늦게 나타나듯이 사람이 악을 하는 경우도 그 결과가 나중에 나타나는 경우가 있다. 심지어는 자녀들에게 또는 그 후대에 이르러 나타나는 경우도 있다. 이런 경우 사람들은 알기 어렵다. 그래서 사람들은 악을 저지르기도 한다.

益曰(익왈) 吁(우)[1]라 戒哉(계재)하소서 儆戒無虞(경계무우)[2]하사 罔失法度(망실법도)하시며 罔遊于逸(망유우일)하시며 罔淫于樂(망음우락)[3]하시며 任賢勿貳(임현물이)[4]하시며 去(거)

邪勿疑(사물의)하소서 疑謀(의모)를 勿成(물성)이라사 百志惟熙(백지유희)하리이다

罔違道(망위도)하여 以干百姓之譽(이간백성지예)하시며 [5] 罔咈百姓(망불백성)하여 [6] 以(이)

從己之欲(종기지욕)하소서 無怠無荒(무태무황)하면 四夷(사이)도 來王(래왕)하리이다 [7]

국역 |

익이 말했다. "아! 경계하소서. 걱정이 없을 때에 경계하시어 법도를 잃지 마소서. 편안할 때에 놀지 마시며, 즐거운 일에 넘치지 마소서. 어진 자에게 맡기되 두 마음을 품지 마시며, 사악한 자를 제거하되 의심하지 마소서. 의심스러운 계책을 이루지 마셔야 모든 뜻이 밝게 이루어질 것입니다. 도를 어기면서 백성들의 지지를 구하지 마시며, 백성들을 거스르면서 자신이 바라는 것을 따르지 마소서. 게을리 하지 않고 거칠지 않으면 사방의 오랑캐들도 와서 훌륭해질 것입니다."

난자풀이 |

[1] 吁(우) : 부정적으로 탄식하거나, 놀랍고 두려워서 탄식하는 경우의 감탄사. 에이! 아! 어! 등으로 번역하면 될 것이다.

[2] 虞(우) : 헤아리다. 염려하다. 걱정하다.

[3] 淫(음) : 지나치다.

[4] 貳(이) : 이랬다저랬다 하며 두 마음을 먹다. 의심하다.

[5] 譽(예) : 기리다. 칭찬하다. 백성들이 임금을 기리고 칭찬하는 것은 지지하는 것이므로 여기서는 '지지하다'로 번역했다.

[6] 咈(불) : 어기다.

[7] 王(왕) : '왕성하다'는 뜻의 왕旺과 통용. 여기서 '왕성하다'고 말한 것은 덕

이 왕성하다는 뜻이므로 '훌륭하다'로 번역했다.

강설 |

많은 정치인들은 정치적 승리를 거두기 위해 국민들의 지지도에 신경을 쓴다. 특히 민주주의 정치제도하에서는 더욱 그렇다. 민주주의 정치제도하에서는 51% 이상의 국민으로부터 지지를 받기만 하면 정치적 승리를 거둘 수 있으므로 정치인들은 정치적 승리를 거두기 위해 온갖 술수를 쓰게 마련이다. 그렇게 되면 국민들은 의사가 갈라지게 마련이고, 소수의 피해자가 언제나 나오게 마련이다.

술수로 일관하는 정치는 국민을 위한 정치가 될 수 없다. 국민들을 편 갈라서 갈등하게 만든다. 그리고 순간적으로 지지도를 높이기 위해 국민들의 욕심을 자극한다. 그래서 민주주의 정치제도하에서는 국민들을 진리로 인도하기 어렵다. 오천 년 전의 정치인들은 이미 이를 알고 있었다.

참으로 좋은 정치는 온 국민을 가족 같은 분위기로 만드는 것이어야 한다. 그리고 모든 국민을 진리로 인도하는 정치이어야 한다. 그러한 정치는 국민들로 하여금 욕심을 버리고 본심을 회복하도록 인도하는 정치이다. 그러한 정치는 순간적으로 높은 지지율을 얻기 어렵다. 그것은 훌륭한 부모일수록 단기적으로는 자녀들에게 지지를 받기 어려운 것과 같다.

현대인들이 잘못 세뇌되어 있는 것 중의 하나는 민주주의 정치제도가 가장 좋은 제도라는 것이다. 곰곰이 생각해봐야 할 것이다.

禹曰 於라 帝아 念哉하소서 德惟善政이요 政在養民하니 水火金木土穀이[1] 惟修[2]하며 正德[3]利用[4]厚生[5]이 惟和하여 九功[6]이 惟敍하여 九敍[7]를 惟歌어든 戒之用休하시며 董之用威하시며 勸之以九歌[8]하사 俾勿壞하소서

국역 |

우가 말했다. "오! 임금님이시여 유념하소서. 덕은 정사를 좋게 하는 것이고 정사는 백성을 기름에 있는 것이니, 수·화·금·목·토와 곡식이 제대로 되며, 덕을 바르게 하는 일과 생활을 편리하게 하는 것과 삶을 풍요롭게 하는 일이 조화롭게 진행되어 아홉 가지 공이 잘 펴져서 아홉 가지 펴진 것을 (백성들이) 노래로 찬양한다면, (자만하시지 말고) 경계를 하시면서 아름답게 여기시며 인도하기를 위엄을 가지고 하시며, 격려하시기를 아홉 가지 노래로 하시어 허물어지지 않게 하소서."

난자풀이 |

[1] 水火金木土穀(수화금목토곡) : 오행과 곡식. 오행은 만물을 이루는 질료이므로 여기서는 만물이란 의미로 보면 된다. 만물 중에서 오직 곡식이 중요하므로 수화금목토水火金木土 외에 따로 곡穀을 말하여 강조한 것이다.

[2] 修(수) : 잘 닦인다는 것은 제대로 되게 하는 것을 말한다. 예를 들면 거울이 원래 맑아서 잘 비추었으나 때가 끼어 비추지 못하게 되었을 때 원래의

모습이 되도록 하는 것이 닦는 것이다. 그래서 여기서는 '닦인다'는 뜻의 수修를 '제대로 된다'로 번역했다.

3 正德(정덕) : 덕을 바로잡는 것. 사람들의 마음이 회복되어 본심을 따르도록 하는 것이 덕을 바르게 하는 것이다. 이는 사람들을 진리로 인도할 때 가능하다. 자신이 먼저 진리에 도달한 사람만이 사람들을 진리로 인도할 수 있다.

4 利用(이용) : 사회생활을 편리하게 할 수 있는 제반 장치. 시장・교통・학교 등의 시설을 갖추는 것이 이에 해당한다. 여기서는 '생활을 편리하게 하는 것'으로 번역했다.

5 厚生(후생) : 삶을 풍요롭게 하는 것. 의・식・주의 조건을 넉넉하게 갖추는 것이 이에 해당한다.

6 九功(구공) : 수화금목토곡과 정덕, 이용, 후생의 아홉 가지 일을 말한다.

7 九敍(구서) : 아홉 가지 공이 펴지는 것.

8 九歌(구가) : 아홉 가지 공에 대해 찬양하는 각각의 노래. '여러 가지 노래'라는 뜻으로 이해해도 될 것이다.

강설 |

보통의 임금은 백성들이 찬양하면 자만하여 기고만장하기도 하고, 또 그 백성들을 꾸짖지 못해 위엄을 잃기도 한다. 그러나 위대한 임금은 백성들이 찬양하더라도 자만하지 않으며, 위엄을 잃지도 않는다. 거기에 영향받지 않고 오직 자기의 도리를 다할 뿐이다.

제 왈 유 지 평 천 성 육 부 삼 사 윤 치 만 세 영
帝曰 兪라 地平天成하여 六府三事允治면 萬世永
1 2

뢰 시 내 공
賴하리니 時乃功이니라
3 4 5

국역 |

순임금께서 말씀하셨다. "옳지! (너의 말이 옳다) 땅이 다스려지고 하늘의 뜻이 이루어져 여섯 가지 요소와 세 가지 일이 진실로 다스려지면 만세토록 영원히 효과를 볼 것이니, 이는 너의 공이다."

난자풀이 |

1 六府(육부) : 수화금목토곡. 채침蔡沈은 이 여섯 가지에서 재화가 나오므로 부府라는 말을 썼다고 했다.
2 三事(삼사) : 정덕, 이용, 후생. 채침은 이 세 가지가 사람의 일이므로 삼사三事라 한다고 했다.
3 賴(뢰) : 힘입다. 힘입는 것은 계속 효과를 보는 것이기 때문에 여기서는 '효과를 본다'로 번역했다.
4 時(시) : 시是와 통용.
5 乃(내) : 너.

강설 |

이 세상은 원래 하늘이 인도하는 세상이었으므로 본래 평화로웠다. 그러나 사람이 욕심을 부리면서 하늘의 뜻을 어겼기 때문에 혼란해졌다. 그러므로 사람은 원래의 모습을 되찾아야 하는 숙제를 짊어지게 되었다. 정치란 그 숙제를 하는 방법 중의 하나다. 원래의 모습을 되찾는 것은 하늘의 뜻이므로 정치란 하늘의 뜻을 이루는 것이다.

帝曰 格하라 汝禹아 朕이 宅帝位 三十有三載니 耄期하여 倦于勤하노니 汝惟不怠하여 總朕師하라

(제왈 격[1] 여우 짐 택[2]제위 삼십유삼재 모[3]기[4] 권우근 여유불태 총짐사)

국역 |

순임금께서 말씀하셨다. "이리 오라. 그대 우야. 짐이 임금자리에 있은 지도 33년이 되었다. 이제 너무 늙어 부지런히 해야 할 정사에 게으름이 생기니, 너는 나태하지 말고 짐의 백성들을 거느려라."

난자풀이 |

[1] 格(격) : 이르다. 오다.
[2] 宅(택) : 자리에 있다.
[3] 耄(모) : 늙은이. 특히 90세가 된 늙은이를 지칭함.
[4] 期(기) : 한 주기. 여기서는 백년을 말하므로 '백세가 된 늙은이'라는 뜻이 된다. 모기耄期는 '90세에서 100세가 되었다'는 뜻이므로 여기서는 '이제 너무 늙어'로 번역했다.

강설 |

순임금이 우에게 섭정을 부탁하는 말이다.

禹曰 朕德이 罔克①이라 民不依어니와 皐陶는 邁②種③德하여 德乃降하니 黎民이 懷之라 帝念哉하소서 念茲④在茲⑤하며 釋茲在茲하며 名言茲在茲하며 允出茲在茲니 惟帝念功하소서

우왈 짐덕 망극 민불의 고요 매종덕 덕내강 여민 회지 제염재 염자 재자 석자재자 명언자재자 윤출자재자 유제염공

국역 |

우가 말했다. "저의 덕으로는 잘 해낼 수 없는지라 백성들이 의지하지 않습니다. 고요는 훨씬 더 덕을 쌓아, 덕이 마침내 (백성들에게) 내려졌으니, 백성들이 그를 그리워합니다. 임금님께서는 유념하소서. (고요는) 어떤 것을 하려고 염두에 두어도 그것을 잘 살피며, 어떤 것을 그만두려 해도 그것을 잘 살피며, 어떤 것을 이름 붙여 말하려 할 때도 그것을 잘 살피며, 어떤 것을 진실로 나타내려 할 때도 그것을 잘 살핍니다. (그만큼 그는 매사에 신중하오니) 오직 임금님께서는 그의 공을 유념하소서."

난자풀이 |

① 克(극) : '잘 해내다'는 뜻의 동사로 쓰였다.
② 邁(매) : 가다. 멀리 가다. 낫다. 여기서는 '훨씬 더'란 뜻의 부사로 쓰였다.
③ 種(종) : 심다. 가꾸다. 덕을 심는 것은 덕을 쌓는 것이므로 '쌓는다'로 번역했다.
④ 茲(자) : 이. 그. 여기서 '이 것'이라 한 것은 구체적인 것을 지칭한 것이 아

니라 막연히 어떤 것을 말하는 것이므로 '어떤 것'으로 번역했다.

5 在(재) : '살핀다'는 뜻.

강설 |

순임금의 섭정 제의를 받은 우는 고요에게 양보하며 고요의 덕을 칭송했다.

제왈 고요 유자신서 망혹간여정 여작사
帝曰 皐陶아 惟茲臣庶[1] 罔或干[2]予正[3]은 汝作士라

명우오형 이필오교 기우여치 형기우무
明于五刑하여 以弼五教하여 期于予治[4]니 刑期于無

형 민협우중 시내공 무재
刑하여 民協于中[5]이니 時乃功[6]이라 懋哉어다

국역 |

순임금께서 말씀하셨다. "고요야! 이 신하와 백성들이 혹시라도 나의 정사를 범하는 자가 없는 것은 네가 사사가 되어 오형을 밝히고 오륜의 가르침을 도와, 나의 좋은 정치에 목적을 두었기 때문이다. 형벌 주는 일에서는 형벌이 없는 것에 목적을 두어 백성들이 중용의 도에 합당하게 되었으니, 이는 너의 공이다. (계속) 힘쓸지어다."

난자풀이 |

1 臣庶(신서) : 신하와 여러 백성들.

[2] 干(간) : 범하다. 덤비다.

[3] 正(정) : 정政과 통용. 정치는 바르게 만드는 것이므로 정正과 정政은 통용된다.

[4] 期(기) : 기약하다. 목적하다.

[5] 中(중) : 중용의 도道. 모두가 한마음을 가지고 조화롭게 사는 도리.

[6] 時(시) : 시是와 통용.

강설 |

우에게서 고요에 대한 칭찬을 들은 순임금이 고요의 공에 대해 감사함을 표한 말이다. 한 사람도 소외시키지 않고 다 인정해주는 순임금의 정치방식을 이해할 수 있는 대목이다.

고 요 왈 제 덕 망 건 임 하 이 간 어 중 이 관
皐陶曰 帝德이 罔愆하사 臨下以簡하시고 御衆以寬

벌 불 급 사 상 연 우 세 유 과 무 대
하시며 罰弗及嗣하시고 賞延于世하시며 宥[1]過[2]無大[3]하시

형 고 무 소 죄 의 유 경 공 의 유 중
고 刑故無小하시며 罪疑[4]는 惟輕하시고 功疑는 惟重하

여 기 살 불 고 영 실 불 경 호 생 지 덕 흡 우
시며 與其殺不辜론 寧失不經[5]하사 好生之德이 洽[6]于

민 심 자 용 불 범 우 유 사
民心이라 茲用不犯于有司니이다

국역 |

고요가 말했다. "임금님의 덕이 잘못됨이 없어 아랫사람에게 임하시되 간단명료하시고 백성들을 거느리시되 너그러우시며, 벌주는 일은 자녀에게 파급시키지 않고, 상주는 일은 자손 대대로 이어지게 하시며, 과오로 지은 죄는 용서하되 큰 것도 빼놓지 말고, 고의로 지은 죄는 처벌하되 작은 것도 빼놓지 말며, 죄가 어디에 해당하는지 불확실한 것은 가볍게 처벌하시고, 공의 정도가 확실하지 않은 것은 무거운 쪽으로 상을 주시며, 무고한 사람을 죽이기보다는 차라리 원칙대로 하지 않는 실수를 택하시어, 살려주기를 좋아하는 덕이 백성들의 마음에 두루 퍼졌습니다. 이 때문에 백성들이 유사에게 범하지 않습니다."

난자풀이 |

1 宥(유) : 용서하다. 죄를 줄여주다.
2 過(과) : 과오로 저지른 죄. 실수로 저지른 죄.
3 無大(무대) : 큰 것이라도 빼놓지 않음.
4 罪疑(죄의) : 죄가 어디에 해당하는지 불확실한 것.
5 不經(불경) : 원칙대로 하지 않는 것. 영실불경寧失不經은 '영실지이불경寧失之以不經'이어야 할 것이지만, 넉자를 맞추기 위해 지이之以 두 자를 생략한 것으로 보인다. 정확한 해석은 '차라리 원칙을 지키지 않음으로써 실수를 하다'이다.
6 洽(흡) : 두루 미치다. 푹 적시다. 흡족하다.

帝曰(제왈) 俾予(비여)로 從欲以治(종욕이치)[1]하여 四方(사방)이 風動(풍동)[2]하니 惟乃之休(유내지휴)니라

국역 |

임금께서 말씀하셨다. "나로 하여금 바라는 대로 다스리게 해서 사방이 바람처럼 (빠르게) 감동했으니, 이는 바로 너의 아름다운 공이다."

난자풀이 |

[1] 欲(욕) : 원하다. 바라다. 이때는 욕심이란 뜻으로 쓰이지 않았다.
[2] 動(동) : 감동하다.

강설 |

위의 세 단락에서는 훌륭한 정치가 베풀어진 공에 대해서 임금과 신하가 서로 양보하는 모습을 보여 주고 있다.

제 왈 래 우 홍 수 경 여 성 윤 성 공 유 여
帝曰 來하라 禹아 洚水儆予어늘 成允[1]成功하니 惟汝

현 극 근 우 방 극 검 우 가 불 자 만 가
賢이며 克勤于邦하며 克儉于家하여 不自滿假[2]하니

유 여 현 여 유 불 긍 천 하 막 여 여 쟁 능
惟汝賢이니라 汝惟不矜하나 天下莫[3]與汝爭能하며

여 유 불 벌 천 하 막 여 여 쟁 공 여 무 내 덕
汝惟不伐[4]하나 天下莫與汝爭功하나니 予懋[5]乃德하며

가 내 비 적 천 지 력 수 재 여 궁 여 종 척 원 후
嘉乃丕[6]績하노니 天之曆[7]數 在汝躬이라 汝終陟元后
하리라

국역 |

순임금께서 말씀하셨다. "이리 오라. 우야! 홍수가 나를 경계하였는데 신뢰관계를 이루고 또 공을 이루었으니, 오직 너의 현명함 때문이며, 나라 일에 부지런하고 가정에 검소하여 스스로 만족하거나 위대한 체하지 않았으니, 오직 너의 현명함 때문이다. 너는 오직 자랑하지 않으나 천하에 너와 능력을 다툴 자가 없으며, 너는 오직 과시하지 않으나 천하에 너와 공을 다툴 자가 없으니, 내 너의 덕을 대단하게 여기며 너의 아름다운 업적을 가상하게 여기노라. 하늘의 운수가 너의 몸에 있으니, 너는 마침내 임금자리에 오를 것이다.

난자풀이 |

1 允(윤) : 믿음. 신뢰관계.
2 假(가) : 크다. 위대하다.
3 莫(막) : ~이 없다.
4 伐(벌) : 자랑하다.
5 懋(무) : 성대하다. 아름답다. 성대하게 여기다. 대단하게 여기다.
6 丕(비) : 크다.
7 曆數(역수) : 책력. 달력. 운수.

人心(인심)은 惟危(유위)하고 道心(도심)은 惟微(유미)하니 惟精惟一(유정유일)하야사 允執厥中(윤집궐중)하리라 無稽之言(무계지언)[1]을 勿聽(물청)하며 弗詢之謀(불순지모)[2]를 勿庸(물용)하라

국역

인심은 오직 위태롭고 도심은 오직 미미하니, 오직 정밀하게 하고 오직 한결같이 해야 진실로 그 중용의 도를 붙잡을 것이다. 근거 없는 말을 듣지 말며, (백성들에게) 물어 보지 않은 계책을 쓰지 말라.

난자풀이

1. 稽(계) : 살펴서 확인하는 것.
2. 詢(순) : 묻다. 백성들에게 물어서 확인한 것. 백성들에게 물어 백성들의 뜻을 알고 그것을 바탕으로 한 정책을 세울 때 훌륭한 정치는 실현될 수 있다.

강설

순임금이 우에게 정치를 대행하게 하면서 부탁한 말이다. 이 부분의 순임금의 말은 유학의 특징을 파악할 수 있는 핵심적인 부분으로서 철학적으로 매우 중요한 의미를 지니고 있다.

사람의 마음은 본심과 욕심으로 분류할 수 있다. 이를 그림으로 그려 보면 다음과 같다.

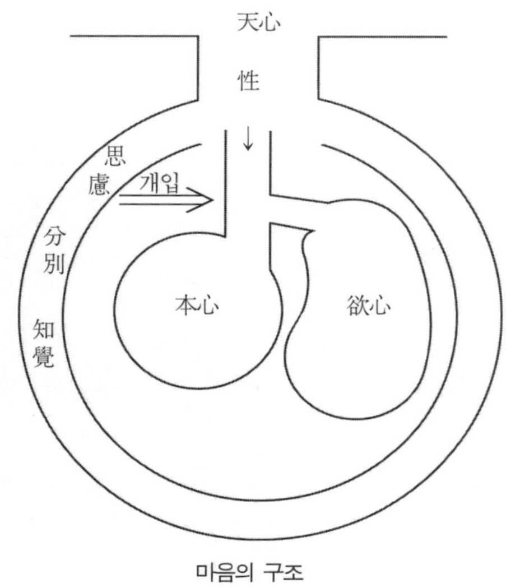

마음의 구조

사람의 몸이 생겨나면 그 몸의 삶을 주관하는 마음이 그 몸에 깃들게 된다. 그 마음은 배고프면 먹도록 유도하고 피곤하면 쉬도록 유도한다. 밤이 되면 자도록 유도하고 아침이 되면 일어나도록 유도한다. 이러한 마음은 한 사람의 몸에서만 작용하는 것이 아니라 모든 사람의 몸에 공통적으로 작용한다. 모든 사람에게서만 작용하는 것이 아니라 모든 존재에 작용한다.

구별된 개체에 공통적으로 작용하는 것이 있다면, 그것은 개별적인 것일 수 없다. 개별적이라면 똑같은 작용을 할 수 없다. 모든 존재에 똑같이 작용하는 마음이 있다면 그것은 모두 하나로 연결된 것이 아니면 안 된다. 그 하나의 마음이 바로 천심天心이다.

천심은 우주에 가득한 빛과 같다. 우주에 빛이 가득하지만 물체가 없으면 그 빛은 눈에 보이지 않는다. 다만 물체가 있을 때만 빛은 그 물체에 의해 반사된다. 마음도 이와 같다. 우주에 마음이 가득하지만 그 마음은 보이지 않고 나타나지 않는다. 다만 물체가 있을 때 그 물체를 통해서 나타나는 것이다.

사람의 몸에 들어오는 천심을 유학에서는 성性이라고 한다. 성性은 忄과 生의 합체어다. 忄은 심心이므로 성性은 '살려는 마음' '살려는 의지' 등으로 이해할 수 있다. 마음 보따리에 들어온 성을 정情이라 한다. 정은 몸의 움직임을 주관한다.

그런데 사람에게는 몸에 붙어 있는 감각기관의 작용을 통해 구별할 수 있는 능력이 생겨난다. 이 구별 능력은 생각하고 분별하고 지각하는 등의 능력을 만들어내는데, 이러한 능력을 통틀어서 의식意識이라 한다. 이 의식이 성이 정으로 변하는 과정에서 개입을 하면 정이 변질되기도 한다. 예컨대 늦은 밤에 자고 싶어지는 것은 사람을 자게 만드는 성性의 작용에서 나온 순수한 감정이다. 그러나 성의 작용이 나타나는 순간에 '지금 자면 손해를 입게 된다'는 생각이 개입하면 정이 변질되어 자고 싶은 마음이 달아나고 만다. 이 변질된 마음은 사람의 몸으로 하여금 자지 말도록 유도한다. 이렇게 되면 사람의 몸을 움직이는 감정이 두

가지가 된다. 이 경우 전자가 도심道心이고 후자가 인심人心이다. 그러나 도심과 인심이 완전히 별개의 마음이 아니다. 성과 성에서 나온 순수한 감정 전체를 도심이라 하고 성과 성에서 나온 변질된 감정 전체를 인심이라 한다. 이를 그림으로 표현하면 다음과 같다.

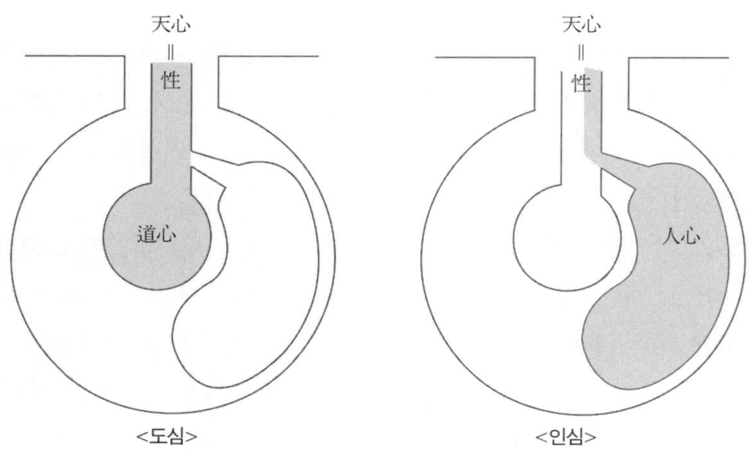

<도심> <인심>

위의 그림에서 보면 도심과 인심은 성에서 갈라져 나온 것이다. 순수한 본심이 도심이고 욕심이 인심이다.

도심은 근본적으로 남과 하나가 되는 마음이므로 조화를 이루지만, 인심은 남과 나를 구별하는 마음이므로 경쟁과 투쟁을 유발한다. 그래서 인심은 위태롭다. 이를 해결하기 위해서는 인심을 억제하고 도심으로 돌아가면 된다. 그러나 사람이 경쟁적인 삶을 계속하면서 인심을 키워왔기 때문에 도심은 미미해지고 말았다. 그러므로 이 미미해져버린 도심을 찾아내어 확장하기란 쉽지가 않다. 그러므로 어떤 행동을 하기 전에 그 행동을 주관하는 마음이 도심인지 인심인지를 정밀하게 들여다보지 않으면 안 된다. 정밀하게 들여다본 결과 그 마음이 도심이라면 과감하게 행동에 옮겨야 하겠지만, 인심이라면 행동을 억제해야 한다. 그리고 이러한 방법을 일회 또는 수회로 끝내면 안 된다. 한결같이 추진하지 않으면 안 된다. 그래서 '오직 정밀하게 하고 오직 한결같이 해야 한다[유정유일惟精惟一]'고 했다.

그런데 사람의 마음을 도심과 인심으로 나누는 데 유학의 장점이 있다.

도심은 천심에서 나온 것이고 인심은 몸이 있기 때문에 생긴 것이므로, 유학에서는 모든 사람에게 도심이 없을 수 없고, 인심이 없을 수 없다고 본다. 도심은 원래의 마음이지만, 인심은 원래는 없었던 것이 도중에 생겨난 마음이므로 원래의 마음이 아니다. 이런 의미에서 보면 인심은 진짜가 아니고 가짜다. 인심에서 판단하는 모든 것은 참이 아니다. 그러므로 인심만으로 살아가는 사람이 있다면 그의 삶은 참된 삶이 아니고 가짜의 삶이다. 본연의 삶이 아니고 가공의 삶이다. 이러한 의미에서 볼 때 그의 삶은 꿈과 같다고 할 수 있다.

실제로 불교나 노장사상에서는 현실적 삶을 꿈[夢]으로 보기도 하고 환幻으로 보기도 한다. 그러나 유학에서는 이와 다르다. 아무리 인심으로 충만한 사람이 있다 하더라도 그에게 도심이 조금은 남아 있기 때문에 그의 삶이 모두가 가짜일 수만은 없고, 꿈일 수만은 없으며, 환幻일 수만은 없다. 그래서 유학에서는 현실을 부정하는 정서가 나타나지 않는다.

이 세상을 꿈이나 환幻과 같은 것으로 본다면, 그것을 부정하고 거기에서 벗어나야 한다는 이론이 성립된다. 그래서 불교나 노장사상에서는 이 세간世間을 부정적으로 보고 이 세상에서 벗어나기를 시도하기도 한다. 그래서 가정을 버리고 사회를 버리고 참된 세계를 찾아 떠나는 방법을 시도하기도 한다.

세속적인 삶에서는 부모에게 효도하고 형제간의 우애를 지키며 사회생활을 질서 있게 해나가야 하는 도덕률이 지배한다. 그러나 이 세상을 환幻으로 보면 세속에서의 도덕률은 의미가 없다. 그렇기 때문에 세간을 벗어나 출세간出世間의 차원이 되면 도덕률을 지키지 않는 삶을 살게 되는데, 도덕률을 지키지 않는 삶 또한 환幻임을 알게 된다면 그 출세간에서 또 벗어나 출출세간出出世間의 차원이 된다. 그런데 출출세간의 차원이 되면 우주자연과 하나가 되어 무위자연無爲自然의 삶을 살게 된다. 그러한 삶은 외형적으로 부모를 위하고 형제간의 우애를 지키며 사회생활을 질서 있게 유지하는 형태가 된다. 이른바 색즉시공, 공즉시색色卽是空 空卽是色의 차원이 되는 것이다. 그러나 여기서 심각한 문제점이 발생할 수 있다. 출출세간의 차원이 되어 가정을 가지고 부모에게 효도하며 형제와 우애 있게 지내고 사회생활을 질서 있게 하려고 해도 이미 때가 늦어버린다. 이러한 것이 불교가 안고 있는 문제점 중의 하나다.

그런데 유학에서는 이런 문제점이 발생하지 않는다. 애당초 이 세상을 환幻으로만 보지 않기 때문에 이 세상을 벗어나려는 시도를 하지 않는다. 이 세상에 있으면서 도심을 키우고 인심을 억제하는 방법을 택할 뿐이다. 그러나 유학에서 문제가 될 수 있는 것은 이 세상을 긍정하는 정서 때문에 인심을 억제하는 노력이 철저해지기 어렵고 따라서 심오한 진리를 발견하기가 그만큼 더 어렵다. 그렇기 때문에 오직 정밀하게 하고 오직 한결같이 하지 않으면 안 된다.

또 유학에서는 불변하는 마음을 도심에 속하는 것으로 보고 그 대표적인 것 중에 자녀가 부모를 그리워하고 부모가 자녀를 좋아하는 마음을 든다. 그래서 유학에서는 가족 관계를 바탕으로 하는 도덕률을 수립한다.

또 유학의 특징 중의 하나는 사람에게 인심이 완전히 없어질 수는 없다고 보는 점이다. 그래서 유학에서는 인욕이 남아 있다 하더라도 그것이 줄어들어 도심의 명령을 듣는 상태만 되어도 괜찮다고 보았다. 그리고 인욕을 가지고 있는 사람에 대해 무조건 죄악시하거나 악마 취급하는 일이 없다. 그렇기 때문에 유학에서는 타 종파의 사람을 악마 취급함으로써 나타나는 처절한 종교전쟁 같은 것이 일어나지 않는다.

유학에서는 사람을 도심과 인심을 동시에 가지고 있는 양면적 존재로 파악하기 때문에 언제나 두 요소의 조화를 생각한다. 두 요소가 조화를 이룬 상태를 유학에서는 중용中庸이라 한다. 개인적으로는 몸이 도심의 지시대로 살아서 마음과 몸이 조화되는 것이 중용이고, 사회적으로는 물질적 삶을 중시하는 사람들이 정신적 삶을 중시하는 사람을 존중함으로써 정신적 삶을 사는 사람과 물질적 삶을 사는 사람이 조화되는 것이 중용이다. 이 중용이 유학사상의 핵심이기 때문에 '진실로 그 중용의 도를 붙잡으라[윤집궐중允執厥中]'고 가르치고 있다.

可愛(가애)는 非君(비군)이며 可畏(가외)는 非民(비민)가 衆非元后(중비원후)면 何戴(하대)며 后非衆(후비중)이면 罔與守邦(망여수방)하리니 欽哉(흠재)하여 愼乃有位(신내유위)하여 敬修其可願(경수기가원)하라 四海困窮(사해곤궁)하면 天祿(천록)이 永終(영종)하리라 ①

惟口(유구)는 出好(출호)하며 興戎(흥융)하나니 ② 朕言(짐언)은 不再(불재)하리라

국역 |

사랑해야 되는 것은 임금이 아니겠는가, 두려워해야 되는 것은 백성이 아니겠는가. 백성은 임금이 아니면 누구를 떠받들며, 임금은 백성이 아니면 나라를 지킬 수 없을 것이니, 경건하게 처리하여 네가 가진 자리를 삼가서 원해야 되는 것[좋은 정치]을 경건하게 닦아라. 사해가 곤궁하면 하늘의 녹이 영원히 끊어지리라. 오직 입이란 좋은 것을 내기도 하고 전쟁을 일으키기도 하니, 짐은 두 번 말하지 않겠다."

난자풀이 |

[1] 天祿(천록) : 하늘이 임금을 임금으로 인정해주는 것.
[2] 戎(융) : 전쟁.

강설 |

나라가 망하는 순서는 다음과 같다. 먼저 그 나라의 정치철학이 무너진다. 정치철학이 무너지면 국민들이 반발하고 경제가 침체한다. 경제가 침체해지면 세금이 무거워진다. 세금이 무거워지면 국민들은 더욱 반발하고 그럴수록 경제는 더욱 침체된다. 이러한 악순환이 계속되면 나라는 결국 망하고 만다.

禹曰(우왈) 枚卜功臣(매복공신)하사 惟吉之從(유길지종)[1]하소서 帝曰(제왈) 禹(우)아 官占(관점)[2]은 惟先蔽[3]志(유선폐지)오사 昆[4]命于元龜[5](곤명우원귀)하나니 朕志先定(짐지선정)이어늘 詢謀僉同(순모첨동)하며 鬼神(귀신)이 其依(기의)하여 龜筮協從(귀서협종)하니 卜不習[6]吉(복불습길)이니라 禹拜稽首(우배계수)하며 固辭(고사)한대 帝曰(제왈) 毋(무)하라 惟汝諧(유여해)니라

국역 |

우가 말하기를, "공신들을 낱낱이 점치시어 오직 길한 사람을 따르소서" 하니, 순임금이 말씀하셨다. "우야! 관에서 하는 점은 먼저 자기의 뜻을 결정하고 나서 큰 거북에게 명한다. 짐의 뜻이 먼저 결정되고 사람들에 물어 모의하니 모두 뜻이 같았으며, 귀신이 의지했고, 거북점과 시초점이 화합하여 따랐다. 점치면 거듭 길하게 나오는 것만은 아니다." 우가 절하고 머리를 조아리며 굳이 사양하자, 순임금이 말씀하셨다. "사양 마라! 오직 너만이 잘 해낼 수 있다."

난자풀이 |

1 之(지) : 길吉과 종從이 도치되었음을 나타내는 역할을 한다. 종길從吉로 놓고 해석하면 될 것이다. 원래 지之가 아니고 을乙이었을 것으로 추정할 수도 있다. 을乙이면 이두씩 표현으로 '~을'로 해석할 수 있을 것이다.
2 官占(관점) : 관에서 치는 점.
3 蔽(폐) : 덮다. 가리다. 결단하다. 단정하다.
4 昆(곤) : 뒤. 나중.
5 元龜(원귀) : 큰 거북. 거북점에 쓰는 큰 거북.
6 習(습) : 거듭하다.

강설 |

우는 최후로 점을 쳐보라고 권하면서 사양했지만, 순임금은 이미 점을 쳐본 뒤이었다. 옛날 중요한 인사를 단행할 때의 절차는 먼저 인사권자의 마음을 정하고 다음으로 주위의 사람들에게 물어보며, 다음으로 조상신이 어떻게 받아주는지를 살피며, 마지막으로 점을 쳐서 하늘의 뜻을 물어보는 방식을 택한다.

귀신이 의지한다는 말은 순임금이 우를 추천했을 때 주위의 일들이 순조로웠음을 뜻한다. 옛날에는 며느리가 새로 시집을 온 뒤 3일 뒤에 조상의 사당에 인사를 드렸다. 사당에 인사를 드리는 것은 정식 며느리가 되었음을 신고하는 절차다. 만약 3일 안에 변괴가 일어난다면 조상신이 거부하는 것이고 좋은 일이 일어나면 조상신이 그를 인정하고 그에게 의지하는 것으로 이해했던 것이다. 점이라는 것은 되풀이하는 것이 아니다. 점은 하늘의 뜻을 묻는 것이다. 되풀이하여 점을 치는 것은 하늘을 모독하는 일이다.

우가 사양할 수 없을 정도로 순임금이 설명을 했으나 우는 듣지 않고 굳이 사양했다. 그러자 순임금은 "사양 마라! 오직 너만이 잘해낼 수 있다"라고 못을 박았다. 이렇게 되면 더 이상 사양할 수 없을 것이다.

正月朔旦(정월삭단)에 受命于神宗(수명우신종)[1]하사 率百官(솔백관)하사되 若帝之初(약제지초)하시다

국역 |

정월 초하루 아침에 신종에서 명을 받아 백관을 통솔하시되 순임금이 처음 했던 것과 같이 하였다.

난자풀이 |

[1] 神宗(신종) : 요임금의 사당.

帝曰 咨禹아 惟時有苗弗率하나니 汝徂征하라 禹乃會群后하여 誓于師曰 濟濟有衆아 咸聽朕命하라 蠢茲有苗 昏迷不恭하여 侮慢自賢하며 反道敗德하여 君子在野하고 小人在位하여 民棄不保하니 天降之咎라 肆予以爾衆士로 奉辭伐罪하노니 爾尙一乃心力이라사 其克有勳하리라

국역 |

순임금이 말씀하셨다. "자! 우야. 이 묘족이 따르지 않으니, 네가 가서 정벌하라." 우가 마침내 여러 제후들을 모아놓고 군사들에게 다음과 같이 선서를 했다. "씩씩한 군사들아. 모두 나의 명령을 들어라. 어리석은 이 묘족이 어둡고 미혹하여 공손하지 아니하며, 남을 업신여기고 스스로 어진 체하며, 도를 위배하고 덕을 어그러뜨려 군자가 들에 있고 소인이 관직에 있어, 백성들이 버려져서 보호되지 않으니, 하늘이 재앙을 내리신다. 이리하여 내가 너희 여러 군사들을 거느리고 임금님의 말씀을 받들어 죄 지은 자들을 벌하는 것이니, 너희들은 아무쪼록 마음과 힘을 한결같이 하여야 공을 세울 수 있을 것이다."

난자풀이 |

1 時(시) : 시是와 통용.
2 有苗(유묘) : 묘족의 나라. 유有는 나라 이름이 한 글자일 때 별 뜻 없이 조음소로 들어간 말.
3 濟濟(제제) : 씩씩하다.
4 蠢(준) : 어리석다.
5 肆(사) : 드디어. 그리하여.
6 尙(상) : 오히려. 아무쪼록.
7 乃(내) : 너. 너희들.

강설 |

여러 주석본에서 '민기불보民棄不保'를 '백성들이 군주를 버리고 보호하지 않았다'고 해석하고 있으나 이는 문법적으로도 무리이고 문맥이 통하지도 않는다. 그러나 굳이 이렇게 해석한 까닭은 추측컨대 다음 문장에 유묘의 백성들이 우에게 저항한 사실이 나오는데, 이 사실은 만약 백성들이 버려져서 보호받지 못했다면 우가 쳐들어왔을 때 저항하지 않고 환영했을 것이라는 생각과 어긋나기 때문이었을 것이다. 그러나 사실은 백성들이 보호받지 못했다 하더라도 외국의 침략을 받았을 때는 저항할 수도 있다. 마치 이라크의 국민들이 사담 후세인에게 보호받지 못했지만 미군에게 저항하는 것과도 같다. 또 일반 백성들이 군주에게 보호받지 못하는 때에도 언제나 그 군주를 따르고 받드는 백성들이 있기 때문에 그들을 중심으로 저항했을 수도 있다.

三旬을 苗民이 逆命이어늘 益이 贊于禹曰 惟德은 動天이라 無遠弗屆하나니 滿招損하고 謙受益이 時乃天道니이다 帝初于歷山에 往于田하사 日號泣于旻天과 于父母하사 負罪引慝하사 祗載見瞽瞍하사되 夔夔齊慄하신대 瞽亦允若하니 至誠은 感神이어늘 矧茲有苗리잇가 禹拜昌言曰 兪라 班師振旅어늘 帝乃誕敷文德하사 舞干羽于兩階러니 七旬에 有苗格하니라

(삼순 묘민 역명 익 찬우우왈 유덕 동천 무원불계 만초손 겸수익 시내천도 제초우역산 왕우전 일호읍우민천 우부모 부죄인특 지재현고수 기기재률 고역윤약 지성 감신 신자유묘 우배창언왈 유 반사진려 제내탄부문덕 무간우우양계 칠순 유묘격)

[1] [2] [3] [4] [5] [6] [7] [8] [9] [10] [11] [12] [13]

국역 |

30일을 묘의 백성들이 명을 거역하자, 익이 우에게 거들면서 말했다. "오직 덕만이 하늘을 감동시켜 멀리 있는 사람도 이르지 않음이 없습니다. 자만은 손해를 부르고 겸손은 이익을 받습니다. 이것이 바로 천도입니다. 순임금이 처음에 역산에 계셨는데, 밭에 가시어 날마다 하늘과 부모에게 울부짖으시어 죄를 떠맡아 짊어지시고 간특한 일을 자신에게 돌리시며, 공경히 자식된 도리를 다하여 고수를 뵙되 조심조심하며 마음을 가다듬고 두려워하시니, 고수 또한 진실해지고 순해졌습니다. 지극한 정성은 신명을 감동시키니 하물며 이 묘족 정도이

겠습니까." (그러자) 우가 좋은 말에 절하며 "옳지! 그렇구나" 하고는 군대를 돌리고 군사를 거두자, 순임금이 마침내 정신적인 은덕을 크게 펴시어 양쪽 계단 아래서 방패와 깃으로 춤추게 하셨는데, 70일 만에 묘족이 착하게 되었다.

난자풀이 |

1 屆(계) : 이르다. 다다르다.
2 歷山(역산) : 순임금이 젊었을 때 밭 갈며 살았던 곳. 지금의 산동성山東省 제남시濟南市에 있다.
3 旻天(민천) : 원래는 가을 하늘을 의미하나, 여기서는 뭇사람을 사랑[仁]으로 돌보아주는 어진 하늘이라는 뜻으로 널리 하늘을 이른다.
4 載(재) : 일. 여기서는 자식된 도리를 다한다는 뜻이다.
5 見(현) : '뵙는다'는 뜻이다. 이때는 음이 '현'이다.
6 夔夔(기기) : 조심조심하는 모습.
7 齊(재) : 재齋와 통용. 재계하다.
8 允(윤) : 진실해지다.
9 若(약) : 순順과 같은 뜻.
10 班師振旅(반사진려) : 군대를 돌리고 군사를 거두는 것.
11 文德(문덕) : 정신적인 은덕.
12 干羽(간우) : 방패와 깃털을 가지고 추는 춤. 방패는 공격하는 무기가 아니고 새의 깃털은 평화를 상징하는 것이므로 방패와 깃털을 가지고 추는 춤은 평화를 기원하는 춤이었을 것이다.
13 格(격) : 이르다. 바로잡히다. 좋은 상태에 이르다.

강설 |

우는 정신적인 감화보다 힘으로 굴복시키는 방법을 좋아했던 것 같다. 선서宣誓에서 비록 순임금의 명령을 받들었다고 했고 또 순임금이 정벌하라고 지시했다고 기록하고 있지만, 그것을 다 믿기는 어렵다.

힘으로 굴복시키는 것은 좋은 방법이 아니다. 사랑의 정책을 펴서 화합하는 것보다 좋은 것이 없다. 그래서 순임금이 정신적으로 감화를 펴는 방법을 지시했다.

순임금이 우에게 두 계단 아래서 방패와 깃털을 가지고 추는 평화의 춤을 추게 했다고 했는데, 아마도 이 계단은 묘족의 나라에 있는 어떤 사당이나 아니면 정치적으로 중요한 집의 계단이었을 것이다. 거기서 아량과 평화를 기원하는 춤을 추면서 화해를 시도했고, 이를 본 묘족이 감화를 받아 화친을 했을 것이다.

皐陶謨 | 고요모

주로 고요의 말을 기록한 것이다. 『금문상서今文尙書』와 『고문상서古文尙書』에 모두 기록되어 있다. 『고문상서』에서는 「사왈찬찬양재思曰贊贊襄哉」까지를 본편으로 편입시키고 「제왈래우帝曰來禹」 이하를 익직편益稷篇에 넣었다. 굴만리屈萬里를 위시한 많은 고증학자들은 고요모皐陶謨에 오행관념 등이 나오는 것을 근거로, 전국시대에서 진한시대에 걸쳐서 성립된 것으로 보고 있다. 그러나 오행관념이 진한시대에 갑자기 나온 것이 아니라 그 훨씬 전부터 뿌리내리고 있었을 가능성이 높기 때문에 단순히 이를 근거로 성립연대를 추정하는 것에는 무리가 있다. 내용 면으로 보면 고요모에는 노장철학과 유가철학이 분리되기 이전의 형태가 보이는 점을 보아, 참으로 요순시대에 성립된 것으로 보아야 할 것이다.

曰若稽古皐陶한대 曰 允迪이시니 厥德이 謨明하며 弼諧하시니라[皐陶曰 允迪厥德하면 謨明하며 弼諧하리이다] 禹曰 兪라 如何오 皐陶曰 都라 愼厥身修[1]하며 思永하며 惇敍[2]九族하며 庶明이 勵翼하면 邇可遠이니 在茲[3]니이다 禹拜昌言[4]曰 兪라

국역 |

옛 고요를 살펴 보건대 (진실로 길을 잘 이었다는 뜻의) 윤적이니, 그 덕이 치밀하고 밝으며 잘 보필하고 화목했다[고요가 말했다. "그 덕을 진실로 잘 따르면 일이 밝아지며 잘 보좌되고 화목해질 것입니다]. 우가 말하기를 "옳지! 그런데 어떠한 것인가?" 하자, 고요가 말했다. "아아! (그것은 이런 뜻입니다) 몸 닦는 것을 신중히 하며 긴긴 뒷날을 생각하며 모든 친족에게 돈독하게 정을 쏟으며 여러 현명한 이가 힘써 도우면 가까운 것이 먼 데까지 퍼져갈 수 있으니 이를 잘 살피십시오." 우가 좋은 말에 절하며 말했다. "옳습니다."

난자풀이 |

[1] 身修(신수) : 수신修身. 옛날로 갈수록 목적어가 술어 앞에 가는 것이 많다. 이는 최초에 한문을 만들어 썼던 종족이 동이족이었기 때문일 것이다.

2 敍(서) : 펴다. 여기서는 정을 쏟는 것을 말한다.
3 在(재) : 살피다.
4 昌言(창언) : 좋은 말씀.

강설 |

이 문장은 문맥이 매끄럽지 않다. 「왈약계고曰若稽古」의 형태로 나오는 문장에서 보면 그 다음에 호號가 나오는 것이 마땅하다. 그렇다면 이 문장에서도 윤적允迪이 고요의 호이어야 할 것이다. 그러나 그 다음 문장과의 맥락을 보면 윤적 다음의 문장은 고요의 말이어야 한다. 이를 어떻게 이해해야 할까?

'윤적궐덕모명필해允迪厥德謨明弼諧'는 앞 문장과 연결되어 고요의 인품을 설명하는 문장이기도 하고 뒷 문장과 연결되어 고요의 말이기도 해야 한다. 그렇다면 '고요왈윤적궐덕모명필해皐陶曰允迪厥德謨明弼諧'라는 문장이 하나 더 있어야 할 것인데 후대에 기록하는 자가 중복인 줄 착각해서 하나를 지운 것으로 이해할 수 있다. 이러한 예는 『주역周易』에서도 찾아볼 수 있다. 예를 들면 『주역』 동인괘同人卦의 괘명卦名과 괘사卦辭에 「동인우야同人于野」로 되어 있는데, 이는 「동인동인우야同人同人于野」라야 한다. 앞의 동인同人은 괘명이고, 뒤의 '동인우야同人于野'는 '들에서 사람들이 하나가 된다'는 뜻의 괘사여야 하지만, 동인이 둘 있는 것을 후대에 기록하는 자가 중복된 것으로 잘못 알고 하나를 지웠다.

'고요왈윤적궐덕모명필해'는 원래 고요의 말이었을 것이다. 그런데 그 뒤에 그의 말에서 연유하여 그의 인품을 설명한 문장으로 이해되었을 것으로 이해할 수 있다.

고요의 말은 『대학大學』에서 덕을 밝히면 남과 하나가 되어 세계가 평화로워진다는 '명명덕明明德 친민親民 지어지선止於至善'이나 『맹자孟子』의 왕도정치의 내용과 흡사하다. 이러한 관점에서 보면 고요는 후대의 사상가 중에서 맹자와 유사한 사람으로 보인다. 그러나 이에 비해 우禹는 순자荀子와 유사한 사람, 즉 형이하학적 지향성이 강한 사람으로 보인다. 그렇기 때문에 우는 고요의 말을 제대로 이해하지 못했다. 고요의 말을 듣고 일단 "그렇지"라고 했지만, 가만히 생각해보니 무슨 뜻인지 잘 알 수 없었다. 그래서 "어떠한 내용인가?" 하고 되물은 것이다.

덕을 따르면 모든 일이 밝혀져서 모두 평화롭게 된다는 것은 구체적으로 말하면 「수신修身, 제가齊家, 치국治國, 평천하平天下」에 해당한다. 이를 고요는 "몸 닦는 것을 신중히 하며, 긴긴 뒷날을 생각하며, 모든 친족에게 돈독하게 정을 쏟으며, 여러 현명한 이가 힘써 도우면, 가까운 것이 먼 데까지 퍼져갈 수 있다[신궐신수愼厥身修 사영思永 돈서구족惇敍九族 서명여익庶明勵翼 이가원邇可遠]"로 표현했다. 몸을 닦으면 하늘의 입장이 되기 때문에 무한하고 영원한 차원의 삶을 살게 된다. 그래서 '긴긴 뒷날을 생각한다'고 했다. 그리고 '여러 친족에게 돈독하게 정을 쏟는다'는 말은 제가를 말한다. 그것은 부모형제를 포함한 여러 친족과 한마음이 되는 것이다. 이러한 정이 차츰 퍼지면 온 세상 사람을 가족처럼 생각하게 되고 그 결과 세상이 가정 같은 낙원이 되는 것이다. 이를 고요는 이가원邇可遠 즉 '가까운 것이 멀리까지 퍼져간다'고 표현했다. 이는 가족 관계 같은 가까운 사람들의 정이 퍼져서 온 세계의 사람들에게 퍼지는 것을 말한다. '이를 살펴라'는 말은 '이러한 이치를 살펴라'는 말이다.

고요의 이러한 심오한 정치철학을 우는 제대로 알아듣지 못했다. 그래서 건성으로 "옳습니다"라고만 했을 뿐, 달리 이해했다는 표현을 하지 못했다. 그래서 고요는 다시 부연하여 설명한다.

皐陶曰 都라 在知人하며 在安民하니이다 禹曰 吁라 咸若時[1]는 惟帝[2]도 其難之러시니 知人則哲이라 能官人하며 安民則惠라 黎民이 懷之하리니 能哲而惠면 何憂乎驩兜며 何遷乎有苗며 何畏乎巧言令色孔壬[3]이리오

(고요왈 도 재지인 재안민 우왈 우 함약시 유제 기난지 지인즉철 능관인 안민즉혜 여민 회지 능철이혜 하우호환두 하천호유묘 하외호교언영색공임)

국역 |

고요가 말했다. "아아! (그 뜻은 이런 것입니다) 사람을 앎에 있으며 백성을 편안하게 하는 데 있습니다." (그러자) 우가 말했다. "에이! (그렇지는 않습니다) 모든 것이 이처럼 되는 것은 순임금도 어렵게 여기셨으니, 사람을 알면 명철하여 훌륭한 사람을 벼슬시킬 수 있으며, 백성을 편안하게 하면 은혜로워 모든 백성들이 그리워할 것이니, 명철하고 은혜로우면, 어찌 환두를 걱정하며, 어찌 묘족을 귀양보내며, 어찌 말을 교묘하게 하거나 얼굴빛을 잘 꾸미거나 크게 간악한 자를 두려워했겠습니까!"

난자풀이 |

[1] 時(시) : 시是와 통용.

[2] 帝(제) : 여기서는 순임금을 가리킴.

③ 孔壬(공임) : 매우 간악한 사람. 임壬에는 '아첨한다'는 뜻이 있다.

강설 |

고요가 우에게 수신修身을 하여 백성들을 편안하게 하는 정치의 원리를 설명했으나 우가 제대로 알아들은 것 같지가 않자 다시 부연해서 설명했다. 고요에 의하면, 정치의 기본은 인人을 알고 민民을 편안하게 하는 것에 있는 것임을 밝혔다. 여기서 고요는 인人과 민民을 구분했다. 인人과 민民은 처음에는 동쪽에 사는 사람과 서쪽에 사는 사람을 지칭하는 말이었다. 그러다가 인人과 민民이 서로 섞이게 되자, 인人이 교양을 갖춘 귀족이 되고 민民이 서민이 되었으므로, 인人은 '교양인' '귀족' 등의 뜻이 되었고, 민民은 서민이란 뜻이 되었다. 인人을 안다는 것은 교양 있는 사람들과 하나가 된다는 말이다. 안다는 말에는 하나가 된다는 뜻이 내포되어 있다. 자기와 하나가 되지 않은 것은 제대로 아는 것이 아니다. 그런 것은 건성으로 아는 것이 되고 만다. 모든 사람과 하나가 되고 모든 사람을 편안하게 하는 것은 온 세상을 낙원으로 만드는 것이다. 이러한 고요의 설명을 들은 우는 반박했다. 순임금도 환두를 추방하였고, 묘족을 옮겨 놓았으며, 간악한 무리를 걱정했던 것을 보면, 순임금도 온 세상을 낙원으로 만들지는 못했다는 생각이 들었기 때문이었다. 고요는 어디까지나 정신을 말하고 원리를 말하는 이상주의자였으나 우는 현실을 들여다보고 판단하는 현실주의자였다.

그래서 우는 고요의 말을 수용하지 못하고 반발했다. 그러자 고요는 우에게 구체적인 행동방식을 제시하기에 이른다.

皐陶曰 都라 亦行有九德이니 亦言其人有德은 乃言曰載采采니이다 禹曰 何오 皐陶曰 寬而栗[1]하며 柔而立하며 愿[2]而恭하며 亂而敬하며 擾[3]而毅하며 直而溫하며 簡而廉[4]하며 剛而塞[5]하며 彊而義[6]니 彰厥有常이면 吉哉니이다

국역 |

고요가 말했다. "아아! (그 내용은 이렇습니다) 또한 행해야 할 것에는 아홉 가지 덕목이 있습니다. 그러므로 또한 사람의 덕 있음을 말해야 합니다. 그래야 '비로소 일마다 잘 이루어진다'고 말하게 됩니다." 우가 (알아듣지 못하고) "무슨 말인가요?" 하고 물었다. (그러자) 고요가 말했다. "너그러우면서도 무서우며, 부드러우면서도 주체가 확고하며, 고집스러우면서도 공손하며, 혼란스러우면서도 경건하며, 어지러우면서도 굳세며, 곧으면서도 온화하며, 간단히 처리하면서도 자세하며, 굳세면서도 치밀하며, 강하면서도 도리에 맞게 하는 것입니다. 일상적인 삶에 이를 드러내면 모든 것이 길할 것입니다.

난자풀이 |

[1] 栗(률) : 율慄과 통용. 무섭다.

2 愿(원) : 성실하다. 고집스럽다. 사이비이면서 자기가 제일인 체하면서 고집을 부리고 있는 것.
3 擾(요) 어지럽다. 소란하다. 요란하다.
4 廉(렴) : 모서리. 구석구석. 구석구석을 다 살피는 것은 자세한 것이므로 여기서는 '자세하다'고 번역했다.
5 塞(색) : 꽉 차다. 꽉 찬 것은 빈틈이 없는 것이므로 여기서는 '치밀하다'로 번역했다.
6 義(의) : 의宜와 통용. 알맞다. 마땅하다.

강설 |

우가 잘 잘 알아듣지 못하기 때문에 고요가 구체적으로 하나 하나 설명했다. 그 내용은 다음과 같다.

寬而栗(관이률) : 너그러우면서도 무섭다

마음이 순수하여 하늘의 뜻대로 사는 사람은 하늘의 마음으로 모든 사람을 포용하기 때문에 너그럽다. 그는 세상의 모든 것을 용납한다. 그렇다고 해서 그가 악을 인정하고 용납하는 것은 아니다. 그러므로 악한 마음을 가진 사람은 그를 무서워한다. 그는 어떤 유혹에도 넘어가지 않는다. 그러므로 욕심을 가지고 그를 회유하고자 하는 사람은 그를 두려워한다.

柔而立(유이립) : 부드러우면서도 주체가 확고하다

하늘의 뜻대로 사는 사람은 자기의 고정관념이 없다. '나'라는 개념조차도 없다. 그래서 그는 언제나 남의 마음과 하나가 된다. 그래서 한없이 부드럽다. '자기를 버리고 남을 따른다[사기종인舍己從人]'고 한 순 임금의 말이 바로 이를 뜻한다. 마치 수양버들이 바람에 나부끼는 것처럼 부드럽다. 그렇다고 해서 주체가 없이 남에게 휩쓸리는 것은 아니다. 수양버들이 이리저리 휠 수 있는 것은 뿌리가 깊이 박혀 있기 때문이다. 마음이 깊고 깊어 하늘에 닿아있으면 그보다 더 확고한 주체는 없다.

愿而恭(원이공) : 고집스러우면서도 공손하다

하늘의 뜻에 따라 사는 사람은 고집스럽다. 그는 누구의 말도 듣지 않고 자기의 갈 길을 간다. 마음에 맞지 않으면 부귀영화도 초개같이 버리고 떠난다. 떠나는 그는 아무리 붙잡아도 붙잡을 수 없다. 그는 목숨도 아까워하지 않기 때문에 아무도 그의 고집을 꺾을 수 없다. 그는 오직 하늘의 뜻만을 따른다. 이를 『주역』 「항괘恒卦」 상전象傳에서는 「입불역방立不易方」이라고 했다. 한 번 서면 방향을 바꾸지 않는다는 말이다. 그래서 그는 고집불통처럼 보이지만 결코 그렇지 않다. 그는 욕심을 채우기 위해 고집을 부리는 것이 아니다. 그의 고집은 사람들이 알기 어렵다. 어떻게 보면 그는 전혀 고집이 없는 사람 같다. 그는 세속적으로 살지 않지만 세속을 용납한다. 그는 하늘의 마음으로 모두를 용납한다. 특히 가난하고 불쌍한 사람일수록 더욱 용납한다. 이를 『주역』 「함괘咸卦」 상전象傳에서는 「허수인虛受人」이라고 했다. 마음이 텅 비어 있으면서 남을 받아들인다는 말이다.

亂而敬(난이경) : 혼란스러우면서도 경건하다

하늘의 마음으로 사는 사람은 '나'와 '너'의 구별이 없다. '이것'과 '저것'의 구별이 없다. 하늘의 입장에서 모두 하나가 되기 때문이다. 모든 것을 구별하지 않고, 한계 짓지 않으며, 따지지 않고 사는 것을 보면 혼란스러운 것처럼 보일지도 모른다. 그러나 구별짓고 사는 것은 참이 아니다. 모든 구별은 인간의 의식이 만들어낸 허상이다. 기독교가 좋고 불교가 나쁘다고 생각하는 사람은 절을 멀리하고 교회를 가까이하면서 살아갈 것이고, 반대로 불교가 좋고 기독교가 나쁘다고 생각하는 사람은 교회를 멀리하고 절을 가까이하면서 살아갈 것이다. 그러나 이런 것은 그들의 의식이 그렇게 만든 것이지 참이 아니다. 인간의 의식은 원래 있었던 것이 아니다. 인간이 만들어낸 가공품이다. 그 의식에 심어놓은 모든 가치관은 고정관념이다. 고정관념을 가지고 판단하는 사람은 고정관념에서 벗어나 있는 사람의 행동을 파악할 수 없기 때문에 혼란스러운 것처럼 본다. 고정관념이 없는 사람은 절에 가서 절을 하기도 하지만, 교회에 가서 기도하기도 한다. 그는 복을 받으려는 욕심이 없기 때문에 절에서 절을 하지 않기도 하고, 교회에서 기도하지 않기도 한다. 그래서 그의 삶은 혼란스러운 것 같지만 사실은 그것이 참모습이다. 장자는 이를 '혼돈渾沌'이라 했다. 행동이 혼란스러운 사람은 잡념이 많기 때문이다. 그러나 혼돈의 모습으로 사는 사람은 혼란스러운 것 같지만 그의 마음이 비어있기 때문에 아무런 잡념이 없다. 그래서 그는 늘 경건하다.

擾而毅(요이의) : 어지러우면서도 굳세다

고정관념으로 살아가는 사람은 정리되어 있어야 안심을 한다. 방이나 집안도 정리되어 있어야 하고, 길거리나 건물들도 정리되어 있어야 안심을 한다. 이는 오랜 고정관념이 그렇게 만든 결과다. 그러나 어린아이를 정리된 방에 넣어두면 어떻게 될 것인가? 그는 신문지를 꺼내어 찢어버리기도 하고 책들을 흩어버리기도 한다. 어른은 그것을 어지럽게 생각하지만 막상 어린아이는 그것을 어지럽게 생각하지 않는다. 자연은 정리된 것이 하나도 없다. 산이 그렇고 강이 그렇다. 반듯반듯한 산이 없고 일직선으로 뻗어있는 강이 없다. 어린아이는 자연에 가깝다. 하늘의 뜻을 따라 사는 사람은 자연의 모습으로 살아간다. 하늘의 뜻은 자연이다. 그래서 순수한 사람은 어지러운 것처럼 보이지만, 그것이 오히려 자연의 모습이다. 일반적으로 볼 때 어지러운 사람은 욕심이 많은 사람이다. 욕심이 많아 욕심을 따라다니기 때문에 한결같지 못하고 이랬다 저랬다 어지럽다. 그러나 자연의 모습으로 사는 사람은 한길로만 간다. 그는 이랬다 저랬다 하지 않고 굳세게 자기의 길을 간다. 물이 일직선으로 흐르지 않고 이리저리 굽이치면서 어지럽게 흐르는 듯하지만 언제나 아래로만 흐르는 것과도 같다.

直而溫(직이온) : 곧으면서도 온화하다

곧은 것에는 두 가지가 있다. 사실을 곧이곧대로 표현하고 고집하는 것과 하늘의 뜻을 곧게 따르는 것이 그것이다. 사실을 곧이곧대로 표현하고 고집하는 사람은 빡빡하다. 그러한 사람에게는 찬바람이 난다. 그에게는 1 더하기 1은 언제나 2일 뿐이다. 그는 약간의 실수나 잘못도 용납하지 못한다. 그는 언제나 남의 잘못을 들추어내어 규탄한다. 그러한 사람은 남을 용납하지 못한다. 그러한 사람에게는 사람이 접근하지 못한다. 그러나 하늘의 뜻을 곧게 따르는 사람은 하늘의 마음을 가지고 남을 용납하고 포용한다. 그는 양심을 속이지 않지만, 남을 위해서 사실을 숨기기도 한다. 불치병에 걸린 친구의 병 문안을 가서 친구를 격려하기 위해 친구의 병을 사실대로 말하지 않기도 한다. 그는 언제나 따뜻하다.

簡而廉(간이렴) : 간단히 처리하면서도 자세하다

욕심으로 사는 사람의 삶은 복잡하다. 욕심을 채우기 위해선 남과 경쟁해서 이겨야 하지만, 남과 경쟁해서 이기기란 쉽지 않다. 그래서 삶은 자꾸 더 복잡해지기 마련이다. 그러나 진리의 길을 가는 사람은 간단하다. 길이 아무리 복잡해도 길을 가는 사람에게는 전혀 복잡하지 않다. 길을 따라 앞으로 가기만 하면 된다. 그래서 그의 삶은 복잡하지 않다. 그는 언제나 간단히 처리한다. 간단히 처리하는 사람은 소홀하기 쉽다. 앞뒤를 재어 치밀하게 대처하지 않으면 매사가 어긋난다. 그러나 하늘의 마음으로 사는 사람은 간단하게 살지만 빈틈이 없다. 하늘은 만물을 하나도 빠트리지 않고 보살핀다. 하늘의 뜻을 따르는 사람은 계산하면서 사는 것이 아니다. 그저 느낌으로 산다. 배고플 때 밥 먹고 피곤할 때 쉬며 졸릴 때 잠잔다. 그 느낌은 잠시도 쉬지 않고 솟아난다. 그렇기 때문에 느낌으로 사는 사람은 빈틈이 없다. 노자는 "하늘의 그물은 성기지만 빠트리는 것이 없다[천망회회天網恢恢 소이불실疎而不失]"고 했다. 이를 두고 하는 말이다.

剛而塞(강이색) : 굳세면서도 치밀하다

일반적으로 굳센 사람은 뒤를 돌아보지 않고 앞으로만 나아간다. 물러설 때도 물러서지 못하고 나아가기 때문에 허점이 많다. 그러나 하늘의 뜻으로 사는 사람은 굳세지만 허점이 없다. 하늘은 굳세게 우주만물을 끌고 가지만, 한없이 치밀하다. 한 치의 오차도 없이 만물의 삶을 이끌어간다. 하늘의 뜻으로 사는 사람도 이와 같다.

彊而義(강이의) : 강하면서도 도리에 맞다

강한 사람은 늘 앞서간다. 강한 사람은 지나치게 마련이다. 지나친 것은 모자라는 것과 다르지 않다. 그래서 공자는 "지나친 것은 모자람만 못하다[과유불급過猶不及]"고 했다. 그러나 하늘의 뜻으로 사는 사람은 그렇지 않다. 하늘의 힘으로 살기 때문에 강하다. 그는 지칠 줄도 모른다. 그러나 그는 하늘의 마음으로 살기 때문에 늘 남과 하나가 되어 어울린다. 그는 중용을 지키며 알맞게 산다. 그는 강하지만 언제나 도리에 어긋나지 않는다.

위의 고요의 말을 보면 고요의 사상은 대단히 심오하다. 그의 사상은 유가사상과 노장사상이 다 들어있는 원초적인 것으로 보인다. 동양사상의 뿌리라고 말할 수도 있겠다. 고요는 그의 심오한 사상에서 나온 행동방식을 구체적으로 설명했다. 이렇게까지 말했으면 우가 알아듣고 공감을 해야 하지만, 우는 그렇지 못했다. 그래서 고요는 다시 설명을 이어간다.

日宣三德[1]하여 夙[2]夜에 浚[3]明하면 有家[4]며 日嚴祗敬六[5]
德하여 亮采면 有邦이니이다 翕[6]受敷[7]施하여 九德이 咸
事[8]면 俊乂[9]在官하고 百僚師師[10]하며 百工이 惟時撫[11]于
五辰[12]하여 庶績이 其凝[13]하리이다

국역 |

날마다 세 가지 덕을 펴서 밤낮으로 크게 밝히면 집을 가질 수 있으며, 날마다 엄숙하게 여섯 가지 덕을 경건하게 실천하여 밝게 다스리면 나라를 가질 수 있습니다. 모든 것을 받아들여 펼쳐 시행하여 아홉 가지 덕이 모두 효과를 발휘하면, 빼어나고 어진 사람이 관직에 있고, 모든 관료가 본받고 본받으며, 모든 기술자들이 일년 내내 때맞게 일을 하여 모든 업적이 이루어질 것입니다.

난자풀이 |

[1] 三德(삼덕) : 아홉 가지 덕 중에서 세 가지 덕. 아마도 '관이률' '유이립' '원이공'인 듯.

[2] 夙(숙) : 아침 일찍.

[3] 浚(준) : 깊이 파다. 여기서는 '크게' '깊게' 등의 뜻으로 쓰인 부사.

[4] 家(가) : 대부가 다스리는 통치 영역. 오늘날 한국의 도道나 중국의 성省에 해당함.

[5] 六德(육덕) : 아홉 가지 덕 중에서 여섯 가지 덕.

[6] 翕(흡) : 합하다. 모두.

7 敷(부) : 펴다.

8 事(사) : 일을 한다. 작용을 한다. 효과를 발휘한다.

9 乂(예) : 어질다.

10 師師(사사) : 본받고 본받다.

11 撫(무) : 어루만지다. 어루만진다는 것은 일을 처리한다는 것을 의미한다.

12 五辰(오진) : 일년. 일년을 오행으로 나누면 오신五辰이 된다. 봄은 목木, 여름은 화火, 가을은 금金, 겨울은 수水에 해당하고, 토土는 사계절에 섞여 있다.

13 凝(응) : 응결되다. 일이 성사되다.

강설 |

고요가 제시한 아홉 가지 덕 중에서 세 가지만 밝혀 실천에 옮길 수만 있어도 대부가 자기의 영토는 다스릴 수 있다. 그리고 아홉 가지 덕 중에서 여섯 가지를 밝혀서 실천에 옮길 수만 있다면 나라를 다스릴 수 있다. 그런데 아홉 가지를 다 받아들여 펼쳐 시행한다면 이 아홉 가지 덕이 모두 효과를 발휘해서, 현명한 사람이 높은 지위에 있고 하급 관리가 임금을 본받아 서민을 자녀처럼 아끼게 되며, 모든 기술자들이 열심히 일을 하여 온 나라가 평화롭고 넉넉한 천국이 된다. 이는 『중용中庸』「구경九經」의 내용에 해당한다.

고요의 설명이 또다시 되풀이되어도 우는 역시 제대로 이해하지 못했으므로 바로 공감하지 못하고 침묵한다. 이에 고요는 또다시 설명을 이어간다. 이제는 좀더 쉽고 구체적인 방식으로 설명할 수밖에 없다.

無教逸欲(무교일욕)[1]하여 有邦(유방)하시되 兢兢業業(긍긍업업)[2]하소서 一日二日(일일이일)이 萬幾(만기)니이다 無曠庶官(무광서관)하소서 天工(천공)을 人其代之(인기대지)하나니이다

국역 |

안일과 욕심으로 나아가지 않도록 하여 나라를 다스리시되 (매사에) 조심하고 두려워하소서. 하루 이틀이 모든 일의 기미가 됩니다. 모든 관직을 황폐하게 하지 마소서. 하늘의 일을 사람이 대신하는 것입니다.

난자풀이 |

1 敎(교) : 사使와 통용. ~로 하여금 ~하게 하다.
2 兢兢業業(긍긍업업) : 조심하고 두려워하는 모습.

강설 |

고요는 이제 우에게 가장 평범하고 쉬운 방식으로 설명했다. 정치에서의 금물은 나태와 욕심이다. 정치 담당자 자신이 욕심이 없어야 하고 나태하지 않아야 한다. 그리고 동시에 국민들로 하여금 나태하거나 욕심을 갖도록 유도하면 안 된다. 그러나 술수를 가지고 정치하여 성공하려는 사람들은 백성들에게 욕심을 불어넣는다. 욕심이 없는 사람은 어떤 유혹에도 넘어가지 않기 때문에 사람을 유혹하고 지배하기 위해서는 먼저 사람들로 하여금 욕심을 갖도록 유도하는 것이다. 사람들이 돈 욕심을 가지면, 돈을 가지고 지배할 수 있다. 선거에 임하는 사람들이 공약을 남발하는 것도 대부분 국민들로 하여금 욕심을 갖도록 유도하는 것이다. 사람들이 재빨리 욕심을 갖게 되는 것은 경쟁에 몰두할 때이므로 나쁜 정치가들은 국민들로 하여금 편가르기를 하게 해서 경쟁을 붙인다. 이는 금물 중의 금물이다. 이를 그 옛날의 고요가 이미 지적하고 있다.

임금은 하루 이틀의 일을 조심해야 한다. 허튼 말은 한 마디도 해서는 안 된다. 그 한 마디의 말이나 하루 이틀의 일들이 모든 일의 불씨가 되기 때문이다. 정치란 하늘이 하는 일을 대행하는 것이다. 그러므로 하나의 관직도 소홀히 다룰 수 없다.

고요가 이렇게까지 자세하고 평이하게 설명을 했는데도 우는 여전히 공감하지 못했다. 우가 아무 대꾸를 하지 않자 고요는 다시 말을 잇는다.

天敍有典하사 勅[1]我五典[2]하시니 五를 惇哉하시며 天秩有禮하사되 自我五禮[3]하시니 有庸[4]哉하소서 同寅協恭하사 和[5]衷[6]哉하소서 天命有德하시니 五服[7]으로 五章[8]哉하시며 天討有罪하시니 五刑을 五用[9]哉하사 政事를 懋哉懋哉하소서

(천서유전 칙아오전 오 돈재 천질유례 자아오례 유용재 동인협공 화충재 천명유덕 오복 오장재 천토유죄 오형 오용재 정사 무재무재)

국역 |

하늘이 법으로 질서를 펴서 우리에게 오전五典을 지키도록 타이르시니 다섯 가지를 도탑게 하시며, 하늘이 예로써 질서를 만드시되 우리 오례로부터 하시니 잘 쓰시도록 하소서. 다같이 경건하고 다함께 공손하여 하늘에게 받은 마음을 잘 발휘하소서. 하늘은 덕이 있는 이에게 자리를 주시니, 다섯 가지 복식으로 다섯 가지 등급을 표창하시며, 하늘은 죄가 있는 이를 토벌하시니, 다섯 가지 형벌을 다섯 가지 등급으

로 쓰시어 정사를 힘쓰고 힘쓰소서.

난자풀이 |

1 勑(칙) : ~를 하도록 타이르다.

2 五典(오전) : 오상五常으로 보기도 한다. 그 외에도 다섯 가지 법으로 볼 수도 있을 것이다.

3 五禮(오례) : 길례吉禮 · 흉례凶禮 · 군례軍禮 · 빈례賓禮 · 가례嘉禮의 다섯 가지를 말한다.

4 有庸(유용) : 마융본馬融本에는 유有가 오五로 되어 있다.

5 和(화) : 주어진 것에 응하여 제대로 발현하는 것을 말한다. 부모에게 사랑을 받았을 때는 그 사랑에 응하여 효도를 하는 것이 조화롭다. 그래서 그러한 상태를 화和라 한다. '응해 주다', '맞추어 주다', '화답하다' 등으로 해석한다.

6 衷(충) : 하늘에서 받은 마음. 진심. 하늘에서 받은 마음을 그대로 발현하여 만물을 사랑하는 것이 조화로운 것이다.

7 五服(오복) : 다섯 가지 품계에 따른 복장. 천자天子 · 공公 · 후백侯伯 · 자남子男 · 경대부卿大夫의 복장으로 보기도 하고, 공公 · 후侯 · 백伯 · 자子 · 남男의 다섯 가지 복장으로 보기도 한다.

8 五章(오장) : 다섯 가지 다른 문장이나 복장.

9 五用(오용) : 다섯 가지로 구별하는 쓰는 것.

강설 |

고요는 잘 이해하지 못하는 우에게 더욱 구체적인 정치방법을 설명했다. 그것은 이미 만들어져 있는 예와 법을 잘 지키는 것이다. 모든 사람들이 합심하여 예와 법을 충실하게 지키기만 해도 나라는 훌륭하게 다스려질 것이다.

天聽明이 自我民聽明하며 天明畏 自我民明威라
①②
達于上下하니 敬哉어다 有土아

(천총명 자아민총명 천명외 자아민명위 달우상하 경재 유토)

국역 |

하늘이 밝게 듣고 밝게 보는 것이 우리 백성들이 밝게 듣고 밝게 보는 것으로 말미암는 것이며, 하늘이 (선한 자를) 밝게 드러내 주고 (악한 자를) 두렵게 하는 것이 우리 백성들이 밝게 드러내고 두렵게 하는 것으로부터 말미암는 것이니, 위와 아래에 통하는 것입니다. 경건하게 하소서. 땅을 가지신 군주시여."

난자풀이 |

① 明(명) : 선한 자를 밝히는 것.
② 畏(외) : 악한 자를 두렵게 하는 것.

강설 |

예와 법을 지키도록 쉽게 설명해도 우는 반응이 없었다. 우는 고요의 말을 중시하지 않는 것인지도 모른다. 그래서 고요는 정치를 잘못하면 무서운 결과가 온다는 사실을 들어 우에게 겁을 주었다. 그렇게 하면 우가 진지하게 들을 것이기 때문이다.

정치인들은 흔히 백성들을 무식하게 생각하고 함부로 다루기도 한다. 그러나 백성들은 바보가 아니다. 정치가의 잘잘못을 예민하게 파악한다. 백성들은 하늘이다. 하늘은 백성들을 통해서 정치의 잘잘못을 이해한다. 그러므로 하늘을 두려워하듯 백성들을 두려워하지 않으면 결코 정치를 성공할 수 없다.

고요왈 짐언 혜 가저항 우왈 유 내
皐陶曰 朕言은 惠[1]라 可底[2]行이리이다 禹曰 兪라 乃

언 저가적 고요왈 여미유지 사왈찬
言이 底可績이로다 皐陶曰 予未有知어니와 思曰[3]贊[4]

찬양재
贊襄[5]哉하노이다

국역 |

고요가 말하기를, "나의 말은 순리이니 실행에 옮길 수 있을 것입니다." 하니, 우가 말했다. "옳습니다! 그대의 말은 공을 이룰 수 있을 것입니다." 고요가 말했다. "나는 아직 지혜롭지 못합니다만, 날마다 돕고 도와 높은 수준에 이를 것을 생각합니다."

난자풀이 |

[1] 惠(혜) : 순조롭다. 슬기롭다.
[2] 底(저) : 지至와 통용. 이르다.
[3] 曰(왈) : 일日의 오자.
[4] 贊(찬) : 돕다.
[5] 襄(양) : 이루다. 높은 곳으로 가다.

| 강설 |

고요가 우에게 두려운 내용을 이야기했는데도 우는 반응이 없었다. 이에 고요는 최종적으로 자기의 말은 순리임을 강조하며 '제발 내 말 좀 들어라'는 말로 결론짓는다. 이제 우는 더 이상 망설일 수 없다. 알아들은 체해야 한다. 그래서 마지막으로 한 마디 "당신의 말은 공을 이룰 수 있습니다"라고 짧게 말하고 마무리하고 만다.

이상에서 보면 고요는 수준 높은 철학적이자 정치가로 보인다. 이에 비해 우는 우직하지만 수준이 낮은 것으로 보인다. 『맹자』에서 맹자는 순임금을 동이족이라 했고, 부사년傅斯年의 「이하동서설夷夏東西說」이라는 논문에서는 우가 서쪽의 사람이라 했다. 순임금이 동이족이면 순임금의 후계자는 서부족의 사람이어야 조화를 이룰 수 있다. 순임금이 우수한 고요를 두고 우를 후계자로 지목한 것은 이러한 데 원인이 있는 것으로 생각된다.

益稷 | 익직

익益과 직稷의 말을 주로 기록한 것이다. 『금문상서今文尚書』와 『고문상서古文尚書』에 다 들어 있다. 다만 『금문상서』에는 고요모皐陶謨편에 들어 있다.

帝曰(제왈) 來(래)하라 禹(우)아 汝亦昌言(여역창언)하라 禹拜曰(우배왈) 都(도)라 帝(제)아 予(여)何言(하언)하리잇고 予思日孜孜(여사일자자)하노이다 [1] 皐陶曰(고요왈) 吁(우)라 如何(여하)오

禹曰 洪水滔天하여 浩浩懷山襄陵하여 下民昏墊이어[2]늘 予乘四載[3]하여 隨山刊木하고 曁益[4]으로 奏庶鮮食하며 予決九川하여 距四海하며 濬畎澮[5][6]하여 距川하고 曁稷으로 播하여 奏庶艱食[7]鮮食하고 懋遷有無化居[8][9]하니 烝民이 乃粒하여 萬邦이 作乂하니이다 皐陶曰 兪라 師汝의 昌言하노라

국역 |

순임금이 말씀하셨다. "이리 오라. 우야! 너도 좋은 말 좀 하라." 우가 절하고 말했다. "아아! 임금님. 제가 무엇을 말씀드릴 것이 있겠습니까. 저는 날마다 부지런히 노력할 것을 생각합니다." 고요가 말했다. "에이! 무슨 말씀이 그렇습니까?" 그러자 우는 다음과 같이 말했다. "홍수가 하늘에 넘쳐 질펀하게 산을 감싸고 꼭대기에 닿아 아래에 사는 백성들이 정신을 잃고 물에 빠졌는데, 내가 네 가지 탈것을 타고서 산을 따라 다니며 나무를 제거하고 익과 함께 여러 가지 날 음식을 장만했으며, 내가 여러 하천을 터서 사해에 이르게 하고, 밭도랑이나 봇도랑을 깊이 파서 하천에 이르게 하였으며, 직과 더불어 파종하여 여러 가지 말린 음식과 날 음식을 장만했으며, 재물이 쌓여 있는 곳과 없는 곳을 소통시켰으므로 백성들이 곡식을 먹게 되고 만방이 다스려졌습니다." 고요가 말하기를, "옳지! 그대의 좋은 말을 받들겠습니다." 하

였다.

난자풀이 |

1 孜孜(자자) : 부지런한 모양.
2 墊(점) : 빠지다.
3 四載(사재) : 네 가지 탈 것. 물에서는 배, 뭍에서는 수레, 늪에서는 썰매, 산에서는 나막신을 말한다.
4 曁(기) : 및. 함께. 급及이나 여與와 같은 뜻.
5 畎(견) : 밭도랑.
6 澮(회) : 봇도랑.
7 艱食(간식) : 삶아서 말린 음식.
8 化(화) : 화貨와 통용.
9 居(거) : 쌓이다.

강설 |

지금까지 고요가 심오한 정치철학을 이야기할 때, 우는 거의 아무 말도 하지 않고 있었다. 그는 고요가 하는 말의 의미를 잘 이해하지 못하고 있었다. 이를 본 순임금이 우를 격려하는 의미에서 말을 걸어 정치에 도움이 될 좋은 말을 해보라고 주문을 했다. 우는 말할 수 있다는 듯이 얼떨결에 '아아!' 하고 대답을 했다. 그러나 막상 대답을 해놓고 나니 무엇을 말해야 할 지 잘 알 수 없었다. 그래서 그는 부지런히 노력하기만 할 뿐이라고 말하면서 회피했다.

대답을 회피하는 것을 옆에서 지켜본 고요는 "그런 말이 어디 있는가?" 하고 핀잔을 주었다. 그러자 우는 어쩔 수 없이 말을 했다. 그러나 그 말이 애당초 순임금이 요구했던 내용이 아니라 자기가 노력한 것에 대해 설명한 것이었다.

이 설명에 있어서도 우의 특징이 보인다. 우는 서쪽 사람이다. 서쪽 사람은 물질을 중시하고 현실감이 뛰어나며 힘을 숭상한다. 그들은 인간 존재를 각각 분리되어 있는 개별적 존재로 파악한다. 이러한 서쪽 사람들의 사상과 정서를 후대에 대변한 것이 순자의 사상이고 그 학설의 핵심은 성악설이다. 이에 반해 동쪽에 살고 있었던 동이족은 마음을 숭상하고 본질적인 것을 중시하며 종교적이다. 그들은 인간이 본질적으로 한마음에 의해 연결되었다고 봄으로써 평화를 강조했다. 동이족의 사상과 정서를 후대에 대변한 것이 맹자의 사상이고 그 학설의 핵심은 성선설이다.

성선설적 사고를 하는 사람들은 본래 사람을 착한 존재로 봄으로써 사람의 말을 잘 믿는다. 그래서 사람의 말을 의미하는 신信이 '믿는다'는 뜻이 되었다. 그러나 성악설적 사고를 하는 사람들은 사람을 악한 존재로 보기 때문에 본질적으로 사람의 말을 믿지 않는다. 그렇기 때문에 말을 할 때는 남이 믿어줄 수 있도록 증거를 들어야 한다. 우는 자기의 공을 설명하면서 익과 함께 했다거나 직과 함께 했다고 말하여 확실성을 높였는데, 바로 이러한 정서에서 비롯된 것이라고 이해할 수 있다.

우의 답변은 순임금의 질문과는 전혀 어긋나는 것이었다. 그래서 순임금은 평을 하지 않고 침묵을 지켰다. 그래서 분위기가 썰렁해졌다. 이를 간파한 고요가 분위기를 바꾸기 위해 한 마디 한 것이다.

우 왈 도 제 신 내 재 위 제 왈 유 우 왈 안
禹曰 都라 帝아 愼乃在位하소서 帝曰 兪라 禹曰 安

여 지 유 기 유 강 기 필 직 유 동 비 응
汝止[1]하사 惟幾惟康하며 其弼直하면 惟動에 丕應[2]하리

혜 지 이 소 수 상 제 천 기 신 명 용 휴
니 徯志[3]하여 以昭受上帝어든 天其申命用休[4]하시리이다

국역 |

우가 말했다. "아하! 임금님이시여! 자리에 계실 때를 조심하십시오." 그러자 순임금께서 말씀하셨다. "그러지!" 우가 (다시) 말했다. "임금님께서 가만히 계실 때 마음을 편안하게 가지십시오. 오직 조짐을 살펴 대처하시며 오직 건강하십시오. 그리고 정직한 자를 보필로 삼으시면, 오직 움직일 때마다 (모두가) 크게 호응할 것이니, 뜻을 맑게 간직하시어 밝게 하늘의 뜻을 받아들이시면, 하늘이 거듭 (임금님을) 임명하시어 (이 세상을) 아름답게 만드실 것입니다."

난자풀이 |

1 止(지) : 머무는 것. 머물 때의 상태. 집에 거처하는 것.
2 丕(비) : 크다.
3 徯志(혜지) : 『사기』에는 청의淸意로 되어 있다. '뜻을 맑게 한다'는 뜻.
4 用(용) : 이以와 통용.

강설 |

아무 말이 없는 순임금을 보자 우는 자기의 답변이 잘못 된 것인 줄 알았다. 순임금의 주문은 순임금의 정치에 도움이 되는 지혜로운 말을 하라는 것이었다. 이를 간파한 우는 순임금에게 도움이 되는 말을 하리라 생각하고 다시 말을 이었다. "아아! 자리에 계실 때를 조심하십시오." 이 말은 묘한 여운을 남긴다. 자리에 있을 때 건강을 조심하라는 뜻으로도 이해할 수 있고, 자리를 넘보는 자들이 있으니 자리를 잘 지키라는 뜻으로도 이해할 수 있다. 우가 이렇게 말을 했음에도 순임금은 다른 말을 덧붙이지 않고 "그러지!"라는 단 한마디의 말로 끝맺고 말았다. 별로 탐탁하게 여기지 않았다는 것을 암시한다.

그래서 우는 다시 말을 이었다. 머물러 계실 때 편안히 해서 건강을 지키도록 권유한 것이었다. 조짐을 보아 대처한다는 것은 철학적으로 심오한 뜻이 있지만 여기서는 건강을 지키기 위해 조짐을 파악하는 것 정도의 의미로 쓰이고 있다. 예를 들면, 감기 기운이 있거나 피곤할 때 그것이 병이 들 조짐임을 알아서 쉬어주는 정도의 의미이다. 몸이 건강하고 보필하는 자가 정직하면 움직일 때 모두가 따른다고 하는 것은 조직 폭력배의 세계를 연상하게 한다. 힘을 중시하는 우의 정서에서 보면 쉽게 이해할 수 있다.

우는 마지막으로 하늘을 들고 나왔다. 우의 정서에서는 하늘을 거론하지 않는 것이 정상인데 어떻게 하늘을 거론하고 나왔을까? 이는 다음과 같이 이해할 수 있다. 당시는 하늘을 거론하지 않으면 수준이 낮은 사람이 되는 분위기였기 때문에 무리하게 거론한 것으로 볼 수 있다. 그렇기 때문에 하늘의 작용에 대한 구체적인 설명은 없다.

제왈 우 신재린재 인재신재 우왈 유
帝曰 吁라 臣哉隣哉며 隣哉臣哉하라 禹曰 兪라
[1] [2]

국역 |

순임금께서 말씀하셨다. "어이구! (시원치 않다) 잘 보필하라. 옆에 있어라. 옆에 있어라. 잘 보필하라." 우가 말했다. "알겠습니다."

난자풀이 |

[1] 臣(신) : 비서실장처럼 늘 같이 다니며 돕는 신하. 여기서는 '돕다'로 해석했다.
[2] 隣(린) : 이웃. 여기서는 '함께 있다'로 해석했다.

강설 |

우의 말을 듣고 있던 순임금은 자기도 모르게 "어이구!" 하는 소리가 나오고 말았다. 이는 받아들일 수 없을 때 하는 말이다. 우의 말을 받아들일 수 없었으나 우는 여전히 순임금의 후계자이다. 후계자이기 때문에 특별히 신경을 쓰지 않을 수 없다. 그리고 후계자로서 손색이 없도록 수준을 높여놓아야 했다. 그래서 순임금은 늘 옆에 같이 있으면서 정사를 함께 돌보자고 제안한 것이다.

위의 문장에서 보면 순임금과 우의 사이에 미묘한 불협화음이 있음을 감지할 수 있다. 이를 어떻게 이해할 수 있을 것인가? 한국의 도가 계통에 종사하는 사람들에게 전해오는 말로는 우가 순임금을 죽이고 정권을 찬탈했다고 한다. 위의 문장에 나타나 있는 행간을 곰곰이 읽어보면 이해가 될 것도 같다.

제왈 신 작짐고굉이목 여욕좌우유민
帝曰 臣은 作朕股肱耳目[1]이니 予欲左右有民[2]이어든

여익 여욕선력사방 여위 여욕관고
汝翼하며 予欲宣力四方이어든 汝爲하며 予欲觀古

인지상 일월성신산룡화충 작회 종이조
人之象하여 日月星辰山龍華蟲을 作會[3]하며 宗彝[4]藻[5]

화분미보불 치수 이오채 창시우오색
火粉[6]米[7]黼黻을 絺繡[8]하여 以五采[9]로 彰施于五色[10]하여

작복 여명 여욕문육률오성팔음 재
作服이어든 汝明하며 予欲聞六律五聲八音하여 在[11]

치홀 이출납오언 여청
治忽하여 以出納五言[12]이어든 汝聽하라

국역 |

순임금께서 말씀하셨다. "신하는 나의 팔다리와 눈과 귀가 되는 것이니, 내가 백성들을 돕고자 하거든 그대가 보필하고, 내가 사방에 힘을 펴려 하거든 그대도 같이 하며, 내가 옛 사람들이 자연을 본받는 방식을 관찰하여 해와 달과 별과 산과 용과 꽃과 곤충들을 그리며, 술 담는 그릇과 수초와 불과 쌀과 도끼 모양의 무늬와 亞 모양의 무늬인 불黻을 바느질하고 수놓아 다섯 가지 채색으로 오색의 비단에 곱게 꾸며 옷을 만들려 하거든 그대가 선명하게 해주고, 내가 육률六律과 오성五聲과 팔음八音을 듣고 잘 다스려졌는지 소홀한지를 살펴 다섯 가지 말로 선포하거나 보고 받을 때 그대가 같이 들어라.

난자풀이 |

1 股肱耳目(고굉이목) : 다리와 팔과 귀와 눈. 곧 심복부하를 이름.
2 左右(좌우) : 좌우佐佑와 통용. 도와주다.
3 會(회) : 회繪와 통용. 그림.
4 宗彝(종이) : 종묘 제사 때 울창주를 담아 두는 그릇.
5 藻(조) : 수초. 물풀.
6 粉米(분미) : 쌀. 백미.
7 黼黻(보불) : 도끼 모양과 亞 비슷한 문양을 수놓은 무늬.
8 絺(치) : 바느질하다.
9 五采(오채) : 다섯 가지 색. 즉 청靑·황黃·적赤·백白·흑黑을 말한다.
10 五色(오색) : 다섯 가지 색깔의 비단.
11 在(재) : 살피다.
12 五言(오언) : 다섯 가지 언어. 중국에는 방언이 많기 때문에 예전에는 한 가지 말로는 통하지 않았다.

강설 |

위의 문장은 순임금이 우에게 후계자 수업을 시키기 위해 자신을 보좌하도록 지시한 내용이다. 그런데 이 지시사항은 매우 구체적이고 실제적인 일들이다. 백성들을 돕는 것을 제외하고는 도무지 황제가 해야 할 일과는 거리가 먼 듯하다. 황제가 할 일은 덕을 닦아 백성들을 감화시키는 것이어야 한다. 그런데도 이처럼 실질적인 일을 우에게 지시하는 것은 아마도 우에게 덕을 닦을 수 있는 여지가 없었기 때문인 것으로 짐작할 수 있다. 그렇다면 우를 후계자로 삼지 않으면 될 것이지만, 여기에는 두 가지 추측을 해 볼 수 있다. 하나는 우를 후계자로 삼지 않으면 안 되는 상황이었을 것이다. 우를 후계자를 삼지 않으면 우의 세력을 누를 수 없었기 때문이기도 했을 것이다. 그것이 아니면 순임금이 동이족이기 때문에 전체의 균형을 생각해서 서쪽의 사람인 우를 후계자로 삼으려고 했던 것으로 이해할 수도 있다.

옛날에는 음악을 듣고 정치의 잘잘못을 판단하는 방식이 있었다.

여위 여필 여무면종 퇴유후언 흠사린
予違를 汝弼하되 汝無面從하고 退有後言하여 欽四隣[1]

서완 참설 약불재시 후이명지 달
하라 庶頑이 讒說하니 若不在時[2][3]어든 侯以明之[4]하며 撻

이기지 서용지재 욕병생재 공이납언
以記之하며 書用識哉[5][6]하라 欲竝生哉니 工以納言[7]하고

시이양지 격즉승지용지 부즉위지
時而颺之[8]하여 格則承之庸之[9]하고 否則威之하라

국역 |

내가 잘못하는 것을 그대가 보필하되 면전에서는 순종하고 물러서서는 뒷말하는 것을 하지 말고, 네 가지 함께 할 일을 경건하게 하라. 여러 간악한 무리들이 아첨하는 말들을 하는데 내가 이것을 제대로 살피지 못한다면, 정곡을 찔러서 나에게 밝혀주고, 매질을 해서라도 나를 상기시켜 주며, 글을 써서라도 잊지 않게 해 주라. 다 함께 살고자 하는 것이니 세밀하게 보고하고 이따금씩 나를 평가하여 좋은 경우에는 받들어 실시하고, 그렇지 않으면 나에게 겁을 주라."

난자풀이 |

1 四隣(사린) : 함께 있으면서 하는 네 가지 일. 앞 문장의 익翼, 위爲, 명明, 청聽을 말한다.
2 在(재) : 살피다.
3 時(시) : 시是와 통용. 여기서는 앞의 서완참설庶頑讒說을 가리킴.
4 侯(후) : 과녁. 정곡.
5 用(용) : 이以와 통용.
6 識(지) : 기억하다. 기록하다. 이때의 음은 '지'가 된다.
7 納言(납언) : 보고하다.
8 颺(양) : 불다. 까분다. 키질을 하여 알곡과 쭉정이를 가린다. 알곡과 쭉정이를 가리는 것은 잘잘못을 가리는 것이므로 여기서는 '평가하다'로 번역했다.
9 庸(용) : 용用과 통용. 쓰다. 실시하다.

강설 |

위의 문장은 정치를 잘못하는 것이 있을 경우 그것을 깨우쳐 달라는 순임금의 주문이다.

대부분의 주석가들은 이 문장의 내용을 순임금이 우로 하여금 간악하여 아첨하는 말을 하는 백성들을 다스리는 것으로 설명하고 있으나 사실을 그렇지 않다. 순임금이 백성들에게 겁을 주라고 당부한다는 것은 있을 수 없기 때문이다. 모든 내용은 자신이 잘못했을 때 깨우쳐달라는 뜻으로 이해해야 할 것이다.

우 왈 유 재 제 광 천 지 하 지 우 해 우 창 생 만
禹曰 兪哉나 帝光天之下하사 至于海隅蒼生[1]하여 萬

방 려 헌 공 유 제 신 유 제 시 거 부 납 이 언
邦黎獻[2]이 共惟帝臣이니 惟帝時[3]擧니이다 敷[4]納以言하시

명 서 이 공 거 복 이 용 수 감 불 양 감 불
며 明庶以功하시며 車服以庸[5]하시면 誰敢不讓[6]하며 敢不

경 응 제 불 시 부 동 일 주 망 공
敬應하리잇고 帝不時하사 敷同하시면 日奏[7]罔功하리이다

국역 |

우가 말했다. "알겠습니다만, 임금님께서 천하를 밝히시어 바다 한 모퉁이에 사는 백성에게까지 은혜가 미쳤으니, 만방의 백성들과 어진 이들 모두가 오직 임금님의 신하입니다. 오직 임금님께서는 이들을 들어 쓰기만 하시면 됩니다. 말로써 보고하도록 정책을 펴시며, 공이 있는가를 따져 서민들의 잘잘못을 밝히시며, 수레와 복장을 널리 차등 있게 하시면 누가 감히 물러서지 않으며 누가 감히 경건하게 따르지 않겠습니까? 임금님께서 이렇게 하지 않으시고 하나가 되는 정책을 펴시면 나날이 공이 없어지게 될 것입니다."

난자풀이 |

1 蒼生(창생) : 인민. 백성.
2 獻(헌) : 어진 이.
3 時(시) : 시是와 통용.
4 敷(부) : 정책을 펴다.
5 庸(용) : 널리 차등 있게 만들다.
6 讓(양) : 사양하다. 사양하는 것은 물러서는 것이므로 여기서는 '물러서다'로 번역했다.
7 奏(주) : 아뢰다. 모이다. 나아가다. 공이 없는 것으로 나아가는 것은 공이 없어지게 되는 것이다.

강설 |

여러 간특한 자들의 아첨하는 말에 대한 우려를 표명하는 순임금의 말을 들은 우가 한 마디 했다. 그 내용은 순임금이 이미 훌륭한 정치를 했기 때문에 간악한 자들이 있을 수 없다는 것이었다. 그러나 이 답변을 들은 순임금은 마음에 몹시 걸리는 것이 있었다. 그것은 '순임금이 정치를 잘 하는데 누가 감히 물러나지 않을 것이며, 누가 감히 경건하게 응하지 않을 것인가'라는 말에 대해서이었다. 이 말에는 백성을 무시하는 마음이 묻어 있다. 고요의 말에서 보면 백성은 하늘이다. 하늘이 듣는 것은 백성을 통해서 듣는 것이고 하늘이 보는 것도 백성을 통해서 보는 것이다. 백성을 하늘처럼 받드는 마음이 없으면서 정치를 하는 것은 매우 위험한 일이다. 순임금은 걱정이 되지 않을 수 없었다.

또 우의 마지막 말도 마음에 걸렸다. 그것은 '하나가 되는 정책을 펴시면 나날이 공이 없어지게 될 것입니다'라는 대목이었다. 순임금의 장점은 선여인동善與人同, 즉 남과 하나가 잘 되는 것이었다. 남과 마음으로 하나가 되어 이 세상이 가정처럼 되는 것을 정치의 목표로 삼아야 한다. 그러나 우는 이를 부정하고 있다. 우는 사람들을 모두 갈라놓는 것을 좋은 정치로 생각하는 사람이었다. 그렇게 해야 질서가 있을 것으로 생각하는 사람이었다. 몹시 걱정이 된 순임금은 우에게 극단적인 말을 하면서 혹독하게 다짐을 한다.

無若丹朱傲(무약단주오)[1]하라 惟慢遊(유만유)[2]를 是好(시호)[3]하며 傲虐(오학)을 是作(시작)하며 罔晝夜頟頟(망주야액액)[4]하며 罔水行舟(망수행주)하며 朋淫于家(붕음우가)하여 用殄厥世(용진궐세)하니라

▌국역 |

(순임금께서 말씀하셨다) "단주나 오처럼 하지 말라. 그들은 오직 게을러 놀기를 좋아했으며, 오만하고 잔악한 짓을 하였으며, 밤낮없이 소란을 피웠으며, 물이 없는 곳에서 배를 밀고 다녔으며, 떼거리로 집에서 음란한 짓을 하여 대를 잇지도 못했다."

▌난자풀이 |

[1] 傲(오) : 요임금의 서자인 오奡. 『논어』「헌문」에 오奡가 물에서 배를 밀고 다녔다[탕주蕩舟]는 기록이 나온다.

[2] 慢(만) : 게으르다.

[3] 是(시) : 앞의 말과 뒤의 말이 도치되었음을 나타내는 글자. 지之와 같다. 아마도 원래는 을乙이었던 것인데, 나중에 시是로 고친 것이 아닐까 한다.

을乙이었다면 앞의 글자가 목적어임을 나타내는 조사인 '을'로 볼 수 있다. 고대의 문장일수록 우리말의 어순으로 되어 있는 것이 많다.

4 䫄䫄(액액) : 꽥꽥거리며 소란을 피우는 것.

강설 |

순임금은 우가 단주丹朱나 오傲처럼 엄청난 잘못을 저지를 수도 있을 것이라고 보았다. 그래서 단주나 오의 예를 들어 그렇게는 하지 말라고 당부했다. 채침을 위시한 많은 주석가들은 이 문장을 우가 순임금에게 한 말로 설명하고 있지만 그것은 말이 되지 않는다. 『사기』에는 앞에 제왈帝曰이란 두 글자가 들어 있다. 그렇다면 말이 된다.

予創若時(여창약시)[1]하여 娶于塗山(취우도산)[2]하니 辛壬癸甲(신임계갑)[3]이니이다 啓呱呱而泣(계고고이읍)[4]이어늘 予弗子(여불자)[5]하고 惟荒度土功(유황탁토공)[6]하여 弼成五服(필성오복)[7]하여 至于五千(지우오천)[8]하고 州十有二師(주십유이사)하며 外薄四海(외박사해)[9]히 咸建五長(함건오장)[10]하니 各迪有功(각적유공)[11]이어늘 苗頑(묘완)하여 弗卽工(불즉공)[12][13]하나니 帝其念哉(제기념재)하소서 帝曰(제왈) 迪朕德(적짐덕)은 時乃功惟敍(시내공유서)니라 皐陶方祗厥敍(고요방지궐서)하여 方施象刑(방시상형)[14]하되 惟明(유명)하나니라

국역 |

(우가 말했다) "저는 이와 같은 것을 징계하여 도산에 장가들었습니다. 신임계갑辛壬癸甲 4년째입니다. 아들 계가 앵앵하고 울고 있었으나 나는 사랑해주지 못하고 오직 거칠게 토목 일만을 헤아려 오복을 돕고 이루어 오천 리에 이르렀습니다. 주에는 열두 스승을 두고 그 바깥 사해에 이르기까지는 모두 다섯 우두머리를 두어 각각이 모두 순조롭게 공을 이루었습니다. 다만 묘족만이 완고하여 저의 노력에 보답하지 않습니다. (그러니) 임금님께서는 유념해 주십시오." 순임금께서 말씀하셨다. "나의 덕이 순조로운 것은 그대의 공이 오직 잘 이루어진 때문이다. 고요도 지금 경건하게 정책을 펴서 모범이 되는 것을 잘 실시하여 오직 밝아지고 있다."

난자풀이 |

1 創(창) : 혼이 나다. 데다. 징계하다.

2 塗山(도산) : 지명. 우의 처가가 있는 곳. 지금의 안휘성安徽省 수춘壽春이라는 설과 강남성江南省 당도當塗라는 설이 있음.

3 辛壬癸甲(신임계갑) : 4일로 보는 주석이 대부분이지만, 여기서는 4년으로 보아야 할 것이다.

4 呱呱(고고) : 어린아이의 울음소리. 앵앵.

5 子(자) : 사랑하다.

6 度(탁) : 헤아리다. 이때는 음이 '탁'이 된다.

7 五服(오복) : 서울에서의 거리에 따라 다섯 구역으로 나눈 것. 곧 전甸・후侯・수綏・요要・황荒을 말한다.

8 五千(오천) : 오천 리.

9 薄(박) : 박迫과 통용.

10 五長(오장) : 다섯 우두머리.

11 迪(적) : 순조롭다.

12 卽(즉) : 다가오다. 다가오지 않는다는 말은 보답하지 않는다는 말이므로

여기서는 '보답한다'는 뜻으로 번역했다.

13 工(공) : 노력하다.

14 象刑(상형) : 모범.

강설 |

『사기』에는 취우도산娶于塗山 앞에 우왈禹曰이 있으나 문맥으로 보면 여창약시予創若時 앞에 있어야 순조롭다.

순임금에게 혹독한 말을 들은 우는 가만히 있을 수 없었다. 무언가 변명을 하지 않으면 안 되었다. 그래서 우는 자기는 단주나 오처럼 하지 않기 위해서 이미 결혼을 했다고 말했다. 그가 결혼한 것은 신辛이 들어가는 해였다. 우는 신辛, 임壬, 계癸, 갑甲 하고 말하면서 손가락을 꼽았다. 그 해가 갑甲자가 들어가는 해이니까 결혼한 지 이미 4년이 되었던 것이다.

우는 순임금을 안심시키기 위해 그가 세운 공을 열거했다. 왕궁에서 오천 리에 이르는 거리를 다섯으로 나누어 제일 가까운 곳을 전甸이라 하고 그 바깥을 거리에 따라 후侯・수綏・요要・황荒으로 분류했다. 또 황荒의 바깥에서 바다에 이르는 곳에는 다섯 우두머리를 두어 다스리게 했다. 그리하여 오직 묘족을 제외하고는 모두가 평화롭게 되었다. 우는 이러한 공을 알아달라고 순임금에게 요청했다. 이렇게 되자 순임금은 더 이상 거부할 수 없었다. 어쩔 수 없이 우의 공을 인정했다. 그러고는 고요의 역할도 언급함으로써 고요에 대한 신임을 늦추지 않았다.

기왈 알격명구 박부금슬 이영 조고래
夔曰 戛[1]擊鳴[2]球하며 搏[3]拊琴瑟하여 以詠하면 祖考來

격 우빈 재위 군후덕양 하관도
格하시며 虞[4]賓이 在[5]位하며 群后德讓하나니이다 下[6]管鼗

고 합지축어 생용이간 조수창창
鼓하고 合止柷[7]敔[8]하며 笙[9]鏞[10]以間하면 鳥獸蹌蹌[11]하며

소소구성 봉황 래의
簫[12]韶九[13]成에 鳳凰이 來儀[14]하나니이다

국역 |

기가 말했다. "명구라는 악기를 치고, 거문고와 비파를 뜯으며 노래하면 할아버지와 아버지의 영혼이 와서 임하시며, 국빈들이 자리를 뜨지 않고, 여러 제후들이 덕으로 사양합니다. 피리와 땡땡이와 북을 단 아래 내려 진열시켜 놓고, 축과 어를 가지고 시작하고 끝맺도록 지휘하며, 생황과 종으로 사이사이에 울려주면, 새와 짐승들이 너울너울 춤을 추며, 소소 아홉 장을 다 연주하면 봉황이 와서 예를 갖춥니다."

난자풀이 |

[1] 戛(알) : 두드리다. 가볍게 치다.
[2] 鳴球(명구) : 옥으로 만든 악기의 일종.
[3] 搏拊(박부) : 치다. 두드리다.
[4] 虞賓(우빈) : 우虞는 순임금 때의 나라 이름이므로 우빈虞賓은 국빈을 말한다.
[5] 在位(재위) : 악기를 연주할 때 자리에 있다는 것은 음악이 좋아서 자리를 뜨지 않는 것을 말한다.
[6] 下(하) : 내려놓다.

7 柷(축) : 악기. 목제 타악기. 네모 통에 막대기를 넣어 두드린다.
8 敔(어) : 악기 이름. 음악을 끝낼 때 긁듯이 하여 연주한다. 짐승 모양을 한 악기의 등에 톱니바퀴모양의 홈이 파져 있어 거기를 막대기로 긁는 것으로 연주를 한다.
9 笙(생) : 생황. 관악기의 일종.
10 鏞(용) : 종.
11 蹌蹌(창창) : 너울너울 춤추는 모양.
12 簫韶(소소) : 순임금이 제작한 음악 이름.
13 九成(구성) : 아홉 번 완성하는 것이 아니라. 아홉 장[구장九章]으로 되어 있는 것을 완성한다는 뜻으로 보아야 할 것이다.
14 儀(의) : 거동하다. 모범적으로 행동하다. 모범적인 움직임을 하는 것은 예를 표하는 것이므로 여기서는 '예를 표하다'로 번역했다.

강설 |

순임금과 우 사이에 오고간 대화가 험악했기 때문에 분위기가 가라앉았을 것이다. 이를 옆에서 지켜보고 있던 기夔가 분위기를 호전시키기 위해서 한 마디 거들었다. 음악 이야기는 분위기를 호전시키는 데 좋은 자료가 된다. 그래서 기는 음악 이야기를 꺼내면서 노래를 하도록 유도했다.

기는 자기가 음악을 연주할 때면 조상신도 와서 임하고 국빈들이 재미있어 자리를 뜨지 않으며 여러 제후들이 덕으로 양보한다고 말했다. 그는 덕으로 양보하는 것을 강조하여 분위기의 반전을 시도한 것이다.

피리와 땡땡이와 북을 단 아래에 진열시켜 연주하게 하고, 축을 두드려 전체를 시작하도록 하고 어를 긁어 끝맺도록 한다. 또 생황이나 종으로 사이사이에 반주를 넣어주기도 한다.

기가 음악을 연주하면 짐승들도 춤을 추고 봉황도 날아들 정도로 모두가 화합할 수 있다고 말한 것은, 음악을 연주하여 모두를 화합시키고자 했기 때문이다.

기 왈 오 여 격 석 부 석 백 수 솔 무 서 윤 윤
夔曰 於라 予擊石拊石에 百獸率舞하며 庶尹이 允
[1] [2]
해
諧하나다

국역 |

기가 말했다. "오오! 내가 돌로 된 악기를 두드리고 돌로 된 악기를 어루만지면 모든 짐승들이 다 춤을 추며 여러 장관들이 진실로 온화하게 됩니다."

난자풀이 |

[1] 於(오) : 아아! 감탄사일 때는 음이 '오'이다.
[2] 尹(윤) : 관리의 우두머리.

강설 |

기는 자기가 음악을 연주하면 모두가 화합한다고 거듭 강조했다. 이러한 기의 노력으로 노래하는 분위기가 무르익었다.

제 용 작 가 왈 칙 천 지 명 유 시 유 기 내 가
帝庸作歌曰 勑天之命하여 惟時惟幾라하시고 乃歌
[1] [2]
왈 고 굉 희 재 원 수 기 재 백 공 희 재 고 요
曰 股肱喜哉로다 元首起哉로다 百工熙哉로다 皐陶
[3] [4]

拜手稽首하며 颺[5]言曰 念哉하소서 率作興事[6]니 愼乃憲하사 欽哉하소서 屢省이라야 乃成하시나니 欽哉하소서 乃賡[7]載[8]歌曰 元首明哉하시면 股肱良哉하고 庶事康哉하리이다 又歌曰 元首叢脞[9]哉하시면 股肱惰[10]哉하고 萬事墮哉하리이다 帝拜曰 兪라 往欽哉하라

국역 |

순임금이 노래를 지어 읊으셨다. "하늘의 명을 경계하여 오직 때맞게 움직이고 오직 조짐을 보고 대처한다." 그러고는 노래를 불렀다. "측근들은 기뻐하네. 원수는 기분 좋네. 여러 공인들은 빛이 나네." 이에 고요가 손 모아 절하고 머리를 조아리며 큰 소리로 말했다. "유념하소서. 모두가 일을 일으킵니다. 법도를 조심조심 잘 지키소서. 자주 살펴야 성공하실 것이니 조심하소서." 그리고 이어서 노래하기 시작했다. "원수가 현명하면 보좌들이 어질어지고 모든 일이 편안해지네." 그리고 다시 또 노래했다. "원수가 자질구레하면 보좌들이 게을러지고 만사가 어그러지네." 순임금께서 절하며 말씀하셨다. "알겠네! 다들 가서 조심해서 일들을 보라."

난자풀이 |

[1] 庸(용) : 이以와 통용.

2 勑(칙) : 경계하다.
3 股肱(고굉) : 팔과 다리. 측근의 신하들. 심복.
4 起(기) : 기분이 일어나는 것. 상기되는 것.
5 颺言(양언) : 큰 소리로 하는 말.
6 作興(작흥) : 일으키다.
7 賡(갱) : 잇다.
8 載(재) : 시작하다.
9 叢脞(총좌) : 자질구레하다. 좀스럽다.
10 墮(타) : 어그러지다. 떨어지다.

강설 |

기의 노력으로 분위기가 무르익자 순임금은 노래 가사를 짓기도 하고, 노래를 부르기도 했다. 순임금이 지은 노래의 가사는 하늘의 뜻을 잘 따라야 한다는 것이었다. 그리고 노래의 내용은 모두가 하나되어 어우러지는 모습을 표현한 것이었다. 하늘의 입장에서는 모두 하나가 될 수 있다. 순임금은 하늘의 입장에서 하늘의 뜻을 따라 사는 사람이었다. 그래서 임금님과 측근들과 그 외의 공인들까지 모두가 하나되는 기쁨을 노래한 것이다.

동이족은 하나가 되는 것을 좋아한다. 서로 경계하며 긴장하는 것을 싫어한다. 이에 비해 서쪽 사람들은 힘으로 경쟁하기를 좋아하며 자기가 안심하고 살기 위해 남을 해치는 경향이 있다. 그렇다면 하나가 된 기분으로 방심하고 사는 동이족과 남을 해치고 자신들만 편하게 살고자 하는 서쪽 사람들이 어울리면 어떻게 될 것인가? 동이족들이 당하기 쉽다. 그래서 이夷에 '상처 입는다'는 뜻이 들어 있다.

순임금은 하나된 기쁨을 만끽하고 있었다. 그러나 고요는 신하이기 때문에 신하들의 움직임을 비교적 잘 알고 있었다. 고요가 볼 때 순임금은 위험할 수도 있다. 신하들에게 공격당하여 자리를 잃을 수도 있다고 판단했다. 그래서 예의를 갖추고 말했다. 그러나 모두가 알아들을 수 있도록 큰 소리로 말했다. 순임금뿐만 아니라 다른 사람들도 다 듣고 경계하도록 하는 데 뜻이 있었기 때문이다. 고요는 순임금에게 조심하라고 당부했다. 열일곱 마디의 말을 하는데, 조심하라는 뜻의 말이 다섯 마디가 들어 있는 것을 보면 얼마나 다급했는지 알 수 있다. 모두 일을 일으킨다는 뜻의 솔작흥사率作興事는 반란을 일으킨다는 뜻으로 이해할 수도 있다. 그리고 고요는 노래의 가사를 통해 교훈적으로 깨우쳤다. "원수가 현명하면 보좌들이 어질어지고 모든 일이 편안해지네[원수기재元首起哉 백공희재百工熙哉]"라는 노래의 가사는 순임금을 위시한 훌륭한 임금의 정치에 해당한다. 그러나 "원수가 자질구레하면 보좌들이 게을러지고 만사가 어그러지네[원수총좌재元首叢脞哉 고굉타재股肱惰哉 만사타재萬事墮哉]"라는 노래 가사는 아마 우를 깨우치는 노래 말일 것이다.

순임금이 순조롭게 우에게 권력을 이양했는지, 아니면 우가 쿠데타를 일으켜 순임금의 자리를 빼앗았는지 알 길은 없다. 사마천의 『사기』나 유학의 경전들에서는 순임금이 우에게 순조롭게 선양을 한 것으로 되어 있다. 우가 쿠데타를 일으켜 순임금을 죽이고 정관을 빼앗았다는 도가道家의 설 또한 행간을 잘 살펴보면 일리가 있다.

하서
夏書

하夏는 우禹가 통치하던 나라의 이름이다. 우禹는 서부지역의 종족들을 이끄는 족장이었다. 고대의 중국을 화하華夏라고 하는 점에서 보면 하夏가 최초로 중국적 독자적인 중국문화를 형성하는 데 있어서 중요한 역할을 한 것으로 보인다. 그 이전에는 동이족 중심의 문화였던 것이 하夏나라가 성립되면서 동이족의 영향에서 벗어나 독자적인 문화를 상당히 구축했을 것이다.

禹貢 | 우공

우공禹貢은 우禹가 공물을 바쳤다는 뜻이다. 우공의 내용은 우虞나라 때의 일인데, 우공의 내용이 하夏나라를 건국하는 기초가 되었기 때문에 하서夏書에 편입시킨 것으로 보인다. 우공禹貢을 통해서 하夏나라의 영토를 확정하는 계기가 되었다. 서부족들은 땅에 대한 집착이 많기 때문에 서부족이 정권을 잡으면 늘 영토를 확장했다. 『금문상서今文尚書』와 『고문상서古文尚書』에 다 들어 있다.

우부토 수산간목 전고산대천
禹敷土하되 隨山刊木하여 奠高山大川하다
[1] [2]

국역 |

우가 토지를 나누었다. 산을 따라 나무를 제거하며 높은 산과 큰 내를 가지고 경계를 정했다.

난자풀이 |

[1] 敷(부) : 나누다. 분할하다.
[2] 奠(전) : 결정하다. 정하다. 확정하다. 전지이고산대천奠之以高山大川에서 지이之以가 생략된 문장으로 보아야 할 것이다.

강설 |

우가 높은 산과 큰 강을 경계로 구주를 정하여 영토를 구분하였다.

기주 기재호구 치량급기 기수태원 지
冀州라 既載壺口하여 治梁及岐하며 既修太原하여 至
[1] [2] [3] [4] [5] [6] [7]

우악양 담회 저적 지우횡장 궐토 유
于岳陽하며 覃懷에 厎績하여 至于衡漳하다 厥土는 惟
[8] [9] [10] [11]

백양 궐부 유상 상 착 궐전 유중
白壤이요 厥賦는 惟上의 上이니 錯하며 厥田은 惟中의
[12] [13] [14] [15] [16]

중 항위기종 대륙기작 도이 피복
中이니라 恒衛既從하며 大陸既作하니라 島夷는 皮服이
[17] [18] [19] [20] [21]

로다 夾右碣石하여 入于河하니라
[22] [23]

국역 |

기주라. 호구산의 일을 마치고 나서 양산과 기산을 다스렸다. 태원을 바로잡고 나서 악양에 이르렀으며 담회에서 큰 일을 이루고서 횡장에 이르렀다. 그 토질은 희고 부드러워다. 조세의 등급은 상상上上이지만 (상중上中과) 겹치는 부분도 있다. 그 토지의 등급은 중중中中이었다. 항수와 위수가 이미 물길을 따르고 대륙이란 늪지대도 이미 농사를 짓게 되었다. 도이는 피복을 입고 오른쪽으로 갈석산을 끼고서 황하로 들어왔다.

난자풀이 |

[1] 冀州(기주) : 도읍지가 있던 주. 지금의 산서성山西省과 하북성河北省 서남부, 하남성河南省 북부 일대에 걸쳐 있었던 것으로 보인다.

[2] 旣(기) : ~을 하고 나서.

[3] 壺口(호구) : 호구산. 지금의 산서성 길현吉縣 서남 칠십 리에 있음.

[4] 梁(량) : 섬서성陝西省 한성현韓城縣 서북 구십 리에 있는 산이라고 하나 확실치 않다.

[5] 岐(기) : 섬서성 기산현岐山縣 동북 십 리에 있는 산이라는 설과, 산서성 개휴현介休縣에 있는 고기산孤岐山이라는 설이 있다.

[6] 修(수) : 그 전에 있던 것이 탈이 났을 경우 그것을 다시 바로잡는 것을 말한다. 아마도 태원太原은 그 전에 곤鯀이 다스렸던 지역이었을 것이다.

[7] 太原(태원) : 지금의 산서성 태원부太原府 태원현太原縣.

[8] 岳陽(악양) : 태악산太岳山의 남쪽. 태악산은 산서성 곽현霍縣의 동쪽에 있는 산이다. 산의 경우 남쪽이 양이고 북쪽이 음이다. 물의 경우는 이와 반대다.

[9] 覃懷(담회) : 지금의 하남성 회경부懷慶府 무척현武陟縣의 서쪽에 있는 땅.

태행산太行山의 남쪽, 황하의 북쪽 기슭에 해당한다.

10 底(저) : 이르다. 「담회저적覃懷底績」은 「지적어담회底績於覃懷」와 같다.

11 衡漳(횡장) : 지금의 하북성 부성현阜城縣에 있는 장수漳水는 가로로 흘러 황하로 들어가므로 특히 그 부분을 횡장이라 한다. 衡은 횡橫과 통용되어 가로를 나타낸다. 이때의 음은 '횡'이다.

12 白壤(백양) : 희고 부드럽다. 양壤은 부드러운 흙을 말한다.

13 賦(부) : 조세. 여기서는 조세의 등급을 말한다.

14 上上(상상) : 상 중의 상. 등급을 아홉 등급으로 나눌 때 먼저 상중하의 세 등급으로 나누고 다시 각각의 상중하에 다시 상중하로 나누기 때문에 상상上上, 상중上中, 상하上下, 중상中上, 중중中中, 중하中下, 하상下上, 하중下中, 하하下下의 아홉 등급이 된다.

15 錯(착) : 섞이다. 상상이지만 상중과 섞이는 부분도 있다는 뜻.

16 田(전) : 토지의 등급. 토지의 등급이 다섯 째 등급인 중중인데, 조세의 등급이 상상인 것에서 보면 인구가 많다는 것을 알 수 있다.

17 恒(항) : 하북성 곡양曲陽 아래의 구수滱水. 지금의 당하唐河.

18 衛(위) : 하북성 영수靈壽 아래의 호타滹沱.

19 大陸(대륙) : 대륙택大陸澤. 대륙이란 이름의 늪지대. 지금의 하북성 임현任縣 동북.

20 作(작) : 경작하게 되었다.

21 島夷(도이) : 『사기史記』와 『한서漢書』에는 조이鳥夷로 되어 있다.

22 夾(협) : 끼다.

23 碣石(갈석) : 지금의 하북성 창려현昌黎縣 남쪽에 있는 산.

강설 |

우가 치수에 대해서 설명한 것이다. 도이島夷가 피복을 입고 왔다는 기록에서 우리는 하夏와 이족夷族과의 투쟁의 역사를 읽을 수 있다. 북쪽 변방의 종족에 대해서는 언급하지 않고 오직 동쪽의 이족이 온 것을 언급한 것은 동이족을 정복해 가는 과정을 언급한 것으로 보인다. 순임금 이전의 중원의 주도권을 동이족이 잡고 있었다고 가정할 때, 하夏는 동이족의 영향에서 벗어난 최초의 왕조로 이해된다.

濟河에 惟兗州라 九河旣道하며 雷夏旣澤하며 灉沮會同이로다 桑土旣蠶하니 是降丘宅土로다 厥土는 黑墳이니 厥草는 惟繇요 厥木은 惟條로다 厥田은 惟中의 下요 厥賦는 貞이니 作十有三載라야 乃同이로다 厥貢은 漆絲요 厥篚는 織文이로다 浮于濟漯하여 達于河하나니라

국역 |

제수와 황하에 연주가 있다. 구하가 물길을 따르고 뇌하가 못이 되고 나니 옹수와 저수가 모여 합쳐졌다. 뽕나무가 자라는 땅에 누에를 치게 되니 이에 언덕에서 내려와 평지에서 살게 되었다. 토질은 검고 울퉁불퉁하며 풀은 무성하고 나무는 잘 뻗었다. 토지의 등급은 중하中下이나 조세의 등급은 매기지 말고 유보해야 하니 13년 정도 경작 한 뒤에야 다른 곳과 같은 조건이 될 것이기 때문이다. 공물은 옻과 생사이고 광주리에 담아 바치는 예물은 무늬 있는 직물이다. 제수와 탑수에서 배를 타고 황하에 도달한다.

난자풀이 |

1 濟(제) : 지금의 산동성山東省에 있는 태산의 북쪽을 흐르는 물 이름.
2 兗州(연주) : 지금의 산동성 북부, 하북성 동남부, 하남성 일부에 걸쳐 있었

음. 연주.

3 九河(구하) : 여러 갈래의 황하의 지류들. 『이아爾雅』에는 구하九河를 도해徒駭, 태사太史, 마협馬頰, 복부覆鬴, 호소胡蘇, 간결簡潔, 구반鉤盤, 격진鬲津, 그리고 나머지 하나는 본류本流의 아홉 흐름을 일컫고 있으나, 여기서는 그저 여러 갈래의 황하로 보는 것이 좋을 듯하다.

4 雷夏(뢰하) : 뇌택雷澤. 지금의 산동성 복현濮縣 동남에 있음.

5 灉(옹) : 황하의 지류.

6 沮(저) : 옹수灉水와 합쳐져 뇌하택雷夏澤으로 들어가는 물.

7 桑土(상토) : 뽕나무가 자라는 땅.

8 土(토) : 평지.

9 墳(분) : 무덤. 언덕. 울퉁불퉁한 모양.

10 繇(요) : 부역. 일을 하다. 무성하다.

11 條(조) : 나뭇가지. 나뭇가지가 잘 뻗는다.

12 貞(정) : 추진하지 않고 유보하는 것. 정貞은 겨울에 모든 것이 가만있듯이 추진하지 않고 가만있는 것을 말한다. 『주역』의 원형리정元亨利貞의 정貞을 보면 쉽게 알 수 있다.

13 載(재) : 해. 년.

14 篚(비) : 대 광주리. 여기서는 '광주리에 담아서 드리는 예물'을 가리킴.

15 織文(직문) : 직물이 무늬 있는 것. 무늬 있는 직물.

16 漯(탑) : 황하는 하남성 준현濬縣에서 동북으로 흐르는데, 우가 대비산大伾山 언저리에서 따로 한 흐름을 만들어 동류하게 한 것이 바로 탑수漯水다.

강설 |

땅이 검고 울퉁불퉁하면 아직 경작할 단계가 아니다. 연주라는 땅은 검고 울퉁불퉁하기 때문에 조세의 등급을 매기지 않고 경작할 수 있을 때까지 유보하는 것이 좋았다. 정貞은 겨울에 어떤 일을 추진하지 않고 기다리는 것처럼, 일을 추진하거나 결정하지 않고 가만히 기다리는 것을 말한다.

해대 유청주 우이기략 유치기도 궐토
海岱[1]에 惟青州[2]라 嵎夷[3]既略하니 濰[4]淄[5]其道하도다 厥土

백분 해빈 광척 궐전 유상 하 궐
는 白墳이며 海濱은 廣斥[6]이로다 厥田은 惟上의 下요 厥

부 중 상 궐공 염치 해물 유착 대
賦는 中의 上이로다 厥貢은 鹽絺요 海物은 惟錯[7]이며 岱

견 사시연송괴석 래이작목 궐비 염사
畎[8]의 絲[9]枲鉛松怪石이로다 萊夷[10]作牧하니 厥篚는 檿絲[11]

부우문 달우제
로다 浮于汶[12]하여 達于濟하나니라

국역 |

바다와 태산 사이에 청주가 있다. 우이 지방이 다스려지니 유수와 치수가 물길대로 흐르게 되었다. 그 토질은 희고 울퉁불퉁하며 바닷가는 넓은 소금밭이다. 토지의 등급은 상하上下이고 조세의 등급은 중상中上이다. 공물은 소금과 갈포와 여러 가지가 섞여 있는 해물과 태산의 골짜기에서 나는 생사와 삼, 납과 소나무와 괴이한 돌들이다. 내이가 방목을 하니 광주리에 담아서 바치는 예물로는 산뽕나무에서 나는 생사이다. 문수에서 배를 타고 제수에 도달한다.

난자풀이 |

[1] 岱(대) : 태산.

[2] 青州(청주) : 지금의 산동성 일대. 황해에서 태산에 이르는 지역.

[3] 嵎夷(우이) : 「요전堯典」에 나오는 우이嵎夷로 보인다. 산동반도의 봉래산 근처인 듯.

[4] 濰(유) : 산동성 거현莒縣 서북에서 발원하여 동북으로 흘러 황해로 들어가

는 강.

5 淄(치) : 산동성 내무현萊蕪縣의 태산에서 발원하여 동북으로 흘러 황해로 들어가는 강.

6 廣斥(광척) : 넓게 이어진 소금 밭. 갯벌.

7 錯(착) : 여러 가지 해산물이 섞여 있는 것.

8 畎(견) : 밭도랑. 산골짜기.

9 枲(시) : 모시.

10 萊夷(래이) : 산동성 황현黃縣의 내산萊山 근처에 살았던 이족夷族.

11 檿絲(염사) : 산뽕나무에서 나는 생사. 염檿은 산뽕나무.

12 汶(문) : 문수汶水. 태산에서 나와 서남으로 흘러 태안泰安을 경유하고, 다시 서류하여 문상현汶上縣에 이르고, 다시 서남하여 운하로 들어간다.

해대급회 유서주 회기기예 몽우기예
海岱及淮[1]에 惟徐州[2]라 淮沂其乂[3]하니 蒙羽[4]其[5]藝하도다

대야기저 동원 저평 궐토 적식분
大野[6]既豬[7]하니 東原[8]이 底平하도다 厥土 赤埴墳[9]하니

초목 점포 궐전 유상 중 궐부 중
草木이 漸包[10]로다 厥田은 惟上의 中이요 厥賦는 中의

중 궐공 유토오색 우견 하적 역양
中이로다 厥貢은 惟土五色과 羽畎의 夏翟과 嶧陽[11]의

고동 사빈 부경 회이 빈주기어 궐
孤桐[12]과 泗濱[13]의 浮磬[14]이로다 淮夷[15]는 蠙珠[16]暨魚로소니 厥

비 현섬호 부우회사 달우하
篚는 玄纖[17]縞[18]로다 浮于淮泗하여 達于河하나니라

국역

바다와 태산과 회수 사이에 서주가 있다. 회수와 기수가 다스려지니, 몽산과 우산이 곡식을 심을 수 있게 되었다. 대야택이 이미 못이 되니 동원이 평정되기에 이르렀다. 토질이 붉고 차지며 울퉁불퉁하니, 초목이 점점 우거졌다. 토지의 등급은 상중上中이고 조세의 등급은 중중中中이다. 공물은 오색의 흙과 우산의 골짜기에서 나는 여름철 꿩과 역산의 남쪽에서 나는 우뚝이 자라는 오동나무와 사수의 물가에 나는 부경이다. 회수의 이족은 진주조개에서 나는 진주와 물고기이다. 광주리에 담아 바치는 예물로는 검고 가는 비단과 명주이다. 회수와 사수에서 배를 타고 황하에 도달한다.

난자풀이

1 淮(회) : 하남성 동백현의 동백산에서 발원하여 동쪽으로 흘러 황해로 들어가는 강.

2 徐州(서주) : 황해와 태산과 회수 사이에 있었던 고을.

3 沂(기) : 지금의 산동성 기수현沂水縣에서 나와 임기臨沂, 담성郯城을 거쳐 강소성江蘇省 비현邳縣에 이르러 사수泗水와 합류하고 다시 동남으로 흘러 회수淮水로 들어간다.

4 蒙(몽) : 산동성 몽음현蒙陰縣 남쪽 사십 리에 있는 지금의 몽음산蒙陰山.

5 羽(우) : 산동성 담성현郯城縣 동북쪽 십 리에 있는 산.

6 大野(대야) : 산동성 거야현鉅野縣에 있는 못. 지금의 거야택鉅野澤.

7 豬(저) : 瀦와 통용. 웅덩이. 물이 괸 것.

8 東原(동원) : 산동성 동평현東平縣과 태산현泰山縣의 벌판.

9 埴(식) : 찰흙. 점토

10 包(포) : 포苞와 통용. 우거지다.

11 嶧(역) : 강소성 비현邳縣 서남에 있는 갈역산葛嶧山.

12 孤桐(고동) : 가지가 없이 줄기가 우뚝 솟는 오동나무.

13 泗(사) : 산동성 사수현泗水縣 배미산陪尾山에서 발원하여 회수로 흘러들어

가는 강.

14 浮磬(부경) : 경磬을 만드는 가벼운 돌.

15 淮夷(회이) : 회수 근방에 사는 이족.

16 蠙珠(빈주) : 진주조개에서 나는 진주.

17 纖(섬) : 가늘고 고운 비단.

18 縞(호) : 흰 비단.

淮海(회해)에 惟揚州(유양주)[1]라 彭蠡(팽려)[2]既豬(기저)하니 陽鳥(양조)[3]의 攸居(유거)로다 三江(삼강)[4]이 既入(기입)하니 震澤(진택)[5]이 底定(저정)하도다 篠(소)[6]簜(탕)[7]이 既敷(기부)하니 厥草(궐초)는 惟夭(유요)[8]며 厥木(궐목)은 惟喬(유교)요 厥土(궐토)는 惟塗泥(유도니)로다 厥田(궐전)은 惟下(유하)의 下(하)요 厥賦(궐부)는 下(하)의 上(상)이로소니 上錯(상착)이로다 厥貢(궐공)은 惟金三品(유금삼품)[9]과 瑤(요)[10]琨(곤)[11]篠簜(소탕)과 齒(치)[12]革(혁)[13]羽毛(우모)와 惟木(유목)이로다 島夷(도이)[14]는 卉服(훼복)[15]이로소니 厥篚(궐비)는 織貝(직패)[16]요 厥包橘柚(궐포귤유)는 錫貢(석공)[17]이로다 沿于江海(연우강해)하여 達于淮泗(달우회사)하나니라

▌국역 |

회수와 바다 사이에 양주가 있다. 팽려가 못이 되니 기러기가 살게 되었다. 세 양자강의 지류가 바다로 들어가니 진택이 안정되었다. 조

릿대와 큰 대가 자라고 나니, 풀은 여리게 자라고 나무는 높이 자라며 토질은 진흙이다. 토지의 등급은 하하下下이고 조세의 등급은 하상下上이나 위로 (중하中下와) 섞였다. 공물은 금속 세 가지와 아름다운 옥돌인 요, 아름다운 옥돌인 곤, 조릿대, 왕대, 상아, 가죽, 깃털, 털, 나무이다. 도이는 풀로 만든 옷을 입고 왔다. 광주리에 담아 바치는 예물로는 조개 무늬가 있는 비단이고 보자기에 싸서 오는 예물인 귤과 유자는 공물을 바치라고 할 때 바친다. 양자강이나 바다의 연안을 따라 회수와 사수에 도달한다.

난자풀이 |

1 揚州(양주) : 절강성浙江省・강서성江西省・복건성福建省・강소성江蘇省・안휘성安徽省 등지에 걸쳐 있었던 옛 고을.
2 彭蠡(팽려) : 안휘성 숙송현宿松縣 동쪽으로 펼쳐져 있는 양자강 북쪽 기슭의 늪지대.
3 陽鳥(양조) : 기러기.
4 三江(삼강) : 양자강의 세 물줄기. 남강・중강・북강으로 부르기도 한다.
5 震澤(진택) : 지금의 태호太湖.
6 篠(소) : 조릿대. 가는 대.
7 簜(탕) : 왕대.
8 夭(요) : 부드럽고 야들야들하게 자라는 모양.
9 金三品(금삼품) : 황색과 백색과 적색의 구리.
10 瑤(요) : 아름다운 옥돌의 일종.
11 琨(곤) : 아름다운 옥돌.
12 齒(치) : 상아.
13 革(혁) : 가죽.
14 島夷(도이) : 바닷가에 살던 이족.
15 卉服(훼복) : 풀로 만든 옷.
16 織貝(직패) : 조개 무늬가 있는 직물.
17 錫貢(석공) : 명을 받아서 공물을 바치는 것. 석錫은 명령을 받는 것을 말한다.

형급형양 유형주 강한 조종우해 구강

荊[1]及衡[2]陽에 惟荊州[3]라 江漢[4]이 朝宗[5]于海하며 九江[6]이

공은 타잠 기도 운토몽 작예 궐

孔殷[7]하도다 沱[8]潛[9]이 旣道하니 雲[10]土夢[11]하여 作乂로다 厥

토 유도니 궐전 유하 중 궐부 상 하

土는 惟塗泥니 厥田은 惟下의 中이요 厥賦는 上의 下로

궐공 우모치혁 유금삼품 춘간괄백 여지

다 厥貢은 羽毛齒革과 惟金三品과 杶[12]榦栝[13]柏과 礪[14]砥[15]

노단 유균로호 삼방 저공궐명 포

砮[16]丹이로다 惟箘[17]簵[18]楛[19]는 三邦이 底貢厥名하나니라 包

궤정모 궐비 현훈기조 구강 납석대구

匭[20]菁[21]茅[22]며 厥篚는 玄纁[23]璣[24]組[25]로소니 九江이 納錫大龜로

부우강타잠한 유우낙 지우남하

다 浮于江沱潛漢하여 逾于洛[26]하여 至于南河하나니라

국역 |

형산荊山과 형산衡山 남쪽에 형주가 있다. 양자강과 한수가 바다로 모여들었다. 구강이 도도하게 흐르고, 타수와 잠수가 이미 물길 따라 흐르니, 운택의 가는 흙이 드러나고 속은 못이 되어 잘 다스려졌다. 토질은 진흙이고, 토지의 등급은 하중下中이며 조세의 등급은 상하上下이다. 공물은 깃털·털·상아·가죽·세 종류의 구리·참죽나무 줄기·전나무·측백나무·거친 숫돌·고운 숫돌·돌화살촉·단사이다. 오직 화살 만드는 대와 화살 만드는 싸리나무 등은 세 고을에서 명단만을 바친다(요구가 있을 때 실물을 바침). 싸서 궤짝에 넣어 바치는 것은 우거진 띠이며, 광주리에 넣어서 바치는 예물로는 검고 분홍빛 나는 비단과 옥돌과 노끈이다. 구강에서는 바치라는 명령이 있으면 큰 거북을 바친다.

양자강·타수·잠수·한수에서 배를 타고 낙수를 넘어 남하에 이른다.

난자풀이 |

1 荊(형) : 호북성湖北省 남장현南漳縣 서북 십리에 있는 산.

2 衡陽(형양) : 형산의 남쪽. 형산은 호남성 형산현衡山縣의 북쪽에 있는 산.

3 荊州(형주) : 호남성·호북성 동남부·사천성·귀주성·광서성에 걸쳐 있었던 옛 고을.

4 漢(한) : 양자강의 큰 지류 중의 하나. 북쪽에서 양자강으로 들어감.

5 朝宗(조종) : 여러 제후가 천자에게 알현하듯 강물이 모여서 들어가는 것.

6 九江(구강) : 지금의 동정호洞庭湖. 아마도 동정호로 많은 지류가 흘러 들어가기 때문에 붙여진 이름인 듯하다.

7 孔殷(공은) : 큰 세력으로 도도하게 흐르다.

8 沱(타) : 양자강의 지류. 호북성 지강현枝江縣에 있는 강. 양자강의 지류를 일컫는 말이라고도 한다.

9 潛(잠) : 호북성 잠강현潛江縣에 있는 강. 한수의 지류를 일컫는 말이라도고 한다.

10 雲(운) : 운택雲澤. 운몽雲夢.

11 夢(몽) : 못을 지칭함. 초나라 말에 못을 몽夢이라 한다고 함. 운몽雲夢은 호북성 안륙현安陸縣 동남에 위치하는 것으로 운몽현雲夢縣과의 접경에 있다. 운몽현이란 이름도 여기에서 기인한다.

12 杶(춘) : 참죽나무. 거문고를 만드는 데 쓴다고 함.

13 栝(괄) : 전나무.

14 礪(려) : 거친 숫돌.

15 砥(지) : 고운 숫돌.

16 砮(노) : 돌로 만든 화살 촉.

17 箘(균) : 화살 만들기에 적합한 대. 이대.

18 簵(로) : 로簬의 속자. 로簬는 화살 만들기에 알맞은 대를 이름.

19 楛(호) : 싸리나무. 화살 만드는 데 씀. 이때는 음이 '호'가 됨.

20 匭(궤) : 상자. 상자에 넣다.

21 菁(정) : 우거지다.

22 茅(모) : 띠. 우거진 띠는 제사상에 올리는 술을 거르는 데 씀.
23 玄纁(현훈) : 검고 분홍빛 나는 비단.
24 璣(기) : 구슬. 둥글지 않은 구슬. 작은 구슬. 거울을 지칭한다고도 함.
25 組(조) : 노끈.
26 洛(락) : 하남성에 있는 낙수洛水를 말함.

荊[1]河(형하)에 惟豫[2]州(유예주)라 伊[3]洛瀍[4]澗[5](이락전간)이 旣入于河(기입우하)하며 滎[6]波旣豬(형파기저)로다 導菏[7]澤(도하택)하여 被孟[8]豬[9](피맹저)하다 厥土(궐토)는 惟壤(유양)이니 下土(하토)는 墳壚[10](분로)로다 厥田(궐전)은 惟中(유중)의 上(상)이요 厥賦(궐부)는 錯(착)이로소니 上(상)의 中(중)이로다 厥貢(궐공)은 漆枲絺紵(칠시치저)요 厥篚(궐비)는 纖纊[11](섬광)이로소니 錫貢磬[12]錯(석공경착)이로다 浮于洛(부우낙)하여 達于河(달우하)하나니라

국역 |

형산과 황하 사이에 예주가 있다. 이수·낙수·전수·간수가 이미 황하로 들어갔고, 형파의 못물도 이미 둑 안으로 모였으며, 하택을 인도하여 맹저에 이르렀다. 토질은 부드러우나 낮은 땅의 토질은 울퉁불퉁하고 검었다. 토지의 등급은 중상中上이고 조세의 등급은 (상상上上과) 섞였으나 상중上中이다. 공물은 옻과 삼과 갈포와 모시이고 광주리에 담아서 바치는 예물로는 가는 솜이며, 경쇠를 연마하는 숫돌은 바치라는 명령이 있을 때 바친다. 낙수에서 배를 타고 황하에 도달한다.

난자풀이

1 荊(형) : 호북성 남장현南漳縣 서북에 있는 산.

2 豫州(예주) : 동쪽은 연주·서주·양주와 접하고, 서쪽과 남쪽은 형산으로 접경이 되고 북쪽은 황하가 접경이 되었던 옛 고을.

3 伊(이) : 하남성 노씨현盧氏縣 동쪽 16리의 웅이산熊耳山 민돈령悶頓嶺에서 발원하여 동북으로 흘러 낙수로 들어가는 강.

4 瀍(전) : 하남성 낙양시 서북의 곡성산谷城山에서 발원하여 낙수로 들어가는 강. 전수.

5 澗(간) : 하남성 민지현澠池縣 동북에 있는 백석산白石山에서 발원하여 남류하여 곡수穀水로 들어갔다가 다시 동류하여 신안新安 낙양을 거쳐 낙수로 들어가는 강.

6 滎波(형파) : 형滎과 파波를 두 강 이름으로 보는 설과 하나로 보는 설이 있다. 하나로 보면 형파라는 못 이름이 된다.

7 菏澤(하택) : 지금의 산동성 정도현定陶縣 서북 7리에 있음. 제수가 들어가고 하수菏水가 나오는 못이다.

8 被(피) : 미치다. 달하다.

9 孟豬(맹저) : 하남성 상구현商丘縣 남쪽 2리에 있는 못.

10 壚(로) : 검은 흙.

11 纖纊(섬광) : 가는 솜.

12 磬錯(경착) : 경을 만드는 돌을 가는 숫돌.

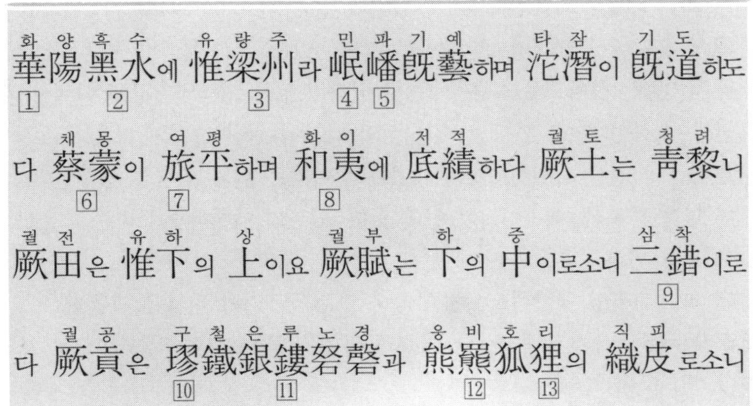
華陽黑水에 惟梁州라 岷嶓既藝하며 沱潛이 既道하도다 蔡蒙이 旅平하며 和夷에 底績하다 厥土는 靑黎니 厥田은 惟下의 上이요 厥賦는 下의 中이로소니 三錯이로다 厥貢은 璆鐵銀鏤砮磬과 熊羆狐狸의 織皮로소니

서경 인환시래 부우잠 유우면 입
西傾[14]으로 因桓[15]是來하도다 浮于潛하고 逾于沔[16]하며 入
우위 난우하
于渭하여 亂[17]于河하나니라

국역 |

화산의 남쪽과 흑수 사이에 양주가 있다. 민산과 파산이 이미 곡식을 심을 수 있게 되었고, 타수와 잠수가 이미 물길을 따라 흘렀다. 채산과 몽산이 길이 뚫려 평정되었고 화이에서 큰 일을 이루었다. 토질이 푸르고 검으니 토지의 등급은 하상下上이고 조세의 등급은 하중下中이나 (중하 · 하상 · 하하) 세 가지가 섞였다. 공물은 아름다운 옥 · 부드러운 쇠 · 은 · 강철 · 돌화살촉 · 경을 만드는 돌과 곰 · 큰곰 · 여우 · 이리 · 삵괭이의 털로 짠 모직과 가죽인데, 서경산에서 환수를 따라 오는 것이다. 잠수에서 배를 타고 면수를 넘어 위수로 들어갔다가 하수를 가로지른다.

난자풀이 |

1 華(화) : 섬서성 화음현華陰縣 서남쪽에 있는 산.
2 黑水(흑수) : 섬서성 성고현城固縣 북쪽에 있는 강 이름.
3 梁州(량주) : 북쪽으로는 옹주雍州와 접하고 남으로는 양자강에 이르며, 사천성, 호북성 서부, 섬서성 · 감숙성의 남부에 걸친 고대의 고을.
4 岷(민) : 사천성 송반현松潘縣에 있는 산이라는 설과 감숙성 천수현天水縣에 있는 파총산嶓冢山이라는 설이 있다. 일본의 이케다池田 씨는 파총산으로 보고 있다.
5 嶓(파) : 섬서성 영강현寧强縣 북쪽에 있는 산. 역시 이름은 파총산.
6 蔡蒙(채몽) : 채산과 몽산. 둘 다 사천성 아안현雅安縣에 있는 산으로 보인다.

7 旅(려) : 다스려지다. 다닐 수 있게 되다.

8 和夷(화이) : 화수, 즉 지금의 대도하大渡河 주변에 살던 변방의 부족.

9 三錯(삼착) : 여기서는 중하中下, 하상下上, 하하下下의 세 등급이 섞여 있음을 말함.

10 璆(구) : 아름다운 옥.

11 鏤(루) : 강철.

12 羆(비) : 큰 곰.

13 狸(리) : 리貍와 통용. 삵. 삵쾡이.

14 西傾(서경) : 서경산. 감숙성 임담현臨潭縣 서남에 있는 산.

15 桓(환) : 어디에 있는 강인지 확실하지 않다. 지금의 백룡강白龍江이라고도 한다.

16 沔(면) : 한수漢水의 상류. 섬서성 약양현略陽縣에서 나와 동남으로 흐르다가 면현沔縣 서남에 이르러 한수로 들어간다. 음은 '면'.

17 亂(란) : 가로질러 건너가다.

黑水西河에 惟雍[1]州라 弱[2]水既西하며 涇[3]이 屬渭汭[4]하며 漆沮既從하며 灃[5]水攸同이로다 荊岐[6]既旅하고 終南[7]惇[8]物로 至于鳥鼠[9]하며 原隰에 底績하여 至于豬野[10]하다 三[11]危既宅하니 三苗[12]丕敍하도다 厥土는 惟黃壤이니 厥田은 惟上의 上이요 厥賦는 中의 下요 厥貢은 惟球[13]琳[14]琅玕[15]이로다 浮于積[16]石하여 至于龍門[17]西河하여 會于渭汭하나니라 織皮는 崑[18]崙析[19]支渠[20]搜의 西[21]戎이 卽敍[22]하도다

국역 |

흑수와 서하 사이에 옹주가 있다. 약수가 이미 서쪽으로 흘렀고, 경수가 위수의 물굽이로 들어갔으며, 칠수와 저수가 이미 물길을 따라 위수로 들어갔고, 풍수도 위수와 합류했다. 형산과 기산이 이미 다스려졌고, 종남산과 돈물산에서 조서산에 이르렀으며, 평원과 습지에서 큰 일을 이룬 뒤에 둑이 많은 들판에 이르렀다. 삼위 지방에 이미 집이 들어서고 나니, 삼묘 지방에 공이 크게 펼쳐졌다. 토지가 노랗고 부드러우니 토지의 등급은 상상上上이고 조세의 등급은 중하中下이다. 공물은 아름다운 옥인 구·아름다운 옥돌인 임·예쁜 옥돌들인 양간이다. 적석에서 배를 타고 용문의 서하에 이르러 위수의 물굽이에 합류한다. 직물과 가죽의 공물을 바치는 일은 곤륜과 석지와 거수의 서융이 순조롭게 따랐다.

난자풀이 |

1 雍州(옹주) : 흑수黑水에서 섬서성 북부 내몽고 남부 청해성 감숙성에 걸쳐 있었던 옛 고을.
2 弱水(약수) : 지금의 감숙성 장액하張掖河로 보인다.
3 涇(경) : 경수에 두 원류가 있다. 북원北源은 감숙성 고원현固原縣에서 발원하여 융덕隆德과 평량平涼을 거쳐 남원南源과 합류하고, 남원은 경원현涇源縣에서 발원하여 동북으로 흘러 북원과 합류한 뒤 다시 동남으로 흘러 경용현涇用縣에 이르러 섬서성으로 들어갔다가 다시 고릉현高陵縣에 이르러 위수로 들어간다.
4 渭汭(위예) : 위수의 물굽이. 위수와 예수를 다른 강으로 보는 설도 있음.
5 灃水(풍수) : 섬서성 영섬현寧陝縣에서 발원하여 서북으로 흘러 장안을 거쳐 潘水로 들어간다.
6 岐(기) : 섬서성 기산현岐山縣 서북 10리에 있는 산 이름.
7 終南(종남) : 섬서성 미현郿縣 동남쪽 40리에 있는 산 이름.
8 惇物(돈물) : 섬서성 미현의 동남쪽에 있는 산 이름.

9 鳥鼠(조서) : 감숙성 위원현渭源縣 서남쪽에 있는 산 이름.
10 豬野(저야) : 둑이 많은 들. 내몽고 남부와 감숙성의 일부에 걸쳐 있는 들.
11 三危(삼위) : 감숙성 위원현의 경계에 있는 산.
12 三苗(삼묘) : 남부의 변방에 있는 부족. 삼묘족.
13 球(구) : 아름다운 옥의 일종.
14 琳(림) : 아름다운 옥의 일종.
15 琅玕(랑간) : 아름다운 돌.
16 積石(적석) : 청해성靑海省 순화현循化縣 동쪽에 있는 산의 이름.
17 龍門(용문) : 섬서성 한성현韓城縣 동북 50리에 있는 지명.
18 崑崙(곤륜) : 청해성 서녕현西寧縣에 있는 산의 이름.
19 析支(석지) : 감숙성 임조현臨洮縣에서 청해성 서녕현에 걸쳐 있었던 땅 이름. 또는 나라 이름.
20 渠搜(거수) : 감숙성 고란현皐蘭縣 서북쪽에 살고 있었던 변방 부족 이름.
21 西戎(서융) : 서쪽 변방에 살던 부족의 이름.
22 敍(서) : 차례대로 행해지다. 순조롭다.

導岍及岐(도견급기)[1]하여 至于荊山(지우형산)하고 逾于河(유우하)하여 壺口雷首(호구뢰수)[2]로 至于太岳(지우태악)[3]하며 底柱析城(저주석성)[4][5]으로 至于王屋(지우왕옥)[6]하며 太行恒山(태행항산)[7][8]으로 至于碣石(지우갈석)하니 入于海(입우해)하다

국역 |

견산과 기산을 다스려서 형산에 이르렀고, 황하를 넘어 호구산과 뇌수산을 거쳐 태악에 이르렀으며, 저주산과 석성산을 거쳐 왕옥에 이르렀고, 태행산 항산을 거쳐 갈석산에 이르니 (물이) 바다로 들어갔다.

난자풀이 |

[1] 岍(견) : 섬서성 농현隴縣 남쪽 70리에 있는 산.
[2] 雷首(뢰수) : 산서성 영제현永濟縣 남쪽에 있는 산.
[3] 太岳(태악) : 산서성 곽현霍縣 동남쪽에 있는 산.
[4] 底柱(저주) : 산서성 평륙현平陸縣 동쪽 50리에 있는 산.
[5] 析城(석성) : 산서성 양성현陽城縣 서남 70리에 있는 산.
[6] 王屋(왕옥) : 산서성 원곡현垣曲縣 동북쪽 100리에 있는 산.
[7] 太行(태행) : 산서성 진성현晉城縣 남쪽에 있는 산.
[8] 恒山(항산) : 산서성 혼원현渾源縣 동남쪽에 있는 산.

강설 |

지금까지는 구주로 나누어 치수한 내용을 기술했다면 지금부터는 구주로 나누지 않고 전 영토에 걸쳐 치수한 내용을 기술한 것이다.

西傾朱圉鳥鼠[1]로 至于太華[2]하며 熊耳[3]外方[4]桐柏[5]으로
至于陪尾[6]하다 導嶓冢하여 至于荊山하고 內方[7]으로 至
于大別[8]하다 岷山之陽으로 至于衡山[9]하며 過九江하여
至于敷淺原[10]하다 導弱水하여 至于合黎[11]하니 餘波 入
于流沙[12]하다

국역 |

서경산・주어산・조서산을 거쳐 태화산에 이르렀고, 웅이산・외방산・동백산을 거쳐 배미산에 이르렀다. 파총산을 다스려서 형산에 이르렀고, 내방을 거쳐 대별산에 이르렀다. 민산의 남쪽에서 형산에 이르렀고 구강을 넘어 부천원에 이르렀다. 약수를 다스려서 합려에 이르니 나머지 물들이 유사로 들어갔다.

난자풀이 |

1 朱圉(주어) : 감숙성 감곡현甘谷縣 서남쪽에 있는 산.
2 太華(태화) : 섬서성 화음현華陰縣 남쪽 10리에 있는 산.
3 熊耳(웅이) : 하남성 노씨현盧氏縣 남쪽에 있는 산.
4 外方(외방) : 숭산嵩山 또는 중악中岳이라고도 한다. 하남성 등봉현登封縣 북 10리에 있다.
5 桐柏(동백) : 하남성 동백현桐柏縣 북쪽에 있는 산.
6 陪尾(배미) : 산동성 사수현泗水縣 동쪽 50리에 있는 산.
7 內方(내방) : 무창武昌의 대홍산.
8 大別(대별) : 호북성 응산현應山縣 동남쪽에 있는 산.
9 衡山(형산) : 호남성 형산현衡山縣 서북쪽 30리에 있는 산.
10 敷淺原(부천원) : 안휘성 곽현霍縣 남쪽의 대별산 자락에 있는 들.
11 合黎(합려) : 감숙성 산단현山丹縣 서남쪽에 있는 산.
12 流沙(류사) : 감숙성 돈황현敦煌縣 서쪽에 있는 사막.

導黑水(도흑수)하여 至于三危(지우삼위)하니 入于南海(입우남해)하다 導河(도하)하되 積石(적석)으로 至于龍門(지우룡문)하고 南至于華陰(남지우화음)하며 東至于底柱(동지우저주)[1]하며 又東至于孟津[2]하며 東過洛汭하여 至于大伾[3]하며 北過洚水[4]하여 至于大陸하며 又北播爲九河하여 同爲逆河[5]하니 入于海하니라

국역 |

흑수를 다스려서 삼위에 이르니 (물들이) 남해로 들어갔다. 황하를 다스리기를, 적석산에서 시작하여 용문에 이르렀고, 남쪽으로 화산의 북쪽에 이르렀으며, 동쪽으로 저주산에 이르렀고, 또 동쪽으로 맹진에 이르렀으며, 동쪽으로 낙수의 물굽이를 넘어 대비산에 이르렀고, 북쪽으로 홍수를 지나 대륙에 이르렀으며, 또 북쪽으로 나뉘어 구하를 다스려서 함께 황하를 맞이하여 흘려보내니 (물들이) 바다로 들어갔다.

난자풀이 |

[1] 華陰(화음) : 섬서성 화음현華陰縣.
[2] 孟津(맹진) : 하남성 맹진현孟津縣 남쪽에 있는 나루.
[3] 大伾(대비) : 구곡산九曲山이라고도 한다. 하남성 공현鞏縣 범수진氾水鎭 서북에 있는 산.
[4] 洚水(홍수) : 산서성 둔류현屯留縣 서남에서 발원함.
[5] 逆(역) : 맞이하다.

嶓冢에 導漾하여 東流爲漢하며 又東爲滄浪之水 [1] 하며 過三澨 [2] 하여 至于大別하니 南入于江하다 東匯澤하니 爲彭蠡하다 東爲北江하니 入于海하니라 岷山에 導江하여 東別爲沱하며 又東至于澧하며 過九江하여 至于東陵 [3] 하며 東迆北會하여 爲匯하며 東爲中江하니 入于海하니라

국역 |

파총산에서 양수를 다스려서 동쪽으로 흘러보내 한수가 되게 했고, 또 동쪽으로 흘려보내 창랑수가 되게 했으며, 삼수를 지나서 대별산에 이르니 남쪽으로 흘러 양자강에 들어갔다. 동쪽으로 돌아 못을 만드니 팽려가 되었다. 동쪽으로 흘러 북강이 되게 하니 (물이) 바다로 들어갔다. 민산에서 양자강을 다스려 동쪽으로 흘러 따로 타수가 되게 했고, 또 동쪽으로 흘러 예수에 이르게 했으며, 구강을 건너서 동쪽 언덕에 이르게 했고, 동쪽으로 이어가다 북쪽으로 모여 회택이 되게 했으며, 동쪽으로 흘러 중강이 되게 하니, (물이) 바다로 들어갔다.

난자풀이 |

[1] 滄浪(창랑) : 호북성 균현均縣의 창랑주滄浪州에서 양양襄陽에 이르는 한수를 부르는 말.

[2] 三澨(삼서) : 호북성 양양현襄陽縣을 지칭함.
[3] 東陵(동릉) : 호북성 광제현廣濟縣의 동북에서 황매현黃梅縣에 이르는 지역.

도연수 동류위제 입우하 일위형 동
導沇水하여 東流爲濟하되 入于河하여 溢爲滎하며 東
[1] [2]
출우도구북 우동지우하 우동북 회우문
出于陶丘北하며 又東至于菏하며 又東北으로 會于汶
[3]
우북동 입우해 도회 자동백 동
하니 又北東으로 入于海하니라 導淮하되 自桐柏하여 東
회우사기 동입우해 도위 자조서동혈
會于泗沂하니 東入于海하니라 導渭하되 自鳥鼠同穴
[4]
동회우풍 우동회우경 우동과칠저
하여 東會于灃하며 又東會于涇하며 又東過漆沮하니
입우하 도락 자웅이 동북 회우간
入于河하니라 導洛하되 自熊耳하여 東北으로 會于澗
전 우동회우이 우동북 입우하
瀍하며 又東會于伊하니 又東北으로 入于河하니라

국역 |

연수를 다스려서 동쪽으로 흘러 제수가 되게 하기를, (우선) 황하에 들어가게 하여 넘친 것이 형택이 되게 하며, 동쪽으로 흘러 도구북으로 나아가게 하며, 또 동으로 흘러 하수에 이르게 하며, 또 동북으로 흘러 문수에 합류하게 하니, 다시 동북으로 흘러 (물이) 바다로 들어갔다. 회수를 다스리기를, 동백산에서 시작하여 동쪽으로 흘러 사수와 기수에 합류케 하니, (물이) 바다로 들어갔다. 위수를 다스리기를, 조서

동혈산에서 시작하여 동쪽으로 흘러 풍수에 합류하게 하고 다시 동쪽으로 흘러 경수에 합류하게 하며, 또 동쪽으로 흘러 칠수와 저수를 지나게 하니, (물이) 황하로 들어갔다. 낙수를 다스리기를, 웅이산에서 시작하여 동북으로 흘러 간수와 전수에 합류케 하며 다시 동쪽으로 흘러 이수에 합류케 하니, 다시 동북으로 흘러 (물이) 황하로 들어갔다.

난자풀이 |

1 沇水(연수) : 제수濟水의 상류.
2 滎(형) : 하남성 형택현滎澤縣의 남쪽에 있는 못.
3 陶丘(도구) : 산동성 정도현定陶縣 서남쪽 7리에 있는 언덕.
4 同穴(동혈) : 조서산鳥鼠山과 다른 산으로 보는 설도 있으나, 같은 산으로 보는 설이 유력하다. 조서동혈산鳥鼠同穴山으로 부르면 될 것이다.

구주유동 사욱기택 구산 간려 구천
九州攸同하니 四隩旣宅하도다 九山에 刊旅하며 九川
척원 구택 기파 사해회동 육부공
에 滌源하며 九澤이 旣陂하여 四海會同이로다 六府孔
수 서토교정 저신재부 함칙삼양
修하여 庶土交正이어늘 底愼財賦하되 咸則三壤하사
성부중방 석토성 지이덕선 불거짐행
成賦中邦[1]하다 錫土姓하고 祗台[2]德先하니 不距朕行이
러라

국역 |

구주가 하나가 되니, 사방의 물가에 집이 들어섰다. 구주의 산이 나무

가 잘려 다스려졌고, 구주의 내에 원천이 정리되었으며, 구주의 못이 제방으로 정리되어, 사해에 모여 하나가 되었다. 육부의 관직이 크게 정리되고 모든 토지가 다투어 안정되니, 재정과 조세를 신중하게 처리하되, 모두 세 등급의 토지로 분류하여 중앙에서 조세제도를 완성했다. (제후에게) 토지와 백성들을 하사하고는, (성공담을 토로하여) "삼가 나의 덕으로 솔선하니 나의 일을 막지 않더라[지이덕선祗台德先 불거짐행不距朕行]" 하였다.

난자풀이 |

[1] 中邦(중방) : 나라의 중앙.
[2] 台(이) : '나'라는 뜻으로 이때의 음은 '이'로 된다.

오백리 전복 백리 부납총 이백리 납
五百里는 甸服이니 百里는 賦納總[1]하고 二百里는 納
질 삼백리 납갈복 사백리 속 오백리
銍[2]하고 三百里는 納秸[3]服하고 四百里는 粟[4]하고 五百里
미 오백리 후복 백리 채 이백리
는 米[5]니라 五百里는 侯服이니 百里는 采[6]요 二百里는
남방 삼백리 제후 오백리 수복 삼백
男邦이요 三百里는 諸侯니라 五百里는 綏服이니 三百
리 규문교 이백리 분무위
里는 揆文教하고 二百里는 奮武衛하나니라

국역 |

5백 리는 전복이니 (안 쪽의) 백 리 거리는 조세로 볏단 채로 납부케

하고, 2백 리는 낫으로 벤 벼이삭을 납부케 하며, 3백 리는 벼를 납부케 하고, 4백 리는 현미를 납부케 하며, 5백 리는 백미를 납부케 했다. (다음) 5백 리는 후복이니 백 리는 (경 대부의) 채지이고, 2백 리는 남작의 나라이며, 3백 리부터는 제후들의 영지이다. (다음) 5백 리는 수복이니 (안쪽) 3백 리는 문화 교육을 실시하기 위해 노력하고, (바깥쪽의) 2백 리는 무력으로 방비토록 분발한다.

난자풀이 |

1 總(총) : 묶다. 전체. 여기서는 벼를 베어 묶은 볏단을 말한다.
2 銍(질) : 낫. 여기서는 낫으로 벤 벼가 붙어 있는 부분을 말한다.
3 秸(갈) : 여기서는 벼. 껍질이 붙어 있는 벼를 말한다.
4 粟(속) : 여기서는 현미를 말한다.
5 米(미) : 정미를 말한다.
6 采(채) : 채지. 경이나 대부가 직접 경작하여 개인 수익으로 삼는 토지.

강설 |

가장 가까운 곳에서는 운반하기가 편리하기 때문에 조세를 납부할 때 짚단 채로 납부케 했다. 그것은 왕궁에서도 짚을 쓸 일이 있기 때문이다.

五百里(오백리)는 要服(요복)이니 三百里(삼백리)는 夷(이)요 二百里(이백리)는 蔡(살)[1]이니라

五百里(오백리)는 荒服(황복)이니 三百里(삼백리)는 蠻(만)이요 二百里(이백리)는 流(류)니라

東漸(동점)[2]于海(우해)[3]하며 西被(서피)[4]于流沙(우류사)하며 朔南(삭남)[5]에 暨(기)[6]하여 聲教訖(성교흘)[7]

于四海어늘 禹錫玄圭하여 告厥成功하다 [8]

(우사해 우석현규 고궐성공)

국역 |

5백 리는 요복이니 (안쪽) 3백 리는 이족들의 나라이고, (바깥) 2백 리는 유배지이다. 5백 리는 황복이니 (안쪽) 3백 리는 만족들의 나라이고 (바깥) 2백 리는 유배지다. 동쪽으로는 발해에 이르고, 서쪽으로는 유사에 이르며, 북방과 남방에까지 이르러 명성과 교화가 사해에 이르렀다. 우는 검은 홀을 바치며 성공을 아뢰었다.

난자풀이 |

[1] 蔡(살) : 내치다. 추방하다.
[2] 漸(점) : 차츰 다가가는 것을 말한다.
[3] 海(해) : 발해渤海.
[4] 被(피) : 이르다.
[5] 朔(삭) : 북방.
[6] 曁(기) : 및. 이르다. 다다르다.
[7] 聲敎(성교) : 명성과 교화.
[8] 玄圭(현규) : 검은빛을 띤 홀. 홀은 공무원의 신분증에 해당한다.

강설 |

우가 일을 끝마쳤으므로 신분증에 해당하는 홀을 바치고, 일을 마쳤음을 고했다.

甘誓 | 감서

감甘은 유호씨有扈氏 나라의 남쪽 교외에 있는 지명이다. 우禹의 아들 계啓가 감甘에서 육경을 불러놓고 연설한 내용으로 보인다. 선서하는 투로 말했기 때문에 서誓라는 말이 들어갔다. 『금문상서今文尚書』와 『고문상서古文尚書』에 다 들어 있다.

대전우감 내소육경 왕왈차 육사지인
大戰于甘[1]할새 乃召六卿[2]하다 王曰嗟아 六事之人아

여서고여 유호씨 위모오행 태기삼정
予誓告汝하노라 有扈[3]氏가 威侮五行[4]하며 怠棄三正[5]할

천용초절기명 금여 유공행천지벌
새 天用[6]勦[7]絶其命[8]하시나니 今予는 惟恭行天之罰이니라

좌불공우좌 여불공명 우불공우우 여불
左[9]不攻于左하면 汝不恭命이며 右不攻于右하면 汝不

공명 어비기마지정 여불공명 용명
恭命이며 御[10]非其馬之正이면 汝不恭命이니라 用命은

상우조 불용명 육우사 여즉노륙여
賞于祖[11]하고 不用命은 戮于社[12]하되 予則孥戮[13]汝하리라

국역 |

(우의 아들 계啓가) 감에서 큰 전쟁을 할 때 육경을 불렀다. 왕이 말했다. "아아! 여섯 일을 하는 사람들아! 내가 맹세코 너희들에게 고하노라. 유호씨가 오행을 위협하고 모욕하며 삼정을 게을리 하여 폐기하기에 하늘이 그 명을 끊으시니 지금 나는 오직 공손하게 하늘의 벌

을 실행할 것이니라. 좌군이 왼쪽에서 공격하지 않으면 너희들은 명령을 받들지 않는 것이며, 우군이 오른쪽에서 공격하지 않으면 너희들은 명령을 받들지 않는 것이며, 말 모는 책임자가 말을 바로 몰지 않으면 너희들은 명령을 받들지 않는 것이니라. 명령을 따르면 조상의 사당에서 상을 주고, 명령을 따르지 않으면 사직에서 죽이되 내 너희들을 처자식까지 죽이겠다."

난자풀이 |

1 甘(감) : 마융馬融의 설에 의하면, 감甘은 섬서성 악현鄠縣의 서쪽에 있는 땅이다. 『여씨춘추』 『후한서』 등에 「감택甘澤」이란 말이 나오는 것을 보면 아마도 늪지대였던 것으로 보인다.

2 六卿(육경) : 군사의 일을 맡아보는 여섯 장군. 여섯 고을의 일을 맡아보는 관리라는 설도 있다.

3 有扈氏(유호씨) : 『여씨춘추』에 의하면 유호씨有扈氏와 하夏는 동성이다. 하나라의 한 제후국이든지 아니면 하나라의 주변에 있던 한 나라였을 것이다.

4 五行(오행) : 수·화·금·목·토의 오행. 오행에 맞추어 행동하는 것이 당시의 과학적 행동이었다.

5 三正(삼정) : 여러 설이 있지만, 정확하게 무엇을 의미하는지 알 수가 없다. 아마도 달력을 바로잡는 세 가지 방법인 듯하다.

6 用(용) : 이以와 통용.

7 勦絶(초절) : 끊다.

8 命(명) : 국가의 생명.

9 左(좌) : 좌군. 군대를 중군·우군·좌군으로 나눌 때의 좌군.

10 御(어) : 말을 모는 사람.

11 祖(조) : 조상을 모신 사당.

12 社(사) : 사직. 사직을 모시는 사당.

13 孥戮(노륙) : 처자식까지 함께 죽이는 것.

강설 |

우의 아들인 계啓가 즉위한 뒤에 유호씨가 복종하지 않았던 것으로 보인다. 이 때 계는 하늘이 벌을 주는 것을 대신해서 벌을 준다는 명분으로 군사를 일으키면서 훈시한 내용이 바로 감서이다. 그런데 우리는 여기서 몇 가지 중요한 점을 발견할 수 있다.

첫째, 정치적 천명사상을 찾아볼 수 있다는 것이다.

둘째, 과학적인 것을 중시한다는 것이다.

셋째, 명령을 강조한다는 것이다.

천명天命이 정치적으로 이용되는 것이 이른바 천명사상이다. 천명사상이란 남을 정복할 때 그것을 하늘의 뜻으로 가장한다는 것이다. 실제로 하늘을 받드는 사람이 하늘의 뜻에 따라 남을 정복할 수도 있지만, 하늘을 받들지 않는 사람이 남을 정복하는 구실로 하늘의 뜻을 가장하는 경우도 있는데, 후자의 경우를 정치적 천명사상天命思想이라 한다. 이는 주로 주나라 초기에 많이 나타나지만, 우리는 그 싹을 이미 하나라에서 찾을 수 있다. 정녕 하늘을 받드는 사람은, 하늘을 매개로 해서 모두 하나라는 만물일체사상의 입장에서, 남을 나처럼 사랑하는 모습이 나타나야 한다. 그러나 여기서는 그러한 것이 보이지 않는다. 그 반대로 오직 명령을 따르도록 강조하기만 한다. 이는 명령과 법도로 통치하는 서부족의 한 형태로 볼 수 있다. 그들은 하늘을 이용한 것이다.

또 서부족의 정서와 사상은 형이상적인 것보다는 물질적이고 과학적인 것을 중시한다. 오행을 강조한 것을 그 예로 들 수 있다. 음양오행설은 춘추전국시대 이후에 만들어진 것이라고 반박할지 모른다. 그러나 음양오행설이 어느 한 시기에 한 개인에 의해 만들어질 수 있는 것이 아니다. 그 훨씬 이전시대부터 있어 왔던 것을 후대에 정리한 것으로 이해하는 것이 바람직할 것이다. 오행은 고대에 이미 있었으며, 그것이 과학정신을 대표하는 것으로 보는 것이 타당할 것이다.

또 서부족의 통치원리는 동쪽의 이족夷族들과 다르다. 이족들이 덕을 가지고 사랑을 베푸는 통치를 원칙으로 한다면, 서부족은 힘과 기강, 명령과 법으로 통치하는 것을 원칙으로 한다. 계의 훈시에서 명령을 따르도록 강요하고 있는 것도 이러한 이유 때문일 것이다.

五子之歌 | 오자지가

계啓의 아들인 태강太康이 놀이에 빠져 나라를 잃자 그 형제 다섯이 낙수의 북쪽 언덕에서 기다리면서 부른 노래다. 오자五子는 계啓의 동생 다섯을 말한다. 『금문상서今文尙書』에는 없고 『고문상서古文尙書』에만 들어 있다.

태강시위 이일예 멸궐덕 여민 함이
太康尸位하여 以逸豫로 滅厥德한대 黎民이 咸貳커늘
[1] [2]
내반유무도 전우유락지표 십순 불반
乃盤遊無度하여 畋于有洛之表하여 十旬을 弗反하니
유궁후예 인민불인 거우하
라 有窮后羿 因民弗忍하여 距于河하니라

국역 |

(계의 아들인) 태강이 자리만 지키고 있으면서 태만하고 노는 것으로 덕을 잃어 여민들이 모두 의심을 했으나, 즐기고 노는 데에 한량이 없어 낙수 밖으로 사냥 가서 백 일이 되어도 돌아오지 않았다. 유궁의 임금인 예가 백성들이 참아내지 못하는 것을 근거로 황하에서 길을 막

았다.

난자풀이 |

1 尸(시) : 시동. 시체. 시동尸童은 제사상 위에 가만히 앉아있기만 하기 때문에 시위尸位도 자리에 가만히 앉아 있기만 하는 것으로 해석할 수 있다.

2 貳(이) : 두 마음을 품다. 딴 마음을 먹다. 의심하다.

厥弟五人(궐제오인)이 御其母以從(어기모이종)하여 徯于洛之汭(혜우락지예)하더니 五子咸怨(오자함원)하여 述大禹之戒(술대우지계)하여 以作歌(이작가)하니라

국역 |

그 아우 다섯 사람이 그 어머니를 모시고 따라가 낙수의 물굽이에서 기다렸다. 다섯 아들이 모두 원망하여 위대하신 우 임금의 훈계를 진술하여 노래를 지었다.

강설 |

황음무도한 임금이 사냥을 가서 돌아오지 않자. 다섯 동생이 어머니를 모시고 낙수의 강가에까지 마중을 갔다. 그러나 임금은 돌아오지 않았다. 그렇다고 강을 건너갈 수는 없었다. 강 건너에는 이미 유궁의 임금인 예가 버티고 있었기 때문이다. 다섯 아들은 한탄하면서 노래를 지어 불렀다. 노래는 모두 다섯 곡이다. 다섯 곡을 다섯 사람이 다 함

께 부를 수도 있고, 한 사람이 한 곡식 부를 수도 있다. 아마 후자일 것이다.

其一曰 皇祖有訓하시니 民可近이언정 不可下니라 民惟邦本이니 本固라사 邦寧하나니라 予視天下한대 愚夫愚婦 一能勝予하나니 一人이 三失이면 怨豈在明이리오 不見[1]是[2]圖니라 予臨兆民하되 懍[3]乎若朽索之馭六馬하노니 爲人上者는 奈何不敬고

국역 |

첫 번째 노래는 다음과 같다. "황조께서 훈계하시기를, '백성들은 가까이 할지언정 얕잡아보아서는 안 된다. 백성은 나라의 근본이니 근본이 견고해야 나라가 편안하다. 내가 천하를 보건대, 어리석은 남자나 어리석은 여자 혼자서도 나를 이길 수 있네. 한 사람이 여러 번 실수하면 원한이 어찌 밝은 데 있겠는가! 나타나지 않은 것을 도모해야 하는 것이다. 내가 억조 백성들에게 임하되, 벌벌 떨려서 썩은 새끼줄로 여섯 마리의 말을 모는 것과 같구나' 하셨다."

난자풀이 |

1 不見(불현) : 나타나지 않는 것. 이때의 견見은 '현'으로 읽어야 한다.

2 是(시) : 앞의 말과 뒤의 말이 도치되었음을 나타내는 글자. 도불현圖不見으로 놓고 해석하면 될 것이다. 이 때의 시是는 지之와 문법적 기능이 같다. 이는 아마도 원래는 을乙이었을 것으로 추정할 수 있다. 을乙은 우리말로 목적어 다음에 오는 목적격 조사이다. 그러므로 이 문장을 목적격 조사로 읽으면 무난하다. 나중에 중국인들이 뜻이 통하지 않자, 을乙을 지之 혹은 시是로 고친 것으로 보아야 할 것이다. 이는 고대의 한문을 이족이 만들어 썼다는 것을 가정할 때 성립되는 이론이다.

3 懍(름) : 두렵다. 서늘하다.

강설 |

하늘을 받드는 사람들은 모두 하늘의 자녀이기 때문에 서로 사랑하고 화합해야 한다는 생각을 갖는다. 그러므로 하늘의 뜻에 따라 남을 사랑하는 사람이 지도자가 되면 모두가 감동하고 복종한다. 이러한 정치 논리가 덕치德治이다. 그러나 하늘을 받들지 않는 사람들은 모두가 형제라는 생각을 할 수 없다. 사람은 모두 경쟁관계에 놓여 있다고 생각한다. 이러한 정서에서 보면 정치적 지도자가 질서를 유지하는 방법은 기본적으로 힘으로 제압하는 것이다. 그러나 사람의 힘은 동시에 두 사람을 제압하기도 어렵다. 두 사람은커녕 한 사람도 제압하기 어렵다. 그러므로 무엇보다 중요한 것이 지도자의 위엄이다. 위엄이 없어지면 제압할 방법이 없다. 위엄을 유지하는 방법에는 여러 가지가 있지만, 가장 중요한 것은 실수를 하지 않는 것이다. 실수를 하면 위엄이 없어진다. 이러한 논리에서 보면 정치적 지도자가 실수를 하지 않는 것이 얼마나 중요한 것인지 알 수 있다. 정치 지도자 중에 실수를 하지 않는 전형적인 존재가 일본의 왕이고 영국의 왕이다. 그들이 정치의 일선에 나서지 않는 것도 이러한 이유로 이해할 수 있다.

실수를 하면 위엄이 없어져 불만이 팽배해진다. 불만이 밖으로 드러나 공공연하게 된 뒤에는 수습하기 어려우므로, 불만이 밖으로 드러나기 전에 처리하지 않으면 안 된다. 그래서 정치를 한다는 것은 썩은 새끼줄로 달리는 여섯 말을 모는 것처럼 위태위태한 것이다.

채침을 위시한 많은 주석가들은 위의 문장에서 황조皇祖에서 방녕邦寧까지만 우의 훈계로 보았으나 매끄럽지 않다. 전체를 다 훈계의 내용으로 보는 것이 좋을 듯하다.

其二曰(기이왈) 訓(훈)에 有之(유지)하시니 內作色荒(내작색황)[1]이어나 外作禽荒(외작금황)[2]이어나 甘酒嗜音(감주기음)[3]이어나 峻宇彫牆(준우조장)이어나 有一於此(유일어차)하면 未或不亡(미혹불망)이니라

국역 |

두 번째 노래는 다음과 같다. "교훈에 있으니, 안으로 색탐을 하는 것, 밖으로 사냥에 빠지는 것, 술을 좋아하는 것, 소리를 탐닉하는 것, 집을 높이 짓고 담에 조각하는 것, 이 중에 하나만 있으면 혹시라도 망하지 않은 경우가 있지 않다."

난자풀이 |

[1] 色荒(색황) : 색을 탐하여 삶이 거칠어지는 것.

[2] 禽荒(금황) : 짐승 잡는 일을 탐하여 삶이 거칠어지는 것.

③ 音(음) : 소리. 여기서는 건전한 음악이 아니라 술집에서 즐기는 방탕한 음악을 말한다.

강설 |

잘못에 해당하는 내용들을 구체적으로 열거했다.

기삼왈 유피도당 유차기방 금실궐도
其三曰 惟彼陶唐으로 有此冀方하시니 今失厥道①하여

난기기강 내저멸망
亂其紀綱하여 乃底②滅亡이로다

국역 |

세 번째 노래는 다음과 같다. "저 도당 때부터 이 기 지방을 소유했었는데, 이제 그 도를 잃고 기강을 어지렵혔으니, 끝내 멸망하기에 이르렀구나!"

난자풀이 |

① 道(도) : 여기서는 다스리는 도리. 방법. 실수를 하지 않고 위엄을 지키는 것이 주 내용이 된다.
② 底(저) : 이르다.

강설 |

하늘을 따르지 않는 사람들의 정치에서 중요한 것 중의 하나는 기강을 확립하는 일이다. 기강이 무너진 상태에서 힘으로만 다스린다면 그 다스림은 오래갈 수 없다.

其四曰(기사왈) 明明我祖(명명아조)는 萬邦之君(만방지군)이시니 有典有則(유전유칙)하여 貽厥子孫(이궐자손)이라 關石和鈞(관석화균)[1][2]이 王府(왕부)에 則有(즉유)하니 荒墜厥緖(황추궐서)[3]하여 覆宗絶祀(복종절사)[4]로다

국역 |

네 번째 노래는 다음과 같다. "밝고 밝은 우리 할아버지께서는 만방의 군주이셔서 법전을 두고 규칙을 두셔서 자손들에게 남기셨으니, 통일된 부피의 단위와 고른 무게의 단위가 왕실의 창고에 남아 있으나, 그 전통을 거칠게 다루고 실추시켜 종묘사직을 전복시키고 제사를 끊는구나!"

난자풀이 |

1 石(석) : 부피의 단위. 섬.
2 鈞(균) : 무게의 단위. 서른 근.
3 緖(서) : 실마리. 일. 전통.
4 祀(사) : 제사. 할아버지의 제사. 하나라가 계속 이어지면 하나라의 우 임금은 물론이고 후대의 왕들에 대한 제사도 이어질 것이지만, 나라가 망하면 제사를 지낼 수 없게 된다.

其五曰 嗚呼曷歸오 予懷之悲여 萬姓이 仇予하나니 予將疇依요 鬱陶乎라[1] 予心이여 顔厚有忸怩[2]호라 弗愼厥德[3]이어니 雖悔인들 可追[4]아

국역 |

다섯 번째 노래는 다음과 같다. "아아! 어디로 돌아가리요. 내 가슴에 품은 슬픔이여. 만 백성이 우리를 원수로 여기는구나! 내 장차 누구에게 의지하리요. 답답하구나. 내 마음이여! 얼굴이 두꺼워도 부끄러움은 있어야지. 그 덕을 삼가지 못했으니 비록 후회한들 소용이 있겠는가!"

난자풀이 |

1 鬱陶(울도) : 답답한 모양.

2 忸怩(뉵니) : 부끄러워하는 모양.

3 德(덕) : 이때의 덕은 임금이 지켜야 할 삶의 내용을 말한다.

4 追(추) : 좇아가다. 미치다. 후회할 경우 그 후회하는 일에 좇아가 바로잡을 수 있다면 괜찮지만, 그렇지 못하다면 후회해도 소용이 없다. 그래서 여기서는 '소용이 없다'로 번역했다.

胤征 | 윤정

윤胤은 나라 이름이다. 태강太康의 동생인 중강仲康이 임금의 자리에 있었는데, 당시에 희씨와 화씨가 음란하여 정치를 어지럽히므로 윤후胤侯로 하여금 정벌케 하니, 윤후가 출전에 임해서 한 선서의 내용이 이 윤정胤征이다. 『금문상서今文尙書』에는 들어 있지 않고 『고문상서古文尙書』에는 들어 있다.

惟仲康(유중강)[1]이 肇位四海(조위사해)하여 胤侯(윤후)[2]를 命掌六師(명장육사)러니 羲和(희화)[3] 廢厥職(폐궐직)하고 酒荒于厥邑(주황우궐읍)한대 胤后承王命(윤후승왕명)하여 徂征(조정)하니라

국역 |

중강이 비로소 사해에 즉위하여 윤후에게 육사를 관장하도록 명했다. 희씨와 화씨가 자기 일을 폐하고 자기 고을에서 술에 탐닉하니, 윤나라 임금이 왕명을 받들고 정벌하러 갔다.

난자풀이 |

[1] 仲康(중강) : 태강의 동생.
[2] 胤侯(윤후) : 윤胤이라는 나라의 제후.
[3] 羲和(희화) : 천문과 지리를 주로 담당하던 관직인 희씨羲氏와 화씨和氏.

告于衆曰 嗟라 予有衆아 聖有謨訓하시니 明徵定保니라 先王이 克謹天戒어시든 臣人이 克有常憲[1]하여 百官이 修輔할새 厥后 惟明明이시니라 每歲孟春에 遒人[2]이 以木鐸[3]으로 徇于路하되 官師[4]相規하며 工執藝事하여 以諫하라 其或不恭하면 邦有常刑하니라

국역 |

군사들에게 다음과 같이 고했다. "아! 나의 군사들이여! 성인께서 모훈을 남기시어 분명하고 확실하게 나라를 안정시키고 보존하셨느니라. 선왕께서 하늘의 깨우침을 삼가시니 신하된 사람들이 일정한 모범을 보이고, 백관들이 덕을 닦아 보필하였으므로 임금께서는 밝고 밝았었노라. 해마다 초봄에 주인이 목탁을 들고 길을 순찰하며 말했노라. '관리들은 서로 바로잡아 주고, 모든 기술자들은 일을 하여 보고하라. 혹시라도 공손하지 아니함이 있으면 나라에 일정한 형벌이 있노라' 고.

난자풀이 |

1 憲(헌) : 모범. 법.
2 遒人(주인) : 순찰을 돌면서 명령을 전달하러 다니는 관리.
3 木鐸(목탁) : 순찰을 돌면서 사람들에게 명령을 전달할 때 주의를 환기시키기 위해 두드리는 기구.
4 官師(관사) : 관리들. 옛날에는 관직에 있는 사람은 스승의 역할을 해야 하

기 때문에 관사官師라 했다.

惟時羲和 顚覆[1]厥德이요 沈亂于酒하여 畔官[2]離次하여 俶擾[3]天紀[4]하여 遐棄厥司하여 乃季秋月朔에 辰[5]이 弗集[6]于房[7]이어늘 瞽[8]奏鼓하며 嗇夫[9]馳하며 庶人走어늘 羲和尸厥官하여 罔聞知하여 昏迷于天象[10]하여 以干先王之誅하니 政典曰 先時[11]者도 殺無赦하며 不及時者도 殺無赦라하니라

국역 |

오직 희씨와 화씨가 덕을 거스르고 술에 빠져 흐트러진 채 관직을 어지럽히고 서열을 파괴하며 비로소 천기를 어지럽혀 맡은 일을 멀찌감치 파기하니, 늦가을 음력 초하루에 해와 달의 만남이 원래의 자리에서 편안하게 이루어지지 않는지라. (이를 해결하기 위해) 악사가 북을 치고, 폐백을 담당하는 색부가 말을 타고 달리며, 서인들이 이리 저리 뛰어도, 희씨와 화씨는 그 관직을 지키고만 있으면서 어느 하나 듣거나 아는 것 없고, 하늘의 계시에도 혼미하여 선왕의 법을 범했으니, 정법에 이르기를, '(사시, 절기, 삭망 등의 실제의) 천시보다 (달력이) 먼저 가도록 만든 자도 죽여서 용서하지 말고, 못 미쳐 가는 자도 죽여

서 용서하지 말라' 하였노라.

난자풀이 |

1 顚覆(전복) : 뒤엎다. 거스르다. 반대로 하다.
2 畔(반) : 반叛과 통용. 어지럽히다. 배반하다.
3 俶(숙) : 비롯하다. 비로소.
4 天紀(천기) : 자연의 운행원리.
5 辰(진) : 해와 달이 만나는 것.
6 集(집) : 안安의 뜻. 편안하면 모이고 불안하면 흩어진다. 그러므로 집集에 '편안하다' '화합하다' 등의 뜻이 있다.
7 房(방) : 장소. 제 자리. 해와 달이 만나던 원래의 자리.
8 瞽(고) : 악관. 옛날에는 장님이 음악을 담당했기 때문이다.
9 嗇夫(색부) : 하급 관리. 여기서는 폐백이나 예물을 담당하던 관리.
10 天象(천상) : 하늘이 드리운 상. 징조. 달무리가 생기면 비가 오지 않는다든가 하는 징조를 말한다.
11 先時者(선시자) : 달력을 실제의 때보다 앞서가게 만드는 자.

강설 |

하늘의 뜻을 받들어서 정치를 할 때에는 하늘의 뜻을 파악하는 현명한 사람과 천문을 관찰하는 사람들의 역할이 중요하다. 특히 천문은 하늘의 뜻을 관찰하는 의미에서 중시된다. 그러나 과학적 사고를 하는 사람들에게도 천문은 과학적 지식을 얻기 위한 자료로서 또한 중요하다. 똑같이 천문이 중시되지만 그 목적은 다르다.

희씨와 화씨가 중요한 역할을 했던 까닭은 아마도 하늘의 뜻을 관찰하는 의미에서였을 것이다. 그렇기 때문에 하나라에서는 그러한 역할이 경시될 수밖에 없다. 이것이 아마도 희씨와 화씨가 반발한 원인이 아닐까 추정된다.

금 여 이 이 유 중　봉 장 천 벌　이 중 사　동 력 왕
今予以爾有衆으로 奉將天罰하노니 爾衆士는 同力王

실　상 필 여　흠 승 천 자 위 명　화 염 곤 강
室하여 尙弼予하여 欽承天子威命하라 火炎崑岡하면
[1] [2]

옥 석　구 분　천 리 일 덕　열 우 맹 화　섬 궐 거
玉石이 俱焚하나니 天吏逸德은 烈于猛火하니 殲厥渠
[3] [4]

괴　협 종　망 치　구 염 오 속　함 여 유 신
魁하고 脅從은 罔治하여 舊染汚俗을 咸與惟新하리라
[5]

국역 |

이제 나는 너희 군사들을 데리고 천벌을 받들어 행하노니, 너희 여러 군사들은 힘을 왕실과 하나로 합쳐 오로지 나를 도와서 천자의 위엄 있는 명령을 경건하게 받들지어다. 불이 곤륜산을 태우면 옥과 돌이 함께 타나니, 천리가 덕을 잃는 것은 맹렬한 불보다 더 사나운 것이다. 괴수들은 죽이고, 협박에 못 이겨 따른 자들은 다스리지 말아서, 옛날에 물든 나쁜 풍습을 다 함께 새롭게 하라.

난자풀이 |

[1] 尙(상) : 바라건대. 오직 ~하기를 바라는 마음을 표시한다.
[2] 崑岡(곤강) : 산 이름. 예로부터 옥이 많이 생산되는 산이라고 한다.
[3] 天吏(천리) : 관리를 높여 부르는 말.
[4] 逸(일) : 잃다.
[5] 脅從(협종) : 협박에 못 이겨 따르는 것.

강설 |

여기서도 통치수단으로서의 명령이 중시됨을 다시 한번 확인할 수 있다. 옥이 나는 산을 태우면 옥과 돌이 함께 타버린다. 따라서 옥을 보존하기 위해서는 산을 태우면 안 된다. 마찬가지로 나쁜 관리가 나라를 망쳐버리면 착한 사람과 나쁜 사람이 함께 죽고 말기 때문에 나라는 꼭 보존하기 위해서는 선악을 가려서 행동해야 한다. 이러한 논리로 윤후는 희씨와 화씨를 공격하는 명분을 세웠다. 그리고 윤후는 괴수만 처단하고 협박에 못 이겨 추종한 사람들은 처형하지 말라는 당부를 잊지 않았다.

嗚呼(오호)라 威克厥愛(위극궐애)하면 允濟(윤제)[1]요 愛克厥威(애극궐위)하면 允罔功(윤망공)이니 其爾衆士(기이중사)는 懋戒哉(무계재)어다

국역 |

아아! 위엄이 사랑을 이기면 진실로 공을 이루지만, 사랑이 위엄을 이기면 참으로 공이 없을 것이니, 너희 여러 군사들이여! 힘쓰고 조심할지어다."

난자풀이 |

[1] 濟(제) : 공을 이루다.

강설 |

힘을 바탕으로 한 통치에서 가장 중요한 것은 위엄이다. 위엄이 없어지면 통제가 되지 않는다. 위엄은 기강이 있을 때 지켜진다. 위엄을 지키는 데 가장 큰 방해가 되는 것은 개인의 감정이고 그 중에서 가장 으뜸은 사랑의 감정이다.

하늘의 뜻을 따르는 것을 통치이념으로 삼는 경우에는 이와 다르다. 사랑의 감정이 오히려 가장 중요한 것이 된다. 하늘의 마음이 사람에게 내재해 있는 것이 양심이기 때문에, 양심을 가진 사람은 하늘이 만물을 사랑하듯이, 남을 사랑하게 된다. 그리고 그 사랑 중에서는 현실적으로 부모와 자녀 사이의 사랑이 으뜸이다. 그러므로 이러한 이론에서 보면 부모와 자녀 사이의 사랑의 감정보다 더 중요한 것이 없다. 그 사랑의 감정이 모든 사람에게 퍼져나갈 때 세상에는 평화가 오는 것이다.

그러나 힘을 바탕으로 한 통치 방법에서는 이와 다르다. 사람의 본질은 몸이고 몸은 사람마다 다 다르기 때문에 사람은 남남끼리 경쟁하는 존재로 이해된다. 경쟁이 치열해져 투쟁으로 나아가게 되면 살 수 없기 때문에 이러한 경우 사회의 질서를 바로잡기 위해 중요한 것은 개인의 감정을 억누르고 다같이 규칙을 지키도록 유도하는 것이다. 그렇게 되면 사회가 안정되고 기강이 확립된다. 그러므로 기강을 확립하는 데 제일 중요한 것은 개인의 사랑의 감정을 억누르는 것이다. 최근 일본에서는 프로야구 선수 중에 부모가 돌아가신 날에도 감정을 억누르고 시합에 참가하는 선수가 많은데, 이 또한 이런 논리로 이해할 수 있다.

여기서 말한, '위엄이 사랑을 이기면 진실로 공을 이루지만, 사랑이 위엄을 이기면 참으로 공이 없을 것'이라고 한 말의 뜻도 이러한 논리로 이해할 수 있다.

상서
商書

상商은 상商나라 서울의 지명이면서 동시에 나라 이름이기도 하다. 옛날에는 서울의 이름과 나라의 이름이 일치하는 경우가 많았다. 상商나라는 탕湯임금이 하夏나라 마지막 임금인 걸桀을 치고 세운 나라다. 상商은 나중에 은殷으로 서울을 옮긴 뒤 나라 이름을 은殷으로 부르게 되었다. 상서商書에는 상나라에 있었던 정치철학의 내용이 기록되어 있다. 상商은 이족夷族이 세운 나라다.

湯誓 | 탕서

탕湯임금이 하夏나라의 마지막 임금인 걸桀을 정벌하러 갈 때 행한 연설문이다. 『금문상서今文尙書』와 『고문상서古文尙書』에 다 들어 있다.

王曰 格하라 爾衆庶[1]아 悉聽朕言하라 非台小子[2]이 敢行稱亂[3]이라 有夏多罪어늘 天命殛之[4]하시나니라

(왕왈 격 이중서 실청짐언 비이소자 감 행칭란 유하다죄 천명극지)

국역 |

(탕)왕이 말했다. "오라. 너희 백성들이여! 모두 나의 말을 들어라. 나 소자는 전란이라 하는 것을 감행하려는 것이 아니니라. 하나라가 죄를 많이 지어 하늘이 처벌토록 명령하셨노라.

난자풀이 |

1 衆庶(중서) : 많은 무리들.

2 小子(소자) : 작은아들. 탕은 하늘의 뜻을 따르는 사람임을 자처하기 때문에 자신을 하늘의 작은아들이라 칭한 것이다.

3 稱(칭) : 칭하다. 일컫다. 칭란稱亂이란 '전란이라 하는 것'을 말한다.

4 殛(극) : 죽이다. 처형하다. 처벌하다.

강설 |

탕의 말은 하나라 임금의 말과는 전혀 다르다. 하나라의 임금은 백성들을 통치하기 위해 권위와 힘을 중시하고, 백성들에게 명령을 듣도록 강요했다. 그러나 탕은 기본적으로 자신이 하늘의 아들임을 자처하고 있다. 그리고 자신의 일은 모두 하늘의 뜻을 따르는 것임을 밝히고 있다. 여기서 우리는 탕의 정치를 떠받치고 있는 원동력이 바로 하늘의 뜻임을 알 수 있다.

今爾有衆아 汝曰 我后不恤我衆하여 舍我穡事하고 [1] 而割正夏라하나니 [2] [3] 予惟聞汝衆言이나 [4] 夏氏有罪어늘 予畏上帝라 不敢不正이니라

(금이유중 여왈 아후불휼아중 사아색사 이할정하 여유문여중언 하씨유죄 여외상제 불감부정)

국역 |

지금 너희 백성들이여! 너희들은, '우리 임금이 우리 백성들을 돌보지 않고, 우리들의 농사일을 버려 둔 채, 하나라를 쳐서 바로잡으려 한다'고 말할 것이다. 나는 오직 너희들의 말을 듣고 싶으나, 하나라가 죄를 지었으니, 나는 하느님을 두려워하여, 감히 그들을 바로잡지 않을 수 없노라.

난자풀이 |

[1] 舍(사) : 사捨와 통용. 가만 놓아두다. 버려 두다.
[2] 割(할) : 베다. 가르다. 치다.
[3] 正(정) : 바로잡는다.
[4] 惟(유) : 생각한다. 오직 ~을 하고자 한다. 오직.

강설 |

탕은 하나라를 처벌하는 것을 '바로잡는다'는 말로 표현했다. 이러한 표현에는 이미 '하늘'이란 개념이 전제되어 있다. 하늘이 이 세상을 제대로 만들어 놓았으나, 사람이 하늘의 뜻을 어기고 어지럽힌다. 그러므로 어지러운 세상을 다스리는 것은 원래의 모습대로 바로잡는 것이

다. 원래의 모습대로 바로잡는 것은 하늘의 뜻을 따르는 것이다. 탕 임금이 하나라를 정복하는 것은 하나라를 정복하는 데 뜻이 있는 것이 아니라, 하늘의 뜻을 따르는 데 뜻이 있다.

타민족을 정복하는 경우, 진정으로 하늘의 뜻을 따르는 경우도 있고, 하늘의 뜻을 구실로 삼는 경우도 있다. 전자는 정복에 뜻이 있는 것이 아니기 때문에 정복한 뒤에 그 나라의 백성들의 뜻에 따른다. 그러나 후자의 경우에는 정복을 한 뒤에는 계속 점령하면서 자기의 세력을 넓히기 위해서 힘쓴다. 조선시대 때 대마도를 정벌하고 여진족을 정벌한 것은 전자에 속하고, 일본인이 임진왜란을 일으킨 것이나 조선을 점령한 경우는 후자에 속한다.

今汝其[1]曰(금여기왈) 夏罪(하죄)는 其如台[2](기여이)오하리니 夏王(하왕)이 率遏衆力[3](솔알중력)하며 率割夏邑(솔할하읍)한대 有衆(유중)이 率怠弗協(솔태불협)하여 曰(왈) 時日[4](시일)은 曷[5]喪(갈상)고 予及汝(여급여)로 皆亡(개망)이라하나니 夏德[6](하덕)이 若玆(약자)라 今朕(금짐)이 必往(필왕)하리라

국역 |

지금 너희들은 아마도 '하나라의 죄가 그 어떤 것인가?' 묻고 싶을 것이다. 하나라 임금은 백성들이 일하는 것을 모두 막았으며, 하나라의 마을들을 모두 망가뜨렸다. 그리하여 백성들은 모두가 나태하여 화합하지 못하고, "이 해는 언제 없어지려나. 내 너와 함께 죽겠노라."

하고 있도다. 하나라의 하는 짓이 이와 같으니, 지금 나는 반드시 가야 하노라.

난자풀이 |

[1] 其(기) : 막연한 추측을 나타낼 때 쓰는 말이다. 여기서는 '아마도~라 말할 것이다' 로 해석하면 될 것이다.

[2] 如台(여이) : 『사기』에는 '내하柰何'로 되어 있다. 아마도 이台는 하何의 오자일 것이다. '기여하其如何'는 '그 어떤 것인가?'의 뜻이다.

[3] 衆力(중력) : 백성들이 힘쓰는 것. 백성들이 일하는 것.

[4] 時(시) : 시是와 통용.

[5] 曷(갈) : 어찌. 언제.

[6] 德(덕) : 덕. 행위. 능력. 여기서는 '하는 짓'으로 번역했다.

강설 |

정현鄭玄에 의하면, 하나라의 마지막 임금인 걸桀이 자신을 해[日]라고 하므로 하나라의 백성들이 그를 미워하여 '이 해는 언제 없어지려나. 내 너와 함께 죽겠노라' 하고 노래했다고 한다. 말하자면, '너 죽고 나 죽자' 하는 식이다.

爾尚輔予一人(이상보여일인)[1]하여 致天之罰(치천지벌)하라 予其大賚汝(여기대뢰여)[2]하리라 爾無不信(이무불신)하라 朕不食言(짐불식언)하리라 爾不從誓言(이부종서언)하면 予(여)則孥戮汝(즉노륙여)하여 罔有攸赦(망유유사)하리라

국역 |

너희들은 아무쪼록 나 한 사람을 도와서 하늘의 벌을 이룰지어다. 나는 너희들에게 큰 선물을 주겠노라. 너희들은 불신하지 말라. 나는 식언하지 않노라. 너희들이 맹세하는 이 말을 따르지 않는다면 나는 너희들을 처자까지 죽여서 결코 용서하지 않을 것이다."

난자풀이 |

1 尙(상) : 바라건대. 아무쪼록. 부디.
2 賚(뢰) : 주다.

강설 |

탕의 연설문의 내용은 하늘과 밀접하게 관련되어 있는 사람이 하늘의 뜻을 따르기 위해 노력하는 것으로 일관되어 있음을 알 수 있다.

仲虺之誥 | 중훼지고

중훼仲虺는 탕湯의 신하이다. 탕湯이 걸桀을 치고 돌아오면서, 부끄러운 마음을 토로하자, 이를 들은 중훼가 탕湯에게 위로하였는데, 이 중훼지고仲虺之誥가 그 내용이다. 『금문상서今文尙書』에는 들어 있지 않고, 『고문상서古文尙書』에 들어 있다.

成湯(성탕)이 放桀于南巢(방걸우남소)하고 惟有慙德(유유참덕)하여 曰(왈) 予恐來(여공래)
世以台爲口實(세이이위구실)하노라

국역 |

성탕이 걸을 남소로 추방하고 오직 자신의 덕을 부끄러워하는 마음이 생겨서 말했다. "나는 뒷날 나를 구실거리로 삼을까 두려워하노라."

난자풀이 |

1 成湯(성탕) : 탕湯이 무공을 이루었다는 의미에서 습관적으로 성탕成湯이라 한다.

2 南巢(남소) : 여강廬江에 있는 지명.

3 來世(래세) : 장래. 뒷날.

강설 |

참으로 덕이 있는 사람은 남들이 감화되어 저절로 착해지게 되어 있다. 그런데 탕은 그렇지 못하다는 생각이 들었다. 걸을 덕으로 감화시키지 못하고 무력으로 공격하여 굴복시킨 것이 마음에 걸렸다. 그리고 탕의 행위는 어쨌든 임금을 벌한 것이다. 임금을 쳐서 굴복시킨 탕의 혁명이 후대의 나쁜 사람들에게 임금을 칠 수 있는 빌미를 줄 수 있을까 두렵기도 했다. 이에 대해 중훼가 다음과 같은 말로 탕을 위로하며 안심시킨 것이 중훼지고의 내용이다.

힘을 바탕으로 살아가는 사람은 힘을 겨루어 이기는 것이 자랑이고 영광이다. 이웃나라를 정복한 것도 영광이고 사냥을 하여 짐승을 잡는 것도 영광이다. 그래서 전쟁에 이기면 개선장군이 되어 개선문으로 들어오기도 하고, 사냥을 하여 연회를 베풀기도 한다. 그러나 하늘의 사랑을 실천하는 사람들의 정서에서는 그러한 것이 수치이고 부끄러운 일이다. 덕으로 감화시키지 못하고 정벌을 하는 것이 수치이고, 사랑하는 대상을 잡아서 먹는 것도 부끄러운 일이다. 그래서 음식이란 의미를 갖는 글자인 수羞가 '부끄럽다'는 뜻이 되기도 한다. 따라서 음식을 먹을 때는 죄짓는 기분으로 조용히 먹으며 배불리 먹지 않는다. 한국인의 음식 습관은 아마도 이러한 정서에서 비롯되었을 것이다.

중훼내작고왈 오호 유천생민 유욕 무주
仲虺乃作誥曰 嗚呼라 惟天生民이나 有欲하니 無主

내란 유천생총명 시예 유하혼덕
면 乃亂일새 惟天生聰明하사 時[1]乂시니이다 有夏昏德하

민추도탄 천내석왕용지 표정만방
여 民墜塗炭이어늘 天乃錫王勇智하심은 表正萬[2]邦하사

찬우구복 자솔궐전 봉약천명
纘禹舊服하시니 玆[3]率厥典[4]하여 奉[5]若天命이니이다

국역 |

중훼가 마침내 다음과 같이 깨우치는 말을 지어 말했다. "아아! 하늘이 백성을 낳았으나 (백성들에게) 욕심이 생겼으니, 임금이 없으면 어지러워지는지라 하늘이 총명한 사람을 낳으셔서 이를 다스리시는 것입니다. 하나라가 덕이 어두워 백성들이 도탄에 빠졌으니, 하늘이 임금님께 용기와 지혜를 주신 까닭은 만방을 당당하게 바로잡아 우가 이룬 옛 일을 잇게 하신 것입니다. 그러하니 이제 그 법통을 이어받아

하늘의 뜻을 받들며 따라야 할 것입니다.

난자풀이 |

1 時(시) : 시是와 통용.

2 表正(표정) : 은밀하게 몰래 바로잡는 것이 아니라, 모두가 아는 자리에서 당당하게 바로잡는 것을 말한다.

3 茲(자) : 이에. 여기서는 문맥을 부드럽게 하기 위해서 '그러하니 이제'로 번역했다.

4 典(전) : 법. 법통. 요·순·우로 내려오는 법.

5 若(약) : 순順과 같은 뜻. 따르다.

강설 |

이 문장은 유학의 정치원리를 담고 있다. 그 내용은 다음과 같다. 하늘이 이 세상에 사람을 만들었으나, 사람들이 하늘의 뜻을 어겨 욕심을 부리기 시작했다. 그 결과 사람들은 서로 싸우느라 세상이 어지러워졌다. 이를 바로잡기 위해 하늘은 다시 총명하고 순수한 사람을 내려보내 이 세상을 대신 다스리게 하신다.

이러한 논리에서 본다면 이 세상을 다스리는 사람은 하늘의 뜻을 대행하여 사람들로 하여금 욕심을 제거하고 원래의 모습으로 돌아가도록 지휘해야 한다. 이것이 정치政治이다. 이러한 의미의 정치는 사람을 구제하는 것이고, 세상을 구제하는 것이다. 이러한 관점에서 본다면 욕심이 없는 사람만이 정치에 참여할 자격이 있다.

하늘이 이 세상을 만들고 사람을 만들었다면, 이 세상은 낙원이어야 하고 사람은 천사 같은 존재이어야 한다. 그러나 사람이 스스로 욕심을 부려 악마 같은 존재가 되었고, 이 세상이 지옥처럼 변했다. 그렇기 때문에 사람들에게는 욕심을 버리고 원래의 마음을 되찾아야 하는 숙제가 주어진다. 이러한 숙제가 바로 수양修養이다. 사람은 누구나 수양을 해야 한다. 수양을 하여 욕심을 버리고 본래의 마음으로 돌아가야 한다. 그리하여 본인이 천사 같은 존재가 되어야 하고 이 세상을 천국으로 만들어야 한다. 이것이 유학의 수기치인修己治人의 논리이다.

하왕 유죄 교무상천 이포명우하 제
夏王이 有罪하여 矯[1]誣[2]上天하여 以布[3]命于下한대 帝

용불장 식상수명 용상궐사
用[4]不臧하사 式[5]商受命하사 用爽[6]厥師하시니이다

국역 |

하나라의 임금이 죄를 지어 하늘을 속이고 깔보는 내용으로 아랫사람들에게 명령하거늘, 하느님께서 좋게 아니 여기시어, 상商을 드러내어 천명을 받아 그 백성들을 즐겁게 만들도록 하신 것입니다.

난자풀이 |

[1] 矯(교) : 속이다.
[2] 誣(무) : 무고하다. 업신여기다.
[3] 布命(포명) : 명령을 펴다. 명령을 하다.
[4] 用(용) : 이以와 통용.
[5] 式(식) : 드러내다. 표창하다. 지적하다. 기준으로 삼다. 모범으로 정하다.
[6] 爽(상) : 마음이 맑고 즐겁다. 밝다.

강설 |

하나라 사람들은 서부에 살고 있던 사람들이다. 그들은 하늘을 잘

모른다. 그래서 그들은 하늘을 업신여기고 깔본다. 하늘을 무시하고 인간의 힘이 위대하다고 생각하면 결국 탈이 난다. 천벌을 받는 것이다. 사람들이 하늘을 무시하는 것은 하늘을 모르기 때문이다. 하늘을 모르는 사람들은 하늘이 없다고 생각하기도 한다.

오늘은 어떠한가. 신이 죽었다고 선언하기도 한다. 사람에게 천황天皇이란 이름을 붙이기도 한다. 하늘에서 벗어나 사람의 힘으로 살기를 선언하는 것이 르네상스 운동의 주된 내용이다. 그래서 사람들은 사람의 이성의 힘으로 안정된 사회를 만들기를 시도했다. 그 절정에 달한 것이 칸트철학이다. 그러나 그 결과는 어떠한가. 몹시 불안하고 불투명한 시대가 되고 말았다. 오늘날 지구촌은 총체적 위기에 직면하고 있다. 이를 극복할 방법은 무엇일까? 옛 『서경』의 가르침을 새겨봐야 할 때가 되었다.

簡賢附勢(간현부세)이 寔繁有徒(식번유도)하여 肇我邦(조아방)[1]이 于有夏(우유하)에 若苗之有莠(약묘지유유)[2]하며 若粟之有秕(약속지유비)하여 小大戰戰(소대전전)하여 罔不懼(망불구)于非辜(우비고)어니 矧予之德言(신여지덕언)[3]이 足聽聞(족청문)이온여

▌국역 |

현명한 자를 가볍게 여기고 세력에 붙는 자들이 번잡하게 무리를 이루니, 처음 우리나라는 하나라에서 보면 곡식의 싹에 강아지풀이 섞여 있는 것 같고, 곡식에 쭉정이가 섞여 있는 것 같아서, 작은 일 큰 일에

전전긍긍하여, 죄 안 되는 일에서도 두려워하지 않은 이가 없었습니다. 하물며 우리의 유덕한 말들이 듣기에도 훌륭한 데야 어떠하겠습니까?

난자풀이 |

[1] 肇(조) : 비롯하다. 시작하다. 처음.
[2] 莠(유) : 강아지 풀. 고들빼기.
[3] 矧(신) : 하물며.

강설 |

하나라에는 불량한 자들이 와글거리고 있기 때문에 순진한 상나라 사람들이 거기에 가면, 물과 기름처럼 다르기 때문에 거기에 적응하기 어려웠다. 이를 『서경』에서는 '곡식의 싹 가운데 강아지풀이 있는 것 같고, 곡식 속에 쭉정이가 들어 있는 것과 같다'고 표현했다. 강아지풀과 쭉정이는 언제 어떻게 제거될지 알 수가 없다. 상나라 사람들이 하나라 사람들에게 제거되는 것도 이와 같았을 것이다. 더구나 상나라 사람들의 유덕한 말들은 듣기에도 훌륭하니, 하나라의 악독한 무리들은 더욱이 이를 가만 놓아두지 않았을 것이다.

위의 문장은 탕이 걸을 치지 않을 수 없는 이유에 대해서 설명한 것이다.

惟王(유왕)은 不邇聲色(불이성색)[1]하시며 不殖貨利(불식화리)[2]하시며 德懋(덕무)[3]엔 懋官(무관)하시며 功懋(공무)엔 懋賞(무상)하시며 用人惟己(용인유기)[4]하시며 改過不吝(개과불린)하

사 克寬克仁(극관극인)하사 彰信兆民(창신조민)하시니이다
[5]

국역 |

오직 임금님께서는 소리와 여색을 가까이하지 않으시고, 재물이나 이식을 늘이지 않으시며, 덕이 왕성한 자에게는 관직에 나가도록 힘쓰시고, 공이 많은 자에게는 상 주는 데 힘쓰시며, 남을 오직 자기처럼 여기시고, 허물을 고치는 데는 인색하지 않으시어 너그러워지시고 어질어지셔서 억조 백성들을 밝고 미덥게 만드셨습니다.

난자풀이 |

[1] 聲色(성색) : 소리와 여색. 소리는 풍악, 음악 등을 말한다.
[2] 殖(식) : 자라다. 늘이다.
[3] 懋(무) : 왕성하다. 힘쓰다.
[4] 用人惟己(용인유기) : '남을 자기처럼 생각한다'는 뜻. 용用은 이以와 통용되고, 유惟는 '생각한다'는 뜻이다. 『위공전僞孔傳』에는 「용인지언用人之言약자기출若自己出」로 되어 있다.
[5] 克(극) : '충분히 잘 해낸다'는 뜻이다.

강설 |

탕이 훌륭한 정치를 펴서 어려운 여건을 극복한 사실을 기술한 것이다. '남을 자기처럼 생각하는 것'은 바로 인仁을 말한다. 인仁은 남과 나를 하나로 여기는 마음이다. 『위공전』에 있는 말대로, 남의 말을 자기에게서 나온 것처럼 생각하여 중시하고 귀기울이는 것은, 윗사람의 리더십으로서 가장 바람직한 태도이다. 이는 『대학』의 「전10장」에 나

오는 말과도 일치한다. 또 '허물을 고치는 데 인색하지 않다'는 말은 『논어』의 「과즉물탄개過則勿憚改」와 같은 말이다. 이는 구도자의 자세다. 수양을 하여 허물을 고치고, 남을 나처럼 사랑하는 인仁의 마음을 터득하여, 온 세상 사람들을 인도하는 것이, 공자가 말하는 「수기이안백성修己以安百姓」이고, 이족들이 추구하는 바람직한 삶의 방식이다. 위의 문장에는 사서四書의 내용들이 들어있다. 이에서 보면 『서경』은 사서의 토대가 되는 책이라고 할 수 있다. 또 인仁은 공자가 만든 사상이 아니라 그보다 훨씬 이전에 사용된 것이고, 특히 은나라에서 많이 사용된 것임을 알 수 있다. 여러 주석가들은 이 「중훼지고」가 금문에는 없고 고문에만 있는 점을 들어, 후대에 씌어진 위작이라고 말하기도 한다. 그러나 문체가 사서의 문장보다 훨씬 더 고어투인 점과 『맹자』 『대학』 등에 있는 기록보다 더 간략한 점 등을 고려해보건대 후대의 위작이 아닐 가능성이 커 보인다.

乃葛伯(내갈백)[1]이 仇餉(구향)[2]이어늘 初征自葛(초정자갈)하사 東征(동정)에 西夷怨(서이원)하며 南征(남정)에 北狄怨(북적원)하여 曰(왈) 奚獨後予(해독후여)오하며 攸徂之民(유조지민)은 室家相慶(실가상경)하여 曰(왈) 徯予后(혜여후)러니 后來(후래)하시니 其蘇(기소)라하니 民之戴商(민지대상)이 厥惟舊哉(궐유구재)니이다

국역 |

드디어 갈백이 밥 주러 온 자를 원수로 삼자, (임금님께서) 처음의

정벌을 갈에서 시작하여, 동쪽으로 정벌하면 서쪽 변방인들이 원망하고, 남쪽으로 정벌하면 북쪽 오랑캐들이 원망하여 '어찌 유독 우리를 나중에 하는가?' 하며, (임금님께서) 가시는 곳의 백성들은 집집마다 서로 치하하며 '우리 임금 기다렸는데, 임금님께서 오셨으니 살게 되었구나' 하였으니, 백성들이 상나라를 받든 지가 아마 오래 되었을 것입니다.

난자풀이 |

1 葛(갈) : 나라 이름.
2 仇餉(구향) : 도시락을 나르는 사람을 원수로 삼다.

강설 |

이족夷族은 원래 동부족을 지칭하던 칭호인데 나중에 변방족에 대해서 부르던 보편적인 칭호가 된 듯하다. 탕 임금 당시에 서부의 변방족에 대해서 서이라 불렀는지, 아니면 후대에 이 글을 옮겨 적을 때 후대에 쓰이던 용어로 교체되었는지는 알 수 없다.

탕 임금이 제후를 정벌한 것은 백성들을 구제하기 위한 하늘의 뜻에 따른 것이었기 때문에, 탕 임금의 정벌을 그 나라의 백성들이 환영을 했다. 만약 그렇지 않고 백성들이 반대를 했다면 그것은 정벌이 아니라 침략인 것이다.

佑賢輔德(우현보덕)하시며 顯忠遂良(현충수량)하시며 兼弱攻昧(겸약공매)1하시며 取亂侮亡(취란모망)하사 推亡2固存3(추망고존)하시사 邦乃其昌(방내기창)하리이다

국역 |

(제후 중에서) 현명한 자를 도우시고 덕 있는 자를 도우시며, 진실한 자를 표창하시고 어진 자를 이루어 주시며, 약한 자를 겸병하고 몽매한 자를 공격하시며, 어지러운 자를 제거하시고 망하는 자를 능멸하시어, 망하는 자를 밀어내고 살아 있는 자를 견고하게 하셔야 나라가 번창해질 것입니다.

난자풀이 |

1 攻昧(공매) : 『주역』 「몽괘」의 '격몽擊蒙'과 같은 뜻이다.
2 推亡(추망) : '망하는 자를 밀어낸다'는 뜻이다. 여기서 망하는 자에 해당하는 것은, 약弱·매昧·란亂·망亡이다.
3 固存(고존) : '살아 있는 자를 견고하게 한다'는 뜻이다. 여기서 '살아 있는 자'에 해당하는 것은, 현賢·덕德·충忠·량良이다.

강설 |

하늘은, '스스로 돕는 자는 북돋우어 주고 넘어지는 자는 밀어버린다'([대학])고 했다. 위에서 말한 중훼의 충고는 바로 이러한 하늘의 입장과 역할을 말한 것이다. 탕임금이 혁명革命을 한 것은 넘어지는 자를 밀어버리는 하늘의 일과 같은 것이다. 이러한 논리로 중훼는 탕임금의 혁명을 설명하면서 나약한 듯 보이는 탕 임금을 안심시켰다. 위의 내용은 탕임금의 혁명에 대한 설명이기도 하지만, 그것은 제후들과의 관계에 대한 큰 원칙을 말하는 것이기도 하다.

그러나 제후들과의 관계는, 한 치의 사심도 없는 하늘의 마음이 되어야 어긋나지 않게 유지할 수 있다. 그러나 만약 욕심을 가진 독재자가 자기의 방식대로 이 원칙을 적용하면 정복의 논리로 바뀌고 만다. 독재자의 눈에는 모든 나라들이 잘못된 나라로 보일 것이고, 따라서 모든 나라들이 정복해야 할 대상으로 보일 것이기 때문이다. 이러한 위험성 때문에 중훼는 또다시 덕을 강조한다.

德日新[1]하면 萬邦이 惟懷하고 志自滿하면 九族이 乃離하리니 王은 懋昭大德[2]하사 建中[3]于民하소서 以義制事하시며 以禮制心하시사 垂裕後昆[4]하리이다 予聞하니 曰 能自得師者는 王하고 謂人莫己若者는 亡하며 好問則裕하고 自用則小라하니이다

▌국역 |

덕이 날로 새로워지면 만방이 그리워하고 뜻이 스스로 넘치면 구족이 떠나가는 것이니, 임금님께서는 큰 덕을 밝히도록 힘쓰시어 백성들에게 중용의 정책을 세우소서. 의로움으로 일을 절제하시며 예로서 마음을 절제하셔야 후손들에게 넉넉함을 드리울 것입니다. 나는 들었습니다. '스스로 스승을 얻는 자는 왕업을 이룰 수 있고, 남이 자기만 못하다고 하는 자는 망하며, 묻기를 좋아하면 넉넉해지고 자기 생각대로만 하면 위축된다'고 하였습니다.

난자풀이 |

1 日新(일신) : 날로 새롭게 하다. 『대학』에 「일신日新 일일신日日新 우일신又日新」의 원형으로 보인다. 덕을 날로 새롭게 해야 타락하거나 잘못된 방향으로 가지 않는다.

2 昭大德(소대덕) : 큰 덕을 밝힌다. 이는 『대학』의 명명덕明明德과 통하는 데가 있다.

3 建中于民(건중우민) : 백성들에게 중용의 도를 확립케 한다. 『중용』의 「용기중어민用其中於民」과도 통하는 내용이지만, 문체가 훨씬 고어투이다. 백성들에게 중용의 방법을 세우는 것은 모두를 다 살리는 방법이다.

4 昆(곤) : 형. 맏이. 자손. 후손.

강설 |

위의 본문에도 역시 사서의 토대가 되는 내용들이 많이 들어있다. 예를 들면 덕일신德日新은 『대학』의 「친민親民」에 해당되고, 만방유회萬邦惟懷은 「지어지선止於至善」에 해당하며, 무소대덕懋昭大德은 명명덕明明德에 해당한다. 또 건중우민建中于民은 『중용』의 「용기중어민」에 해당하고, 이의제사以義制事는 『논어』의 「의지여비義之與比」에 해당하며, 이례제심以禮制心은 『논어』의 「비례물시非禮勿視, 비례물청非禮勿聽, 비례물언非禮勿言, 비례물동非禮勿動」에 해당한다. 능자득사자能自得師者는 『논어』의 「삼인행三人行, 필유아사必有我師」에 해당하고, 위인막기약자謂人莫己若者는 「출문여승대제出門如承大祭」에 해당하며, 호문즉유好問則裕는 『맹자』의 「호문이호찰이언好問而好察邇言」에 해당한다. 이처럼 『서경』의 내용은 사서의 토대가 되고 있음을 알 수 있다.

오호 신궐종 유기시 식유례 복혼폭
嗚呼라 愼厥終인댄 惟其始니 殖有禮하며 覆昏暴하
[1]
흠숭천도 영보천명
사 欽崇天道하시사 永保天命하시리이다

국역 |

아아! 마무리를 신중하게 잘 하시려면 오직 시작을 잘 해야 합니다. 예 있는 자를 번성하게 해주시고, 어둡거나 난폭한 자를 넘어뜨려서, 천도를 공경하고 높이셔야, 길이 하늘의 명을 보존할 것입니다."

난자풀이 |

[1] 殖(식) : 번성하다.

강설 |

모든 일은 시작보다 끝이 어렵다. 나라도 세울 때보다 망할 때가 더 어렵고, 개인의 삶도 시작할 때보다 마무리할 때가 더 어렵다. 그런데 마무리를 잘 할 수 있는 비결은 처음의 시작을 잘 하는 데 있다. 특히 봉건 제후국의 앞날은 처음 제후를 어떻게 봉하는가에 달려 있다. 제후를 봉하는 문제를 언급하면서 중훼는 그의 충고를 끝맺었다.

湯誥 | 탕고

탕湯이 걸桀을 치고 돌아와 제후들에게 고한 내용이다. 『금문상서今文尙書』에는 없고 『고문상서『古文尙書』에는 들어 있다.

왕 귀자극하 지우박 탄고만방 왕왈
王이 歸自克夏하사 至于亳하사 誕告萬方하시다 王曰
[1]

차 이만방유중 명청여일인고 유황상제 강
嗟라 爾萬方有衆아 明聽予一人誥하라 惟皇上帝 降
[2]

충우하민 약유항성 극수궐유 유후
衷于下民하사 若有恒性하니 克綏厥猷라사 惟后니라
[3] [4] [5] [6] [7]

국역 |

임금님이 하나라를 이기고 돌아와 박亳에 이르러 크게 만방에 포고했다. 임금님이 말했다. "아아! 너희 만방의 여러 제후들이여! 나 한 사람의 충고를 분명하게 들을지어다. 오직 거룩하신 하느님께서는 아래 백성들에게 진실한 마음을 내려주셨으므로, (사람들이) 변치 않는 본성을 순조롭게 가졌으니, 바른 길을 편안히 갈 수 있어야 오직 임금 노릇을 할 수 있으리라.

난자풀이 |

[1] 亳(박) : 탕임금의 도읍지.

[2] 有衆(유중) : 많은 사람. 문맥으로 보아 여기서는 여러 제후들을 지칭하는 것으로 보는 것이 부드럽다.

[3] 衷(충) : 진실한 마음. 하늘에서 받은 마음. 속마음.

[4] 下民(하민) : 지상의 백성. 하민下民이 하나 더 있어야 되지만, 중복이 되므로 생략되었다. 번역할 때는 하민이 둘 있는 것으로 보고 해석하는 것이 좋다.

[5] 若(약) : 순順의 뜻. 따르다. 순조롭다.

[6] 綏(수) : 편안하다. 안심하다.

[7] 猷(유) : 꾀. 계략. 길.

강설 |

이 문장은 탕이 제후들에게 백성들을 다스리는 원칙에 대해서 설명한 것으로 보인다. 탕임금이 제시한 정치원리는 서부족의 정치원리와 다르다. 탕임금은 하늘의 뜻을 따른다. 하늘은 만물을 낳고 기르는 존재다. 사람들은 모두 하늘에서 받은 본마음[本心]을 가지고 태어나고, 또 그 본마음으로 살아간다. 그러므로 정치하는 사람이 그 본마음을 따르면 백성들의 지지를 받게 되지만, 그 본마음을 상실하면 지지를 받지 못한다.

하왕 멸덕작위 이부학우이만방백성 이
夏王이 滅德作威하여 以敷虐于爾萬方百姓한대 爾
만방백성 이기흉해 불인도독 병고무고
萬方百姓이 罹[1]其凶害하여 弗忍荼[2]毒하여 竝告無辜[3]
우상하신기 천도 복선화음 강재우하
于上下神祇[4]하니 天道는 福善禍淫이라 降災于夏하
이창궐죄
사 以彰厥罪하시니라

국역 |

하나라의 임금이 덕을 없애고 위엄을 부려, 너희 만방의 백성들에게 혹독한 정치를 펼쳐, 너희 만방의 백성들이 그 흉하고 해로운 일을 당해 쓰라린 고통을 참아내지 못하고, 모두들 천지신명에게 억울함을 아뢰었으니, 천도는 착한 자에게는 복이 되고 욕심이 넘치는 자에게는 재앙이 되는 법이라. 하나라에 재앙을 내리시어 그 죄를 드러내시었다.

난자풀이 |

1 罹(리) : 병에 걸리거나 재앙을 당하다.
2 荼(도) : 씀바귀.
3 無辜(무고) : 허물이 없음.
4 神祇(신기) : 신. 귀신. 토지의 신. 기祇는 주로 토지의 신을 말한다.

강설 |

하나라의 정치방식은 동이족의 그것과 다르다. 하나라의 정치에서는 권위와 힘을 중시한다. 권위와 힘으로 사회를 안정시키는 것이 정치의 목적인 것이다. 그러나 탕임금의 정치의식은 다르다. 하늘과 한마음이 되어 세상의 사람들을 가족처럼 여기고 사랑함으로써 행복으로 인도하는 것이 탕임금이 생각하는 정치이고, 그런 정치가 덕치德治이다. 그러므로 탕임금에게는 덕德보다도 권위를 강조한 하나라의 정치가 잘못된 것으로 보일 것이다.

물론 하나라의 말기에 정치가 문란하고 민생이 어려웠던 것은 사실이었을 것이다. 그렇다고 하더라도 만약 탕임금이 서부족의 사람이었다면, 덕치를 호소하지는 않았을 것이다.

肆台小子(사이소자) 將天命明威(장천명명위)[1][2]하여 不敢赦(불감사)일새 敢用玄牡(감용현모)[3]하여 敢昭告于上天神后(감소고우상천신후)[4]하여 請罪有夏(청죄유하)[5]하고 聿求元聖(율구원성)[6]하여 與之戮力(여지륙력)[7]하여 以與爾有衆(이여이유중)으로 請命(청명)[8]하라

국역 |

그리하여 나 소자는 하늘의 뜻을 받들고 위엄을 밝혀 감히 용서할 수 없었노라. 감히 검은 황소를 써서 감히 천지신명에게 밝게 아뢰어 하나라에 죄 주실 것을 청하고, 드디어 으뜸으로 성스러운 사람을 구하여 그와 함께 힘을 합해, 너희 여러 제후들과 더불어 하늘의 뜻을 청했었노라.

난자풀이 |

1 將天命(장천명) : 하늘의 뜻을 받들다.
2 明威(명위) : 위엄을 밝히다. 작위作威가 자기의 위엄을 부리는 것이라면 명위明威는 하늘의 위엄을 밝히는 것이다.
3 牡(모) : 수컷. 양陽.
4 神后(신후) : 신. 신기神祇와 같음. 후后는 토지의 신을 말한다.
5 有夏(유하) : 하나라. 유有는 특히 나라 이름이 한 글자일 때 들어가는 조음소.
6 聿(율) : 드디어. 마침내. 스스로.
7 戮力(륙력) : 힘을 합하다.
8 命(명) : 하늘의 뜻. 하늘의 명.

강설 |

탕임금이 말한, '으뜸으로 성스러운 사람'이란 아마도 이윤伊尹을 지칭하는 것으로 생각된다. 하늘의 뜻을 따르는 사람에게 하늘의 뜻을 따르는 것보다 더 중요한 것은 없다. 정치를 하는 것도 하늘의 뜻을 따르는 일환이어야 한다. 하늘은 만물을 사랑하기 때문에 하늘의 뜻을 따르는 사람도 만물을 사랑한다. 이는 부모의 뜻을 따르는 사람이 형제를 사랑하는 것과 같다. 부모의 뜻을 따르지 않는 사람이 형제를 사랑한다는 것은 있을 수 없다. 그러한 사람에게는 아무리 형제를 사랑하라고 강요해도 효과가 없다. 형제를 사랑하라는 말을 한마디도 하지 않더라도 부모의 뜻을 따르도록 유도하기만 하면 저절로 형제를 사랑하게 되는 것이다.

형제에 대한 사랑은 부모의 뜻을 따른 결과 저절로 우러나오는 것이어야 한다. 그렇지 않고 만약 형제를 사랑하는 것을 목적으로 삼아서 사랑한다면 그 사랑은 억지로 하는 사랑이 되기 때문에 자연스럽지 않다. 그래서 부작용이 생긴다. 목적의식을 가지고 사랑하는 것은 목적이 바뀔 때 변질된다. 백성에 대한 사랑도 마찬가지다.

상천 부우하민 죄인 출복 천명불참
上天이 孚佑下民이라 罪人이 黜伏하니 天命弗僭이[1]
분약초목 조민 윤식
賁若草木[2]이라 兆民이 允殖[3]하니라

국역 |

하늘이 아래 백성들을 믿고 도와주시니, 죄인들이 달아나 숨었느니라. 하늘이 하시는 일은 한 치의 오차도 없어 마치 초목에 결이 있는 것과도 같으니, (그 덕으로) 억조 백성들이 진실로 번성하게 되었노라.

난자풀이 |

[1] 天命弗僭(천명불참) : 천명은 어긋나지 않는다. 천명이 어긋나지 않는다는 말은 하느님께서 하시는 일은 한 치의 오차도 없다는 뜻이다.

[2] 賁若草木(비약초목) : 결이 나는 것이 초목과 같다. 초목에는 결이 있다. 나

무에도 결이 있고 잎에도 결이 있다. 또 초목이 싹트고 자라고 꽃피고 열매맺는 과정이 한 치의 오차도 없이 진행된다. 그러므로 여기서는 '초목에 결이 있는 것과도 같다'로 번역했다. 분賁은 '크다'는 뜻일 때는 음이 '분'이지만, '결을 내다' '무늬' 등의 뜻일 때는 음이 '비'이다.

3 殖(식) : 번성하다. 불어나다.

강설 |

하늘이 하는 일은 오차가 없고, 빈틈이 없다. 마치 나무나 풀에 결이 조금의 흐트러짐이 없이 나 있는 것과 같다. 그리고 하늘은 만물 중에서 어느 하나도 빠트리지 않고 사랑을 한다. 오직 받아들이는 사람이 그것을 모를 뿐이다.

俾予一人(비여일인)으로 輯寧爾邦家(집영이방가)[1]하시니 茲朕(자짐)이 未知獲戾(미지획려)[2]于上下(우상하)하여 慄慄危懼(율율위구)하여 若將隕于深淵(약장운우심연)하노라 凡我造邦(범아조방)은 無從匪彝(무종비이)하며 無即慆淫(무즉도음)[3]하여 各守爾典(각수이전)하여 以承天休(이승천휴)하라

국역 |

나 한 사람을 시켜 너희 나라들을 화목하고 편안케 만들고자 하시니, 이에 내가 상하에 죄 얻을까 알지 못하여 벌벌 떨면서 위태롭게 여

기고 두려워하여 당장 깊은 못에 떨어지는 것처럼 여기고 있노라. 무릇 우리 새로 출발하는 나라들은 진리 아닌 것을 따르지 말고 방자하거나 욕심이 넘치는 일에 나아가지 말아서 각각 너희들의 법도를 지켜 하늘의 아름다운 뜻을 받들도록 하라.

난자풀이 |

[1] 輯(집) : 화목하다.
[2] 戾(려) : 허물. 죄.
[3] 慆(도) : 거만하다. 방자하다.

강설 |

하느님은 모든 사람을 사랑하신다. 어느 누구도 예외가 되지 않는다. 그러므로 그 하느님의 사랑을 대신하는 사람이 정치를 한다면, 백성 중의 한 사람이 불행하게 되더라도 하느님께 죄를 짓는 것이고, 사람들에게 죄를 짓는 것으로 생각한다. 그래서 벌벌 떠는 것이다.

爾有善(이유선)이면 朕弗敢蔽(짐불감폐)요 罪當朕躬(죄당짐궁)이면 弗敢自赦(불감자사)니 惟簡(유간)이 在上帝之心(재상제지심)하니라 其爾萬方(기이만방)의 有罪(유죄)는 在予一人(재여일인)이요 予一人(여일인)의 有罪(유죄)는 無以爾萬方(무이이만방)이니라 嗚呼(오호)라 尙克時忱(상극시침)이라사 乃亦有終(내역유종)하리라

[1] [2] [3]

국역 |

너희들에게 착한 것이 있으면 나는 감히 덮어버리지 않을 것이고, 죄가 나 자신에게 해당하는 것이라면 감히 나 자신을 용서하지 않을 것이니, 판단은 오직 하느님의 마음에 달려 있노라. 너희 만방에 죄 있음은 나 한 사람에게 있는 것이고, 나 한 사람에게 죄 있는 것은 너희 만방 때문이 아니다. 아아! 아무쪼록 성실해야 또한 잘 마치게 될 것이다.

난자풀이 |

1 尙(상) : 부디. 아무쪼록.
2 時(시) : 시是와 통용.
3 忱(침) : 정성. 참마음. 성실함.

강설 |

끝까지 유종의 미를 거둘 수 있도록 새로 부임하는 제후들에게 훈시하는 내용이다. 유종의 미를 거둔다는 것은 참으로 어렵다. 개인의 삶에서도 마감하는 것이 어렵고 국가의 경우에도 끝날 때가 어렵다. 개인의 삶의 경우에는 온갖 추한 모습을 보여 평생의 이미지에 손상을 입는 경우가 많고, 국가의 경우에는 온갖 잘못을 범하다가 자멸하거나 남에게 점령당하기 쉽다. 그러므로 잘 마무리하여 다음에 이어 갈 사람에게 넘겨주는 것이 제일 중요하다. 요임금이 그랬다. 그는 개인적인 삶도 잘 마감했고 나라도 잘 마감했다.

어머니는 자녀 중에 하나라도 잘못되는 경우가 있으면 그것을 모두 자기의 잘못으로 여긴다. 자녀 중에 그 어머니의 마음을 완전히 이해하고 따르는 자가 있다면 그도 그러할 것이다. 하늘의 뜻을 따르는 사람도 이와 같을 것이다. 탕임금이 바로 그러한 사람으로 보인다.

伊訓 | 이훈

탕湯의 손자인 태갑太甲이 즉위하였을 때, 이윤伊尹이 글을 지어 훈계한 것이다. 『금문상서今文尚書』에는 없고 『고문상서古文尚書』에는 들어 있다.

惟元祀十有二月乙丑에 伊尹이 祠于先王할새 奉嗣王하여 祗見厥祖어늘 侯甸群后咸在하며 百官이 總已하여 以聽冢宰어늘 伊尹이 乃明言烈祖之成德하여 以訓于王하니라

국역 |

(태갑이 즉위한) 첫 해의 12월 을축일에 이윤이 선왕에게 제사할 적에 후계 왕을 받들어 할아버지를 경건하게 뵈었는데, 이때 후복과 전복의 여러 제후들이 모두 자리에 있었고, 백관들은 자기의 일을 총괄하여 총재에게서 명령을 받았다. 이윤이 이에 강건하신 탕 할아버지가 이룩하신 덕을 분명하게 말씀드리며 왕에게 다음과 같이 훈계하였다.

난자풀이 |

1 元祀(원사) : 첫 해. 탕임금의 손자인 태갑太甲이 즉위한 첫 해. 해를 하夏나라는 세歲라 하고, 상商나라는 사祀라 하고, 주周나라는 년年이라 한다.

[2] 伊尹(이윤) : 탕과 탕의 손자인 태갑을 도와 은왕조를 성립시킨 명재상. 이름은 지摯. 윤尹은 자字. 처음에 화야華野에서 밭 갈고 있었는데, 탕湯이 세 번이나 초빙하자 이에 응하여 재상이 되었다. 탕은 이윤을 높여 아형阿衡이라 불렀다.

[3] 嗣王(사왕) : 뒤를 이은 임금. 여기서는 태갑太甲을 가리킴.

[4] 侯(후) : 후복. 왕성 주위로부터 5백 리에서 천 리 사이의 땅.

[5] 甸(전) : 전복. 경기. 왕성 주위로부터 5백 리 이내의 땅. 천자의 직할지.

[6] 聽(청) : 듣다. 여기서는 '명령을 받는다'는 뜻이다.

[7] 冢宰(총재) : 총재. 재상. 여기서는 이윤을 지칭한다.

[8] 烈祖(렬조) : 공이 있는 할아버지. 여기서는 탕임금을 지칭한다.

강설 |

이윤은 태갑이 즉위한 첫 해에, 태갑을 모시고 탕임금의 사당에 알현하고 태갑에게 훈계한 것이다.

왈 오호 고유하선후 방무궐덕 망유천재
曰 嗚呼라 古有夏先后 方懋厥德하실새 罔有天災

산천귀신 역막불영 기조수어별 함약
하며 山川鬼神이 亦莫不寧하며 暨鳥獸魚鼈이 咸若

우기자손 불솔 황천 강재 가수우
하더니 于其子孫이 弗率한대 皇天이 降災하사 假手于

아유명 조공 자명조 짐재자박
我有命하시니 造攻은 自鳴條나 朕哉自亳하시니이다 [1]

국역 |

"아아! 그 옛날 하나라의 선왕이 바야흐로 그 덕에 힘썼으므로 하늘의 재앙이 없었고, 산천의 귀신들이 또한 편안하지 않음이 없었으며, 새와 짐승과 물고기와 자라까지도 모두 순조로웠습니다. 그러나 그 자손 대에 이르러 따르지 않으니, 하늘이 재앙을 내리시어 천명을 받은 우리들에게 손을 빌리셨으니, 공격을 시작함은 명조鳴條에서 비롯되었지만, 우리들의 일은 박亳에서 시작되었습니다.

난자풀이 |

[1] 哉(재) : 처음. 시작하다.

강설 |

사람들이 훌륭한 덕을 펼쳐 온화할 때에는, 하늘이 재앙을 내리지 않고, 귀신이 편안하지 않음이 없다고 했다. 이를 어떻게 이해해야 할 것인가?

하늘은 사람을 미워하여 재앙을 내리는 존재인가? 자녀가 불행해지기 위해 재앙을 내리는 부모가 있을까? 그런 부모는 없을 것이다. 그런데도 자녀에게 재앙이 일어나는 까닭은 자녀가 부모의 사랑을 받아들이지 않고 스스로 부모가 바라지 않는 방향으로 가기 때문이다. 사람들이 재앙을 받는 것도 이렇게 이해할 수 있다. 사람들이 욕심을 가지고 서로 다투면 하늘의 사랑을 받아들일 수 없다. 예를 들어 식사 때가 되면 하늘은 밥을 먹도록 유도하느라 배고픔을 느끼도록 유도한다. 그러나 도박에 빠져 있는 사람에게는 그 느낌이 전달되지 않는다. 욕심이 그 느낌을 차단하기 때문이다. 그러므로 욕심이 많은 사람은 하느님의 사랑을 받아들이지 못하고 하느님이 바라는 바와 반대의 방향으로 나아간다. 그 결과 삶이 손상을 입게 된다. 그것이 재앙이다.

유아상왕 포소성무 대학이관 조민 윤
惟我商王이 布昭聖武[1]하사 代虐以寬하신대 兆民이 允

회 금왕 사궐덕 망불재초 입애유친
懷하나이다 今王이 嗣厥德인댄 罔不在初하니 立愛惟親

입경유장 시우가방 종우사해
하시며 立敬惟長하사 始于家邦하사 終于四海하소서

국역 |

오직 우리 상나라 임금님께서 성스럽고 꿋꿋한 정책을 밝게 펼치시어 학대하는 대신에 너그러움으로 보살피시니, 억조 백성들이 진실로 그리워했습니다. 지금 임금님께서 그 덕을 이으려 하신다면 처음에 달려 있지 않은 것이 없습니다. 사랑하는 마음을 굳건히 하시는 것은 어버이로부터 하시고, 공경하는 마음을 굳건히 하시는 것은 윗사람으로부터 하시어, (사랑과 공경의 정치를) 집과 나라에서 시작하시고, 사해에서 마치소서.

난자풀이 |

[1] 武(무) : 굳세다. 씩씩하다.

강설 |

훌륭한 정치는 수신修身이다. 수신이 되지 않은 사람이 훌륭한 정치를 하는 법은 없다. 그러므로 정치의 출발점인 수신에서 이미 그 정치의 성패가 달려 있다. 수신이 되면 하늘같은 마음으로 부모를 사랑하고 형제를 사랑하여 그 집안에 평화가 온다. 그렇게 되면 그것을 바탕으로 해서 나라가 다스려지고 천하가 평화로워진다. 이른바 수신修身·제가齊家·치국治國·평천하平天下가 바로 이것이다.

嗚呼(오호)라 先王(선왕)이 肇修人紀(조수인기)하사 從諫弗咈(종간불불)하시며 先民(선민)을 時若(시약)하시며 居上克明(거상극명)하시며 爲下克忠(위하극충)하시며 與人不求備(여인불구비)하시며 檢身若不及(검신약불급)하사 以至于有萬邦(이지우유만방)하시니 茲惟艱哉(자유간재)니이다 敷求哲人(부구철인)하사 俾輔于爾後嗣(비보우이후사)하시니이다

국역 |

아아! 선왕께서는 처음으로 사람의 기강을 바로잡으시고, 간하는 말을 따르시어 어기지 않으시며, 앞 시대의 백성들을 따르시며, 윗자리에 계실 때는 밝은 정치를 펼치시고 아랫자리에 계실 때는 충성을 다하시며, 남과 어울릴 때 (남에게) 완비된 것을 요구하지 않으시며, 자기를 단속하시기를 아무리 해도 다 못할 것처럼 하시어, 만방을 가지시기에 이르렀습니다. 이는 참으로 어려운 것입니다. 현명한 사람을 널리 구하여 후계자이신 그대에게 도움이 되게 하십시오.

난자풀이 |

1 肇(조) : 비롯하다. 시작하다.
2 咈(불) : 어기다.

[3] 時(시) : 시是와 통용. 이때의 시是는 앞뒤의 단어가 도치되었음을 나타낸다. 그러므로 약선민若先民으로 두고 해석하면 될 것이다. 도치되는 낱말 사이에 들어가는 조음소로는 지之와 시是가 있다.

[4] 若(약) : 순順과 같은 뜻.

[5] 敷(부) : 펴다. 공포하다. 부구敷求는 '공포하여 구하는 것'이므로 '널리 구하다'로 번역했다.

[6] 爾後嗣(이후사) : 글자대로 해석하면 '그대 후계자에게'가 되지만, 여기서는 매끄럽게 하기 위해 '후계자이신 그대에게'로 번역했다.

강설 |

탕임금의 좋은 정치형태를 설명함으로써 정치의 전범을 제시했다.

이윤은 탕임금의 정치방식을 설명한 다음 그렇게 하는 것은 참으로 어려운 것이라고 덧붙였다. 이에는 '그렇게 어렵게 이룬 일을 우리가 이어가야 하지 않겠는가'라는 권유의 뜻이 내포되어 있다.

制官刑(제관형)하사 儆[1]于有位(경우유위)하사 曰(왈) 敢有恒[2]舞于宮(감유항무우궁)하며 酣[3](감)

歌于室(가우실)하면 時謂巫風(시위무풍)이며 敢有殉于貨色(감유순우화색)하며 恒于遊(항우유)

畋[4](전)하면 時謂淫風(시위음풍)이며 敢有侮聖言(감유모성언)하며 逆忠直(역충직)하며 遠(원)

耆[5]德(기덕)하며 比頑童(비완동)하면 時謂亂風(시위난풍)이니 惟茲三風十愆[6](유자삼풍십건)에

卿士(경사) 有一于身(유일우신)하면 家必喪(가필상)하고 邦君(방군)이 有一于身(유일우신)하면

國必亡(국필망)하나니 臣下不匡(신하불광)하면 其刑(기형)이 墨(묵)이라하사 具訓于(구훈우)

몽 사
蒙士하시니이다
[7]

국역 |

관리들의 형벌을 제정하시고 지위에 있는 자들을 경계하시기를, '감히 집에서 항무를 하고 방에서 노래에 탐닉하면 이를 무풍巫風이라 하며, 재화와 여색에 빠지거나 놀이와 사냥에 몰두하면 이를 음풍淫風이라 하며, 감히 성인의 말씀을 무시하고 진실하고 정직한 자를 거스르며, 나이 많고 덕이 있는 이를 멀리하며, 간악한 아이들과 한 패가 되면 이를 난풍亂風이라 하니, 오직 이 세 풍의 열 가지 허물 중에 경이나 선비가 몸에 하나만 가지면 집이 반드시 망하고, 나라의 임금이 몸에 하나만 가지면 나라가 반드시 망하는 것이니, 신하가 바로잡지 않으면 그 형벌이 묵형에 처해질 것이라' 하시어 어린 인재들에게 자세히 가르치셔야 할 것입니다.

난자풀이 |

[1] 儆(경) : 경계하다.
[2] 恒舞(항무) : 타락한 상태에서 추는 판에 박힌 춤. 오늘날 나이트 클럽이나 카바레에서 예술성이 없이 추는 판에 박힌 춤도 이에 해당할 것이다.
[3] 酣歌(감가) : 달콤한 노래. 욕정에서 나오는 탐욕적인 노래.
[4] 畋(전) : 사냥하다. 사냥. 봄의 사냥.
[5] 耆(기) : 늙은이. 예순 살 혹은 일흔 살 이상의 늙은이.
[6] 愆(건) : 허물. 죄. 과실.
[7] 蒙(몽) : 어리다. 뒤집어쓰다. 어린이.

강설 |

일단 탕임금의 예를 들어 태갑에게 정치의 모델을 제시한 다음, 이윤은 다시 정치방법을 구체적으로 열거하여 태갑에게 훈시했다. 그것은 관직의 종류와 형벌의 내용을 정하여 관리들을 경계하는 데서부터 시작하는 것이었다. 그 내용을 열거하면, 집에서 늘 춤을 추며 즐기는 일을 멈출 것, 욕정이 넘치는 노래를 삼갈 것, 재화와 여색에 빠지지 말 것. 놀이와 사냥에 빠지지 말 것, 성인의 말씀을 무시하지 말 것, 진실하고 정직한 자를 거스르지 말 것, 나이 많고 덕이 있는 이를 멀리하지 말 것, 간악한 아이들과 한 패가 되지 말 것이 그것이다. 앞의 네 항목은 개인적으로 욕심에 빠져 타락하는 것이라면, 뒤의 네 항목은 다른 사람에게 영향을 주어 사회를 혼란하게 하는 것이다.

이는 오늘날의 정치 상황에도 그대로 적용되는 것으로 보인다. 권력을 잡은 자가 욕심을 채우는 방향으로 정치를 한다면, 그것은 성인의 말씀에 위배되는 것이다. 그렇게 되면 충직한 사람들이 반발을 할 것이고, 경륜이 있는 노인들이나 덕이 있는 자들이 반발할 것이지만, 권력을 잡고 싶은 일부 욕심 많은 젊은이들은 동조할 것이다. 이러한 상황에서 욕심 많은 젊은이들과 합세하여 충직한 사람들을 물리치고 노인들이나 덕 있는 사람들을 멀리한다면 그 정치는 위태롭게 되고 나라는 혼란에 빠질 것이다.

嗚呼(오호)라 嗣王(사왕)은 祗厥身(지궐신)하사 念哉(념재)하소서 聖謨[1]洋洋[2](성모양양)하고 嘉言(가언)이 孔彰(공창)하니이다 惟上帝(유상제)는 不常[3](불상)하사 作善(작선)이어든 降之百祥(강지백상)하시고 作不善(작불선)이어든 降之百殃(강지백앙)하시나니 爾惟[4](이유)

덕　망소　만방　유경　이유부덕
德이어든 罔小어다 萬邦의 惟慶이니이다 爾惟不德이어
5

망대　추궐종
든 罔大어다 墜厥宗하리이다
6　7

국역 |

아아! 후계자이신 임금님께서는 몸을 경건하게 가지시어 유념하소서. 성스러운 계책이 성대하게 남아있고 아름다운 말씀이 매우 드러나 있습니다. 오직 하느님께서는 계속해서 돌봐주시는 것이 아닙니다. 선한 일을 하면 온갖 경사를 내려주시지만, 선하지 않은 일을 하면 온갖 재앙을 내려주십니다. 그대는 오직 덕에 해당되는 것이라 생각되면 작게 여기는 것이 없으셔야 합니다. 온 나라의 경사가 될 것입니다. 그대는 오직 덕이 아니라고 생각되면 크게 여기는 것이 없으셔야 합니다. 종족을 멸망시킬 것입니다.

난자풀이 |

1 謨(모) : 꾀. 계칙. 일.
2 洋洋(양양) : 성대한 모양.
3 不常(불상) : 일정하지 않다. 어떤 특정한 사람에게 일정하게 계속 돌봐주시는 것이 아니라, 덕이 있는 사람에게 옮겨간다는 말이다.
4 惟(유) : 생각하다. 도모하다. 꾀하다.
5 罔小(망소) : 작게 여기는 것이 없어야 한다.
6 罔大(망대) : 크게 여기는 것이 없어야 한다.
7 墜(추) : 추락하다. 떨어뜨리다. 멸망시키다.

강설 |

덕에 해당되는 것은 아무리 작은 것 같아도 작은 것이 아니다. 그것은 하늘의 뜻이고 진리이다. 그것을 실천하는 것은 하늘의 뜻을 따르는 것이다. 그러므로 그것은 온 나라에 복이 오게 하는 것이다.

그러나 덕이 아닌 것은 아무리 크고 중요한 것처럼 생각되더라도 큰 것이 아니고, 중요한 것이 아니다. 그것은 하늘의 뜻이 아니기 때문에 부작용이 생긴다. 그런 것을 중요하게 생각하면 부작용이 나타나 나라를 위태롭게 하고, 종족을 멸망시킬 것이다.

太甲 上 | 태갑 상

태갑과 이윤 사이에 있었던 일을 기록한 것이다. 『금문상서今文尙書』에는 없고 『고문상서古文尙書』에는 들어 있다.

유사왕 불혜우아형 이윤 작서왈 선왕
惟嗣王이 不惠[1]于阿[2]衡하신대 伊尹이 作書曰 先王이

고시천지명명 이승상하신기 사직종묘
顧諟[3]天之明命하사 以承上下神祇하시며 社稷宗廟

망불지숙 천감궐덕 용집대명 무수
를 罔不祗肅하신대 天監厥德하사 用集大命하사 撫綏

만방 유윤 궁극좌우궐벽 택사 사
萬方이어시늘 惟尹이 躬[4]克左右厥辟[5]하여 宅[6]師[7]하니 肆

사왕 비승기서
嗣王이 丕承基緖[8]하시니이다

국역 |

후계자인 왕이 아형인 이윤에게 잘 따르지 못하자, 이윤이 다음과 같은 글을 썼다. "선왕께서 이 하늘의 밝은 명을 돌아보시어 천지신명의 뜻을 이어받으시며 사직과 종묘에 대해 공경하고 엄숙하게 대하지 않음이 없으시니, 하늘이 그 덕을 살펴보시고 큰 명을 모아 주시어 만방을 어루만져 편안하게 하도록 했습니다. 저 이윤은 오직 임금님을 몸소 좌우에서 보필하여 백성들을 편안하게 살게 했을 뿐입니다. 그래서 후계자이신 임금님께서 터 닦아 놓으신 그 공업을 크게 이어받게 되신 것입니다.

난자풀이 |

[1] 惠(혜) : 순하다. 따르다.
[2] 阿衡(아형) : 이윤을 지칭함. 탕임금이 이윤을 높여 부른 호칭.
[3] 諟(시) : 이. 시是와 통용.
[4] 躬(궁) : 몸소.
[5] 辟(벽) : 임금.
[6] 宅(택) : 집. 편안하다.
[7] 師(사) : 백성들. 무리. 군중. 군사.
[8] 基緖(기서) : 터 닦아 놓으신 공업.

유윤 궁선견우서읍하 자주유종 상역유종
惟尹이 躬先見于西邑夏하니 自周[1]有[2]終한대 相亦有終

기후사왕 망극유종 상역망종 사왕
이러니 其後嗣王이 罔克有終한대 相亦罔終하니 嗣王은

계재 지이 궐벽 벽불벽 첨궐조
戒哉하사 祗[3]爾의 厥辟하소서 辟不辟이면 忝厥祖하리이다

국역 |

저 이윤이 몸소 전에 서쪽 나라인 하나라에서 살펴보니, (임금이) 스스로 두루두루 유종의 미를 거두고 재상들 또한 유종의 미를 거두었으며, 그 뒤 뒤를 이은 임금들이 유종의 미를 거두지 못하고 재상들 또한 유종의 미를 거두지 못했습니다. 뒤를 이으신 임금님께서는 경계하소서. 그대의 임금노릇을 경건하게 하소서. 임금이 임금답지 못하면 선조를 욕되게 할 것입니다.

난자풀이 |

1 周(주) : 두루. 골고루.
2 有終(유종) : 마침이 있다. 유종의 미를 거두다.
3 祗(지) : 공경하다.

강설 |

서읍西邑이란 '서쪽에 있는 나라', '또는 서쪽에 있는 고을'이란 뜻이다. 이에서 보면, 당시에 상나라에서는 하나라를 서부족으로 인식하고 있으며, 동서간의 대립의식이 있었다는 것을 알 수 있다.

인생에 있어 가장 중요한 것 중의 하나가 마침을 어떻게 하는가 하는 것이다. 이 세상에 왔을 때는 할 일을 하러 온 것이기 때문에 그 일을 다 마치고 가는 것이 제대로 사는 것이다. 그래서 사람이 죽는 것을 졸卒 또는 종終으로 쓰는데 이는 잘 마쳤다는 것을 의미한다.

王이 惟庸하사 罔念聞하신대 伊尹이 乃言曰 先王이 昧爽에 丕顯하사 坐以待旦하시며 旁求俊彦하사 啓迪後人하시니 無越厥命하사 以自覆하소서

국역 |

임금은 평범하게 생각하여 들은 것을 유념하지 않았다. 그러자 이윤이 마침내 다음과 같이 말했다. "선왕께서 이른 새벽에 크게 마음을 밝히시어, 앉아서 아침이 오기를 기다리시며, 사방으로 빼어나고 훌륭한 선비들을 구하시어 후인들에게 길을 열어 인도하셨습니다. 그 뜻을 멀리하여 스스로 무너지는 일이 없도록 하소서.

난자풀이 |

1 惟(유) : 생각하다. 여기다.
2 庸(용) : 평범하다. 범상하다.
3 昧(매) : 새벽. 동틀 무렵.
4 爽(상) : 날이 새다. 밝다. 매상昧爽은 어둑어둑한 새벽녘을 말한다.
5 越(월) : 멀리하다. 잃다.
6 命(명) : 뜻. 선왕의 뜻. 선왕의 마음.

강설 |

태갑이 이윤의 말을 들은 체하지 않자, 좀더 강한 어조로 깨우치고 있다. 선왕의 뜻을 멀리하여 스스로 전복되는 일이 없도록 하라는 말

은 선왕의 뜻을 멀리하면 스스로 망할 수도 있다는 것을 깨우치는 말이다.

신내검덕　　　유회영도　　　　약우기장왕　　　　성
愼乃儉德[1]하사 惟懷永圖하소서 若虞[2]機[3]張往[4]하여 省
괄우도즉석　　　　흠궐지　　　　솔내조유행　　　　유
括[5]于度[6]則釋[7]하여 欽厥止[8]하사 率乃祖攸行하시면 惟
짐　이역　　만세　유사
朕이 以懌[9]하며 萬世에 有辭하리이다

국역 |

검소한 마음 능력을 신중하게 지켜서 오직 영구히 지속할 수 있는 대책을 생각하소서. 우인이 쇠뇌에 시위를 걸어놓은 뒤에, 화살 뒤끝이 법도에 맞는지에 대해 살핀 뒤에 발사하듯이, 최선의 처신을 하도록 마음을 가다듬어서, 그대의 할아버지께서 행하신 바를 따르신다면, 저도 기쁠 것이며 만세에 칭송하는 말이 있을 것입니다.

난자풀이 |

[1] 德(덕) : 본마음을 실천하는 능력. 여기서는 다만 '마음'이라고만 번역했다.
[2] 虞(우) : 사냥터를 지키는 사람. 사냥터 지킴이.
[3] 機(기) : 쇠뇌에 시위를 거는 곳.
[4] 往(왕) : 후後와 같은 뜻. 뒤.
[5] 括(괄) : 활시위에 얹는 화살 뒤의 갈라진 부분. 오늬.
[6] 度(도) : 법도

7 釋(석) : 화살을 발사하는 것.
8 止(지) : 머무르다. 목표 점. 가서 머무를 곳.
9 懌(역) : 기뻐하다.

강설 |

쇠뇌는 많은 화살을 한꺼번에 발사하는 기계이다. 화살을 발사할 때는 먼저 그 쇠뇌에 화살이 제대로 얹혀 있는지 조심스럽게 살펴야 한다. 인생살이에 있어서도 이처럼 조심해야 함을 이윤이 비유적으로 설명한 것이다.

王(왕)이 未克變(미극변)한대 伊尹曰(이윤왈) 茲乃不義(자내불의)는 習與性成(습여성성)이로소니 予(여)는 弗狎于弗順(불압우불순)[1]이라하고 營于桐宮(영우동궁)[2][3]하여 密邇先(밀이선)[4]王其訓(왕기훈)하여 無俾世迷(무비세미)[5]케하니라 王(왕)이 徂桐宮居憂(조동궁거우)[6]하여 克終允德(극종윤덕)[7]하다

국역 |

왕이 (태도를) 바꾸지 못하자, 이윤이 말하기를, "이처럼 의롭지 못한 것은 습관이 본성처럼 되어버렸기 때문이로다. 나는 하늘의 뜻을 따르지 않는 자와는 친할 수 없다" 하고는, (탕임금의 무덤이 있는 곳의) 집에 살게 하여 선왕의 훈계를 매우 가까이 접하여 세상을 혼미하

게 하지 못하게 하였다. 왕이 동궁으로 가서 고생하면서 진실한 덕을 이루어내었다.

난자풀이 |

1 狎(압) : 익숙하다. 친압하다. 업신여기다.
2 營(영) : 다스리다. 경영하다. 살다.
3 桐宮(동궁) : 탕임금의 무덤이 있는 곳에 있는 집.
4 密邇(밀이) : 매우 가까이 접하다.
5 俾(비) : 사使와 같은 뜻.
6 居憂(거우) : 고생하다.
7 終(종) : 완성하다. 이루어내다.

강설 |

태갑이 최후까지 이윤의 말을 듣지 않자, 이윤은 태갑을 탕임금이 있는 무덤 근처에 있는 집으로 추방을 했다. 그리하여 탕임금의 가르침을 피부로 느껴서 회개하도록 하기 위해서였다. 공손추公孫丑가 이 사실에 대해 맹자孟子에게 '신하가 임금을 추방해도 괜찮은 것인가' 하고 물은 적이 있었다. 이에 대해 맹자는 이윤의 뜻이 있으면 괜찮다고 했다. 임금을 추방한 것이 신하의 욕심을 채우기 위해서라면 찬탈이 되지만, 진정으로 국가와 백성을 위한 것이었다면 괜찮다는 뜻이다. 이러한 사상이 혁명사상이다. 이 혁명은 정치 체제는 바뀌지 않는 상태에서 임금만 바뀌는 것이므로 이를 역성혁명易姓革命이라 한다. 역성혁명사상은 동이족의 사상에서 나타나는 특징이다.

太甲 中 | 태갑 중

惟三祀十有二月朔에 伊尹이 以冕服으로 奉嗣王하여 歸于亳하다 作書曰 民非后면 罔克胥[1]匡以生이며 后非民이면 罔以辟四方하리니 皇天이 眷佑有商하사 俾嗣王으로 克終厥德하시니 實萬世無疆之休삿다

국역 |

3년 째 되는 해의 12월 초하루에 이윤이 면류관과 옷을 가지고 가서 뒤를 이을 임금을 받들어 박으로 돌아왔다. 그러고는 다음과 같은 글을 지었다. "백성들은 임금이 아니면 서로 바로잡아서 살아갈 수가 없고, 임금은 백성이 아니면 사방에서 임금노릇할 수가 없습니다. 하늘이 상나라를 돌보시고 도우셔서 뒤를 이을 임금으로 하여금 그 덕을 이루게 하셨으니 실로 만세에 이어지는 끝없는 아름다움입니다."

난자풀이 |

[1] 胥(서) : 서로

王이 拜手稽首曰 予小子는 不明于德하여 自底不類하여 欲敗度하며 縱敗禮하여 以速戾于厥躬하니 天作孽은 猶可違어니와 自作孽은 不可逭이니 旣往에 背師保之訓하여 弗克于厥初하나 尙賴匡救之德하여 圖惟厥終하노이다

국역 |

왕이 손 모아 절하고 머리를 조아리며 말했다. "나 소자는 덕에 밝지 못하여 스스로 불초함에 이르러, 욕심으로 법도를 어그러뜨리고, 방종으로 예의를 무너뜨려, 제 몸에 죄를 불렀습니다. 하늘이 만든 재앙은 피할 수 있지만 스스로 만든 재앙은 벗어날 수 없습니다. 이미 사보의 가르침을 저버려 처음에 잘하지 못했으나 오히려 바로잡아 주시고 구제해주시는 은덕에 힘입었으니 잘 마칠 수 있도록 노력하고 기원합니다."

난자풀이 |

1 拜手稽首(배수계수) : 손모아 절하고 머리를 조아리다.
2 不類(불류) : 닮지 않은 것. 불초.
3 孽(얼) : 재앙.
4 逭(환) : 면하다. 벗어나다.
5 圖(도) : 꾀하다. 노력하다.

6 惟(유) : 생각하다. 생각한다는 것은 '마음속에서 기원한다'는 뜻이다.

강설 |

왕이 이윤에게 손을 모아 절하고 머리를 조아린다는 것은 그만큼 이윤의 비중이 크다는 것을 상대적으로 증명하는 것이 된다.

伊尹(이윤)이 拜手稽首曰(배수계수왈) 修厥身(수궐신)하여 允德(윤덕)이 協于下(협우하)면 惟明后(유명후)니이다 先王(선왕)이 子惠困窮(자혜곤궁)[1][2]하신대 民服厥命(민복궐명)하여 罔有不悅(망유불열)하니 並其有邦(병기유방)하시니이다 厥隣(궐린)이 乃曰(내왈) 徯我后(혜아후)[3]하노소니 后來(후래)하시면 無罰(무벌)일진저

국역 |

이윤이 손을 모아 절하고 머리를 조아리며 말했다. "몸을 닦아 진실한 덕이 아래에서 잘 화합하면 현명한 임금이 되십니다. 선왕이 곤궁한 사람을 사랑하여 은혜를 베푸시니 백성들이 그 뜻에 복종하여 기뻐하지 않은 이가 없었으니, 그로 말미암아 여러 나라들을 아우르게 되셨습니다. 그랬더니 이웃 나라 사람들이 말하기를, '우리 임금님을 기다리나니 우리 임금님이 오시면 벌 받을 일이 없을 텐데' 하였습니다.

난자풀이 |

1 子(자) : 자녀처럼 여기다. 사랑하다.
2 惠(혜) : 은혜를 베풀다.
3 后(후) : 임금님. 임금님은 원래 고통받는 백성들을 행복으로 인도하는 존재다. 그러므로 고통을 해결해 줄 수 있는 사람이면 누구나 임금이다. 이때의 임금이란 오늘날의 용어로는 구세주에 해당할 것이다.

강설 |

왕이 회개하는 것을 접한 이윤은 왕에게 정중하게 수신修身을 하라고 깨우쳤다. 수신은 다스리는 사람의 근본자격이다. 수신이 되지 않은 사람은 다스릴 자격이 없다. 수신이 되어 성인이 되면 세상을 구하는 구세주가 된다. 구세주로서 등장하는 것이 바람직한 임금의 모습이다.

王懋乃德(왕무내덕)하사 視乃烈祖(시내열조)[1]하사 無時豫怠(무시예태)[2]하소서 奉先思孝(봉선사효)하시며 接下思恭(접하사공)하시며 視遠惟明(시원유명)하시며 聽德惟聰(청덕유총)하시면 朕承王之休(짐승왕지휴)하여 無斁(무역)[3]하리이다

국역 |

임금님께서는 당신의 덕에 힘쓰시고 당신의 위대하신 할아버지를 살펴보시어, 한시도 즐기거나 태만하지 마소서. 선조를 받들 때는 효

도할 것을 생각하시고 아랫사람을 접할 때는 공손할 것을 생각하시며, 원대한 일을 살피되 오직 눈밝게 살피시며, 도덕적인 말을 들으시되 오직 귀밝게 들으시면, 저는 왕의 아름다움을 받들어서 싫어함이 없을 것입니다."

난자풀이 |

1 乃(내) : 너. 그대. 당신.
2 時(시) : 여기서는 글자 그대로 읽어 '때'라는 뜻으로 보는 것이 좋다.
3 斁(역) : 싫어하다. 싫증내다.

강설 |

앞에서 수신을 강조한 이유는 여기에서 다시 수신의 방법 중의 일부를 깨우쳐주고 있다. 그 내용은 선조나 부모에게 효도하는 것과 아랫사람에게 공손한 마음을 갖는 것, 그리고 눈앞의 이익에 끌리지 말고 원대한 일을 분명하게 살피는 것과 진리의 말을 확실하게 받아들이는 것이다. 이 네 가지는 욕심을 억제하고 진리의 마음을 되찾는 실천적인 방안 중의 요체로 생각된다.

太甲 下 | 태갑 하

伊尹(이윤)이 申誥于王曰(신고우왕왈) 嗚呼(오호)라 惟天(유천)은 無親(무친)하사 克敬(극경)[1]

을 惟親(유친)하시며 民罔常懷(민망상회)하여 懷于有仁(회우유인)② 하며 鬼神(귀신)은 無常享(무상향)③하여 享于克誠(향우극성)하나니 天位艱哉(천위간재)니이다

국역 |

이윤이 왕에게 다음과 같이 거듭 고하였다. "아아! 오직 하늘은 특정한 사람을 친하시는 것이 아니라 경건한 사람을 친하시며, 백성들은 특정한 한 사람만을 계속 그리워하는 것이 아니라 어진 사람을 그리워하며, 귀신은 특정한 사람의 제사만을 계속 받아들이는 것이 아니라 정성스러운 사람의 제사를 받아들이는 것이니 하늘이 주신 자리는 지키기 어려운 것입니다.

난자풀이 |

① 克敬(극경) : 능히 공경함을 실천하는 사람.
② 懷于有仁(회우유인) : '어진 사람에게 그리움을 나타낸다'는 뜻이다. 그런데 문장을 부드럽게 하기 위해서 여기서는 '어진 사람을 그리워한다'고 번역했다.
③ 享(향) : 누리다. 제사를 받아먹다. 제사를 지내다.

강설 |

하늘은 어떤 특정한 사람을 계속 편애하는 것이 아니라, 오직 덕이 있는 사람을 좋아하신다고 했다. 하늘은 한 개인만을 사랑하는 것이 아니라 전체를 다 사랑하기 때문에, 전체의 삶을 해치는 자를 제거하고, 전체의 삶을 잘 유도하는 사람을 임금으로 임명하신다. 그러므로

현재의 왕이 덕을 잃으면 임금자리를 잃게 된다. 이러한 사상을 이른바 천명사상天命思想이라 한다. 그런데 주나라 초기에는 이 천명사상을 정치적으로 이용했기 때문에 그것을 특히 정치적 천명사상이라 한다.

德(덕)이면 惟治(유치)하고 否[1]德(부덕)이면 亂(난)이라 與治[2](여치)로 同道(동도)하면 罔不興(망불흥)하고 與亂(여란)으로 同事(동사)하면 罔不亡(망불망)하나니 終始[3](종시)에 愼厥與[4](신궐여)면 惟明明[5]后(유명명후)니이다 先王(선왕)이 惟時懋[6](유시무)하사 敬厥德(경궐덕)하사 克配上帝(극배상제)하시니 今王(금왕)이 嗣有令緒(사유령서)하시니 尙監茲哉(상감자재)인저 若升高必自下(약승고필자하)하며 若陟[7]遐必自邇(약척하필자이)하니이다

국역 |

덕이 있으면 잘 다스려지지만, 덕이 없으면 어지러워집니다. 안정된 자와 어울려 도를 함께 하면 흥하지 않는 것이 없고, 어지러운 자와 어울려 일을 함께 하면 망하지 않는 것이 없으니, 언제나 어울리는 것을 조심하면 오직 밝고 밝은 임금이 되실 것입니다. 선왕이 오직 이에 힘쓰시어 그 덕을 경건하게 가지시어 하느님과 짝이 되셨습니다. 지금 임금님께서 그 아름다운 업적을 이으시니 부디 이를 살피셔야 합니다. 높은 곳에 오르려면 반드시 아래에서 출발해야 하는 것과 같고, 멀리 가려면 반드시 가까운 곳에서 출발해야 하는 것과 같습니다.

난자풀이 |

1 否(부) : 아니다.
2 治(치) : 안정된 자.
3 終始(종시) : 내내. 언제나. 시작부터 끝까지. 시종.
4 與(여) : 어울리는 것.
5 明明后(명명후) : 밝고 밝은 임금.
6 時(시) : 시是와 통용.
7 陟(척) : 나아가다.

강설 |

천명의 내용을 설명하여 어진 사람이 되기를 힘쓰도록 권유한 다음, 이윤은 다음으로 중요한 사람과의 관계를 신중히 하도록 깨우친다. 사람이 성공하기 위해서는 먼저, 개인적으로 훌륭한 인물이 되어야 하고, 다음으로 인간관계를 잘 유지해야 하는 것이니, 이는 만고의 철칙이다.

인간관계를 잘 유지하는 비결은 덕이 있는 사람과 사귀는 것이다. 그런데 덕德이 있는 사람은 잘 접근해오지 않고, 욕심을 채우고 싶은 사람들이 유능한 사람임을 가장하여 접근해 오기 때문에, 인간관계를 잘 유지한다는 것은 참으로 어렵다.

無輕民事(무경민사)하사 惟難(유난)하시며 無安厥位(무안궐위)하사 惟危(유위)하시며 愼終于始(신종우시)하소서 1 有言(유언)이 逆于汝心(역우여심)이어든 必求諸道(필구저도)하시며 有言(유언)이 遜于汝志(손우여지)어든 必求諸非道(필구저비도)하소서

국역

백성들의 일을 가볍게 여기지 마시고 오직 어렵게 여기시며, 그 자리를 안이하게 생각하지 마시고 오직 위태롭게 생각하시어, 시작하실 때 잘 마칠 수 있을지를 생각하여 조심하소서. 그대의 마음에 거슬리는 말이 있거든 반드시 그것을 진리[道]의 차원에서 따져 보시고, 그대의 뜻에 순조로운 말이 있거든 반드시 그것을 진리가 아닌 차원에서 따져 보소서.

난자풀이

1 愼終于始(신종우시) : 시작할 때 잘 마칠 수 있도록 조심하는 것.

강설

일을 성공하기 위해 염두에 두어야 할 것은, 시작할 때 마칠 것을 생각하여 조심하는 것과, 사람들의 말을 들을 때 감정적으로 듣지 말고 진리의 기준에서 듣는 것이다.

사람이 일찍 성공하면, '이제 됐다'고 생각하기 때문에 나태해져 결국 일을 그르치고 만다. 역사적으로 보더라도 일찍 성공한 사람이 크게 성공하는 경우가 지극히 드물다는 사실에서 이를 알 수 있다. 그러므로 대개는 큰 좌절을 경험한 사람이 그 좌절을 극복하기 위해 크게 노력한 결과 큰 성공을 하게 되는 것이다. 태갑은 아직 어린 나이에 임금이 되었으므로 걱정이 된 이윤이 이를 깨우친 것이다.

그리고 사람들의 말을 들을 때 기분에 따라 감정적으로 듣는다면, 아부하는 말은 듣고 바른 말은 거부할 것이다. 그것이 망하는 지름길이다. 대체로 자기의 욕심을 채우기 위해서 접근하는 사람은 그 욕심을 채우기 위해 달콤한 말을 한다. 그러나 바른 말을 하는 사람은 굳이 욕심을 채울 필요가 없기 때문에 달콤한 말을 하지 않는다. 그러므로 달콤한 말을 하는 사람을 오히려 주의해야 한다. 그러나 아집이 있고, 남보다 앞서려는 욕심이 있는 사람일수록 달콤한 말에 빠지기 쉽다. 매우 조심해야 할 일이다.

嗚呼(오호)라 弗慮(불려)면 胡獲(호획)이며 弗爲(불위)면 胡成(호성)이리오 一人(일인)이 元良(원량)[1]이면 萬邦(만방)이 以貞(이정)[2]하리이다 君罔以辯言(군망이변언)으로 亂舊政(난구정)하며 臣罔以寵利(신망이총리)로 居成功(거성공)[3]이라사 邦其永孚于休(방기영부우휴)[4]하리이다

국역 |

아아! 생각하지 않으면 어찌 얻으며, 시도하지 않으면 어찌 이루겠습니까? 한 사람이 크게 어질면 만방이 그 때문에 안정될 것입니다. 임금이 말 잘하는 것으로 옛 정치를 어지럽힘이 없고, 신하가 총애 받거나 이익을 얻는 것을 성공으로 여기는 것이 없어야 나라는 아름다운 상태에서 길이 유지될 수 있을 것입니다.

난자풀이 |

[1] 元良(원량) : 크게 어질다.
[2] 貞(정) : 안정되다. 겨울채비를 하다. 봄을 맞이하다.
[3] 居(거) : 거두다. 여기다. 하다.
[4] 孚(부) : 한마음을 유지하다. 믿다.

강설 |

인간관계를 잘 유지하도록 깨우친 이윤은 다시 종합적으로 주의해야 할 사항들을 제시했다. 그것은 생각을 잘 하는 것, 언행을 잘 하는 것, 그리고 이해득실을 따지지 않는 것이다. 생각하고 말하고 행동하는 것, 이 세 가지가 그 사람됨의 표현방식이다. 사람의 모든 것은 이 세 가지에 의해 다른 사람에게 전달된다. 그러므로 기본적으로 이 세 가지를 바르게 해야 한다. 그런데 이 세 가지를 바르게 하는 근본 방법은 마음을 바르게 하는 것이다. 그렇기 때문에 마지막으로 마음가짐에 대해서 말했다. 사람은 옳고 그른 것을 따지기보다는 이로운가 손해인가를 더 잘 따지는 경향이 있다. 특히 정치하는 사람은 욕심이 많기 때문에 더욱 그러하다. 그래서 이윤은 마음을 바로 가지는 것을 마지막 당부로 삼았다.

아름다운 상태에서 길이 유지되는 것은 이상적인 상태가 길이 유지되는 것이다. 『대학』에서 말하는 「지어지선止於至善」이 바로 이것이다.

咸有一德 | 함유일덕

이윤이 벼슬을 그만두고 떠날 때, 태갑이 덕이 없어 잘못된 사람을 등용할까 걱정하여 이 편을 지었다. 『금문상서今文尙書』에는 없고 『고문상서古文尙書』에는 들어 있다.

이윤 기복정궐벽 장고귀 내진계우덕
伊尹이 旣復政厥辟하고 將告歸할새 乃陳戒于德하니

왈 오호 천난심 명미상 상궐덕 보궐
라 曰 嗚呼라 天難諶은 命靡常이니 常厥德하면 保厥
1

위 궐덕 미상 구유이망
位나 厥德이 靡常하면 九有以亡하리이다
2

국역 |

이윤이 그 임금에게 정권을 돌려주고 나서 돌아감을 고할 때, 도덕적 차원에서 다음과 같이 경계하는 말을 진술했다. "아아! 하늘을 믿기 어려운 까닭은 천명이 일정한 사람에게만 주어지는 것이 아니기 때문입니다. 덕을 일정하게 가지면 그 자리를 보존할 수 있지만, 그 덕을 일정하게 가지지 못하면 구주가 망할 것입니다.

난자풀이 |

1 諶(심) : 참. 진실. 믿음.
2 九有(구유) : 구주九州. 또는 여러 나라.

강설 |

이윤이 은퇴하면서 태갑에게 마지막으로 당부하는 말이다. 그것은 우선 하늘의 명이 일정한 사람에게 계속 주어지는 것이 아니라는 천명사상을 깨우치는 것이었다.

하왕 불극용덕 만신학민 황천 불보
夏王이 弗克庸德하여 慢神虐民한대 皇天이 弗保하시고
감우만방 계적유명 권구일덕 비작신
監于萬方하사 啓迪有命하사되 眷求一德하사 俾作神
1 2

主(주)어시늘 惟尹(유윤)이 躬暨湯(궁기탕)으로 咸有一德(함유일덕)하여 克享[3]天心(극향천심)하여 受天明命(수천명명)하여 以有九有之師[4](이유구유지사)하여 爰革夏正[5](원혁하정)하소이다

▌국역 |

하나라의 임금이 덕을 실천하지 못해 신들을 무시하고 백성들을 학대하니, 하늘이 보호하지 않으시고 만방에서 살펴 천명 받을 자에게 길을 열어 인도하시되 (그 중에서) 한결같은 덕을 가진 자를 돌보고 구하시어, 신을 제사지내는 제주가 되게 하셨는데, 오직 저 윤이 탕임금과 함께 한결같은 덕을 가져 하늘의 마음을 향유하였으므로 하늘의 밝은 명을 받고 구주의 백성들을 가져, 드디어 하나라의 달력을 바꾸었습니다.

▌난자풀이 |

[1] 一德(일덕) : 한결같은 덕을 가진 자.
[2] 神主(신주) : 신을 제사지내는 제주.
[3] 享(향) : 누리다. 제사 드리다. 향유하다.
[4] 師(사) : 백성.
[5] 正(정) : 정삭正朔. 달력. 하나라는 하나라의 달력을 사용하며 유지되었는데 그 달력을 바꾸었다는 것은 하나라의 운명을 바꾸었다는 뜻이 된다.

▌강설 |

이윤이 하나라의 잘못된 정치를 열거한 것 중의 으뜸은 신을 무시하고 백성을 학대했다는 대목이다. 동이족의 정서에서 보면 가장 중요

한 것은 하늘을 찾는 것이다. 하늘을 찾는 것은 삶의 뿌리를 찾는 것이고, 남과 하나되는 연결고리를 찾는 것이다. 그렇기 때문에 하늘을 찾지 못하면 남과의 관계를 원만하게 유지하기 어렵다.

하늘을 찾아 하늘의 마음을 회복하는 것은 본마음을 회복하는 것이고, 변하지 않는 마음을 회복하는 것이다. 그러므로 하늘의 마음을 회복하면 한결같은 덕을 가지게 된다.

비 천 사 아 유 상 유 천 우 우 일 덕 비 상
非天이 私我有商이라 惟天이 佑于一德이며 非商이
구 우 하 민 유 민 귀 우 일 덕 덕 유 일
求于下民이라 惟民이 歸于一德이니이다 德惟一이면
동 망 불 길 덕 이 삼 동 망 불 흉 유 길 흉
動罔不吉하고 德二三이면 動罔不凶하리니 惟吉凶이
불 참 재 인 유 천 강 재 상 재 덕
不僭이라 在人이니 惟天이 降災祥은 在德이니이다

국역 |

하늘이 우리 상나라를 사적으로 도와주신 것이 아닙니다. 오직 하늘은 한결같은 덕을 가진 자에게 힘이 되어 주십니다. 상나라가 아래 백성들에게 구한 것이 아니라 백성들이 한결같은 덕을 가진 자에게 따라 갔습니다. 덕을 오직 한결같이 가지면 움직임에 길하지 않음이 없고, 덕을 이랬다저랬다 하면 움직임에 흉하지 않음이 없습니다. 오직 길흉은 어긋나지 않으니 사람하기에 달렸고, 하늘이 재앙이나 경사를 내려 주시는 것은 덕의 유무에 달렸습니다.

강설 |

하늘의 마음을 회복한 사람은 모든 사람의 마음과 한마음이 된 사람이다. 그런 사람에게는 모든 사람이 따르고 좋아한다. 이는 마치 자녀의 마음과 한마음의 상태를 유지하고 있는 부모를 자녀들이 좋아하고 따르는 것과 같다.

今嗣王(금사왕)이 新服厥命(신복궐명)[1]이신댄 惟新厥德(유신궐덕)이니 終始惟一(종시유일)이 時乃日新(시내일신)[2]이니이다 任官(임관)하되 惟賢材(유현재)하시며 左右(좌우)를 惟其人(유기인)하소서 臣(신)은 爲上爲德(위상위덕)하고 爲下爲民(위하위민)하나니 其(기)難其愼(난기신)하사 惟和惟一(유화유일)하소서

국역 |

지금 뒤를 이으신 임금께서 새로 천명을 일삼으시려면, 오직 그 덕을 새롭게 해야 합니다. 언제나 오직 한결같아야 비로소 날마다 새로울 수 있습니다. 관리를 임명하되 오직 현명하고 재주 있는 자를 쓰셔야 하며, 좌우의 보좌관은 오직 적임자를 쓰십시오. 신하가 윗사람을 위해 일할 때는 덕의 차원이 되어야 하지만, 아랫사람을 위해 일할 때는 백성의 입장이 되어야 합니다. (그러니 신하를 임명하는 일을) 어렵게 여기시고 신중하게 하시어 오직 조화롭게 하시고 한결같이 하소서.

난자풀이 |

1 服(복) : 입다. 일하다. 일삼다.
2 時(시) : 시是와 통용.

강설 |

천심天心을 회복해야 함을 강조한 이윤은 이어서 그 구체적인 방법을 제시한다. 천심을 회복하는 방법은 수양修養이다. 수양의 핵심적인 방법은 언제나 한결같은 마음상태를 유지하는 것이다. 이것이 훗날 지경持敬으로 설명된다. 지경이란 경건한 마음을 유지함으로써 일체의 잡념을 떨쳐내고 마음을 한결같이 유지하는 것이다. 마음이 경건하게 유지되어 한결같아지면 일체의 고정관념에 사로잡히지 않는다. 고정관념은 잘못된 기억에 사로잡히기 때문에 생겨난다. 예를 들면 다음과 같다.

사과를 먹었을 때 '사과는 맛있다'라는 기억을 하게 되면 이것이 바로 고정관념이 되어, '사과가 먹고 싶다'는 욕심에 빠지게 된다. 그렇게 되면 사과 맛이 더 이상 새롭지 않다. 그러나 마음이 경건하게 유지되면 '사과는 맛있다'는 잘못된 기억을 하지 않는다. 사과를 맛있게 느끼는 것은 사과를 섭취하도록 유도하기 위한 하늘의 마음에서 비롯된 것이다. 그러므로 만약 그 사과가 몸에 필요하지 않을 때는 맛없게 느껴질 것이다. 맛을 결정하는 근본 원인은 음식에 있는 것이 아니다. 그러므로 하늘의 마음을 유지한다면 '사과는 맛있다'는 고정관념을 가지고 있지 않기 때문에 사과를 먹을 때마다 언제나 그 맛이 새롭다. 사람의 삶에서 나타나는 모든 현상도 이와 같다.

정치에 있어서 개인의 수양 다음으로 중요한 것은 인재의 등용登用이다. 신하된 도리 역시 간단하지 않기 때문에 인재를 등용하는 일은 신중하지 않을 수 없다. 신하는 임금에게 아부하는 경향이 있다. 임금이 신하에게 영향력이 크기 때문이다. 그러나 그것은 신하된 도리가 아니다. 그러므로 신하를 등용할 때는 윗사람에게 아부하지 않고 덕성을 유지할 수 있는 사람을 찾아야 한다. 또 신하가 아랫사람을 위해 일할 때는 윗사람의 입장으로 군림하면 안 된다. 오직 백성의 입장에서 백성의 마음이 되어야 한다. 그러나 윗사람이 그렇게 하기란 쉽지 않다. 하늘의 마음을 회복하여 한마음을 유지하는 사람만이 가능하다. 그런 신하를 찾아내기만 하면 정치는 성공한다. 그래서 이윤은 이 두 가지를 태갑에게 당부한 것이다.

> 德無常師(덕무상사)[1]나 主善(주선)[2]이 爲師(위사)며 善無常主(선무상주)나 協于克一(협우극일)이니이다 俾(비)[3]萬姓(만성)으로 咸曰(함왈) 大哉(대재)라 王言(왕언)이여케하시며 又曰(우왈) 一哉(일재)라 王心(왕심)이여케하사 克綏先王之祿(극수선왕지록)하사 永底(영저)[4]烝民(증민)[5]之生(지생)[6]하소서

국역 |

덕에는 일정한 표준이 없지만, 선을 위주로 표준을 삼아야 합니다. 선에도 일정한 기준이 없지만, 하나가 된 상태에서 조화되어야 합니다. 만백성으로 하여금 모두 '위대하도다. 임금님의 말씀이여!'라고 말하게 하시며, 또 '한결같도다. 임금님의 마음이여!'라고 말하게 하시어, 선왕이 만드신 녹을 편안하게 이으시어, 오래도록 백성들을 생기 있게 만드소서.

난자풀이

1 師(사) : 스승으로 삼다. 스승. 스승으로 삼아야 할 것은 덕이 본보기가 되는 경우이므로 여기서는 '표준'으로 번역했다.
2 主善(주선) : 선을 위주로 한다. 이 단어 앞에 이以가 있어야 할 것이지만, 생략되었다.
3 俾(비) : 사使와 같은 뜻.
4 底(저) : 지至와 통용. 이르다.
5 烝民(증민) : 뭇 백성.
6 生(생) : 생기 있다. 여기서는 증민烝民과 생生이 도치된 문장이다. 그래서 지之가 그 사이에 들어갔다. 저생증민底生烝民은 '뭇 백성을 생기 있게 만드는 데 이르다'라는 뜻이다.

강설

지금까지 이윤은 태갑에게 덕의 중요성을 설명했으므로 이제 덕이 무엇인지를 구체적으로 설명해야 할 필요성이 생겼다.

덕 있는 행위와 덕이 없는 행위를 구별할 수 있는 객관적인 기준은 없다. 만약 있다면 그것은 이미 고정관념에 빠진 것이다. 그러므로 덕을 객관적으로 이해하기는 어렵다. 그러나 한 가지 기준으로 삼을 수 있는 것은 선善이다. 선善이 되는 것은 덕德이 있는 것이고, 불선不善이 되는 것은 덕이 되지 않는 것이다. 그렇다면 이제 선이 무엇인지 객관적으로 확인하기만 하면 된다. 그런데 선善 또한 일정한 기준이 없다. 서부족의 정서에서는 약속·규칙·법 등을 지키는 것이 선善이 되고, 지키지 않는 것이 악惡이 되지만, 이윤의 사상에서는 그렇지 않다.

선善에 객관적인 기준이 있다면 그 또한 고정관념에 빠진다. 그렇다면 선善을 어떻게 정의할 수 있을 것인가? 이윤은 이를 '협우극일協于克一', 즉 '한마음의 상태에서 조화되는 것'으로 정의했다. 그렇다면 '한마음의 상태에서 조화되는 것'은 어떤 것인가?

한 뿌리에서 뻗어난 여러 가지는 한 뿌리에서 뻗어났다는 사실을 망각하면 서로 경쟁관계가 되겠지만, 한 뿌리에서 뻗어났다는 사실을 알면 한 뿌리의 입장에서 서로 하나가 되어 조화를 이룰 것이다. 그렇지만 한 뿌리의 입장에서 서로 하나가 된다고 해서 모든 가지들이 현실적으로 모두 똑같아지기를 고집하지는 않을 것이다. 한 뿌리임을 알기 때문에 서로 다르게 뻗어난 가지는 각각 다르게 뻗어난 대로의 역할을 할 것이다. 그렇게 하는 것이 전체적으로 조화를 이루는 방식이다. 이러한 것이 '한마음의 상태에서 조화되는 것'이다. 하늘을 알고 한마음을 회복한 사람의 삶도 이와 같을 수 있다.

외형적으로 서로 조화된다 하더라도 한 뿌리에서 하나가 되지 못하면 선善이 아니고, 한 뿌리에서 하나가 된다 하더라도, 외형적으로 조화를 이루지 못하면 역시 선善이 아니다.

嗚呼(오호)라 七世之廟(칠세지묘)에 可以觀德(가이관덕)이며 萬夫之長(만부지장)에 可以觀政(가이관정)이니이다 后非民(후비민)이면 罔使(망사)며 民非后(민비후)면 罔事(망사)니 無自廣以狹人(무자광이협인)하소서 匹夫匹婦(필부필부) 不獲自盡(불획자진)하면 民主罔與成厥功(민주망여성궐공)하리이다

국역 |

아아! 7대를 모셔놓은 종묘에서 덕을 관찰할 수 있으며, 모든 남자들의 우두머리에게서 정치를 살필 수 있습니다. 임금은 백성들이 아니면 부릴 수가 없으며, 백성들은 임금이 아니면 받들 것이 없으니, 스스

로를 넉넉하게 여기고 남들을 비좁게 여기지 마십시오. 한 남자 한 여자라도 스스로 최선을 다하는 상태가 되지 않는다면 백성들의 임금 된 자는 함께 공을 이룰 수가 없습니다."

강설 |

무덤의 모습을 보면 무덤 속 사람의 생전의 인품을 알 수 있다. 무덤이 황폐해져 있고 관리한 흔적이 없다면 생전에 덕을 베풀지 않은 사람이다. 또 무덤이 지나치게 화려하면 생전의 그 사람이 부귀영화를 지나치게 추구한 사람임을 알 수 있다. 사당을 보아도 이와 마찬가지다.

또 어떤 단체의 됨됨이를 살피는 방법은 그 단체의 우두머리를 보면 된다. 어떤 단체의 수준은 그 우두머리의 수신의 수준과 비례한다. 나라의 경우도 마찬가지다. 임금의 수신의 수준만큼 그 나라의 수준이 결정된다. 세종대왕 당시의 정치 수준은 세종대왕의 수신의 수준이었고, 연산군 때의 정치 수준은 연산군의 수신의 수준이었다.

이상사회理想社會는 그 사회 구성원 모두가 제 역량을 다 발휘할 때 도래한다. 어느 하나라도 소외되거나 불행하다면 이상사회는 도래하지 않는다. 이상사회에서는 모두가 주인공이고 모두가 100점짜리다. 그러므로 평범한 한 남자와 평범한 한 여자에 대해서도 가볍게 여기면 이상사회는 도래하지 않는다.

盤庚 上 | 반경 상

상商나라 19대 임금인 반경盤庚이 재위할 때, 조을祖乙 때부터 서울이었던 경耿이 황하의 홍수로 무너졌으므로 이에 반경이 천도를 시도하자, 이에 세력가들을 위시하여 많은 사람들이 반발했다. 이

때 반경이 회유하는 말로 달랬는데, 그 내용이 이 편의 내용이다. 『금문상서今文尚書』와 『고문상서古文尚書』에 다 들어 있다. 다만 『금문상서』에는 세 편이 합해져 한 편으로 되어 있다.

盤庚(반경)[1]이 遷于殷(천우은)할새 民不適有居(민불적유거)어늘 率(솔)[2]籲(유)[3]衆慼(중척)[4]하여 出矢言(출시언)[5]하다 曰(왈) 我王(아왕)이 來(래)하사 旣爰宅于茲(기원택우자)하심은 重我民(중아민)이라 無盡劉(무진류)[6]어신마는 不能胥匡以生(불능서광이생)일새 卜稽(복계)하니 曰其如台(왈기여이)[7]라 하나다

국역 |

반경이 은으로 천도하려 할 적에 백성들이 새 거주지로 가려 하지 않자, 여러 슬퍼하는 사람들을 다 불러놓고 맹세하는 말을 내었다. "우리 선왕께서 오시어 여기에 집터를 정하신 것은 우리 백성들을 중시했기 때문이지, 다 죽이려는 것이 아니었건만, 서로 바로잡으면서 잘 살아갈 수 없게 되었으므로 점을 쳐서 물어보니, '어쩌겠는가?' 라는 답이 나왔다.

난자풀이 |

[1] 盤庚(반경) : 상나라의 19대 임금.
[2] 率(솔) : 다.

3 籲(유) : 부르다.
4 衆慼(중척) : 여러 슬퍼하는 사람들.
5 矢言(시언) : 맹세하는 말. 옛날 맹세할 때 입에 화살을 대고 한 데서 유래되어, 시언矢言이 맹세하는 말이란 뜻이 되었다.
6 劉(류) : 죽이다.
7 台(이) : 하何의 오자로 보인다. 모양이 비슷하여 오자가 된 것으로 판단된다.

강설 |

조을 때부터 경耿이라는 곳에 도읍을 정했는데, 황하가 범람하여 반경이 은으로 천도를 하려 하자, 호족들이 반대했다. 이에 반경이 그들을 설득하는 연설을 한 것이다.

先王(선왕)이 有服(유복)이어시든 恪謹天命(각근천명)[1][2]하사되 茲猶不常寧(자유불상녕)이라 不常厥邑(불상궐읍)이니 于今五邦(우금오방)[3]이라 今不承于古(금불승우고)면 罔知天之斷命(망지천지단명)이온 矧曰其克從先王之烈(신왈기극종선왕지렬)[4][5]아

국역 |

선왕께서 일이 있으시면 삼가 천명을 받드셨는데, 그런데도 오히려 항상 편안한 것만은 아니었다. 그리하여 그 도읍지를 일정하게 유지하지 못했으니 지금까지 다섯 고을 째이다. 지금 옛 법도를 이어받지 않는다면 하늘이 명을 끊을지도 모르는데 하물며 능히 선왕의 위업을 따

른다고 말할 수 있겠는가!

난자풀이 |

1 恪(각) : 삼가다. 삼감으로써 상대방을 공경하다.
2 謹(근) : 삼가다. 엄하게 하다. 엄하게 받들다.
3 邦(방) : 여기서는 '고을' '도읍지' 등의 뜻으로 쓰였다. 상구商丘 · 박亳 · 효囂 · 상相 · 경耿을 오방으로 보기도 하고, 효囂 · 상相 · 형刑 · 엄奄 · 은殷을 오방으로 보기도 한다.
4 矧(신) : 하물며.
5 烈(렬) : 위업. 맵다.

강설 |

반경은 먼저 천도를 하는 것이 하늘의 뜻을 따르는 것이고 선왕의 뜻을 따르는 것이라 하여 천도의 정당성을 밝혔다.

약 전 목 지 유 유 얼 / 천 기 영 아 명 우 자 신 읍
若顚木之有由蘖이라[1] 天其永我命于茲新邑하시니
소 복 선 왕 지 대 업 / 저 수 사 방
紹復先王之大業하여 底綏四方[2]하노라

국역 |

넘어진 나무에 움틈이 있는 것과 같아서, 하늘은 우리의 명을 이 새 도읍지에서 길이 이어주시니, 선왕의 대업을 계승하고 회복하여 사방

을 편안하게 하려 하노라."

난자풀이 |

[1] 蘖(얼) : 그루터기. 움. 유얼由蘖은 '움틈으로 말미암는다'는 뜻이다. 쓰러진 나무는 움틈으로 말미암아 새로운 생명을 이어나간다.

[2] 底(저) : 지至와 통용. 이르다. '~하는 데 이르고자 한다'는 뜻인데 문맥을 부드럽게 하기 위해 번역하지 않고 생략했다.

盤庚이 斅于民하되 由乃在位하여 以常舊服하고 正法度하며 曰 無或敢伏小人之攸箴하라 하고 王이 命衆하여 悉至于庭하여 王若曰 格하라 汝衆아 予告汝訓하리라 汝猷黜乃心하되 無傲從康하라

국역 |

반경이 백성들에게 가르치되 지위를 가진 자로부터 시작하여 예로부터 하던 일을 평상시대로 하게 하고, 법도를 바로 지키게 하며, 소인들이 경계하는 말을 간혹이라도 감히 숨기지 말라 하고, 왕이 중신들에게 명하여 모두 뜰에 오게 하여 왕이 다음과 같이 말했다. "오라. 너희 중신들이여. 내가 너희들에게 훈계를 하리라. 너희들은 너희들의 사심을 버리는데 힘쓰되 오만하거나 방종하거나 안일하지 말라.

난자풀이 |

1 斅(효) : 가르치다. 교육하다.
2 由(유) : 자自와 같은 뜻. 시작하다.
3 常(상) : 평상시대로 하다.
4 舊服(구복) : 예로부터 해오던 일.
5 箴(잠) : 경계하는 말.
6 衆(중) : 중신衆臣.
7 格(격) : 오다. 이르다.
8 猷(유) : 꾀하다. 힘쓰다.
9 從(종) : 종縱과 통용. 방종하다.
10 康(강) : 안일하다.

강설 |

반경의 훈시의 내용은 이윤의 그것에 비교하면 많은 차이가 난다. 자기의 잘못에 대해 뉘우치거나 반성하는 것이 하나도 없이 신하들에게 사심을 버리고 자기를 따르라고 강요하고 있는 점이 특히 차이나는 점이다.

古我先王(고아선왕)이 亦惟圖任舊人(역유도임구인)하사 共政(공정)하더시니 王(왕)이 播(파)
告之修(고지수)[1]커시든 不匿(불특)[2]厥指(궐지)하니 王用丕欽(왕용비흠)[3]하사 罔有逸(망유일)[4]言(언)
이라 民用丕變(민용비변)하더니 今汝聒(금여괄)[5]聒(괄)하여 起信(기신)[6]이 險膚(험부)[7]하니
予弗知乃(여부지내)[8]所訟(소송)[9]이로다

국역 |

옛날 우리 선왕께서 또한 옛 사람에게 맡겨 정사를 함께 하기를 도모하셨는데, 왕이 널리 수칙을 포고하시면 그 뜻을 어그러뜨리지 않았으니, 왕이 그 때문에 크게 조심하시어 잘못된 말씀이 있지 않았고, 백성들이 그래서 크게 바뀌었다. 지금 너희들은 시끄럽게 떠들면서 일으키고 펼치는 일이 험악하고 얄팍하니 나는 너희들이 따지는 것이 무엇인지 알 수가 없구나.

난자풀이 |

1 修(수) : 수칙守則. 지켜야 할 원칙.
2 匿(특) : 특慝와 통용.
3 欽(흠) : 조심하다.
4 逸(일) : 잃다. 숨다.
5 聒聒(괄괄) : 시끌시끌. 시끄럽게 떠드는 소리.
6 起信(기신) : 일으키고 펼치다. 신信은 신伸과 통용.
7 膚(부) : 얄팍하다. 피부.
8 乃(내) : 너희들.
9 訟(송) : 따지다. 호소하다. 소송하다.

강설 |

선왕 때의 신하들은 선왕을 잘 따랐다. 반경은 이러한 사실을 신하들에게 상기시키며, 지금 자신을 따르지 않는 신하들을 꾸짖는다. 여기에서 반경은 선왕 때의 신하들이 잘 따른 것은 선왕이 훌륭했기 때문이라는 사실을 간과하고 있다.

비여자황자덕 유여함덕 불척여일인
非予自荒茲德이라 惟汝含[1]德하여 不惕[2]予一人하나니
여약관화 여역졸모 작내일 약망 재
予若觀火언마는 予亦拙謀라 作乃[3]逸[4]이니라 若網[5]이 在
강 유조이불문 약농 복전력색 내
綱[6]이라사 有條而不紊하며 若農이 服田力穡이라사 乃
역유추
亦有秋니라

국역 |

나 스스로가 나의 이 덕을 거칠게 만드는 것이 아니라, 오직 너희들이 덕을 버리고 나 한 사람을 두려워하지 않으니, 나는 불을 보듯 뻔하지만, 나 또한 모의가 졸렬하여 너희들을 나쁜 사람으로 만들었다. 그물이 벼리에 붙어 있어야 조리가 있어 어지럽지 않은 것과 같고, 농부가 밭에서 일하고 힘써 밭 갈아야 또한 가을이 있는 것과 같다.

난자풀이 |

[1] 含(함) : 『사기』에는 사舍로 되어 있다. 사舍로 보는 것이 문맥이 매끄럽다. 사舍는 사捨와 통용되어 '버리다', '놓아두다' 등의 뜻이 된다.

[2] 惕(척) : 두려워하다.

[3] 乃(내) : 너. 너희들.

[4] 逸(일) : 잘못.

[5] 網(망) : 그물. 여기서는 그물의 잔 눈을 말한다.

[6] 綱(강) : 벼리. 그물의 윗 부분에 있는 큰 밧줄. 그물을 끌어올릴 때 잡고 끌어올리는 굵은 밧줄을 말한다.

강설 |

반경은 어디까지나 문제의 원인을 자기의 잘못 때문이 아니라 신하들이 자기를 잘 따르지 않은 것 때문이라 하여 신하들의 탓으로 돌리고 있다. 이러한 점에서 보면 탕임금과 크게 차이가 난다. 반경은 그물의 작은 눈이 벼리에 붙어있는 것을 예로 들어, 신하들이 자기를 따르도록 강요한다. 이는 정치의 근본 원칙에 어긋난다.

汝克黜[1]乃心하여 施實德于民하되 至于婚[2]友오사 丕[3]乃敢大言汝有積德이라하리라 乃不畏戎[4]毒于遠邇하나니 惰農이 自安하여 不昏[5]作勞하여 不服[6]田畝[7]하면 越[8]其罔有黍稷하리라

국역 |

너희들은 너희들의 사심을 버려서 백성들에게 실질적인 덕을 베풀어 인척들이나 벗들에게까지 미쳐야 비로소 너희들은 감히 너희들에게 덕이 쌓여있다고 크게 말할 수 있을 것이다. 너희들은 원근간에 큰 해독을 끼침을 두려워하지 않는구나. 게으른 농부가 스스로 안일하여 힘써 수고로운 일을 하지 않아 밭이랑 가운데에서 일하지 않으면 곡식이 없게 될 것이다.

난자풀이 |

1 黜(출) : 물리치다.

2 婚(혼) : 아내의 친정. 또는 아내의 친정 살붙이.

3 丕(비) : 오국태吳國泰는 『문사文史』에서 비丕를 배胚와 통용된다고 보고, '비로소', '시작하다' 등의 뜻으로 해석했다.

4 戎(융) : 병기. 무기. 크다. 여기서는 '크다'는 뜻으로 쓰였다.

5 昬(민) : 민暋과 통용. 힘쓰다.

6 服(복) : 일하다.

7 畝(무) : 이랑. '묘'로 발음하기도 한다.

8 越(월) : 발어사.

강설 |

반경은 문제해결의 실마리를 신하들에게서 찾고 있다.

汝不和吉言于百姓하니 惟汝自生毒이로다 乃敗禍姦宄[1]로 以自災于厥身하고 乃旣先惡于民하여 乃奉其恫[2]하니 汝悔身인들 何及[3]이리오

(여불화길언우백성 유여자생독 내패화간귀 이자재우궐신 내기선악우민 내봉기통 여회신 하급)

국역 |

너희들은 백성들에게 좋은 말로 조화롭게 하지 않으니, 오직 너희들이 스스로 해독을 끼쳤다. 무너지고 화를 입고 간사하고 나빠서 스스

로 그 몸에 재앙을 받고, 백성들에게 앞장서서 악을 저질러, 마침내 고통을 받게 되었으니, 너희들이 자신을 뉘우친들 무슨 소용이 있겠는가.

난자풀이 |

1 宄(귀) : 도둑. 바르지 아니한 것.
2 恫(통) : 상심하다. 두려워하다.
3 何及(하급) : 어찌 미치겠는가? '후회해도 어떻게 미치겠는가?'라는 뜻은 '후회해도 소용이 없다'는 뜻이다.

강설 |

반경의 신하들 꾸짖음은 계속 된다.

相時憸民한대 猶胥顧于箴言이라도 其發에 有逸口니 矧予制乃短長之命이온여 汝는 曷弗告朕하고 而胥動以浮言하여 恐沈于衆고 若火之燎于原이면 不可嚮邇나 其猶可撲滅이니 則惟汝衆이 自作弗靖이라 非予有咎니라

(상시섬민 유서고우잠언 기발 유일구 신여제내단장지명 여 갈불고짐 이서동이부언 공침우중 약화지료우원 불가향이 기유가박멸 즉유여중 자작불정 비여유구)

1 憸 2 口 3 衆 4 靖 5 咎

국역 |

이 약삭빠른 백성들을 보니, 경계하는 말로 서로 돌아보더라도 발언을 할 때 나쁜 말을 할까 우려하는데, 하물며 내가 너희들의 길고 짧은 목숨을 제어하고 있음에랴. 너희들은 어찌 나에게 보고하지 않고 서로 근거 없는 말로 선동하여 사람들에게 두려움을 주고 침체하게 하는가. 만약 불이 들판에서 타오르면 가까이 다가갈 수는 없으나 오히려 두드려 꺼버릴 수는 있는 법이니, 오직 너희 중신들이 스스로 불안한 일을 만드는 것이지 나에게 허물이 있는 것은 아니다.

난자풀이 |

1 憸(섬) : 간사하다. 약삭빠르다.
2 有逸口(유일구) : '나쁜 말을 하려나' 하고 생각하는 것은 우려하는 것이므로 여기서는 '나쁜 말을 할까 우려한다'로 번역했다.
3 衆(중) : 중신衆臣.
4 靖(정) : 편안하다. 다스리다.
5 咎(구) : 허물. 재앙.

강설 |

반경은 백성들을 사랑하는 마음도 부족하다. 약삭빠른 백성[섬민憸民]이란 용어를 쓰는 것을 보더라도 이를 알 수 있다.

반경은 백성들도 오히려 말을 실수할까 조심한다는 사실을 예로 들어, 중신들이 조심하지 않고 말을 실수하여 뜬소문을 만들어낸다면 용서하지 않겠다는 결연한 의지를 보여주고 있다. 그리고 신하들이 벌받는 일이 있어도 그것은 전적으로 신하들에 책임이 있는 것이지 자기의 책임이 아니라고 미리 못박아 두고 있다. 이는 매우 저급한 독재자에게서 나타나는 수준이다. 이러한 연설문에서 우리는 반경의 수준을 짐작할 수 있다.

遲任[1]이 有言曰 人[2]惟求舊요 器非求舊라 惟新이라하도다 古我先王이 暨乃祖乃父로 胥及逸勤[3]하시니 予敢動用非罰[4]가 世選爾勞하나니 予不掩爾善하리라 茲予大享[5]于先王할새 爾祖其從與享之하여 作福作災하나니 予亦不敢動用非德[6]하리라

국역 |

지임이 말하기를, '사람은 오직 옛 사람을 구하되, 그릇은 옛 것을 구하지 말고 오직 새로운 것을 구하라' 했다. 옛날 우리 선왕께서 너희들의 할아버지 아버지와 고락을 함께 하셨으니, 내가 감히 잘못된 형벌을 동원하여 쓰겠는가. 대대로 너희들의 공로를 뽑아 기록하고 있으니, 나는 너희들의 좋은 점을 숨기지 않겠다. 내가 선왕에게 크게 제사할 적에 너희 할아버지도 함께 제사를 받아먹어 복을 짓기도 하고 재앙을 내리기도 하는 것이니, 내 또한 감히 비도덕적인 것을 동원하여 쓰겠는가.

난자풀이 |

1 遲任(지임) : 옛날의 현명했던 사람 중의 한 사람. 구체적으로 누군지는 알려져 있지 않다. 『논어』에 나오는 주임周任이라는 설도 있다.
2 人(인) : 여기서는 주어가 아니라, 목적어로 쓰였다.
3 逸勤(일근) : 즐기는 일과 힘드는 일. 고락.
4 非罰(비벌) : 잘못된 형벌.
5 享(향) : 제사지내다.
6 非德(비덕) : 비도덕적인 것.

강설 |

겁주는 말로 협박을 한 뒤 반경은 다시 부드러운 말로 어루만지는 연설을 한다. 그것은 정든 옛 사람이 좋은 법이라는 것과 조상들끼리 서로 친했다는 것을 들어 서로의 관계를 돈독하게 유지하자고 회유하는 것이었다. 그리고 자신은 그다지 나쁜 사람이 아니라고 강조한다. 이러한 수법은 수준 낮은 독재자들이 하는 수법이다. 이에서 보면 『서경』은 매우 수준 높은 정치와 그렇지 못한 것을 동시에 보여줌으로써 독자들로 하여금 그 차이를 스스로 터득할 수 있도록 하는 듯하다.

予告汝于難(여고여우난)하노니 若射之有志(약사지유지)하라 汝無侮老成人(여무모로성인)하며 無弱孤有幼(무약고유유)[1]하고 各長于厥居(각장우궐거)[2]하여 勉出乃力(면출내력)하여 聽予一人之作猷(청여일인지작유)[3]하라 無有遠邇(무유원이)히 用罪(용죄)는 伐厥死(벌궐사)[4]하

고 用德은 彰厥善하리니 邦之臧은 惟汝衆이요 邦之不臧은 惟予一人이 有佚罰이니라
(용덕 창궐선 방지장 유여중 방지불장 유여일인 유일벌) [5] [6]

국역 |

내 너희들에게 어려운 것에 대해서 말하니, 사수射手의 마음가짐처럼 하라. 너희들은 노숙한 사람을 무시하지 말 것이며, 외롭고 어린 사람을 얕보지 말고 각각 그 주거지에 오래 살면서 열심히 너희들의 힘을 다하여 나 한 사람이 세운 계책을 따르도록 하라. 먼 사람 가까운 사람 할 것 없이 죄를 지으면 죽일 죄로 처벌할 것이고, 덕을 베풀면 그 선을 표창할 것이니, 나라가 잘되는 것은 오직 너희들 중신에게 달려 있는 것이고, 나라가 잘못 되는 것은 오직 나 한 사람이 형벌을 잘못 시행하기 때문이다.

난자풀이 |

[1] 弱(약) : 얕보다. 무시하다.
[2] 長(장) : 오래 살다.
[3] 聽(청) : 듣다. 따르다.
[4] 死(사) : 죽일 죄.
[5] 臧(장) : 착하다. 잘되다.
[6] 佚(일) : 실수하다.

강설 |

여기서 반경은 또 다시 자기를 따르지 않으면 강력하게 처벌할 것

임을 다짐하여 분위기를 다시 한번 반전시킨다. 나라가 잘못되는 것은 자기가 형벌을 게을리 한 때문이라고 말한 것은 형벌을 엄격하게 시행할 것임을 시사하는 것이다.

凡爾衆(범이중)이여 其惟致(기유치)[1]告(고)하노니 自今(자금)으로 至于後日(지우후일)히 各(각)恭爾事(공이사)하여 齊(제)[2]乃位(내위)하며 度乃口(도내구)하라 罰及爾身(벌급이신)이면 弗可悔(불가회)리라

국역 |

무릇 너희 중신들이여! 분명히 선언하나니, 지금부터 뒷날에 이르기까지 각각 너희들의 일을 공손히 수행하여 너희들의 자리를 안정시키고, 너희들의 입놀림을 법도 있게 하라. 형벌이 너희들의 몸에 이르면 뉘우칠 수도 없을 것이다."

난자풀이 |

[1] 致(치) : 다 이루다. 바치다. 알림을 다 이루는 것은 분명히 선언하는 것이다.
[2] 齊(제) : 가지런하게 하다. 갖추다. 안정시키다.

강설 |

마지막으로 반경은 따르지 않는 신하들에 대해서는 엄격하게 처벌

할 것임을 천명함으로써 끝을 맺었다.

 盤庚 中 | 반경 중

盤庚이 作惟涉河[1]하여 以民遷할새 乃話民之弗率하여 誕告用亶[2]이어늘 其有衆이 咸造[3]하여 勿褻[4]在王庭이러니 盤庚이 乃登[5]進[6]厥民하여 曰 明聽朕言하여 無荒失[7]朕命하라 嗚呼라 古我前后는 罔不惟民之承[8]하사 保后胥慼[9]하시니 鮮以不浮于天[10]하니라

국역 |

반경이 황하를 건너 백성들을 옮길 계획을 수립하여, 따르지 않는 백성들에게 말을 하고 크게 포고하기를 정성으로 하니, 백성들이 모두 와서 편하지 않은 상태로 왕궁의 뜰에 있었다. 반경이 이에 그 백성들을 올라오라고 하고 다음과 같이 말했다. “나의 말을 분명하게 듣고 나의 명을 대충 듣거나 놓치지 말아라. 아아! 옛날 우리 전왕께서는 백성들의 뜻을 받들지 않음이 없으시어 (하늘이) 임금자리를 보호하시고

친척들을 도와주시니 하늘에 부합되지 않은 것이 드물었다.

난자풀이 |

[1] 作(작) : 계획을 수립하다. 짓다.

[2] 亶(단) : 믿음. 진실로. 도탑다.

[3] 造(조) : 가다. 도달하다.

[4] 褻(설) : 친압하다. 편안하다. 물설勿褻은 편하지 않은 것을 말한다.

[5] 登(등) : 올라오게 하다.

[6] 進(진) : 다가오게 하다.

[7] 荒失(황실) : 대충 들어서 놓치는 것이다.

[8] 民之承(민지승) : 백성들의 뜻을 받들다. 이 문장은 승민承民이어야 하는데, 도치가 되었다. 도치되었음을 표시하기 위해 가운데 지之가 들어갔다.

[9] 胥感(서척) : 서胥는 '돕다'는 뜻이고, 척感은 척戚과 통용되어 '겨레'를 뜻한다.

[10] 浮(부) : 뜨다. 물에 떠있는 것은 물과 하나가 되어 함께 출렁거린다. 그러므로 하늘에 떠있다는 것은 하늘과 함께 흐르는 것을 말한다. 하늘과 함께 흐르는 것은 하늘과 부합되어 일체가 되어 흐르는 것이다.

강설 |

여기서 반경이 백성들을 설득하는 도구는 조상과 하늘이다. 조상과 하늘을 팔아 자기의 권위를 내세우는 것은 대개 수준 낮은 정치에서 나타나는 경우이다.

> 時殷降大虐(시은강대학)이어늘 先王(선왕)이 不懷(불회)하사 厥攸作[1](궐유작)은 視民利(시민이)하사 用遷[2](용천)이시니 汝曷弗念我古后之聞(여갈불념아고후지문)고 承汝俾[3](승여비)

汝는 惟喜康共이니 非汝有咎하여 比于罰이니라 予若籲懷茲新邑은 亦惟汝故니 以丕從厥志니라

국역 |

때때로 은나라에 큰 재앙이 내리거늘 선왕께서 좋아하지 않으시어 계책을 세운 것이 백성들의 이로움을 살펴 천도를 하시는 것이었으니, 너희들은 어찌 우리 옛 임금님들의 소문에 대해 생각하지 않는가! 너희들에게 따르게 하고 너희들을 시키는 것은 오직 편안하게 함께 사는 것을 기뻐한 때문이지, 너희들이 잘못을 저질러, 줄 세워 형벌 주려는 것이 아니다. 내가 이처럼 이 새 고을에 오게 하고 좋아하게 한 것은 또한 오직 너희들 때문이니, 큰마음으로 그 뜻을 따르도록 하라.

난자풀이 |

1 作(작) : 짓다. 여기서는 '계책을 세우는 것'으로 해석했다.
2 用(용) : 이以와 통용.
3 俾(비) : 사使와 같은 뜻.
4 共(공) : 함께 하는 것. 함께 사는 것.
5 咎(구) : 허물. 잘못.
6 比于罰(비우벌) : 벌주는 일에 줄을 세우다. 여기서는 '줄을 세워 벌을 주다'로 번역했다.

강설 |

수준 낮은 정치인은 먼저 조상과 하늘을 이용하고 다음으로는 모든

정책을 백성들을 위한 정책이라고 설득한다. 말하자면, '내가 하는 모든 것은 너희들을 위한 것이니 나를 따르도록 하라'는 식이 그것이다. 오늘날 정치인들이 정책을 발표할 때마다 국민을 위한 것이라는 말을 앞세우는 것과 같은 맥락이다.

금여장시이여천 안정궐방 여불우짐심
今予將試以汝遷하여 安定厥邦이어늘 汝不憂朕心

지유곤 내함대불선내심 흠념이침 동
之攸困이요 乃咸大不宣[1]乃[2]心하여 欽念[3]以忱[4]하여 動

여일인 이유자국자고 약승주 여불제
予一人하나니 爾惟自鞠[5]自苦로다 若乘舟나 汝弗濟하

취궐재 이침불속 유서이침 불기혹
여 臭厥載[6]로다 爾忱不屬[7]하니 惟胥[8]以沈하여 不其或

계 자노 갈추
稽[9]어니 自怒인들 曷瘳[10]리오

국역 |

지금 나는 시험삼아 너희들 때문에 천도하여 이 나라를 안정시키려 하는데, 너희들은 내 마음이 얼마나 고달픈지 걱정도 하지 않고, 모두 너희들의 마음을 크게 써서 경건한 마음으로 정성을 다해 나 한 사람을 감동시키지 못하니, 너희들은 오직 스스로를 궁하게 하고 스스로를 고달프게 만들었다. 이는 마치 배를 탔으나 너희들이 건너지 않아 그 짐들을 냄새나게 만드는 것과 같다. 너희들의 정성이 이어지지 않으니, 오직 서로 끌어당기며 함께 침몰하여 잠시도 멈추지 않을 것이다. (그때 가서) 스스로 분노한들 무슨 소용이 있겠는가.

난자풀이 |

1 宣(선) : 베풀다. 생각을 말하다. 마음을 쓰다.
2 乃(내) : 너.
3 念(념) : 마음을 다하다. 염원하다.
4 忱(침) : 정성. 참마음.
5 鞠(국) : 궁하다.
6 載(재) : 싣다. 실은 짐.
7 屬(속) : 잇다. 이어지다.
8 胥(서) : 서로 끌어당기다.
9 稽(계) : 머무르다. 머무르게 하다.
10 瘳(추) : 낫다. 병이 낫다.

강설 |

수준이 낮은 정치인들은 자신을 따르지 않는 국민들에게 도로 역정을 내는 경우가 있다. '내가 너희들을 위해 이렇게 고생하는데, 왜 위로를 해주지 못하는가'라는 식이다. 정작 국민들은 그렇게 정치해달라고 부탁하지도 않았다. 그런데 자기 스스로 그렇게 해놓고 거꾸로 국민들에게 요구하는 것이다. 적반하장이다. 반경의 수준이 그러했다.

반경은 또 '모두 한배를 탔으니 잘못하면 모두가 다같이 망할 것이라'고 하면서 백성들에게 협박하는 투의 말을 이어간다.

汝不謀長(여불모장)[1]하여 以思乃災(이사내재)[2]하나니 汝誕勸憂(여탄권우)[3][4]로다 今其有今(금기유금)[5]이나 罔後(망후)하리니 汝何生在上(여하생재상)이리오 今予命汝(금여명여)하노니 一無起穢以自臭(일무기예이자취)[6]하라 恐人倚乃身(공인의내신)[7]하여 迂乃心(우내심)[8]하노라

국역 |

너희들은 긴 장래를 헤아려 너희들에게 닥칠 재앙을 생각하지 않으니, 너희들은 걱정거리를 크게 재촉하는구나. 지금 아마도 지금은 견딜 수 있으나 그 다음은 없을 것이니, 너희들은 어찌 생명이 하늘에 달려 있는 것이겠는가. 지금 내가 너희에게 명하나니, 하나같이 모두 더러운 것을 만들어 스스로를 냄새나게 하지 말라. 사람들이 너희들의 몸을 기울이고 너희들의 마음을 왜곡할까 두렵다.

난자풀이 |

1 長(장) : 긴 것. 먼 장래.
2 乃災(내재) : 너희들에게 닥칠 재앙.
3 誕(탄) : 크다.
4 勸(권) : 재촉하다.
5 其(기) : 가벼운 추측을 나타내는 말. 아마도.
6 穢(예) : 더럽다. 거칠다. 더러운 것. 기예起穢는 '더러운 것을 만든다'는 뜻이다. 여기서는 옛 땅을 고집하여 항거하는 것을 말한다.
7 倚(의) : 치우치다. 기울다. 기울이다.
8 迂(우) : 물정에 어둡다. 먼 길. 왜곡하다.

강설 |

반경은 위급한 상황임을 깨우쳐 사람들을 겁먹게 한 뒤 자기가 그들을 걱정하는 것처럼 분위기를 조성한다.

予迓續乃命于天하노니 予豈汝威리오 用奉畜汝衆이니라 予念我先神后之勞爾先하노니 予丕克羞爾는 用懷爾然이니라 失于政하여 陳于茲하면 高后丕乃崇降罪疾하사 曰 曷虐朕民고하시리라

국역 |

나는 하늘로부터 너희들의 생명을 맞이하여 이어주려 하는 것이다. 내가 어찌 너희들을 위협하겠는가. 너희 대중들을 받들어 기르려고 하는 것이다. 나는 우리 선대의 신령스런 임금께서 너희들의 선조를 위로하신 것을 생각하나니, 내가 크게 너희들을 먹여주는 것은 너희들을 좋아하기 때문이다. 정사에 실기失期하여 여기에서 썩고 있으면 고후께서 크게 죄와 병을 가득 내리시면서 '어찌 나의 백성들을 학대하는가!'라고 할 것이다.

난자풀이 |

1 迓(아) : 마중하다. 나가 맞다.
2 用(용) : 이以와 통용.
3 畜(휵) : 기르다. '기르다'는 뜻일 때는 음이 '휵'이다.
4 羞(수) : 맛있는 음식. 음식을 먹여주다. 길러주다.
5 失(실) : 실기하다. 기회를 놓치다.
6 陳(진) : 묵다. 섞다.
7 乃(내) : 이에. 조음소.

[8] 崇(숭) : 가득 채우다. 가득.

강설 |

알미운 정치는 위협을 가하면서도 자기의 정치에 대해서 '위협하는 정치가 아니라 사랑하는 정치'라고 변명하는 정치이다. 반경은 백성들에게 위협을 가하면서도 사랑하는 것이라고 설득한다. 그리고 백성들을 사랑하는 것이 하늘의 명령이라고 둘러댄다. 하늘은 이처럼 수준 낮은 정치가들에게 정권을 유지하기 위한 수단으로 이용되기 쉬운 면이 있다. 매우 주의해야 할 일이다.

여만민 내불생생 기여일인유 동심 선후
汝萬民이 乃不生生하여 暨[1]予一人猷[2]로 同心하면 先后

비강여여죄질 왈 갈불기짐유손 유비 고
丕降與汝罪疾하사 曰 曷不暨朕幼孫으로 有比[3]하여 故

유상덕 자상 기벌여 여망능적
有爽[4]德고하시리니 自上으로 其[5]罰汝면 汝罔能迪[6]하리라

국역 |

너희 만 백성들이 살고 사는 방향으로 나아가 나 한 사람의 계책에 한 마음으로 따르지 않는다면, 선대의 임금께서는 너희들에게 죄와 병을 크게 내려 주시면서, '어찌 나의 어린 손자와 한 편이 되지 못하고 그 때문에 덕을 잃어버리는가!'라고 할 것이니, 위에서 아마 너희들에게 벌을 주신다면, 너희들은 벗어날 수 없을 것이다.

난자풀이 |

1 曁(기) : 급及, 여與 등과 같은 뜻.
2 猷(유) : 꾀. 계략. 길.
3 比(비) : 한 편이 되다.
4 爽(상) : 어그러지다. 상하다.
5 其(기) : 약간의 추측을 나타내는 조음소. 아마.
6 迪(적) : 나아가다.

강설 |

다음으로 반경은 자기를 따르지 않으면 조상으로부터 벌을 받을 것이라고 협박한다. 정권을 유지하기 위해서 이용할 것은 다 이용하는 것이다.

古我先后(고아선후) 旣勞乃祖乃父(기로내조내부)[1]라 汝共作我畜民(여공작아휵민)[2][3]이니 汝有戕則在乃心(여유장칙재내심)[4][5][6]이면 我先后綏乃祖乃父(아선후수내조내부)[7]하시리니 乃祖乃父乃斷棄汝(내조내부내단기여)[8]하여 不救乃死(불구내사)하리라

국역 |

옛날 우리 선대의 임금께서 이미 너희들의 할아버지와 너희들의 아버지를 위로하셨으므로 너희들이 모두 내가 기르는 백성이 되었다. 너희들이 죽이거나 해치려는 마음을 가지고 너희들의 마음속에 두고 있

으면, 나의 선대의 임금께서 너희들의 할아버지와 너희들의 아버지를 꽉 붙잡고 계시니, 너희들의 할아버지와 너희들의 아버지는 너희들을 단념하고 포기하여 너희들이 죽더라도 구하지 않을 것이다.

난자풀이 |

[1] 勞(로) : 위로하다.
[2] 共(공) : 함께. 다 같이.
[3] 作(작) : 되다.
[4] 戕(장) : 죽이다. 손상을 입히다.
[5] 則(칙) : 적賊과 통용. 해치다.
[6] 在(재) : 두고 있다.
[7] 綏(수) : 수레의 손잡이 줄. 꽉 붙잡다.
[8] 斷(단) : 단념하다.

강설 |

조상을 이용하여 백성들에게 위협을 가한 반경은 다시 또 백성들의 조상을 이용한다. 백성들의 조상은 전대의 선왕에게 은혜를 입은 자들이니, 그들은 은인이었던 선왕의 후손에게 따르지 않는 자기의 후손들을 돌봐주지 않을 것이라는 논리를 전개한다.

玆[1]予有亂政(자여유란정)이나 同[2]位(동위)하여 具乃[3]貝玉(구내패옥)하면 乃祖乃父(내조내부)
丕乃[4]告我高后(비내고아고후)하여 曰(왈) 作丕刑于朕孫(작비형우짐손)이라하며 迪[5]高(적고)
后(후)하여 丕乃崇[6]降弗祥(비내숭강불상)하리라

국역

나의 정치가 혼란한데도 나와 한 자리에 있으면서 재물이나 보물을 모으면, 너희들의 할아버지와 너희들의 아버지는 우리 고후에게 크게 고하여 '나의 손자들에게 큰 형벌을 주겠다'고 하면서, 고후를 인도하여 상서롭지 못한 일들을 크게 가득 내릴 것이다.

난자풀이

1 玆(자) : 발어사.
2 同位(동위) : 같은 지위에 있다. 한 자리에 있다.
3 具乃(구내) : 갖추다. 모으다. 내乃는 동사 뒤에 붙어 있는 조음소.
4 丕乃(비내) : 크게. 내乃는 조음소.
5 迪(적) : 인도하다. 이끌다.
6 崇(숭) : 가득.

강설

앞 문장과 같은 맥락이다. 백성들의 조상들이 앞장서서 자기의 후손들을 벌할 것이라는 내용이다.

嗚呼(오호)라 今予告汝不易(금여고여불이)하고 永敬大恤(영경대휼)하여 無胥絶遠(무서절원)하노니 汝分猷(여분유)하여 念以相從(염이상종)하여 各設中于乃心(각설중우내심)하라

[1] 敬 [2] 大 [3] 恤 / [4] 分 [5] 猷 / [6] 于

국역 |

아아! 지금 나는 너희들에게 (천도가) 쉽지 않음을 고하고, 크나큰 사랑을 길이 보존하고 경건하게 베풀어 서로 절교하거나 멀리하지 않게 하나니, 너희들은 (나의) 생각을 나누어 가져 서로 따르도록 염원하여 각각 너희들의 마음속에 중심을 잡아라.

난자풀이 |

1 永(영) : 길이 보존하다.
2 敬(경) : 경건하게 베풀다.
3 恤(휼) : 구휼하다. 근심하다. 동정하다. 사랑하다.
4 分(분) : 나누어 가지다.
5 猷(유) : 꾀. 계책. 생각.
6 設中(설중) : 중심을 잡다. 데모 군중에 휩쓸리지 말고 정신을 차리라는 뜻이다.

강설 |

여러 가지로 위협적인 말로써 상대에게 겁을 준 뒤에 반경은 충성을 하도록 유도한다.

내 유 불 길 부 적 　 전 월 불 공 　 잠 우 간 귀 　 아 내
乃有不吉不迪이 顚越不恭하고 暫遇姦宄어든 我乃
1 2 3 4

의 진 멸 지 무 유 육 　 무 비 역 종 우 자 신 읍 　 왕
劓殄滅之無遺育하여 無俾易種于茲新邑하리라 往
5 6 7

재 생 생 　 금 여 　 장 시 이 여 천 　 영 건 내 가
哉生生하라 今予는 將試以汝遷하여 永建乃家니라
8

국역 |

그런데 불길한 자와 제 길로 가지 않는 자가 있어 넘어지고 나자빠지며 공손하지 않아, 잠시라도 간사한 도적들과 만난다면, 나는 코를 베고 모조리 죽여 하나도 남기거나 기르지 않아서, 이 새로운 도읍지로 옮겨서 뿌리내리지 못하게 하겠다. 가라. 살고 또 살아라. 지금 나는 너희들을 위해 천도하여 너희들의 집을 영원히 건설해주겠다."

난자풀이 |

1 乃(내) : 어조사. 여기서는 '그런데'로 해석하면 될 것이다.
2 不吉(불길) : 불길한 자.
3 不迪(부적) : 제 길로 가지 않는 자.
4 顚越(전월) : 넘어지다. 넘어지고 어긋나다.
5 殄(진) : 다하다. 모조리. 죽다. 모조리 죽이다.
6 易(역) : 바꾸다. 옮기다.
7 種(종) : 씨. 심다. 뿌리내리다.
8 試(시) : 시도하다. 추구하다.

강설 |

마지막으로 반경은 자기의 말을 듣지 않는 자들을 강력하게 처벌하겠다는 각오를 하면서 자기의 명령을 따라 줄 것을 당부하고 끝을 맺었다. 여기서 우리는 수준 낮은 권력자의 모습을 볼 수 있다.

盤庚 下 | 반경 하

반경 기천 전궐유거 내정궐위 수원
盤庚이 既遷하여 奠厥攸居하고 乃正厥位하여 綏爰[2]
[1]
유중 왈 무희태 무건대명
有衆하여 曰 無戲怠하여 懋建大命하라

국역 |

반경이 이미 천도를 하여 거주할 곳을 정하고 그 각각의 지위를 바로잡고는 대중들을 안심시키며 말했다. "놀거나 게으르지 말고 큰 명을 세우도록 힘써라.

난자풀이 |

[1] 奠(전) : 정하다.
[2] 綏爰(수원) : 안심시키다. 원爰은 조음소.

강설 |

반경은 이제 새 도읍지로 옮겼다. 상당수의 사람들은 새 도읍지로 따라오지 않았을 것이지만, 일단 따라온 중신들에게 훈시를 하였다. 반경은 '큰 명령을 세우도록 하라'고 당부했다. 여기서 큰 명령은 무엇을 의미하는 것일까? 정현鄭玄은 '면립아대명勉立我大命, 사심식교령使心識敎令, 상행지常行之'라 주석을 달았다. 말하자면, '내가 내린 큰 명령을 부지런히 받들어 마음으로 하여금 교령을 알게 하여 늘 행하도록 하라는 뜻이다. 명령을 세운다는 말은 명령을 받든다는 말이다.

새 도읍지로 이주한 반경은 몇 가지 큰 명령을 내린 뒤에 그 명령을 받들어 실천하도록 당부한 것이다.

今予其敷心腹腎腸하여 歷告爾百姓于朕志하고 罔罪爾衆이니 爾無共怒하여 協比讒言予一人하라

국역

지금 나는 심장과 배와 신장과 창자 속에 있는 말을 펼쳐 내어 너희 백성들에게 나의 뜻을 일일이 고하고 너희들에게 죄 주지 않을 것이니, 너희들은 함께 화를 내어 한 패가 되어 나 한 사람을 모함하는 말을 하지 말라.

난자풀이

1 敷(부) : 펼쳐 내다.
2 歷(력) : 하나하나. 일일이.
3 爾百姓于朕志(이백성우짐지) : 짐지우이백성朕志于爾百姓으로 놓으면 순서가 바르다. 그러나 고어에는 한국어의 어순으로 쓰여진 것이 종종 있다. 이 문장을 한국어의 어순으로 읽으면 순조롭게 읽혀진다. 아마도 고대에는 한국어의 어순으로 쓰였던 예가 많이 있었던 듯하다.
4 協比(협비) : 힘을 합쳐 한 패가 되다.

5 讒言(참언) : 참소하는 말. 모함하는 말.

강설 |

새 도읍지로 옮긴 반경에게 가장 두려운 것은 아직 민심이 안정되지 않았다는 사실이다. 만약 새로운 도읍지에서 민심이 동요되면 수습하기 어렵다. 더욱이 제후들이 동요하는 민심에 편승하여 함께 저항하면 낭패다. 그런데 만약 민심이 동요하는 죄를 물어 그 제후를 벌하면 제후들은 민심의 동요에 편승하게 될 것이다. 그래서 반경은 특별히 민심이 동요해도 제후에게 죄를 묻지 않겠다고 다짐했다.

古我先王(고아선왕)이 將多于前功(장다우전공)[1]하사 適于山(적우산)하사 用降我凶德(용강아흉덕)[2]하사 嘉績于朕邦(가적우짐방)하시니라 今我民(금아민)이 用蕩析離居(용탕석리거)[3]하여 罔有定極(망유정극)[4]이어늘 爾謂朕(이위짐)하되 曷震動萬民(갈진동만민)하여 以遷(이천)고 하나니다

국역 |

옛날 우리 선대의 임금은 그 전에 세운 공보다 더 많은 공을 세우기 위해 산에 가셔서 우리들의 흉한 덕을 낮추어 주시고, 우리나라에 아름다운 공적이 있게 하셨다. 그런데 지금 우리 백성들이 유랑하고 떨어져 살면서 일정한 주거지가 없으니, 너희들이 나에게 '어찌 만민을 뒤흔들어 천도를 하는가!' 하는구나.

난자풀이 |

1 多(다) : 많이 세우다.
2 降(강) : 낮추다.
3 蕩析(탕석) : 흩어지고 갈라지다. 유랑하다.
4 極(극) : 표준. 기준. 정해진 주거지.

강설 |

옛날의 선왕들이 어려운 일을 극복하고 큰공을 세우는 방법은 하늘의 뜻을 받드는 것이었다. 그렇게 하기 위해서 선왕들은 산에 가서 기도를 드렸다. 반경은 이러한 사실을 예로 들어 자신의 천도도 하늘의 뜻임을 은근히 강조했다. 그리고 새 도읍지로 이주하면서 나타나는 혼란은 하늘의 뜻을 따르는 과정에서 나타나는 과도기적인 현상이기 때문에 참아 주어야 한다는 뜻으로 당부했다.

사상제 장복아고조지덕 난월아가 짐급
肆上帝 將復我高祖之德하사 亂[1]越我家어시늘 朕及
독경 공승민명 용영지우신읍 사여충
篤敬으로 恭承民命하여 用永[2]地于新邑하라 肆予沖
인 비폐궐모 적유령각 비감위복 용굉
人이 非廢厥謀라 弔[3]由靈[4]各[5]이며 非敢違卜이라 用宏
자분
茲賁[6]이니라

국역 |

비로소 하느님께서 우리 고조의 덕을 회복하여 우리 집안을 안정시켜 주시니, 나는 돈독하고 경건한 사람들과 함께 공손하게 백성들의 목숨을 받들어 새 도읍지에 영원한 터를 잡았노라. 나 어린 사람이 너희들의 의견을 폐지하려는 것이 아니라 신령스런 명령에 말미암고자 한 것이며, 결코 점괘를 어기려는 것이 아니라 이 아름다운 일을 확대하려 한 것이다.

난자풀이 |

1 亂越(란월) : 안정시키다. 란亂은 '다스리다', '안정시키다'는 뜻이고, 월越은 조음소.
2 用(용) : 이以와 통용.
3 弔(적) : 이르다. 다다르다. 적유弔由는 '이르러 말미암는다'는 뜻이지만, 문맥을 매끄럽게 하기 위해 '말미암는다'로 해석했다.
4 靈(령) : 신령스런 명령.
5 各(각) : 각格과 통용. 삼가. 삼가다. 신중하다. 영각靈各은 신령스럽고 신중한 거북점의 내용을 말한다.
6 賁(분) : 아름답다.

강설 |

반경은 새 도읍지로 이주하는 것을 하늘의 뜻으로 돌렸다. 당시의 사람들 중에는 천도를 반대하는 사람들도 많았고, 그들이 뽑은 점괘에는 천도가 불가능한 것으로 나오기도 했던 듯하다. 그런데 반경은 그들의 의견과 점괘를 무시하고 천도를 감행하면서, 그것이 하늘의 신령스럽고 신중한 명령을 따르는 것이고, 아름다운 일을 만드는 것이라고 주장한다.

종교적 성향을 가진 정부가 타락하는 것이 대개 이러한 경우이다. 옛날 탕임금은 하늘의 뜻을 받들어 실천하는 사람이었다. 하늘의 뜻을 받드는 사람은 남을 사랑한다. 하늘의 뜻을 받드는 것은 근본적인 것이고, 사람을 사랑하는 것은 결과적으로 나타나는 부수적인 것이다. 탕임금이 백성을 사랑하는 것도 그러한 것이었다. 그래서 사람들은 하늘을 좋아하고, 하늘의 뜻을 받드는 사람을 좋아한다.

그런데 하늘의 뜻을 모르고 하늘의 뜻을 받들지 않는 사람이 정치를 하면 사람을 사랑하지 않고, 오히려 지배의 대상으로 삼는다. 그렇게 되면 사람들은 반발할 수밖에 없다. 이 반발을 무마하기 위해서 정치인들은 옛날 백성들에게 인기를 누렸던 선인들의 방법을 모방하여 하늘을 들먹인다. 말하자면 하늘을 팔아먹는 것이다. 이러한 방식은 처음에는 약간의 효과를 얻을 수 있지만, 그것이 계속되면 사람들이 반발한다. 사람들의 반발이 차츰 커져서 하늘 그 자체를 싫어할 정도가 되면 더 이상 그 정권은 유지되지 못한다.

반경은 하늘의 뜻을 받들고 따르는 것이 아니라 정권을 유지하기 위해서 팔아먹고 있는 것이다. 상나라의 멸망은 아마도 반경 때부터 시작되었을 것이다.

嗚呼(오호)라 邦伯師長百執事之人(방백사장백집사지인)은 尙[1]皆隱[2]哉(상개은재)어다 予其懋簡[3]相[4]爾念敬我衆(여기무간상이념경아중)이니라 朕(짐)은 不肩[5]好貨[6](불견호화)하고 敢恭生生(감공생생)하여 鞠[7]人謀人之保居(국인모인지보거)를 敍[8]欽(서흠)하노라

국역 |

아아! 방백과 사장과 모든 집사자들은 부디 모든 것을 똑바로 해야 할 것이다. 나는 너희들이 나의 백성들을 염려하고 공경하는 것을 힘써 조사하고 살필 것이다. 나는 재물을 좋아하는 자들과 어깨를 나란히 하지 않을 것이다. 감히 공손하게 사는 방향으로만 나아가 사람들을 길러주고 사람들의 안전한 주거지를 도모하는 자들을 순서대로 등용하여 공경할 것이다.

난자풀이 |

1 尙(상) : 부디. 아무쪼록.
2 隱(은) : 바로잡다.
3 簡(간) : 대쪽. 가리다. 선발하다. 검열하다. 조사하다.
4 相(상) : 보다. 살피다.
5 肩(견) : 어깨를 나란히 하다.
6 好貨(호화) : 재물을 좋아하는 자.
7 鞠(국) : 길러주다.
8 敍(서) : 차례대로 등용하다.

강설 |

사람들을 두렵게 만드는 것 중의 하나는 사람들의 뒷조사를 하는 것이다. 뒷조사를 하여 잘못이 있는 자를 처벌하면 사람들은 공포에 떨게 된다. 반경은 이를 감행한다.

금아기수고이우짐지 약부 망유불흠 무
今我旣羞告[1]爾于朕志[2]하니 若否[3] 罔有弗欽하라 無
총우화보 생생 자용 식부민덕 영견
總[4]于貨寶하고 生生[5]으로 自庸[6]하라 式[7]敷民德하여 永肩[8]
일심
一心하라

국역 |

이제 내가 너희들에게 나의 뜻을 다 말했으니, 나를 따르는 자나 따르지 않는 자나 공경하지 않음이 없도록 하라. 재물이나 보배에 총력을 기울이지 말고, 살고 사는 길을 스스로 따르도록 하라. 모범적으로 백성들에게 덕을 펴서 영원히 한 마음으로 함께 하도록 하라."

난자풀이 |

[1] 羞告(수고) : 나아가 고하다. 여기서는 문맥을 부드럽게 하기 위해서 '고하다'로 번역했다.
[2] 爾于朕志(이우짐지) : 이 문장은 짐지우이朕志于爾로 되면 부드럽다. 그러나 한국어의 순서로 읽으면 이대로 두는 것이 좋다. 이 또한 고대에 한국어의 순서로 쓰였던 증거로 보여진다.
[3] 若否(약부) : 약若은 순順의 뜻. 약若은 나를 따르는 자이므로 오늘날의 여당에 해당되고, 부否는 따르지 않는 자이므로 오늘날 야당에 해당한다.
[4] 總(총) : 총력을 기울이다.
[5] 生生(생생) : 살고 사는 길.
[6] 庸(용) : 쓰다. 따르다.
[7] 式(식) : 모범적으로.
[8] 肩(견) : 어깨를 나란히 하다. 함께 하다.

강설 |

마지막으로 반경은 다 함께 잘살아 보자고 당부하면서 끝을 맺었다.

說命 上 | 열명 상

고종高宗이 부열傅說에게 명한 기록이다. 상편은 부열을 얻어 정승으로 명한 것이고, 중편은 부열이 재상으로 있으면서 진언한 것이며, 하편은 부열이 학문을 논한 것이다. 엄밀히 말하면 열명說命은 상편에만 해당하는 제목이지만, 부열과 관계되는 세 편을 모두 이 이름으로 묶은 것이다. 『금문상서今文尙書』에는 없고 『고문상서古文尙書』에는 들어 있다.

王이 宅憂[1]亮陰[2]三祀하여 既免喪이나 其惟弗言이어늘 群臣이 咸諫于王曰 嗚呼라 知之曰明哲이니 明哲이 實作則하나니 天子惟君萬邦이어든 百官이 承式[3]하되 王言이 惟作命[4]하나니 不言하시면 臣下罔攸稟令[5]하리이다

국역 |

임금이 양암亮陰에서 상을 입은 지 3년째에 상을 벗었으나, 결코 말

을 하지 않으니, 여러 신하들이 모두 임금에게 간하여 말했다. "아아! 아는 것을 명철하다고 하는 것이니, 명철한 사람이 실지로 규칙을 만드는 것입니다. 천자께서 오직 만방에 임금노릇을 하시면 백관들은 받들고 본받습니다만, 임금님의 말씀이 오직 지상명령이 됩니다. 말씀을 안 하시면 신하들이 명령을 받들 수가 없습니다."

난자풀이 |

[1] 宅憂(택우) : 걱정에 산다는 것은 상을 입는 것을 말한다. 거상居喪. 집상執喪.
[2] 亮陰(량암) : 채침에 의하면, 량亮은 량諒, 량梁과 통용되어 문설주이고, 음陰은 암闇과 통용되어 여막이므로, 량음亮陰은 상중에 거처하는 여막을 말한다.
[3] 式(식) : 본받다. 법식으로 삼다.
[4] 命(명) : 최고의 명령. 오늘날의 헌법과 같은 뜻.
[5] 稟(품) : 받다.

강설 |

고종이 상을 당해서 양암이란 곳에서 3년 상을 마쳤다. 그러나 고종 스스로는 아직 충분한 정치 역량이 없다고 생각했다. 정치 역량이 모자란다고 생각할 때 취할 수 있는 가장 좋은 방법은 역량 있는 훌륭한 사람을 발굴하여 그에게 맡기는 것이다. 고종은 훌륭한 사람을 찾을 때까지 침묵을 했다.

왕 용 작 서 이 고 왈 이 이 정 우 사 방 이 공 덕 불
王庸[1]作書以誥[2]曰 以台로 正于四方이실새 台恐德弗
류 자 고 불 언 공 묵 사 도 몽 제 뢰 여
類[3]하여 茲故로 弗言하여 恭默思道하더니 夢에 帝賚[4]予

良弼하시니 其代予言하리라 乃審厥象하여 俾以形으로 旁求于天下하니 說이 築傅巖之野하더니 惟肖하더라

(한자 위 독음: 량필 / 기대여언 / 내심궐상 / 비이형 / 방구우천하 / 열 / 축부암지야 / 유초; 審5, 說6, 築7, 傅巖8)

국역 |

임금이 글을 지어 훈계하기를, "(하늘이) 나로써 사방에서 바르게 하도록 하시기에 나는 덕이 (선왕들과) 같지 않을까 두려워해서, 이 때문에 말을 하지 않고 공손하고 침묵하며 도를 생각했었는데, 꿈에 하느님께서 나에게 좋은 보필을 주셨으니 그가 나를 대신해서 말할 것이다." 하고, 그 인상을 자세히 기억하여 그 형상을 가지고 온 천하에 두루 찾게 하니, 부열이 부암이란 들판에서 성을 쌓고 있었는데, 꼭 닮았었다.

난자풀이 |

1 庸(용) : 용用과 통용. 용用은 이以와 통용.
2 誥(고) : 훈계하다. 가르치다.
3 類(류) : 같다. 동류.
4 賚(뢰) : 주다. 하사하다.
5 審(심) : 자세히 기억하다.
6 說(열) : 부열의 이름.
7 築(축) : 채침은 '살다'는 뜻으로 해석했으나, 『맹자』에 '부설거어판축지간傅說擧於版築之間'이란 말이 있는 것을 보면, 축築은 '쌓다'는 뜻으로 쓰였음을 알 수 있다.
8 傅巖(부암) : 채침에 의하면, 우虞와 괵虢의 경계에 있었다고 한다.

강설 |

인재를 찾기 위해 정성을 다한 고종은 꿈에 훌륭한 재상을 만나고, 그의 얼굴을 기억했다가 부열을 찾아내었다.

정치의 수준을 크게 분류하면 세 가지로 분류할 수 있다.

첫째, 임금이 천명을 알고 실천하면서 동시에 훌륭한 신하를 발탁하여 그와 함께 좋은 정치를 실현하는 경우.

둘째, 임금은 천명을 잘 알지 못하지만, 자신의 부족함을 알아서 훌륭한 사람을 발탁하여 그에게 정치를 맡기면서 가르침을 받는 경우.

셋째, 임금이 천명을 알지 못하면서 자기가 훌륭하다고 착각하여 자기에게 아부하는 사람과 함께 정치를 하는 경우.

이상의 세 가지 정치형태 중에서 첫째가 가장 이상적인 것이고, 둘째가 중간이며, 셋째가 가장 낮은 수준이다. 그러나 역사적으로 보면 셋째의 경우가 가장 많다. 둘째의 경우만 되어도 상당히 괜찮다. 고종이 둘째의 경우이다. 반경 수준의 정치가 계속되었다면 상나라는 곧 망했을 것이지만, 고종 같은 우수한 지도자가 나왔기 때문에 상당기간 더 지속될 수 있는 힘이 축적되었을 것이다.

爰立作相하여 王이 置諸其左右[1]하다 命之曰 朝夕에 納誨[2]하여 以輔台德하라 若金이어든 用汝하여 作礪[3]하며 若濟巨川이어든 用汝하여 作舟楫[4]하며 若歲大旱이어든 用汝하여 作霖雨[5]하리라

국역 |

이에 그를 세워 재상으로 삼고, 임금이 그의 좌우에 두었다. 이윽고 임금이 그에게 다음과 같이 명령했다. "아침저녁으로 가르쳐주어 나의 덕을 보좌하라. 만약 쇠를 다룬다면 그대를 숫돌로 삼을 것이며, 만약 큰 내를 건넌다면 그대를 배나 노로 삼을 것이며, 만약 어떤 해에 큰 가뭄이 든다면 그대를 장맛비로 삼겠다.

난자풀이 |

1 諸(저) : 지어之於 두 자의 뜻과 같다. 이때의 음은 '저'이다.
2 納誨(납회) : 가르침을 주다.
3 礪(려) : 숫돌.
4 楫(즙) : 노.
5 霖(림) : 장마.

강설 |

참다운 인재를 발굴한 고종은 그를 정치의 요직에 앉혀 핵심적인 역할을 하게 하면서 한편으로는 그에게 많은 것을 배웠다. 이렇게 할 수 있기 위해서는 최소한 두 가지 능력을 갖추어야 한다. 하나는 훌륭한 사람을 알아보는 능력이 있어야 하고, 둘째는 그에게 맡기고 뒤에서 기다릴 수 있을 정도로 자존심을 버려야 한다. 그러한 사람은 참으로 드물다.

계내심 옥짐심 약약 불면현 궐질 불
啓乃心하여 沃朕心하라 若藥이 弗瞑[1]眩이면 厥疾이 弗

추 약선 불시지 궐족 용상 유기내료
瘳[2]하며 若跣[3]이 弗視地면 厥足이 用傷하리라 惟暨乃僚로

망부동심 이광내벽 비솔선왕 적아고후
罔不同心하여 以匡乃辟하여 俾率先王하여 迪[4]我高后

이강조민 오호 흠여시명 기유유종
하여 以康兆民하라 嗚呼라 欽予時[5]命하여 其惟有終하라

국역 |

너의 마음을 열어 나의 마음을 기름지게 하라. 만약 약을 먹어도 어지럽지 않으면 그 병이 낫지 않으며, 만약 발이 땅을 살피지 않으면 발이 다칠 것이다. 오직 너의 관료들과 동심하여 너의 임금을 바로잡아 선왕을 따르게 하여 우리 고후의 자취를 밟아 억조 백성들을 편안케 하지 않음이 없어야 할 것이다. 아아! 나의 이 명령을 경건히 받들어 오직 유종의 미를 거두도록 하라."

난자풀이 |

[1] 瞑(면) : 아찔하다. 현기증이 나다. 면현瞑眩은 현기증이 나는 것.
[2] 瘳(추) : 병이 낫다.
[3] 跣(선) : 맨발.
[4] 迪(적) : 나아가다. 이끌다. 자취를 밟다. 길을 따라 가다.
[5] 時(시) : 시是와 통용.

강설 |

부열을 발탁한 고종은 부열에게 정치를 맡겼다. 부열에게 정치를 맡기면 부열의 체제가 견고해질 때까지 당분간 더 혼란해질 것이다. 그것은 약을 먹으면 낫기 전에 잠깐 동안 더 어지러워지는 것과 같다. 그 어지러움은 나빠지는 것이 아니라 좋아지기 위한 조짐인 것이다. 이를 알고 있는 고종은 부열에게 당부하기를, '잠시 혼란한 일이 있더라도, 주위의 상황에 잘 맞추어, 조심조심 잘 극복하기 바란다'고 했다. '발이 땅을 살피지 않으면 발이 다칠 것이라'는 말은 사람이 주위의 상황을 살펴야지 주위의 상황이 사람을 살펴주지 않는다는 것을 뜻한다.

說(열)이 復(복)[1]于(우)王(왕)曰(왈) 惟(유)木(목)從(종)繩(승)則(즉)正(정)하고 后(후)從(종)諫(간)則(즉)聖(성)하나니 后(후)克(극)聖(성)이시면 臣(신)不(불)命(명)其(기)承(승)이온 疇(주)[2]敢(감)不(불)祗(지)[3]若(약)[4]王(왕)之(지)休(휴)命(명)하리잇고

국역 |

열이 임금에게 다음과 같이 아뢰었다. "오직 나무는 먹줄을 따르면 반듯해지고, 임금은 간하는 말을 따르면 성스러워집니다. 임금이 성스러워지시면 신하들은 명령하지 않아도 잘 받들 것이니 누가 감히 임금님의 아름다운 명령을 공경하거나 따르지 않겠습니까?"

난자풀이 |

1 復(복) : 대답하다. 복명하다.
2 疇(주) : 누가.
3 祗(지) : 공경하다.
4 若(약) : 순順과 같은 뜻.

강설 |

임금에게 당부의 말을 들은 부열은 의욕이 생겼다. 좋은 정치를 할 수 있는 기회가 왔다고 생각했기 때문이다. 훌륭한 정치를 할 수 있는 첫째 조건은 임금을 훌륭한 사람으로 만드는 것이다. 그러기 위해서는 훌륭한 사람이 임금을 깨우쳐야 한다. 그래서 부열은 훌륭한 사람의 말을 잘 받아들이도록 임금에게 당부한 것이다.

說命 中 | 열명 중

惟說이 命으로 總百官하니라 乃進于王曰 嗚呼라 明王이 奉若天道하사 建邦設都하여 樹后王君公하시고 承以大夫師長하심은 不惟逸豫라 惟以亂民1이니이다 惟天이 聰明하시니 惟聖이 時2憲3하시면 惟臣이 欽若4하

며 惟民(유민)이 從乂(종예)하리이다

국역 |

부열이 임금의 명으로 백관들을 총괄하게 되었다. 그리하여 임금에게 나아가 다음과 같이 말했다. "아아! 현명한 임금이 천도天道를 받들고 따라서, 나라를 세우고 도읍을 건설하여, 임금과 군주와 제후들을 세우고 대부와 사장을 데리고 받들게 함은, 편안하고 즐기려는 것이 아니라, 오직 백성들을 다스리고자 한 것입니다. 오직 하늘이 총명하시니 오직 성상께서 이를 본받으시면, 신하들은 경건한 마음으로 따를 것이며, 백성들은 잘 순종하여 다스려질 것입니다.

난자풀이 |

1 亂(란) : 다스리다.
2 時(시) : 시是와 통용.
3 憲(헌) : 본받다.
4 若(약) : 순順과 같은 뜻.

강설 |

정치의 기본은 하늘의 뜻을 받들어 백성들을 사랑하는 것이다. 이러한 정치의 기본에 충실하도록 부열이 임금에게 주문한 것이다.

惟口는 起羞하며 惟甲冑는 起戎하나니이다 惟衣裳[1]을 在笥[2]하시며 惟干戈를 省厥躬하사 王惟戒茲하사 允茲克明하시면 乃罔不休하리이다 惟治亂이 在庶官하니 官不及私昵[3]하사 惟其能하시며 爵罔及惡德[4]하사 惟其賢하소서

국역 |

오직 입은 부끄러운 일을 만들어내고 갑옷과 투구는 전쟁을 일으킵니다. 그러니 (문관들이 입는) 의상은 상자에 넣어두시고, 방패와 창을 (장수에게) 줄 때는 (장수의) 몸을 살펴야 합니다. 임금께서는 오직 이를 경계하시어 이를 진실로 믿고 분명하게 하시면 아름답지 않은 것이 없을 것입니다. 오직 잘 다스려지거나 어지러워지는 것은 여러 관리들에게 달려 있습니다. 관리를 사적으로 친한 자에게 임명하지 마시고 오직 능력대로 하시며, 작위는 악덕에게 주지 마시고 오직 현명한 자에게 주십시오.

난자풀이 |

[1] 衣裳(의상) : 문관들이 입는 관복.
[2] 笥(사) : 상자. 밥이나 옷을 담는 네모진 상자.
[3] 昵(닐) : 친하다. 친숙하게 지내는 사람.
[4] 惡德(악덕) : 악덕의 사람.

강설 |

정치를 수행하는 데 가장 문제가 되는 것은 최고 지도자가 말을 함부로 하는 것이다. 말을 함부로 하면 문제가 많이 노출된다. 말이란 구별하는 것이다. 말을 많이 한다는 것은 자꾸 편가르기를 하는 것이 된다. 말로써 정치하는 것이 아니라 한마음에서 나오는 사랑으로 하는 것이다.

말을 많이 하는 것 중에서 더욱 문제가 되는 것은 인사人事에 관한 것이다. 최고 지도자가 벼슬자리를 놓고 선심을 남발하면 기강은 바로 무너진다. 인사처럼 민감한 것이 없다. 인사는 공정해야 한다. 그래서 부열은 하늘의 뜻을 받들도록 권유한 다음, 바로 말조심과 인사관리를 철저히 하도록 주문했다. 의상은 관리에게 입히는 것이다. 그러므로 의상을 준다는 것은 관리를 임명하는 것을 의미한다. 그래서 부열은 의상을 들고 다니며 벼슬자리를 남발하지 말고, 상자에 넣어두고 신중을 기하도록 주문한 것이다.

관리를 임명하는 것 다음으로 중요한 것은 장수를 임명하는 것이다. 장수는 무력을 이용하여 정권을 빼앗을 수도 있다. 역사적으로 보더라도 군인에 의해 정권이 무너진 예가 많다. 그렇다고 해서 장수를 없앨 수는 없다. 장수가 없으면 외국의 침략을 방비할 수 없기 때문이다. 그래서 장수를 임명할 때는 매우 신중해야 한다. 인품과 덕이 있는지 어떤지를 잘 살펴야 한다. 이 두 가지를 주문한 부열은 다시 관리 임명에 있어 주의할 점으로서, 첫째, 사적인 친분에 좌우되지 말고 능력자를 임명할 것, 둘째, 악덕에게 작위를 주지 말고 현명한 자에게 줄 것을 제시했다.

여선이동 동유궐시 유기선 상궐선
慮善以動하사되 動惟厥時하소서 有其善하면 喪厥善

긍기능 상궐공 유사사 내기유비
하고 矜其能하면 喪厥功하리이다 惟事事라야 乃其有備

유비 무환
니 有備면 無患이리이다

국역 |

선한 것을 헤아려서 움직이시되 움직임은 오직 때맞게 하소서. 자기가 착하다는 마음을 가지면 그 착함을 잃을 것이고, 자기의 능력을 자부하는 마음이 있으면 그 공을 잃을 것입니다. 일을 일답게 하셔야 아마도 완비됨이 있을 것이니, 완비되면 근심이 없을 것입니다.

강설 |

관리를 임명하고 장수를 임명한 뒤에는 훌륭하게 다스리는 일만 남는다. 훌륭한 다스림은 옳은 일과 때맞은 움직임에서 비롯한다.

옳은 일을 하는데 주의해야 할 점은 자기가 옳은 일을 한다는 의식을 가지면 안 된다는 것이다. 자기가 옳은 일을 한다는 의식을 갖는 것은 뒤집어 보면 남은 옳은 일을 하지 않는다는 의식을 갖는 것과 같다. 그렇기 때문에 그것은 옳은 일이 아니라 남을 무시하는 일이 된다. 또 자기가 옳은 일을 한다는 것을 의식할수록 '자아'가 강화되고 아집이 강화된다. 이는 남과 내가 하나된 마음에서 멀어지는 것이므로 진리에서 멀어진다. 그러므로 중요한 것은 옳은 일을 하되 옳은 일을 한다는 의식을 하지 않고 그냥 하는 것이다. 능력을 발휘하는 것도 마찬가지다. 자기가 능력이 있고 많은 공을 발휘한다는 의식을 갖는 순간 공은 사라진다.

어떤 의식을 가지거나 욕심으로 일을 하면 마음이 자꾸 다른 데로 가버리기 때문에 일이 일답게 진행되지 않는다. 옳은 일을 한다는 의식을 가지지도 않고, 능력이 있다는 의식도 없이, 오직 무심의 상태에서 일을 하면 마음이 산만하지 않기 때문에 일이 일답게 진행된다. 이렇게 하는 것이 일을 경건하게 하는 것이다. 정이천程伊川은 경敬을 '주일무적主一無適'으로 풀이했다. 즉, '하나에 집중하여 다른 데로 가는 것이 없다'는 뜻이다.

마음을 집중하여 최선을 다해야 비로소 일이 완비되고 뒷걱정이 없어진다.

無啓[1]寵納侮(무계총납모)하시며 無耻過作非(무치과작비)하소서 惟厥[2]攸居(유궐유거)라사 政事有醇[3](정사유순)하리이다 黷[4]于祭祀(독우제사) 時謂弗欽(시위불흠)이니이다 禮煩(예번)則亂(즉란)하며 事神則難(사신즉난)하니이다

▌국역 |

총애하는 자에게 틈을 주어 모욕을 받지 마시며, 허물을 부끄러워하여 그릇 된 일을 하지 마소서. 오직 거처하는 집을 작게 만들어야 정사가 순수해질 것입니다. 제사를 지낼 때 부정을 타면 이를 경건하지 않다고 하는 것입니다. 예가 번거로우면 어지러워지며, (그 어지러운 예로) 신을 섬기면 어렵게 됩니다."

난자풀이 |

1 啓(계) : 틈을 주다. 열어주다.
2 厥(궐) : 작다. 짧다. 단소短小.
3 醇(순) : 순일하다. 순수하다.
4 黷(독) : 더럽히다. 탁하게 하다. 욕되게 하다.

강설 |

마지막으로 부열은 조심해야 할 것 다섯 가지를 제시해서 주의하도록 당부했다. 그것은 다음과 같다.

첫째, 총애하는 자에게 틈을 주지 않아야 한다. 역사적으로 보면 총애하는 자 때문에 정치가 실패하는 사례가 많다. 총애하는 사람이나 환관들 때문에, 또는 총애하여 전권을 준 신하에 의해서 정치가 혼란해지거나 망하는 경우가 많다. 총애하는 사람의 잘못은 잘 보이지 않기 때문에 그 잘못이 자꾸 커져 결국 어렵게 되는 것이다.

둘째, 자기의 잘못을 숨기려고 거짓말하거나 다른 일을 꾸미지 않아야 한다. 잘못을 저질렀을 때는 반성이 제일이다. 반성을 하지 않고 그것을 은폐하면 일이 자꾸 커져서 결국 탈이 나고 만다.

셋째, 호화스러운 집을 짓거나 사치를 하지 않아야 한다. 정치가 혼란해지는 것이 정치하는 사람의 사치에서 비롯되는 경우가 많다. 정치하는 사람이 사치하면 백성들과 한마음의 상태를 유지하기 어렵다. 정치를 하는 사람이 자신은 다스리는 사람으로서 특권을 가지고 있다는 생각을 하면 사치를 하게 되지만, 그것은 백성들과 한마음의 상태를 유지하지 못하는 출발점이다. 그것은 패망의 원인이 된다.

넷째, 경건한 마음으로 신을 섬겨야 한다. 옛날에는 신을 섬기는 일이 많았다. 비가 오지 않을 때는 기우제를 지냈고, 얼음이 얼어야 할 때 얼지 않으면 기한제를 지냈다. 또 백성들과 화합하기 위해 잔치를 벌일 때도 제사의 형식을 빌었다. 이 때 경건한 마음이 되지 않으면 장

난이 되고 만다. 지금은 제사를 지내는 일은 없어졌지만, 백성들과 화합의 장을 펼칠 때는 많다. 예를 들면 국민들과의 대화의 장을 열거나 잔치를 하는 것, 또는 각종의 체육대회나 문화행사 등을 개최하는 것도 이에 해당한다. 이러한 행사를 할 때 경건하고 순수하지 않으면 목적을 달성할 수 없다.

다섯째, 예를 너무 번거롭게 하지 않아야 한다. 예가 번거로우면 백성들이 따를 수가 없다. 예가 복잡해질수록 서민들은 그 예를 따를 수 없고, 또 다스리는 사람은 그 예를 이용하여 서민들을 압박할 수도 있다. 오늘날의 법도 이와 마찬가지로 생각된다.

王曰(왕왈) 旨[1]哉(지재)라 說(열)아 乃言(내언)을 惟[2]服(유복)하리라 乃不良于言(내불량우언)이런들 予罔聞于行(여망문우행)이랏다 說(열)이 拜稽首曰(배계수왈) 非知之艱(비지지간)이라 行之惟艱(행지유간)하니 王忱[3]不艱(왕침불간)하시면 允[4]協于先王成德(윤협우선왕성덕)하시리니 惟說(유열)이 不言(불언)하면 有厥咎(유궐구)하리이다

국역 |

임금님이 다음과 같이 말했다. "아름답구나! 열아! 그대의 말을 일삼을 것이다. 그대가 말을 잘해주지 않았다면, 내가 실천하는 것에 대해 듣지 못했을 것이다." 그러자 부열이 절하고 머리를 조아리며 말했다. "아는 것이 어려운 것이 아닙니다. 행하는 것이 오직 어렵습니다. 임금님께서는 정성을 다하시며 어려워하시지 않으시면 진실로 선왕께서

이루신 덕에 어울릴 것입니다. 오직 저 부열이 말을 하지 않으면 허물이 될까 해서 말하는 것입니다."

난자풀이 |

1 旨(지) : 맛있다. 아름답다.
2 服(복) : 일삼다.
3 忱(침) : 정성. 참마음.
4 協(협) : 적합하다. 어울리다.

강설 |

부열의 말을 들은 고종은 그 내용에 흡족했다. 그 내용을 오직 실천하기만 하면 된다. 그래서 부열은 실천을 강조하면서 끝을 맺었다.

說命 下 | 열명 하

왕 왈 래 여 열 이 소 자 구 학 우 감 반 기 내 둔
王曰 來汝說아 台小子 舊學于甘盤[1]하더니 旣乃遯[2]

우 황 야 입 택 우 하 자 하 조 박 기 궐 종
于荒野하며 入宅[3]于河하며 自河徂亳하여 曁厥終하여

망 현
罔顯하라

국역 |

임금이 말했다. "오라! 그대 열아! 나 소자는 옛날에 감반에게 배우다가 황야로 숨었고, 하내에 들어가 집을 지어 살았으며, 황하에서 박으로 갔는데, (박에서의 생활을) 마칠 때까지 드러난 것이 없었다.

난자풀이 |

1 甘盤(감반) : 신하의 이름. 현명한 신하이나, 구체적으로 어떠한 인물인지 알려져 있지 않다.
2 遯(둔) : 물러나다. 달아나다.
3 入(입) : 황하로 들어간다는 말은 황하의 물로 들어가는 것이 아니라, 황하로 둘러쳐져 있는 곳의 안쪽으로 들어간다는 말이다. 다시 말하면, 하내河內로 들어가는 것을 말한다.

강설 |

임금인 고종이 자신의 부족한 점을 솔직히 드러내는 것은 쉬운 일이 아니다. 대개의 경우 임금은 권위를 지키기 위해 자신을 포장한다. 또 간사한 사람에게 자신의 부족한 점을 드러내면 오히려 위험하다. 부열이란 훌륭한 신하를 만났기 때문에 이 또한 가능한 일이다. 이 점에서 보면 고종에게는 두 가지 장점이 있음을 알 수 있다. 그것은 자신의 잘못을 드러낼 만큼 순수하다는 것과 부열 같은 훌륭한 인물을 알고 쓸 수 있을 정도로 높은 안목이 있다는 것이다.

이유훈우짐지 약작주례 이유국얼 약작
爾惟訓于朕志하여 若作酒醴어든 爾惟麴糱이며 若作
1 2

화갱 이유염매 이교수여 망여기 여
和羹이어든 爾惟鹽梅라 爾交修予하여 罔予棄하라 予
3 4

유극매내훈
惟克邁乃訓하리라
5

국역 |

그대는 오직 내 뜻에 맞게 가르쳐 달라. 만약 술과 단술을 만든다면 그대가 누룩이 되고, 만약 간을 한 국을 만든다면 그대가 소금과 매실이 되라. 그대가 나를 하나하나 닦아서 나를 버리지 않도록 하라. 나는 오직 그대의 가르침에 매진할 것이다."

난자풀이 |

1 醴(례) : 단술.
2 麴櫱(국얼) : 누룩.
3 和羹(화갱) : 간을 한 국.
4 交(교) : 번갈아. 교대로. 여기서는 '하나하나'로 번역했다. 번갈아 가며 닦게 한다는 것은 하나하나 모두 닦게 한다는 뜻이다.
5 邁(매) : 가다. 매진하다.

강설 |

임금의 입장에서 신하에게 모든 것을 배운다는 것은 참으로 어려운 일이다. 역사적으로도 그런 임금은 드물다. 삼국지에 나오는 유비劉備 정도가 그러한 인물이었다.

說曰 王이시여 人求多聞은 時惟建事니 學于古訓이라사 乃有獲하리니 學不師古하고 以克永世는 匪[1]說의 攸聞이로소이다

국역 |

부열이 말했다. "임금이시여. 사람이 많이 듣고자 하는 것은 오직 일을 잘 이루기 위해서니 옛 가르침에서 배워야 비로소 얻음이 있을 것입니다. 배워서 옛 것을 본받지 않고서도 세상을 길게 이어갈 수 있다는 것은 제가 듣지 못했습니다.

난자풀이 |

[1] 匪(비) : 비非와 통용.

강설 |

옛 것에서 배우는 것은 대단히 중요하다. 인류의 긴 역사 속에서 잉태되어온 것을 무시하고 혼자서 이루어낼 수 있는 것은 드물다. 옛 것을 무시하고 혼자서 독창적으로 이루었다고 말하는 사람이 있다면 아마도 그는 사이비일 것이다.

惟學은 遜志니 務時敏하면 厥修乃來하리니 允懷于茲하면 道積于厥躬하리이다

국역 |

오직 배우는 자세는 마음을 겸손하게 가져야 하는 것이니, (배우는) 일에 민첩하면 그 닦여짐이 비로소 다가올 것이니, 진실로 이에 대해 마음을 쓰면 도가 몸에 쌓일 것입니다.

난자풀이 |

1. 時(시) : 시是와 통용. 시是는 도치된 말의 가운데에 들어간다. 그러므로 이 문장은 민무敏務로 해석하면 될 것이다.
2. 懷(회) : 마음. 생각. 마음을 쓰다.

강설 |

배움에 목마른 고종의 태도를 본 부열은 비로소 배우는 자의 자세에 대해 언급했다. 배우는 자가 갖출 두 가지 조건은 마음을 겸손하게 갖는 것과 배우는 일에 민첩하게 노력하는 것이다.

배우는 데 가장 방해가 되는 것은 자만심이다. 지위가 높은 사람이 지위가 낮은 스승에게 배우거나 나이가 많은 사람이 나이가 어린 스승에게 배울 때일수록 마음의 자세가 더욱 중요하다. 또 자기가 가진 특수한 이론을 가지고 스승의 가르침을 재단하는 것도 좋은 자세가 아니다. 오직 목마른 사람이 물을 찾듯, 마음속에 배우겠다는 일념뿐이어

야 한다. '마음이 가난한 자는 복이 있다'는 성경의 말씀이 바로 이를 의미한다.

惟斅[1](유효)는 學半(학반)이니 念終始(염종시)하여 典于學(전우학)하면 厥德修(궐덕수)를 罔覺[2](망각)하리이다 監于先王成憲(감우선왕성헌)하사 其永無愆[3](기영무건)하소서 惟說(유열)이 式克欽承(식극흠승)하여 旁[4]招俊乂[5](방초준예)하여 列于庶位(열우서위)하리이다

국역 |

오직 가르치는 것이 배움의 반입니다. 염원하기를 한결같이 하여 배움에 모범이 되시면 그 덕의 닦여짐이 모르는 사이에 다가올 것입니다. 선왕이 이루신 법도에서 살피시어 영원히 허물이 없게 하소서. 오직 저는 경건한 마음으로 뜻을 받들어 빼어난 인재들을 사방에서 불러들여 여러 자리에 줄서게 하겠습니다."

난자풀이 |

[1] 斅(효) : 가르치다.
[2] 罔覺(망각) : 깨닫지 못하는 사이에 이루어지다. 모르는 사이에 다가오다.
[3] 其(기) : 가벼운 명령의 뜻을 가지고 있다. ~하소서.
[4] 旁(방) : 방방곡곡. 사방.
[5] 俊乂(준예) : 빼어난 인재.

강설 |

가르치는 것도 배우는 방법 중의 하나다. 그래서 부열은 고종에게 배운 만큼 주위의 사람들에게 가르치는 것도 배움에 도움이 된다고 깨우쳤다. 가르치는 과정에서 배움이 더 확고해질 수 있기 때문이다. 그렇다고 해서 배움이 시원찮은 사람이 가르치는 데 치중하는 것은 금물이다. 자신이 배운 내용을 성실하게 가르치는 것이 중요하다.

배움으로 인격을 완성하는 길은 멀기 때문에 시간이 오래 걸린다. 그러므로 오직 배움을 염원하는 마음이 한결같아야 그 배움을 이루어 낼 수 있다. 맹자는 "반드시 일삼되 미리 성공을 작정하지 말고 마음으로 잊지 말며, 조장하지도 말라"고 했다.

왕 왈 오 호 열 사 해 지 내 함 앙 짐 덕 시 내 풍
王曰 嗚呼라 說아 四海之內 咸仰朕德은 時乃風이
고 굉 유 인 양 신 유 성
니라 股肱이라사 惟人이며 良臣이라사 惟聖이니라

국역 |

임금님이 다음과 같이 말했다. "아아! 열아! 사해 안이 모두 나의 덕을 우러러보게 된 것은 그대가 일으킨 바람 덕분이다. 팔 다리가 있어야 사람이 되듯, 좋은 신하가 있어야 성군이 된다.

강설 |

상나라는 동이족이 세운 나라다. 동이족의 정서 중에 풍류라는 것이 있다. 그래서 상나라의 정치에는 바람의 정치가 있다. 땅을 중시하고 물질을 중시하는 사람들은 대체로 합리적이고 냉철하며, 제도나 예법에 따라 판단하기 때문에 바람의 정치가 잘 나타나지 않는다. 그러나 동이족의 정치에서는 바람이 잘 일어난다. 사람들이 한마음을 중시하고 하나가 되는 것을 좋아하기 때문에, 바람이 불 때처럼 모두 한 방향으로 휩쓸리는 경우가 많다. 그러므로 좋은 바람을 불게 하면 대단히 좋은 정치가 되지만, 나쁜 바람을 불게 하면 그 악영향 또한 매우 크다. 부열이 일으킨 바람은 매우 좋은 바람이었다.

昔先正[1]保衡[2]이 作[3]我先王하여 乃曰 予弗克俾厥后로 惟堯舜이면 其心愧恥[4] 若撻[5]于市하며 一夫不獲[6]이어든 則曰 時予之辜라하여 佑我烈祖하여 格于皇天하니 爾尙明保予하여 罔俾阿衡으로 專美有商하라

(석선정보형이 작아선왕하여 내왈 여불극비궐후로 유요순이면 기심괴치 약달우시하며 일부불획이어든 즉왈 시여지고라하여 우아열조하여 격우황천하니 이상명보여하여 망비아형으로 전미유상하라)

국역 |

옛날 선정인 보형께서 우리 선왕을 진작시켜서 말하기를, '나는 임금으로 하여금 요순처럼 되게 하지 못하면 마음이 부끄럽고 수치스러워 마치 시장에서 매를 맞는 것 같고, 한 남자라도 제 자리를 얻지 못하면 이는 나의 허물이다'라고 하여 우리 위대한 여러 조상들을 도와서 공이 하늘에 이르렀으니, 그대는 부디 나를 확실하게 보호하여 아형으로 하여금 우리 상나라에 유일하게 아름다운 사람으로 되게 하지

말지어다.

난자풀이 |

1 先正(선정) : 선철. 선현.
2 保衡(보형) : 보형. 아형阿衡. 이윤을 말한다.
3 作(작) : 진작시키다. 일으키다.
4 愧(괴) : 부끄러워하다.
5 撻(달) : 매질하다.
6 獲(획) : 제자리를 얻다.

강설 |

고종이 부열에게 이윤처럼 되기를 당부한 말이다.

惟后(유후)는 非賢(비현)이면 不乂(불예)하고 惟賢(유현)은 非后(비후)면 不食(불식)하나니 其爾克紹乃辟于先王(기이극소내벽우선왕)[1]하여 永綏民(영수민)하라 說(열)이 拜稽首(배계수)曰(왈) 敢對揚天子之休命(감대양천자지휴명)[2]하리이다

국역 |

임금은 현명한 자가 아니면 다스릴 수 없고, 현명한 자는 임금이 아니면 밥을 먹을 수가 없으니, 그대는 그대의 임금이 선왕에게 이어질

수 있도록 하여 길이 백성들을 편안케 하라." 부열이 절하고 머리를 조아리며 말했다. "감히 천자의 아름다운 뜻을 하나하나 다 드러내겠습니다."

| 난자풀이 |

1 紹(소) : 잇다.
2 對(대) : 대하다. 상대. 대양對揚은 '하나하나 일대일로 다 드러낸다'는 뜻이다.

高宗肜日 | 고종융일

고종高宗의 융제肜祭 때 꿩이 우는 이변이 있었으므로 조기가 왕을 훈계한 것이다. 『금문상서今文尙書』과 『고문상서古文尙書』에 다 들어 있다.

高宗肜日1에 越2有雊3雉어늘 祖己4曰 惟先格王이오사 正厥事하리라 乃訓于王 曰 惟天이 監下民하사되 典5厥義니 降年이 有永有不永은 非天夭民이라 民中絶命이니이다

(고종융일 / 월유구치 / 조기왈 / 유선격왕 / 정궐사 / 내훈우왕 왈 / 유천 / 감하민 / 전궐의 / 강년 / 유영유불영 / 비천요민 / 민중절명)

국역 |

고종이 융제를 지내는 날에 우는 꿩이 있었다. 조기가 말하기를, "먼저 임금님을 바로잡고 나서 그 일을 바로잡겠다"고 하고, 이에 임금에게 다음과 같이 깨우쳤다. "오직 하늘이 아래 백성을 살피시되 그 의로움에 근거합니다. 나이를 내려주심에 길고 짧음이 있는 것은 하늘이 백성을 요절시키는 것이 아닙니다. 백성들이 중간에 명을 끊는 것입니다.

난자풀이 |

1 肜(융) : 융제사. 제사 다음날에 지내는 제사.
2 越(월) : 발어사.
3 雊(구) : 장끼가 울다.
4 祖己(조기) : 효기孝己. 고종, 즉 무정武丁의 맏아들. 요절했기 때문에 왕위에 오르지 못하고 동생 조경祖庚이 왕위에 올랐다.
5 典(전) : 법. 규정. 책. 근거.

강설 |

고종이 사당에서 제사를 지내는데 꿩이 날아와 우는 것은 불길한 징조다. 이를 목격한 아들 조기가 잘못을 바로잡기 위해서 임금인 고종에게 깨우친 것이 위의 문장이다. '하늘이 사람들을 돕는 것은 하늘의 뜻에서 결정되는 것이 아니라 사람들의 의로움에 따라서 결정되고, 인명이 하늘에 달려 있는 것이 아니라 사람 스스로 하기에 달려 있다'는 주장에서 보면, '상나라 이전의 사람들은 인문정신이 발달하지 않아서 하늘에 종속되어 사는 저급한 수준이었다'고 주장하는 연구자들의 주장이 잘못된 것임을 알 수 있다.

사람의 수명이 하늘에 달린 것이 아니라 근본적으로 사람의 노력여하에 달려 있다는 사실을 자각한다면, 사람들은 주체적으로 노력할 수 있을 것이다. 이러한 인간의 주체사상은 상나라에서 비롯된 것도 아니다. 요순 이래로 줄곧 있어온 사상이다.

民有不若德하며 不聽罪할새 天旣孚命으로 正厥德이어시늘 乃曰其如台아 嗚呼라 王司敬民하시니 罔非天胤이시니 典祀를 無豐于昵하소서
(민유불약덕 불청죄 천기부명 정궐덕 내왈기여이 오호 왕사경민 망비천윤 전사 무풍우닐)
1 孚 2 德 3 台 4 司 5 典 6 昵

국역 |

백성들이 덕을 따르지 않고 죄를 받아들이지 않자, 하늘이 전체를 통괄하는 마음으로 그 덕을 바로잡으시는데, '나를 어쩌겠는가'라고 하시겠습니까? 아아! 임금님께서는 백성을 존경하시는 것이 일이시니, (사람들은) 하늘의 아들이 아님이 없습니다. 제사를 주관하심에 친한 분에게 더 풍성하게 하지 마소서."

난자풀이 |

1 孚(부) : 미더움. 한마음. 전체의 마음. 남과 하나되는 상태에서의 마음.
2 德(덕) : 능력. 하늘이 세상을 끌고 가는 작용.
3 台(이) : 하何의 오자로 보아야 할 것이다. 그렇다면 여이如台는 여하如何이니, '어떻게 하겠는가'라는 뜻이다. '어떻게 하겠는가'라는 말은 '나를 어쩌겠는가?' '설마 괜찮겠지' 등의 뜻이다. 그래서 '나를 어쩌겠는가'로 번역했다.

4 司(사) : 맡다. 벼슬. 일.
5 典(전) : 법. 모범. 주관하다. 맡아하다.
6 昵(닐) : 친하다. 친하게 지내는 사람.

강설 |

하늘은 모든 존재를 하나하나 다 사랑하지만, 전체를 살펴 모두가 다 잘 살 수 있도록 인도하므로, 전체에게 해로운 존재는 제거할 수밖에 없다. 그러므로 한번 사랑을 받았다고 해서 '나를 어쩌겠는가'라는 식으로 자만하면 제거 당하고 만다.

임금이 사적인 감정에 빠져 자기의 아버지 제사만 성대하게 지냈다. 이는 잘못이다. 순수한 마음으로 모든 조상에게 정성껏 제사를 지내야 한다.

西伯戡黎 | 서백감려

서백西伯은 주周나라 문왕이다. 성은 희씨姬氏이고 이름은 창昌이다. 문왕이 제후로 있을 때에 상나라의 왕명을 받들어 여黎라는 나라를 쳐서 승리하자, 이를 본 조이祖伊가 문왕의 세력이 커질 것을 염려하여 주왕紂王을 깨우친 것이다. 『금문상서今文尙書』와 『고문상서古文尙書』에 모두 들어 있다.

西伯(서백)이 旣戡黎(기감려)어늘[1][2] 祖伊恐(조이공)하여[3] 奔告于王(분고우왕)하니라 曰天子(왈천자)시여 天旣訖我殷命(천기흘아은명)이라[4] 格人元龜(격인원귀)[5] 罔敢知吉(망감지길)이로소[6]

니 非先王이 不相我後人이라 惟王이 淫戲하여 用自絶이니이다

국역 |

서백이 여라는 나라를 평정하니, 조이가 두려워하여 임금에게 달려가 아뢰었다. "천자시여. 하늘이 우리 은나라의 명을 끊으시니, 훌륭한 사람이나 큰 거북이 길함을 알려 주지 않으십니다. 선왕들이 우리 뒷사람들을 돌보지 않는 것이 아니라, 오직 임금님께서 음란하고 놀기 좋아해서 스스로 끊으시는 것입니다.

난자풀이 |

[1] 西伯(서백) : 문왕을 가리킴.
[2] 戡(감) : 치다. 쳐서 이기다. 평정하다.
[3] 祖伊(조이) : 상나라의 신하. 조기祖己의 후손이라는 설도 있다.
[4] 訖(흘) : 마치다. 끝나다. 그치다.
[5] 格(격) : 바르다. 격인格人은 '바른 사람' '훌륭한 사람'을 뜻한다.
[6] 知(지) : 알려주다.
[7] 相(상) : 도와주다.
[8] 用(용) : 이以와 같은 뜻. 목적어는 음희淫戲이나, 앞에 나왔으므로 생략했다.

강설 |

주왕이 정치를 잘못하여 나라가 망할 지경이 되고 문왕이 사방에서 여러 나라를 굴복시키자 위험을 감지한 조이가 주왕에게 와서 위급함을 깨우쳤다.

정치를 잘못하여 나라가 망하는 경우는 조상들의 영령도 도울 수 없다. 그것은 하늘의 뜻이다. 하늘의 뜻을 따르면 살고 어기면 죽는다. 하늘의 뜻을 따르거나 어기는 것은 사람에게 달려 있으므로 국가의 흥망 또한 사람에게 달려 있는 것이다.

故天(고천)이 棄我(기아)하사 不有康食(불유강식)하며 不虞(불우)[1]天性(천성)하며 不迪(부적)[2] 率(솔)[3]典(전)하나이다 今我民(금아민)이 罔弗欲喪曰(망불욕상왈) 天(천)은 曷不降威(갈불강위)하며 大命(대명)[4]은 不摯(부지)[5]오 今王(금왕)은 其如台(기여이)[6]라하나이다

국역 |

그러므로 하늘이 우리를 버리시어 편안하게 먹게 하지 않으시고, 타고난 본성을 헤아리지도 못하게 하시며, 모든 법도를 따르게 하지도 않으십니다. 지금 우리 백성들은 망하기를 바라지 않음이 없어서 다음과 같이 말합니다. '하늘은 어찌 위엄을 내려주지 않으시며, (나라를 멸망시키는) 큰 명은 이르지 않는가. 지금의 임금이 (망하는 나라를) 어쩌겠는가'라고 합니다."

난자풀이 |

[1] 虞(우) : 헤아리다.
[2] 迪(적) : 이끌다. 따르게 하다.
[3] 率(솔) : 다. 모든.

4 大命(대명) : 나라를 일으키거나 멸망시키는 하늘의 큰 명령.
5 摯(지) : 이르다. 오다.
6 台(이) : 하何의 오자로 보인다. 여하如何는 '어쩌겠는가'란 뜻이다.

강설 |

민심이 떠나면 그 나라는 망하는 법이다. 조이는 이미 민심이 떠나고 있음을 감지하고 왕을 깨우쳤지만 왕은 알아듣지 못했다.

王曰(왕왈) 嗚呼(오호)라 我生(아생)은 不有命(불유명)이 在天(재천)가 祖伊反曰(조이반왈)
嗚呼(오호)라 乃罪多參[1]在上(내죄다참재상)이어늘 乃能責命[2]于天(내능책명우천)가 殷之(은지)
卽喪(즉상)이로소니 指[3]乃功[4](지내공)한대 不無戮[5]于爾邦(불무륙우이방)이로다

국역 |

임금이 말했다. "아아! 내가 살고 있는 것은 명이 하늘에 있기 때문이 아닌가?" 조이가 반대하며 말했다. "아아! 그대의 죄가 하늘에 많이 닿아 있는데 그대가 하늘에 명을 요구할 수 있겠습니까. 은나라는 곧 망할 것입니다. 그대가 한 일을 들추어내 보니 그대의 나라에서 죽임을 당하는 일이 없지 않을 것입니다."

난자풀이 |

1 參(참) : 간여하다. 섞이다. 다참재상多參在上 즉, '많이 참여하여 하늘에 있다'는 것은 '하늘에 많이 닿아있다'는 뜻이다.

2 責(책) : 요구하다.

3 指(지) : 손가락. 발가락. 가리키다. 지적하다. 들추어내다.

4 功(공) : 일.

5 戮(륙) : 죽이다. 뒤에 장소를 나타내는 말이 있고, 목적어가 없으므로, '~에서 죽임을 당하다'라는 뜻의 피동으로 해석해야 할 것이다.

강설 |

망하는 나라의 임금은 나라가 다 망할 때까지 그 사실을 실감하지 못한다. 이는 집이나 개인이 망할 때도 마찬가지다. 또 사람들은 대개 자신이 죽는 순간을 맞이하기 전에는 자신의 죽음을 실감하기 어렵다. 그러한 것을 한번도 경험해 보지 못했기 때문이다.

나라가 망하기 전에 나라가 망하는 것을 실감하고, 살아 있을 때 자신도 죽는 존재라는 사실을 실감하는 사람은 보통사람이 아니다.

微子 | 미자

미자微子는 제을帝乙의 장자이지만, 어머니의 신분이 낮았기 때문에 정실부인에게서 난 동생인 주紂가 왕위에 올랐다. 미微는 국명이란 설도 있고 경기 지방에 있었던 지명이란 설도 있다. 자子는 작위이다. 은나라가 망할 지경에 이르렀으므로 미자가 부사父師인 기자箕子와 소사少師인 비간比干 등에게 고했는데, 그 내용을 기록한 것이다. 『금문상서今文尙書』와 『고문상서古文尙書』에 다 들어 있다.

微子若曰 父師少師아 殷其弗或亂正四方이로소니 我祖底遂하사 陳于上이어시늘 我用沈酗于酒하여 用亂敗厥德于下하나다

(미자약왈 부사소사 은기불혹란정사방 아조저수 진우상 아용침후우주 용란패궐덕우하)

국역 |

미자가 다음과 같이 말했다. "부사여! 소사여! 은나라가 사방을 다스려 바로잡지 않았으니, 우리 할아버지들께서 (공을) 완수하시어 하늘에 진열해 계시지만, 우리들이 술에 빠져 주정을 하여 아래에서 덕을 어지럽히고 어그러뜨렸다.

난자풀이 |

1 微子(미자) : 미微라는 나라의 제후. 제을의 장자이고 주紂의 서형이다.
2 父師(부사) : 태사太師. 여기서는 기자를 말함.
3 少師(소사) : 여기서는 비간比干을 말한다.
4 其(기) : 조음소.
5 或(혹) : 유有의 뜻. '~함이 있다'는 뜻이다.
6 亂正(란정) : 다스려 바로잡다.
7 底遂(지수) : 완수함에 이르다. 여기서는 문맥을 부드럽게 하기 위해, '공을 완수하다'로 번역했다.
8 用(용) : 이以와 같은 뜻. 목적어는 앞의 저수진우상底遂陳于上으로 보아야 할 것이다.
9 酗(후) : 주정하다. 탐닉하다.
10 用(용) : 이以와 같은 뜻. 목적어는 침후우주沈酗于酒로 보아야 할 것이다.

강설 |

미자는 나라가 망한다는 것을 실감한 사람이다.

殷이 罔不小大히 好草竊姦宄어늘 卿士 師師非度하여 凡有辜罪 乃罔恒獲한대 小民이 方興하여 相爲敵讎하나니 今殷其淪喪이 若涉大水에 其無津涯하니 殷遂喪이 越至于今이러니라

국역 |

은나라에서 크고 작은 사람들이 풀숲에서의 산적질과 간악한 도적질을 좋아하는데도, 경사들이 법도가 아닌 것을 본받고 받들어, 무릇 죄 있는 자들이 일정한 형벌을 받지 않게 되자, 소시민들이 바야흐로 들고일어나 서로 적이나 원수로 삼으니, 이제 은나라가 멸망하는 것이 마치 큰물을 건너는데 나루터나 언덕이 없는 것과 같은지라, 은나라가 드디어 망하는 것이 지금에 이르러서이구나."

난자풀이 |

1 草竊(초절) : 풀숲에서 도적질을 하는 것. 풀숲에서 산적질을 하는 것.
2 卿士(경사) : 지도자급에 속하는 사람들. 경이나 선비들.
3 師師(사사) : 스승으로 받들고 섬기다.

4 恒獲(항획) : 일정한 형벌을 받다.
5 淪(륜) : 잠기다. 빠지다. 빠져들다.
6 越(월) : 조음소.

강설 |

나라의 기강이 문란해져 상벌이 공평하지 않아, 사람들이 불만이 팽배해져 서로 미워하고 헐뜯는 지경이 되면 나라는 이미 망하는 길로 접어든 것이다.

왈 부사소사 아기발출광 오가모 손우황
曰 父師少師아 我其發出狂하여 吾家耄[1] 遜[2]于荒이

금이무지고여전제 약지하기
어늘 今爾無指告予顚[3]隮[4]하나니 若之何其[5]오

국역 |

또다시 말했다. "부사여! 소사여! 우리들이 자꾸 미친 짓을 하여 우리의 원로들이 거친 곳으로 가버렸거늘, 지금 그대들은 나에게 멸망한다는 사실을 지적하여 말해주지 않으니 어쩌면 좋겠는가."

난자풀이 |

1 耄(모) : 늙은이.
2 遜(손) : 겸손하다. 사양하다. 양보하다.
3 顚(전) : 넘어지다. 뒤집히다.

4 隮(제) : 떨어지다. 추락하다.

5 其(기) : 조음소.

강설 |

미자가 망하는 나라에 대해 미련을 버리지 못하고 다시 부사와 소사에게 최후의 계책이 없는지 묻고 있다. 나라가 망할 때 최후까지 포기하지 않고 그 나라를 붙들기 위해 노력하는 사람들이 있다. 미자가 그러한 사람으로 보인다.

父師若曰(부사약왈) 王子(왕자)시여 天毒降災(천독강재)하사 荒殷邦(황은방)이어시늘 方興(방흥)[1]하여 沈酗于酒(침후우주)하나니다 乃罔畏畏(내망외외)[2]하여 咈其耉長(불기구장)[3] 舊有位人(구유위인)[4]하나니다

국역 |

부사들이 다음과 같이 말했다. "왕자시여. 하늘이 재앙을 독하게 내리시어 은나라를 황폐하게 만드시는데, 시방 임금자리에 올라 술에 빠져 주정을 하고 있습니다. 그리하여 두려워해야 하는 것을 두려워하지 않고, 예로부터 관직을 가지고 있는 늙은 사람들의 뜻을 어기고 있습니다.

난자풀이 |

1 方興(방흥) : 시방 (임금자리에) 올라.

2 乃(내) : 이에. 그리하여.

3 耇長(구장) : 늙은 사람.

4 舊有位人(구유위인) : 예로부터 지위를 가지고 있는 사람. 구장구유위인耇長舊有位人은 '늙은 사람으로서 예로부터 관직을 가지고 있는 사람'이란 뜻이지만, 문맥을 부드럽게 하기 위해 '예로부터 관직을 가지고 있는 늙은이'로 번역했다.

강설 |

기울어지기 시작한 배는 바로 세우기 어렵듯이, 기울어진 나라를 다시 세우기란 매우 어렵다. 그런데도 임금을 비롯한 다스리는 사람들이 정신을 잃고 술에 빠져 있다면, 나라의 운명은 끝나고 만다. 여기서 방흥方興이란 임금의 자리에 오르는 것으로 이해할 수 있다. 『맹자』에 「문왕작흥文王作興」이란 말의 흥興과 같은 의미로 볼 수 있다.

금은민 내양절신기지희전생용 이용

今殷民이 乃攘[1]竊神祇之犧牷[2]牲[3]用이라도 以容하여

장식무재 강감은민 용예수 염소적

將食無災하나다 降監殷民하니 用乂[4]讐[5]하여 斂[6]召敵

수 불태 죄합우일 다척 망조

讐를 不怠하여 罪合于一하니 多瘠[7]이라도 罔詔[8]로다

국역 |

지금 은나라 백성들이 신들에게 지낼 희생물들을 가로채거나 훔쳐

도 용서가 되며 그것을 먹어치워도 재앙이 없습니다. 은나라의 백성들을 내려다보니 원수를 갚으려고 다른 적이나 원수를 불러모으기를 게을리 하지 않아서 죄가 하나로 모아지니, (백성들 중에) 파리한 자가 많아져도 하소연할 수가 없습니다.

난자풀이 |

1 攘(양) : 가로채다.
2 牷(전) : 희생. 희생물.
3 牲用(생용) : 희생물로 쓰는 것.
4 乂(예) : 다스리다.
5 乂讐(예수) : '원수를 다스린다'는 말은 '원수를 갚는다'는 말이다.
6 斂(렴) : 긁어모으다.
7 瘠(척) : 파리하다.
8 詔(조) : 고하다. 알리다. 하소연하다.

강설 |

사람들이 가장 경건하게 대하는 것이 제사다. 제사를 지낼 때는 먼저 목욕재계를 하여 마음을 가다듬는다. 그리고 정성을 들여 음식을 장만하여 제사상에 올리고 경건하게 제사를 지낸다. 이처럼 경건하게 진행되는 제사조차 장난처럼 되어 버리면 세상에 경건하고 신중하게 할 것이 없다.

은나라 백성들이 제사음식을 훔쳐먹어도 벌을 받지 않을 정도가 되었다는 것은 은나라의 정치가 엉망이 되었다는 것을 의미한다. 나라의 기강이 무너지고 모든 백성들이 낫고 못한 것이 없이 다 죄인이 되어 버려서 불쌍한 사람이 호소할 데가 없어지면 나라를 사랑하는 마음이 없어진다. 국민들이 사랑하지 않는 나라는 망할 수밖에 없다.

나라는 국민을 보호하기 때문에 존재 의미가 있다. 그렇지 못한 나라는 존재 의미가 없다.

商(상)이 今其有災(금기유재)하리니 我(아)는 興受其敗(흥수기패)[1]하리라 商其淪喪(상기륜상)이라도 我罔爲臣僕(아망위신복)[2]하리라 詔王子出迪(조왕자출적)하노니 我舊云(아구운)[3]이 刻子(각자)[4]랏다 王子弗出(왕자불출)하면 我乃顚隮(아내전제)[5]하리라 自靖(자정)[6]하여 人(인)自獻于先王(자헌우선왕)이니 我(아)는 不顧行遯(불고행둔)[7]하리라

국역 |

상나라는 이제 재앙이 있을 것이니, 우리들은 일어나 그 패망함을 받아들여야 합니다. 상나라가 멸망하더라도 나는 신복이 되지는 않을 것입니다. 왕자께서는 (외국으로) 떠나가기를 아룁니다. 내가 옛날에 말한 것이 그대를 자극했나 봅니다. 왕자께서 나가지 않으시면 우리들은 아주 망하고 말 것입니다. 각자가 생명을 보전하여 사람들 각자가 선왕에게 헌신해야 합니다. 나는 도망하는 것을 고려하지 않겠습니다."

난자풀이 |

[1] 興(흥) : 함께.

[2] 罔爲臣僕(망위신복) : 신복이 되지 않겠다. 나라가 망할 때 신복은 자결을 하는 것이 통례이므로, 신복이 되지 않겠다는 것은 자결하지 않겠다는 뜻으로 볼 수 있다.

3 舊云(구운) : 옛날에 말한 것. 옛날에 아마 목숨을 바쳐 나라를 사수하자고 맹세했던 듯하다.

4 刻子(각자) : 그대를 각박하게 만들다. 그대를 자극시키다.

5 顚隮(전제) : 넘어지고 떨어지다. 아주 망하다.

6 自靖(자정) : 스스로 안정을 취하다. 각자가 생명을 보전하다.

7 行遯(행둔) : 도망하다. 달아나다.

강설 |

나라가 망할 때 모두가 다 자결해버리면 나라는 영영 끝나고 만다. 정신을 차리고 망명하여 후일을 기약하는 자도 있어야 하고, 남아서 앞날에 대비하는 자도 있어야 한다. 부사인 기자箕子는 왕자더러 망명하여 후일을 기약하라고 당부했다. 그리고 자기는 망명하지 않고 남아서 뒤처리를 하겠다고 하여 떠나는 왕자를 안심시켰다.

기자는 남아서 무왕에게 다스리는 방법을 가르쳐 준 뒤에 홀로 떠났다.

주서
周書

주周는 문왕文王이 세운 나라 이름이다. 주서周書는 주周나라에서 있었던 정치철학에 관한 내용들을 기록한 것이다.

泰誓 上 | 태서 상

무왕武王이 주왕을 칠 때 군사들에게 연설한 내용을 기록한 것이다. 『금문상서今文尚書』에는 없고 『고문상서古文尚書』에는 들어 있다.

유 십 유 삼 년 춘 　 대 회 우 맹 진 　 왕 왈 　 차 　 아 우
惟十有三年春에 大會于孟津[1]하다 王曰 嗟라 我友

방 총 군 　 월 아 어 사 서 사 　 명 청 서 　 유 천 지 　 만
邦冢君[2]과 越[3]我御事庶士아 明聽誓하라 惟天地는 萬

물부모 유인 만물지령 단총명 작원후
物父母요 惟人은 萬物之靈이니 亶聰明이 作元后요
원후작민부모
元后作民父母니라

국역 |

13년 봄에 맹진에서 크게 모였다. 왕이 말했다. "아! 우리 우방의 총군과 나의 어사와 서사들아. 나의 맹세하는 말을 분명히 들어라. 천지는 만물의 부모이고, 사람은 만물의 영장이니, 진실로 총명한 자가 원후가 되고 원후가 백성의 부모가 된다.

난자풀이 |

1 孟津(맹진) : 지명. 우공禹貢에 나온다.
2 冢(총) : 크다. 총군冢君은 대군.
3 越(월) : 및.
4 亶(단) : 진실로.
5 元后(원후) : 큰 임금. 훌륭한 임금.

강설 |

무왕이 주왕을 치러 가면서 전쟁의 정당성을 설명하기 위해 행한 연설이다.

今商王受 弗敬上天하며 降災下民하나다 沈湎冒色하며 敢行暴虐하여 罪人以族하고 官人以世하며 惟宮室臺榭陂池侈服으로 以殘害于爾萬姓하며 焚炙忠良하며 刳剔孕婦한대 皇天이 震怒하사 命我文考하사 肅將天威하사대 大勳이 未集하니라

국역 |

지금 상나라의 임금 수가 하늘에 불경하며 하민들에게 재앙을 내리고 있다. 술에 빠지고 여색을 탐하며 감히 포악하고 잔학한 행동을 하여, 사람들에게 죄를 줄 때에 가족 단위로 주고, 사람들에게 대를 이어 관직을 주며, 집과 정자와 연못과 사치스런 옷을 만들어 너희 만백성들에게 해를 끼치며, 충성스럽고 어진 신하를 불태워 죽이고, 임신한 부인의 배를 가르니, 하늘이 진노하시어 우리 교양 있는 아버지께 명령하시어 엄숙하게 하늘의 위엄을 받들게 하셨는데, 큰 공업이 아직 이루어지지 않았다.

난자풀이 |

1 受(수) : 상나라의 마지막 임금인 주紂의 이름.
2 沈湎(침면) : 빠지다. 술에 빠지다.
3 冒(모) : 탐하다.
4 榭(사) : 정자. 대臺 위에 있는 정자.

5 炙(적) : 고기를 굽다. 굽다.
6 刳(고) : 깎다. 쪼개다. 도려내다.
7 剔(척) : 뼈를 발라내다.
8 文(문) : 교양.
9 將(장) : 거느리다. 받들다.
10 集(집) : 모이다. 이르다. 도착하다.

강설 |

주왕을 치고자 하는 마음이 생기도록 무왕은 주왕의 죄상을 낱낱이 들추어내었다. 다분히 선동적이다.

> 사여소자발 이이우방총군 관정우상 유
> 肆[1]予小子發[2]이 以[3]爾友邦冢君으로 觀政于商하니 惟
>
> 수망유전심 내이거 불사상제신기 유궐
> 受罔有悛[4]心하여 乃夷[5]居하여 弗事上帝神祇하며 遺厥
>
> 선종묘 불사 희생자성 기우흉도 내왈
> 先宗廟하여 弗祀하여 犧牲粢盛이 既[6]于凶盜어늘 乃曰
>
> 오유민유명 망징기모
> 吾有民有命이라하여 罔懲其侮하나니다

국역 |

그리하여 나 소자 발이 너희 우방 총군들을 거느리고 상나라에서 일어나는 정치를 살피니, 오직 수는 뉘우치는 마음이 없이 거만하게 거처하며, 하느님과 신들을 섬기지 않으며, 선조의 종묘를 버려서 제사지내지 않으며, 제사에 쓰는 희생물이나 음식을 흉악한 도둑들에게 다 빼앗겼는데도, '나에게는 백성이 있고 천명이 있다'고 하여, 그 모욕적인 일을 응징하지도 않는다.

난자풀이 |

1 肆(사) : 그리하여.
2 發(발) : 무왕의 이름. 성은 희姬.
3 以(이) : ~을 가지고. 여기서는 '거느리고'로 번역했다.
4 悛(전) : 고치다. 깨우치다. 뉘우치다.
5 夷(이) : 거만하다. 이夷는 원래 동이족을 지칭하는 고유명사였다. 평소 동이족에 대해 열등감이 있던 서부족이 동이족을 쳐서 이긴 뒤에, 동이족을 멸시하는 마음이 생겨, 이夷를 '오랑캐' '거만한 사람' '야만스런 사람' 등으로 의미를 변화시켰다.
6 旣(기) : 다하다. 다 없어지다. 다 빼앗기다.

강설 |

무왕이 주왕을 치는 명분으로 내세운 것이 하늘과 신을 섬기지 못한다는 것이다. 신을 섬기는 것은 모든 사람들에게서 나타나는 특징이지만, 하늘을 섬기는 것은 동이족의 정서에서 발달한 것이다. 동이족 사람들이 원만해지면 동이족의 정서에다 서부족의 정서를 합하여 중용을 취하게 되고, 서부족 사람들이 원만해지면 서부족의 정서에다 동이족의 정서를 합하여 중용을 취하게 된다. 무왕이 하늘을 섬기는 것을 언급하는 것은 아마도 동이족의 정서를 흡수한 것으로 이해할 수도 있겠다.

天佑下民하사 作之君作之師하심은 惟其克相上帝하여 寵綏四方이시니 有罪無罪에 予는 曷敢有越[1]厥志하리오

천우하민 작지군작지사 유기극상상제 총수사방 유죄무죄 여 갈감유월궐지

국역 |

하늘이 하민을 도우시어 임금을 만들고 스승을 만드신 것은 오직 하느님을 잘 도와서 사방을 사랑하고 편안케 하도록 한 것이니, 죄 있는 자 처벌하는 것과 죄 없는 자 도와주는 일에서 내가 어찌 감히 그 뜻을 어기겠는가.

난자풀이 |

[1] 越(월) : 어기다. 월권하다.

강설 |

무왕은 자기가 주왕을 치는 것은, 죄 있는 자 처벌하고 죄 없는 자 도와주는 하늘의 일을 대행하기 위한 것임을 천명했다.

同力커든 度[1]德하고 同德커든 度義[2]하나니 受有臣億萬[3]이나 惟億萬心이어니와 予有臣三千이나 惟一心이니라

동력 탁덕 동덕 탁의 수유신억만 유억만심 여유신삼천 유일심

상죄관영 천명주지 여불순천 궐죄
商罪貫盈이라 天命誅之하시나니 予弗順天하면 厥罪
④
유균
惟鈞하리라

국역 |

힘이 같으면 정신력을 헤아리고 정신력이 같으면 타당성 여부를 헤아리는 것이니, 수는 신하 억만이 있으나 억만의 마음이 있거니와, 나에게는 신하 3천이 있으나 오직 한마음뿐이다. 상나라의 죄가 빠진 곳 없이 꽉 찼으므로 하늘이 명하여 벌을 주시니, 내가 하늘을 따르지 않는다면 그 죄가 (수와) 같을 것이다.

난자풀이 |

① 度(탁) : 헤아리다. 이때의 음은 '탁'이다.
② 義(의) : 마땅하다. 옳다.
③ 億(억) : 고대에는 십만을 억億이라 했다.
④ 貫(관) : 꿰다. 꿰뚫다. 빠진 곳 없이 모든 곳에 연결되어 있음을 말한다.

강설 |

이 연설문에서 비로소 서부족의 특성이 나타난다. 서부족 사람들은 힘을 중시하고 물질을 중시한다. 그러므로 사람의 우열을 가리는 첫 번째 기준은 힘이다. 힘이 같을 경우 다음으로 따지는 것은 정신력이다. 정신력이 같을 경우 마지막으로 따지는 것이 타당성 여부이다. 동이족의 가치관이라면 이와 다르다. 누가 양심을 더 많이 가지고 있는지, 누가 더 순수한지 등이 평가의 주요 기준이 된다.

무왕은 힘의 우열을 중심으로 평가를 하면서도 최후의 판단을 내리는 주체를 하늘로 돌리고 있다. 여기에 무왕의 중용사상이 보인다.

予小子는 夙夜祗懼하며 受命文考하여 類于上帝하며 宜于冢土하여 以爾有衆으로 底天之罰하노라 天矜于民이라 民之所欲을 天必從之하시나니 爾尙弼予一人하여 永淸四海하라 時哉라 弗可失이니라

(여소자 숙야지구[1][2] 수명문고 유우상제[3] 의우총토[4][5] 이이유중 저천지벌 천긍우민 민지소욕 천필종지 이상필여일인 영청사해 시재 불가실)

국역 |

나 소자는 아침 일찍부터 밤늦게까지 공경하고 두려워하며 교양 있는 아버지께 명령을 받아 하느님께 유類라는 제사를 지내며 국토에 의宜라는 제사를 지내서 너희 무리를 데리고 하늘의 벌을 이루려 하노라. 하늘이 백성들에게 사랑을 베푸시어 백성들이 바라는 것을 하늘은 반드시 따르시니, 너희들은 부디 나 한 사람을 보필하여 길이 사해를 맑게 하라. 때가 왔으니, 놓치지 말지어다."

난자풀이 |

[1] 夙夜(숙야) : 아침 일찍부터 밤늦게까지.
[2] 祗(지) : 공경하다.
[3] 類(류) : 하늘에 지내는 제사의 이름. 유類는 '같다' '같은 종류' 등의 뜻이

있다. 부모에 제사지내는 목적은 형제가 부모를 매개로 하여 모두 하나로 연결된 존재임을 확인하는 것이다. 하늘은 모든 인류의 창조주이고 만물의 창조주이므로, 하늘에 지내는 제사는 인류가 모두 하나임을 확인하는 방식이 된다. 그래서 하늘에 지내는 제사의 이름을 유類라고 붙인 것으로 짐작된다. 사람의 마음으로 본다면 인仁과 같은 뜻으로 이해할 수 있다.

4 宜(의) : 땅에 지내는 제사 이름. 하늘의 입장에서는 모두 하나가 되지만, 땅의 입장에서는 모든 존재가 각각 구별된다. 마찬가지로 마음은 모두 하나이지만, 몸은 각각 구별된다. 마음의 입장에서는 모두 하나가 되어야 하지만, 몸의 입장에서는 각각 구별되는 고유한 개성을 지켜야 한다. 다 같은 사람의 마음을 가져야 하지만, 남자는 남자의 역할을 해야 하고, 여자는 여자의 역할을 해야 하며, 노인은 노인의 역할을 해야 하고, 젊은이는 젊은이의 역할을 해야 한다. 땅의 입장에서는 각각의 몸의 상황에 맞게 마땅한 방식의 삶을 찾아야 하기 때문에 땅에 지내는 제사의 이름을 의宜로 붙인 것으로 짐작된다. 사람의 마음으로 본다면 의義와 같은 뜻으로 이해할 수 있을 것이다.

5 冢土(총토) : 대사大社. 국토의 신.

강설 |

무왕은 주왕을 치는 것이 하늘의 뜻임을 거듭 강조하고, 때를 놓치지 말라고 당부하면서 연설을 끝맺었다.

泰誓 中 | 태서 중

유무오 왕 차우하삭 군후이사필회 왕
惟戊午에 王이 次于河朔커늘 群后以師畢會한대 王
1 2

이 乃徇師而誓하다 曰 嗚呼라 西土有衆아 咸聽朕言하라

[3]

국역 |

무오일에 왕이 하북에 머물러 있었는데, 여러 제후들이 군대를 거느리고 다 모였다. 왕이 군사를 둘러보며 선언을 했다. "아아! 서쪽 나라 군사들이여! 모두 나의 말을 들어라.

난자풀이 |

[1] 次(차) : 3일 이상 머무는 것.
[2] 朔(삭) : 북.
[3] 徇(순) : 죽 둘러보다.

강설 |

무왕이 서쪽 나라의 군사들을 모아놓고 다시 연설을 했다. 무왕이 주왕을 치는 전쟁은 중원에 대한 동이족과 서부족의 주도권 다툼이었다.

我聞호니 吉人은 爲善하되 惟日不足이요 凶人은 爲不善하되 亦惟日不足이라하니라 今商王受는 力行無

도 파기리로 닐비죄인 음후사학 신
度하여 播棄犂老하고 昵比罪人하며 淫酗肆虐한대 臣
① ② ③ ④

하화지 붕가작구 협권상멸 무고유천
下化之하여 朋家作仇하여 脅權相滅한대 無辜籲天
⑤ ⑥

예덕 창문
하여 穢德이 彰聞하니라

국역 |

나는 들으니, '길한 사람은 착한 일을 하되 날이 부족한 것처럼 하고 흉한 사람은 착하지 않은 일을 하되 날이 부족한 것처럼 한다'고 하니라. 지금 상나라 임금 수는 힘써 무도한 일을 하여, 노인들을 버리고 죄인들과 친하여 한 패가 되며, 음란하고 술 주정하고 방자하고 잔학하며, 신하들도 그렇게 변하여 집집마다 붕당을 지어 원수가 되어 권력으로 협박하며 서로 파멸하니, 무고한 자들이 하늘에 울부짖어 더러운 덕이 드러나 알려졌다.

난자풀이 |

① 犂(리) : 검다. 검버섯이 나다. 이로犂老는 검버섯이 난 늙은이.
② 昵(닐) : 친하다. 친숙하다.
③ 比(비) : 편을 짓다. 한패가 되다.
④ 酗(후) : 술주정하다. 탐닉하다.
⑤ 脅權(협권) : 협이권脅以權. 권력으로 협박하다.
⑥ 籲(유) : 부르다. 부르짖다. 울부짖다.

강설 |

주왕을 치기 위해 모인 군사들에게 무왕이 전쟁의 타당성을 설명하기 위해 주왕의 잔학한 죄상을 일일이 열거하고 있다.

惟天(유천)이 惠民(혜민)[1]이어시든 惟辟(유벽)[2]은 奉天(봉천)하나니 惟夏桀(유하걸)이 弗(불)克若天(극약천)[3]하여 流毒下國(유독하국)[4]한대 天乃佑命成湯(천내우명성탕)[5][6]하사 降黜(강출)[7]夏命(하명)하시니라

국역 |

오직 하늘이 백성을 사랑하시니, 임금은 하늘의 뜻을 받들어야 하는데, 오직 하나라 걸이 하늘을 잘 따르지 못하고 하국들에게 해독을 퍼뜨리자 하늘이 탕임금에게 명하시어 하나라의 명줄을 끊게 하셨다.

난자풀이 |

[1] 惠(혜) : 은혜를 베풀다. 사랑하다.
[2] 辟(벽) : 임금.
[3] 若(약) : 순順과 같은 뜻.
[4] 流(류) : 퍼뜨리다. 독을 물에 흘러내려 하류에 있는 고기들을 잡듯이 산하에 있는 나라들에게 독을 퍼뜨리는 것을 말한다.
[5] 佑(우) : 돕다. 탕임금을 도우면서 그에게 명령을 했다는 뜻인데, 여기서는 문맥을 매끄럽게 하기 위해 번역을 생략했다.
[6] 成湯(성탕) : 탕임금. 탕임금을 일컬을 때는 습관적으로 성成자가 붙는다.
[7] 黜(출) : 물리치다. 쫓다. 내몰다. '하나라의 명을 내쳤다'는 말은 '하나라의 명줄을 끊었다'는 말이다.

강설 |

무왕은 역사적인 사실에서 그 근거를 찾아 주왕이 망해야 하는 이유를 역설하고 있다. 나라가 망하는 이유는 임금이 임금의 역할을 잘 못하기 때문이다. 임금은 백성을 사랑하는 하늘의 마음을 대신하여 백성을 사랑해야 한다. 그렇지 못하면 민심을 잃고 하늘에 벌을 받아 망하게 된다.

惟受(유수)는 罪浮于桀(죄부우걸)하니[1] 剝喪元良(박상원량)[2]하며 賊虐諫輔(적학간보)하며 謂己有天命(위기유천명)이라하며 謂敬不足行(위경부족행)이라하며 謂祭無益(위제무익)이라하며 謂暴無傷(위포무상)이라하나니라 厥鑑(궐감)이 惟不遠(유불원)하니 在彼夏王(재피하왕)이니라

국역 |

오직 수는 죄가 걸보다도 많으니, 으뜸가는 어진 이를 죽이며, 간하고 보필해주는 신하를 해치고 학대하며, 자기에게는 천명이 있다고 하며, 경건함은 실천할 것이 못된다고 하며, 제사는 이로울 것이 없다고 하며, 난폭해도 해로울 것이 없다고 하니라. 그 거울삼을 것이 멀리 있지 않다. 저 하나라 임금에게 있다.

난자풀이 |

[1] 浮(부) : 뜨다. 떠오르다. '떠오르다'는 말은 '더 많이 나타난다'는 것을 말한다.

[2] 剝喪(박상) : 죽이고 없애다.

강설 |

무왕은 주왕이 하나라 걸왕보다 더 나쁜 점들을 열거했다. 하나라의 걸보다도 더 나쁘다는 것이 판명되면 주왕이 망해야 한다는 것은 설득력을 갖는다.

> 천기이여 예민 짐몽협짐복 습우휴상
> 天其以予로 乂民이라 朕夢協[1]朕卜하여 襲[2]于休祥하니
>
> 융상필극 수유억조이인 리심리덕
> 戎[3]商必克하리라 受有億[4]兆夷[5]人이나 離心離德이어니와
>
> 여유란신십인 동심동덕 수유주친 불여
> 予有亂[6]臣十人하여 同心同德하니 雖有周[7]親이나 不如
>
> 인인 천시 자아민시 천청 자아민청
> 仁人이니라 天視는 自我民視하시며 天聽이 自我民聽하
>
> 백성유과 재여일인 금짐 필왕
> 시나니 百姓有過면 在予一人하니 今朕은 必往하리라

국역 |

하늘은 나를 가지고 백성을 다스리신다. 내 꿈의 내용이 나의 점괘와 같아서, 아름답고 상서로운 일이 이어지니, 상나라를 공격하면 반

드시 이길 것이다. 수에게는 억조나 되는 이족들이 있으나, 마음이 이반되고 덕이 흩어지지만, 나에게는 잘 다스리는 신하 10인이 있어 마음이 하나가 되고 덕이 하나가 되니, 비록 두루 친척이 있다 하더라도 어진 사람만 같지 못하다. 하늘이 보시는 것은 우리 백성들이 보는 것으로 말미암으시며, 하늘이 듣는 것은 우리 백성들이 듣는 것으로 말미암으시니, 백성들에게 잘못이 있으면 나 한 사람에게 있는 것이다. 지금 나는 반드시 가야 한다.

난자풀이 |

1 協(협) : 어울리다. 합치되다.
2 襲(습) : 이어지다. 거듭하다.
3 戎(융) : 싸우다. 공격하다.
4 億兆(억조) : 억億은 십만, 조兆는 십억.
5 夷人(이인) : 동이족 사람들. 동이족 사람들을 당시에는 무시하는 경향이 있었다.
6 亂(란) : 다스리다.
7 周親(주친) : 여러 친척. 두루두루 많은 친척.

강설 |

여기서 무왕은 하늘의 작용에 대해 구체적으로 제시하고 있다. 하늘이 보는 것은 백성들이 보는 것으로 말미암고, 하늘이 듣는 것은 백성들이 듣는 것으로 말미암는다. 하늘의 눈과 백성들의 눈이 일치하고 하늘의 귀와 백성들의 귀가 일치한다. 그렇다면 하늘의 마음은 백성들의 마음과 일치한다. 그러므로 이러한 논리에서 보면 백성들의 공통점을 찾으면 그것이 바로 하늘과 통하는 것이 된다.

我武를 惟揚하여 侵于之疆하여 取彼凶殘하여 我伐이 用張하면 于湯에 有光하리라 勖哉라 夫子아 罔或無畏나 寧執非敵하라 百姓이 懍懍하여 若崩厥角하리니 嗚呼라 乃一德一心하여 立定厥功하여 惟克永世하라

국역

우리의 씩씩함을 드날려 그 국경으로 쳐들어가 저 흉악하고 잔학한 자를 잡아 우리의 정벌이 크게 베풀어지면 탕임금보다도 더 빛이 날 것이다. 힘쓸지어다. 그대들이여! 두려워함이 없을 수는 없으나 오히려 적수가 아님을 명심하라. 백성들이 두려워하여 그 뿔을 내리듯 할 것이니, 아아! 너희들은 덕을 한결같이 하고 마음을 한결같이 하여 공을 확실하게 세워 세상을 영원토록 하라."

난자풀이

1 之(지) : 그.
2 用(용) : 이以와 통용.
3 于(우) : 보다. 유광우탕有光于湯이어야 할 것이지만, 도치되었다. 한국어의 어순으로 보면 오히려 순조롭다.
4 勖(욱) : 힘쓰다.
5 夫子(부자) : 그대들이여.
6 寧(녕) : 오히려. 차라리.
7 執(집) : 집심執心. 명심하다. 마음을 간직하다.

8 懍懍(름름) : 두려워하다.
9 立定(립정) : 세우고 확실하게 하다. 여기서는 문맥을 부드럽게 하기 위해서 '확실하게 세우다'로 번역했다.

강설 |

무왕은 마지막으로 군사들에게 자신감을 불어 넣어줌으로써 연설을 끝맺었다.

泰誓 下 | 태서 하

時厥明(시궐명)[1]에 王(왕)[2]이 乃大巡六師(내대순륙사)하여 明誓衆士(명서중사)하다 王曰(왕왈)

嗚呼(오호)라 我西土君子(아서토군자)아 天有顯道(천유현도)하니 厥類[3]惟彰[4](궐류유창)이라

今商王受(금상왕수) 狎[5]侮五常[6](압모오상)하고 荒怠弗敬(황태불경)하여 自絶[7]于天(자절우천)하며

結怨于民(결원우민)하나니다

국역 |

그 다음날에 왕이 육사를 크게 둘러보며 여러 병사들에게 분명하게

선언하였다. 왕이 말했다. "아아! 우리 서쪽 땅의 군자들이여. 하늘에 드러난 도가 있으니, 닮아야 됨이 분명하거늘 지금 상나라 임금 수受는 오상을 가벼이 보고 업신여기며, 거칠고 태만하고 불경하여 스스로 하늘에서 떨어져 나가며, 백성들에게 원한을 맺고 있도다.

난자풀이 |

1 時(시) : 시是와 통용. 여기서는 발어사 정도로 쓰였다.
2 明(명) : 명일.
3 類(류) : 닮다.
4 彰(창) : 뚜렷하다. 분명하다.
5 狎(압) : 업신여기다. 가벼이 보다.
6 五常(오상) : 오륜. 인륜.
7 絶(절) : 끊다. 떨어져 나가다.

강설 |

무왕은 다음날에 또다시 연설을 했다. 그 내용은 하늘은 우리를 도와주실 것이라는 확신을 심어주는 것이었다.

斮朝涉之脛(착조섭지경)[1][2]하며 剖賢人之心(부현인지심)하며 作威殺戮(작위살륙)으로 毒(독)[3]痡四海(부사해)[4]하며 崇信姦回(숭신간회)[5]하고 放黜師保(방출사보)하며 屛棄典刑(병기전형)하고 囚奴正士(수노정사)하며 郊社(교사)를 不修(불수)하고 宗廟(종묘)를 不享(불향)하며 作奇技淫巧(작기기음교)하여 以悅婦人(이열부인)한대 上帝弗順(상제불순)하사 祝降時(축강시)[6][7]

喪(상)하시나니 爾其孜孜(이기자자)하여 奉予一人(봉여일인)하여 恭行天罰(공행천벌)하라
8 9

국역

아침에 물을 건너는 자의 정강이를 자르며, 현인의 심장을 가르며, 위엄을 부리고 살육하여 온 세상에 해독을 끼쳐 병들게 하며, 간악하고 돈 자들을 받들고 믿으며, 사보들을 방출하며, 법과 형벌을 내버리며, 바른 선비들을 가두어 노예로 삼으며, 교외에서 지내는 제사와 사직에서 지내는 제사를 지내지 않고, 종묘에서 지내는 제사도 지내지 않으며, 기괴한 재주나 도에 넘치는 재주를 만들어 부인을 기쁘게 하니, 하느님께서 순조롭게 여기지 않으시어 결단코 이 망국의 벌을 내리시는도다. 너희들은 부지런히 힘써 나 한 사람을 받들어 공손하게 하늘의 벌을 대행하라.

난자풀이

1 斮(착) : 베다. 자르다.
2 脛(경) : 정강이.
3 痡(부) : 앓다. 병들다.
4 四海(사해) : 온 세상.
5 回(회) : 돌다.
6 祝(축) : 『위공전僞孔傳』에 단斷으로 되어 있다. 결단코.
7 時(시) : 시是와 통용.
8 喪(상) : 망국의 벌.
9 孜孜(자자) : 부지런히 힘쓰는 모양.

강설 |

무왕은 주왕을 치는 명분을 세우기 위해 주왕의 죄상을 낱낱이 지적하여 들추어내고, 자신을 받들어 하늘의 뜻을 대행하라고 설득한다. 여기에는 자기가 하늘을 따르기 때문에 자기를 받드는 것이 하늘의 뜻을 따르는 것이라는 논리가 깔려 있다. 이는 성자聖者의 도리가 아니다. 성자는 자기를 받들라는 말을 하지 않는다. 성자는 '나'라는 의식이 없다. 성자는 자기를 잊고 자기를 비운 상태에서 가족을 높이고 가족에게 희생하는 어머니와 같은 존재다. 성자는 자기를 낮추고 남을 높인다. 이러한 관점에서 보면 무왕을 성자로 보기는 어렵다. 다만 혁명을 일으켜 성공한 정치가로서 평가할 수 있을 정도로 보인다.

고인 유언왈 무아즉후 학아즉수 독부수
古人이 有言曰 撫我則后요 虐我則讐라하니 獨夫受
홍유작위 내여세수 수덕 무자 제악
洪惟作威하나니 乃汝世讐니라 樹德엔 務滋요 除惡엔
무본 사여소자 탄이이중사 진섬내수
務本이니 肆予小子 誕以爾衆士로 殄殲乃讎하노니
이중사 기상적과의 이등내벽 공다 유
爾衆士는 其[1]尙迪[2]果毅하여 以登[3]乃辟이어다 功多면 有
후상 부적 유현륙
厚賞하고 不迪하면 有顯[4]戮하리라

국역 |

옛 사람이 말하기를, '나를 어루만져주면 임금이고, 나를 학대하면 원수라'고 했다. 한 남자에 불과한 수가 크게 위엄을 지으니, 바로 너희들 대대로의 원수이다. 덕을 심는 데는 차츰차츰 불어나도록 힘써야 하고, 악을 제거하는 데는 뿌리를 뽑도록 힘써야 한다. 이에 나 소자는 크게 한번 너희 병사들을 데리고 너희들의 원수를 다 섬멸하려 하나니, 너희 여러 병사들은 부디 과감하고 꿋꿋함을 행하여 너희 임금을 성공시켜야 할 것이다. 공이 많으면 후한 상이 있을 것이고, 해내지 못하면 분명한 죽음이 있을 것이다.

난자풀이 |

1 其(기) : 가벼운 명령을 할 때 들어가는 조음소.
2 迪(적) : 행하다. 나아가다.
3 登(등) : 오르다. 성공하다.
4 顯(현) : 드러나다. 분명하다.

강설 |

무왕은 '나를 어루만져주면 임금이고, 나를 학대하면 원수라'고 하는 옛말을 인용하여 주왕이 왕이 아니라 원수라고 정의함으로써 병사들로 하여금 임금을 친다는 죄의식에서 벗어나게 했다. 그러고는 함께 원수를 갚자고 독려한 뒤 마지막으로 상벌에 대해서 논했다. 전쟁에서 상벌에 관해 다짐을 하는 것이 사기에 많은 영향을 주기 때문에 장수들이 출정할 때는 대개 상벌을 논한다.

嗚呼라 惟我文考 若日月之照臨하사 光于四方하시며 顯于西土하시니 惟我有周는 誕受多方하리라 予克受라도 非予武라 惟朕文考無罪시며 受克予라도 非朕文考有罪라 惟予小子無良이니라

국역 |

아아! 우리 교양 있는 아버지께서는 해와 달이 비추어 임하는 것 같으셔서, 사방에 빛나시며 서쪽 땅에서 환하시니, 오직 우리 주나라는 많은 방면의 땅을 크게 받을 것이다. 내가 수를 이기더라도 내가 씩씩하기 때문이 아니라 오직 우리 교양 있는 아버지께서 죄가 없으셨기 때문이며, 수가 나를 이기더라도 나의 교양 있는 아버지께서 죄가 있으셨기 때문이 아니라 오직 나 소자가 훌륭하지 못했기 때문이니라."

강설 |

마지막으로 무왕은 문왕의 권위를 빌려 병사들에게 자신감을 심어 준 뒤에 연설을 끝맺었다.

牧誓 | 목서

무왕이 목야牧野에서 군사들에게 연설한 연설문이다. 『금문상서今文尙書』와 『고문상서古文尙書』에 다 들어 있다.

時甲子昧爽[1][2][3]에 王이 朝至于商郊牧野[4][5]하여 乃誓하니 王이 左杖黃鉞[6]하고 右秉白旄[7]하여 以麾[8]曰 逖[9]矣라 西土之人아

(시갑자매상 왕 조지우상교목야 내서 왕 좌장황월 우병백모 이휘왈 적의 서토지인)

국역 |

이 갑자일 어두운 새벽에 왕이 처음으로 상의 도읍지 교외의 들판에 이르러 선언하였다. 왕이 왼손으로는 노란 도끼를 짚고 오른 손으로는 흰 기를 잡고 휘두르며 말했다. "멀리까지 왔도다. 서쪽 땅의 사람들이여."

난자풀이 |

1 時(시) : 시是와 통용.

2 甲子(갑자) : 『사기史記』에는 문왕 12년 갑자일로 되어 있고, 『회주교증會注校證』에는 12년 1월 갑자일로 되어 있으며, 『한서漢書』 「율력지律歷志」에는 문왕 13년, 즉 무왕 즉위 4년 2월 갑자일로 되어 있다.

3 爽(상) : 새벽. 밝다. 날이 새다.

4 朝(조) : 처음으로.

5 牧野(목야) : 목牧도 교외이고, 야野도 교외이다. 『이아爾雅』「석지釋地」에 있는 '읍외위지교邑外謂之郊, 교외위지목郊外謂之牧, 목외위지야牧外謂之野'라는 데서 보면, 교郊・목牧・야野는 다 상나라의 도읍지 교외에 해당된다. 여기서는 문맥을 부드럽게 하기 위해 '교외의 들판'으로 번역했다.

6 杖(장) : 짚다. 잡다. 쥐다.

7 旄(모) : 깃발.

8 麾(휘) : 지휘하다. 휘두르다.

9 逖(적) : 멀다. 멀리하다. 멀어지다.

강설 |

무왕이 연설을 할 때마다 서쪽 땅의 사람임을 강조하는 것은 동쪽 사람들과의 갈등을 잘 이용하는 것으로 보인다. 이는 바람직한 것이 아니다. 옳고 그른 것을 따지지 않고 지역으로 뭉치자고 선동하는 것은 지역주의를 부추기는 것이다. 아마도 무왕은 당시 동이족과 서부족의 갈등을 교묘히 이용한 것으로 보인다.

王曰(왕왈) 嗟(차)라 我友邦冢君(아우방총군)과 御事(어사)[1]인 司徒(사도)[2]와 司馬(사마)[3]와 司空(사공)[4]과 亞旅(아려)[5][6]와 師氏(사씨)[7]와 千夫長(천부장)과 百夫長(백부장)과 及庸蜀羌髳微盧彭濮人(급용촉강모미로팽복인)[8]아 稱爾戈(칭이과)[9]하며 比爾干(비이간)하며 立爾矛(입이모)하라 予其誓(여기서)하리라

국역 |

왕이 말했다. "아! 우리 우방의 총군과 어사인 사도·사마·사공·아·여·사씨·천 장정의 우두머리·백 장정의 우두머리와 용·촉·강·모·미·노·팽·복의 사람들이여! 너희들의 창을 들고 너희들의 방패를 나란히 하고 너희들의 창을 세워라. 내 선서를 하겠다."

난자풀이 |

1 御事(어사) : 일을 다스리는 신하의 총칭.
2 司徒(사도) : 백성들의 일을 관장하는 장관. 내무장관.
3 司馬(사마) : 국방을 담당하는 장관. 국방장관.
4 司空(사공) : 토지를 담당하는 장관. 건설부장관에 해당.
5 亞(아) : 둘째. 여기서는 각 부서의 둘째 계급. 오늘의 차관에 해당.
6 旅(려) : 중衆과 같은 뜻. 기타의 여러 관직.
7 師氏(사씨) : 장병을 지휘하는 장.
8 庸蜀羌髳微盧彭濮(용촉강모미로팽복) : 여덟 나라. 모두 서융과 남만이라는 설도 있지만, 고힐강顧頡剛은 강羌·미微·무髳는 위수渭水와 하수河水 유역에 있는 북쪽의 나라이고 나머지는 남쪽에 있는 나라라 했다(『사림잡식史林雜識』「목서팔국牧誓八國」).
9 稱(칭) : 들다.

강설 |

출정하는 여러 군사들 앞에서 무왕이 행한 연설문이다. 목서牧誓에 나오는 여덟 나라의 위치는 고힐강의 연구에 의하면 다음과 같다.

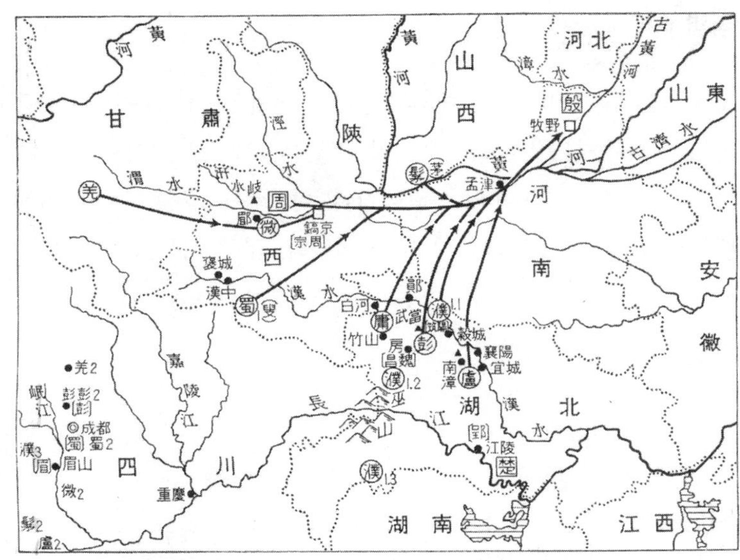

고힐강의 『사림잡식』에 있는 목서팔국(이케다의 『상서尙書』에서 전재)

왕 왈 고인유언왈 빈계 무신 빈계지신 유
王曰 古人有言曰 牝雞는 無晨이니[1] 牝雞之晨은 惟

가 지 삭 금 상 왕 수 유 부 언 시 용 혼 기
家之索[2]이라 하도다 今商王受 惟婦言是用[3]하여 昏棄

궐 사 사 불 답 혼 기 궐 유 왕 부 모 제 부 적
厥肆祀[4]하여 弗答하며 昏棄厥遺王父母弟[5]하여 不迪

내 유 사 방 지 다 죄 포 도 시 숭 시 장 시 신 시
하고 乃惟四方之多罪逋逃를 是崇是長하며 是信是

사 시 이 위 대 부 경 사 비 포 학 우 백 성 이
使하여 是以爲大夫卿士하여 俾暴虐于百姓하며 以

간 귀 우 상 읍
姦宄于商邑하나다

국역 |

왕이 말했다. "옛 사람들이 말하기를, '암탉은 새벽에 울지 않아야 한다. 암탉이 새벽에 울면 집을 망친다'고 했다. 지금 상나라 임금 수는 오직 아녀자의 말만을 듣고 멍청하게 제사지내는 일도 폐기하여 보답하지 않으며, 멍청하게도 남아 있는 사촌동생들을 버려서 나아가지 못하게 하고, 오직 사방에서 죄가 많아 도망 온 자들을 높이고 우대하며 믿고 부려서, 이들로 대부와 경사로 삼아 백성들에게 난폭하고 잔학하게 하여 상나라의 마을에 해악을 끼쳤다.

난자풀이 |

[1] 晨(신) : 새벽에 울다.
[2] 索(삭) : 흩어지다. 다하다. 망하다. 쓸쓸하다.
[3] 是(시) : 앞의 말과 뒤의 말이 도치될 때 중간에 들어간다.
[4] 肆(사) : 늘어놓다. 진열하다. 사사肆祀는 여러 제사를 말한다.
[5] 王父母(왕부모) : 조부모. 왕부모제王父母弟는 같은 조부모를 가진 동생. 사촌동생.

강설 |

주왕을 치기 위해 주왕의 문제점을 낱낱이 노출하여 병사들에게 전투 의욕을 높이는 것이 연설의 목적이다.

금여발 유공행천지벌 금일지사 불건우
今予發은 惟恭行天之罰하노니 今日之事는 不愆于[1]
육보칠보 내지제언 부자 욱재 불건
六步七步하여 乃止齊焉하리니 夫子는 勖哉하라 不愆

우 사 벌 오 벌 륙 벌 칠 벌 내 지 제 언 욱 재
于四伐五伐六伐七伐하여 乃止齊焉하리니 勖哉하라
부 자
夫子아

국역 |

지금 나 발은 공손하게 하늘의 벌을 대행하나니, 금일의 일은 여섯 걸음이나 일곱 걸음을 지나지 않고 멈추어 정돈할 것이니, 그대들은 힘쓸지어다. 네 번 공격·다섯 번 공격·여섯 번 공격·일곱 번 공격을 넘지 않고 멈추어 정돈할 것이니, 힘쓸지어다 그대들이여.

난자풀이 |

[1] 愆(건) : 과過와 같은 뜻.

강설 |

상대의 비리를 들추어내어 공격 의욕을 고취시킨 다음 무왕은 자신감을 불어넣어 다시 사기를 북돋운다.

상 환 환 여 호 여 비 여 웅 여 비 우 상 교 불 아
尚桓[1]桓如虎如貔[2]하며 如熊如羆于商郊하여 弗迓하
극 분 이 역 서 토 욱 재 부 자 이 소 불
고 克奔하여 以役[3]西土하라 勖哉하라 夫子아 爾所弗
욱 기 우 이 궁 유 륙
勖이면 其于爾躬에 有戮하리라

국역 |

부디 상나라 교외에서는 씩씩하고 씩씩하여 범 같고 비휴 같고 곰 같고 큰 곰 같이 하여, 오는 적을 맞이하지 말고 달려나가 서쪽 땅을 위해 싸워라. 힘쓸지어다 그대들이여! 너희들이 힘쓰지 않으면 너희들 몸에 죽임이 있을 것이다."

난자풀이 |

1 桓(환) : 굳세다. 씩씩하다.
2 貔(비) : 비휴.
3 役(역) : 힘쓰다. 싸우다. 역서토役西土는 '서쪽 땅을 위해 싸운다'는 말이다.

강설 |

무왕은 마지막으로 '열심히 싸우지 않으면 죽이겠다'고 하여, 딴 마음을 먹지 못하도록 못을 박은 뒤에 연설문을 마쳤다.

武成 | 무성

무왕이 정벌한 뒤에 군마를 돌려보내며 여러 신에게 제사한 것과 제후들에게 고한 것, 그리고 정사의 내용에 대한 것 등을 사관이 기록한 것이다. 『금문상서今文尙書』에는 없고 『고문상서古文尙書』에는 들어 있다.

유일월임진방사백월익일계사에 왕이 조보자주
惟一月壬辰旁死魄越翼日癸巳에 王이 朝步自周
① ② ③ ④
하여 우정벌상하다 궐사월재생명에 왕이 내자상하여
하여 于征伐商하다 厥四月哉生明에 王이 來自商하여
⑤ ⑥
지우풍하여 내언무수문하여 귀마우화산지양하고
至于豐하여 乃偃武修文하여 歸馬于華山之陽하고
⑦ ⑧
방우우도림지야하여 시천하불복하다
放牛于桃林之野하여 示天下弗服하다
⑨ ⑩

국역 |

1월 임진일 방사백旁死魄, 익일인 계사일에 왕이 처음으로 주에서부터 와서 상나라를 정벌했다. 사월 재생명哉生明에 왕이 상나라로부터 와서 풍에 이르러 무를 중단하고 문을 닦아 말들을 화산의 남쪽으로 돌려보내고 소들을 도림의 들에 방목하여 천하에 무력을 쓰지 않을 것임을 보여주었다.

난자풀이 |

1 旁死魄(방사백) : 방旁은 '다가서다'는 뜻이고, 백魄은 '달빛'이다. 그러므로 방사백은 달빛이 거의 없어지는 것에 가까운 것. 그믐. 대개 음력 25일 경을 말한다.

2 越(월) : 넘다. 건너다. 거치다. 및. 여기서는 '익일인 계사일에 이르러'란 뜻이다.

3 朝(조) : 처음으로.

4 步(보) : 걷다. 걸어가는 것만 아니라 일반적으로 '가는 행위'가 모두 이에 해당한다.

5 于(우) : 이에. 여기서는 문맥을 부드럽게 하기 위해 번역을 생략했다.

6 哉生明(재생명) : 재哉는 '처음'이란 뜻이다. 그러므로 재생명은 처음으로

달빛이 생겨나는 것. 대개 음력 초사흘 경. 초승.

7 豐(풍) : 문왕의 옛 도읍지.

8 화산(華山) : 섬서성陜西省 화음현華陰縣에 있는 산의 이름. 오악의 하나.

9 도림(桃林) : 지명. 섬서성 화음현에 위치함.

10 服(복) : 옷. 일. 여기서는 전쟁을 의미한다.

강설 |

무왕이 상나라를 치고 돌아와 무를 중단하고 문을 닦는 모습을 설명한 것이다.

丁未(정미)에 祀于周廟(사우주묘)할새 邦(방)1甸(전)2侯(후)3衛(위)4 駿(준)5奔走(분주)하여 執(집)豆(두)6籩(변)7하더니 越三日庚戌(월삼일경술)8에 柴(시)9望(망)10하여 大告武成(대고무성)하다 既生魄(기생백)11에 庶邦冢君(서방총군)과 暨(기)12百工(백공)이 受命于周(수명우주)하니라

국역 |

정미일에 주나라 사당에 제사할 적에 방·전과 후·위의 제후들이 빠르게 달려와 제기들을 잡더니, 3일이 지난 경술일에 시柴라는 제사와 망望이라는 제사를 지내 무공이 이루어졌음을 크게 고했다. 기생백에 여러 나라의 총군들과 백공들이 주나라에서 명령을 받았다.

난자풀이 |

1 邦(방) : 주나라 왕성에서 근무하는 제후에 해당하는 벼슬을 하는 사람. 경卿들.
2 甸(전) : 전복의 제후.
3 侯(후) : 후복의 제후.
4 衛(위) : 위복의 제후.
5 駿(준) : 준마. 빠르다. 빼어나다.
6 豆(두) : 나무로 만든 제기.
7 籩(변) : 대로 만든 제기.
8 越(월) : 지나다. 건너다.
9 柴(시) : 섶. 섶을 태워서 하늘에 지내는 제사.
10 望(망) : 바라다. 우러러보다. 산천을 우러러보고 지내는 제사.
11 既生魄(기생백) : 달이 이미 희게 되었을 무렵. 음력 12, 13일 경.
12 曁(기) : 및.

강설 |

제후들이 주나라로 달려가 제사를 거들고 주나라의 왕에게 명령을 받는 모습을 설명한 것이다.

왕야왈 오호 군후 유선왕 건방계토
王若曰 嗚呼라 群后아 惟先王이 建邦[1]啓土하여시늘

공류극독전렬 지우태왕 조기왕적
公劉[2]克篤前烈하시고 至于大王[3]하여 肇基王迹[4]하시며

왕계기근왕가 아문고문왕 극성궐훈
王季[5]其勤王家하시며 我文考文王이 克成厥勳하사

탄응천명 이무방하 대방 외기력 소
誕[6]膺[7]天命하사 以撫方夏하신대 大邦은 畏其力하고 小

방 회기덕 유구년 대통 미집 여소
邦은 懷其德이 惟九年이나 大統이 未集이어늘 予小

자기승궐지
子其承厥志호라

국역 |

왕이 다음과 같이 말했다. "아아! 여러 제후들이여. 오직 선왕이 나라를 세우고 국토를 여시니, 공류가 전인의 공업을 돈독히 하시고, 태왕에 이르러 비로소 왕업의 기틀을 잡으시며, 왕계가 왕실의 가업을 부지런히 힘쓰시며, 우리 교양 있는 아버지 문왕께서 공훈을 잘 이루시고, 크게 천명을 받으시어 사방의 하를 어루만지시니, 큰 나라가 그 힘을 두려워하고 작은 나라가 그 덕을 그리워한 지 9년이 되었으나 큰 통일이 아직 이루어지지 않았다. 그리하여 나 소자가 그 뜻을 이었노라."

난자풀이 |

1 先王(선왕) : 여기서는 후직后稷을 지칭한다. 후직이 처음으로 태邰라는 곳에 봉해졌기 때문에 '나라를 세우고 국토를 열었다'고 했다.

2 公劉(공류) : 후직의 증손.

3 大王(태왕) : 이때의 대大는 태로 읽는다. 태왕은 고공단보古公亶父이니 적인狄人들을 피해 빈邠을 떠나 기岐에서 살았다.

4 王迹(왕적) : 왕업.

5 王季(왕계) : 태왕의 셋째 아들이며 문왕의 아버지인 계력季歷. 태왕을 이어 왕이 되었다.

6 誕(탄) : 크다.

7 膺(응) : 가슴. 안다. 받다.

강설 |

무왕이 자신이 주왕을 정벌하고 통일 왕국을 세우기까지의 내력을 설명한 것이다. 여기서 알 수 있는 것은 주나라가 하나라와 같은 서부족의 사람들이 세운 나라이므로 자신들이 하나라를 잇는다는 의식이 있다는 사실이다. 그래서 중원지방을 포함한 당시의 중국에 대해 하夏라는 칭호를 쓴 것으로 이해할 수 있다.

저상지죄 고우황천후토 소과명산대천
底[1]商之罪하고 告于皇天后土와 所過名山大川하여

왈 유유도증손주왕발 장유대정우상 금상
曰 惟有道曾孫周王發은 將有大正于商하노니 今商

왕수무도 폭진천물 해학증민 위천하
王受無道하여 暴殄天物하고 害虐烝民하여 爲天下[2]

포도주췌연수 여소자기획인인 감지승상
逋[3]逃主萃[4]淵[5]藪[6]어늘 予小子既獲仁人[7]하여 敢祗承上

제 이알란략 화하만맥 망불솔비
帝하여 以遏亂略하니 華夏[8]蠻貊[9]이 罔不率俾[10]하나다

국역 |

상나라의 죄를 다 들추어내어 황천 후토와 지나가는 명산과 대천에 고했다. "오직 도 있는 증손인 나 발은 장차 상나라에서 크게 바로잡음이 있을 것입니다. 지금 상나라의 임금 수는 무도하여 하늘이 준 선물을 난폭하게 없애버리고 백성들을 해치고 학대하여, 달아나 도망 다니는 자들이 모두 주인 삼아 모여드는 소굴이 되었으므로, 나 소자는

이미 어진 사람을 얻어 감히 경건하게 하느님을 받들어 어지러운 계략을 막으니 화하와 만맥이 따르지 않음이 없었습니다.

난자풀이 |

1 底(저) : 지至와 통용. 지극히 찾아내다. 다 들추다.
2 天下(천하) : '온세상의 모든'이란 뜻이다. 여기서는 문맥을 부드럽게 하기 위해 '모두'로 번역했다.
3 逋逃(포도) : 달아나 도망 다니는 자들.
4 主萃(주췌) : 주인 삼아 모여들다. 나쁜 자들을 받아주는 사람이 있으면 나쁜 일을 저지른 사람들이 그에게 모여든다.
5 淵(연) : 못. 소. 물건이 많이 모이는 곳.
6 藪(수) : 늪. 연수淵藪는 온갖 짐승들이 모여드는 늪지대. 여기서는 소굴로 번역했다.
7 仁人(인인) : 여기서는 강태공 · 주공 · 소공 등을 말한다.
8 華夏(화하) : 서부족이 중심이 되어 건설한 나라. 하나라를 계승했다는 의식을 가진 주나라는 자기들이 세운 나라를 화하라 칭했다.
9 蠻貊(만맥) : 변방의 나라를 대표적으로 지칭한 것.
10 俾(비) : 따르다.

강설 |

명산과 대천에 제사지낼 때의 축문이다. 무왕 때에 이르러 비로소 서부족이 완전히 중원을 장악했다. 그 뒤로는 동이족이 중원을 장악한 적이 한번도 없었다. 중원을 장악한 무왕은 화하와 만맥을 모두 지배했다. 화하는 서부족이고 맥은 동이족이며, 만은 남부에 살던 변방족이다.

恭天成命(공천성명)하여 肆予東征(사여동정)하여 綏厥士女(수궐사녀)하니 惟其士女(유기사녀) 篚[1]厥玄[2]黃(비궐현황)하여 昭我周王(소아주왕)하니 天休震動(천휴진동)하사 用附我大邑周(용부아대읍주)니이다 惟爾有神(유이유신)은 尚克相予(상극상여)하여 以濟兆民(이제조민)하여 無作神羞(무작신수)하소서

국역

하늘을 공손히 받들고 천명을 이루어 비로소 내가 동쪽으로 정벌하여 그 선비와 여자들을 편안케 하니, 오직 그 선비와 여자들이 검고 노란 비단을 광주리에 담아 우리 주나라 임금의 덕을 밝게 만드니, 하늘의 아름다운 마음이 진동하시어 우리 큰 고을 주나라를 따르도록 했습니다. 그대들 신들은 부디 나를 도와 억조 백성들을 구제하시어 신들로서 부끄러운 일을 하지 마소서."

난자풀이

[1] 篚(비) : 광주리에 담다.
[2] 玄黃(현황) : 검은 비단과 노란 비단.

강설

명산과 대천에 제사지낼 때의 축문의 후반부이다. 그 내용은 '무왕이 주왕을 친 것은 하늘의 뜻이었으므로 여러 신들은 그 사실을 알아서 잘 도와달라'는 뜻으로 구성되어 있다.

旣戊午에 師渡孟津하여 癸亥에 陳于商郊하여 俟天休命하니 甲子昧爽에 受率其旅若林하여 會于牧野나 罔有敵于我師라 前徒倒戈[1]하여늘 攻于後以北[2]하니 血流漂[3]杵[4]라 一戎衣에 天下大定이어늘 乃反商政하여 政由舊하고 釋箕子[5]囚하며 封比干[6]墓하며 式商容[7]閭하며 散鹿臺[8]之財하며 發鉅橋[9]之粟하여 大賚[10]于四海한대 而萬姓이 悅服하니라

국역 |

무오일에 군대가 이미 맹진을 건너 계해일에 상나라 교외에 진을 치고 하늘의 아름다운 명령을 기다리니 갑자일 어두운 새벽에 수受가 그 군대를 숲처럼 거느리고 와서 들판에서 만나 싸웠으나 우리 군사에 적수가 되지 않았다. 앞에 선 무리들이 창을 거꾸로 들고 달아나거늘 뒤에서 공격하여 패배시키니 피가 흘러 방패가 떠다녔다. 한번 군복을 입음에 천하가 크게 안정되거늘 상나라의 정사를 되돌려 모든 정사를 옛 것으로 말미암게 하고, 기자를 가둔 것을 풀어주고, 비간의 묘에 봉분을 쌓고, 상용의 마을에 예를 표하며, 녹대의 재산을 분산시키고, 거교에 넣어둔 곡식을 꺼내어 온 나라에 크게 나누어주니 모든 백성들이 기뻐하며 복종하였다.

난자풀이 |

1 倒戈(도과) : 창을 거꾸로 잡다. 창을 거꾸로 잡는다는 것은 달아난다는 것을 말한다.

2 北(배) : 달아나다. 도망치다.

3 漂(표) : 떠돌다. 물에 떠돌다. 떠다니다.

4 杵(저) : 절구공이. 방패.

5 箕子(기자) : 주紂의 숙부.

6 比干(비간) : 주紂의 숙부.

7 商容(상용) : 상나라의 현인.

8 鹿臺(록대) : 주紂가 재물을 쌓아놓은 창고 이름.

9 鉅橋(거교) : 주紂가 곡식을 넣어둔 장소.

10 賚(뢰) : 주다.

강설 |

상나라와 싸울 때의 상황을 설명한 것이다.

列爵惟五(열작유오)에 分土惟三(분토유삼)이며 建官惟賢(건관유현)하고 位事惟能(위사유능)하며 重民五教(중민오교)하되 惟食喪祭(유식상제)하며 惇信明義(돈신명의)하며 崇德報功(숭덕보공)하니 垂[1]拱[2]而天下治(수공이천하치)하니라

국역 |

관작을 나열함은 다섯으로 하되 땅을 나누어줌은 세 가지로 하며,

관리를 임명할 때는 오직 현명한 자에게만 하고 일자리를 줄 때는 오직 능력 있는 자에게만 하며, 백성들에게 다섯 가지 윤리교육을 거듭하되 오직 음식과 상례와 제례를 강조하며, 신의를 돈독히 하고 의리를 밝히며, 덕을 높이고 공에 보답하고 나니, 옷을 걸치고 팔짱을 끼고 가만히 있었는데도 천하가 다스려졌다.

난자풀이 |

1 垂(수) : 옷을 드리우다.
2 拱(공) : 두 손을 맞잡다. 팔짱을 끼다.

강설 |

전쟁에 승리하고 돌아온 무왕의 정치에 대해서 설명한 것이다. 그 내용은 대체로 다음과 같다.

첫째, 제후를 제대로 봉하고,

둘째, 관리를 제대로 임명하고,

셋째, 윤리와 도덕 교육을 실시하고,

넷째, 예절과 의리를 확립하고,

다섯째, 덕 있는 이에게 상을 주는 것.

이상의 다섯 가지를 제대로 해결하기만 하면 임금은 별로 할 일이 없다. 팔짱을 끼고 가만히 있기만 해도 된다.

무성편武成篇은 순서에 착간이 있다고 해서 유창劉敞, 유반劉攽, 왕안석王安石, 정이程頤 등이 차서를 정한 것이 있는데, 채침蔡沈은 이를 참조하여 나름대로 순서를 정리하여 금고정무성今考正武成이라 이름 붙였다. 원문을 소개하면 다음과 같다.

유 일 월 임 진 방 사 백 월 익 일 계 사 왕 조 보 자 주 우 정
惟一月壬辰旁死魄越翼日癸巳 王朝步自周 于征

벌 상 저 상 지 죄 고 우 황 천 후 토 소 과 명 산 대 천 왈
伐商 底商之罪 告于皇天后土所過名山大川 曰

유 유 도 증 손 주 왕 발 장 유 대 정 우 상 금 상 왕 수 무 도
惟有道曾孫周王發 將有大正于商 今商王受無道

폭 진 천 물 해 학 증 민 위 천 하 포 도 주 췌 연 수 여 소 자
暴殄天物害虐烝民 爲天下逋逃主萃淵藪 予小子

기 획 인 인 감 지 승 상 제 이 알 란 략 화 하 만 맥 망 불 솔
旣獲仁人 敢祗承上帝 以遏亂略 華夏蠻貊罔不率

비 유 이 유 신 상 극 상 여 이 제 조 민 무 작 신 수 기 무
俾 惟爾有神 尙克相予 以濟兆民 無作神羞 旣戊

오 사 도 맹 진 계 해 진 우 상 교 사 천 휴 명 갑 자 매 상
午 師渡孟津 癸亥 陳于商郊 俟天休命 甲子昧爽

수 솔 기 려 약 림 회 우 목 야 망 유 적 우 아 사 전 도 도 과
受率其旅若林 會于牧野 罔有敵于我師 前徒倒戈

공 우 후 이 배 혈 류 표 저 일 융 의 천 하 대 정 내 반 상
攻于後以北 血流漂杵 一戎衣 天下大定 乃反商

정 정 유 구 석 기 자 수 봉 비 간 묘 식 상 용 려 산 녹 대
政 政由舊 釋箕子囚 封比干墓 式商容閭 散鹿臺

지 재 발 거 교 지 속 대 뢰 우 사 해 이 만 성 열 복 궐 사
之財 發鉅橋之粟 大賚于四海 而萬姓 悅服 厥四

월 재 생 명 왕 래 자 상 지 우 풍 내 언 무 수 문 귀 마 우
月哉生明 王來自商 至于豐 乃偃武修文 歸馬于

화 산 지 양 방 우 우 도 림 지 야 시 천 하 불 복 기 생 백
華山之陽 放牛于桃林之野 示天下弗服 旣生魄

서 방 총 군 기 백 공 수 명 우 주 정 미 사 우 주 묘 방 전
庶邦冢君暨百工 受命于周 丁未 祀于周廟 邦甸

후 위 준 분 주 집 두 변 월 삼 일 경 술 시 망 대 고 무 성
侯衛駿奔走 執豆籩 越三日庚戌 柴望 大告武成

왕 약 왈 오 호 군 후 유 선 왕 건 방 계 토 공 류 극 독 전
王若曰 嗚呼群后 惟先王 建邦啓土 公劉克篤前

렬 지 우 대 왕 조 기 왕 적 왕 계 기 근 왕 가 아 문 고 문
烈 至于大王 肇基王迹 王季其勤王家 我文考文

왕 극 성 궐 훈 탄 응 천 명 이 무 방 하 대 방 외 기 력 소
王 克成厥勳 誕膺天命 以撫方夏 大邦畏其力 小

방 회 기 덕 유 구 년 대 통 미 집 여 소 자 기 승 궐 지 공
邦懷其德 惟九年 大統 未集 予小子其承厥志 恭

천 성 명 사 여 동 정 수 궐 사 녀 유 기 사 녀 비 궐 현 황
天成命 肆予東征 綏厥士女 惟其士女 篚厥玄黃

소 아 주 왕 천 휴 진 동 용 부 아 대 읍 주 열 작 유 오 분
昭我周王 天休震動 用附我大邑周 列爵惟五 分

토 유 삼 건 관 유 현 위 사 유 능 중 민 오 교 유 식 상 제
土惟三 建官惟賢 位事惟能 重民五敎 惟食喪祭

돈 신 명 의 숭 덕 보 공 수 공 이 천 하 치
惇信明義 崇德報功 垂拱而天下治

洪範 | 홍범

『한서漢書』「예문지藝文志」에 "우왕이 홍수를 다스릴 때 하늘이 낙서洛書를 내려주었는데, 그것을 본받아 진술하니 홍범洪範이 그것이다" 하였으며, 『사기史記』에는 "무왕武王이 은殷나라를 이기고 기자箕子에게 찾아가 천도天道를 물으니, 기자가 홍범을 진술했다"고 하였다. 이에서 보면 홍범은 우禹임금 때 나온 것인데, 기자가 그것을 이어받아 정치의 기본원리로 삼은 것이 된다. 『금문상서今文尙書』와 『고문상서古文尙書』에 다 들어 있다.

惟十有三祀[1]에 王이 訪于箕子하다 王이 乃言曰 嗚呼라 箕子아 惟天이 陰騭[2]下民하사 相協[3]厥居하시나 我는 不知其彝[4]倫攸敍하니이다 箕子乃言曰 我聞호니 在[5]昔鯀이 陻[6]洪水하여 汨[7]陳其五行한대 帝乃震怒하사 不畀洪範九疇[8]하시니 彝倫攸斁[9]니라 鯀則殛[10]死어늘 禹乃嗣興하신대 天乃錫禹洪範九疇하시니 彝倫攸敍니라

국역 |

13년에 왕이 기자에게 찾아갔다. 왕이 말했다. "아아! 기자여. 하늘이 가만히 하민을 안정시키고 거처하는 것을 도와 화목하게 하시나, 나는 인륜을 펼쳐 시행할 줄을 모릅니다." 이에 기자가 말했다. "나는 들으니, 옛날 곤이 홍수를 막아 오행을 헷갈리게 펼치니, 하느님이 진노하사 홍범구주를 내려주지 않으시어 인륜이 무너지게 되었다. 곤이 귀양 가 죽고, 우가 뒤를 이어 일어나자, 하늘이 우에게 홍범구주를 내려주시어 인륜이 펼쳐지게 되었다.

난자풀이 |

[1] 十有三祀(십유삼사) : 13년. 은나라에서는 년年을 사祀라 했다. 문왕이 나라를 세운 지 13년이고, 무왕이 은을 정복한 지 2년이라는 설, 무왕이 즉위한 지 11년이고 은을 정복한 지 2년이라는 설 등이 있다.

2 鷺(즐) : 안정시키다.

3 協(협) : 『사기』에는 화和로 되어 있다.

4 彝倫(이륜) : 영구히 통용되는 진리.

5 在昔(재석) : 옛날. 엄밀히 말하면, '옛날에 있어서'라는 해석이 되지만, '옛날'로 번역하는 것이 매끄럽다.

6 陻(인) : 막다. 흙으로 막다.

7 汨(골) : 어지럽다. 헷갈리다.

8 洪範九疇(홍범구주) : 정치의 아홉 가지 큰 법칙. 방법.

9 斁(두) : 무너지다. 썩다. 싫증나다.

10 殛(극) : 죽다. 사형에 처하다. 귀양가다.

강설 |

본문에 의하면, 「홍범구주洪範九疇」는 하늘이 우禹에게 내려주신 것으로 되어 있지만, 그것이 확실한 사실인지 확인할 길이 없다. 많은 학자들은 「홍범구주」를 전국시대에 만들어진 것으로 보고 있지만, 반드시 동의할 수만도 없다.

初一은 曰五行[1]이요 次二는 曰敬이니 用五事요 次三은 曰農이니 用八政이요 次四는 曰協이니 用五紀요 次五는 曰建이니 用皇極이요 次六은 曰乂이니 用三德이요 次七은 曰明이니 用稽疑요 次八은 曰念이니 用庶徵이요 次九는 曰嚮이니 用五福이요 威이니 用六極이니라

국역 |

첫 번째는 오행이고, 다음 두 번째는 경건함을 유지하는 것이니 오사로써 하고, 다음 세 번째는 농사를 짓는 것이니, 팔정으로써 하고, 다음 네 번째는 조화를 이루는 것이니 오기로써 하고, 다음 다섯 번째는 세우는 것이니 황극으로써 하고, 다음 여섯 번째는 다스리는 것이니, 삼덕으로써 하고, 다음 일곱 번째는 밝히는 것이니, 의심나는 것을 살피는 것으로써 하고, 다음 여덟 번째는 헤아리는 것이니 여러 조짐으로써 하고, 다음 아홉 번째는 응해주는 것이니 오복으로써 하고, 위엄을 보이는 것이니 육극으로써 하는 것이다.

난자풀이 |

1 五行(오행) : 금목수화토金木水火土. 자연의 이치를 설명한 것. 오늘날의 자연과학에 해당함.

강설 |

기자가 무왕에게 설명한 홍범구주의 내용을 분석해보면 전체적으로 총론에 해당하는 부분, 각론에 해당하는 부분, 그리고 평가에 해당하는 부분의 세 종류로 분류할 수 있다.

총론에 해당하는 부분은 다시 철학과 사회과학으로 분류할 수 있다. 첫 번째의 철학은 다시 존재론 및 우주론, 인식론 · 수양론 · 실천론으로 나눌 수 있다. 태초에는 사람의 삶이 자연과 분리되지 않았다. 사람의 삶이 바로 자연 그 자체였으므로 따로 철학을 할 필요가 없었다. 그러다가 사람의 삶이 자연과 분리되어 고독하게 됨으로써 많은 문제가 생기게 되었다. 이를 해결하기 위해서 인식과 수양의 과정을 통해서 자연과 분리되지 않았던 본래적인 삶의 모습을 찾아내어야 했다. 그리고 그 자연의 모습을 실천해야 했다. 인식과 수양의 과정은 인식론이나 수양론으로 정리될 수 있고, 본래의 삶의 모습은 존재론 및 우주론으로 정리될 수 있다. 그러므로 최초의 철학의 내용은 인식이나 수양의 문제가 먼저였고, 존재론 및 우주론이 나중에 등장할 수밖에 없었다. 그러나 후대의 사람들이 철학을 하게 되면, 선인들이 밝혀놓은 우주론이나 존재론을 먼저 접하여 존재의 본질을 파악한 다음, 다시 그것을 확인하는 과정을 거치는 것이 더 효과적이었기 때문에, 존재론이나 우주론이 먼저이고, 인식론·수양론·실천론은 그 다음이었다. 홍범구주에서 언급한 오행五行은 존재론이나 우주론에 해당하고, 五事는 실천론에 해당한다. 그리고 팔정八政은 정치 일반에 해당한다. 농경시대였던 옛날에는 경제·건설·교육·사법·외교·국방 등을 포함하는 정치 일반을 농사로 보았다. 경제는 경제농사를 짓는 것이고, 건설은 건설농사를 짓는 것이다. 자녀교육은 자녀농사이고 사람이 사는 것은 인생농사이다. 그래서 팔정八政을 농사로 표현했다.

다음으로 각론에 해당하는 부분은 자연의 운행, 인간의 이성적 삶, 그리고 느낌의 세계를 다룬 초 이성적 삶으로 분류했다. 오기五紀는 자연의 운행에 해당한다. 인간의 이성적 삶은 수기修己와 치인治人으로 분류할 수 있는데, 황극皇極은 수기修己에 해당하고, 삼덕三德은 치인治人에 해당한다. 그리고 초 이성적 삶은 인간과 자연의 직접적 일치와 간접적 일치로 분류할 수 있는데, 계의稽疑는 직접적 일치에 해당하고, 서징庶徵은 간접적 일치에 해당하는 것으로 볼 수 있다.

마지막으로 평가에 해당하는 것은 행복론인데, 오복五福과 육극六極이 이에 해당한다. 인간의 모든 노력은 행복을 추구하는 것으로 귀결되기 때문에 행복과 불행으로 인간의 최후의 평가를 대신할 수 있는 것이다.

이상의 내용을 정리하면 다음과 같다.

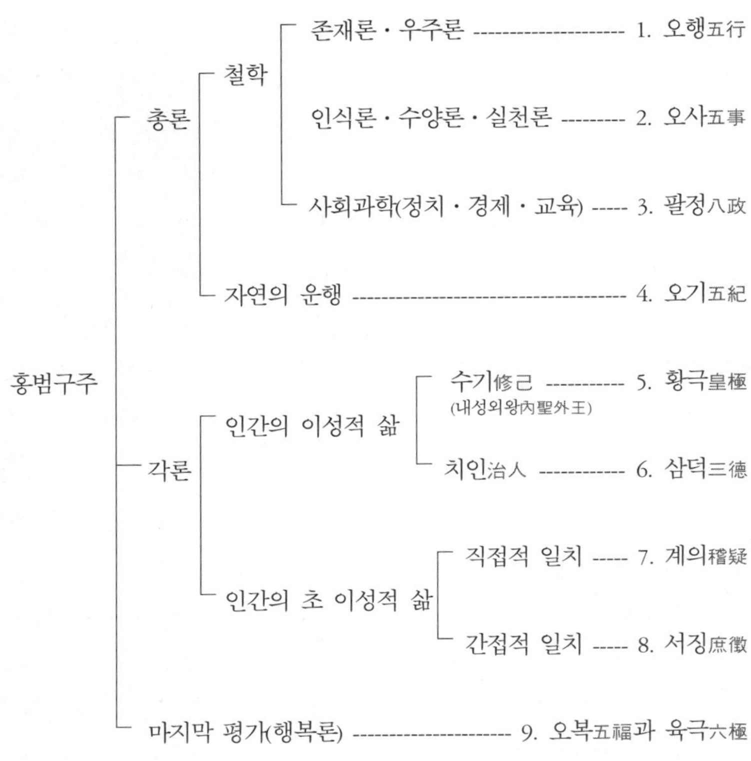

一(일) 五行(오행)은 [1] 一曰水(일왈수)요 二曰火(이왈화)요 三曰木(삼왈목)이요 四曰金(사왈금)이요 五曰土(오왈토)니라 水曰潤下(수왈윤하)요 火曰炎上(화왈염상)이요 木曰曲直(목왈곡직)이요 金曰從革(금왈종혁)이요 土爰稼穡(토원가색)이니라 潤下(윤하)는 作鹹(작함)하고 炎上(염상)은 作苦(작고)하고 曲直(곡직)은 作酸(작산)하고 從革(종혁)은 作辛(작신)하고 稼穡(가색)은 作甘(작감)이니라

국역 |

첫 번째 오행은 첫째 수水이고, 둘째 화火이고, 셋째 목木이고, 넷째 금金이고, 다섯째 토土이다. 수水는 젖어 내려가는 것이고, 화火는 타오르는 것이고, 목木은 굽거나 뻗는 것이고, 금金은 따르거나 바뀌는 것이고, 토土는 심거나 거두는 것이다. 젖어 내려가는 것은 짠맛을 내고, 타오르는 것은 쓴맛을 내고, 굽거나 뻗는 것은 신맛을 내고, 따르거나 바뀌는 것은 매운 맛을 내고, 심거나 거두는 것은 단맛을 낸다.

난자풀이 |

1 五行(오행) : 자연계의 모든 존재를 금목수화토의 성분으로 분류하여 각각의 성질을 이해한다.

강설 |

오행은 만물의 존재방식과 존재원리를 설명한 것이다. 사람의 삶이 만물의 존재방식과 존재원리에 따라야 원만하게 되므로, 「홍범구주洪範九疇」에서 제일 먼저 오행을 말했다. 만물은 일정한 성분을 가지고 있으면서 동시에 다른 성분과 관계를 맺으면서 존재하고, 또 다른 형태로 변하기도 한다. 이러한 만물의 존재방식과 존재원리를 옛 사람들은 오행으로 설명했다.

오행은 수水, 화火, 목木, 금金, 토土의 다섯 요소이다. 만물은 이 다섯 가지 요소로 구성된다. 이 다섯 가지 요소는 만물을 구성하는 요소이면서 동시에 서로 영향을 준다. 이 영향관계를 상생相生과 상극相克이라 한다. 상생관계는 수생목水生木, 목생화木生火, 화생토火生土, 토생금土生金, 금생수金生水이다. 또 상극관계는 수극화水克火, 화극금火克金, 금극목金克木, 목극토木克土, 토극수土克水이다.

물[水]은 다른 것을 적시면서 아래로 내려가는데, 내려갈수록 짠맛이 난다. 불[火]은 타오르는 성질을 가지고 있으면서 쓴맛을 낸다. 나무[木]는 뻗어나면서 굽고, 굽은 뒤에 다시 뻗어난다. 그리고 대체로 신맛이 난다. 쇠[金]는 날카롭고 강인한 성질로 나무를 다듬는다. 쓸 만한 나무는 그 나무의 장점을 살려 잘 다듬고, 쓸모가 없는 나무는 잘라버린다. 그래서 종혁從革이라 했다. 옛 사람들은 금金을 의義에 배당시켰다. 의義는 윗사람이 제대로 되어 있을 때는 잘 따르지만, 잘못할 때는 혁명을 한다. 의義에 이러한 성질이 있는 것은 금金이기 때문인 것으로 이해할 수 있다. 금金은 또 가을에 배당시킨다. 가을은 여름에 결실한 열매를 익히기도 하지만, 서리를 내려 만물을 말려버리기도 한다. 이 또한 종혁인 셈이다. 옛 사람들은 금金을 매운 맛으로 보았다. 매운 맛은 맛이 아니고, 통증이다. 금金은 만물을 다치게 하고 통증을 느끼게 한다. 땅[土]은 만물을 실어준다. 온갖 식물들이 심겨지고 자라나게 한다. 그리고 단맛을 낸다.

二 五事는 一曰貌요 二曰言이요 三曰視요 四曰聽이요 五曰思니라 貌曰恭이요 言曰從이요 視曰明이요 聽曰聰이요 思曰睿니라 恭作肅하며 從作乂하며 明作哲하며 聰作謀하며 睿作聖이니라

(이 오사 일왈모 이왈언 삼왈시 사왈청 오왈사 모왈공 언왈종 시왈명 청왈총 사왈예 공작숙 종작예 명작철 총작모 예작성)

국역 |

두 번째인 오사는 첫째 모습이고, 둘째 말이고, 셋째 보는 것이고, 넷째 듣는 것이고, 다섯째 생각하는 것이다. 모습은 공손해야 하고, 말

은 순리에 따라야 하고, 보는 것은 눈밝아야 하고, 듣는 것은 귀밝아야 하고, 생각하는 것은 깊고 밝아야 한다. 공손한 모습은 엄숙함을 만들고 순리에 따름은 다스림을 이루며, 눈밝으면 사리에 밝아지게 되며, 귀가 밝아지면 일이 잘 풀리게 되며, 깊고 밝아지면 성스러워지게 된다.

강설 |

오사五事는 인간의 실천에 관한 내용이다. 이는 자연의 움직임에 바탕을 둔 것이어야 하기 때문에 오행五行에 대응하여 오사五事라 했다.

三 八政(삼 팔정)은 一曰食(일왈식)이요 二曰貨(이왈화)요 三曰祀(삼왈사)요 四曰司空(사왈사공)이요 五曰司徒(오왈사도)요 六曰司寇(육왈사구)요 七曰賓(칠왈빈)이요 八曰師(팔왈사)니라

국역 |

세 번째인 여덟 가지 정사는, 첫째 먹는 것이고, 둘째 재화이고, 셋째 제사이고, 넷째 사공이고, 다섯째 사도이고, 여섯째 사구이고, 일곱째 손님 접대하는 것이고, 여덟째 군사이다.

강설 |

여덟 가지 정사 중에서 첫째 먹는 것과 둘째 재화는 경제에 해당

하고, 셋째 제사는 사회교화에 해당하며, 넷째 사공은 건설에 해당하고, 다섯째 사도는 교육에 해당하며, 여섯째 사구는 법무행정에 해당하고, 일곱째 손님 접대는 외교에 해당하며, 여덟째 군사는 국방에 해당한다.

四(사) 五紀(오기)는 一曰歲(일왈세)요 二曰月(이왈월)이요 三曰日(삼왈일)이요 四曰星辰(사왈성신)이요 五曰曆數(오왈역수)니라

국역 |

네 번째인 오기는, 첫째 해이고, 둘째 달이고, 셋째 날이고, 넷째 별들이고, 다섯째 역수이다.

강설 |

오기五紀는 천체의 운행에 관한 것이다. 천체의 운행을 알아야 그에 맞추어 인사가 결정되기 때문에 인사보다 먼저 천체의 운행에 대해서 언급했다. 천체의 운행 중에 대표가 되는 것이 해와 달 및 별들의 운행이다. 이를 바탕으로 한해의 달력을 만들어야 사람의 일을 결정할 수 있다.

五皇極은 皇建其有極이니 斂時五福하여 用敷錫厥庶民하면 惟時厥庶民이 于汝極하여 錫汝保極하리라 凡厥庶民이 無有淫朋하며 人無有比德은 惟皇이 作極일새니라

(오황극 황건기유극 염시오복 용부석궐서민 유시궐서민 우여극 석여보극 범궐서민 무유음붕 인무유비덕 유황 작극)

국역 |

다섯 번째인 황극은 임금이 그 목표로 삼을 진리의 삶을 확립하는 것이니, 이 다섯 복을 수렴하여 여러 백성들에게 펼쳐주면, 이 여러 백성들이 그대가 세운 진리의 삶을 따르고, 그대와 하나가 되어 그 진리의 삶을 보존할 것이다. 무릇 여러 백성들이 음란하거나 붕당을 짓지 않고, 사람들이 패거리를 짓는 일이 없는 것은 오직 임금이 목표로 삼을 진리의 삶을 만들었기 때문이다.

난자풀이 |

1 皇(황) : 임금.
2 有極(유극) : 유有는 의미 없이 들어간 조음소. 극極은 목표로 삼아야 할 표준이니, 여기서는 '진리의 삶'을 말한다.
3 用(용) : 이以와 통용.
4 敷(부) : 펴다.
5 時(시) : 시是와 통용.
6 于(우) : 하다. 따르다.
7 錫(석) : 주다. 여與와 통용. '준다는 것'은 '마음을 준다'는 것이고, '한편이

된다'는 것이다. 그래서 여기서는 '하나가 된다'는 뜻으로 쓰였다.

8 比德(비덕) : 붕당을 짓는 것. 덕德은 원래 '곧게 실천하는 마음의 실천 능력'인데, 여기서는 단순히 '마음의 실천능력'이라는 뜻으로 쓰였다. '악덕惡德'이라고 할 때의 덕德도 이와 같다. 비比는 패거리를 만드는 것이므로, 무유비덕無有比德은 '패거리를 만드는 마음'이 없다는 뜻이다.

강설 |

사람의 이상적인 삶은 본래의 모습대로 사는 것이다. 본래의 모습대로 사는 것은 본질적으로 남과 하나가 된 상태로 연결되어 있으면서 현실적으로 남과 분리되어 각각의 개성을 발휘하는 것이다. 이러한 삶이 가능하기 위해서는 먼저 남과 하나인 본질을 회복하는 데서부터 시작해야 하는데, 그 방법이 수기修己이므로, 진리는 수기에서부터 시작하지 않으면 안 된다. 수기는 사람이 자기 자신을 닦아 본질을 회복하는 것이지만, 모든 사람이 수기를 한다는 것은 참으로 어렵다. 그러므로 가장 효과적인 방법은 먼저 수기를 한 사람이 모범이 되어 남을 인도하는 것인데, 그러한 방식이 정치다. 따라서 정치는 수기가 완성된 성인이 왕이 되어 남들을 인도하는 것이다. 수기가 완성된 성인이 왕이 되어야 한다는 사상이 내성외왕內聖外王 사상이고, 수기가 완성된 사람이 남을 다스려야 한다는 것이 수기치인修己治人의 논리이다.

이러한 정치사상에서 보면 임금은 사람의 표준이 되고, 또 삶의 표준을 세워야 한다. 본질을 회복하여 본래의 모습대로 사는 사람의 삶이 가장 행복한 삶이다. 모든 사람을 행복으로 인도하는 것이 임금의 역할이다. 사람의 행복을 오복五福이라 했는데, 그 내용은 뒤에 나온다.

凡厥庶民이 有猷有爲有守를 汝則念之하며 不協于極이라도 不罹于咎어든 皇則受之하되 而康而色하라 曰 予攸好德이라커든 汝則錫之福하면 時人이 斯其惟皇之極하리라 無虐煢獨하고 而畏高明하라 人之有能有爲로 使羞其行하면 而邦이 其昌하리라

국역 |

무릇 여러 백성들이 꾀함이 있고 행함이 있고 지킴이 있는 것을 그대는 생각해야 하며, 목표로 삼아야 할 진리의 삶에 어울리지 않더라도 잘못에 해당되지 않으면, 임금은 수용하되 그대의 얼굴빛을 편안하게 하라. 만약 '저는 덕을 좋아하는 것입니다'라고 말할 경우 그대가 그에게 복을 주면 그 사람은 오직 임금을 삶의 표준으로 삼을 것이다. 외로운 자나 홀로된 자를 학대하거나 고명한 자에게 두려워하지 말라. 사람 중에 능력이 있고 잘 할 수 있는 자로 하여금 정치하는 데로 나아가게 하면 그대의 나라가 번창하리라.

난자풀이 |

1 猷(유) : 꾀하다. 도모하다.
2 協(협) : 화합하다. 적합하다. 어울리다.
3 罹(리) : 걸리다. 병·재앙 따위에 걸리다.
4 而(이) : 너. 그대.

5 時(시) : 시是와 통용. '이' 또는 '그'.
6 之(지) : 황皇과 극極이 도치되었음을 나타내는 역할을 한다.
7 極(극) : 표준으로 삼다. 목표로 삼다. 진리의 삶의 표준으로 여기다.
8 無(무) : 뒤의 학경독이외고명虐煢獨而畏高明를 모두 부정한다. 따라서 '외로운 자나 홀로된 자를 학대하거나 고명한 자에게 두려워하지 말라'라는 뜻이다.
9 煢(경) : 외롭다. 외로운 자.
10 高明(고명) : 수준이 높고 현명한 사람.
11 羞(수) : 바치다. 드리다. 나아가다.
12 行(행) : 정치를 하다. ~을 행하다.

강설 |

수기修己가 된 사람은 남과 하나가 될 수 있고, 남의 입장에서 헤아릴 수 있다. 그러므로 수기가 된 사람은 남을 받아들이고 용서한다. 남을 받아들이면 남도 그를 따른다.

수기가 된 사람은 남을 무시하지도 않고 남을 두려워하지도 않는다. 욕심이 있는 사람은 욕심의 눈으로 사람을 바라보기 때문에 바르게 보지 못한다. 욕심을 채울 수 있는 사람을 좋은 사람으로 보고, 그렇지 않은 사람을 좋지 않은 사람으로 본다. 그러나 수기가 된 사람은 그렇지 않다. 남을 정확하게 판단하여 적재적소에 사람을 쓰기 때문에 하는 일마다 번창한다.

범궐정인 기부방곡 여불능사유호우이가
凡厥正人이 旣富方穀이나 汝弗能使有好于而家면
1 2 3

시인 사기고 우기무호덕 여수석지복
時人이 斯其辜니라 于其無好德이면 汝雖錫之福이라
4 5 6

기작여용구
도 其作汝用咎하리라

국역 |

무릇 벼슬하는 사람들은 부유하게 되고 나서야 비로소 착해지는 것이니, 그대가 그들을 그대의 왕가에 대해 우호적으로 되게 하지 못하면, 그 사람들은 곧 죄를 지을 것이다. 그들이 덕을 좋아함이 없으면 그대가 비록 그들에게 복을 주더라도 그들은 그대에게 허물을 덮어씌울 것이다.

난자풀이 |

1 正人(정인) : 벼슬하는 사람.
2 方(방) : 시방. 바야흐로. 비로소.
3 穀(곡) : 곡식. 착하다.
4 時人(시인) : 시時는 시是와 통용. 시인時人은 '이 사람' 또는 '그 사람'이란 뜻.
5 于(우) : 여기서는 별 뜻이 없이 조음소. 상대를 주목하게 하는 기능이 있는 것으로 보인다.
6 之(지) : 여기서는 '그대' '너' 등의 뜻으로 쓰였다.

강설 |

이 문장은 사람을 부리는 기본 요령에 대해서 말한 것이다. 부자가 되도록 만들어 주고 또 계속 월급을 주더라도 우호적으로 되지 않는 사람은 문제가 있다. 돈으로 사람의 마음을 살 수 있는 것이 아니다. 마음과 마음이 통하지 않으면서 물질적으로만 풍요롭게 해준다면, 사람들은 계속 베풀어주는 것을 받아 챙기기만 할 뿐 정신적인 감화를 받지 못한다. 그러한 사람들은 틈만 있으면 문제를 일으킨다.

사람들을 부리는 데 중요한 것이 있다. 사람들이 진리를 좋아하지 않는다면 그들에게 아무리 베풀어도 그들은 언젠가 배신을 한다. 진리를 좋아하지 않는 사람은 욕심을 채우는 방향으로 나아간다. 그러므로 그러한 사람은 욕심을 채우게 해주는 사람을 따르다가도 손해가 될 때에는 언제나 배신한다. 그렇기 때문에 제일 중요한 것은 그들로 하여금 진리를 향하도록 하는 것이다. 진리를 얻은 사람은 하나가 되기 때문에 배신할 일이 없다.

기자箕子가 무왕에게 '그대의 나라'라고 하지 않고, '그대의 왕가[이가而家]'라는 말을 쓰는 것을 보면 아직 주周나라를 완전한 나라로 인정하지 않은 것처럼 보인다.

無偏無陂(무편무피)[1]하여 遵王之義(준왕지의)[2]하며 無有作好(무유작호)하여 遵王之道(준왕지도)[3]하며 無有作惡(무유작오)하여 遵王之路(준왕지로)[4]하라 無偏無黨(무편무당)하면 王道(왕도) 蕩蕩(탕탕)하며 無黨無偏(무당무편)하면 王道平平(왕도평평)하며 無反(무반)[5]無側(무측)[6]하면 王道正直(왕도정직)하리니 會其有極(회기유극)하여 歸其有極(귀기유극)하리라

국역 |

치우침이 없고 기울어짐이 없어서 왕의 의리에 따르며, 사사로이 좋아하는 것을 만들지 말아서 왕의 도리에 따르며, 사사로이 미워함을 만들지 말아서 왕의 길을 따르라. 치우침이 없고 당파가 없으면 왕의 도가 탄탄할 것이며, 당파가 없고 기울어짐이 없으면 왕의 도가 평평할 것이며, 마음을 거꾸로 가지거나 삐딱하게 가지는 일이 없어야 왕의 도가 바르고 곧게 되어, (모든 것이) 진리의 삶으로 모아지고, 진리의 삶으로 돌아올 것이다.

난자풀이 |

1 陂(피) : 비탈. 기울어짐.
2 義(의) : 의리. 도리. 여기서는 약간 추상적인 성격을 내포한다.
3 道(도) : 사람이 행해야 할 마땅한 길. 윤리. 진리. 의義보다 더욱 구체적인 윤리나 진리를 말한다.
4 路(로) : 사람이 행해야 할 마땅한 길. 도道보다 더욱 구체적인 윤리나 도리를 말한다.
5 反(반) : 마음을 진리와 반대로 가지는 것.
6 側(측) : 마음을 바르게 가지지 않고 삐딱하게 가지는 것.

강설 |

의義는 옳은 길이고, 도道와 로路는 바른 길이므로 모두 옳고 마땅한 도리를 말한다. 수기修己가 된 사람은 치우치거나 감정에 사로잡히지 않기 때문에 왜곡된 길로 가지 않는다.

曰(왈) 皇(황)이 極之敷言(극지부언)은 是彝是訓(시이시훈)이니 于帝其訓(우제기훈)이시니라
凡厥庶民(범궐서민)이 極之敷言(극지부언)은 是訓是行(시훈시행)이니 以近天子之光(이근천자지광)이라 曰(왈) 天子作民父母(천자작민부모)라사 以爲天下王(이위천하왕)이라하니라

(1 皇, 2 極之敷言, 3 是彝, 4 于, 5 帝, 6 是訓是行)

국역 |

임금이 진리의 삶의 내용을 말로 펼쳐내어야 한다고 말하는 것은

그것이 윤리가 되고 그것이 교훈이 되기 때문이니, 그것은 하느님이 가르쳐주신 것이다. 무릇 여러 백성들이 진리의 삶의 내용을 펼쳐 말하는 것은 그것을 교훈 삼아야 하고 그것을 행해야 하기 때문이니, 그리하여 천자의 광명에 가까이 가는 것이다. 그래서 '천자가 백성들의 부모가 되어야 천하의 왕이 된다'고 한 것이다.

난자풀이 |

[1] 皇(황) : 임금. 『사기』에는 황皇이 왕王으로 되어 있다.
[2] 之(지) : 앞뒤의 말이 도치되었음을 나타내는 말. 그러므로 여기서는 부언극敷言極으로 해석하면 된다.
[3] 是(시) : 앞의 극極을 지칭한다.
[4] 于(우) : 조음소.
[5] 帝(제) : 상제. 하느님.
[6] 是(시) : 앞의 극極을 지칭한다.

강설 |

임금은 하늘의 뜻을 대행하는 자이다. 하늘은 모든 사람을 사랑한다. 따라서 하늘의 뜻을 대행하는 임금은 사람들을 진리의 방향으로 인도한다. 그러한 임금은 하늘과 같고 부모와 같다.

> 六(육) 三德(삼덕)은 一曰正直(일왈정직)이요 二曰剛克(이왈강극)[1]이요 三曰柔克(삼왈유극)이니 平康(평강)은 正直(정직)이요 彊弗友(강불우)[2]는 剛克(강극)하고 燮友(섭우)[3]는 柔克(유극)하며 沈潛(침잠)은 剛克(강극)하고 高明(고명)은 柔克(유극)이니라

국역 |

여섯 번째의 삼덕은 첫째 정직이고, 둘째 강함을 가지고 다스리는 것이고, 셋째 부드러움을 가지고 다스리는 것이니, 평화롭고 편안한 자는 바르고 곧게 다스리고, 강하여 따르지 않는 자는 강함을 가지고 다스리며, 조화롭게 따르는 자는 부드러움을 가지고 다스리고, 축 처져서 빠져 있는 자는 강함을 가지고 다스리며, 높고 현명한 자는 부드러움을 가지고 다스린다.

난자풀이 |

1 剛克(강극) : 이강극以剛克이어야 하지만, 앞의 이以가 생략되었다.
2 友(우) : 벗은 잘 통하기 때문에 '따르다' '순하다'의 뜻이 된다.
3 燮(섭) : 조화롭다. 화하다.

강설 |

이 문장은 사람을 대하는 기본 방식에 대해서 설명한 것이다. 사람을 대하는 방식에는 세 가지가 있다. 있는 그대로 대하는 방식이 있고, 강력하게 대하는 방식이 있고, 부드럽게 대하는 방식이 있다.

가만히 두어도 좋을 사람은 있는 그대로 놓아두는 것이 제일이다. 이러한 방식이 정직이다. 정직은 바르고 곧게 대하는 것이다. 특별한 방법이 없이 있는 그대로 놓아두는 것이다.

다음으로 강하여 반발하는 자와 무언가에 빠져 축 처져 있는 자는 강한 리더십으로 대하여 변혁시켜야 한다.

그리고 조화롭게 잘 따르는 자와 고상하고 현명한 자는 부드러움으로 대하여 분위기를 잘 맞춰주어야 한다. 이 세 가지를 자유자재로 구사할 수 있어야 원만하게 다스려질 것이다.

惟辟이사 作福하며 惟辟이사 作威하며 惟辟이사 玉食[1]하나니 臣無有作福作威玉食이니라 臣之有作福作威玉食이면 其害于而[2]家하며 凶于而國하여 人用[3]側頗僻하며 民用僭忒하리라

국역 |

오직 군주만이 복을 짓고, 오직 군주만이 위엄을 지으며, 오직 군주만이 옥식을 하는 것이니, 신하는 복을 짓거나 위엄을 짓거나 옥식을 함이 없어야 한다. 신하가 복을 짓고 위엄을 짓고 옥식을 하는 일이 있으면 그대의 왕가에 해를 끼치며, 그대의 나라에 흉한 일이 일어나, 사람들이 기울고 비뚤어지고 치우치며, 백성들이 어긋나고 간악해질 것이다.

난자풀이 |

[1] 玉食(옥식) : 고급 음식. 맛있는 음식. 흰 쌀 밥.
[2] 而(이) : 너.
[3] 用(용) : 이以와 같은 뜻.

강설 |

복을 짓고 위엄을 짓는 것은 다스리는 기본이다. 다스린다는 것은 치자治者가 피치자被治者를 인도하는 행위이다. 다스린다는 것은 권력

을 행사하는 것이 아니라 사랑을 베푸는 것이다. 다만 사랑을 베푸는 방식에서 부수적으로 권력이 주어진다. 그러나 욕심을 가진 사람의 눈에는 사랑을 베푸는 본질은 보이지 않고 권력만 눈에 보이기 때문에, 욕심 많은 사람은 권력을 차지하고 싶어 안달을 한다.

그러므로 다스리는 사람이 주의해야 할 것은 권력을 탐내는 자들이 근접해오는 것을 막는 것이다. 욕심 많은 사람이 권력을 잡으면 사랑을 베푸는 것을 외면하고 욕심을 채우기 위해 그 권력을 남용하고 사람들을 탄압한다. 그러므로 정치에서 성공하는 것은 먼저 욕심이 많은 자들이 권력을 잡도록 하지 않는 것에 있다. 욕심 가진 자를 배제하는 방법 중에 중요한 것은, 관리를 임명하고 해임하는 것과 상주고 벌주는 일을 남에게 맡기지 않는 것이다. 만약 이를 남에게 맡기면, 반드시 욕심 많은 사람이 나타나, 그 권리로 자기의 세력을 확보하고, 그 세력을 이용하여 왕권을 빼앗는다. 이것이 정치가 망하는 지름길이다.

옥식玉食이란 좋은 음식이다. 임금은 옥식을 하고 신하들은 옥식을 하지 않아야 한다는 말은 상징적으로 이해하지 않으면 안 된다. 임금은 좋은 음식을 먹어야 하고 신하들은 좋은 음식을 먹으면 안 된다는 뜻으로 보기보다는 예절에 차등을 두어야 한다는 뜻으로 이해해야 할 것이다. 음식은 다만 예절을 대표해서 한 말일 뿐이다.

예컨대 천자의 예식에서는 팔일무八佾舞를 하고 제후의 예식에서는 육일무六佾舞를 하는 것 등이 그것이다. 예식에 차등을 두지 않아서 욕심 많은 사람들로 하여금 임금과 같은 예식을 하게 하면 그들은 임금의 권력을 탈취하려는 마음을 품게 될 것이다. 이러한 것을 방지해야 하기 때문에 임금은 특별히 신경을 써야 한다. 주의해야 할 것은 이러한 차등이 사랑을 베푸는 방법으로 쓰일 때만 의미가 있다는 것이다. 만약에 욕심 많은 자가 왕이 되어 백성을 탄압하는 정치를 한다면 이러한 차등은 정치적 탄압을 위한 수단으로 전락한다.

七 稽疑는 擇建立卜筮人하고서 乃命卜筮니라 曰雨와 曰霽[1]와 曰蒙[2]과 曰驛[3]과 曰克[4]이며 曰貞[5]과 曰悔[6]니 凡七이니라 卜五요 占用二니 衍忒[7]하나니라 立時人하여 作卜筮하되 三人이 占이어든 則從二人之言이니라 汝則有大疑어든 謀及乃心하며 謀及卿士하며 謀及庶人하며 謀及卜筮하라

국역 |

일곱 번째의 의심나는 것을 살피는 것은 점치는 사람을 가려 세우고서 그들을 명하여 점을 치게 한다. '비온다'는 것, '갠다'는 것, '불투명하다'는 것, '멈추어야 한다'는 것, '해낼 수 있다'는 것이며, '참아야 한다'는 것과 '후회한다'는 것이니, 무릇 일곱 가지다. 거북점이 다섯 가지이고, 시초점이 두 가지이니, 잘못된 것을 헤아리는 것이다. 마땅한 사람을 세워 점을 치게 하는데, 세 사람으로 하여금 점을 치게 해서 두 사람의 말을 따른다. 그대에게 큰 의심이 있거든, 그대의 마음으로 헤아리고, 경사들에게 헤아리게 하고, 서인들에게 헤아리게 하고, 점을 쳐서 헤아리게 한다.

난자풀이 |

[1] 霽(제) : 개다. 비나 눈이 그치고 마음이 개운해지다.

2 蒙(몽) : 씌우다. 덮어쓰다. 몽매하다. 뒤집어쓰고 있어 무엇인지 알 수 없을 정도로 불투명한 것.

3 驛(역) : 멈추다. 역은 멈추어서 말을 갈아타는 곳이다.

4 克(극) : 해낼 수 있는 것. 감행해야 하는 것.

5 貞(정) : 참아야 한다. 내괘內卦를 지칭하기도 한다. 『주역』의 64괘는 내괘와 외괘로 구성되어 있는데, 내괘의 상황은 참아야 할 일이 많고, 외괘의 상황은 후회할 일이 많기 때문에 정貞이 내괘를 지칭하고, 회悔가 외괘를 지칭하는 것으로 보인다.

6 悔(회) : 후회하다. 외괘를 지칭하기도 한다.

7 衍(연) : 넘쳐흐르다. 나아가다. 넓다. 넓히다. 물이 넘쳐 나아가는 것에서 '미루어 짐작하다'는 뜻이 나온다.

강설 |

사람의 바람직한 삶은 하늘과 합일되는 삶이고 자연과 합치되는 삶이다. 수기修己는 이러한 삶을 위한 노력이다. 그러므로 수기修己가 완벽하게 된 사람은 하늘과 합치되는 삶을 살고, 자연과 하나 되는 삶을 산다. 그러나 그렇지 못한 경우에는 때때로 하늘의 뜻을 물어야 하기도 하고, 하늘의 조짐을 파악해서 따라야 하기도 한다. 계의稽疑, 즉 의심나는 것을 살핀다는 것은 하늘의 뜻을 묻는 것이다.

汝則從(여즉종)하며 龜從(귀종)하며 筮從(서종)하며 卿士從(경사종)하며 庶民從(서민종)이면 是之謂大同(시지위대동)[1]이니 身其康彊(신기강강)하며 子孫(자손)이 其逢吉(기봉길)하리라

汝則從(여즉종)하며 龜從(귀종)하며 筮從(서종)이요 卿士逆(경사역)하며 庶民逆(서민역)하여

도 吉하리라 卿士從하며 龜從하며 筮從이요 汝則逆하며 庶民逆하여도 吉하리라 庶民從하며 龜從하며 筮從이요 汝則逆하며 卿士逆하여도 吉하리라 汝則從하며 龜從이요 筮逆하며 卿士逆하며 庶民逆하면 作內는 吉하고 作外는 凶하리라 龜筮共違于人하면 用靜은 吉하고 用作은 凶하리라

국역 |

그대가 긍정하고 거북점이 긍정하고 시초점이 긍정하고 경사가 긍정하고 서민이 긍정하면 이를 대동이라 하는 것이니, 몸이 편안하고 건강하며 자손이 길한 일을 만날 것이다. 그대가 긍정하고 거북점이 긍정하고 시초점이 긍정하고 경사가 부정하고 서민이 부정해도 길하다. 경사가 긍정하고 거북점이 긍정하고 시초점이 긍정하고 그대가 부정하고 서민이 부정해도 길하다. 서민이 긍정하고 거북점이 긍정하고 시초점이 긍정하고 그대가 부정하고 경사가 부정해도 길하다. 그대가 긍정하고 거북점이 긍정하고 시초점이 부정하고 경사가 부정하고 서민이 부정하면, 내부의 일을 하는 것은 길하고 외부의 일을 하는 것은 흉하다. 거북점과 시초점이 다 사람의 뜻과 반대되면, 고요한 일을 하는 것은 길하고 움직이는 일을 하는 것은 흉하다.

난자풀이 |

[1] 大同(대동) : 하늘의 뜻과 사람의 뜻이 모두 하나가 되는 최상의 상태.

강설 |

언제나 하늘의 뜻을 물어야 하는 것은 아니다. 정상적이고 상식적인 것은 이성적으로 판단하여 해결해야 한다. 다만 이성적으로 판단이 잘 안 되거나 꺼림칙한 경우에 물어서 결정해야 한다.

기자箕子가 제시한 것은, 임금 자신의 이성적 판단, 관리들의 판단, 서민들의 판단, 그리고 거북점에서 나온 결과, 시초점에서 나온 결과의 다섯 가지 경우의 수로써 최종적인 판단을 하는 방법이다. 이 경우 시초점과 거북점의 결과를 사람의 판단보다 더 중시하는 것을 주목할 필요가 있다.

八 庶徵은 曰雨[1]와 曰暘[2]과 曰燠[3]과 曰寒[4]과 曰風[5]이니 曰時[6]五者來備하되 各以其敍하면 庶草도 蕃廡하나 一이 極備하여도 凶하며 一이 極無하여도 凶하니라

국역 |

여덟 번째의 여러 조짐을 본다는 것은 '비오는 것', '햇빛 나는 것',

'따뜻한 것', '추운 것', '바람 부는 것'을 말하는 것이니, '이 다섯 가지가 와서 갖추어지되 각각 순서에 맞으면 모든 풀도 번창하고 무성하지만, 하나가 너무 많이 갖추어져도 흉하고 하나가 너무 없어도 흉하다'고 하는 것이다.

난자풀이 |

1 雨(우) : 비오는 것. 비는 주로 봄에 많이 오기 때문에 이를 봄[春]에 해당시켜도 될 것이고, 목木에 해당시켜도 될 것이다.
2 暘(양) : 해돋이. 해가 뜨다. 햇볕이 나다. 햇볕이 많이 나는 계절이 여름이기 때문에 여름[夏]에 해당시켜도 될 것이고, 화火에 해당시켜도 될 것이다.
3 燠(욱) : 따뜻하다. 덥다. 가을 햇살을 받아 따뜻한 것으로 보아 가을[秋]에 해당시켜도 될 것이고, 금金에 해당시켜도 될 것이다.
4 寒(한) : 차다. 춥다. 겨울[冬]에 해당시켜도 될 것이고, 수水에 해당시켜도 될 것이다.
5 風(풍) : 바람. 바람은 사계절 전체에 해당시켜도 될 것이고, 토土에 해당시켜도 될 것이다.
6 時(시) : 시是와 통용.

강설 |

점을 통해 하늘의 뜻을 직접 물어보는 방법 외에도 하늘의 뜻을 파악하는 방법이 있다. 그것은 하늘이 내리는 암시를 보고 판단하는 것이다. 집 하나가 무너져도 그 전에 조짐이 있듯이 자연의 움직임에도 조짐이 있다. 그 조짐을 보고 파악한다면 자연의 큰 변화를 미리 파악할 수 있다.

曰休徵은 曰肅이면 時雨若하며 曰乂면 時暘若하며 曰哲이면 時燠若하며 曰謀면 時寒若하며 曰聖이면 時風若하니라 曰咎徵은 曰狂이면 恒雨若하며 曰僭이면 恒暘若하며 曰豫면 恒燠若하며 曰急이면 恒寒若하며 曰蒙이면 恒風若하니라

(독음: 왈휴징 왈숙 시우약[1] 왈예[2] 시양약 왈철 시욱약 왈모 시한약 왈성 시풍약 왈구징 왈광 항우약 왈참 항양약 왈예 항욱약 왈급 항한약 왈몽 항풍약)

국역 |

좋은 조짐이라는 것은 '엄숙하면 단비가 내리고', '잘 다스리면 알맞게 햇빛 비치고', '밝게 다스리면 알맞게 따뜻하고', '모의가 잘 진행되면 알맞게 춥고', '성스럽게 하면 알맞게 바람이 부는 것'이다. 나쁜 조짐이라는 것은 '미치면 지나친 비가 내리고', '분수에 넘쳐 우쭐대면 햇빛이 너무 심하고', '기뻐서 독점을 하면 너무 덥고', '급하면 너무 춥고', '욕심에 씌워 어두우면 지나친 바람이 부는 것'이다.

난자풀이 |

[1] 時(시) : 알맞은 때. 적당한 때. 시우時雨는 때맞게 오는 비. 단비.
[2] 乂(예) : 베다. 다스리다. 농사를 지을 때 열심히 잡초를 제거하고, 김매듯이 세상을 열심히 다스리는 것을 말한다.

강설 |

자연 현상과 인간의 심리현상은 서로 연결이 되어 있다. 그러므로 자연현상에 문제가 있으면 인간의 일에서 원인을 찾을 수 있다. 그렇기 때문에 역으로 자연현상을 관찰하는 것은 인간의 일을 파악하는 데 도움이 되기도 한다.

봄은 만물이 시작되는 계절이고 씨를 뿌리는 계절이다. 이 때는 신중해야 한다. 시작을 잘못하면 모든 것이 잘못되고 만다. 따라서 봄에는 신중해야 함을 강조한 것이다.

여름에는 만물이 번성하게 자란다. 이때는 신중하지 않아도 된다. 이때는 열심히 노력하는 것이 중요하다. 열심히 김매기를 하고 열심히 가지치기를 하는 등 열심히 하는 것이 중요하다.

가을은 수확의 계절이고 마무리를 하는 계절이다. 수확을 할 때 가장 중요한 것은 분배를 공평하게 하는 일이다. 그러기 위해서 가장 중요한 것이 욕심을 부리지 않는 것이다. 욕심을 부리지 않는 현명함이 철哲이다. 욕심 없이 공평하게 분배해야 계속 유지될 수 있다.

겨울은 심판의 계절이다. 심판은 분명하고 냉철하게 분별해야 제대로 된다. 제대로 분별하는 것을 여기서는 모謀라고 했다. 모謀는 논의하여 잘잘못을 분별하는 것이다. 겨울에는 적당히 추워야 제대로 심판을 할 수 있다.

신중하고 열심히 노력하고 현명하게 분배하고 냉철하게 분별하는 일을 모두 제대로 하는 것이 성스러운 것이다. 그러므로 일년 내내 성스러운 상태를 유지해야 한다.

일을 처음 시작할 때는 누구나 의욕이 넘치기 마련이다. 그래서 일을 시작하는 봄에는 신중하지 못하고 미치광이처럼 덜렁대기 쉽다. 그러면 적당히 와야 하는 비가 지나치게 된다. 사람의 일과 자연의 움직임이 일치하기 때문에 그러하다.

여름에는 만물이 번성하고 성장한다. 성장했을 때는 넘치기 쉽다.

어느 정도 성공을 하면 자기가 대단한 줄 알고 착각하기 쉬운 것이다. 그것을 조심해야 한다. 분수에 넘쳐 우쭐대는 것이 참僭이다. 과장이 분수에 넘치면 부장 행세를 하고, 부장이 분수에 넘치면 이사 행세를 한다. 성장을 하고 성공을 했을 때 특히 주의할 일이다.

수확을 하는 가을에는 기쁘다. 기쁜 만큼 수확을 독차지하고 싶어진다. 그러나 그것은 금물이다. 그러므로 너무 기뻐하지 않는 것이 중요하다.

겨울에는 봄이 올 때까지 참고 기다려야 한다. 봄이 올 때까지 기다리지 못하고 성급하게 씨를 뿌리면 모든 씨가 얼어죽고 만다. 성급함은 금물이다. 기다리는 마음이 중요하다.

일년 내내 성스럽게 유지하는 비결은 욕심을 버리는 것이다. 욕심에 가리워 몽매해지면 성스러운 마음이 자취를 감춘다. 그래서 몽매하지 않도록 경계를 했다.

曰王省(왈왕성)은 惟歲(유세)요 卿士(경사)는 惟月(유월)이요 師尹(사윤)은 惟日(유일)이니라
歲月日(세월일)에 時無易(시무역)하면 百穀用成(백곡용성)[1]하며 乂用明(예용명)하며 俊民(준민)
이 用章(용장)[2]하며 家用平康(가용평강)하리라 日月歲(일월세)에 時旣易(시기역)하면 百(백)
穀用不成(곡용불성)하며 乂用昏不明(예용혼불명)하며 俊民(준민)이 用微(용미)하며 家用(가용)
不寧(불녕)하리라 庶民(서민)은 惟星(유성)이니 星有好風(성유호풍)하며 星有好雨(성유호우)
니라 日月之行(일월지행)은 則有冬有夏(즉유동유하)하니 月之從星(월지종성)으로 則以(즉이)

風雨(풍우)니라

국역 |

'왕이 살필 것은 해이고 경사는 달이고 사윤은 날이다. 해·달·날에 때가 바뀜이 없으면, 백곡이 풍성해지며, 다스림이 밝아지며, 빼어난 백성들이 빛이 나며, 집집마다 화평하고 편안해질 것이다. 날·달·해에 때가 이미 바뀌어버리면 백곡이 익지 않고, 다스림이 혼미하여 밝아지지 않으며, 빼어난 백성들이 미미해지며, 집집마다 편안하지 않게 될 것이다. 서민은 오직 별이니 별에는 바람을 좋아하는 것이 있고, 비를 좋아하는 것이 있다. 해와 달의 운행은 겨울이 있고 여름이 있다. 달이 별을 따르는 것을 가지고 바람과 비를 알 수 있다'고 하는 것이다.

난자풀이 |

[1] 用(용) : 이以와 같은 뜻.
[2] 章(장) : 창彰과 같은 뜻.

강설 |

이 부분은 천문을 관찰함으로써 사람의 일을 판단하는 방법에 대해서 설명한 것이다. 자연의 운행과 사람의 삶이 궤를 같이 하므로 사람의 삶은 자연의 운행과 하나가 될 때 가장 바람직하다. 채침의 『서집전』에 의하면 다음과 같이 설명할 수 있다.

해가 지극히 남쪽으로 가서 견우牽牛에 이르면 동지가 되고, 지극히 북쪽으로 가서 동정東井에 이르면 하지가 되며, 달은 여름에는 적도赤

道를 따르고 겨울에는 흑도黑道를 따르므로, 해와 달의 운행에 겨울이 있고, 여름이 있다. 또 달이 동북쪽으로 가서 기성箕星에 들어가면 바람이 많고, 달이 서남쪽으로 가서 필성畢星에 들어가면 비가 많으므로, 바람을 좋아하는 것이 기성이고 비를 좋아하는 것이 필성이다.

九 五福은 一曰壽요 二曰富요 三曰康寧이요 四曰攸好德이요 五曰考終命이니라

(구 오복 일왈수 이왈부 삼왈강녕 사왈유호덕 오왈고종명)

국역 |

아홉 번째의 오복은 첫째 오래 사는 것이고, 둘째 부유한 것이고, 셋째 건강하고 편안한 것이고, 넷째 덕을 좋아하는 것이고, 다섯째 목숨을 살펴서 마치는 것이다.

강설 |

기독교 성경에서 예수 그리스도는 "부자는 하늘 나라에 들어가기가 어렵다. 내가 다시 너희에게 말한다. 부자가 하느님의 나라에 들어가는 것보다 낙타가 바늘귀로 들어가는 것이 더 쉽다"(「마태복음」 19장 23절, 24절)고 했다. 그렇다면 여기서 다섯 가지 복 가운데 오래 사는 것과 부자가 들어가는 것은 어떻게 이해해야 할 것인가? 대나무의 경우를 비유로 들어 생각해보기로 하자.

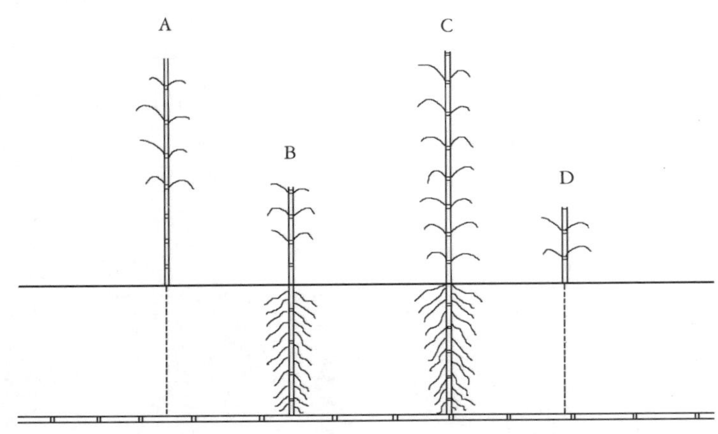

위의 그림 중에서 A는 지상의 부분만이 전부인줄 알고 살아가는 대나무이다. 지상의 부분은 각각 분리되어 있는 존재이므로, 지상의 존재만을 인정하는 A는 B, C, D와 경쟁에 몰입한다. 그리고 B와 D를 무시하고 업신여긴다. 그러나 A는 씨 없는 과일과 같고 뿌리 없는 꽃과 같다. 아무리 곱고 아름다워도 그것은 순간에 지나지 않는다. 그것은 슬픈 일이다.

이에 비해 B는 외형은 초라해 보여도 충실한 씨를 가진 과일과 같고, 뿌리가 든든한 꽃과 같다. B는 외롭지 않다. B는 영원하다. 자기를 무시하는 A를 오히려 불쌍하게 생각하고 동정한다. 외형이 화려한 A는 외형에 집착하기 때문에 뿌리를 찾을 기회를 놓치기 쉽다. 그렇기 때문에 오히려 외형이 초라한 B보다 불쌍하다. 예수 그리스도가 "부자는 하늘 나라에 들어가기가 어렵다"고 한 뜻이 여기에 있다. 그러나 가난하다고 해서 다 복을 받는 것은 아니다. 가난한 자가 뿌리를 찾지 못하고 지상의 부분만이 전부인 줄 알고 산다면 A보다도 더 불쌍하다. 그것은 D의 경우이다. 오직 지상의 부분에 집착을 가지지 않고 뿌리를 찾을 때만 행복이 찾아오는 것이다.

그러나 C는 어떠한가? C는 본질적으로 뿌리를 찾아 뿌리의 입장에서 영원한 삶을 사는 존재다. 뿌리의 입장에서 모두 하나인 줄 알기 때문에 남과 경쟁하지 않고 늘 화합한다. 그러면서도 현실적으로 지엽이 무성하게 뻗어있어 보기에도 아름답다. 이러한 입장에서 본다면 C의 삶이 제일이다. 여기서 오래 사는 것과 부귀를 다섯 가지 복 가운데 넣은 것은 이러한 이유에서이다. 혹자는 A도 사실은 뿌리가 있기 때문에 C와 다를 것이 없다고 생각할지 모른다. 그러나 그렇지 않다. A는 뿌리가 있어도 뿌리가 있는 줄 모르기 때문에 뿌리가 없는 것으로 알고 살아간다. 그러므로 그 삶의 내용은 뿌리 없는 삶과 마찬가지로 슬프다. 마치 부모가 있어도 부모를 잃고 고아의 상태로 살아가는 사람의 슬픔과 같은 것이다.

오복 가운데에서 오래 사는 것, 부자로 사는 것, 편안하게 사는 것은 지상의 부분의 삶에 해당한다. 사람의 삶에서 보면 육체적 삶에서 나타나는 복에 해당한다. 이에 비해 덕을 좋아하는 것은 뿌리의 입장에서 사는 것을 말한다. 뿌리의 입장에서는 모두와 하나이기 때문에 모두를 자기 몸처럼 아끼고 사랑한다. 이러한 삶이 덕을 좋아하는 삶이다. 마지막으로 다섯 번째 목숨을 살펴서 마친다는 말은 뿌리의 입장에서 지엽의 삶을 사는 것을 말한다. 뿌리의 입장에서는 영원한 삶이 있을 뿐 죽는다는 현상은 없다. 죽는다는 것은 다만 지엽에만 있는 일이다.

본심을 회복하여 본심의 입장에서 사는 사람은 본질적으로 영생한다. 죽는다는 것은 육체의 입장에서만 나타나는 현상이다. 그러므로 육체적 죽음은 영생의 입장에서 치르는 하나의 과정일 뿐이다. 마치 고교에 진학하는 학생이 중학교의 졸업식을 치르는 것과도 같다.

그러므로 본심으로 사는 사람은 때가 되었을 때 잘 살펴서 육체적 죽음을 마무리한다. 가족을 부르고 친지와 제자들을 참석시킨 가운데, 당부의 말을 하고 유언을 남긴 뒤에 조용히 마치는 것이 바람직한 마무리인 것이다.

그러나 육체가 자기의 전부라고 생각하는 사람의 죽음은 이와 다르다. 그러한 사람은 육체의 죽음이 자기 자신의 끝이라고 생각하기 때문에 죽음 앞에서 절망한다. 그것은 참으로 불행한 것이다.

육극 일왈흉단절 이왈질 삼왈우 사왈
六極은 一曰凶短折이요 二曰疾이요 三曰憂요 四曰
1 2
빈 오왈악 육왈약
貧이요 五曰惡이요 六曰弱이니라
3 4

국역 |

여섯 가지 비극은 첫째 흉하거나 단절하는 것이고, 둘째 아픈 것이고, 셋째 걱정이 있는 것이고, 넷째 가난한 것이고, 다섯째 악독한 것이고, 여섯째 나약한 것이다.

난자풀이 |

1 凶(흉) : 제대로 죽지 못하는 것. 비명횡사.
2 短折(단절) : 요절하는 것.
3 惡(악) : 사악한 것. 악독한 것. 사악한 사람은 구제하기 어렵다. 사악한 사람은 삶이 순조롭지 못하다.
4 弱(약) : 나약한 것. 타고난 성격이 나약하고 순한 사람은 주체적으로 살기 어렵다.

강설 |

여기서 말하는 극한적인 비극의 상황은 전항의 대나무 그림 가운데서 D의 경우에 해당한다. B와 C는 행복하고, A와 D는 불행하지만, 그 중에서 C가 가장 행복하고, D가 가장 불행하다. 오복五福은 C의 경우에 해당하고, 육극六極은 D의 경우에 해당한다.

旅獒 | 여오

서여西旅라는 나라에서 큰 개를 선물로 바치자, 소공召公이 받으면 안 된다고 하면서, 이 글을 지어 무왕을 경계한 것이다. 『금문상서今文尙書』에는 없고 『고문상서古文尙書』에는 들어 있다.

惟克商하니 遂通道于九夷八蠻이어늘 西旅底貢厥獒한대 太保乃作旅獒하여 用訓于王하여 曰 嗚呼라 明王이 愼德이어시든 四夷咸賓하여 無有遠邇히 畢獻方物하나니 惟服食器用이니이다

(유극상 수통도우구이팔만 서려저공궐오 태보내작여오 용훈우왕 왈 오호 명왕 신덕 사이함빈 무유원이 필헌방물 유복식기용)

1 2 3 4 5

국역 |

상나라를 이기니 드디어 아홉 이족·여덟 만족과 길이 통했다. 서려에서 큰 개를 공물로 바치자 태보가 '여오'라는 글을 지어 왕에게 훈계하여 다음과 같이 말했다. "아아! 현명한 임금이 덕을 신중히 펴면 사방의 변방민족들이 다 복종하여 멀고 가까움이 없이 모두 지방의 물건

을 바치는데 오직 옷과 음식과 그릇들입니다.

난자풀이 |

1 九夷(구이) : 아홉 이족. 이족이 모두 아홉만 있는 것이 아니다. 그러므로 여기서는 여러 이족이란 뜻으로 보아야 할 것이다.
2 八蠻(팔만) : 여덟 만족. 여기서도 역시 여러 만족이란 뜻으로 보아야 할 것이다.
3 西旅(서려) : 서융의 한 종족.
4 獒(오) : 개. 키가 사척이나 되는 큰 개.
5 太保(태보) : 소공의 직책.

강설 |

태보는 소공召公이다. 무왕이 서려에서 개를 선물 받은 것은 예에 어긋나는 것이다. 예에 어긋난 선물은 아무리 작은 것이라도 뇌물이다. 뇌물 받는 것이 관행이 되면 정치는 부패한다. 그러므로 뇌물의 관행은 아예 싹을 잘라야 한다. 이런 뜻에서 소공은 작은 선물을 받았을 때 정색을 하고 간함으로써 부패 정치를 미연에 방지하기 위해 노력한 것이다.

王이 乃昭德之致于異姓之邦하사 無替厥服하시며 分寶玉于伯叔之國하사 時庸展親하시면 人不易物하여 惟德其物하리이다

(왕 내소덕지치우이성지방 무체궐복 분보옥우백숙지국 시용전친 인불이물 유덕기물)

국역 |

왕이 이성의 나라에 밝은 덕을 이루시어 일이 침체되지 않게 하시며, 백부와 숙부들의 나라에 보옥을 나누어주시어 그것으로 친함을 펴시면 사람들이 그 물건을 가볍게 여기지 않고 그 물건을 은덕으로 여길 것입니다.

난자풀이 |

1 之(지) : 도치되었음을 나타낸다. 치소덕致昭德으로 해석하면 될 것이다.
2 替(체) : 쇠퇴한다. 침체한다.
3 服(복) : 일.
4 時(시) : 시是와 통용.
5 庸(용) : 이以와 같은 뜻.

강설 |

여기서는 이성異姓 제후의 나라와 동성同姓 제후의 나라에 대한 교제 방식에 대해 논한 것이다.

덕성　　불압모　　　　압모군자　　망이진인심
德盛은 不狎侮하나니 狎侮君子면 罔以盡人心하고
　　　　1
압모소인　　망이진기력
狎侮小人이면 罔以盡其力하리이다

국역 |

덕이 왕성한 사람은 업신여기거나 무시하지 않습니다. 군자를 업신여기거나 무시하면 사람의 마음을 다하게 할 수 없고, 소인을 업신여기거나 무시하면 그 힘을 다하게 할 수 없습니다.

난자풀이 |

1 狎(압) : 업신여기다.

강설 |

사람과 교제를 할 때 제일 중요한 것은 업신여기거나 무시하지 않는 것이다. 그런데 덕이 없는 사람은 사람을 외형적으로 판단하기 때문에 외형적으로 빈약해 보이는 사람에 대해서 업신여기거나 무시한다. 그러나 덕이 있는 사람은 빈약해 보이는 사람과도 하나가 되기 때문에, 그를 존중하고 받든다.

군자는 아무리 무시를 당해도 야코죽지 않는다. 자기를 무시하는 사람에 대해 아무런 관심도 가지지 않는다. 그러므로 그를 위해 마음을 다하는 일은 더더욱 없다.

그러나 소인이 무시를 당하면 열등감에서 벗어나지 못한다. 열등감에 사로잡힌 사람은 능력을 제대로 발휘할 수 없다.

不役耳目(불역이목)하사 百度(백도)를 惟貞(유정)[1]하소서 玩人(완인)[2]하면 喪德(상덕)하고 玩物(완물)하면 喪志(상지)하리이다 志以道寧(지이도녕)하시며 言以道接(언이도접)하소서

국역 |

귀와 눈에 끌려가지 말고 모든 법도를 잘 분별하소서. 사람을 갖고 놀면 덕을 잃고, 물건을 갖고 놀면 뜻을 잃습니다. 뜻은 도의 차원에서 편안히 가지시고, 말은 도의 입장에서 접하소서.

난자풀이 |

1 貞(정) : 잘 분별한다. 원래 겨울의 역할과 같으므로, '참고 견딘다'는 뜻과 '잘 분별한다'는 뜻이 있다.
2 玩(완) : 희롱하다. 가지고 놀다.

강설 |

눈과 귀에 끌려간다는 말은 눈으로 보고 귀로 들은 것에 대해 집착을 가진다는 말이다. 마음을 거울 같이 간직한다면, 눈에 보이는 것이 있고, 귀에 들리는 것이 있을 때는, 보고 듣지만, 그것이 사라지면 마음에 아무 것도 남아 있지 않고 사라질 것이다. 그러나 대부분의 사람은 욕심의 때가 묻어 있기 때문에 보고 들은 것이 좋을 경우, 욕심에 그것을 넣어두고 집착하기 때문에 끊임없이 그것에 끌려 다닌다. 대상에 끌려 다니면 대상을 제대로 판단할 수 없다.

옛날에 어떤 사람에게 피해를 본 일이 있는 사람은 그와 비슷한 사람만 보아도 싫어하게 되고, 옛날에 도움을 받은 일이 있는 사람은 그와 비슷한 사람을 보더라도 호감을 갖게 된다. 이 또한 보고 들은 것에 끌려 사물을 정확하게 판단하지 못한 경우이다.

사람에 집착을 하면 마음이 그 사람에 끌려 다닌다. 마음이 그 사람에게 가서 붙어 있으므로 일이 제대로 되지 않는다. 그러면 그럴수록 욕심은 더 커지고 본심은 사라진다. 이를 완인상덕玩人喪德이라 한다.

또 어떤 물건에 집착을 하면 그 물건에 마음이 사로잡힌다. 그렇게 되면 본심을 찾아야 하는 숭고한 뜻이 사라지고 만다. 이를 완물상지玩物喪志라 한다.

뜻은 진리를 향하는 방향으로 가져야 한다. 뜻이 진리로 향할 때 가장 편하고 안정된다. 그래서 '도의 차원에서 뜻을 편안히 간직해야 한다'고 했다.

말을 접할 때 욕심에서 들으면 잘잘못을 제대로 판단하지 못한다. 욕심을 채우게 해주는 말은 좋은 말 같고, 욕심을 채워주지 않는 말은 좋은 말처럼 들리지 않는다. 오직 진리의 귀로 들을 때 좋은 말은 좋게 들리고 나쁜 말은 나쁘게 들린다.

不作無益(부작무익)하여 害有益(해유익)하면 功乃成(공내성)하며 不貴異物(불귀이물)하고 賤用物(천용물)하면 民乃足(민내족)하며 犬馬(견마)를 非其土性(비기토성)[1]이어든 不畜(불휵)[2]하시며 珍禽奇獸(진금기수)를 不育于國(불육우국)하소서 不寶遠物(불보원물)하면 則遠人(즉원인)이 格(격)[3]하고 所寶惟賢(소보유현)이면 則邇人(즉이인)이 安(안)하리이다

국역 |

무익한 일을 하여 유익한 일을 해치지 않으면 공이 이루어질 것이며, 이상한 물건을 귀하게 여겨 실용적인 물건을 천하게 여기지 않으면 백성들은 풍족할 것이며, 개와 말은 그 땅에서 난 것이 아니면 기르지 마시고, 진귀한 새나 기이한 짐승을 나라에서 기르지 마소서. 먼 데

있는 물건을 보배로 여기지 않으시면 먼 데 있는 사람이 오고, 보배로 여기는 것이 오직 현명한 사람이면 가까운 데 있는 사람이 편안할 것입니다.

난자풀이 |

[1] 土性(토성) : 그 땅의 성질을 가지고 있는 것. 그 땅에서 난 것.
[2] 畜(휵) : 기르다. 가축을 의미할 때는 음이 '축'이 된다.
[3] 格(격) : 이르다. 오다.

강설 |

이상한 물건을 진귀하게 여기고 실용적인 물건을 가볍게 여기다가 보면, 점점 더 진귀한 물건에 집착하게 되어, 순수한 마음을 간직하기 어렵다. 말하자면 완물상지가 되는 것이다.

嗚呼(오호)라 夙夜(숙야)에 罔或不勤(망혹불근)하소서 不矜細行(불긍세행)[1]하시면 終累(종루)[2]大德(대덕)하시리니 爲山九仞(위산구인)에 功虧一簣(공휴일궤)하니이다 允迪茲(윤적자)[3]하시면 生民(생민)이 保厥居(보궐거)하여 惟乃世王(유내세왕)하시리이다

국역 |

아아! 아침 일찍부터 밤늦게까지 부지런하지 않음이 없게 하소서.

작은 일을 중시하지 않으시면 마침내 큰 덕을 망칠 것입니다. 산 아홉 길을 쌓는데 공이 한 삼태기 때문에 무너집니다. 진실로 이를 행하시면 생민들이 거처할 곳을 보전하여 대대로 왕업을 이룰 수 있을 것입니다."

난자풀이 |

1 矜(긍) : 아끼다. 중시하다.
2 累(루) : 묶다. 망치다.
3 迪(적) : 따르다. 행하다.

강설 |

잘못된 일은 아무리 작은 것이라도 경계하지 않으면 안 된다. 작은 것이라 하여 소홀히 다루면 그 작은 것이 커져서 전부를 망치고 만다. 그러므로 잘못된 것은 작은 것이라도 철저히 제거하지 않으면 안 된다.

金縢 | 금등

무왕武王이 병이 들자 주공周公이 선왕들의 혼령에게 무왕 대신 자기를 데려가라고 기도한 내용을 사관이 기록한 것이다. 『금문상서今文尙書』와 『고문상서古文尙書』에 다 들어 있다.

기 극 상 이 년　　왕 유 질　　불 예　　이 공 왈 아 기
既克商二年에 王有疾하사 弗豫하시니 二公曰 我其
위 왕　　목 복
爲王하여 穆卜하리라

국역 |

상나라를 이긴 지 2년에 왕에게 병이 있어 즐겁지 못하니, 두 공(태공과 소공)이 말하기를, "우리가 왕을 위해 경건하게 점을 쳐보겠다"고 했다.

강설 |

죽을지 살지, 또 언제까지 살지 등에 대해 점을 쳐본 것으로 생각된다.

주 공 왈　미 가 이 척 아 선 왕　　　공　　내 자 이 위 공
周公曰 未可以戚我先王이라 하고 公이 乃自以爲功
[1] [2]
　위 삼 단　　동 선　　위 단 어 남 방　　북 면　　주
하여 爲三壇하되 同墠하고 爲壇於南方하되 北面하고 周
[3]
공 입 언　　식 벽 병 규　　내 고 태 왕 왕 계 문 왕
公立焉하여 植璧秉珪하여 乃告太王王季文王하다
[4] [5]

▌국역 |

주공이 말하기를, “아직 우리 선왕들을 슬프게 할 수 없다”고 하고, 공이 스스로 인질이 되어, 세 단을 설치하되 터를 똑같이 하고, 남방에 단을 설치하되 북쪽으로 향하게 하고, 주공이 거기에 서서 벽옥을 놓고 홀을 잡고서 드디어 태왕과 왕계와 문왕에게 고했다.

▌난자풀이 |

1 戚(척) : 슬퍼하다.
2 功(공) : 일. 『사기』에는 질質로 되어 있다. 여기서도 질質로 보아 ‘인질’로 해석하는 것이 좋을 듯하다.
3 墠(선) : 제사지내는 터. 터를 닦다.
4 植(식) : 놓다. 두다. 세워두다. 치置와 같은 뜻.
5 珪(규) : 홀. 옛날 신분증 대신으로 들고 다니는 물건.

▌강설 |

무왕의 죽음이 선조들에게 슬픈 일이 될 것으로 판단한 주공이 선조들에게 무왕을 살려 달라고 기원하며, 무왕 대신에 자기를 인질로 삼으라고 부탁하기에 이르렀다.

사 내 책 축 왈 유 이 원 손 모 구 려 학 질 약 이 삼 왕
史乃冊祝曰 惟爾元孫某 遘厲[1]虐疾하니 若爾三王

시 유 비 자 지 책 우 천 이 단 대 모 지 신
은 是有丕子之責于天하시니 以旦으로 代某之身하소

여 인 약 고 능 다 재 다 예 능 사 귀 신
서 予仁[2]若[3]考하고 能多材多藝[4]하여 能事鬼神이어니와

내원손 불약단다재다예 불능사귀신
乃元孫은 不若旦多材多藝하여 不能事鬼神하리이다

국역 |

사관이 다음과 같이 축문을 책에 기록했다. "오직 당신들의 맏손자인 아무개가 사납고 모진 병에 걸렸습니다. 당신들 세 왕은 큰아들의 목숨을 하늘에 요구할 책임이 있으시니, 저를 가지고 아무개의 몸을 대신하게 하소서. 저는 아버지에게 어질게 대하고 잘 따르며, 재주가 많고 기술이 많아서, 귀신을 잘 섬길 수 있습니다. 그러나 큰손자는 저처럼 재주와 기술이 많지 않아서 귀신을 섬길 수 없습니다.

난자풀이 |

1 遘(구) : 만나다. 걸리다.
2 若(약) : 순順의 뜻.
3 考(고) : 아버지. 후대에는 '죽은 아버지'를 지칭하는 말로 쓰였다.
4 藝(예) : 기예. 기술.

강설 |

주공은 선조들에게 무왕 대신 자기를 잡아가 달라고 간청하면서, 자기가 무왕보다 유능하기 때문에 자기를 잡아가는 것이 훨씬 나을 것이라고 설득한다.

내명우제정 부우사방 용능정이자손우하
乃命于帝庭하사 敷佑四方하사 用能定爾子孫于下
[1]
지 사방지민 망부지외 오호 무추천
地하신대 四方之民이 罔不祗畏하나니 嗚呼라 無墜天
[2]
지강보명 아선왕 역영유의귀
之降寶命이라사 我先王도 亦永有依歸하시리이다

국역 |

(무왕은) 하느님의 뜰에서 명령을 받아, 사방을 두루 도와, 당신들의 자손들을 아래의 땅에서 안정시키니, 사방의 백성들이 모두 공경하고 두려워합니다. 아아! 하늘이 내리신 보배로운 명령을 실추하지 않으셔야 우리 선왕들도 또한 영구히 의지하고 귀의할 데가 있을 것입니다.

난자풀이 |

[1] 敷(부) : 펴다. 모든 것에 펼치는 것은 두루 펼치는 것이므로 여기서는 '두루'로 번역했다.
[2] 祗(지) : 공경하다.

강설 |

귀신을 섬기는 데는 무왕보다 자신이 유능하지만, 세상을 다스리는 데는 무왕이 꼭 필요한 사람이라는 논리를 세워, 주공은 선조들에게 무왕 대신 자기를 잡아가라고 설득하고 있다.

금아즉명우원귀 이지허아 아기이벽여규
今我卽命于元龜하리니 爾之許我인댄 我其以璧與珪

귀사이명 이불허아 아내병벽여규
로 歸俟爾命이어니와 爾不許我인댄 我乃屛[1]璧與珪하리

내복삼귀 일습길 계약견서 내병시
라 乃卜三龜하니 一習[2]吉이어늘 啓籥見書하니 乃幷是

길
吉하더라

국역 |

지금 나는 큰 거북에게 나아가 점을 칠 것입니다. 당신들이 나에게 허락하신다면 나는 벽옥과 홀을 가지고 돌아가 당신들의 명령을 기다리겠습니다만, 당신들이 나에게 허락하지 않으신다면 나는 벽옥과 홀을 감추어버릴 것입니다." 그러고 나서 세 거북에게 점을 치니 한결같이 길함이 거듭되므로 자물쇠를 열어 (점친 내용의) 글을 보니 아울러 길하였다.

난자풀이 |

[1] 屛(병) : 가리다. 감추다. 숨기다.
[2] 習(습) : 되풀이하여 행하다. 거듭하다.

강설 |

거북의 껍질로 점을 친 내용에 대해 기록한 것이다.

공 왈 체 왕 기 망 해 여 소 자 신 명 우 삼 왕
公曰 體[1]라 王其[2]罔害하소서 予小子 新命于三王하여
유 영 종 시 도 자 유 사 능 념 여 일 인 공 귀
惟永終是[3]圖하여 茲攸俟리니 能念予一人하소서 公歸
내 납 책 우 금 등 지 궤 중 왕 익 일 내 추
하여 乃納冊于金縢[4]之匱中하니 王이 翼日에 乃瘳[5]하다

국역 |

주공이 말하기를, “아아! 왕에게는 해가 없게 하소서. 나 소자는 세 왕에게 새로 명을 받아 길이 마칠 것을 도모하여 기다릴 것이니, (잡아갈 것은) 나 한 사람만을 생각해 주소서” 하고, 주공이 돌아가서 쇠로 봉한 상자 속에 책을 넣고 나니, 왕이 다음날에 병이 나았다.

난자풀이 |

[1] 體(체) : 아아. 감탄사.
[2] 其(기) : 가벼운 명령을 할 때 상투적으로 들어가는 말.
[3] 是(시) : 앞뒤의 말이 도치될 때 들어가는 말.
[4] 縢(등) : 봉하다. 묶다.
[5] 瘳(추) : 병이 낫다.

무 왕 기 상 관 숙 급 기 군 제 내 류 언 어 국 왈
武王旣喪이어늘 管叔이 及其群弟로 乃流言於國曰
공 장 불 리 어 유 자 주 공 내 고 이 공 왈 아 지 불
公將不利於孺子하리라 周公이 乃告二公曰 我之不

辟면 我無以告我先王이라하고 周公이 居東二年에 則罪人을 斯得하다 于後에 公이 乃爲詩하여 以貽王하고 名之曰 鴟鴞라하니 王亦未敢誚公하다

국역 |

무왕이 죽고 난 뒤에 관숙이 여러 아우와 함께 나라 안에 말을 퍼뜨려 "주공이 장차 (무왕의) 어린 아들에게 이롭지 못할 것이다"라고 했다. 주공이 이에 두 공에게 고하기를, "내가 피하지 않으면 나는 우리 선왕에게 아뢸 수가 없다"고 하고, 동쪽에 가서 거처한 지 2년이 되어서 죄인을 잡았다. 나중에 주공이 시를 써서 왕에게 주고, 올빼미란 제목을 붙였는데, 왕이 또한 주공을 꾸짖지 못했다.

난자풀이 |

1 辟(피) : 피避와 통용.
2 貽(이) : 남기다. 증여하다. 주다.
3 鴟鴞(치효) : 올빼미.
4 誚(초) : 꾸짖다. 책망하다.

강설 |

무왕은 병이 나은 지 4년 만에 죽었다.

추 대숙 미확 천대뢰전이풍 화진언
秋에 大熟하여 未穫이어늘 天大雷電以風하니 禾盡偃
대목사발 방인대공 왕여대부진변
하며 大木斯拔이어늘 邦人大恐하더니 王與大夫盡弁[1]하
이계금등지서 내득주공소자이위공 대
여 以啓金縢之書하여 乃得周公所自以爲功하여 代
무왕지설
武王之說하다

국역 |

가을에 곡식이 매우 잘 익었으나 수확을 하지 않았는데, 하늘이 큰 우레와 번개를 치게 하고 바람을 불게 하니, 벼가 모두 쓰러지고 큰 나무가 바로 뽑혀 나라 사람들이 크게 두려워했다. 왕이 대부들과 모두 고깔을 쓰고 쇠로 봉해놓은 글을 열어서 주공이 스스로 인질이 되어 무왕을 대신하려 했던 말을 얻었다.

난자풀이 |

[1] 弁(변) : 고깔.

이공급왕 내문제사여백집사 대왈 신
二公及王이 乃問諸史與百執事한대 對曰 信하니이
희 공명 아물감언
다 噫라 公命이어늘 我勿敢言이로소이다

국역 |

두 공과 왕이 사관과 여러 집사들에게 물으니 대답하여 말하기를, "사실입니다. 아아! 공이 (말하지 말라고) 명했으므로 우리는 감히 말을 하지 못했습니다"라고 했다.

王執書以泣曰 其勿穆卜이로다 昔에 公勤勞王家어시늘 惟予沖人이 弗及知러니 今天動威하사 以彰周公之德하시니 惟朕小子 其新逆하리니 我國家禮에도 亦宜之라하고 王出郊한대 天乃雨하고 反風하니 禾則盡起어늘 二公命邦人하여 凡大木所偃을 盡起而築之하니 歲則大熟하니라

국역 |

왕이 글을 잡고 눈물을 흘리며 말하기를, "점치는 것을 하지 말자. 예전에 공이 우리 왕가를 위해 부지런히 애썼는데, 부족한 사람인 내가 그것을 알지 못하여, 지금 하늘이 위엄을 부려 주공의 덕을 밝히시니, 오직 나 소자가 새로 맞이할 것이다. 우리 국가의 예에도 또한 마땅하다"고 하고, 왕이 교외에 나가니, 하늘이 비를 내리고 바람을 반대

로 불게 하여 벼가 다 일어나거늘, 두 공이 나라 사람들에게 명하여 큰 나무와 누운 곡식을 다 일으켜 쌓으니 그 해에 큰 풍년이 들었다.

난자풀이 |

[1] 穆(목) : 경건하다. 점을 칠 때의 마음가짐을 말하는 것인데, 복卜에 상투적으로 붙는 말이므로 문장을 매끄럽게 하기 위해 번역을 생략했다.

[2] 沖(충) : 비다. 공허하다. 충인沖人은 '빈 사람'이란 뜻인데, 여기서는 '부족한 사람'이라 번역했다. 여충인予沖人은 '나 부족한 사람이'란 뜻인데, 문맥을 부드럽게 하기 위해서 '부족한 사람인 내가'로 번역했다.

[3] 逆(역) : 맞이하다.

[4] 所偃(소언) : 누워있는 것. 여기서는 곡식을 지칭하므로, '누워 있는 곡식'으로 번역했다.

[5] 熟(숙) : 익다. 풍년들다.

大誥 | 대고

무왕이 죽고 아들 성왕成王이 즉위했으나 성왕은 덕이 모자라 곳곳에서 반발이 일어나자, 이를 무마하기 위해 연설을 한 것이다. 『금문상서今文尙書』와 『고문상서古文尙書』에 다 들어 있다.

왕 약 왈 유 대 고 이 다 방 월 이 어 사 불 조 천
王若曰[1] 猷[2]라 大誥爾多邦과 越[3]爾御事하노라 弗弔[4]天

강 할 우 아 가 불 소 연 홍 유 아 유 충 인
이 降割[5]于我家하사 不少延洪[6]이어시늘 惟我幼沖人[7]이

사 무 강 대 력 복 불 조 철 적 민 강 신 왈 기 유 능
嗣無疆大歷服[8]이나 弗造哲[9]迪民康[10]이온 矧[11]曰其有能

격지천명 이 여유소자 약섭연수 여유왕구
格知天命가 已아 予惟小子 若涉淵水면 予惟往求
12

짐유제부분 부전인수명 자불망대공
朕攸濟敷賁이니라 敷前人受命하여 茲不忘大功이니
14 15

여불감폐우천강위
予不敢閉于天降威니라

국역 |

왕이 다음과 같이 말했다. "아! 너희 많은 나라와 너희 어사들에게 크게 고하노라. 무정한 하늘이 우리 나라에 해를 내리시어 (우리의 운을) 조금이라도 연장시켜주거나 넓혀주지 않으시니, 어리고 부족한 사람인 내가 끝없는 큰 일을 이었으나, 밝은 지혜를 얻어 백성들을 인도하여 편안케 하지 못하니, 하물며 천명을 바르게 알 수 있다고 말하겠는가. 아아! 나 소자가 만약 깊은 못의 물을 건넌다면 나는 오직 내가 건너야 할 곳의 언덕을 찾으러 갈 것이니라. 전인들이 받은 천명을 널리 펴고 큰 일을 잊지 않아야 할 것이니, 나는 감히 하늘이 내린 위엄을 덮어둘 수 없다.

난자풀이 |

1 王(왕) : 성왕을 말한다.

2 猷(유) : 감탄사. 아아!

3 越(월) : 및.

4 弔(조) : 문안하다. 위로하다. 부조不弔는 '위로해주지 않는'이란 뜻이므로 여기서는 의역하여 '무정한'으로 번역했다.

5 割(할) : 해害와 같은 뜻. 해로움.

6 洪(홍) : 넓혀주다. 『주서周書』「다방편多方篇」에 홍유洪惟로 시작되는 문장이 있으므로 여기서도 홍洪을 뒤로 붙여 홍유로 해석하는 주석가들이 대부

분이지만, 반드시 그렇게 해석할 필요는 없다. 여기서는 문맥으로 보아 앞으로 붙이는 것이 부드럽다.

7 沖人(충인) : '빈 사람' '부족한 사람'이란 뜻이다. 아유충인我幼沖人은 '나 어리고 부족한 사람이'란 뜻인데 문맥을 부드럽게 하기 위해 '어리고 부족한 사람인 내가'로 번역했다.

8 歷服(력복) : 이어져 내려오는 일. 역歷은 '전왕에서부터 내려온다'는 뜻이고, 服은 '일'이란 뜻이다.

9 造哲(조철) : '밝은 지혜를 만들어'란 뜻이지만, 문맥을 부드럽게 하기 위해 '밝은 지혜를 얻어'로 해석했다.

10 迪民康(적민강) : '백성들을 인도하여 편안하게 만든다'는 뜻이다.

11 矧(신) : 하물며.

12 格知(격지) : 바르게 알다. 격格은 '바르다'는 뜻이다.

13 已(이) : 아아!

14 敷(부) : 금문에는 없는 것으로 보아 연문衍文, 즉 잘못 들어간 말로 보인다.

15 賁(분) : 분墳과 통용. 언덕. 제방. 뚝.

강설 |

정치란 하늘의 뜻을 따르는 것이므로, 하늘의 뜻을 모르는 사람이 정치를 하면 문제가 생긴다. 하늘의 뜻을 알지 못하는 성왕이 정치를 담당하자, 문제가 생기기 시작했다. 은나라의 유민들이 반발한 것이다. 대고大誥는 성왕이 그들을 토벌하러 가면서 행한 연설문이다.

용녕왕유아대보귀 소천명 즉명 왵 유대
用寧王遺我大寶龜하여 紹天明하리라 卽命[1] 曰 有大

간우서토 서토인역부정 월자준은소전
艱于西土하여 西土人亦不靜이니 越茲蠢[3]殷小腆[4]이

誕敢紀其敍[5]하니라 天降威나 知我國有疵하여 民不康하여 曰予復이라하고 反鄙我周邦하나다 今蠢이어늘 今翼日에 民獻[6]有十夫면 予翼[7]以于敉[8]寧[9]武圖功하여 我有大事하리니 休아하고 朕이 卜하니 幷吉하니라

국역 |

나라를 편안케 한 무왕이 나에게 남겨주신 큰 보배인 거북을 써서 하늘의 밝은 명을 이을 것이다. 그리하여 바로 말하기를, '서쪽 땅에 큰 어려움이 있어 서쪽 땅의 사람들이 또한 안정되지 않으니, 이에 꿈틀거리는 은나라의 작은 임금이 간 크게도 감히 자기들의 일에 기강을 세우고 (힘을 기르고) 있습니다. 하늘이 위엄을 내리시는데도, 우리 나라에 틈이 있어 백성들이 편안하지 않음을 알고 말하기를, 「우리들이 (과거의 은나라를) 회복할 것이다」 하고, 도리어 우리 주나라를 무시합니다. 지금 꿈틀거리기 시작했으니, 오늘내일에 백성들 중에 훌륭한 사람 열 사람 정도 있으면, 내가 그들을 보좌로 삼아, 나라를 편안케 한 무왕이 도모한 공을 이루기 위해, 내가 큰 일을 일으키려 하니 좋겠습니까?' 하고 내가 점을 치니 아울러 길하니라.

난자풀이 |

[1] 寧王(녕왕) : 나라를 편안하게 한 왕. 문왕에 대해서는 '교양 있는 아버지'란 뜻으로 문고文考라는 말을 쓰고 있는데, 무왕에 대해서는 '나라를 편안케 한 아버지'란 뜻으로 녕고寧考라고 쓰고 있는 것을 보면, 녕왕寧王은 무왕

으로 보는 것이 좋을 듯하다.

2 命(명) : 명하다. 명령하다. 말하다.

3 越(월) : 조음소.

4 腆(전) : 전觍과 통용. 주主의 뜻. 임금.

5 敍(서) : 일. 차례.

6 獻(헌) : 어진 이. 훌륭한 사람.

7 翼(익) : 보좌관. 도우미. 익이翼以는 이익以翼으로 보면 된다.

8 于(우) : 가다. 하다.

9 敉(미) : 어루만지다. 어루만져 편안히 하다. 여기서는 문맥을 매끄럽게 하기 위해 '이루다'로 번역했다.

강설 |

동쪽을 정벌하러 가면서, 점을 쳐서 길하게 나왔다는 사실을 가지고, 따르지 않는 사람들을 설득한 것이다. 하늘의 뜻을 따르는 사람은 사람들을 사랑하기 때문에 사람들 또한 그를 따르고 사랑한다. 그러나 하늘의 뜻을 따르지 않는 사람은 사람들을 사랑하지 않기 때문에, 사람들 또한 그를 따르지 않고, 그를 사랑하지 않는다. 이 경우 사람들로 하여금 자기를 따르게 하기 위해서, 하늘을 강조한 과거의 현명한 사람들의 흉내를 내어 그들과 똑같이 하늘을 강조한다. 말하자면 하늘을 통치수단으로 이용하는 것이다. 그렇게 되면 사람들은 그 사람만 싫어하는 것이 아니라, 결국 하늘도 싫어하게 된다.

사 여 고 아 우 방 군 　 월 윤 씨 서 사 어 사 　 왈 　 여 득
肆予告我友邦君과 越尹氏庶士御事하여 曰 予得
1 　 2 　 3

길 복 　 여 유 이 이 서 방 　 우 벌 은 포 파 신 　 이
吉卜하니 予惟以爾庶邦으로 于伐殷逋播臣하노라 爾
4 　 5

庶邦君과 越庶士御事이 罔不反하여 曰 艱大라 民不靜이니 亦惟在王宮과 邦君室이라하며 越予小子考翼도 不可征이라하여 王은 害不違卜고하나니다

국역 |

비로소 내가 우리 우방의 임금과 윤씨・여러 선비・어사 등에게 고하여 말하기를, '내가 길한 점을 얻었으니, 나는 오직 너희들 여러 나라들을 데리고 은나라의 달아나고 도망한 신하들을 치려 하노라' 하니, 너희 여러 나라의 임금들과 서사와 어사들이 반대하지 않음이 없어서 말하기를, '어렵고 큰 일입니다. 백성들이 안정되지 않으니, (그 원인은) 또한 오직 왕궁과 제후 나라 임금들의 집에 있습니다'고 하며, 나 소자의 여러 아버지나 보좌들도 정벌하면 안 된다고 하여 '왕은 어찌 점의 내용을 어기지 않습니까?' 하는구나.

난자풀이 |

1 肆(사) : 비로소.
2 尹氏(윤씨) : 여러 관청의 책임자.
3 越(월) : 및. 여與와 통용.
4 于(우) : 하다. 가다.
5 播(파) : 버리다. 달아나다.

강설 |

성왕은 사람들로 하여금 자기를 따르게 하기 위해 점을 이용했지만,

이제 사람들은 점의 내용도 신뢰하지 않고 반발하게 되었다. 이렇게 되면 통치하기가 쉽지 않다.

사 여 충 인　영 사 간　왈 오 호　윤 준　환 과 애
肆予沖人이 永思艱하여 曰 嗚呼라 允蠢하여 鰥寡哀

재　여 조　천 역　유 대 투 간 우 짐 신　월 여 충
哉나 予造는 天役이라 遺大投艱于朕身하시니 越予沖

인　불 앙 자 휼　의 이 방 군　월 이 다 사　윤 씨
人은 不印[1]自恤이니라 義[2]爾邦君과 越爾多士와 尹氏와

어 사 수 여　왈 무 비 우 휼　불 가 불 성 내 녕 고
御事綏予하여 曰 無毖[3]于恤[4]이어다 不可不成乃寧考

도 공
圖功이니라

국역 |

그리하여 부족한 사람인 내가 오래도록 어려움을 생각하여 말하기를, '아아! 참으로 (반발하는 세력들이) 준동하여 홀아비나 과부들이 불쌍하지만, 내가 하는 일은 하늘의 일이라, 내 몸에 큰 일을 남겨주고 어려운 일을 던져 주시니, 모자라는 사람인 나는 나 스스로도 돌보지 못한다고 하니, 마땅히 너희들 제후들과 너희들 많은 선비들과 윤씨와 어사들은 나를 위로하여 「자신을 돌보느라 수고하지 마소서. 나라를 편안케 한 아버지가 도모하신 일을 이루지 않을 수 없습니다」 하고 말해야 할 것이다.'

난자풀이 |

[1] 卬(앙) : 나. 자기.
[2] 義(의) : 의宜와 통용. 마땅히.
[3] 毖(비) : 고달프다. 피로하다.
[4] 恤(휼) : 근심하다. 동정하다.

강설 |

여기서 보면 성왕은 백성들을 탄압하기 위해서 하늘을 악용하고 있음을 알 수 있다. 하늘의 뜻을 따르는 사람에게는 사람들이 따르고 좋아하게 되어 있다. 그러므로 만약 사람들이 자기를 따르지 않는다면 하늘의 뜻을 따르지 않았기 때문이므로 자기 반성을 해야 한다.

그러나 백성들을 사랑하지 않는 정치가는 자기에게 따르지 않는 백성들을 보면 자기반성을 하는 것이 아니라, 백성들에게 섭섭하게 생각하고, 모든 것을 백성들의 탓으로 돌린다.

임금이 된 사람은 과거의 임금과 같다고 생각한다. 임금은 다 같은 것으로 착각하기 때문이다. 그리하여 과거의 임금이 하늘의 일을 대행하였듯이 자기도 하늘의 뜻을 대행하고 있다고 착각한다. 그래서 자기에게 반발하는 자들을 이해하지 못하고 원망한다.

이 여유소자 불감체상제명 천휴우녕왕
已아 予惟小子 不敢替[1]上帝命이로니 天休于寧王하사

홍아소방주 녕왕유복용 극수수자명
興我小邦周하실새 寧王惟卜用하사 克綏受玆命하시

금천기상민 신역유복용 오호 천명
니라 今天其[2]相民하시니 矧[3]亦惟卜用이니라 嗚呼라 天明

외　필아비비기
畏는 弼我丕丕基시니라

국역 |

아아! 나 소자는 감히 하느님의 명령을 폐할 수 없다. 하늘은 나라를 편케 하신 무왕에 대해서 아름답게 생각하여 우리 작은 나라인 주나라를 일으키시니, 무왕이 오직 점을 써서 이 천명을 편안히 받으셨노라. 이제 하늘이 백성을 도우시니, 때를 놓치지 말고 또한 점을 써야 할 것이다. 아아! 하늘의 밝고 두려운 명이 우리의 크고 큰 바탕이 튼튼해지도록 도와주시리라."

난자풀이 |

1 替(체) : 쇠퇴하다. 버리다. 폐하다.
2 其(기) : 아마도. 추측을 할 때 들어가는 말.
3 矧(신) : 일반적으로 '하물며'란 뜻으로 쓰이지만, 원래 '화살을 당기다'라는 뜻이다. '화살을 당긴다'는 것은 '느슨하게 하지 않고 박차를 가한다'는 뜻이다. 여기서는 문맥을 매끄럽게 하기 위해 '때를 놓치지 않고'로 해석했다.

강설 |

하늘의 뜻을 따르는 것이나, 점을 쳐서 하늘의 뜻을 물어서 판단하는 것은, 진정으로 하늘을 따르는 사람에게는 매우 바람직한 일이 된다. 그러나 독재자가 백성을 탄압하기 위한 수단으로 하늘이나 점을 악용한다면 문제는 심각해진다. 하늘의 뜻이나 점은 객관적으로 증명되는 것이 아니기 때문에 얼마든지 조작이 가능하다. 종교적 성향이 강한 나라의 정치나, 종교적 기반을 가진 정권이 패망하게 될 때에 나타나는 첫 번째 현상은 대부분 이러한 조작이 행해지는 것이다. 참으로 주의해야 할 일이다.

王曰 爾惟舊人이라 爾丕克遠省하나니 爾知寧王若[1]
勤哉인저 天閟[2]毖[3]我하심은 成功所[4]일새니 予不敢不極
卒寧王圖事니라 肆[5]予大化誘我友邦君하노니 天棐[6]
忱辭[7]하심은 其[8]考[9]我民일새니 予曷其不于[10]前寧人圖功
攸[11]에 終[12]하리오 天亦惟用勤毖我民하사되 若有疾하시나
니 予曷敢不于前寧人攸受休에 畢[13]하리오

국역 |

왕이 말했다. "그대들은 옛 사람들이다. 그대들은 매우 멀리 살필 수 있으니, 그대들은 무왕이 그처럼 부지런하셨던 것을 알 것이다. 하늘이 우리를 보호하시고 도와주시는 까닭은 공을 이루어야 하는 것이기 때문이니, 나는 감히 무왕이 도모하시던 일을 지극히 잘 마치지 않을 수 없다. 그리하여 나는 우리 우방의 군주들을 크게 교화하고 권유하고자 한다. 하늘이 도와주시고 정성스럽게 말해주시는 까닭은 아마도 우리 백성들을 보살펴주시기 때문이니, 내가 어찌 전에 나라를 편케 했던 사람이 도모했던 일에 대해 마무리하지 않을 수 있겠는가. 하늘

이 또한 힘써 우리 백성들을 위해주시되 마치 병이 있을 때처럼 해주시니, 내가 어찌 감히 전에 나라를 편케 했던 사람이 받으신 아름다운 명에 대해 마무리해야 되지 않겠는가."

난자풀이 |

1 若(약) : 그와 같이. 그처럼.
2 閟(비) : 문을 닫다. 문을 닫는 것은 보호하는 것이므로 여기서는 '보호한다'로 번역했다.
3 毖(비) : 비比와 통용되어, '한 편이 되어 주다' '친근하게 도와주다' 등의 뜻이 된다.
4 所(소) : '~하는 곳' '~하는 기회' '~하는 상황' '~하는 것' 등을 의미한다.
5 肆(사) : 그리하여.
6 棐(비) : 도와주다.
7 辭(사) : 말씀. 침사忱辭는 아마 하늘에 묻는 점을 친 결과 하늘이 정성스럽게 답을 해주었다는 뜻으로 말한 것으로 보인다.
8 其(기) : 추측을 나타내는 의미가 들어있는 조음소. '아마도 ~일 것이다'라는 뜻으로 해석하면 될 것이다.
9 考(고) : 살피다. 보살피다.
10 于(우) : ~에. 어於와 같은 뜻.
11 攸(유) : ~하는 바. 이 글자 뒤에는 동사가 온다. 이 글자는 앞의 녕인寧人 다음에 있어야 할 것으로 생각된다. 아마도 기록하는 자의 착오로 위치가 잘못된 것일 것이다.
12 終(종) : 마무리하다. 앞의 불不 다음에 와야 문법적으로 부드럽다. 그러나 태고에 한문이 동이족에 의해 사용되었다면 이 순서가 오히려 부드러울 수 있다.
13 畢(필) : 마치다. 마무리하다. 역시 불不 다음에 들어가는 것이 문법적으로 부드러울 것이다.

강설 |

성왕은 사람들이 자기를 따르게 하기 위해서 거듭 '하늘의 뜻'이라는 것을 내세우고 있다.

사람들이 임금을 따르지 않는 것은, 하늘이 그 임금을 받아들이지 않기 때문이다. 그러므로 현명한 임금은 사람들이 자기를 따르지 않는 것을 보고 하늘의 뜻을 읽어낸다. 그렇기 때문에 현명한 사람은 언제나 하늘을 따르는 정치를 했고, 사람들도 언제나 그를 따랐다. 그러나 어리석은 임금은 과거 현명한 임금들이 하늘을 따르는 정치를 한 결과 백성들이 잘 따라주었다는 사실만을 알아서, 백성들이 자기를 따르도록 하기 위해서 자기의 정치는 하늘의 뜻을 따르는 정치임을 강조한다. 이는 '하늘의 뜻'을 모르는 사람이 자기의 목적을 달성하기 위해서 '하늘의 뜻'이라는 말을 악용하고 있는 것이다. 어리석은 사람들이 하늘을 악용하는 방법 중의 하나는, 하늘의 뜻을 묻는 점의 방법을 악용하는 것이다. "점을 쳐보았더니 일을 추진하도록 자상하게 말해주었다"고 말하기만 하면 사람들이 반박할 수 없기 때문이다. 이처럼 하늘을 악용하고 점을 악용하는 것 때문에 백성들 사이에 차츰 하늘과 점에 대한 거부반응이 일어나게 된다.

왕왈 약석 짐기서 짐언간 일사 약고
王曰 若昔에 朕其逝할새 朕言艱하여 日思하니 若考

작실 기저법 궐자내불긍당 신긍구 궐
作室에 旣底法[1][2]이어든 厥子乃弗肯堂이면 矧肯構아 厥

부치 궐자내불긍파 신긍확 궐고익 기긍
父菑[3]어든 厥子乃弗肯播면 矧肯穫가 厥考翼[4]도 其肯

왈 여유후 불기기 사여 갈감불월앙
曰 予有後하니 弗棄基라하리라 肆予는 曷敢不越卬[5]

미녕왕대명 약형고내유우 벌궐자
하여 敉寧王大命하리오 若兄考乃有友하여 伐厥子어
⑥ ⑦
민양기권 불구
든 民養其勸하고 弗救아

국역 |

왕이 말했다. "옛날에 내가 (정벌하러) 갈 적에 나는 어렵다고 말하고 날마다 생각했다. 만약 아버지가 집을 짓는데, 이미 설계가 이루어지고 난 뒤에도 그 아들이 집을 지으려 하지 않는다면, 하물며 집을 지을 수 있겠는가. 그 아버지가 밭을 개간하였는데도 그 아들이 파종을 하지 않는다면 하물며 수확을 할 수 있겠는가. 그 아버지나 그 보좌들도 아마 '우리들에게 후손이 있으니, 터전을 버리지 않을 것이라'고 기꺼이 말할 것이다. 그러니 내가 어찌 감히 나에게 이르러 부왕의 큰 명을 어루만지지 않을 수 있겠는가. 만약 형님이나 아버지께 벗이 있어 그 아들을 공격한다면, 백성을 기르듯이 응원하기만 하고 구해내지 않을 것인가?"

난자풀이 |

1 底(저) : 이르다. 도달하다. 이루다.
2 法(법) : 집을 짓는 방법. 요새 식으로 말하면 설계도.
3 菑(치) : 밭을 일구다. 개간하다. 개간한 첫 해의 밭.
4 考翼(고익) : 집짓기를 구상하거나 밭을 일구어놓은 사람이나 그 보좌관. 여기서는 성왕의 아버지인 무왕과 무왕의 보좌관을 비유하여 말한 것으로 보인다.
5 卬(앙) : 나.
6 敉(미) : 어루만지다. 편안하게 하다.
7 寧王(녕왕) : 나라를 편안케 한 왕. 무왕武王. 성왕의 아버지이므로 '부왕'으로 번역했다.

강설 |

하늘의 권위를 빌리고 점의 기능을 이용하여 사람들을 설득했으나 잘 설득되지 않자, 성왕은 마지막으로 무왕武王의 권위를 들고 나왔다. 사람들이 무왕을 존경하는 사실을 이용하여, 성왕은 자기가 하는 일이 무왕의 일을 마무리하는 것이라고 설득한 것이다.

"만약 형님이나 아버지께 벗이 있어 그 아들을 공격한다면, 백성을 기르듯이 응원하기만 하고 구해내지 않을 것인가?"에 대해서는 이설이 많지만, 이는 자신의 처지를 방관하는 제후들에게 대한 하소연으로 보인다. 형이나 아버지의 친구들이 형이나 아버지의 아들을 괴롭힌다면 오히려 그 친구들을 보살피고 응원하고 있을 수는 없을 것이다. 빨리 구하지 않으면 안 된다. 형이나 아버지의 친구들이란 자기에게 반란을 일으켜 자기를 괴롭히는 자들이고, 반란을 일으킨 자들을 보호하고 응원하는 것은 자기를 돕지 않고 방관하는 지금을 제후들의 태도를 빗대서 한 말로 이해할 수 있다.

王曰(왕왈) 嗚呼(오호)라 肆哉(사재)로다 爾庶邦君(이서방군) 越爾御事(월이어사)아 爽邦(상방)[1]은 由哲(유철)이니라 亦惟十人(역유십인)이 迪知上帝命(적지상제명)하고 越天(월천)이 棐忱(비침)이시니 爾時(이시)에 罔敢易法(망감이법)[2]하니 矧今(신금)에 天降戾于(천강려우) 周邦(주방)하시니 惟大艱人(유대간인)이 誕鄰(탄린)하여 胥伐于厥室(서벌우궐실)이온여 爾亦不知天命不易(이역부지천명불이)아

국역 |

왕이 말했다. "아아! 방자하도다. 그대들 여러 나라의 제후들과 그대들 어사들이여. 나라를 밝게 하는 것은 현명한 자로 말미암는 것이다. 또한 열 사람이 하느님의 명을 따르고 알았으므로, 하늘이 도와주시고 정성스럽게 해주셨다. 그 때에도 감히 법을 가볍게 여기지 않았는데, 하물며 지금 하늘이 주나라에 화를 내리심에, 크게 어려운 일을 꾸미는 사람들이 이웃을 속여 서로 자기들의 집에서 공격을 하는 데 있어서랴. 그대들은 또한 천명이 쉽지 않다는 것을 알지 못하는가.

난자풀이 |

[1] 爽(상) : 밝다. 밝게 하다.
[2] 易(이) : 쉽다. 가볍게 여기다. '바꾸다'의 뜻일 때는 음이 '역'이다.

강설 |

성왕은 나라가 잘못되면 그 원인은 제후들과 어사들의 탓이라고 하여 은근히 그들에게 겁을 주고 있다. 이러한 방식이 독재자의 전형적인 수법이다.

여영념 왈 천유상은 약색부 여갈감부종
予永念[1]하여 曰 天惟喪殷이 若穡夫시니 予曷敢不終

짐무 천역유휴우전녕인 여갈기극복
朕畝하리오 天亦惟休于前寧人이시니라 予曷其極卜[2]

감불우종솔녕인 유지강토 신금 복병길
하여 敢弗[3]于從率寧人의 有指[4]疆土리오 矧今에 卜幷吉

이온여 肆朕(사짐)이 誕以爾(탄이이)로 東征(동정)하노니 天命(천명)이 不僭(불참)이라 卜(복)陳(진)이 惟若茲(유약자)하니라

국역 |

내 오래도록 염원하여 이르기를, '하늘이 은나라를 망하게 하는 것이 농부와 같으시니, 내 어찌 감히 나의 밭일을 마무리하지 않을 수 있겠는가. 하늘 또한 전에 나라를 편안케 한 사람들에 대해서 아름답게 여기신다'라고 했다. 내가 어찌 점을 극도로 활용하여 감히 영토를 확정하도록 지시한 부왕의 뜻을 따르는 데 힘쓰지 않을 수 있겠는가. 하물며 지금 점이 아울러 길함에 있어서랴. 그리하여 나는 크게 한번 그대들과 동쪽으로 정벌하러 갈 것이다. 천명은 어긋나지 않는다. 점에서 말해준 내용이 이와 같으니라."

난자풀이 |

1 念(념) : 염원하다. 생각하다.
2 極卜(극복) : 점의 내용을 극도로 활용하다. 점의 내용을 끝까지 지키다.
3 弗(불) : 힘쓰지 않는다. 여기서는 동사의 구실을 한다.
4 有指(유지) : 지시하다. 가리키다.

강설 |

성왕은 하늘과 점과 무왕의 권위를 이용하여 자기가 일으킨 전쟁의 정당성을 확보하려 했다.

하늘의 뜻을 앞세워 백성을 탄압하는 것은 모순이다. 하늘의 뜻을

따르면 백성들에게 지지를 받게 되어 있다. 그러므로 백성들에게 지지를 받지 못하는 경우는 하늘의 뜻을 따르지 않았기 때문이므로 자기반성을 하여 하늘의 뜻을 따르도록 해야 한다. 그런데도 도리어 백성들을 탄압하는 것은 자기의 잘못을 백성들에게 전가하는 것이다.

이에서 보면 성왕은 상당히 문제가 많은 임금으로 보인다. 주공과 소공의 탁월한 보좌가 없었다면 아마도 주나라는 급격히 패망의 길로 치달았을 것이다.

微子之命 | 미자지명

성왕이 반란을 일으킨 무경武庚을 처벌하고 미자微子를 송나라에 봉하여 탕湯의 제사를 받들게 했는데, 사관이 그 내용을 기록한 것이 이 편이다. 『금문상서今文尙書』에는 없고 『고문상서古文尙書』에는 들어 있다.

왕약왈 유 은왕원자 유계고 숭덕상현
王若曰 猷[1]라 殷王元子[2]아 惟稽古하여 崇德象賢[3]하고
통승선왕 수기례물 작빈우왕가 여국함
統承先王하며 修其禮物[4]하여 作賓于王家[5]하여 與國咸
휴 영세무궁 오호 내조성탕 극제성광
休하여 永世無窮하라 嗚呼라 乃[6]祖成湯이 克齊聖廣[7]
연 황천 권우 탄수궐명 무민이관
淵[8]하신대 皇天이 眷[9]佑어시늘 誕受厥命하사 撫民以寬하
제기사학 공가우시 덕수후예
시며 除其邪虐하시니 功加于時[10]하고 德垂後裔하니라

국역 |

왕이 다음과 같이 말했다. "아아! 은나라 왕의 원자야. 오직 옛것을 살펴 덕 있는 자를 높이고 현명한 자를 본받으며, 선왕을 계통적으로 이어받으며, 예악과 문물을 닦아서 우리 왕실에 손님이 되어 여러 제후국들과 다 같이 아름답게 되어서 영세토록 무궁할지어다. 아아! 그대의 할아버지 탕임금께서는 엄숙하시고 성스러우시며 넓으시고 깊으셔서 하늘이 돌보고 도우시니, 그 명을 크게 받으시어 백성들을 너그러움으로 어루만지시며, 그 간사하고 사나운 자를 제거하시니, 공이 당시 사람들에게 입혀졌고 덕이 후예들에게 드리워졌다.

난자풀이 |

1 猷(유) : 감탄사로서 '아아!'라는 뜻으로 쓰였다.
2 元子(원자) : 장자.
3 象(상) : 본받다.
4 禮物(예물) : 예악과 문물.
5 王家(왕가) : 여기서는 '주나라 왕실'을 가리킨다.
6 乃(내) : 너. 그대.
7 齊(제) : 마음을 가다듬다. 엄숙하다.
8 淵(연) : 깊다.
9 眷(권) : 돌아보다.
10 時(시) : 당시. 그때.

강설 |

성왕이 반발하는 무경을 죽이고 제을帝乙의 장자인 미자를 송나라에 봉하면서 당부한 내용이다. 내용이 매우 훌륭한 점으로 보아 성왕이 직접 작성한 것이 아니라 주공이나 소공에 의해 작성된 것으로 보아야 할 것이다.

이유천수궐유 구유령문 각신극효 숙공
爾惟踐修厥猷[1]하여 舊有令聞하고 恪愼[2]克孝하며 肅恭

신인 여가내덕 왈 독불망 상제시흠
神人할새 予嘉乃德하여 曰 篤不忘하노라 上帝時歆[3]하시

하민지협 용건이우상공 윤자동하
며 下民祗協할새 庸[4]建爾于上公하여 尹[5]茲東夏[6]하노니

흠재 왕부내훈 신내복명 솔유전상 이
欽哉라 往敷乃訓하고 愼乃服命[7]하며 率由典常하여 以

번왕실 홍내렬조 율내유민 영수궐위
蕃[8]王室하며 弘乃烈祖하고 律乃有民하여 永綏厥位하

비여일인 세세향덕 만방작식 비아유
며 毗予一人하여 世世享德하며 萬邦作式[9]하여 俾我有

주 무역 오호 왕재유휴 무체짐명
周로 無斁케하라 嗚呼라 往哉惟休하여 無替朕[10]命하라

국역 |

그대는 그 도리를 실천하고 닦아서, 예로부터 아름다운 소문이 있고 삼가 효도를 잘하며 신과 사람들을 엄숙하게 공경하니, 내 그대의 덕을 가상히 여겨 '독실하여 잊지 않는 사람'이라 하노라. 하느님께서 이에 흠향하시며 아래 백성들도 공경하고 화합하니, 이에 그대를 상공의 반열에 세워, 이 동하東夏를 다스리게 하나니, 경건하게 다스릴지어다. 가서 그대의 교훈을 펴고, 그대의 일과 명을 신중히 하여, 법과 원칙을 따르고 말미암아서, 우리 왕실을 풍성하게 하며, 그대의 빛나는 할아버지의 덕을 넓히고, 그대의 백성들을 규율로 다스려, 길이 그 자리를 안정시키며, 나 한 사람을 도와서 대대로 덕을 누리며, 만방에 모범이 되어 우리 주나라로 하여금 싫어함이 없게 하라. 아아! 가서 오직 아름답게 하여 나의 명을 폐하지 말라."

난자풀이 |

1 猷(유) : 길. 도리.
2 恪愼(각신) : 두 글자 다 '삼가다'는 뜻이다.
3 時(시) : 시是와 통용.
4 庸(용) : 용用과 통용. 용用은 이以의 뜻이므로, '그 때문에' '이에' 등으로 해석할 수 있다.
5 尹(윤) : 다스리다.
6 東夏(동하) : 주나라의 동쪽 땅을 가리킨다. 주나라 사람들은 자신들이 하夏나라의 후계자란 의식이 있었기 때문에 하夏란 말을 썼다. 이는 마치 고려가 고구려의 후계자란 의식이 있었던 것과 같다.
7 服(복) : 일.
8 蕃(번) : 우거지다. 늘다. 많다.
9 式(식) : 모범.
10 替(체) : 쇠퇴하다. 폐하다.

강설 |

성왕이 동쪽의 나라를 동하東夏라 한 것을 보면, 주나라의 사람들은 서쪽을 땅을 소유하고 있었던 옛날 하夏나라의 맥을 잇고 있다는 의식이 있었던 것으로 보인다. 이에서 보면 하夏는 서쪽에서 발원한 서부족들이 자기들의 나라를 상징적으로 표현하는 보통명사로 쓰이고 있는 말임을 알 수 있다.

康誥 | 강고

강고康誥는 성왕 때 주공周公이 섭정하면서 강숙康叔을 제후로 봉할 때 당부한 말을 기록한 것이다. 강숙은 주공의 동생이다. 원문의 내용을 보면, 왕왈王曰로 시작되는 문장에서 강숙을 동생으로 칭하고 있기 때문에 강숙을 동생으로 칭하는 왕은 무왕武王뿐이므로 채침蔡沈을 위시한 많은 연구자들이 이때의 왕을 무왕으로 보았다. 그러나 『사기』 등의 문장에서 보면, 강숙을 제후로 임명하는 것은 성왕 때의 일로 기록되어 있다. 이런 점을 감안해 본다면, 강숙을 봉한 것은 성왕 때의 일이었으나, 실지로 봉한 것은 섭정을 하고 있었던 주공이었다. 주공의 말을 기록하는 사관이, 당시의 왕인 성왕의 말로 기록한 것으로 이해할 수 있다. 이러한 것 때문에 나중에 동생인 소공召公에게 권력을 전횡한다는 생각을 하게끔 한 원인이 된 것이다. 『금문상서今文尙書』와 『고문상서古文尙書』에 다 들어 있다.

惟三月哉生魄(유삼월재생백)[1]에 周公(주공)이 初基(초기)하사 作新大邑于東國(작신대읍우동국)洛(락)하시니 四方民(사방민)이 大和會(대화회)어늘 侯甸男(후전남)[2]邦采衛(방채위)[3]百工(백공)이 播民和(파민화)[4]하고 見士于周(견사우주)[5]하더니 周公(주공)이 咸勤(함근)[6]하고 乃洪大誥治(내홍대고치)하다

국역 |

삼월 재생백에 주공이 처음 터전을 잡아 동국의 낙읍에 큰 고을을 새로 만드시니, 사방의 백성이 크게 화합하여 모여들거늘, 후·전·남에 속하는 나라들과 채·위의 제후들과 백공들이 백성들에게 화목하

도록 인도하고, 주나라에 와서 섬길 뜻을 표하니, 주공이 모두에게 노고를 치하하고 이에 다스려졌음을 넓고 크게 고하였다.

난자풀이 |

[1] 哉生魄(재생백) : 재哉는 '시작한다'는 뜻이고, 백魄은 음이기 때문에, 달에 처음으로 음이 시작되는 날인 16일이 된다. 채침은 16일로 주를 달았다. 그러나 일본의 이케다 스에토시는 여러 학자들의 설을 참고하여 3일경으로 해석했다.

[2] 侯甸男(후전남) : 후侯・전甸・남男은 왕성에서의 거리에 따라 정해진 지역을 말함. 여기에도 여러 설이 있으나, 일본의 이케다 스에토시의 설을 따랐다.

[3] 采衛(채위) : 채나라와 위나라. 제후국의 이름.

[4] 播(파) : 전파하다. 뿌리다. 베풀다. 베푸는 것은 인도하는 것이기 때문에 여기서는 '인도하다'로 해석했다.

[5] 士(사) : 사事와 통용. 금문金文에 견사見事로 되어 있고, 『설문說文』에서도 사事로 풀이하고 있다.

[6] 勤(근) : 열심히 했음을 치하하는 것. 위로하는 것.

강설 |

주공이 나서서 섭정하는 내용을 설명한 것이다.

왕약왈 맹후짐기제소자봉 유내비현고문왕
王若曰 孟侯[1]朕其[2]弟小子封아 惟乃丕顯考文王이

극명덕신벌 불감모환과 용용지지
克明德愼罰하사 不敢侮鰥寡하시고 庸庸祗祗하시며

위위현민 용조조아구하 월아일이방 이수
威威顯民하사 用[3]肇[4]造我區[5]夏[6] 越我一二邦[7]하사 以修

아서토 유시호모 문우상제 제휴 천
我西土하시니 惟時怙冒[8]하여 聞于上帝한대 帝休하사 天

내대명문왕　　에융은　　　탄수궐명　　　월궐
乃大命文王하사 殪戎殷이어시늘 誕受厥命하시니 越厥
[9]

방궐민　　유시서　　내과형　　욱　　사여소자봉
邦厥民이 惟時敍어늘 乃寡兄이 勖하니 肆汝小子封이
[10] [11]　[12]　[13]

재자동토
在茲東土하니라

국역 |

왕이 다음과 같이 말했다. “맹후인 나의 아우 소자 봉아. 너의 크게 드러난 아버지 문왕께서 덕을 밝히고 벌을 삼가시어 홀아비와 과부를 감히 무시하지 않으시며, 써야 할 사람을 쓰시고 공경해야 할 사람을 공경하시며, 위엄을 부려야 할 사람에게 위엄을 부리고 백성들을 밝게 드러내시어, 처음으로 우리 지역의 하夏민족과 우리 한두 나라를 만드시어 우리 서쪽 땅을 닦으시니, (사람들이) 오직 이를 믿고 의지했으므로 하느님에게까지 소문이 나서, 하느님께서 아름답게 여기시어 하늘이 문왕에게 크게 명하시어 은나라를 죽이고 치게 하시거늘, (문왕께서) 그 명을 크게 받으시니, 그 나라와 그 백성들이 이에 느긋해졌다. 그리하여 너의 못난 형인 내가 (그대를) 추천하여 너 소자 봉이 이 동쪽 땅에 있게 되었다.”

난자풀이 |

[1] 孟侯(맹후) : 으뜸가는 제후. 『한서漢書』 「지리지地理志」에 ‘주공봉제강숙周公封弟康叔, 호왈맹후號曰孟侯’라는 말이 있다.

[2] 其(기) : 여기서는 조음소로 쓰였다.

[3] 用(용) : 이以와 같은 뜻.

[4] 肇(조) : 처음으로. 비로소.

5 區(구) : 나눈 구역. 지역. 일정한 거처. 조그만 구역.

6 夏(하) : 여기서는 민족개념으로 쓰였다.

7 邦(방) : 국가개념으로 쓰였다.

8 怙冒(호모) : 믿고 의지하다.

9 戎(융) : 무기. 병기. 전쟁. 여기서는 '친다'는 뜻이다.

10 時(시) : 시是와 통용.

11 敍(서) : 느긋해지다.

12 寡兄(과형) : 덕이 적은 형. 형이 동생에게 스스로를 낮추어 말할 때 쓰는 말이다.

13 勖(욱) : 추천하다. 힘쓰다.

강설 |

주공이 동생인 강숙봉을 봉할 때 당부한 내용이다. 실지로는 주공의 말이지만, 주공이 성왕 대신 섭정을 하였으므로 주공의 말이 왕의 말로 기록된 것이다.

주나라 사람들은 스스로를 하夏나라의 계승자로 보았기 때문에 '우리 夏'라는 말을 쓴 것으로 보인다.

왕 왈 오 호 봉 여 념 재 금 민 장 재 지 휼 내 문
王曰 嗚呼라 封아 汝念哉어다 今民將在祗[1]遹[2]乃文

고 소 문 의 덕 언 왕 부 구 우 은 선 철 왕
考니 紹聞하며 衣[3]德言하라 往敷求于殷先哲王하여

용 보 예 민 여 비 원 유 상 구 성 인 택 심 지 훈
用[4]保乂民하며 汝丕遠惟商耇[5]成人하여 宅[6]心知訓하

별 구 문 유 고 선 철 왕 용 강 보 민 홍 우 천
며 別求聞由古先哲王하여 用康保民하라 弘于天하여

약 덕 유 내 신 불 폐 재 왕 명
若德이 裕乃身이라야 不廢在王命하리라

국역 |

왕이 말했다. "아아! 봉아. 너는 생각하라. 지금 백성들의 민심은 너의 교양 있는 아버지를 경건하게 따르는가에 달려 있으니, 들은 것을 이어가고 도덕적인 말씀을 실행하라. 가서 은나라 선대의 현명한 임금님에게서 널리 (지혜를) 구하여 백성들을 보호하고 사랑해야 한다. 너는 상나라의 원로들을 크게 여기고 멀리 생각하여 (그들의) 마음을 편안케 하고 교훈을 알게 하며, 옛 선대의 현명한 임금의 지혜를 별도로 구하여 듣고 말미암아서, 백성들을 편안케 하고 보호하라. 하늘의 이치에 널리 통하여 너의 덕이 너의 몸에 넉넉해야 왕에게 있는 명을 폐하지 않을 것이다."

난자풀이 |

1 遹(휼) : 좇다. 따르다.
2 乃(내) : 너. 그대.
3 衣(의) : 옷. 입다. '말을 입는다'는 것은 말을 실천한다는 뜻이다.
4 用(용) : 이以와 같은 뜻.
5 耇成人(구성인) : 늙고 현명한 사람. 원로.
6 宅(택) : 택은 집이다. 집은 사람을 편안케 하는 곳이므로 여기서는 '편안하게 하다'는 뜻으로 번역했다.

강설 |

주공이 강숙봉에게 문왕의 덕을 행하여 훌륭한 정치를 하라고 당부한 것이다. 은나라의 유민을 다스리는 좋은 방법은 은나라의 전통과 풍속을 알아서 그에 맞는 정치를 하는 것이다. 그러기 위해서는 은나라 전대의 훌륭한 임금의 정치방법을 참고하고, 현지의 원로들과 통하여 그들을 편안케 해야 한다. 어떤 나라를 다스리는 제일 좋은 방법은 그 나라 사람들의 마음과 한마음이 된 상태에서 다스리는 것이다. 그런데 그 구체적인 방법에는 두 가지가 있다. 첫째는 과거 그 나라에서 가장 잘 다스렸던 임금의 정치방법에서 찾는 것이고, 둘째는 그 나라의 원로들과 한마음이 되는 것이다. 과거의 훌륭한 정치는 그 나라 사람들과 한마음의 상태에서 행해진 정치였고, 원로 지식인들은 그 나라 사람들의 마음을 대변하고 있기 때문이다.

왕왈 오호 소자봉 통[1]환[2]내신 경재 천외
王曰 嗚呼라 小子封아 恫瘝乃身하여 敬哉어다 天畏
비[3]침[4] 민정 대가견 소인 난보 왕진내
棐忱이니 民情을 大可見이라 小人은 難保니 往盡乃
심 무강호일예 내[5]기[6]예민 아문 왈
心하여 無康好逸豫라사 乃其乂民이니라 我聞호니 曰
원 부재대 역부재소 혜[7]불혜 무불무
怨은 不在大하며 亦不在小라 惠不惠하며 懋不懋니라
이[8] 여유소자 내복 유홍왕 응보은민
已아 汝惟小子아 乃服은 惟弘王하여 應保殷民하며
역유조왕 택천명 작신민
亦惟助王하여 宅天命하며 作新民이니라

국역 |

왕이 다음과 같이 말했다. "아아! 소자 봉아. 너의 몸을 아프고 병들게 하여 경건하게 다스릴지어다. 하늘의 두려운 명은 정성스런 사람을 돕는 것이니, 백성들의 실상을 크게 살펴보아야 한다. 소인은 보호하기 어려우니 가서 너의 마음을 다하여 안일하고 기뻐하는 일을 편안히 여기거나 좋아함이 없어야 비로소 백성들을 다스릴 수 있을 것이다. 내가 들으니, '원망함은 큰 것에 있지도 않고 작은 것에 있지도 않으며, 오직 은혜롭게 하는가 은혜롭지 않게 하는가, 힘쓰는가 힘쓰지 않는가에 달려 있다'고 하는구나. 아아! 너 소자야. 너의 일은 오직 왕의 덕을 넓혀 은나라 백성들의 뜻에 응해주고 보호하는 것이며, 또한 오직 왕을 도와 천명을 편안하게 받아들이고 백성들을 진작시켜 새롭게 하는 것이다."

난자풀이 |

1 恫(통) : 상심하다. 아프다.
2 瘝(환) : 병들다.
3 棐(비) : 돕다.
4 忱(침) : 정성스러운 사람.
5 乃(내) : 이에. 비로소.
6 其(기) : 여기서는 추측을 할 때 상투적으로 쓰는 조음소.
7 惠(혜) : 혜惠 앞에 유재唯在가 있으면 문장이 부드러울 것이다. 여기서는 생략된 것으로 보는 것이 좋겠다.
8 已(이) : 여기서는 감탄사로 쓰였다. 아아!

강설 |

최고의 정치는 백성과 한마음이 되어서 다스리는 것이다. 이는 어머니가 마치 자녀와 한마음이 되어 자녀를 보살피는 것과도 같다. 어머니처럼 헌신적이고 어머니처럼 은혜를 베풀면 좋은 정치가 되지 않을 수 없다.

王曰 嗚呼라 封아 敬明乃罰하라 人有小罪라도 非眚[1]이면 乃有終[2]이라 自作[3]不典式[4]爾니 有厥罪小나 乃不可不殺이니라 乃有大罪라도 非終이면 乃惟眚災라 適[5]爾니 旣道極[6]厥辜어든 時[7]乃不可殺이니라

국역 |

왕이 말했다. "아아! 봉아. 너의 벌을 경건하게 밝혀라. 사람에게 작은 죄가 있더라도 모르고 지은 죄가 아니라면 끝까지 되풀이함이 있는 것이다. 스스로 죄를 지어 법식을 지키지 않은 것이니, 그 죄가 작으나 너는 죽이지 않을 수 없다. 큰 죄가 있다 하더라도 끝까지 되풀이하는 것이 아니라면 오직 모르고 지은 죄이거나 재앙이니 우연일 뿐이다. 이미 그 죄를 다 말한다면 이는 죽이지 않아야 한다.

난자풀이 |

[1] 眚(생) : 잘못. 허물. 재앙. 모르고 지은 죄.

[2] 終(종) : 끝까지 되풀이하는 것이 있다. 알고 저지른 죄는 욕심을 채우기 위해서 저지른 죄이기 때문에, 욕심이 없어지지 않는 한, 그 죄를 되풀이할 것이다. 그러므로 이런 경우에는 용서가 능사가 아니다.

[3] 作(작) : 죄를 짓는 것. 일을 꾸미는 것.

[4] 典式(전식) : 법식. 원칙.

[5] 適(적) : 마침. 우연.

[6] 道極(도극) : 다 말하다. 끝까지 말하다. 말하여 극에 달하다.

[7] 時(시) : 시是와 통용.

강설 |

이번에는 사람들의 죄를 다스리는 방법에 대해서 말했다. 알고 저지르는 죄는 엄벌해야 하지만, 모르고 저지른 죄는 너그러이 용서해야 한다. 알고 저지른 죄는 욕심을 채우기 위해서 저지른 죄이다. 욕심을 채우기 위해 저지른 죄는 욕심이 없어지지 않는 한 되풀이된다. 이럴 경우에는 용서하는 것이 옳지 않다.

그러나 모르고 저지른 죄는 욕심을 채우기 위해서 저지른 죄가 아니다. 우연일 뿐이기 때문에 이 경우는 되풀이되지 않는다.

왕왈 오호 봉 유서시 내대명복 유민
王曰 嗚呼라 封아 有敍時[1]라사 乃大明服[2]하여 惟民이
기칙무화 약유질 유민 기필기구 약
其勑[3]懋和하리라 若有疾이면 惟民이 其畢[4]棄咎[5]하며 若
보적자 유민기강예 비여봉 형인살인
保赤子면 惟民其康乂하리라 非汝封이 刑人殺人이니
무혹형인살인 비여봉 우왈의이인 무혹
無或刑人殺人하라 非汝封이 又曰劓[6]刵[7]人[8]이니 無或
의이인
劓刵人하라

국역 |

왕이 다음과 같이 말했다. "아아! 봉아. 이것이 잘 펴져야 비로소 크

게 밝고 잘 감복시켜서, 백성들이 서로 타이르며 화합에 힘쓸 것이다. 병이 있는 듯이 하면 백성들이 모두 죄를 짓지 않을 것이며, 갓난아기를 보호하듯 하면 백성들이 편안해지고 잘 다스려질 것이다. 너 봉이 마음대로 사람을 벌하거나 죽일 수 있는 것이 아니니, 혹시라도 마음대로 사람을 벌하거나 죽이지 말라." 또 말했다. "너 봉이 마음대로 사람들의 코를 베거나 귀를 벨 수 있는 것이 아니니, 혹시라도 마음대로 코를 베거나 귀를 베지 말라."

난자풀이 |

1 時(시) : 시是와 통용. 여기서는 법제도를 말한다.
2 服(복) : 감복시키다. 복종시키다.
3 勑(칙) : 타이르다.
4 畢(필) : 모두.
5 咎(구) : 허물. 죄.
6 又曰(우왈) : 앞 문장의 비여봉非汝封 앞에 있어야 할 것인데, 착오로 잘못 놓여진 것으로 보인다.
7 劓(의) : 코를 베는 형벌.
8 刵(이) : 귀를 베는 형벌.

강설 |

어머니가 자녀들에게 벌을 주는 마음으로 백성들에게 형벌을 주면 뒤탈이 없을 것이다. 사랑하는 마음으로 벌을 주면 벌을 받는 사람도 이해할 것이다. 백성들이 죄를 짓는 것을 보고, 자기에게 병이 있을 때처럼 마음을 아파한다면, 백성들은 죄를 짓지 않을 것이다.

왕 왈　외 사　　여 진 시 얼 사　　사 자 은 벌 유 륜　　우
王曰 外事에 汝陳時臬司①하되 師茲殷罰有倫하라 又

왈 요 수　　복 념 오 륙 일　　지 우 순 시　　비 폐 요
曰 要囚를 服念五六日하며 至于旬時하여서 丕蔽②要

수
囚하라

국역 |

왕이 말했다. "바깥일에서 너는 이 법에 관계되는 일을 잘 진술하되 이 은나라의 형벌에 질서가 있는 것을 본받아라." 또 말했다. "중요한 죄수는 대엿새 동안을 가슴에 두고 생각하며, 열흘이나 한 계절이 되어서 중요한 죄수를 크게 결단하라."

난자풀이 |

① 臬司(얼사) : 오늘날의 법사法司에 해당함. 얼臬은 '법' '과녁' '말뚝' 등의 뜻이다. 법을 맡아보는 것.
② 蔽(폐) : 덮다. 막다. 가리다. 대표하다. 포괄하다. 잘 결단해야 전체를 포괄할 수 있으므로 여기서는 '결단한다'는 뜻으로 번역했다.

강설 |

은나라 사람들을 다스리는 법은 과거 은나라가 잘 다스려졌을 때의 법을 참고하여 만드는 것이 좋다. 죄인을 다스릴 때는 어머니가 죄지은 자녀를 벌하는 마음으로 벌해야 한다. 죄를 지으면 기다렸다는 듯이 바로 벌하는 것이 아니다. 신중하고 신중하게 벌해야 한다.

王曰 汝陳時臬事하되 罰蔽殷彝하여 用其義刑義殺[2]이요 勿庸以次[3]하라 汝封아 乃汝盡遜하여 曰時敍[4]라도 惟曰未有遜事[5]라하라 已아 汝惟小子나 未其有若汝封之心하니 朕心朕德을 惟乃知니라 凡民이 自得罪하여 寇攘姦宄하며 殺越人于貨[6]하여 暋不畏死[7]를 罔弗憝[8]니라

국역 |

왕이 말했다. "너는 이 법에 관한 일을 펴되 처벌은 은나라의 법으로 결단하여 마땅한 형벌과 마땅한 사형을 실시할 것이요, 자의적으로 처벌하지 말아라. 너 봉아. 너는 모든 것에 겸손하여 '이 모든 것이 잘 다스려졌다'고 하더라도, 오직 '아직 일이 순조롭지 않다'고 하라. 아아! 너는 오직 어린아이지만, 너 봉과 같은 마음을 가진 이가 있지 않으니, 나의 마음과 나의 덕을 오직 너는 알 것이다. 무릇 백성들은, 스스로 죄를 얻어 노략질하고 가로채며 간사한 일을 하고 도적질하며 돈 때문에 사람을 죽여 넘어뜨리면서도 완고하여 죽음도 두려워하지 않는 자를 원망하지 않음이 없다."

난자풀이 |

[1] 臬事(얼사) : 법에 관한 일.

[2] 義(의) : 의宜와 통용. 마땅하다.

[3] 次(차) : 자恣와 통용. 마음내키는 대로 하는 것.

[4] 時(시) : 시是와 통용.

[5] 遜(손) : 겸손하다. 따르다. 순종하다.

[6] 越(월) : 넘다. 넘어뜨리다.

[7] 暋(민) : 굳세다. 완고하다.

[8] 憝(대) : 원망하다. 미워하다.

강설 |

다스림에 있어 매우 중요한 것은 죄를 다스리는 것이다. 모든 자녀를 사랑하는 어머니처럼, 모든 사람을 사랑하는 것이 바람직한 정치다. 그러므로 사람에게 벌을 준다는 것은 그만큼 원칙에 벗어난다. 그러므로 벌을 주는 것은 신중하지 않을 수 없다. 죄지은 사람에게 벌을 주는 것은 그가 미워서 주는 것이 아니다. 사람들을 사랑하는 마음에서 부득이하게 주어야 한다. 벌을 주지 않으면 다른 사람들의 삶에 지장이 있을 때만 어쩔 수 없이 주어야 한다.

왕 왈 봉 원 악 대 대 신 유 불 효 불 우 자 부 지
王曰 封아 元惡을 大憝[1]니 矧惟不孝不友온여 子弗祗

복 궐 부 사 대 상 궐 고 심 우 부 불 능 자 궐 자
服厥父事하여 大傷厥考心하면 于父不能字[2]厥子하여

내 질 궐 자 우 제 불 념 천 현
乃疾厥子하리며 于弟弗念天顯[3]하여 내 불 극 공 궐 형
乃弗克恭厥兄하

형 역 불 념 국 자 애 대 불 우 우 제 유 적 자
면 兄亦不念鞠[4]子哀하여 大不友于弟하리니 惟弔[5]茲요

불 우 아 정 인 득 죄 천 유 여 아 민 이 대 민 란
不于我政人에 得罪하면 天惟與我民彝[6]大泯[7]亂하리니

曰 乃其速由文王作罰하여 刑茲無赦하라

(왈 내기속유문왕작벌 형자무사)

국역 |

왕이 말했다. "봉아. 크게 악한 자를 크게 미워하는 것이니, 하물며 불효하고 우애롭지 않은 자에 있어서랴. 아들이 그 아버지의 일을 공경하게 따르지 않아서 크게 그 아버지의 마음을 상하게 하면, 아버지에 있어서도 그 아들을 사랑하지 못하여 그 아들을 미워할 것이며, 아우에 있어서도 하늘의 밝은 이치를 생각하지 않아, 그 형을 잘 공경하지 못하면, 형도 또한 아들을 기르는 (부모의) 아픔을 생각하지 않고, 아우에게 크게 우애롭지 않을 것이므로, 이런 지경에 이르고서도 우리 정치하는 자들에게 죄를 얻지 않는다면, 하늘이 우리 백성들에게 준 윤리가 크게 없어지고 어지러워질 것이므로, '빨리 문왕이 만드신 법에 말미암아 이들을 처벌하고 용서하지 말아야 한다'고 하는 것이다.

난자풀이 |

1 憝(대) : 원망하다. 미워하다. 원한을 품다.
2 字(자) : 사랑하다.
3 天顯(천현) : 하늘에서 드러나는 밝은 이치. 천륜.
4 鞠(국) : 기르다.
5 弔(적) : 이르다. 나아가다. '조문하다'는 뜻일 때는 음이 '조'.
6 彝(이) : 윤리.
7 泯(민) : 멸망하다. 뒤섞이다.

강설 |

큰 벌을 주어야 하는 경우는 천륜을 어기는 경우다. 세상을 안정시키는 실마리는 가정을 안정시키는 데서 찾아지는 것이다. 그러므로 부모에게 불효하는 자와 형제간에 우애롭지 못한 자는 반드시 처벌해야 한다. 죄 중에 제일 큰 죄는 하늘의 뜻을 가장 많이 어기는 것이다. 하늘의 뜻을 가장 많이 어기는 것은 자살하는 것이고, 다음으로는 가족을 해치는 것이다. 그런데 이 중에서 자살하는 자는 처벌할 수 없으므로, 처벌할 수 있는 것 중에서 가장 큰 죄는 가족을 해치는 것이다.

不率(불솔)은 大戛[1](대알)이니 矧惟外庶[2]子訓[3]人(신유외서자훈인)과 惟厥正人(유궐정인)과 越[4](월)
小臣諸節(소신제절)이 乃別播敷(내별파부)하여 造民大譽(조민대예)하여 弗念弗庸(불념불용)
하여 瘝[5]厥君(환궐군)이면 時乃引惡(시내인악)이라 惟朕憝已[6](유짐대이)니 汝乃其速(여내기속)
由茲[7]義(유자의)하여 率殺(솔살)하라 亦惟君惟長(역유군유장)이 不能厥家人(부능궐가인)과
越厥小臣外[8]正(월궐소신외정)이요 惟威惟虐(유위유학)하여 大放[9]王命(대방왕명)하면 乃(내)
非德用[10]乂(비덕용예)니라 汝亦罔不克敬典[11](여역망불극경전)하여 乃由裕民(내유유민)하되
惟[12]文王之敬忌(유문왕지경기)로 乃裕民(내유민)하여 曰我惟有及(왈아유유급)이라하면 則(즉)
予一人(여일인)이 以[13]懌(이역)하리라

국역 |

따르지 않는 자들은 큰 법으로 다스려야 하는 것이니, 하물며 오직 외서자・훈인과 그 정인 및 소신과 여러 외교사절들이 따로 법령을 전파하여 펼치고, 백성들의 여론을 조작하여 큰 명예를 얻으며, 생각하지도 않고 힘쓰지도 않으면서 그 임금을 병들게 하면, 이는 악을 이끌어내는 것이다. 오직 내가 미워할 뿐이니, 그대는 속히 이 법도에 근거하여 모두 죽여라. 또한 오직 임금이나 오직 장관이, 집안 사람이나 작은 신하 및 외정을 잘 다스리지 못하여, 오직 위엄을 부리고 오직 학대하여 크게 왕명을 훼손하면 덕으로 다스릴 것이 아니다. 그대는 또한 법을 공경하지 않음이 없어서, 그로 말미암아 백성들을 느긋하게 하되, 오직 문왕의 경건함과 조심성으로 백성들을 느긋하게 만들 것을 생각하며, '나는 오직 (문왕의 정치 수준에) 이르기를 생각합니다'라고 하면, 나 한 사람은 그 때문에 기뻐질 것이다."

난자풀이 |

1 戛(알) : 창. 긴 창. 법. 예법. 두드리다.

2 外庶子(외서자) : 서자는 '관직에 있는 여러 아들들'이란 뜻이다. 따라서 外庶子는 '밖에서 관직에 있는 여러 아들들'을 말한다. 『예기禮記』「연의燕義」에 '고자주천자지관古者周天子之官 유서자관직有庶子官職'이란 말이 나온다.

3 訓人(훈인) : 선생, 교수 등 사람을 가르치는 사람.

4 越(월) : 및.

5 瘝(환) : 병들다.

6 已(이) : 뿐이다.

7 義(의) : 도리. 법도.

8 外正(외정) : 관직의 한 이름.

9 放(방) : 추방하다. 놓아버리다. 훼손하다.

10 用(용) : 이以와 통용.

11 典(전) : 예법.

12 惟(유) : 생각하다.
13 懌(역) : 기뻐하다. 즐거워하다.

강설 |

지도급 인사들이 욕심을 부려 자기의 개인 세력을 형성하면 나라는 급속도로 문란해진다. 이는 엄단해야 한다.

王曰 封아 爽惟民은 迪吉康이니 我時其惟殷先哲王德으로 用康乂民하여 作求니 矧今民罔迪不適이온여 不迪하면 則罔政在厥邦하리라

(왕왈 봉 상유민 적길강 아시기유은선철 왕덕 용강예민 작구 신금민망적부적 부적 즉망정재궐방; 1 爽惟, 2 殷, 3 求)

국역 |

왕이 말했다. "봉아! 분명하게 생각해보건대, 백성들은 길하고 편안한 방향으로 인도해야 하는 것이니, 나는 이에 은나라 선대의 현명한 임금의 덕으로 백성들을 편안하게 다스려 그에 필적하게 되려고 생각하는데, 하물며 지금 백성들은 인도하면 따르지 않음이 없음에 있어서랴! 따르지 않으면 정치가 그 나라에 있는 것이 아니다.

난자풀이 |

1 爽惟(상유) : 분명하게 생각하다.

[2] 時(시) : 시是와 통용.
[3] 求(구) : 구逑와 통용. 필적하다. 짝.

강설 |

백성들이 따르지 않도록 하는 정치는 정치가 아니다. 백성들의 지지를 받지 못하는 정부는 정부가 아니다. 오직 폭력으로 억압하고 있는 것이다. 정치는 백성들을 편안하게 인도하는 데 목적이 있어야 한다.

왕 왈 봉 여 유 불 가 불 감 고 여 덕 지 설 우 벌 지
王曰 封아 予惟不可不監이라 告汝德之[1]說于罰之[2]
행 금 유 민 부 정 미 려 궐 심 적 루 미 동
行하노니 今惟民不靜하여 未戾[3]厥心하여 迪屢未同하
상 유 천 기 벌 극 아 아 기 불 원 유 궐 죄
니 爽惟天其罰殛我어시나 我其不怨하리라 惟厥罪는
무 재 대 역 무 재 다 신 왈 기 상 현 문 우 천
無在大하며 亦無在多하니 矧曰其尙顯聞于天이온여

국역 |

왕이 말했다. “봉아. 나는 오직 살피지 않을 수 없다. 그대에게 행벌에 대한 덕론을 말하겠다. 지금 오직 백성들은 안정되지 않아서 그 마음이 (안정된 차원에) 이르지 못하여 인도함이 여러 번 거듭되었으나 아직 똑같이 되지는 않았다. 그리하여 분명하게 생각해보건대 하늘이 나를 벌하여 죽일지라도, 나는 원망하지 않을 것이다. 오직 죄는 큰 것에 있지도 않고 많은 것에 있지도 않은 것이니, 하물며 ‘오히려 하늘에

까지 소문이 드러난다'고 하는데 있어서랴!"

난자풀이 |

1 德之說(덕지설) : 덕론. 도덕적인 자세에 대한 설명.
2 罰之行(벌지행) : 지之는 앞의 말과 뒤의 말이 도치되었음을 나타내므로 이 문장은 행벌行罰과 같다.
3 戾(려) : 이르다.

강설 |

백성들과 한마음이 되지 못하는 정치는 잘못된 정치다. 그것은 하늘의 뜻을 어기는 것이다. 하늘을 어기면 하늘의 벌을 받게 되어 있다.

王曰(왕왈) 嗚呼(오호)라 封(봉)아 敬哉(경재)어다 無作怨(무작원)하며 勿用非謀非(물용비모비)1 彝(이)하고 蔽時忱(폐시침)2 3하여 丕則敏德(비칙민덕)4하여 用康乃心(용강내심)하며 顧乃(고내)德(덕)하며 遠乃猷(원내유)하며 裕乃以(유내이)5면 民寧(민녕)하여 不汝瑕殄(불여하진)6 7하리라

국역 |

왕이 말했다. "아아! 봉아. 경건하게 하라. 원한을 만들지 말 것이며, 제대로 된 계책이 아닌 것과 제대로 된 윤리가 아닌 것을 가지고 이 정성스러움을 덮어 가리지 말아서, 민첩한 덕을 크게 본받아 그대의

마음을 편안케 할 것이며, 그대의 덕을 돌아볼 것이며, 그대의 계책을 원대하게 가질 것이며, 그대의 마음가짐을 느긋하게 가지면, 백성들이 편안해져서 그대를 흠잡거나 죽이지 않을 것이다."

난자풀이 |

[1] 用(용) : 이以와 같은 뜻.
[2] 時(시) : 시是와 통용.
[3] 忱(침) : 정성. 참마음.
[4] 則(칙) : 본받다.
[5] 以(이) : 마음가짐. 이以는 '~을 가지고 하다'라는 뜻인데, 여기서는 목적어에 해당하는 부분이 생략되었다. 일을 할 때 ~을 가지고 임한다면, 그것은 마음가짐일 것이다.
[6] 瑕(하) : 옥 티. 옥의 티. 허물. 꾸짖다.
[7] 殄(진) : 다하다. 끊다. 죽다.

강설 |

정치의 근본은 수신修身에 있다. 수신이 되어 느긋한 마음으로 백성들을 사랑하는 정치를 하면 백성들은 저절로 따르게 되어 있다. 수신이 되지 않은 사람이 억지로 정치를 하면 정치가 순조롭게 되지 않는다.

왕왈 오호 사여소자봉 유명 불우상 여
王曰 嗚呼라 肆汝小子封아 惟命은 不于常[1]이니 汝

념재 무아진향 명내복명 고내청 용
念哉하여 無我殄享[2]하라 明乃服命[3]하며 高乃聽하여 用[4]

강예민
康乂民하라

국역

왕이 말했다. "아아! 그대 소자 봉아. 오직 천명은 일정한 곳에 머물지 않는 것이니, 그대는 염려하여 나로 하여금 누리는 것이 없어지게 되지 않게 하라. 그대가 해야 할 사명을 밝히며 그대가 들었던 것을 고상하게 지켜서 백성들을 편안하게 다스려라."

난자풀이

[1] 不(불) : 머물지 않는다.
[2] 無(무) : 무無 다음에 사使가 있으면 매끄러울 것이다.
[3] 服(복) : 일.
[4] 用(용) : 이以와 같은 뜻.

강설

하늘이 어떤 사람을 왕으로 삼았다 해서 언제까지나 그를 왕으로 삼는 것이 아니다. 덕을 잃으면 그를 교체한다. 그러므로 왕은 덕을 잃지 않기 위해서 끊임없이 노력해야 한다. 또한 제후들이 좋은 정치를 계속하지 않더라도 역시 왕은 교체되고 만다. 제후들을 훌륭하게 인도하는 것도 또한 왕의 덕이다.

王若曰(왕약왈) 往哉封(왕재봉)아 勿替敬典(물체경전)[1]하여 聽朕告汝(청짐고여)라사 乃以殷民(내이은민)으로 世享(세향)하리라

국역 |

왕이 다음과 같이 말했다. "가거라. 봉아. 법을 공경하는 마음을 없애지 말아서 내가 그대에게 말한 것을 들어야 은나라 백성들과 함께 대대로 누릴 것이다."

난자풀이 |

[1] 替(체) : 쇠퇴하다. 쓸모없게 되다. 버리다.

酒誥 | 주고

> 상나라 임금이었던 수受가 술에 빠져 나라를 망쳤는데, 특히 상나라의 도읍지에 그 폐습이 가장 많이 남아 있으므로 주공周公이 이를 깨우친 것이다. 물론 왕왈王曰로 시작되는 문장은 사관이 기록할 때 당시의 왕이었던 성왕의 말처럼 기록한 것이기 때문에 왕왈로 시작했다. 『금문상서今文尙書』와 『고문상서古文尙書』에 다 들어 있다.

왕 약 왈 명 대 명 우 매 방 내 목 고 문 왕 조 국 재
王若曰 明[1]大命于妹邦[2]하노라 乃穆考文王이 肇[3]國在

서 토 궐 고 비 서 방 서 사 월 소 정 어 사 조 석
西土하실새 厥誥[4]毖[5]庶邦庶士 越少正[6]御事하사 朝夕에

왈 사 자 주 유 천 강 명 조 아 민 유 원 사
曰 祀[7]茲酒니 惟天降命하사 肇我[8]民하심은 惟元祀니라

천 강 위 아 민 용 대 란 상 덕 역 망 비 주 유 행
天降威하사 我民用[9]大亂喪德이니 亦罔非酒惟行[10]이며

월소대방용상 역망비주유고
越小大邦用喪이 亦罔非酒惟辜니라

국역 |

왕이 다음과 같이 말했다. "매방에 큰 명을 분명하게 내리노라. 그대의 근엄하신 아버지 문왕께서 서쪽 땅에 있는 나라를 창건하실 때 여러 나라와 여러 선비들, 및 소정과 어사에게 가르치시고 경계하시어 아침저녁으로 말씀하시기를, '이 술을 제사에서만 써야 할 것이니, 오직 하늘이 명을 내리시어 우리 백성들에게 (술을) 만들기 시작하게 하신 것은 오직 큰 제사 때문이었다. 하늘이 위엄을 내리시어 우리 백성들이 크게 혼란해지고 덕을 잃게 되었으니, 또한 술이 오직 퍼졌기 때문이 아님이 없으며, 작고 큰 나라들이 망하게 된 것이 또한 술이 오직 허물이 되었기 때문이 아님이 없었다'고 하셨다.

난자풀이 |

1 明(명) : '분명하게 내린다'는 뜻의 동사.
2 妹邦(매방) : 채침蔡沈에 의하면, 『시경』「용풍鄘風」에 나오는 '매지향沬之鄉'을 말한다. 위衛의 땅이며, 지금의 하남성河南省 기현淇縣 매향沬鄉이다.
3 肇(조) : 시작하다. 창건하다.
4 誥(고) : 가르치다.
5 毖(비) : 삼가다. 경계하다.
6 少正(소정) : 채침에 의하면, 정인正人의 부장 정도 되는 관직이다.
7 祀(사) : 여기서는 동사로 쓰였다. '제사에 쓴다'는 뜻이다.
8 肇我民(조아민) : 우리 백성들로 하여금 (술을) 만들기 시작하게 했다. 사아민조주使我民肇酒의 뜻이다.
9 用(용) : 이以와 같은 뜻.
10 行(행) : 널리 행해지는 것은 널리 퍼지는 것이므로 여기서는 '퍼지다'로 해

석했다.

강설 |

백성들이 덕을 잃고 나라가 망하게 되는 원인 중에 큰 비중을 차지하는 것이 술이다. 술을 마시면 이성이 마비되어 욕심이 노골적으로 노출되기 때문에 술로 인해 일을 그르치는 것이 많다. 따라서 주공은 제사 때 외에는 술을 조심하라고 한 것이다. 물론 주공의 말은 임금의 말로 기록된다.

문 왕 고 교 소 자 　 유 정 유 사 　 무 이 주 　 월 서
文王誥教小子[1]와 有正[2]有事[3]하사되 無彝[4]酒하라 越[5]庶[6]
국 음 　 유 사 　 덕 장 무 취 　 유 왈 　 아 민 　 적
國飮하되 惟祀니 德[7]將無醉하라 惟曰 我民이 迪이라하
소 자 　 유 토 물 애 　 궐 심 장 　 총 청 조 고 지
리라 小子아 惟土物愛[8]하고 厥心臧하며 聰聽祖考之
이 훈 　 월 소 대 덕 　 소 자 유 일
彝訓하라 越[9]小大德에 小子惟一하라

국역 |

문왕께서 소자와 유정과 유사에게 가르치시되 '술을 늘 마시지는 말라. 여러 나라의 사람들과 술을 마시되 오직 제사 때만 마실 것이니, 덕을 지켜서 취하지 말아야, 오직 「우리 백성들이 잘 인도된다」고 말하게 될 것이다' 하셨다. 소자야. 오직 토산물을 사랑하고 그 마음을 좋게 가지며 할아버지와 아버지의 윤리 교훈을 잘 들어라. 그리고 작

고 큰 덕을 소자는 오직 한결같이 가지도록 하라.

난자풀이 |

1 小子(소자) : 젊은 아들.

2 有正(유정) : 관직에 있는 자.

3 有事(유사) : 일을 맡아 하는 자.

4 彝(이) : 늘. 떳떳한.

5 越(월) : 여與와 같은 뜻.

6 庶國(서국) : 여러 나라의 제후들.

7 德(덕) : 덕을 지키다.

8 土物(토물) : 토산물. 토물애土物愛는 '토산물을 사랑한다'는 뜻이다. 순서가 목적어, 동사의 순서로 되어 있다. 옛적에는 우리말의 어순으로 된 문장이 다수 남아 있었음을 알 수 있다.

9 越(월) : 그리고, 또한, 등의 뜻으로 쓰였다.

강설 |

술을 절제하며 도덕의 확립에 노력해야 나라가 제대로 발전할 수 있다.

매토 사이고굉 순기예서직 분주사궐고
妹土아 嗣爾股肱하여 純其藝黍稷하여 奔走事厥考
1 2 3 4

궐장 조견거우 원복고 용효양궐부모
厥長하며 肇牽車牛하여 遠服賈하여 用孝養厥父母하
5 6 7

궐부모경 자세전 치용주
여 厥父母慶이어사 自洗腆하고 致用酒하라
8 9 10

국역 |

매토의 사람들아. 그대들의 팔과 다리를 계속 놀려서 곡식 심는 일에 전심하여 아버지와 어른들을 열심히 섬기고, 수레와 소를 재빨리 끌고서 멀리까지 장사를 하여 부모에게 효도하고 봉양하여 부모가 기뻐하게 되어야 비로소 많은 음식을 깨끗하게 차리고 술을 쓰도록 하라.

난자풀이 |

1 嗣(사) : 잇다. 여기서는 '계속해서 하다' '이어서 하다' 등의 뜻으로 쓰인 동사.
2 藝(예) : 심다.
3 黍稷(서직) : 기장. 곡식.
4 奔走(분주) : 열심히 하다. 부지런히 하다.
5 肇(조) : 재빨리.
6 服(복) : ~을 하다.
7 賈(고) : 장사. 상인.
8 自(자) : '~으로부터 시작한다', '그로부터' 등의 뜻이므로, 여기서는 '비로소'로 번역했다.
9 洗(세) : 씻다. 깨끗하게 하다.
10 腆(전) : 음식을 많이 차리다.

강설 |

농사를 열심히 짓고 장사를 잘하여 부모를 잘 모시고 온 가족이 화목하게 되면, 비로소 모여 자축연을 할 수 있다. 자축연은 지속적인 발전을 위해 재충전하는 계기가 된다. 자축연을 할 때에는 서로 한마음이 되기 위해 술을 마시는 것이 좋다.

庶士有正과 越庶伯君子아 其爾는 典[1]聽朕教하라 爾大克羞[2]耇[3]惟君이오사 爾乃飮食醉飽하라 丕惟[4]曰 爾克永觀省하여 作稽[5]中德하여 爾尙[6]克羞饋[7]祀이오사 爾乃自介用逸하리라 茲乃允惟王正事[8]之臣이며 茲亦惟天이 若[9]元德하사 永不忘하사 在王家하리라

국역 |

여러 선비들과 벼슬아치들과 여러 우두머리들과 군자들아. 그대들은 나의 가르침을 잘 들어라. 그대들은 노인들과 오직 임금에게 크게 음식을 대접하고 나서 그대들은 마시고 먹고 취하기를 실컷 하라. 오직 크게 말하나니, '그대들은 길이 살피고 반성하여 알맞은 덕을 만들고 쌓아서, 그대들이 부디 음식을 잘 올려서 제사를 할 수 있어야, 그대들은 스스로 견고해져서 편안해질 수 있을 것이다.' 이렇게 해야 진실로 오직 바르게 섬기는 왕의 신하가 될 것이며, 이렇게 되어야 또한 오직 하늘이 큰 덕을 순조롭게 베푸시고 길이 잊지 않으시어 (명이) 왕실에 있을 것이다."

난자풀이 |

[1] 典(전) : 단아하게. 예의바르게. 얌전하게.
[2] 羞(수) : 음식을 대접하다.
[3] 耇(구) : 늙다. 늙은이.

4 丕惟曰(비유왈) : 순서대로 번역하면, '크게 오직 말하다' 이지만, 문맥을 매끄럽게 하기 위해 '오직 크게 말하다'로 번역했다.
5 稽(계) : 쌓다. 저축하다.
6 尙(상) : 부디.
7 羞饋祀(수궤사) : 음식을 올려서 제사지내다.
8 王正事之臣(왕정사지신) : 순서대로 번역하면, '왕의 바르게 섬기는 신하' 이지만, 문맥을 매끄럽게 하기 위해 '바르게 섬기는 왕의 신하'로 번역했다.
9 若(약) : 순順과 같은 뜻. 따르다. 순조롭다. 순조롭게 베풀다.

강설 |

자축연을 하는 과정과 방법에 대해서 설명한 것이다. 자축연을 한다고 해서 함부로 흐트러지면 안 된다. 자축연은 어디까지나 발전을 위한 재충전의 기회이기 때문에, 그 과정에서 신중하지 않으면 안 된다. 임금과 노인들에게 음식을 바치고, 신에게 제사를 지내는 것은, 모두가 한마음을 가질 수 있는 방법이 된다.

왕왈 봉 아서토비조방군어사소자 상극용문왕교
王曰 封아 我西土棐徂邦君御事小子 尙克用文王敎
1 2

부전우주 고아지우금 극수은지명
하여 不腆于酒일새 故我至于今하여 克受殷之命이니라
3

국역 |

왕이 말했다. "봉아. 우리 서쪽 땅에서 돕던 지난날의 제후 나라 임금들과 어사들과 소자들이 또한 문왕의 가르침을 잘 따라서 술에 빠지지 않았으므로, 그 때문에 우리들이 지금에 이르도록 은나라의 명을 받을 수 있었다."

난자풀이 |

[1] 棐(비) : 돕다. 도지개.
[2] 徂(조) : 가다. 나아가다. 지나다.
[3] 腆(전) : 좋아하다. 음식을 많이 차리다.

王曰 封아 我聞호니 惟曰 在昔殷先哲王이 迪畏天[1] 顯小民하사 經[2]德秉哲하사 自成湯[3]으로 咸[4]至于帝乙히 成王畏[5]하시니 相惟御事어늘 厥棐有恭이라하니 不敢自暇自逸이온 矧曰其敢崇飮가

(왕왈 봉 아문 유왈 재석은선철왕 적외천 현소민 경덕병철 자성탕 함지우제을 성왕외 상유어사 궐비유공 불감자가자일 신왈기감숭음)

국역 |

왕이 말했다. "봉아. 내가 들으니, 오직 말하기를, '옛날에 은나라 선대의 밝은 임금들이 하늘의 밝은 명과 소민들을 두려워하시고, 덕을 원칙대로 지키시며 밝은 지혜를 가지시어, 탕임금으로부터 제을에 이르기까지 모두 왕의 위엄을 이루시었고, 돕는 자들이 오직 어사들이어서 그 도움에 공손함이 있었다' 하니, 감히 스스로 틈을 내거나 스스로 방일할 수도 없었을 터인데, 하물며 '감히 마시는 것을 중시했다'고 할 수 있겠는가.

난자풀이 |

1 迪(적) : 나아가다. 이끌다. 적외迪畏는 '두려워하는 것으로 나아가다'는 뜻이 되지만, 문맥을 매끄럽게 하기 위해 '두려워하다'로 번역했다.
2 經(경) : 원칙대로 지키다.
3 成湯(성탕) : 탕임금을 지칭할 때 습관적으로 성탕成湯이라 한다.
4 咸(함) : 네 글자 뒤의 성成 앞에 있어야 하는 글자인데, 잘못 놓여졌다.
5 王畏(왕외) : 왕의 위엄.

강설 |

역사적 사실을 들어 술 마시는 것의 부당함을 밝히고 있다. 옛날 은나라의 훌륭한 임금들은 바빠서 술을 마실 짬도 내지 못했다. 이에서 보면 술을 많이 마시는 임금은 이미 훌륭한 임금이 아님을 알 수 있다.

월재외복 후전남위방백 월재내복 백료서윤
越在外服의 侯甸男衛邦伯과 越在內服의 百僚庶尹
1

유아유복 종공 월백성리거 망감면우주
과 惟亞惟服과 宗工과 越百姓里居 罔敢湎于酒하니
2 3 4 5

불유불감 역불가 유조성왕덕현 월윤인
不惟不敢이라 亦不暇요 惟助成王德顯하며 越尹人
6

지벽
祗辟하니라
7

국역 |

밖에서 일하는 후・전・남・위에 속하는 나라 제후들과 안에서 일하는 모든 신료와 여러 벼슬아치와 아와 복과 종공과 백성들과 마을에 사는 사람들은 감히 술에 빠지지 못 했으니, 감히 빠지지 못 했을 뿐만 아니라 또한 그럴 틈도 없었다. 오직 왕업을 이루고 덕을 드러내며 사람을 다스리고 법을 공경하도록 도왔을 뿐이다.

난자풀이 |

1 越(월) : 이에. 조음소.
2 亞(아) : 부장들. 예를 들면, 반장에 대한 부반장의 경우가 아亞에 해당한다.
3 服(복) : 상층부에 있는 귀족.
4 宗工(종공) : 으뜸인 목수를 지칭하는 것으로 보인다.
5 湎(면) : 빠지다.
6 尹(윤) : 다스리다.
7 辟(벽) : 법.

강설 |

옛날 훌륭한 업적을 이룬 사람들 중에는 술을 좋아한 사람이 없었다는 사실을 들어, 지도자급에 속하는 사람들에게 술을 마시지 않도록 유도한 것이다.

아문 역유왈 재금후사왕 감신 궐명 망
我聞호니 亦惟曰 在今後嗣王이 酣身하여 厥命이 罔

현우민 지보월원 불역 탄유궐종음
顯于民하여 祗保越怨하여 不易하고 誕惟厥縱淫하며
1 2

일우비이 용연상위의 민망불혁상심
泆于非彝하여 用燕喪威儀한대 民罔不盡傷心이어늘
3 4

惟荒腆[5]于酒하여 不惟自息하고 乃逸하여 厥心疾狠[6]하여 不克畏死하니 辜在商邑이라 越殷國滅無罹[7]하니 弗惟德馨香祀 登聞于天이요 誕惟民怨이나 庶群自酒[8]하여 腥聞在上이라 故天降喪于殷하사 罔愛于殷은 惟逸이니 天非虐이라 惟民自速辜니라

국역 |

나는 들으니, 또한 오직 말하기를, '지금의 후사왕이 몸을 술에 빠뜨려 정치 기강이 백성들에게 드러나지 못하고, 다만 (백성들의) 원망 위에 버티고 있으면서 바꾸지 않고, 방종하고 음란한 것을 크게 추구하며, 떳떳치 않은 일에 방일하여 위엄과 체면을 잃어버리니, 백성들이 애통해하거나 상심하지 않음이 없는데도, 오직 술에 빠져 스스로 그칠 생각을 하지 않고 오히려 방일하여, 그 마음이 병들고 비뚤어져 죽음을 두려워하지도 않는구나. 허물이 상나라 도읍에 있어, 은나라가 망하게 되었는데도 걱정함이 없으니, 오직 덕으로 지내는 향기로운 제사가 하늘에 올라가 알려지지 못하고, 오직 백성들의 원망이 크게 드러났는데도 여러 관리들까지 스스로 술에 빠져 비린내가 하늘에까지 풍겼다. 그러므로 하늘이 은나라에 멸망의 벌을 내리시고 은나라에 사랑을 주지 않으신 것은 오직 안일했기 때문이니, 하늘이 (사람들을) 학대한 것이 아니라 오직 사람들이 스스로 허물을 자초한 것이다'라고 하는구나."

난자풀이

1 保(보) : 버티고 있다.
2 誕(탄) : 크게 추구하다.
3 燕喪(연상) : 한가하게 잃다. 한가하게 잃는다는 것은 방심하고 있다가 스스로 잃는 것을 말한다.
4 衋(혁) : 애통해하다. 몹시 서러워하다.
5 荒腆(황전) : 거칠게 술을 좋아하여 빠지는 것. '거칠게'를 번역하지 않는 것이 좋다.
6 狠(한) : 마음이 비뚤어지다. 개가 싸우는 소리.
7 罹(리) : 근심하다. 걱정하다.
8 庶群(서군) : 여러 관리들.

王曰(왕왈) 封(봉)아 予不惟若茲多誥(여불유약자다고)라 古人有言曰(고인유언왈) 人無於水監(인무어수감)이요 當於民監(당어민감)이라하니 今惟殷墜厥命(금유은추궐명)하니 我其可不大監撫[1]于時[2](아기가부대감무우시)아

국역

왕이 다음과 같이 말했다. "나는 이와 같이 말을 많이 하려는 것이 아니다. 옛사람이 말하기를, '사람은 물에서 (얼굴을) 비춰보지 말고, 마땅히 백성들에게서 (자신의 잘잘못을) 비춰보아야 한다'고 했다. 지금 오직 은나라는 천명을 실추시켰으니, 나는 이에 대해 크게 거울삼아 더듬어보지 않을 수 있겠는가."

▌난자풀이 |

[1] 監撫(감무) : 거울로 삼아서 더듬어 살펴본다.
[2] 時(시) : 시是와 통용.

> 여유왈 여할비은헌신 후전남위 신태사우
> 予惟曰 汝劼[1]毖[2]殷獻[3]臣과 侯甸男衛니 矧太史友[4]와
>
> 내사우 월헌신 백종공 신유이사 복휴
> 內史友와 越獻臣과 百宗工[5]이온여 矧惟爾事[6] 服休[7]
>
> 복채 신유약주 기보박위 농보약보 굉보
> 服采[8]온여 矧惟若疇[9] 圻父[10]薄違와 農父若保[11]와 宏父
>
> 정벽 신여강제우주
> 定辟[12]이온여 矧汝剛制于酒온여

▌국역 |

나는 오직 말한다. "그대는 은나라의 어진 신하와 후·전·남·위의 제후들에게 힘써 경계해야 할 것이니, 하물며 태사인 벗과 내사인 벗 및 어진 신하와 백종공에 있어서랴. 하물며 오직 그대의 측근인 복휴와 복채에 있어서랴. 하물며 그대의 부하 중에 비리를 바로잡는 기보, 순리에 따라 농사를 지어 생민을 보호하는 농보, 국경을 정하거나 넓히는 굉보에 있어서랴. 하물며 술에 대해서 굳게 절제해야 하는 그대 자신에 있어서랴.

▌난자풀이 |

[1] 劼(할) : 삼가다. 노력하다. 힘쓰다.

2 毖(비) : 근신하다. 경계하다.

3 獻(헌) : 어진 이.

4 太史(태사) : 관직. 내사內史도 관직임.

5 百宗工(백종공) : 여러 종공들.

6 事(사) : 일을 돕는 자.

7 服休(복휴) : 관직 이름. 휴식할 때 거드는 작은 관리라는 설이 있다.

8 服采(복채) : 조복을 담담하는 관리라는 설이 있다.

9 疇(주) : 무리. 부하.

10 圻父薄違(기보박위) : 기보라는 관직에 있으면서 법을 어기는 자를 축출하는 자. 박薄은 박迫과 통용되어 '다그치다'는 뜻이 있다.

11 農父若保(농보약보) : 농보라는 관직에 있으면서 순조롭게 생민을 보호하는 자.

12 定辟(정벽) : 국경을 정하거나 넓히는 것. 벽辟은 벽闢이니, 넓히는 것이다.

厥或誥曰 群飮이어든 汝勿佚[1]하여 盡執拘하여 以歸于周하라 予其殺이니라 又惟殷之迪諸臣惟工이 乃湎于酒어든 勿庸[2]殺之하고 姑惟敎之하라 有斯明享이니 乃不用我敎辭면 惟我一人이 弗恤[3]弗蠲[4]하리니 乃事時[5]면 同于殺하리라

(궐혹고왈 군음 여물일 진집구 이귀우주 여기살 우유은지적제신유공 내면우주 물용살지 고유교지 유사명향 내불용아교사 유아일인 불휼불견 내사시 동우살)

국역 |

혹시라도 '떼지어 마셔야 한다'고 훈계하는 자가 있거든 그대는 놓

치지 말고 모두 붙잡아서 주나라로 보내라. 내가 죽일 것이다. 또 오직 은나라의 인도에 따르던 여러 신하들이나 공인들이 (개인적으로) 술에 빠져 있으면 죽이지 말고 우선 가르치도록 하라. 이렇게 분명하게 누리고 있으면서도 그대가 나의 가르치는 말을 따르지 않는다면, 오직 나 한 사람만은 (그대를) 동정하지도 않을 것이며 깨끗하게 여기지도 않을 것이니, 그런데도 그대가 이를 일삼는다면 죽이는 죄와 똑같이 다스릴 것이다."

난자풀이 |

1 佚(일) : 놓아주다.
2 庸(용) : 이以의 뜻.
3 恤(휼) : 동정하다.
4 蠲(견) : 맑다. 깨끗하다.
5 時(시) : 시是와 통용.

강설 |

술 마시는 것 중에 특히 주의해야 할 것은 떼지어 마시는 것이다. 떼를 지어 술을 마시고 흥청거리는 분위기가 되면 사회가 급격하게 타락할 것이다.

왕 왈 봉 여 전 청 짐 비 물 변 내 사 민 면 우
王曰 封아 汝典聽朕毖하라 勿辨乃司[1]하면 民湎于
주
酒하리라

주서

자재

국역 |

왕이 말했다. "봉아. 그대는 나의 깨우침을 제대로 들어라. 너의 유사들을 잘 분별하지 못하면 백성들은 술에 빠질 것이다."

난자풀이 |

[1] 乃司(내사) : 그대의 유사.

강설 |

백성들이 술과 환락에 빠지면 나라를 부지하기 어렵다.

梓材 | 자재

주공이 강숙康叔에게 나라 다스리는 이치에 대해 깨우친 것이다. 『금문상서今文尙書』와 『고문상서古文尙書』에 다 들어 있다.

왕왈 봉 이궐서민 기궐신 달대가 이궐
王曰 封아 以厥庶民과 暨厥臣으로 達大家하며 以厥

신 달왕 유방군 여약항월 왈 아유사사
臣으로 達王은 惟邦君이니라 汝若恒越[1] 曰 我有師師

사도사마사공윤려 왈여망려살인 역
司徒司馬司空尹旅[2]라하고 曰予罔厲殺人이라하라 亦

궐군 선경로 사조궐경로 사왕간귀살인력
厥君이 先敬勞라야 肆徂[3]厥敬勞하며 肆往姦宄殺人歷[4]

人(인)을 宥(유)[5]하여야 肆亦見厥君事(사역견궐군사)하여 戕敗人(장패인)[6]을 宥(유)하리라

국역 |

왕이 말했다. "봉아. 서민들과 관리들을 대가에 통하게 하고, 관리들을 왕에게 통하게 하는 것은 오직 제후나라의 임금이다. 그대는 항상 '나에게는 스승으로 섬기는 사도 · 사마 · 사공 · 윤려가 있다'고 말하라. '나는 사람을 사납게 죽이지 않는다'고 말하라. 또한 임금이 먼저 공경하고 위로해야 (관리들이) 비로소 그 공경하고 위로하는 마음을 따라할 것이며, 그대가 왕년의 간악한 도둑이나 살인자 및 전과자를 용서해야 비로소 (관리들이) 또한 그 임금의 일을 보고, 해치거나 무너지는 자들을 용서할 것이다.

난자풀이 |

[1] 越(월) : 조음소.
[2] 尹旅(윤려) : 백성을 다스리는 관리로 보아야 할 것이다.
[3] 徂(조) : 따르다.
[4] 歷人(력인) : 전과자.
[5] 宥(유) : 용서하다.
[6] 戕敗人(장패인) : 해치거나 무너지는 자.

강설 |

여기서 주공이 강숙봉에게 당부한 정치원리는 두 가지다. 경건한 마음을 가지는 것과 너그러운 마음으로 백성들에게 대하는 것이다. 경건한 마음을 가지는 것은 순수한 마음을 유지하는 방법이고, 백성들을

용서하는 것은 백성들을 사랑하는 것이다.

천자의 정치방법과 제후의 정치방법은 다르다. 천자의 정치방법은 백성들에게 정치이념을 제시해야 하고, 도덕과 가치관을 확립시켜야 하지만, 제후의 정치방법은 그렇지 않다. 순수한 마음으로 천자가 정한 정치이념을 바탕으로 도덕과 가치관을 따르면서 백성들을 사랑하기만 하면 된다. 공자는 이를 다음과 같이 말했다. "천승의 나라를 다스리되, 일을 경건하게 하고 미덥게 하며, 쓰는 것을 절약하고 사람을 사랑하는 것이다."

여기서 왕왈王曰로 시작되는 말은 역시 주공周公의 말이다. 왕을 대신해서 말한 것이므로 왕왈이라 했다.

왕 계 감 궐 란 위 민 왈 무 서 장 무 서 학
王啓監하여 厥亂爲民하여 曰 無胥戕하며 無胥虐하
1 2 3

지 우 경 과 지 우 속 부 합 유 이 용
고 至于敬寡하며 至于屬婦하여 合由以容하라
4 5 6

국역 |

왕이 감을 세워 백성들을 다스리게 하시면서 말씀하시기를, '서로 해치지 말며 서로 학대하지 말고, 나약한 자를 공경함에 이르고 부인들을 돌보는 데 이르러, 모두를 하나로 합하여 포용하라'고 하셨다.

난자풀이 |

1 啓(계) : 열다. 여는 것은 처음으로 시작하는 것이다. 여기서는 '세우다'로 번역했다.

2 監(감) : 감독. 총독.
3 亂(란) : 다스리다.
4 寡(과) : 나약한 사람.
5 屬(속) : 이어주다. 외로운 이를 이어주는 것은 돌보아 주는 것이므로 '돌보아주다'로 번역했다.
6 由(유) : '그로 말미암아'란 뜻인데, 문맥을 매끄럽게 하기 위해 번역을 하지 않고 생략했다.

강설 |

위의 문장 역시 주공의 말로 보아야 한다. 주공이 강숙봉에게 당부의 말을 하면서, 성왕이 결정하고 성왕이 말한 것이라 전제하고서 말한 것이다. 그러므로 '왕이 다음과 같이 말했다'는 말이 성립한다. 만약 전체의 말이 주공의 말이 아니고 왕의 말이라면, '왕이 여차여차하게 말했다'는 말은 성립되지 않는다.

王其效邦君과 越御事니 厥命으로 曷以引養引恬이리오[1] 自古로 王若茲하니 監罔攸辟이니라[2]

국역 |

왕이 나라의 제후들과 어사들에게 모범을 보이신 것이니, 명령하시는 것만으로 어찌 이끌어 기르고 이끌어 편안케 하셨겠는가! 자고로 왕께서 이와 같으셨으니, 감은 치우치는 바가 없어야 할 것이다."

난자풀이 |

[1] 恬(념) : 편안하다. 조용하다.
[2] 辟(벽) : 벽僻과 통용. 치우치다.

강설 |

주공이 성왕의 정치에 대해 설명한 것이다. 성왕의 훌륭한 정치를 설명함으로써 성왕을 중심으로 정치체제를 확고하게 굳히려 한 것이다. 전체의 말이 주공의 말이 아니고 성왕의 말이라면, '왕이 이와 같았다'는 말처럼 왕의 일을 객관화 시켜서 하는 말은 성립하지 않는다.

유왈 약계전 기근부치 유기진수 위궐강
惟曰 若稽[1]田에 既勤敷菑[2]인댄 惟其陳修하여 爲厥疆

견 약작실가 기근원용 유기도기자 약
畎[3]하며 若作室家에 既勤垣墉[4]인댄 惟其塗塈茨[5]하며 若

작재재 기근박착 유기도단확
作梓[6]材에 既勤樸斲[7]인댄 惟其塗丹雘[8]이니라

국역 |

(왕이) 오직 말했다. "만약 밭을 다스림에 이미 부지런히 일구었으면 오직 펼쳐 닦아서 밭두둑을 만들고 이랑을 만들어야 할 것이며, 만약 집을 지음에 이미 부지런히 담을 만들었으면 오직 칠을 하고 지붕을 이어야 할 것이며, 만약 가래나무 목재를 만듦에 이미 부지런히 통나무를 깎아 놓았으면, 오직 단청을 칠해야 할 것이다.

난자풀이 |

1 稽(계) : 살피다. 다스리다.
2 敷菑(부치) : 밭을 개간하다. 치菑는 '개간 첫해의 밭' 또는 '일군 밭'.
3 畎(견) : 밭도랑.
4 墉(용) : 담.
5 茨(자) : 지붕을 이다.
6 梓材(재재) : 가래나무 목재.
7 樸斲(박착) : 통나무 깎는 것.
8 丹雘(단확) : 단청을 칠하다.

강설 |

이 또한 주공의 말로 보아야 할 것이다.

무릇 모든 일에 있어 시작이 중요한 만큼 마무리도 중요하다. 왕이 시작을 한 것이라면 제후는 마무리를 해야 한다. 그래서 주공은 강숙봉에게 마무리를 잘하라고 당부했다.

今王(금왕)이 惟曰(유왈) 先王(선왕)이 既勤用明德(기근용명덕)하사 懷爲夾(회위협)하신대 庶邦享作(서방향작)하고 兄弟方來(형제방래)하여 亦既用明德(역기용명덕)하니 后式(후식) 典集(전집)하면 庶邦(서방)이 丕享(비향)하리라

(1 勤, 2 夾, 3 后式, 4 典集)

국역

지금 왕께서 오직 말씀하시기를, '선왕이 이미 부지런히 덕을 밝히시어 (백성들을) 품고 부축하셨으니, 여러 나라들이 누리고 진작되었으며, 형제나라들이 사방에서 와서 또한 이미 덕을 밝혔다. 제후들이 이를 본받아 품위 있게 모여준다면 여러 나라들이 크게 누리게 될 것이라'고 하셨다.

난자풀이

1 用(용) : 이以와 같은 뜻.
2 夾(협) : 부축하다.
3 式(식) : 본받다.
4 典(전) : 품위 있다.

강설

이 또한 주공의 말로 보아야 한다. 금왕今王이란 말이 쓰이고 있는 것을 보면 특히 이를 짐작할 수 있다. 주공의 말 자체가 왕왈王曰로 시작되는 데다가, 주공의 말 가운데에 왕에 대한 호칭과 왕의 말을 인용하여 설명하는 부분이 있기 때문에 혼동하기 쉽다. 주의를 요한다.

아마도 강숙봉을 봉하는 자리에, 적어도 성왕과 주공, 강숙봉, 사관 등 네 사람이 있었을 것이다.

황천 기부중국민 월궐강토우선왕 사왕
皇天이 旣付中國民과 越厥疆土于先王하시고 肆王
1

유덕용화역 선후미민 용역 선왕수명
이 惟德用和懌하니 先後迷民이 用懌하여 先王受命
2

이 已若茲하니라

국역 |

하늘이 이미 중앙의 백성들과 그 영토를 선왕에게 맡겨주시고, 이어서 왕께서 오직 덕을 가지고 조화시키고 기쁘게 만드시니, 선후의 미혹된 백성들이 기뻐하였으므로 선왕이 받은 천명이 이미 이와 같았다."

난자풀이 |

1 中國(중국) : 중앙. 서울지방.
2 懌(역) : 기뻐하다. 순종하다.

강설 |

역시 주공의 말이다.

監惟曰 欲至于萬年惟王하여 子子孫孫이 永保民하노라

국역 |

감이 오직 말했다. “만년에 이르도록 오직 왕 노릇을 계속하시어 자자손손이 영원히 백성들을 보호하시기를 바랍니다.”

강설 |

감이 된 감숙봉이 마지막으로 한 말이다.

召誥 | 소고

이 편의 내용은 소공召公이 주공周公을 견제하기 위해 성왕成王에게 경계한 것으로 되어 있다. 『금문상서今文尙書』와 『고문상서古文尙書』에 다 들어 있다.

유이월기망월륙일을미 왕조보자주 즉지우
惟二月旣[1]望越[2]六日乙未에 王朝[3]步[4]自周하여 則至于
풍 유태보선주공상택 월약래삼월유병오
豐하다 惟太保[5]先周公相宅하여 越若[6]來三月惟丙午
비월삼일무신 태보조지우락 복택 궐기
朏[7]越三日戊申에 太保朝至于洛하여 卜宅하여 厥其
득복 즉경영 월삼일경술 태보내이서은
得卜하고 則經營[8]하다 越三日庚戌에 太保乃以庶殷으
공위우락예 월오일갑인 위성
로 攻[9]位于洛汭하니 越五日甲寅에 位成하니라

국역 |

2월 기망에서 6일이 지난 을미일에 왕이 처음으로 주周로부터 와서 풍豐에 이르렀다. 오직 태보가 주공보다 먼저 가서 집 자리를 보았다. 이윽고 3월 병오일인 초사흘에서 3일이 지난 무신일에 태보가 처음으로 낙에 이르러 집 자리를 점쳐 (길한) 점을 얻고 측량하였다. 3일이 지난 경술일에 태보가 여러 은나라 사람들을 데리고 낙예에서 집 자리를 만드니 5일이 지난 갑인일에 집 자리가 완성되었다.

난자풀이 |

1 既望(기망) : 보름달이 지난 날. 16일.
2 越(월) : ~이 지난.
3 朝(조) : 처음으로.
4 步(보) : 오다.
5 太保(태보) : 소공을 가리킴.
6 越若來(월약래) : 이윽고.
7 朏(비) : 초승달. 초사흘.
8 經營(경영) : 측량하여 건물을 세울 준비를 시작하는 것.
9 攻位(공위) : 자리를 만들다. 공攻은 집중해서 하는 것을 말한다.

강설 |

호경鎬京에서 낙양洛陽으로 천도하는 과정을 설명한 것이다. 서쪽에 있는 주周나라가 동쪽에 있는 은나라를 쳐서 정복했으므로 전 국토를 다스리기 위해서는 동쪽으로 천도할 필요가 있었을 것이다.

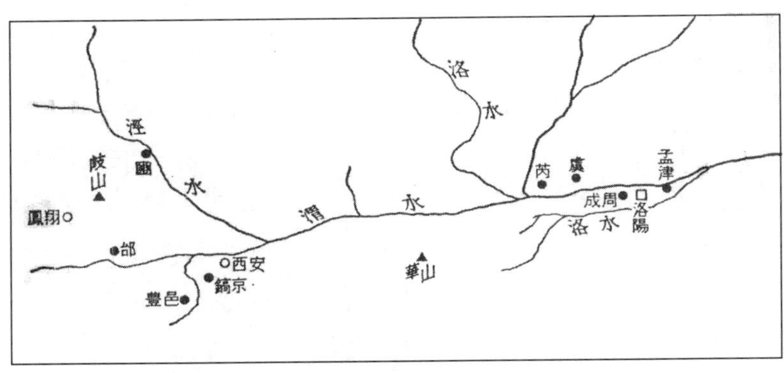

<종주宗周 · 성주도成周圖>(이케다의 『상서尙書』에서 인용).

若翼日乙卯(약익일을묘)에 周公(주공)이 朝[1]至于洛(조지우락)하여 則達觀于新邑[2]營(즉달관우신읍영)하다 越三日丁巳(월삼일정사)에 用牲于郊[3](용생우교)하니 牛二(우이)러라 越翼日戊午(월익일무오)에 乃社[4]于新邑(내사우신읍)하니 牛一羊一豕一(우일양일시일)이러라 越七日甲子(월칠일갑자)에 周公乃朝用書(주공내조용서)하여 命庶殷侯甸男邦伯(명서은후전남방백)하다 厥既命殷庶(궐기명은서)하니 庶殷(서은)이 丕作(비작)하니라

국역 |

다음날인 을묘일에 주공이 처음으로 낙에 이르러 새 도읍 만드는 공사에 대해 두루 돌아보았다. 3일이 지난 정사일에 교외의 제사에서 희생을 쓰니 소 두 마리였다. 또 다음날 무오일에 새 도읍에서 사직 제

사를 지냈는데, (사용한 희생은) 소 한 마리, 양 한 마리, 돼지 한 마리였다. 7일이 지난 갑자일에 주공이 처음으로 글을 써서 여러 은나라 사람들과 후복·전복·남복의 방백들에게 명령을 내렸다. 이미 은나라의 여러 사람들에게 명령하니 여러 은나라 사람들이 크게 진작되었다.

난자풀이 |

[1] 朝(조) : 처음으로.

[2] 新邑營(신읍영) : 새 도읍 만드는 공사.

[3] 郊(교) : 교외에서 지내는 제사.

[4] 社(사) : 사직에서 지내는 제사.

태보내이서방총군 출취폐 내복입석주공
太保乃以庶邦冢君으로 出取幣하여 乃復入錫周公

왈 배수계수 여왕약공 고고서은
하고 曰 拜手稽首하여 旅王若公하노니 誥告庶殷은
[1] [2]

월자내어사 오호 황천상제 개궐원자자
越自乃御事니이다 嗚呼라 皇天上帝 改厥元子茲

대국은지명 유왕수명 무강유휴 역무
大國殷之命하시니 惟王受命이 無疆惟休시나 亦無

강유휼 오호갈기 내하불경
疆惟恤이시니 嗚呼曷其오 奈何弗敬이리오
[3]

국역 |

태보가 여러 나라의 제후들을 데리고 나가 선물을 가지고 다시 들어와 주공에게 주고 말했다. "손 짚어 절하고 머리를 조아리며 왕과 주공에게 아뢥니다. 여러 은나라 사람들을 훈계하는 일은 당신의 어사들에게서 시작되어야 합니다. 아아! 하늘에 계신 하느님께서 큰아들과 이 큰 나라인 은의 명을 바꾸셨으니, 오직 왕께서 명을 받으신 것이 끝이 없이 아름다운 것이지만, 또한 끝이 없이 걱정해야 할 일입니다. 아아! 어찌해야 합니까? 어찌 조심하지 않으십니까?

난자풀이 |

1 旅(려) : 여행한다. 여행가다. 가다. 어떤 사람에게 갔다 오는 것은 그 사람에게 뜻을 전하거나 말을 하고 오는 것을 말하므로, 여기서는 '말하다' '아뢰다' 등의 뜻이 될 수 있다.

2 若(약) : 여如와 통용되고, 여如는 여與와 통용된다. 여기서는 여與로 해석하기로 한다.

3 敬(경) : 마음을 경건히 가지는 것은 조심하는 것이므로 여기서는 '조심한다' 고 해석했다.

강설 |

주공이 왕 대신 글을 써서 여러 제후들과 여러 은나라의 유신들을 다스리자 그것을 못마땅하게 여긴 소공이 그것을 견제하며 왕에게 아뢴 것이 위 글의 내용이다. 태보인 소공이 자기의 영향권에 있는 제후들을 대리고 밖에 나가 선물을 사와서 주공에게 주어 주공을 약간 누그러뜨리고는 왕에게 직접 정치에 나설 것을 권유한다. 소공이 왕의 친정을 권유하는 이유로는, 왕이 아닌 주공이 권력을 독점하는 것을 못마땅하게 여긴 것, 왕이 직접 나서야 주공의 영향에서 벗어나 정권을 잡을 수 있는 기회가 올 것으로 생각한 것 등을 들 수 있겠다.

소공이 왕에게 은나라의 유민들을 다스리는 일을 어사들에게 맡겨 달라고 한 것에는 여러 가지 의미가 들어있다. 어사들이 다스리게 되면 주공의 독주를 어느 정도는 막을 수 있을 것이고, 또 어사들은 자기의 측근이기 때문에 자기가 정치에 관여할 수 있는 기회가 되기도 할 것이기 때문이다. 또 은나라의 유민들은 불만이 많기 때문에 그들을 이용하면 반란이라도 일으킬 수 있을 것이기 때문에 그들에 대한 통치권을 주공에게 넘겨주기 싫었을 것이다.

또 소공이 왕이 천명을 받은 사실을 설명할 때 '오직 왕만이 천명을 받았다[유왕수명惟王受命]'로 말한 것은 왕 이외의 자가 왕을 대신해서 정치를 할 수 없음을 암시한 것으로 볼 수 있다. 또 소공이 '천명을 받은 것이 걱정이라[무강유휼無疆惟恤]'고 한 것은 그 천명을 빼앗길 수도 있다는 것을 암시한 것이다. 이는 뒤에 '조심하라'고 경각심을 불러일으킨 것에서도 알 수 있다.

천기하종대방은지명 자은다선철왕 재천
天既遐終大邦殷之命이라 茲殷多先哲王도 在天이

월궐후왕후민 자복궐명 궐종 지
어신마는 越厥後王後民이 茲服厥命에 厥終하여 智

장환재 부지 보포휴지궐부자 이애유
藏瘝[1]在어늘 夫知[2]하여 保抱携持厥婦子하여 以哀籲[3]

천 조궐망출집
天하여 徂厥亡出執하니이다

국역 |

하늘이 이미 큰 나라 은의 명을 멀리 끊으셨습니다. 은나라의 많은 선대의 밝은 임금도 하늘에 계시지만, 그 뒤의 임금과 그 뒤의 백성들이 천명을 받드는 일에 있어서 종말로 치달아 지혜로운 자들이 숨겨지고 나쁜 자들이 자리를 차지하니, 남자들이 (그것을) 알고 처자를 보호하여 안기도 하고 붙잡아 끌기도 하면서 슬피 하늘을 부르짖으며, 달아나 도망 나가다가 잡히기도 하였습니다.

난자풀이 |

1 瘝(환) : 병든 자. 나쁜 자.
2 夫知(부지) : 남자들이 시키지 않아도 각자가 스스로 알아서 행동한다는 뜻.
3 籲(유) : 부르짖다.

강설 |

소공은 은나라가 망할 때의 모습을 생생하게 설명하여, 지금 잘못하면 주나라도 은나라처럼 망할 수 있다는 사실을 은근히 경각시키고 있다.

嗚呼(오호)라 天亦哀于四方民(천역애우사방민)하사 其眷命用懋(기권명용무)하시니 王其疾敬德(왕기질경덕)[1][2]하소서 相古先民有夏(상고선민유하)컨대 天迪(천적)하시고 從子保(종자보)[3]어시늘 面稽天若(면계천약)[4][5]하여 今時(금시)[6]에 旣墜厥命(기추궐명)[7]하니이다 今相有殷(금상유은)컨대 天迪(천적)하시고 格保(격보)어시늘 面稽天若(면계천약)하시니 今時(금시)에 旣墜厥命(기추궐명)하니이다

국역 |

아아! 하늘이 또한 사방의 백성들에게 불쌍히 여기는 마음을 가지시고, 둘러보아 노력하는 자에게 명하시니, 왕께서는 빨리 마음가짐을 조심하십시오. 옛날 (우리의) 선민이었던 하나라를 보면, 하늘이 인도해주시고 이어서 사랑하고 보호해 주셨으나 겉으로만 하늘을 살피는 것처럼 하여 금방 그 명을 떨어뜨리고 말았습니다. 지금 은나라를 보면, 하늘이 인도해 주시고 바로잡아 보호해 주셨으나 겉으로만 하늘을 살피는 것처럼 하여 금방 그 명을 떨어뜨리고 말았습니다.

난자풀이 |

1 敬(경) : 조심하다.
2 德(덕) : 여기서는 마음가짐. 마음.
3 子(자) : 사랑하다. 아들처럼 여기다.
4 面(면) : 겉으로. 얼굴로만.
5 稽(계) : 살피다.
6 今時(금시) : 금방, 금시에.
7 旣(기) : '… 하고 말았음'을 나타낸다.

강설 |

소공이 여기서 강조한 것은 하늘을 따르는 것에 있지 않다. 열심히 노력하지 않으면 나라가 망한다는 점을 강조한 것이다. 여기서 하늘을 들고 나온 것은 하늘을 알고 섬겨야 한다는 점을 강조하기 위함이 아니다. 하늘은 오직 기계적으로 열심히 노력하는 자에게 나라를 맡겨주는 존재로 설명되는 데 불과하다.

今沖子嗣하시니 則無遺壽耇曰其稽我古人之德하소서 矧曰其有能稽謀自天이온여 嗚呼라 有王雖小하시나 元子哉시니 其丕能諴于小民하소서 [1]

국역 |

지금 어린 아들이 (왕위를) 이었으니, 늙은이들이 '우리 옛사람의 덕을 살펴라'고 말한 것을 버리지 마십시오. 하물며 '일을 살피되 하늘에서부터 시작할 수 있어야 한다'고 말한 것에 있어서이겠습니까? 아아! 왕께서는 비록 어리지만 원자이시니 소민들에게 크게 정성을 다하소서.

난자풀이 |

[1] 諴(함) : 정성. 화하다. 조화를 이루다.

강설 |

소공이 왕에게 늙은이의 말을 버리지 말라고 당부하고 그 내용을 설명하였는데 그 내용은 사실은 자기가 한 말이다. 그러므로 이는 자기의 말을 잘 들으라는 뜻을 우회적으로 표현한 말이다. 그리고 소공이 '왕은 비록 어리지만 하늘이 명하신 큰아들이므로 백성들에게 직접 통치를 해야 한다'고 강조한 말의 뜻은 주공에게 위임하지 말라는 뜻으로 이해할 수 있다.

금휴왕불감후 용고외우민암 왕 래소상
今休王不敢後[1]하사 用顧畏于民嵒[2]하소서 王이 來紹上[3]

제 자복우토중 단왈 기작대읍 기자시
帝하사 自服[4]于土中하소서 旦曰 其作大邑하니 其自時

배황천 비사우상하 기자시 중예
로 配皇天하며 毖祀于上下하며 其自時로 中乂라하나니

왕궐유성명 치민 금휴왕 선복은어
이다 王厥有成命하사 治民하소서 今休王이 先服殷御

사 비개우아유주어사 절성 유일기매
事하사 比介于我有周御事하사 節性하시면 惟日其邁[5]

왕경작소 불가불경덕
하리이다 王敬作所시니 不可不敬德이니이다

국역 |

지금 아름다운 (우리) 왕께서는 감히 뒤에 계시지 마시고 백성들의 험한 일에 대해 직접 돌아보시고 위엄 있게 처리하소서. 왕께서 상제의 뜻을 이어 지상에서 스스로 이루소서. 단도 말하기를, '큰 나라를 일으켰으니 이때부터 하늘과 짝이 되어야 하며, 조심스럽게 상하에 제사지내야 하며, 이때부터 중심에 서서 다스려야 합니다'고 하였습니다. 왕께서는 천명을 이루시어 백성들을 다스리소서. 지금 아름다운 (우리) 왕께서는 먼저 은나라의 어사들을 복종시켜 우리 주나라의 어사들에게 따르고 돕게 하시어 그들의 성질을 절제하게 하시면 오직 날마다 매진할 것입니다. 왕께서는 조심해서 나서야 할 때입니다. 마음가짐을 조심하지 않으면 안 됩니다.

난자풀이

[1] 休王(휴왕) : 소공이 왕에게 말을 할 때 조심스럽고 어려울 때일수록 그것을 누그러뜨리기 위해 '아름다운'이란 수식어를 쓴 것으로 보인다.
[2] 碞(암) : 험하다. 바위가 험하다.
[3] 來紹(래소) : 잇다.
[4] 服(복) : 일을 이루다.
[5] 邁(매) : 나아가다. 가다. 매진하다.

강설

왕이 뒤에 있지 말고 전면에 나서서 직접 통치하도록 소공이 거듭 권유한 내용이다. 그리고 소공은 이것이 주공도 원했던 것임을 상기시킴으로써 은근히 주공에게 압력을 행사하는 효과와 자기의 말에 무게를 싣는 효과를 높이고 있다.

我不可不監于有夏며 亦不可不監于有殷이니 我不敢知하노니 曰有夏服[1]天命하여 惟有歷年가 我不敢知하노니 曰不其延하고 惟不敬厥德하여 乃早墜[2]厥命가 我不敢知하노니 曰有殷이 受天命하여 惟有歷年가 我不敢知하노니 曰不其延하고 惟不敬厥德하여 乃早墜厥命가 今王이 嗣受厥命하시니 我亦惟茲二國命하여

사 약 공
嗣若功이니이다
③ ④

국역 |

나는 하나라에서 거울삼아 보지 않을 수 없으며 또한 은나라에서 거울삼아 보지 않을 수 없습니다. 나는 감히 알 수 없습니다. '하나라가 천명을 받들어 긴 역사를 누린 것처럼 될 수 있다'고 말하게 될지. 나는 감히 알 수 없습니다. '(천명을) 연장하지 못하고 오직 마음가짐을 조심하지 않아서 일찍 명을 떨어뜨렸다'고 말하게 될지. 나는 감히 알 수 없습니다. '은나라가 천명을 받아 긴 역사를 누린 것처럼 될 수 있다'고 말하게 될지. 나는 감히 알 수 없습니다. '(천명을) 연장하지 못하고 오직 마음가짐을 조심하지 않아서 바로 명을 떨어뜨렸다'고 말하게 될지. 지금 왕께서 천명을 이어받으셨으니, 나는 오직 이 두 나라의 운명을 생각하여 (하늘의 뜻을) 이어 순조롭게 일하겠습니다.

난자풀이 |

① 服(복) : 사事와 같다. 받들다.
② 早(조) : 일찍.
③ 若(약) : 순順과 같은 뜻.
④ 功(공) : 일.

강설 |

소공이 나라를 걱정하면서 은근히 왕으로 하여금 주공을 경계토록 한 내용이다.

왕내초복 오호 약생자 망부재궐초생
王乃初服[1]하시니 嗚呼라 若生子[2] 罔[3]不在厥初生에
자이철명 금천기명철 명길흉
自貽[4]哲命하니이다 今天其命哲하시며 命吉凶하시며
명력년 지금아초복 택신읍
命歷年하시니 知今我初服하여 宅新邑하시니이다

국역

왕께서는 처음 정치를 하시니, 아아! 마치 갓 태어난 아이가 그 처음 태어났을 때 스스로 밝은 천명을 전해 받은 것과 같습니다. 지금 하늘은 현명한 사람을 명하시며, 길흉을 명하시며, 긴 역사가 이어지도록 명하시니, 지금 우리가 처음으로 정치를 시작하여 새 도읍에 자리잡고 있음을 알고 계십니다.

난자풀이

[1] 服(복) : 일. 여기서는 정치하는 것을 말한다.
[2] 生子(생자) : 갓 태어난 아이.
[3] 罔不(망불) : ~하지 않음이 없다. 이중 부정이기 때문에 긍정이 된다. 따라서 번역하지 않아도 같은 뜻이 된다. 여기서는 문맥을 매끄럽게 하기 위해서 번역하지 않았다.
[4] 貽(이) : 끼치다. 남기다. 주다. 증여하다. 여기서는 '주어졌다'는 뜻으로 해석해야 하므로, 받았다는 뜻이 된다.

강설

하늘은 가장 현명하고 깨끗한 사람에게 명한다. 지금 임금은 아직

정치에 때묻지 않은 순수한 사람이기 때문에 하늘이 가장 좋아하실 것이다. 이러한 사실을 강조하여, 소공은 왕이 직접 정치를 하도록 권유하고 있다.

肆[1]惟王은 其疾敬德[2]하소서 王其[3]德之[4]用하사 祈天永命하소서 其惟王은 勿以小民淫用[5]非彝[6]로 亦敢殄戮하여 用乂民하여 若有功하소서 其惟王이 位在德元[7]하시면 小民이 乃惟刑하여 用于天下리니 越王이 顯하리이다 上下勤[8]恤하여 其曰 我受天命하니 丕하여 若有夏歷年하며 式勿替하여 有殷歷年이라하나니 欲王以小民으로 受天永命하노이다

국역 |

그러니 오직 왕께서는 빨리 마음가짐을 조심하소서. 왕께서는 마음을 잘 쓰시어 하늘에게 영원한 명을 주시도록 기도하소서. 오직 왕께서는 소민들이 월권하여 함부로 하는, 제대로 된 정치방법이 아닌 것을 가지고 또한 감히 (좋은 정치를) 말살하고 그것으로 백성을 다스려 공이 있는 것처럼 여기지 마십시오. 오직 왕께서는 마음가짐의 으뜸

자리에 자리잡고 계시면 소민들이 오직 본받아서 천하에 펼 것이니, 왕께서 드러나실 것입니다. (지금) 위아래 사람이 다 근심하고 걱정하여 말하기를, '우리가 천명을 받았으니 크게 잘 되어 하나라가 긴 역사를 가진 것처럼 되고, 모범이 되고 쇠퇴하지 말아서 은나라가 긴 역사를 가진 것처럼 되어야 한다'고 합니다. 왕께서는 소민들과 함께 하늘이 주시는 영원한 천명을 받으시기 바랍니다."

난자풀이 |

1 肆(사) : 발어사. 그러니.
2 德(덕) : 마음가짐. 마음을 순수하고 바르게 가지는 것.
3 其(기) : 가벼운 명령을 할 때 들어가는 조음소.
4 之(지) : 앞뒤의 말이 도치될 때 들어가는 말.
5 淫用(음용) : 지나치게 쓰다. 월권하여 쓰다.
6 彝(이) : 떳떳한 윤리. 제대로 된 정치원리.
7 德元(덕원) : 마음가짐의 표준. 으뜸. 모든 사람의 마음을 하나로 모아야 하는데, 왕의 마음을 모으는 으뜸이 되어야 한다는 말.
8 勤(근) : 근심하다.

강설 |

'소민들이 월권하여 함부로 하는, 제대로 된 정치방법이 아닌 것'은 주공이 왕의 권력을 월권하여 신하가 임금의 역할을 하는 것을 암시하는 것으로 보인다. 또 '감히 (좋은 정치를) 말살한다'는 말은 소공 자신들의 세력을 없애는 것을 뜻하는 것으로 보인다. 그리고 '공으로 여기지 말라'는 말은 주공의 정치를 공이 세우는 좋은 정치로 보지 말라는 것을 암시하는 것으로 보인다.

'오직 왕께서 마음가짐의 으뜸 자리에 자리잡고 계시라'는 말은 직접 통치를 관장하라는 뜻으로 이해할 수 있다. '소민들이 오직 본받아서 천하에 펼 것이니, 왕께서 드러나실 것입니다'라는 말은 소공 자신이 소민과 함께 왕의 뜻을 받들어 왕을 드러나게 만들겠다는 뜻으로 이해할 수 있다.

여기에서 보면 소민들 중에서 잘못된 자의 말을 듣지 말고 왕이 직접 정치를 관장하여 제대로 된 소민들과 함께 훌륭한 정치를 하라고 권유하여 주공을 견제하는 것을 암시하고 있다.

배수계수왈 여소신 감이왕지수민 백군자
拜手稽首曰 予小臣은 敢以王之讎民과[1] 百君子와

월우민 보수왕위명명덕 왕 말유성명
越友民으로 保受王威命明德하노니 王이 末有成命

왕역현 아비감근 유공봉폐
하시면 王亦顯하시리이다 我非敢勤이라 惟恭奉幣하여

용공왕능기천영명
用供[2]王能祈天永命하노이다

국역 |

손을 짚어 절하고 머리를 조아리며 말했다. "나 소신은 감히 왕의 원수 같은 백성들과 여러 군자들과 우애로운 백성들을 데리고 왕의 위엄 있는 명과 밝은 덕을 보존하고 받아들이게 하겠습니다. 왕께서는 끝까지 명을 이루시기만 하시면 왕께서는 또한 드러나실 것입니다. 나는 감히 근심하는 것이 아닙니다. 오직 공손히 폐백을 받들어 왕께서 하늘에 영원한 명을 빌 수 있도록 이바지하겠습니다."

난자풀이 |

1 讐民(수민) : 원수 같은 백성. 여기서는 은나라의 유민들을 말함.
2 供(공) : 이바지하다.

강설 |

끝으로 소공은 자신이 왕을 받들어 보호할 테니 안심하라는 뜻으로 말하여 안심시키고 자신감을 보인 뒤에 말을 끝맺었다.

洛誥 | 낙고

신하로서 정치적 이상을 펼 수 있는 첫째 조건은 정치적 입지를 견고하게 하는 것이다. 정치적 입지가 견고하지 못하면 아예 정치가 성립하지 않기 때문이다. 그런데 지금 주공은 소공으로부터 거친 도전을 받고 있다. 그래서 주공은 제일 먼저 자신의 정치적 입지를 다지는 일에 착수했다. 그 내용을 기록한 것이 바로 낙고洛誥이다. 『금문상서今文尙書』와 『고문상서古文尙書』에 다 들어 있다.

주공 배수계수왈 짐 복자명벽 왕 여
周公이 拜手稽首曰 朕은 復子明辟[1]하노이다 王이 如

불감급천 기명[2]정명[3] 여내윤보 대상동토
弗敢及天 基命[2]定命[3]이실새 予乃胤保하여 大相東土

기기작민명벽 여유을묘 조[5]지우낙[6]
하니 其基[4]作民明辟이로소이다 予惟乙卯에 朝[5]至于洛[6]

師하여 我卜[7]河朔[8]黎水[9]하며 我乃卜澗[10]水東과 瀍[11]水西하니 惟洛을 食[12]하며 我又卜瀍水東하니 亦惟洛을 食할새 伻[13]來하여 以圖及獻卜[14]하노이다

국역 |

주공이 손을 짚어 절하고 머리를 조아리며 말했다. "나는 그대 현명한 임금에게 보고합니다. 왕이 하늘의 터잡게 하는 명령이나 안정케 하는 명령을 미처 따르지 못할 것 같기에 내가 태보를 이어 크게 동쪽 땅을 살펴보니, 그 터가 백성들의 현명한 임금을 낼 수 있겠습니다. 내가 을묘일에 처음으로 낙사에 이르러 내가 하북과 여수를 점쳐보고, 내가 간수의 동쪽과 전수의 서쪽을 점쳐보니 오직 낙읍으로 먹어 들어갔으며, 내가 또 전수의 동쪽을 점쳐보니 또한 오직 낙읍으로만 먹어 들어갔습니다. 그래서 사람을 시켜 지도와 좋은 점의 내용을 보내왔습니다."

난자풀이 |

[1] 復(복) : 보고하다.
[2] 基命(기명) : 터잡게 하는 명령. 하늘은 구체적으로 어디어디에 터를 잡고 살라고 명령을 하는데, 사람이 그것을 잘 모르고 엉뚱한 데 가서 살다가 탈이 나기도 한다.
[3] 定命(정명) : 안정케 하는 명령. 하늘은 사람에게 위험하게 살라고 명령하지 않는다. 알맞은 터를 잡고 안전하게 살라고 명령한다. 이를 사람이 따르지 못하기 때문에 위험에 처하는 것이다.
[4] 基(기) : 터.

5 朝(조) : : 조朝는 하루의 일이 처음 시작되는 때이므로, 처음이란 뜻으로 쓰일 수 있다. 여기서는 '처음으로'라는 뜻으로 쓰였다.

6 洛師(낙사) : 낙읍. 사師는 많은 사람, 또는 많은 사람이 사는 도시를 뜻하므로, 낙사는 '많은 사람이 사는 낙읍'이란 뜻이다.

7 卜(복) : 거북점. 거북점은 거북의 껍질 양쪽에 묻는 글씨를 쓰고 태운 뒤에 금이 어디로 먹어 들어가는가를 본다. 먹어 들어가는 쪽이 길한 것이다.

8 河朔(하삭) : 하수河水의 북쪽. 삭朔은 북쪽을 말함.

9 黎水(려수) : 하수와 기수淇水가 합류하여 여양黎陽에 이르는 강. 지금의 하남성河南省 준현濬縣 동북에 있음.

10 澗水(간수) : 하남성 민지현澠池縣 동북에 있는 백석산白石山에서 나와 낙양의 서남에 이르러 낙수洛水로 들어간다.

11 瀍水(전수) : 하남성 낙양현洛陽縣 서북에 있는 곡성산穀城山에서 나와 현縣의 동쪽에 이르러 낙수로 들어간다.

12 食(식) : 거북껍질의 금이 낙수 쪽으로 먹어 들어간 것을 말한다. 이는 낙수 쪽이 길하다는 것을 의미한다.

13 伻(팽) : 부리다. 사使와 같은 뜻.

14 獻卜(헌복) : 좋은 점의 내용.

강설 |

소공의 말을 들은 주공은 가만히 있을 수가 없었다. 가만히 있으면 자신의 행위가 전부 잘못인 것으로 되고 만다. 그래서 임금에게 절하고 그간의 일에 대해서 보고를 드리는 형식으로 말을 꺼냈다. 복復은 보고한다는 말이다. 그 내용은 다음과 같다.

먼저 주공이 왕 대신 정치 일선에 나선 이유에 대해, '지금 하늘은 임금에게 새로운 도읍지가 될 터를 잡게 하고 그 터를 기반으로 해서 나라를 안정시키라는 명령을 내리고 있는데, 왕이 이를 미처 알아듣지 못할 것 같아서 부득이 주공 자신이 나섰다'는 설명을 했다.

그리고 동토를 정하는데도 자기 혼자서 먼저 정한 것이 아니라 소공이 정한 것을 따라서 한 것임을 밝혀 역시 전횡한 것이 아님을 밝혔다. 또 낙읍을 도읍지로 정하는 데 있어서도 그냥 정한 것이 아니라, 하북·여수·간수 동쪽·전수 서쪽·전수 동쪽 등의 다른 후보지와 비교해 본 결과 낙읍이 제일 좋다는 점占의 내용에 따랐음을 밝히고, 그 땅의 위치와 점의 내용을 혼자만 알고 있었던 것이 아니라 모두 왕에게 보고했음을 깨우쳐, 역시 자신이 전횡하지 않았음을 확인시켰다.

지금 주공이 있는 곳은 낙읍 근처에 있는 풍豐이라는 왕의 처소이고, 또 왕, 소공, 소공의 측근들과 함께 있으므로, '보내주었다'고 하지 않고 '보내왔다'고 한 것이다.

王(왕)이 拜手稽首曰(배수계수왈) 公(공)이 不敢不敬天之休(불감불경천지휴)하사 來相宅(래상택)하시니 其作周(기작주)에 匹休(필휴)[1]샷다 公旣定宅(공기정택)하시고 伻來(팽래)하여 來(래)視予卜休恒吉(시여복휴항길)[2]하시니 我二人(아이인)이 共貞(공정)[3]이로다 公其以予(공기이여)로 萬億年(만억년)을 敬天之休(경천지휴)하실새 拜手稽首誨言(배수계수회언)[4]하노이다

국역 |

왕이 손을 짚어 절하고 머리를 조아리며 말했다. "공이 감히 하늘의 아름다운 명을 경건하게 받들지 않을 수 없어서 여기 오셔서 집 자리를 보시니, 주나라를 일으키는 일에 모든 것이 잘 되었습니다. 공이 이미 집 자리를 결정하시고 사신을 보내 나에게 점의 아름다운 내용과 항상 길하게 나온 것을 보여주셨으니 우리 두 사람이 함께 점친 것입니다. 공은 아마 나를 만년 억년 동안 하늘의 아름다운 명령을 경건하

게 받들도록 해 주신 것이니, 깨우쳐 주신 말씀에 손을 짚어 절하고 머리를 조아립니다."

난자풀이 |

1 匹(필) : 필畢과 통용. 다.
2 卜休(복휴) : 점을 쳐서 나온 아름다운 내용.
3 貞(정) : 점을 치다. 또는 점치는 사람.
4 誨言(회언) : 깨우쳐 주신 말씀.

강설 |

왕의 입장은 소공이 말한 것처럼 되는 것이 아니었다. 지금 주공과 틈이 벌어지면 되는 일이 없다. 그러므로 소공의 말 때문에 주공과 틈이 벌어져서는 안 된다고 생각했을 것이다. 그런데 주공이 해명하는 듯한 발언을 하는 것을 보고 긴장하지 않을 수 없었다. 주공이 해명을 한다는 것은 주공과 왕 사이에 틈이 생긴 것이 되기 때문이다. 이에 왕은 주공에 대해 '손을 짚어 절하고 머리를 조아린다'고 하는 지극한 예를 표하고, 황급히 주공과의 관계를 돈독히 하기 위한 말을 했다.

주공이 하늘의 아름다운 명령에 따라 새 도읍지를 정하는 것은 주나라를 일으키는 일에 있어 매우 중요하고 또 아름다운 일이라는 것, 주공이 점을 쳐서 도읍지를 정한 내용을 일일이 왕에게 보고했으므로 그것은 단독으로 한 것이 아니라 왕과 함께 한 것이라는 것, 이 두 가지 일은 왕이 영원히 권력을 이어가는 데 큰 역할이 된다는 것 등이 그것이었다.

왕이 이토록 주공을 높이는 이유는 두 가지로 해석할 수 있다. 하나는, 워낙 진실하게 왕을 위하는 주공을 왕이 전폭적으로 믿고 있었기 때문일 것이고, 다른 하나는, 주공과 틈이 벌어지면 왕위를 유지할 수 없을 것이라는 위기감 때문일 것이다.

周公曰 王肇稱殷禮하사 祀于新邑하사되 咸秩無文하소서 予齊百工하여 伻從王于周하고 予惟曰庶有事라하이다 今王卽命曰 記功宗하고 以功으로 作元祀하라하시고 惟命曰 汝受命하여 篤弼하여 丕視功載하여 乃汝其悉하여 自敎工하라하소서

국역 |

주공이 말했다. "왕은 이제 은나라의 예에 맞추어 새 도읍지에서 제사를 지내되 모두 차례로 하여 문란하지 않게 하소서. 나는 여러 관리들을 다스려서 주에서 왕을 따르게 하고, 나는 오직 '섬기기를 바라노라'고만 말하겠습니다. 지금 왕께서는 바로 '공이 으뜸인 자를 기록하고 그 공으로 큰 축제를 열라'고 명하십시오. 그리고 또 오직 '그대가 명을 받아 독실하게 보필하여 공이 기록되어 있는 문서를 샅샅이 보아 그대가 모든 것을 챙겨서 스스로 관리들에게 지시하라' 하소서.

난자풀이 |

1 肇(조) : 비로소. 여기서는 '이제'로 번역했다.

2 稱(칭) : 걸맞게. 어울리게.
3 文(문) : 문紊과 통용. 어지럽다.
4 周(주) : 주나라의 서울.
5 元祀(원사) : 큰 제사. 여기서는 축제나 잔치에 해당함.
6 丕(비) : 크다. 크게 보라는 것은 샅샅이 보라는 뜻이다.
7 功載(공재) : 공이 기록되어 실려 있는 문서.
8 悉(실) : 다. 다하다. 남김없이 추구하다.
9 敎(교) : 가르치다. 지시하다.
10 工(공) : 관리들.

강설 |

왕에게 확인을 받은 주공은 우선 왕에게 할 일을 지시하기 시작했다. 새 도읍지를 만들어 가는 과정에서 먼저 해야 할 일은 그 새 도읍지에 있는 산과 강, 들 등에 대해 차례로 제사하는 일이다. 그리고 그 다음으로 해야 할 일은 새 도읍지를 만드는 데 공이 있는 사람들을 기록하고 그 공을 치하하기 위해 큰 잔치를 벌이는 것이다. 이를 위해 주공은 공을 헤아리는 일에 대한 전권을 달라고 왕에게 부탁했다.

일반적인 상황에서는 겸손과 사양이 미덕이 된다. 그러나 위기의 상황에서 전체를 책임져야 할 사람의 경우에는 미덕이 되지 않는다. 지금 주공의 경우가 바로 그러한 경우이다. 이 경우에는 확실한 권력을 가지고 새 국가 건설에 박차를 가하지 않으면 안 된다. 그러나 왕은 그렇게 하라고 흔쾌히 승낙하지 않는다. 아마도 소공의 설득에 상당히 영향을 받았는지 모른다. 이에 주공은 옆에 있는 소공과 그의 측근들에게 일침을 놓는다.

孺子其朋아 孺子其朋아 其往이 無若火始燄燄이나 厥攸灼敍하여 弗其絶하고 厥若彝及撫事하라 如予는 惟以在周工으로 往新邑하여 伻嚮卽有僚하여 明作有功하여 惇大成裕하리니 汝永有辭하리라

국역 |

어린 조카의 패거리들아. 어린 조카의 패거리들아. 그 (악의) 진행이 불이 처음 모락모락 타오르다가 활활 타 들어가 끌 수 없게 되는 것처럼 되지 말고, 오직 도리에 따라서 일을 처리하도록 하라. 나와 같은 이는 오직 주나라에 있는 관리들을 데리고 새 도읍지로 가서, 관직에 바로 나아가게 하여 분명하게 공을 세워 돈독하고 크고 넉넉하게 만들 것이니, 너희들이 영원히 칭송하게 될 것이다.

난자풀이 |

1 孺子(유자) : 어린아이. 젖먹이 아이. 그러나 부父를 숙부와 백부로 해석하기도 하기 때문에 자子는 조카로 해석할 수도 있을 것이다. 여기서는 성왕을 지칭한다.
2 燄燄(염염) : 모락모락 타오르는 모습.
3 灼敍(작서) : 불이 활활 타서 퍼져 나가다.
4 若彝(약이) : 도리에 따라서. 약若은 순順과 같은 뜻.
5 撫事(무사) : 일을 어루만지다. 일을 처리하다.
6 僚(료) : 관직.

강설 |

주공은 옆에서 듣고 있는 소공과 그 측근들에게도 한 마디 하여 다짐을 한다. 그들이 어린 임금을 충동하여 악을 저지르는 것은, 처음에는 약하게 타다가 나중에는 걷잡을 수 없게 되는 불처럼 될 수 있을 것이기 때문에, 그렇게 되지 않도록 미리 일침을 놓았다. 그러고는 오직 순리대로 처리해서 주공의 일을 순수하게 보고 있기만 하면 나중에 크게 칭송하게 될 날이 올 것이라고 소공을 설득했다. 그러고는 다시 임금을 향하여 상황을 정확하게 파악할 수 있도록 다음과 같이 구체적으로 설명한다.

公曰(공왈) 已(이)아 汝惟沖子惟終(여유충자유종)이어다 汝其敬識[1]百辟享[2](여기경식백벽향)하시며 亦識其有不享(역식기유불향)하시니이다 享(향)은 多儀[3](다의)하니 儀不及物(의불급물)이면 惟曰不享(유왈불향)이니 惟不役志于享(유불역지우향)이면 凡民惟曰不享(범민유왈불향)이라 하여 惟事其爽侮[4](유사기상모)하리니 乃惟孺子頒[5](내유유자반)하소서 朕不暇聽(짐불가청)이니이다 朕敎汝于棐民彝(짐교여우비민이)어다 汝乃是不蘉[6](여내시불망)하면 乃時[7]惟不永哉(내시유불영재)인저 篤敍乃正父[8](독서내정부)하되 罔不若[9]予不敢廢乃命(망불약여불감폐내명)하소서 汝往敬[10]哉(여왕경재)어다 茲予(자여)는 其明農哉(기명농재)로리니 彼裕我民(피유아민)이니 無遠用戾[11](무원용려)하리이다

국역 |

공이 말했다. "아아! 그대 어린 조카는 오직 끝마무리를 잘 해야 합니다. 그대는 조심하여 여러 제후들이 접대하는 것에 대해 알아야 하며, 또한 접대가 되지 않는 것에 대해서도 알아야 합니다. 접대하는 데는 여러 가지 몸가짐이 있으니, 몸가짐이 선물에 미치지 못하면 오직 '접대하지 않는 것이라' 말하니, 오직 접대에 뜻을 쓰지 않으면 무릇 사람들은 '접대하지 않은 것이라' 말하므로 오직 그 일이 어그러지고 망가집니다. 그러니 오직 어린 조카께서 분간하소서. 저는 감히 들을 겨를이 없습니다. 저는 그대에게 백성들을 도와 도리에 따르도록 하는 것에 대해 가르치겠습니다. 그대가 이를 힘쓰지 않으면 이는 오래 가지 않습니다. 관리와 여러 삼촌들을 독실하고 순조롭게 만들어, 제가 감히 그대의 명을 폐하지 않는 것 같이 되게 하소서. 그대는 오직 조심하소서. 저는 농사일이나 챙기겠습니다. 저들이 우리 백성들을 넉넉하게 할 것이니, 머지않아 모든 것이 잘 될 것입니다."

난자풀이 |

1 敬識(경식) : 조심스레 아는 것.
2 享(향) : 누리다. 드리다. 제사지내다. 누리게 하다. 접대하다.
3 儀(의) : 몸가짐. 예의. 풍속.
4 爽侮(상모) : 날새고 망가지다. 어그러지고 망가지다.
5 頒(반) : 나누다. 구분하다. 분간하다. 반포하다.
6 蕽(망) : 힘쓰다.
7 時(시) : 시是와 통용.
8 正父(정부) : 관리와 여러 삼촌들. 정正은 관리, 부父는 삼촌을 말한다.
9 罔不(망불) : '~아님이 없다'는 뜻으로 강조하기 위해 이중 부정을 한 것이다. 번역할 때는 굳이 이중 부정을 할 필요는 없다.
10 往敬(왕경) : 왕往은 '하라'는 뜻이고 경敬은 '조심'이라는 뜻이므로 합하면 '조심하라'는 뜻이 된다.

[11] 戾(려) : 이르다. 좋은 상태에 도달하다.

강설 |

주공은 또 소공과 그의 측근들이 선물을 바친 것을 보고는 그것이 정당한 선물이 아님을 설파하여 임금의 경각심을 불러일으키고 있다. 선물을 과분하게 하고 공경하는 마음이나 몸가짐이 없으면 그것은 선물이 아니라 뇌물이 된다. 이러한 사실을 들어 지금 소공과 그의 측근들이 바친 선물이 뇌물에 가깝다는 것을 암시했다. 그리고 그것을 분간해야 할 사람은 임금이다. 주공은 그들의 말을 들을 겨를이 없다고 말하여 평가하기를 거부했다.

여기까지 말하면 임금은 반응이 있어야 마땅하다. 그것이 도리다. 그러나 임금은 아무 말이 없었다. 이를 보면, 임금이 소공의 말에 상당히 영향을 받았거나, 아니면 도리를 모르는 것 중의 하나이다. 어느 경우이든 분위기를 바꾸어놓지 않으면 안 된다. 이에 주공은 임금에게 도리에 대해서 설명을 한 뒤, 자기는 이제 농사를 지으러 떠나겠다고 말함으로써 임금으로 하여금 정신이 번쩍 들게 만들었다. 이렇게 되면 왕은 당황하지 않을 수 없다. 주공이 떠나면 낭패이기 때문이다. 그래서 왕은 황급하게 말을 잇는다.

王若曰 公은 明保予沖子하소서 公은 稱丕顯德하사
以予小子로 揚文武烈하사 奉答天命하사 和恒四方
民하시고 居師[1]하사 惇[2]宗將禮하사 稱秩元祀하사되 咸秩

無文(무문)케하소서 惟公(유공)은 德明(덕명)하여 光于上下(광우상하)하고 勤(근)하여 施(시)
于四方(우사방)하니 旁作穆穆迓衡(방작목목아형)하사 不迷文武勤教(불미문무근교)하소서
③ ④
予沖子(여충자)는 夙夜(숙야)에 毖祀(비사)로다

국역 |

왕은 다음과 같이 말했다. "공께서는 나 어린아이를 분명하게 보호해 주십시오. 공께서는 크고 밝은 덕에 걸맞게 하셔서 나 어린아이를 데리고 문왕과 무왕의 공업을 드러내시고, 천명을 받들고 천명에 보답하시며, 사방의 백성들을 화목하고 꿋꿋하게 만드시고, (낙읍의) 백성들과 함께 계시면서, 공이 으뜸인 자를 돈독하게 해주시고 예우를 하시어, 공의 순서에 맞추어 큰 축제로 보답하시되, 모두 질서정연하게 하시어 문란하지 않게 하십시오. 오직 공께서는 덕이 밝아 위아래로 빛나며, 부지런하여 사방에 베풀어지니, 사방을 진작시켜 근엄하게 평화로운 세상을 맞이하시어 문왕과 무왕의 근면한 가르침이 혼미하지 않도록 해주십시오. 나 어린아이는 삼가 제사를 받들겠습니다."

난자풀이 |

① 師(사) : 여기서는 낙읍의 백성들을 지칭한다.

② 宗(종) : 공이 으뜸인 자.

③ 迓(아) : 마중하다. 맞이하다.

④ 衡(형) : 저울대. 저울대는 기울어져 있지 않기 때문에 기울어지지 않고 평화로운 상태로 유지됨을 일컫기도 한다.

강설 |

왕이 다급하게 주공에게 매달렸다. 주공에게 많은 정치를 부탁했다. 그러나 주공은 그렇게 하겠다고 쉽사리 대답하지 않고 가만히 듣고만 있었다. 주공이 쉽게 받아들이지 않자 왕은 더욱 속이 타서 다시 말을 이었다.

왕왈 공공 비적 독 망불약시
王曰 公功은 棐迪이 篤하니 罔不若時하소서
①②

국역 |

왕이 말했다. "공의 공은 (나를) 돕고 인도함이 돈독한 것이었으니, (앞으로도) 이와 같이 하여 주십시오."

난자풀이 |

① 罔不(망불) : 이중 부정이다. 굳이 번역하지 않아도 된다.
② 時(시) : 시是와 통용.

강설 |

아무 말이 없는 주공에게 왕은 다급히 말했다. 나를 떠나지 말고 과거와 같이 앞으로도 계속 돕고 인도해달라는 것이었다. 그러나 왕을 돕고 인도하는 것은 어디까지나 정치의 보조수단에 불과하다. 정치의 주도권은 여전히 왕이 갖는 것이다. 그렇게 되면 어린 왕이 다시 소공

등에게 휘둘릴 가능성이 있다. 그렇게 해서는 주공의 입지가 확고해지지 않는다. 그래서 주공은 대답하지 않았다. 이에 왕은 다시 다급해졌다. 그리하여 한 걸음 더 나아가 낙읍의 일에 대해 전권을 주겠다고 선언한다.

왕왈 공 여소자 기퇴 즉벽우주 명공
王曰 公아 予小子는 其退하여 卽辟于周[1]하고 命公

후 사방적란 미정우종례 역미극미
後하리라 四方迪亂이어늘 未定于宗禮[2]라 亦未克敉[3]

공공 적장기후 감아사사공 탄보문
公功이로라 迪將其後하사 監我士師工[4]하사 誕保文

무수민 난위사보
武受民하사 亂[5]爲四輔[6]어다

국역 |

왕이 말했다. "공이시여. 나 어린아이는 물러가 주의 서울에서 임금 노릇하고, 공을 명하여 뒤에 남게 하겠습니다. 사방이 다스림으로 인도되었으나 아직 공이 으뜸인 자를 예우하는 일이 확정되지 않아서 또한 아직 공의 공을 챙기지 못했습니다. 뒷일을 인도하고 관장하시어, 우리의 사・사・공을 감독하시며, 문왕과 무왕이 받은 백성들을 크게 보호하시고, 사보를 다스려 주십시오."

난자풀이 |

[1] 卽辟(즉벽) : 임금자리에 나아가다.

2 宗禮(종례) : 공이 으뜸인 자를 예우하는 것.
3 敉(미) : 어루만지다. 편안하게 하다. 어루만진다는 말은 배려한다는 말이므로, 여기서는 '챙기다'로 번역했다.
4 士師工(사사공) : 선비들과 백성들과 관리들.
5 亂爲(란위) : 다스리다.
6 四輔(사보) : 사방의 외지에서 보필하는 제후들과 관리들.

강설 |

왕은 이제 주공에게 낙읍의 일에 관한 전권을 주었다. 사방에서 낙읍으로 오는 제후들이나 지방관들을 관리감독하는 일까지 다 맡겼다. 그러나 주공은 여전히 대답이 없었다. 왕이 이렇게까지 하는데도 대답하지 않는 것은 왕에 대한 오만으로 보일 수도 있다. 그렇다면 주공을 어떻게 이해해야 할 것인가?

유비가 제갈량을 초빙하기 위해 그의 초막에 세 번을 찾아갔다. 제갈량은 첫 번째와 두 번째의 방문 때 일부러 자리를 비웠다. 그리고 세 번째 찾아갔을 때는 낮잠을 자고 있었다. 이는 유비에 대한 불공한 태도로 보일 수도 있다. 그러나 잘 생각해보면 그렇지 않다. 정치적 입지가 하나도 없는 서민이 바로 승상이 되었다면 어떻게 되었을까? 평생을 바쳐 따르던 관우나 장비에게 배척을 받았을 것이다. 심한 경우에는 그들에게 살해당할 수도 있다. 정치적 입지가 없는 상태에서 갑자기 권력을 장악하면 반드시 탈이 나기 마련이다. 제갈량은 이를 알고 있었다. 그가 유비를 피한 것은 바로 그 때문이었다. 세 번 방문하는 사이에 관우와 장비 사이에 토론이 일어난다. 그 과정에서 제갈량의 필요성을 확실히 인지하게 되는 것이다. 그런 뒤에 나아가 승상의 자리에 취임해야 비로소 정치적 포부를 실현할 수 있다.

주공이 선불리 대답하지 않은 것도 그 때문이었다. 왕이 아직 어리기 때문에 다른 사람에게 휘둘릴 가능성은 얼마든지 있다. 그렇기 때문에 주공의 정치적 입지가 더욱 견고할 필요성이 있다. 주공은 아직 대답할 때가 아니라는 것을 알았다. 그러자 마지막으로 왕은 절규에 가까운 호소를 해왔다.

王曰(왕왈) 公定(공정)하소서 予往已(여왕이)니 公功(공공)을 肅將祗歡(숙장지환)하나니 [1] 公無困哉(공무곤재)어다 我(아)를 惟無斁其康事(유무역기강사)하소서 [2] 公勿替刑(공물체형) [3] 하시면 四方其世享(사방기세향)하리라

국역 |

왕이 말했다. "공께서는 결정하십시오. 나는 갈 것입니다. 공이 공을 이룰 것을 엄숙하게 기대하고 경건하게 기뻐할 것입니다. 공께서는 (더 이상) 곤혹스럽게 하지 마십시오, 나를. 오직 (백성을) 편안케 하는 일을 싫어하지 마십시오. 공께서 계속 모범이 되시기만 하면 사방이 대대로 누릴 것입니다."

난자풀이 |

[1] 將(장) : 장차 일어날 일을 기대하다.

[2] 斁(역) : 싫어하다.

[3] 勿替(물체) : ~하는 것을 약화시키지 않는다. 계속해서 ~한다는 뜻이 된다.

▌강설 |

지금까지 주공을 달랬는데도 주공이 아무 말이 없으니, 왕은 이제 절규에 가까운 호소를 했다.

"공께서는 (더 이상) 곤혹스럽게 하지 마십시오, 나를."

이 말은 절규에 가깝다. 더 이상 침묵하는 것은 신하된 도리가 아니다. 주공은 비로소 입을 열었다.

周公拜手稽首曰 王命予來하사 承保乃文祖受命[1]民과 越乃光烈考武王하시니 弘朕恭[2]이샷다 孺子來相宅하시니 其大惇典殷獻民[3]하사 亂爲四方新辟[4]하사 作周恭先하소서

▌국역 |

주공이 손 짚어 절하고 머리를 조아리며 말했다. "왕께서 나에게 오라고 명하시어 교양 있는 할아버지가 받은 천명과 백성 그리고 빛나는 공업을 이루신 아버지 무왕의 업적을 계승하여 보존하게 하시니, 나의 공손함을 크게 봐주신 것입니다. 어린 조카께서 오셔서 집터를 보셨으니, 은나라의 어진 백성들을 매우 후하게 되고 모범이 되게 하시어, 사방의 새로운 임금을 다스리시어 주나라의 공손한 선도자가 되십시오."

난자풀이 |

[1] 文(문) : 교양.
[2] 弘(홍) : 크게 여기다. 크게 봐주다.
[3] 典(전) : 모범이 되다.
[4] 亂(란) : 다스리다.

왈 기자시 중예만방 함휴 유왕유성적
曰 其自時[1]로 中乂[2]萬邦하여 咸休면 惟王有成績하시리

여단 이다자월어사 독전인성렬 답기
이다 予旦은 以多子越御事로 篤前人成烈하여 答其

사 작주부선 고짐소자형 내단문조덕
師[3]하여 作周孚先하여 考朕昭子刑하여 乃單文祖德하

팽래비은 내명녕여이거창이유 왈
리이다 伻來毖殷하시고 乃命寧[4]予以秬[5]鬯[6]二卣[7]하시고 曰

명인 배수계수 휴향 여불감숙
明禋[8]하여 拜手稽首하여 休享[9]하노라하시니 予不敢宿하여

즉인우문왕무왕 혜독서 무유구자질
則禋于文王武王호이다 惠篤敍하여 無有遘[10]自疾하여

만년 염우내덕 은 내인고 왕 팽은
萬年에 厭[11]于乃德하여 殷을 乃引考하소서 王이 伻殷으로

내승서 만년 기영관짐자 회덕
乃承[12]敍[13]하여 萬年에 其永觀朕子하여 懷德케하소서

국역 |

(주공이 또) 다음과 같이 말했다. "이로부터는 가운데에 있으면서 만

방을 다스려 모두가 아름답게 되면 오직 공적을 이룰 것입니다. 나 단은 여러 군자들과 어사를 데리고 전인들이 이룬 공업을 돈독히 하여 그 백성들에게 보답하고, 주나라에서 미더움을 솔선하는 자가 되어, 나의 밝은 조카가 모범이 되어 교양 있는 할아버지의 덕을 한결같이 지킬 수 있도록 살피겠습니다. 사람을 보내와 은나라 사람들을 경계하시고, 나에게 검은 기장과 울창주 두 그릇으로 안부를 묻도록 명하시고, 말씀하시기를, '공경하는 마음을 밝혀 손 짚어 절하고 머리를 조아리며 아름답게 접대하노라' 하시니, 내가 감히 잠을 자지 못하고 문왕과 무왕에게 제사를 드렸습니다. 은혜롭고 신실하고 순조로우셔서, 스스로 병을 만들지 말고, 만년토록 그대의 덕에 충만하여, 은나라 사람들을 인도하고 살피소서. 왕께서는 은나라 사람들로 하여금 순조롭고 느긋하게 만들어, 만년토록 길이 덕을 그리워하는 우리 조카의 모습을 보게 하소서."

난자풀이 |

1 時(시) : 시是와 통용.
2 中(중) : '중심이 되어', '한가운데서' 등의 뜻이다..
3 師(사) : 백성.
4 寧(녕) : 안부를 묻다.
5 秬(거) : 찰기장.
6 鬯(창) : 울창주.
7 卣(유) : 술통.
8 禋(인) : 제사지내다. 재계하다.
9 享(향) : 누리다. 드리다. 제사지내다. 접대하다.
10 遘(구) : 만나다. 우연히 만나다.
11 厭(염) : 싫다. 족하다. 가득 차다.
12 承(승) : 받들다. 잇다. 받아들이다. 잘 받아들이고 수용을 잘 하는 사람은 순조롭기 때문에 여기서는 '순조롭다'로 번역했다.
13 敍(서) : 차례. 순서. 차례대로 하다. 차례대로 하는 사람은 느긋하기 때문에

'느긋하다'로 번역했다.

강설 |

주공은 자기에게 과분하다는 인사치레의 말을 한 뒤, 왕이 실시해야 할 기본 정책으로서 먼저 은나라의 어진 사람들을 잘 설득하도록 권유했다. 그러고 나서 자신은 왕을 배신하지 않는 미더운 신하가 될 것이므로 믿어달라는 뜻을 전했다. 그리고 그 다음으로 왕과 자신과의 사이에 있었던 과거의 아름다운 일을 회상시킴으로써 돈독한 관계를 다진 뒤에 마지막으로 은나라 사람들조차도 그리워할 수 있는 임금이 될 수 있도록 덕을 갖추라는 말로 끝을 맺었다. 주공의 이 말을 듣고 왕과 소공 및 소공의 측근들이 거의 수긍하게 되었을 것이다. 그리하여 주공을 중심으로 하는 새로운 정치 체제가 출범하게 된 것이다. 갈등이 해소되어 새로운 시대를 맞이하게 되면 화합을 위한 잔치를 베푸는 것이 좋다. 옛사람들은 그 화합을 위한 잔치를 제사의 형식을 빌어서 추진했던 것으로 보인다.

무진 왕재신읍 증 제세 문왕 성우일
戊辰에 王在新邑하여 烝[1]하니 祭歲라 文王에 騂牛[2]一이
무왕 성우일 왕명작책 일 축책
며 武王에 騂牛一이러라 王命作冊한대 逸이 祝冊[3]하니
유고주공기후 왕빈 살인 함격 왕입
惟告周公其後러라 王賓이 殺禋[4]하니 咸格이어늘 王入
태실 관 왕명주공후 작책 일 고
太室하여 祼하시다 王命周公後하고 作冊이어늘 逸이 誥
재십유이월 유주공 탄보문무수명 유
하니 在十有二月이러라 惟周公이 誕保文武受命을 惟

七年(칠년)하시다

국역 |

무진일에 왕이 새 도읍지에서 제사를 지내니, 한 해를 마감하는 것에 대해 지내는 제사였다. 문왕에 제사지낼 때 붉은 소 한 마리를 썼고, 무왕에 제사지낼 때도 붉은 소 한 마리를 썼다. 왕이 명하여 책을 만들라 하자, 일이 축문을 책에 기록했는데, 오직 주공에게 뒷일을 부탁하는 것이었다. 왕의 손님들이 희생물을 죽이고 제사를 지내, (하늘에 계신 혼들이) 다 이르니, 왕이 태실에 들어가 관주를 했다. 왕이 주공에게 뒷일을 명하고 (그 내용을) 책으로 만들게 하니, 일이 (책을 만들어) 보고를 했다. 12월에 있었던 일이다. 그리하여 주공은 문왕과 무왕이 받은 천명을 크게 보존하기를 오직 7년간을 했다.

난자풀이 |

1 烝(증) : 겨울제사. 겨울에 지내는 제사.
2 騂(성) : 붉다. 붉은 말이나 소를 지칭할 때 주로 쓴다.
3 祝冊(축책) : 축문을 책에 기록하다.
4 禋(인) : 제사를 지내다.

강설 |

무진일은 주공 중심의 정치가 출범한 지 나흘 째 되는 날이다. 무진일에 모두 모여 제사를 지내고 왕이 주공에게 부탁한 내용을 책에 써서 보관했다. 이를 보면 주공이 자기의 정치적 입지를 말로만 확보한 것이 아니라 문서를 통해서 확고히 했음을 알 수 있다. 그로부터 7년

동안 주공은 자신의 뜻대로 주나라의 토대를 다지는 일에 전념할 수 있었다.

多士 | 다사

정치적 입지를 확고히 한 주공이 다음으로 해야 할 일은 가장 시급한 현안을 해결하는 것이었다. 당시 가장 시급한 현안은 은나라 유민들의 반발을 무마하는 것이었다. 은나라 유민들의 반발을 무마하는 방법은 먼저 그들 중의 지식인들을 회유하는 것이었다. 그래서 주공은 은나라의 지식인들을 낙洛으로 이주시킨 뒤 그들을 달래는 훈계를 했다. 그 내용을 기록한 것이 다사多士이다. 『금문상서今文尙書』와 『고문상서古文尙書』에 다 들어 있다.

유삼월 주공 초우신읍락 용고상왕사 왕
惟三月에 周公이 初于新邑洛[1]에 用告商王士[2]하시다 王

약왈 이은유다사 불조민천 대강상우은
若曰 爾殷遺多士아 弗弔[3]旻天이 大降喪于殷이어시늘

아유주우명 장천명위 치왕벌 칙은명
我有周佑命[4]하고 將天明威하여 致王罰하여 勅殷命[5]하

종우제 사이다사 비아소국 감익은명
니 終于帝라 肆爾多士아 非我小國이 敢弋殷命[6]이라

유천불비 윤망고란 필아 아기감구위 유
惟天不畀[7]는 允罔固亂이라 弼我시니 我其敢求位아 惟

제불비 유아하민병위 유천명외
帝不畀는 惟我下民秉爲[8]니 惟天明畏니라

국역 |

3월에 주공이 새 도읍지 낙에 처음으로 가서 상나라 왕사들에게 고했다. 왕이 다음과 같이 말했다. "너희들 은나라의 유신인 여러 선비들이여. 무정한 하늘이 크게 은나라에 멸망을 내리시니, 우리가 주나라를 도와주시는 천명을 받고, 하늘의 밝은 위엄을 받들어, 왕이 내려야 할 벌을 이루어서, 은나라의 명을 바로잡았으니, 하느님에 의해 끝난 것이다. 그러므로 너희 여러 선비들이여. 우리 작은 나라가 감히 은나라의 명을 끊은 것이 아니다. 오직 하늘이 베풀어주지 않으신 까닭은 진실로 어지러운 것을 견고하게 해주지 않기 때문이다. 그리하여 우리를 도와주신 것이니, 우리가 감히 (천자의) 자리를 구했겠는가. 오직 하느님께서 (은나라에) 베풀어주지 않으신 까닭은 오직 아래에 있는 우리 백성들이 변하지 않는 마음을 가지고 행하기 때문이니, 오직 하늘은 밝고 두려운 것이다.

난자풀이 |

1 初(초) : 처음으로 가다.
2 王士(왕사) : 으뜸가는 선비.
3 弔(조) : 위로하다. 문안하다. 하늘은 덕이 없는 사람을 위로하지 않고 잔인하게 버리기 때문에, '위로하지 않는 하늘'이란 표현이 가능하다. '위로하지 않는 하늘'은 무정한 하늘이기 때문에 여기서는 '무정한 하늘'로 번역했다.
4 周佑命(주우명) : 주나라를 도와주시는 천명. 고대로 갈수록 목적어가 동사 앞에 나오는 경우가 많다.
5 勅(칙) : 타이르다. 바르게 하다. 바로잡다.
6 弋(익) : 주살. 잡다.
7 畀(비) : 주다. 베풀어주다.
8 秉爲(병위) : 병秉은 병이秉彝니, 하늘이 내려준 떳떳한 마음을 붙잡는 것이다. 따라서 병위秉爲는 하늘이 내려준 떳떳한 마음을 붙잡고 행하는 것을

말한다. 하늘의 뜻을 따르는 백성들을 위해서, 하늘은 하늘의 뜻을 따르지 않는 임금을 용납하지 않는다.

강설 |

정권을 완전히 장악한 주공은 임금의 입장에서 임금 대신 명령을 내리기 시작했으므로, 실상은 주공의 말이지만, 기록상으로는 '왕왈王曰'로 기록된다. 주공이 섭정할 동안 '왕왈'로 기록된 문장은 거의 주공의 말이다.

먼저 주공은 은나라가 멸망한 원인을 하늘의 뜻으로 돌렸다. 은나라 사람들은 예로부터 하늘을 받들고 따르는 민족이었다. 그러므로 은나라 사람들을 설득하기 위해서는 그들이 믿고 따르는 하늘의 뜻으로 설명하는 것이 가장 효과적이었다. 하늘은 적당히 아무에게나 사랑을 베풀지 않는다. 백성들은 하늘에서 받은 삶의 원리에 따라 행동하기 때문에 백성들의 마음이 하늘의 마음이다. 하늘은 백성들의 마음을 헤아리지 않고 제멋대로 명을 내리지는 않는다. 이는 분명하고 두려운 일이다.

아문 왈 상제인일 유하부적일 즉유
我聞호니 曰 上帝引逸이어시늘 有夏不適逸한대 則惟
제강격 향우시하 불극용제 대음일유
帝降格[1]하사 嚮于時夏[2]어시늘 弗克庸帝[3]하고 大淫泆有[4]
사 유시천망념문 궐유폐원명 강치벌
辭한대 惟時天罔念聞하사 厥惟廢元命[5]하사 降致罰하
내명이선조성탕 혁하 준민 전사방
시니라 乃命爾先祖成湯하사 革夏하사 俊民으로 甸四方[6]

하시니라 自成湯으로 至于帝乙히 罔不明德恤祀하시니라 亦惟天이 丕建保乂有殷이어시늘 殷王도 亦罔敢失帝하여 罔不配天其澤하시니라

국역 |

나는 다음과 같이 들었다. '하느님께서 안락하도록 인도하셨으나 하나라가 안락한 방향으로 나아가지 않으니 하느님께서 강림하시어 이 하나라에 방향을 제시하셨다. 그런데도 하느님의 뜻을 받아들이지 못하고, 매우 음란하고 방일하며 변명을 늘어놓았다. 이에 하늘이 염려하거나 들어주지 않으시고, (나라를 지키는) 큰 명을 폐하고 벌을 내리셨다. 그리하여 그대의 선조인 탕임금에게 명하여 하의 명을 바꾸어 빼어난 백성들을 데리고 사방을 다스리게 하셨다. 탕임금으로부터 제을에 이르기까지 덕을 밝히고 제사를 걱정하지 않음이 없었다. 그러자 또 하늘이 은나라를 크게 세워 보호하고 살펴주셨고, 은나라 임금도 또한 감히 하느님의 뜻을 잃지 않고, 하늘과 짝이 되어 (백성들에게) 혜택을 베풀지 않음이 없었다.'

난자풀이 |

1 格(격) : 이르다. 강림하다.
2 時(시) : 시是와 통용.
3 庸(용) : 용用과 통용. 쓰다. 여기서는 '따르다'로 번역해야 좋다.
4 泆(일) : 끓다. 제멋대로 하다. 방탕하다.
5 元命(원명) : 나라를 지켜주는 하늘의 큰 명.

[6] 甸(전) : 다스리다.

강설 |

이어 주공은 주나라가 은나라를 정복한 사실을 더욱 합리화하기 위해 하나라를 정복한 은나라의 사실을 들었다. 이에 의하면 은나라가 하나라를 정복한 것이 하늘의 뜻이었듯이 주나라가 은나라를 정복한 것도 하늘의 뜻이라는 설명이 가능해진다. 그리고 하늘의 뜻을 어긴 나라는 정복당하게 되어 있다는 사실을 증명하면 은나라가 멸망한 것 또한 마땅하다는 설명도 가능해진다. 주공은 이러한 논리를 세워 은나라의 지식인들을 설득한 것이다.

재금후사왕 탄망현우천 신왈기유청념우
在今後嗣王하여 誕罔[1]顯于天이온 矧曰其有聽念[2]于
선왕근가 탄음궐일 망고우천현민지 유
先王勤家[3]아 誕淫厥泆하여 罔顧于天顯[4]民祇하니라 惟
시상제불보 강약자대상 유천불비 불
時[5]上帝不保하사 降若茲大喪하시니라 惟天不畀는 不
명궐덕 범사방소대방 상 망비유사우
明厥德일새니라 凡四方小大邦이 喪함은 罔非[6]有辭于
벌
罰이니라

국역 |

지금에 있어 후사왕은 하늘의 뜻에 대해서도 밝은 것이 전혀 없으니, 하물며 선왕들이 부지런히 세워놓은 왕실에 대해 관심을 갖거나 염려한다고 할 수 있겠는가. 매우 음란하고 방일하여 하늘의 도리를 드러내고 백성들을 공경하는 일에 대해 돌아보지 않았다. 이에 하느님이 보호하지 않으시고 이와 같은 큰 멸망의 벌을 내리셨다. 하느님이 도와주지 않으신 까닭은 그 덕을 밝히지 않았기 때문이다. 무릇 사방의 작고 큰 나라들이 망한 것은 벌받는 일에 대해 변명함이 있었기 때문이었다."

난자풀이 |

1 誕(탄) : 크다. 크게 없다는 것은 전혀 없다는 뜻이므로 여기서는 '전혀'로 번역했다.
2 聽(청) : 듣는 것은 관심을 갖는 것이기 때문에 여기서는 '관심을 갖는다'로 번역했다.
3 家(가) : 집이라는 뜻보다는 왕가를 말하므로, '왕실'로 번역했다.
4 天顯民祗(천현민지) : 하늘의 뜻을 드러내고 백성들을 공경하는 일.
5 時(시) : 시是와 통용.
6 罔非(망비) : 아님이 없다. 이중 부정이기 때문에 해석하지 않아도 뜻이 통한다.

강설 |

여기서도 주공은 하늘의 뜻을 강조하여 은나라의 멸망이 하늘의 뜻이었음을 밝히고 있다. 벌받을 일을 해놓고 변명을 하면 용서받을 수 없다. 변명을 한다는 것은 잘못의 원인을 다른 데로 돌리는 것이다. 하늘의식이 강한 동이족은 자신을 하늘과 연결된 존재로 보는 천인무간天人無間 사상이 예로부터 있어왔다. 이 사상이 나쁜 방향으로 나타나면 자기를 하늘처럼 중시하는 자기중심적 사고를 하게 되어, 자기의 잘못을 인정하지 않는 경향이 생긴다. 한국인이 자기의 잘못을 잘 인정하지 않고 변명을 잘하는 것도 이러한 데서 기인한다. 주공은 은나라 사람들의 이러한 점들을 나라를 망하게 한 원인으로 파악했다.

잘못을 남의 탓으로 돌리면 개선의 여지가 없다. 잘못이 개선되지 않은 채 계속되면 결국 망하지 않을 수 없다. 주공의 이 지적은 참으로 잘 새겨들어야 할 것이다.

王若曰 爾殷多士아 今惟我周王이 丕靈[1]承帝事하시니라 有命曰 割[2]殷이실새 告勅于帝하시니라 惟我事 不貳[3]適이라 惟爾王家 我適[4]이니라 予其曰 惟爾洪無度하니 我不爾動이라 自乃[5]邑[6]이니라 予亦念天이 卽于殷하사 大戾[7]하심은 肆不正일새라

국역 |

왕이 다음과 같이 말했다. "너희들 은나라의 여러 선비들이여. 지금 오직 우리 주나라 왕은 하느님의 일을 매우 신통하게 받들고 계신다. (하늘이) '은나라를 빼앗아라' 하고 명령하시므로 하느님께 바로잡았다고 보고하신 것이다. 우리가 일을 할 때 (은나라를) 의심하거나 적으로 여기지 않았다. 오직 너희들 왕가에서 우리를 적으로 여겼다. 내가 말하기를, '오직 너희들이 매우 무도하니 우리들이 너희들을 동요시킨 것이 아니라 (동요는) 너희들의 나라에서 시작된 것이다' 하였다. 나는

또한 생각하니, 하늘이 은나라에 나아가 크게 재앙을 내리신 것은 (너희들이) 바르지 않았기 때문이다."

난자풀이 |

1 丕(비) : 부사로 쓰였으므로 '크게' '으뜸으로' 등의 뜻인데, 여기서는 '매우'로 번역했다.
2 割(할) : 나누다. 빼앗다.
3 貳(이) : 두 마음을 먹다. 의심하다.
4 適(적) : 적敵과 통용. 적대시하다. 적으로 여기다.
5 乃(내) : 너. 너희들.
6 邑(읍) : 고을. 나라.
7 戾(려) : 사납다. 흉포하다.

강설 |

이 문장 역시 '왕왈王曰'로 시작되지만, 실상은 주공의 말이다. 주공이 은나라가 망한 것을 하늘의 뜻으로 설명하였으나 은나라의 지식인들은 바로 승복하지 않았다. 그들의 불만은 여전했다. 은나라와 주나라는 다른 민족이었고, 정서도 전혀 달랐다. 은나라의 종교문화에서 보면 주나라의 문화는 저급하게 보일 것이다. 실지로 은나라 사람들은 그간 서쪽 사람들을 하늘을 이해하지 못하는 저급한 사람으로 취급했었다. 그런 상태에서 은나라가 주나라에게 정복당했으므로 쉽게 승복할 수가 없었을 것이다. 일본이 한국을 점령했을 때 한국이 반발한 것도 이와 같이 이해할 수 있을 것이다.

그래서 주공은 다시 화제를 바꾸어 은나라가 망한 원인을 은나라의 잘못으로 돌렸다. 은나라는 잘못을 했기 때문에 망할 수밖에 없었다고 설명하여 스스로 인정하도록 유도했다. 그러나 은나라의 지식인들은 여전히 승복하지 않았다. 이에 주공은 다시 다른 방식으로 설득을 계속한다.

王曰 猷[1]라 告爾多士하노라 予惟時[2]其遷居西爾니 非我一人이 奉德不康寧이라 時惟天命이시니 無違하라 朕은 不敢有後하리라 無我怨하라 惟爾知惟殷先人有冊有典하사 殷革夏命하니라 今爾其曰 夏는 迪簡在王庭하며 有服在百僚라하나니 予一人은 惟聽用德이니 肆予敢求爾于天邑商이니라 予惟率[3]肆[4]矜[5]爾는 非予罪라 時惟天命이시니라

국역 |

왕이 말했다. "아아! 너희 여러 선비들에게 고하노라. 내가 오직 (그대들을) 옮겨서 서쪽 땅에 살게 한 것은 나 한 사람이 덕을 받들기에 편하지 않아서가 아니다. 이는 오직 하늘의 뜻이었다. 그러니 거부하지 말라. 나는 감히 뒤에 딴 짓을 하지 않는다. 나를 원망하지 말라. 오직 너희들은 은나라 선인들이 책도 있고 법도 있어 은나라가 하나라의 명을 바꾸었다는 사실을 알아야 할 것이다. 지금 너희들은 아마도 '하나라 사람들은 인도되어 은나라 왕의 조정에 발탁되기도 했고, 모든

관료의 자리에서 복무하기도 했다'고 할 것이다. 나 한 사람은 덕 있는 자의 말을 듣고 쓰는 것이니, 그래서 내가 감히 너희들을 하늘 고을이었던 상나라의 도읍에서 구출해온 것이다. 나는 오직 긴 줄을 인솔하여 오면서 너희들을 힘들게 한 것은 나의 죄가 아니다. 이는 오직 하늘의 뜻이었다."

난자풀이 |

1 猷(유) : 감탄사. 아아!
2 時(시) : 시是와 통용. 여기서는 조음소 정도로 쓰였다.
3 率(솔) : 인솔하다. 통솔하다.
4 肆(사) : 긴 줄.
5 矜(긍) : 괴로워하다. 괴롭게 하다.

강설 |

주공이 여러 가지로 설득을 했는데도 은나라 지식인들이 승복하지 않자, 이번에는 또 다른 방식으로 설득을 계속했다. 주공은 먼저 은나라의 지식인들을 서쪽 낙읍으로 데리고 온 까닭이 자기가 편하기 위해서가 아니라 하늘의 뜻이었음을 밝히고, 또 뒤에 절대로 나쁘게 하지 않을 것이라고 다짐하면서 안심시켰다. 흔히 사람들을 이주시킬 때 먼저 희망을 갖게 해놓고 나중에 해치는 경우가 많았기 때문에 주공은 미리 그런 일이 없을 것이라고 안심시켰다. 그러고는 옛날 은나라도 하나라를 정복한 일이 있음을 상기시킴으로써 은나라를 지배한 주나라의 정당성을 주장했다.

그리고 또 하나라의 지식인들을 은나라에서 등용했다는 사실을 들어, 자기도 그들을 데리고 온 것은 그들을 위하기 때문이라고 설명하면서 은근히 앞으로 자기의 말을 잘 들으면 좋은 일이 있을 것이라고 암시함으로써 회유의 성과를 높이고자 했다. 그러나 은나라의 지식인들은 여전히 승복하지 않았다. 그래도 주공은 설득을 계속했다. 여기에 주공의 위대한 점을 발견할 수 있다. 일반적으로 정복자가 피정복자를 설득하다가 여의치 않으면 화를 내며 죽여버리곤 한다. 그러나 주공은 끝까지 포기하지 않고 설득을 계속했다. 여기에 주공의 위대한 점이 있는 듯하다.

또 하나 여기서 우리가 발견할 수 있는 것은 은나라를 '하늘의 나라[천읍天邑]'로 표현하고 있다는 점이다. 은나라는 동이족이 세운 나라다. 동이족은 하늘을 숭상하고 종교성이 강하다. 모든 문화가 하늘을 바탕으로 하여 구축되어 있다. 여기서 '하늘의 나라'로 표현한 것이 우연이 아닐 것이다.

왕왈 다사 석짐래자엄 여대강이사국민명
王曰 多士아 昔朕來自奄할새 予大降爾四國民命하여 [1]

아내명치천벌 이이하적 비사신아종다손
我乃明致天罰하여 移爾遐逖은 [2] 比事臣我宗多遜하니라 [3] [4]

국역 |

왕이 말했다. "여러 선비들이여. 옛날 내가 엄에서 올 때에 내가 너희들 네 나라 국민들에게 크게 명을 내려, 내가 분명하게 천벌을 대신하여 너희들을 먼 곳까지 옮긴 것은, 다같이 우리 종주국에 매우 겸손한 마음으로 신하로서 섬기게 하기 위해서였다."

난자풀이

1 四國(사국) : 네 나라. 대부분의 주석가들이 네 나라를 관管·채蔡·상商·엄奄으로 보고 있다.
2 遐逖(하적) : 하遐와 적逖 둘 다 '멀다'는 뜻이다.
3 比(비) : 따르다. 좇다. 여기서는 '섬기는 일을 따르도록 하는 것'이므로, '섬기게 하기 위한 것'으로 번역했다.
4 多遜(다손) : 많은 겸손. 여기서는 문장을 매끄럽게 하기 위해 '매우 겸손하게'로 번역했다.

강설

은나라 지식인들이 계속 승복하지 않자, 주공은 다시 그들을 데려왔을 때의 목적을 설명하면서, 제발 은나라의 신하가 되어 은나라를 섬겨줄 곳을 당부했다. 그러나 은나라의 지식인들은 여전히 승복하지 않았다. 그렇게 되면 이제 화가 나서 그들을 죽일 수도 있을 것이다. 은나라의 지식인은 그렇게 될까 두려워하기도 할 것이다. 그래서 주공은 다시 그들을 안심시키면서 다음과 같이 말을 이었다.

王曰(왕왈) 告爾殷多士(고이은다사)하노라 今予惟不爾殺(금여유불이살)이라 予惟時(여유시) 1 命(명)을 有申(유신)하노라 今朕作大邑于茲洛(금짐작대읍우자락)은 予惟四方罔(여유사방망) 2 攸賓(유빈) 3 이며 亦惟爾多士攸服(역유이다사유복)하여 奔走臣我多遜(분주신아다손) 4 이니라 爾乃尚有爾土(이내상유이토)하며 爾乃尚寧幹止(이내상녕간지) 5 니라

국역 |

왕이 말했다. "너희들 은나라의 여러 선비들에게 고하노라. 지금 나는 결코 너희들을 죽이지 않을 것이다. 그래서 나는 이 명령을 거듭한다. 지금 내가 이 낙에다가 큰 도읍을 만드는 까닭은 내가 사방에서 복종하는 바가 없다고 생각하기 때문이며, 또한 너희들 여러 선비들이 복종하여 겸손한 마음으로 우리에게 열심히 섬길 것이라 생각했기 때문이다. 너희들은 부디 너희들의 땅을 가져야 할 것이며, 너희들은 부디 편안하게 일하고 편안하게 쉬어야 할 것이다.

난자풀이 |

1 時(시) : 시是와 통용.
2 惟(유) : 생각하다.
3 賓(빈) : 복종하다.
4 奔走(분주) : 열심히.
5 幹(간) : 일하다.

강설 |

마지막으로 주공은 상당히 강도 높은 명령을 내린다. 그것은 사방을 복종시키기 위해 큰 도읍지를 건설했다는 것이다. 큰 도읍지를 건설하고 궁궐을 크게 지어 사방을 복종시키겠다는 의지를 밝힌 것은 힘을 과시하는 것이다.

서부지방의 사람들은 힘을 중시한다. 그들이 질서를 지키는 최후의 방법은 힘에 의해서이다. 주공의 방식도 이에서 벗어나지는 않는다. 주공은 마지막으로 힘을 과시함으로써 복종할 것을 강요했다. 그렇다고 한다면 지금까지 '하늘의 뜻을 따라야 한다' 고 강조한 것은 어디까지나 은나라 사람들을 설득하기 위해 수단으로 말한 것임을 알 수 있다.

마지막으로 주공은 은나라 지식인들에게 "끝까지 말을 듣지 않을 경우에는 가만 두지 않겠다"고 선언하면서 말을 끝맺는다.

爾克敬(이극경)[1]하면 天惟畀矜爾(천유비긍이)이시니와 爾不克敬(이불극경)하면 爾不啻不有爾土(이불시불유이토)라 予亦致天之罰于爾躬(여역치천지벌우이궁)하리라 今爾惟時宅爾邑(금이유시댁이읍)[2]하고 繼爾居(계이거)하여 爾厥有幹有年于茲洛(이궐유간유년우자락)하면 爾小子(이소자)도 乃興(내홍)[3]하여 從爾遷(종이천)하리라

국역 |

너희들이 딴 마음을 먹지 않으면 하늘이 너희들에게 복을 주고 동정할 것이지만, 너희들이 딴 마음을 먹으면 너희들은 너희들의 땅을 가지지 못할 뿐만 아니라, 나 또한 너희들의 몸에 하늘의 벌을 내리겠다. 지금 너희들은 오직 너희들의 마을에 집을 정하고, 너희들의 거주를 계속하여, 너희들이 이 낙읍에서 일거리도 가지고 나이도 먹게 되면, 너희들의 어린 아들도 기뻐하여 너희들을 따라 옮겨올 것이다."

난자풀이 |

[1] 敬(경) : 경건한 마음을 가지다. 경건한 마음을 갖는 것은 잡생각을 하지 않는 것이고, 딴 마음을 먹지 않는 것이므로, 여기서는 '딴 마음을 먹다'로 해석했다. 따라서 불경不敬은 '딴 마음을 먹는 것'이 된다.

2 時(시) : 시是와 통용. 여기서는 별 뜻이 없는 조음소로 쓰였다.
3 興(흥) : 흥기하다. 기뻐하다. 마음이 일어나다.

강설 |

마지막으로 주공은 두 가지의 이유를 들어 은나라 지식인들을 설득했다. 그것은 인간으로서 가장 근본적이고 중요한 것에 관한 것이다. 사람들에게 가장 중요한 것은 자신의 생존과 자녀에 대한 사랑이다. 주공은 마지막으로 이를 내세워 은나라 지식인들을 설득했다. 주공은 먼저 말을 들으면 잘 살게 할 것이지만, 말을 듣지 않으면 생명을 보장할 수 없다고 말한 뒤에, 말을 잘 들어 잘 살게 되면 두고 온 자녀들이 모두 따라 올 것이라고 말하여 희망을 불어넣었다.

이 문장에서 보면 주공이 은나라의 지식인들을 이주시킬 때 성인들만 이주시키고 자녀들은 데리고 오지 않았음을 알 수 있다. 어린 자녀를 데리고 먼길을 이주하기는 어려웠을 것이고, 또 정착하기도 어려웠을 것이다.

왕왈 우왈 시여내혹언 이유거
王曰 又曰 時予乃或言은 爾攸居니라
1 2

국역 |

왕은 말하고 또 말했다. "내가 말을 자꾸 하는 것은 너희들의 거처할 곳 때문이다."

난자풀이 |

1 時(시) : 시是와 통용. 별 뜻 없이 조음소로 쓰였다.
2 或(혹) : 말하고 난 뒤에 혹시나 하고 또 말하는 것. '자꾸'로 번역했다.

강설 |

주공은 협박에 가까운 말을 했지만 실지로 죽이지는 않은 것으로 보인다. 그래서 마지막으로 다시 너희들을 좋은 곳에서 살게 하기 위해서란 말로 마감을 한 것으로 생각된다.

無逸 | 무일

시급한 현안을 해결한 주공은 다음으로 정치의 근본을 확립하는 방향으로 수순을 밟았다. 그것은 먼저 왕의 자질을 향상시키는 것이다. 왕의 자질이 향상되지 않은 상태에서 좋은 정치를 기대하기란 어렵다. 그래서 주공은 왕의 자질을 향상시키는 훈계를 했는데, 그 내용을 기록한 것이 무일無逸이다.

周公曰(주공왈) 嗚呼(오호)라 君子(군자)는 所其無逸(소기무일)[1]이니라 先知稼穡之艱難(선지가색지간난)이오사 乃逸(내일)[2]하면 則知小人之依(즉지소인지의)[3]하리이다 相小人(상소인)한대 厥父母勤勞稼穡(궐부모근로가색)이어든 厥子乃不知稼穡之艱難(궐자내부지가색지간난)

하면 乃逸(내일)하고 乃諺(내언)[4]하니이다 旣誕否(기탄부)[5]하여 則侮厥父母曰(즉모궐부모왈)
昔之人(석지인)이 無聞知(무문지)라하나니이다

국역 |

주공이 말했다. “아아! 군자는 안일하지 않아야 합니다. 먼저 농사일의 어려움을 알아서 안일하지 않으면 농민들이 무엇에 매달리는지 알 것입니다. 농민들을 보니, 부모가 농사일에 애를 쓰는데 그 아들이 농사일의 어려움을 알지 못하면 안일하며 함부로 말을 하게 됩니다. 이미 (그 부모에게) 거짓을 말하거나 (그 부모를) 무시하면, 그 부모를 모욕하여 ‘옛 사람들은 견문이나 지식이 없다’고 말하게 됩니다.”

난자풀이 |

[1] 所(소) : ~하는 바이다. ~하는 것이다.

[2] 乃逸(내일) : 문맥으로 보아 무일無逸이어야 할 것이다. 뒤의 문장에 내일乃逸이란 말이 나오므로 거기에 현혹되어 무일이 내일로 바뀐 것으로 보인다.

[3] 小人之依(소인지의) : 소인은 ‘농민’ 또는 ‘백성’이란 뜻이다. 이 문장은 ‘소인이 의지하는 것’이란 뜻인데, 문맥을 매끄럽게 하기 위해, ‘소인이 무엇에 의지하는 지’로 번역했다. 소인이 의지하는 것은 농사지어 얻는 곡식이다. 소인들에게 밥은 하늘이다.

[4] 諺(언) : 상말. 속된 말. 속담.

[5] 誕否(탄부) : 탄誕은 ‘거짓을 말하는 것’이고, 否는 ‘무시하는 것’이다.

강설 |

다급한 일을 끝낸 주공은 정치의 근본인 왕의 자질을 향상시키기 위해 왕에게 훈계하기 시작했다. 그런데 직설적으로 부모를 본받으라고 하면 왕의 반발을 살 수 있기 때문에 농민의 예를 들어 간접적으로 깨우치는 방법을 택했다. 농사일은 힘들지만, 농민의 아들이 그 어려움을 모르고 자라면 나태해지고 건방지게 되어 부모를 무시하는 경우를 볼 수 있다. 그러므로 부모의 어려움을 아는 자식이라야 자식 노릇을 제대로 할 수 있다. 주공이 이런 이야기를 한 까닭은 성왕에게 문왕이나 무왕의 고생을 알도록 유도하기 위해서였다.

周公曰(주공왈) 嗚呼(오호)라 我聞(아문)호니 曰(왈) 昔在殷王中宗(석재은왕중종)[1]은 嚴恭(엄공)
寅畏(인외)하사 天命(천명)을 自度(자탁)[2]하시며 治民祗懼(치민지구)하사 不敢荒寧(불감황녕)
하시니 肆中宗之享國(사중종지향국)이 七十有五年(칠십유오년)이니이다

국역 |

주공이 말했다. "아아! 내가 들으니, '옛날 은나라의 임금 중종은 엄숙하고 공경하고 어질고 두려워해서 천명을 스스로 헤아리며 백성 다스리는 것을 공경하고 두려워해서, 감히 거칠게 하거나 안락하지 않았으니, 그리하여 중종이 나라를 향유한 것이 75년이었습니다.'"

난자풀이 |

[1] 中宗(중종) : 양균여楊筠如는 복사卜辭에 나오는 「중종조을中宗祖乙」이란 말을 근거로, 중종中宗을 조을祖乙로 보았다.

[2] 度(탁) : 헤아리다. 법도를 의미할 때는 음이 '도'이다.

강설 |

은나라의 정치를 훌륭하게 이끌었던 중종의 정치방식을 예로 들어 설명함으로써 성왕에게 훌륭한 정치를 하도록 유도하는 효과를 기대한 것이다. 그 내용은 엄숙하고 공경하고 어질고 두려워해서 거칠게 하거나 안락하지 않는 것이다.

기 재 고 종 시　구 로 우 외　원 기 소 인　작 기
其在高宗時는 舊勞于外하사 爰[1]暨[2]小人이러시니 作其

즉 위　내 혹 량 암 삼 년　불 언　기 유 불 언
卽位하사 乃或[3]亮陰[4]三年을 不言하시니 其惟不言하시나

언 내 옹　불 감 황 녕　가 정 은 방　지 우 소 대
言乃雍하시며 不敢荒寧하사 嘉靖殷邦하사 至于小大

무 시 혹 원　사 고 종 지 향 국　오 십 유 구 년
히 無時或[5]怨하니 肆高宗之享國이 五十有九年이니이다

국역 |

고종 때에 있어서는 밖에서 오랫동안 고생해서 소인들과 함께 있었는데, 발탁되어 즉위하여서는 양암에서 3년간을 말을 하지 않았습니다. 오직 말을 하지 않았을 뿐이지만, 말을 하기만 하면 온화했으며, 감히 거칠게 하거나 안락하지 않고, 은나라를 아름답고 안정되게 만들어, 작고 큰 사람에 이르기까지 조금도 원망하는 때가 없었습니다. 그러므로 고종이 나라를 향유한 것이 59년이었습니다.

난자풀이 |

1 爰(원) : 발어사.
2 曁(기) : 함께 하다. 함께. 더불다.
3 或(혹) : 유有와 같은 뜻으로, '~한 사실이 있다'는 뜻이다. 번역하지 않는 것이 부드러울 때가 많다.
4 亮陰(량암) : 양암諒闇으로도 쓰기 때문에 발음이 '양암'으로 발음한다. 천자가 상중에 있다는 뜻이 일반적이지만, 이 외에도 여러 설들이 있다.
5 或(혹) : 혹시. '혹시'라는 말은 가능성이 매우 적은 경우에 쓰이는 말이다. 그래서 여기서는 '조금도'로 번역했다.

강설 |

이번에는 고종의 정치방식을 예로 들었다. 역시 거칠게 하거나 안락하지 않았음을 강조한 것이다.

其在祖甲(기재조갑)하시는 不義惟王(불의유왕)[1]하사 舊爲小人(구위소인)[2]이러시니 作其卽位(작기즉위)[3]하사 爰知小人之依(원지소인지의)하사 能保惠于庶民(능보혜우서민)하시며 不敢侮鰥寡(불감모환과)[4]하시니 肆祖甲之享國(사조갑지향국)[5]이 三十有三年(삼십유삼년)이니이다

국역 |

조갑에 있어서는 오직 임금 노릇하는 것을 좋게 여기지 않아서 오랫동안 소인으로 있었는데, 발탁되어 즉위하여서는 소인들이 무엇에 매달리는지 알아서, 서민들에 대해서 보호하고 은혜를 베푸는 정책을

실시하고, 감히 홀아비나 과부를 무시하지 않았으니, 그리하여 조갑이 나라를 향유한 것이 33년이었습니다.

▌난자풀이 |

1 祖甲(조갑) : 은나라의 스물네 번째 임금.
2 義(의) : 좋게 여기다.
3 舊(구) : 오랫동안.
4 侮(모) : 업신여기다. 깔보다. 무시하다.
5 肆(사) : 그리하여. 그러므로.

▌강설 |

이번에는 조갑의 정치방식을 예로 들었다. 서민들을 보살피고 홀아비나 과부 같은 불쌍한 사람을 무시하지 않았음을 강조한 것이다.

자 시 궐 후　입 왕　생 즉 일　생 즉 일　부 지 가
自時厥後로 立王은 生則逸하고 生則逸하여 不知稼
[1]
색 지 간 난　불 문 소 인 지 로　유 탐 락 지 종
穡之艱難하며 不聞小人之勞하고 惟耽樂之從하니
[2]
자 시 궐 후　역 망 혹 극 수　혹 십 년　혹 칠 팔 년
自時厥後로 亦罔或克壽하여 或十年하며 或七八年
혹 오 륙 년　혹 사 삼 년
하며 或五六年하며 或四三年하니이다

국역 |

이로부터 그 뒤로 즉위한 왕들은 나오기만 하면 안일하고 나오기만 하면 안일하여, 농사일의 어려움을 알지 못하며 소인들의 고생을 듣지 못하고 오직 탐닉하고 즐기는 일만을 좇으니, 이로부터 그 뒤로 또한 오래 사는 자가 있지 않았습니다. 어떤 이는 10년이었고, 어떤 이는 7, 8년이었으며, 어떤 이는 5, 6년이었고, 어떤 이는 3, 4년이었습니다."

난자풀이 |

1 時(시) : 시是와 통용.
2 之(지) : 앞뒤의 말이 도치될 때 가운데에 들어가는 말. 따라서, 「유탐락지종有耽樂之從」은 「종탐락從耽樂」과 같은 뜻이다.

강설 |

주공이 성왕에게 정치를 잘하라고 직접 말을 한다면 성왕이 반발했을 것이다. 그러므로 훌륭한 정치를 한 경우와 그렇지 않은 경우를 일일이 열거하여 설명함으로써 성왕이 좋은 정치를 하도록 은근히 유도했다. 성왕이 훌륭한 임금이었다면 이쯤 해서 좋은 정치를 하겠다고 다짐하며 주공에게 고마움을 표했을 것이다. 그리고 주공에게 계속 가르쳐달라고 부탁을 했을 것이다. 그러나 성왕은 그런 반응이 없었다. 아마 건성으로만 듣는 것 같이 보였을 것이다. 그래서 주공은 다시 성왕의 고조할아버지와 증조할아버지 그리고 할아버지의 예를 들어 설명함으로써 더욱 실감나게 만들었다.

周公曰 嗚呼라 厥亦惟我周에 太王王季 克自抑畏 [1]
하시니이다 文王이 卑服으로 卽康功田功하시니이다 徽柔
懿恭하사 懷保小民하시며 惠鮮鰥寡 [2] 하사 自朝로 至于
日中昃 [3] [4] 히 不遑暇食하사 用咸和萬民하시니이다 文王이
不敢盤 [5] 于遊田하사 以庶邦惟正 [6] 之供 [7] 하시니 文王受
命이 惟中身 [8] 이러시니 厥享國이 五十年이니이다

국역 |

주공이 말했다. "아아! 또한 우리 주나라에 태왕과 왕계께서 스스로를 억제하고 두려워했습니다. 문왕은 천한 옷을 입고 백성을 편안케 하는 일과 농사일에 나아갔습니다. 빛나고 부드럽고 아름답고 공손하게 소민들을 품어 보호하시며, 홀아비와 과부들에게 은혜를 베풀어 생기가 나도록 하시며, 아침부터 한낮이나 밤에 이르기까지 한가히 밥 먹을 겨를도 없이 만민을 모두 화평하게 하셨습니다. 문왕은 감히 놀이나 사냥에 빠지지 않고 오직 여러 나라를 다스리는 일에만 이바지하셨으니 문왕이 천명을 받은 것이 중년이었는데, 나라를 향유한 것이 50년이었습니다."

난자풀이 |

[1] 自抑(자억) : 자기를 억제하는 것. 극기克己와 같다.

2 鮮(선) : 신선하다. 깨끗하다. 신선한 것은 생기가 나는 것이므로, 여기서는 '생기가 난다'로 해석했다.

3 中(중) : 해가 한낮인 경우.

4 昃(측) : 해가 기울어 밤이 되는 경우.

5 盤(반) : 반般과 통용. 즐기다.

6 庶邦惟正(서방유정) : 오직 여러 나라를 다스리는 것. 정正은 '바르게 하는 것'인데, 바르게 하는 것이 다스리는 것이므로 '다스린다'로 번역했다.

7 之(지) : 서방유정庶邦惟正과 공供이 도치될 때 그 사이에 들어간 경우이다.

8 中身(중신) : 중년.

강설 |

주공이 할아버지들의 이야기를 하여 성왕에게 좋은 정치를 하도록 유도하였으나 그다지 큰 반응을 보이지 않았다. 여전히 건성으로 들었던 것으로 생각된다. 그렇게 되면 이제 직접적으로 성왕에게 지시할 수밖에 없다.

周公曰(주공왈) 嗚呼(오호)라 繼自今(계자금)으로 嗣王(사왕)은 則其無淫于觀(즉기무음우관)[1] 于逸于遊于田(우일우유우전)하사 以萬邦惟正之供(이만방유정지공)하소서 無皇曰(무황왈)[2] 今日(금일)에 耽樂(탐락)이라하소서 乃非民攸訓(내비민유훈)[3]이며 非天攸若(비천유약)[4]이라 時人(시인)[5][6]이 丕則有愆(비칙유건)[7]하리니 無若殷王受之迷亂(무약은왕수지미란)[8]하여 酗于酒德哉(후우주덕재)[9][10]하소서

국역 |

주공이 말했다. "아아! 지금부터 계속해서 뒤를 이은 왕께서는 관광, 안일한 일, 놀러 다니는 일, 사냥 등에 대해 지나치게 빠지지 마시고 오직 만방을 다스리는 일에만 이바지하십시오. '오늘만 탐닉하고 즐기겠다'고 말할 겨를이 없으셔야 합니다. 그것은 백성들을 훈계할 수 있는 것이 아니고, 하늘을 따르는 것이 아닙니다. 귀족들은 그 허물을 많이 본받을 것입니다. 그러하니 은나라의 임금 수가 미혹되고 혼란하여 술 마시는 일에 빠진 것과 같이 되지 마십시오."

난자풀이 |

1 則(즉) : 어세語勢를 강조하는 역할을 한다.
2 皇(황) : 황遑과 통용. 겨를.
3 民攸訓(민유훈) : 백성들을 훈계하는 것. 유훈민攸訓民이어야 할 것이지만, 고대에는 목적어가 앞에 나오는 경우가 매우 많다.
4 天攸若(천유약) : 하늘을 따르는 것. 약若은 순順의 뜻.
5 時(시) : 시是와 통용.
6 人(인) : 귀족. 인人을 민民과 구별하여 쓸 때에는 '귀족'이란 뜻이 있다.
7 則(칙) : 본받다.
8 受(수) : 은나라의 마지막 임금인 주紂를 말함.
9 酗(후) : 주정하다. 탐닉하다.
10 酒德(주덕) : 술 마시는 일. 음주로 인한 악덕.

강설 |

주공은 이제 성왕에게 나태하지 말아야 하는 내용을 직접적으로 깨우쳤다. 이렇게 되면 성왕은 명심하겠다는 말로 대답을 했어야 하는 것인데도 역시 건성으로 들었던 것으로 보인다. 그래서 주공은 '내 말을 꼭 들어라'고 강한 어조로 말하기에 이른다.

周公曰 嗚呼라 我聞호니 曰 古之人이 猶胥訓告하며 胥保惠하며 胥教誨일새 民無或胥譸張爲幻하니이다 此厥不聽하시면 人乃訓之하여 乃變亂先王之正刑하여 至于小大하리니 民이 否則厥心違怨하며 否則厥口詛祝하리이다

국역 |

주공이 말했다. "아아! 나는 들으니, '옛 사람들은 오히려 서로 훈계하고 알려주며, 서로 보호하고 은혜를 베풀며, 서로 가르치고 깨우치기 때문에 백성들은 서로 속이거나 과장하거나 황당한 일을 꾸미지 않았다'고 합니다. 이 말을 듣지 않으시면 귀족들이 바로 따라 하여, 선왕들의 바른 법식을 바꾸고 혼란스럽게 만들어, (그 혼란이) 작은 일이나 큰 일에 이를 것입니다. 백성들이 부정적으로 되고 말면 그들의 마음으로 거스르고 원망하며, 부정적으로 되고 말면 그들의 입으로 저주할 것입니다."

난자풀이 |

1 或(혹) : 혹시라도 ~함이 있다.

2 譸(주) : 속이다.

3 爲幻(위환) : 황당한 일을 꾸미다.

4 訓(훈) : 인도하다. 길들이다.

5 否(부) : 부정적으로 되다.

강설 |

주공은 자기의 깨우침을 듣지 않으면 나라가 혼란스러워져서 백성들이 저주하게 될 것이라고 강도를 높였다. 그런데도 성왕은 건성으로 들었던 모양이다. 그래서 주공은 최후로 다시 차분히 설명하고 자기의 말을 명심하도록 당부한다.

周公曰 嗚呼라 自殷王中宗하여 及高宗 及祖甲
(주공왈 오호 자은왕중종 급고종 급조갑)

及我周文王茲四人이 迪哲[1]하시니이다 厥或告之 曰
(급아주문왕자사인 적철 궐혹고지 왈)

小人이 怨汝詈[2]汝라커든 則皇[3]自敬[4]德[5]하사 厥愆[6]을 曰
(소인 원여리여 즉황자경덕 궐건 왈)

朕之愆이라하소서 允若時하시면 不啻不敢含怒리이다
(짐지건 윤약시 불시불감함노)

국역 |

주공이 말했다. "아아! 은나라 중종으로부터 고종, 조갑, 우리 주나라 문왕에 이르기까지 이 네 사람이 밝은 지혜로 인도하셨습니다. 어떤 사람이 그대에게 고하여 '소인이 너를 원망하고 너를 욕한다'고 말한다면, 더욱 스스로 마음가짐을 조심하여 그 허물을 '나의 허물이라'고 말씀하십시오. 진실로 이와 같이 하신다면 감히 원한을 머금고 있지 않을 뿐만이 아닙니다."

난자풀이 |

1 迪哲(적철) : 밝은 지혜로 인도하다. 「적이철迪以哲」로 보면 될 것이다.
2 詈(리) : 꾸짖다. 매도하다. 욕하다.
3 皇(황) : 크다. '크게 ~한다'는 것은 '매우 ~하는 것'이므로, 여기서는 '매우'로 번역했다.
4 敬(경) : 조심하다. 원래의 뜻은 '경건하게 유지하다' '잡생각을 하지 않는다' 등의 뜻이다.
5 德(덕) : 마음가짐. 본래의 마음을 흩트리지 않고 그대로 실천하는 것을 말한다.
6 厥愆(궐건) : 그 허물. 여기서는 목적어로 쓰였다. 고대에는 목적어가 앞에 나오는 경우가 많았다.

강설 |

수준이 낮은 사람일수록 자기중심적이기 때문에 잘못된 일은 모두 남의 탓으로 돌린다. 그러나 수준이 좀 높은 사람은 객관적으로 판단하여 자기의 잘못도 알기 때문에 남을 용서한다. 그러나 아주 최고로 높은 사람은 남을 자기처럼 사랑하기 때문에 모든 것을 자기의 탓으로 돌린다. 어머니가 놓아둔 물건을 건드리다가 그 물건이 넘어져 깔려 죽은 아이가 있을 경우에, 어머니는 "내가 죽였다"고 울부짖는다. 자기가 그 물건을 잘못 놓아두었기 때문이라는 것이다. 이러한 마음은 자녀를 자기 자신처럼 사랑하기 때문에 생겨나는 마음이다. 정치하는 사람이 만약 백성들을 자녀처럼 사랑한다면 모든 것을 자기의 탓으로 돌릴 수 있을 것이다. 주공은 수준 높은 사람의 예를 들어서 성왕의 수준을 높이고자 했다.

此厥不聽하시면 人乃或譸張爲幻하여 曰 小人이 怨汝詈汝라커든 則信之하리니 則若時하여 不永念厥辟[1]하고 不寬綽[2]厥心하면 亂罰無罪하고 殺無辜하리니 怨有同하여 是[3]叢于厥身하리이다

국역 |

이 말을 듣지 않으시면, 사람들이 혹 속이거나 과장하거나 황당한 일을 꾸며서 말하기를, '소인이 너를 원망하고 너를 욕한다'고 할 경우 바로 믿을 것이니, 이와 같이 하여 임금의 도리를 길이 생각하지 않고 마음을 너그럽게 가지지 않으면, 혼란스럽게 죄 없는 자를 벌하기도 하고, 무고한 자를 죽이기도 할 것이니, 원망이 하나가 되어 그 몸에 쏟아질 것입니다."

난자풀이 |

[1] 辟(벽) : 임금의 도리.

[2] 寬綽(관작) : 관寬과 작綽 둘 다 '너그럽다'는 뜻이다.

[3] 是(시) : 조음소. 약간 어세를 강하게 하기도 한다.

강설 |

주공은 자기의 말을 건성으로 듣는 것 같은 성왕에게 가장 심각한 경우를 예로 들어 경각심을 불러일으켰다. 그것은 나라가 망하고 임금

이 죽게 되는 경우인 것이다. 임금이 자기를 욕한다는 말을 듣고 그것을 그대로 믿어 처벌하여 억울한 일이 자꾸 많아지다가 보면, 결국에 가서는 모든 사람들의 원망이 그 임금을 없애야 한다는 것 하나로 모아져 임금을 공격할 것이기 때문에 결국 나라가 망하고 임금이 죽게 되는 것이다.

주공왈 오호 사왕기감우자
周公曰 嗚呼라 嗣王其監于玆하소서
1

국역 |

주공이 말했다. "아아! 뒤를 이은 왕께서는 이것을 잘 살피십시오."

난자풀이 |

1 于玆(우자) : 엄밀히 말하면 '이것에 대해서'란 뜻인데, '이것을'로 번역하는 것이 부드럽다.

강설 |

마지막으로 주공은 성왕에게 부디 잘 살피라는 한 마디를 거듭하면서 말을 마무리했다.

君奭 | 군석

정치의 근본은 정치의 담당자인 임금과 신하의 능력여부에 달려 있다. 그래서 먼저 임금의 능력을 향상시키기 위해 노력한 주공周公은 다음으로 신하들의 능력을 향상시키기 위해 노력한다. 신하들의 능력을 향상시키는 첫째 비결은 신하들의 화합이다. 그런데 지금 중요한 위치에 있는 신하인, 동생 소공석召公奭이 주공에게 불만을 가지고 있는 듯이 보였다. 그래서 주공은 소공석과의 화합을 위한 훈계를 했는데, 그 내용을 기록한 것이 이 군석君奭이다. 『금문상서今文尚書』와 『고문상서古文尚書』에 다 들어 있다.

주공약왈 군석 불조천 강상우은 은기추궐
周公若曰 君奭아[1] 弗弔天이 降喪于殷하사 殷旣墜厥

명 아유주기수 아불감지 왈궐기 영
命이어늘 我有周旣受[2]하나 我不敢知하노니 曰厥基[3]는 永

부우휴 약천비침 아역불감지 왈기종
孚于休[4]아 若天棐忱이나 我亦不敢知하노니 曰其終에

출우불상
出于不祥[5]가

국역 |

주공이 다음과 같이 말했다. "군석아. 무정하신 하늘이 은나라에 멸망의 벌을 내리시어, 은나라가 이미 그 명을 실추했고, 우리 주나라가 이미 (그 명을) 받았으나, 나는 감히 알지 못하겠다. '(우리 나라의) 바탕이 영원히 아름답게 지속될 것이라 믿는다'고 말하게 될지. 하늘은 정성스러운 자를 돕는 것 같으나, 나는 또한 감히 알지 못하겠다. '끝에 가서는 상서롭지 않은 데로 갈 것이라'고 말하게 될지.

난자풀이 |

1 君奭(군석) : 군君은 사람을 존경하여 부를 때 이름 앞에 붙이는 존칭이고, 석奭은 소공의 이름이다.

2 我有周既受(아유주기수) : 우리 주나라가 이미 받았다. 원래는 '우리들이 주나라가 이미 받은 경우를 가지고 있다'는 뜻으로 보아야 할 것이다. 또는 유주有周를 주나라를 칭하는 말로 보아, 「아유주我有周」를 '우리 주나라'로 번역해도 무방할 것으로 보이기도 한다.

3 厥基(궐기) : 나라를 유지하는 바탕. 「영부우휴어궐기永孚于休於厥基」로 되어야 할 것이지만, 고대에는 목적어가 앞에 나오는 경우가 많다.

4 休(휴) : 아름답게 지속되는 것.

5 出(출) : 나가다. ~을 향해 나아가다.

강설 |

임금의 자질을 향상시키기 위해 일장 훈계를 한 다음 주공은 소공과의 관계를 화목하게 유지하기 위해 설득하는 훈계를 한다. 주공은 주나라가 은나라를 이어 정권을 잡기는 했지만, 이대로 가면 계속 유지할 수 있을지 의문이라고 하면서 주의를 환기시켰다. "(우리 나라의) 바탕이 영원히 아름답게 지속될 것이라 믿는다"고 말하게 될지. 또는 "끝에 가서는 상서롭지 않은 데로 갈 것이라"고 말하게 될지 모르겠다는 말은 상당히 회의적이라는 뉘앙스를 내포하고 있다. 주나라가 하늘의 뜻을 받았다 하더라도 결국에 가서는 상서롭지 못한 길, 즉 망국의 길로 가게 될 것이라는 암시를 하고 있는 것이다.

그런데 우리는 여기서 특이한 점을 발견할 수 있다. 주공이 "하늘은 정성스러운 자를 돕는 것 같으나"라고 말한 사실이다. 주공은 앞의 다

사多士에서 은나라의 지식인들에게 모든 것을 '하늘의 뜻'이라고 분명하게 말했다. 그런데 지금 형제간의 대화에서 "하늘은 정성스러운 자를 돕는 것 같으나"라고 말한 것은 하늘에 대해 잘 모른다는 사실을 암시한다. 그렇다면 주공은 하늘의 뜻을 알고 하늘의 뜻을 대행하는 자가 아니다. 하늘의 뜻을 잘 모르면서 하늘을 말하는 것은 은나라의 지식인들을 회유하기 위한 수단으로 이용한 것임을 알 수 있다.

오호 군이왈 시아 아역불감녕우상제명
嗚呼라 君已曰 時[1]我라하더니 我亦不敢寧于上帝命

불영원념천위 월아민 망우위 유인
하여 弗永遠念天威 越我民 罔尤違하노니 惟人이니라

재아후사자손 대불극공상하 알일전인광
在我後嗣子孫이 大[2]弗克恭上下하면 遏佚[3]前人光

재가
在家[4]하리라

국역 |

아아! 그대가 이미 말하기를, '이는 우리들에게 달려 있습니다'고 했으니, 나 또한 감히 하느님의 명에 안주하면서, 위엄 있는 하늘과 우리 백성들이 헐뜯거나 어기지 않기를 영원히 염원하지 않을 수 없다. 오직 사람에게 달려 있을 뿐이다. 우리 뒤를 이은 자손들이 위아래에 전혀 공손하지 못하면, 우리 왕실에 있는 전인들의 빛난 업적을 막고 잃게 될 것이다.

난자풀이 |

[1] 時(시) : 시是와 통용.

[2] 大(대) : 크다. 여기서는 문맥을 매끄럽게 하기 위해 '전혀'로 번역했다. '크게 공손하지 않은 것'은 '전혀 공손하지 않은 것'이기 때문이다.

[3] 佚(일) : 숨다. 편안하다. 실수하다. 실수하는 것은 잘못하는 것이고, 잃어버리는 것이다.

[4] 家(가) : 왕가. 왕실.

강설 |

주공은 다시 '우리들에게 달려 있다'고 말한 소공의 말을 근거로 화합을 시도했다.

부지천명불이 천난심 내기추명 불극
不知天命不易와 天難諶[1]이면 乃其墜命하리니 弗克
경력사전인공명덕 재금 여소자단 비
經[2]歷嗣前人恭明德이니라 在今하여 予小子旦은 非
극유정적 유전인광 시우아충자
克有正迪이라 惟前人光[3]을 施于我沖子니라

국역 |

천명이 쉽지 않다는 사실과 하늘을 믿기 어렵다는 사실을 알지 못하면 아마도 명命을 실추시킬 것이니, 전인들의 공손하고 밝은 덕을 계속 이어가지는 못할 것이다. 지금에 있어 나 소자 단은 바른 인도를 할 수 있는 것이 아니라, 오직 전인들의 빛난 업적을 우리 어린 조카에게 베풀도록 할 뿐이다."

난자풀이 |

① 諶(심) : 참. 진실. 믿다. 참으로. 진실로.
② 經歷(경력) : 경經은 지나가는 것이고, 역歷도 지나가는 것이므로, 경력經歷은 '계속되는 것'을 말한다.
③ 光(광) : 빛나는 업적.

강설 |

앞 문장에서 나라의 장래에 대해 우려한 주공은 자신이 잘해나갈 책임을 지고 있다거나 자신이 잘 해낼 수 있다고 말하지 않고 오직 전인들의 빛난 업적을 계승하고 있을 뿐이라고 전제했다. 만약 주공이 자신의 능력을 과시했다면 소공이 따르지 않았을 것이다. 협상에서 가장 중요한 것은 먼저 자신을 비우는 일이다. 자신을 비우고 상대의 말과 입장을 충분히 고려할 때 비로소 효과를 기대할 수 있다.

又曰(우왈) 天不可信(천불가신)이니 我道(아도)는 惟寧王德(유녕왕덕)①을 延(연)②하여 天不庸釋于文王受命(천불용석우문왕수명)③이니라

국역 |

또 말했다. "하늘은 믿을 수 없으니, 우리의 도리는 오직 무왕의 덕

을 이어가서, 하늘이 문왕이 받은 천명을 놓아버리지 않게 하는 데 있다.

난자풀이 |

1 寧王(녕왕) : 무왕의 별칭. '나라를 편안하게 만든 왕'이란 뜻이다.
2 延(연) : 연장하다.
3 庸(용) : 이以의 뜻.

강설 |

주공이 소공에게 무왕을 이어 은나라의 명을 이어가자고 설득한 내용이다. 그런데 여기서 우리는 하나의 큰 전환점을 발견할 수 있다. 그것은 하늘을 믿을 수 없다고 한 것에서 찾을 수 있다. 순임금이나 탕임금의 정치철학은 어디까지나 하늘의 뜻을 대행하는 데 있었다. 하늘의 뜻을 아는 만큼 남을 사랑할 수 있기 때문에, 그만큼 정치적인 감화능력이 커진다. 그들이 말하는 정치는 사람들을 감화시켜 선으로 유도하는 것이었다. 그러나 주공은 하늘의 뜻을 잘 모르는 정치가로 보인다. 그렇다면 이 세상을 다스리는 방법은 사람에게 달려 있는 것이다. 이에서 보면 정치가 하늘의 뜻을 따르는 것에서 사람의 판단에 의해 진행되는 것으로 전환이 일어난 것을 알 수 있다.

公曰 君奭아 我聞호니 在昔成湯이 旣受命時엔 則有若伊尹이 格于皇天하며 在太甲時엔 則有若保衡하며
(공왈 군석 아문 재석성탕 기수명시 즉유약이윤 격우황천 재태갑시 즉유약보형)
(1 格, 2 保衡)

재태무시 즉유약이척신호격우상제 무함
在太戊時엔 則有若伊陟臣扈格于上帝하며 巫咸이
③ ④ ⑤ ⑥

예왕가 재조을시 즉유약무현 재무정시
乂王家하며 在祖乙時엔 則有若巫賢하며 在武丁時엔
⑦ ⑧ ⑨

즉유약감반
則有若甘盤하니라
⑩

국역 |

주공이 말했다. "군석아! 나는 들으니, 옛날에 탕임금이 이미 명을 받았을 때는 이윤 같은 이가 있어 하늘의 뜻과 통했고, 태갑 때에는 보형 같은 이가 있었으며, 태무 때에는 이척과 신호 같은 이가 있어 하늘의 뜻과 통했고 무함이 왕실을 다스렸으며, 조을 때에는 무현 같은 이가 있었고, 무정 때에는 감반 같은 이가 있었다.

난자풀이 |

① 格(격) : 이르다. 하늘의 뜻에 이르는 것은 하늘과 통하는 것이다.
② 保衡(보형) : 이윤伊尹. 탕임금 때에는 아형阿衡이었다가, 태갑 때에는 보형保衡으로 불리어졌다.
③ 太戊(태무) : 태갑의 손자.
④ 伊陟(이척) : 이윤의 아들.
⑤ 臣扈(신호) : 태무太戊 때의 신하.
⑥ 巫咸(무함) : 태무 때의 신하. 주로 占卜에 관여했던 신하로 보인다.
⑦ 祖乙(조을) : 태무의 손자.
⑧ 巫賢(무현) : 무함巫咸의 아들.
⑨ 武丁(무정) : 고종高宗.
⑩ 甘盤(감반) : 무정武丁 때의 신하. 설명편說命篇에 나온다.

강설 |

과거 정치가 훌륭했던 시대에는 항상 훌륭한 신하들이 역할을 했다. 주공은 이러한 사실을 들어 소공이 큰 역할을 해 줄 것을 은근히 권유하고 있다. 여기서 하늘과 통했다는 말을 한 것을 보면, 아직 주공이 하늘 관념을 완전히 제거하지는 못했음을 말해 준다. 하늘 관념을 완전히 제거하는 것은 후대 순자荀子에 의해서 이루어진다.

率[1]惟茲有陳[2]이 保乂有殷하니 故殷禮陟[3]配天하여 多歷[4]年所하니라 天惟純佑命이라 則商이 實하여 百姓王[5]人이 罔不秉德明恤하니 小臣屛[6]侯[7]甸도 矧咸奔走하니라 惟茲惟德에 稱[8]하여 用乂[9]厥辟이라 故一人이 有事于[10]四方이어든 若卜筮면 罔不是孚하니라

국역 |

대개 이 원로들이 있어 은나라를 보호하고 다스렸다. 그러므로 은나라의 예가 융성하여 하늘과 짝이 되어, 해를 이어간 것이 많았다. 하늘은 오직 순수하게 도와주시고 명해 주시므로 상나라가 충실해져 백성들과 왕인들이 덕을 가지고 밝게 동정심을 발휘하지 않음이 없었으니, 소신과 제후들까지도 하물며 모두 열심히 노력했다. 오직 이 덕에 걸

맞게 그 임금을 도왔으므로 한 사람이 사방에서 정사를 행하는데 거북점이나 시초점을 치면 옳게 나오거나 미덥게 나오지 않음이 없었다."

난자풀이 |

1 率(솔) : 모든. 다. 대개.
2 陳(진) : 오래 되다. 오래 묵다. 여기서는 '원로'라는 뜻이다.
3 陟(척) : 오르다. 나아가다. 여기서는 '융성하다'로 번역했다.
4 多歷年所(다력년소) : 다소력년多所歷年이 옳은 순서일 것이다. 옛날에는 목적어가 앞에 나오는 경우가 많았으므로, 여기서도 소所의 목적어가 소所 앞으로 나왔다.
5 王人(왕인) : 왕과 동성同姓의 신하.
6 屛(병) : 병幷과 통용. ~와. ~과. 및.
7 侯甸(후전) : 후侯도 전甸도 모두 제후의 일종이다.
8 稱(칭) : 걸맞게.
9 乂(예) : 다스리다. 임금의 일을 다스리는 것은 돕는 것이므로, '돕다'로 해석하는 것이 좋다.
10 事(사) : 다스리다. 임금이 일을 벌이는 것은 '다스리는 것'이다.

강설 |

주공은 원로대신들의 중요성을 말하여 역시 소공을 설득했다.

公曰(공왈) 君奭(군석)아 天壽(천수)1平格(평격)2이라 保乂有殷(보예유은)하더시니 有殷(유은)이 嗣天滅威(사천멸위)하니 今汝永念(금여영념)하면 則有固命(즉유고명)하여 厥亂(궐란)3明我新造邦(명아신조방)하리라

국역

공이 말했다. "군석아! 하늘은 공평하고 바른 자를 오래 살게 하여, 은나라를 보호하고 다스렸었는데, (나중에) 은나라가 하늘의 멸망시키는 위엄을 이어받았다. 지금 네가 (이를) 길이 생각하면 견고한 천명을 받아, 우리 새로 만든 나라를 다스려 밝게 만들어야 할 것이다."

난자풀이

1 壽(수) : 오래 살게 하다.
2 格(격) : 정교의 뜻.
3 亂(란) : 다스리다.

강설

주나라의 신하가 은나라가 성할 때의 양상과 망할 때의 양상에 대해서 잘 알고 늘 그것을 생각한다면 주나라는 쉽게 망하지 않을 것이다. 이러한 내용으로 주공은 또다시 소공에 대한 설득을 시도했다. 그러나 소공은 아직 승복하지 않았다.

공왈 군석 재석상제할신 권녕왕지덕
公曰 君奭아 在昔上帝割申하시니 勸寧王之德하사
1

기집대명우궐궁 유문왕 상극수화아유
其集大命于厥躬하시니라 惟文王이 尙克脩和我有
하 역유유약괵숙 유약굉요 유약산의생
夏하심은 亦惟有若虢叔과 有若宏夭와 有若散宜生
2 3 4

과 有若泰顚과 有若南宮括이니라 [5]

국역 |

공이 말했다. "군석아! 예로부터 하느님께서는 (국토를) 줄이기도 하시고 늘이기도 하시니, 나라를 편안케 하신 무왕에게 덕을 권하시어 그 몸에 큰 명을 모아 주셨다. 오직 문왕께서 오히려 우리 하를 닦아 조화롭게 만드실 수 있었던 것은 또한 오직 괵숙과 같은 이가 있었고, 굉요와 같은 이가 있었고, 산의생과 같은 이가 있었고, 태전과 같은 이가 있었고, 남궁괄과 같은 이가 있었기 때문이었다."

난자풀이 |

[1] 申(신) : 신伸과 통용. 넓히다.
[2] 虢叔(괵숙) : 문왕의 동생.
[3] 宏夭(굉요) : 문왕 때의 신하.
[4] 散宜生(산의생) : 산散이 성姓이고, 의생宜生이 이름. 문왕 때의 신하.
[5] 南宮括(남궁괄) : 문왕 때의 신하.

강설 |

문왕 같이 훌륭한 임금도 혼자서는 좋은 정치를 할 수 없다. 여러 훌륭한 신하의 보좌가 있었기 때문에 비로소 좋은 정치를 할 수 있었다. 그러므로 문왕보다 못한 성왕이 현재 임금이기 때문에 좋은 정치가 되기 위해서는 신하들의 보좌가 더욱 필요하다. 주공이 이 이야기를 한 것은 소공이 이를 알아서 열심히 왕을 보좌하도록 하기 위해서다. 이 경우 주공은 소공에게 직접적인 말은 하지 않았다. 만약 주공이 끝에 "그러니 너도 열심히 보좌하라" 하고 당부했다면, 그것은 명령이 되고 만다. 명령을 받으면 대개는 반발심이 생기기 때문에 효과가 나지 않는다. 그렇기 때문에 주공은 간접적으로 문왕과 신하들의 이야기만 하고 끝을 맺었다. 나머지는 소공이 알아서 판단할 일이다.

우왈 무능왕래 자적이교 문왕 멸덕강우
又曰 無能往來하여 茲迪彝敎인댄 文王도 蔑[1]德降于
국인 역유순우병덕 적지천위 내유
國人이시리라 亦惟純佑秉德하여 迪知天威하여 乃惟
시소문왕 적현모 문우상제 유시수유은
時[2]昭文王하여 迪[3]見冒하여 聞于上帝라 惟時受有殷
명재 무왕 유자사인 상적유록 후기
命哉하시니라 武王은 惟茲四人이 尙迪有祿하고 後暨
무왕 탄장천위 함류궐적 유자사인 소
武王으로 誕將天威하여 咸劉厥[4]敵하니 惟茲四人이 昭
무왕유모 비단칭덕
武王惟冒하여 丕[5]單[6]稱德하니라

국역 |

또 말했다. "(이 다섯 신하가) 왕래하여 떳떳한 가르침을 가지고 인도함이 없었더라면 문왕도 덕을 나라 사람들에게 내려줄 수 없었을 것이다. 또한 (이 다섯 신하가) 오직 순수하게 도우며 덕을 가지고 인도하여 하늘의 위엄을 아시게 함으로써 문왕을 현명하게 만들어 (공이 하늘에) 드러나고 (땅에) 덮여지도록 인도하여, 하늘에까지 들리게 했으므로, 오직 은나라의 명을 받아 가지시게 되었다. 무왕은 오직 이 네 사람이 여전히 녹을 갖도록 인도하고, 나중에 무왕과 함께 하늘의 위엄을 크게 받들어, 그 적을 모두 죽였으니, 오직 이 네 사람이 무왕을 현명하게 만들어 오직 (공이 땅에) 덮여지게 되어, 덕에 걸맞은 일을 완전히 다 이루었다.

난자풀이 |

1 蔑(멸) : 없다. 무無와 같은 뜻.
2 時(시) : 시是와 통용.
3 見冒(현모) : 하늘에 드러나고 땅에 덮여지게 되었다.
4 劉(류) : 죽이다.
5 丕(비) : 크다. 크게. 문맥을 매끄럽게 하기 위해 '완전히'로 번역했다.
6 單(단) : 탄殫과 통용. 다 이루다. 다 발휘하다.

강설 |

무왕 때는 괵숙이 죽고 네 사람이 남아 있었으므로 네 사람이라 했다. 여기서도 여전히 주공은 신하들의 역할에 대해 말함으로써 간접적으로 소공으로 하여금 의욕을 갖도록 설득하고 있다.

금재여소자단 약유대천 여왕 기여석
今在予小子旦은 若游大川하니 予往에 暨汝奭으로
기제 소자동미재위 탄무아책 수망
其濟하리라 小子同未在位하시니 誕無我責가 收罔[1]
욱 불급 구조덕 불강 아즉명조 불
勖이면 不及하여 耇造德이 不降하리니 我則鳴鳥를 不
문 신왈기유능격
聞이온 矧曰其有能格[2]가

국역 |

지금 나 유치한 단은 마치 큰 강을 헤엄쳐 건너는 것과 같으니, 내가 가는데 너 석과 함께 건널 것이다. 어린 조카는 아직 왕위에 있지 않은 것 같으니, 우리의 책임이 크지 않겠는가. 오직 젖 먹던 힘까지 쓰지 않으면 이루지 못하여, 우리 늙은이들이 하는 마음 씀씀이가 (백성들에게까지) 내려가지 않을 것이니 (그렇게 되면) 우리들은 우는 새소리도 듣지 못할 것이니, 하물며 '하느님이 강림하신다'고 할 수 있겠는가."

난자풀이 |

[1] 收罔勖(수망욱) : 뒤에 「유망욱攸罔勖」이라는 말이 나오는 것을 보면, 여기서도 유망욱으로 되어야 할 것이다. 욱勖은 '젖 먹던 힘까지 다 쓰는 것'을 말한다. 그러므로 유망욱은 '젖 먹던 힘까지 쓰지 않는 바라면'이란 뜻이다.

[2] 格(격) : 신이 강림하다.

강설 |

좋은 정치가 실현되어 이상사회가 출현할 때에는 그것을 알리는 신호탄으로서 봉황새가 날아온다고 한다.

공왈 오호 군 사기감우자 아수명 무강
公曰 嗚呼라 君아 肆其監于茲[1]어다 我受命이 無疆

유휴 역대유간 고군내유유 아불이후
惟休나 亦大惟艱이니 告君乃猷裕[2]하노니 我不以後

인미
人迷하노라

국역 |

공이 말했다. "아아! 그대여. 지금 한 말에 대해서 잘 살펴보아야 할 것이다. 우리가 명을 받은 것이 끝없이 아름다운 것이지만, 또한 매우 어려운 것이니, 그대에게 너그러운 마음으로 노력하도록 당부하노라. 나는 후인들을 혼미하게 만들지 않을 것이다."

난자풀이 |

1 茲(자) : 이. 이것. 여기서는 '앞 문장에서 한 말'을 가리킨다.
2 猷(유) : 꾀하다. 노력하다.

강설 |

주공은 친절하고 간절하게 소공을 달래고 있지만, 소공은 여전히 감복하지 않는다. 형으로서 화를 낼 만도 하지만, 끝까지 인내하면서 설득을 계속하는 것이 주공의 장점이다. 크나큰 인내심은 크나큰 사랑이 있을 때 가능한 것이다.

公曰 前人[1]이 敷乃心하사 乃悉命汝하사 作汝民極[2]하시고 曰 汝明勖偶[3]王하여 在亶[4]乘茲大命하여 惟文王德하여 丕承無疆之恤하라하시다

(공왈 전인 부내심 내실명여 작여민극 왈 여명욱우왕 재단승자대명 유문왕덕 비승무강지휼)

국역 |

공이 말했다. "전인이 그대의 마음을 펼쳐보시고, 일일이 그대에게 명령하시어, 그대를 백성들의 모범으로 삼으시고는, '너는 확실하게 힘을 다하여 왕과 짝이 되어, 진실하게 이 큰 명에 동승하여, 오직 문왕의 마음 씀씀이를 생각하여, 끝없는 동정심을 크게 이어받아라'고 말씀하셨다."

난자풀이 |

1 前人(전인) : 무왕.
2 極(극) : 표준. 모범.
3 偶(우) : 짝.
4 亶(단) : 진실로. 믿음.

강설 |

주공은 동생의 위상과 능력을 하늘이 인정한 것으로 설명하여 동생에게 주인공 의식을 고취시켰다. 용기를 북돋우는 가장 큰 방법은 주인공 의식을 심어주는 것이다.

공 왈 군 고 여 짐 윤 보 석 기 여 극 경 이 여
公曰 君아 告汝朕允하노라 保奭아 其汝克敬以予하

감 우 은 상 대 부 사 념 아 천 위 여 불 윤 유
여 監于殷喪大否하여 肆念我天威하라 予不允이요 惟

약 자 고 여 유 왈 양 아 이 인 여 유 합 재 언 왈
若茲誥아 予惟曰 襄[1]我二人하고 汝有合哉아 言曰

在時二人에 天休滋至라하니 惟時二人이 弗戡가 其 [2]
汝克敬德하여 明我俊民하라 在讓後人于丕時니라 嗚 [3]
呼라 篤棐는 時二人이니 我式克至于今日休라 我咸
成文王功于不怠하여 丕冒하여 海隅出日이 罔不率 [4]
俾니라

국역 |

공이 말했다. "그대여! 그대에게 나의 진실을 말하노라. 태보 석아. 그대는 마음을 가다듬고 나와 함께 은나라가 망하여 크게 잘못된 것을 살펴, 우리 하늘의 위엄을 생각하라. 내가 진실하지 않으면 그대에게 이와 같이 말하겠는가. 나는 오직 '우리 두 사람을 제외하고 그대가 합당한 자를 찾을 수 있겠는가' 하고 묻고 싶다. '이 두 사람에게 하늘의 아름다움이 자꾸 이른다'고 말들을 하고 있으니, 오직 우리 두 사람이 감당해야 되지 않겠는가. 그대는 덕을 잘 가다듬어 우리 빼어난 백성들을 현명하게 만들어라. 모든 것이 잘 되었을 때 후인들에게 양보하자꾸나. 아아! 독실하게 돕는 자는 우리 두 사람이니, 우리들이 모범이 되어 오늘의 아름다움에 이르렀다. 우리들은 계속 게으르지 않은 상태로 문왕의 일을 다 이루어 (그 공이 온 누리에) 크게 덮여져, 바다 모퉁이 해 뜨는 곳까지 따르지 않음이 없게 해야 할 것이다."

난자풀이 |

1 襄(양) : 제거하다. 치우다.
2 戡(감) : 치다. 이기다. 감당하다.
3 丕時(비시) : 모든 것이 잘 되었을 때.
4 率俾(솔비) : 따르다. 솔率, 비俾 모두 '따른다'는 뜻이다.

강설 |

주공은 동생과 둘이서 힘을 모아 모든 것을 책임져야 한다는 사실을 강조함으로써 주인공 의식과 돈독함을 동시에 표시했다. 그러나 소공은 여전히 감복하지 않았다. 그래도 주공은 끝까지 화를 내지 않았다. 주공이 아마도 자기의 욕심을 채우기 위해서였다면 화를 내었을 것이다. 욕심을 가진 사람은 자기중심적이다. 그런 사람은 자기의 말을 듣지 않는 사람에 대해 화를 낸다. 그것은 자기의 말을 듣지 않는 사람은 욕심을 채워주지 않는 사람이기 때문이다.

주공은 욕심을 채우기 위해 정치하는 사람이 아니었다. 그렇기 때문에 동생 소공에게 화를 내지 않고 설득을 계속한 것이다.

공왈 군 여불혜 약자다고 여유용민우천월
公曰 君아 予不惠요 若茲多誥아 予惟用閔于天越
1
민
民이니라

국역 |

공이 말했다. "그대여 내가 도리에 맞지 않다면 이와 같이 많이 당부하겠는가. 나는 오직 하늘과 백성들에 대해서 걱정할 뿐이다."

난자풀이 |

[1] 惠(혜) : 도리에 맞다.

강설 |

주공이 동생 소공에게 이처럼 당부할 수 있었던 것은 하늘과 백성을 위한 진실한 마음에서였기 때문이다.

> 공왈 오호 군 유내지민덕 역망불능궐
> 公曰 嗚呼라 君아 惟乃知民德하나니 亦罔不能厥
> 초 유기종 지약자 왕경용치
> 初나 惟其終이니 祗若茲[1]하여 往[2]敬用治하라

국역 |

공이 말했다. "아아! 그대여 오직 그대는 백성들의 덕을 알고 있으니, 또한 그 처음은 잘하지 않음이 없으나 오직 마무리를 잘해야 할 것이다. 오직 이와 같이 하여 조심해서 다스려라."

난자풀이 |

[1] 祗(지) : 오직. 다만.
[2] 往(왕) : '~을 한다'는 뜻이다.

강설 |

사람의 일은 처음 시작하는 것보다 마무리하는 것이 중요하다. 시작할 때는 새로운 기분으로 집중하기 때문에 비교적 잘 해나가지만, 끝으로 갈수록 차츰 나태해지기 때문에 마무리를 잘하기가 어렵다. 인생도 그렇다. 어릴 때보다 인생을 마감할 노인 때의 삶이 더 어렵다. 죽고 말면 모든 것이 끝나고 만다는 착각을 하기 때문이다.

蔡仲之命 | 채중지명

> 채중蔡仲은 채숙蔡叔의 아들이다. 주공周公은 채중의 현명함을 알고 채숙이 죽은 뒤에 그를 채蔡나라의 임금으로 임명하면서 다짐하는 말을 남겼는데, 그것을 기록한 것이 이 채중지명蔡仲之命이다. 『금문상서今文尙書』에는 없고 『고문상서古文尙書』에는 들어 있다.

惟周公(유주공)이 位家宰(위총재)하사 正百工(정백공)이어시늘 群叔(군숙)이 流言(류언)[1]한대 乃致辟管叔于商(내치벽관숙우상)하시고 囚蔡叔于郭隣(수채숙우곽린)[2]하되 以車(이거)七乘(칠승)하시고 降霍叔于庶人(강곽숙우서인)하여 三年不齒(삼년불치)러시니 蔡仲(채중)[3]이 克庸祗德(극용지덕)이어늘 周公以爲卿士(주공이위경사)러시니 叔卒(숙졸)커늘 乃(내)命諸王(명저왕)[4]하사 邦之蔡(방지채)[5]하시다

국역 |

오직 주공이 총재의 지위에 있으면서 백관들을 바로잡았는데, 여러 아우들이 유언비어를 퍼뜨리니, 이에 상나라에서 관숙을 처형하고, 채숙을 곽린에 가두되 수레 일곱 대로 따르게 하고, 곽숙을 서인으로 강등시켜 삼 년간 만나지 못하게 하였는데, 채중이 경건하게 덕을 펼치고 있었으므로, 주공이 경사로 삼았다. 채숙이 죽으니, 왕에게 명을 내리게 해서 그 채라는 곳에 나라를 세우게 했다.

난자풀이 |

1 叔(숙) : 여기서는 임금의 여러 삼촌들을 가리키므로, 주공에게는 아우들이 된다.

2 郭隣(곽린) : 지명. 곽이라는 나라에 있는 조그만 마을을 말함.

3 蔡仲(채중) : 채숙의 아들.

4 諸(저) : 지어之於 두 글자의 뜻이다. 이 때의 음은 '저'이다. 명지命之는 '명령을 내리게 한다'는 뜻의 사역동사이다.

5 邦之(방지) : '나라를 세우게 하다'는 뜻의 사역형이다.

강설 |

무왕이 은나라를 쳐서 굴복시킨 뒤, 주왕의 아들인 무경武庚으로 하여금 은나라의 유민들이 사는 땅에 세워 은나라의 제사를 받들게 했다. 그리고 그 땅을 셋으로 나누어 무왕의 동생인 관숙管叔・채숙・곽숙霍叔으로 하여금 감독케 했다. 이를 삼감三監이라 한다. 지금의 하남성 기현의 동북쪽에 있는 은허가 그곳이다. 무왕이 죽고 성왕이 임금이 되었을 때 주공이 섭정을 하였는데, 이때 관숙・채숙・곽숙은 주공을 시기해서 반란을 일으켰던 것이다.

왕약왈 소자호 유이솔덕개항 극신궐유
王若曰 小子[1]胡[2]아 惟爾率德改行하여 克愼厥猷[3]할새
사여명이 후우동토 왕즉내봉 경재
肆予命爾하여 侯于東土하노니 往卽乃封하여 敬哉어다
이상개전인지건 유충유효 이내매적자신
爾尙蓋前人之愆하여 惟忠惟孝하라 爾乃邁迹自身
극근무태 이수헌내후 솔내조문왕지이
하여 克勤無怠하여 以垂憲[4]乃後하여 率乃祖文王之彝
훈 무약이고지위왕명
訓하고 無若爾考之違王命하라

국역 |

왕이 다음과 같이 말했다. "어린 조카 호야. 오직 너는 덕을 따르고 행실을 바꾸어 일을 신중히 하므로, 내가 너를 명하여 동쪽 땅에 제후로 삼으니, 너의 봉국에 가서 경건하게 다스려라. 너는 부디 전인들의 허물을 덮어 오직 충성하고 오직 효도하라. 너는 좋은 흔적이 너의 몸에서부터 배어 나오도록 매진하여, 부지런히 하고 게으르지 말아서, 너의 후대에 모범을 드리워, 너의 할아버지인 문왕의 떳떳한 가르침을 따르고, 왕명을 어기는 너의 아버지처럼 되지 말아라.

난자풀이 |

[1] 小子(소자) : 어린 조카. 백수나 숙부도 아버지로 불렀던 것처럼, 조카도 아들로 불렀던 것으로 보인다. 그래서 소자小子를 '어린 조카'로 번역했다.

[2] 胡(호) : 채중의 이름.

[3] 猷(유) : 일.

[4] 憲(헌) : 법. 모범.

강설 |

주공이 왕으로 하여금 명령을 내리게 한 것이므로 실상은 주공의 말과 같다.

皇天(황천)은 無親(무친)하사 惟德是輔(유덕시보)[1]하시며 民心(민심)은 無常(무상)이라 惟惠之懷(유혜지회)[2]하나니 爲善不同(위선부동)하나 同歸于治(동귀우치)[3]하고 爲惡不同(위악부동)하나 同歸于亂(동귀우란)하나니 爾其戒哉(이기계재)어다 愼厥初(신궐초)하되 惟厥終(유궐종)이라사 終以不困(종이불곤)하리니 不惟厥終(불유궐종)하면 終以困窮(종이곤궁)하리라

국역 |

하늘은 (사적私的으로) 친한 것이 없으니, 오직 덕 있는 자를 도우시며, 백성들의 마음은 한 곳에 머물지 않으니, 오직 은혜로운 자를 그리워하는 것이다. 선을 하는 것은 같지 않지만, 안정으로 귀결되는 것은 같고, 악을 하는 것은 같지 않으나 혼란으로 귀결되는 것은 같다. 그러니 너는 조심하라. 그 처음을 조심하되 오직 마무리를 잘해야 끝내 곤란하지 않을 것이다. 오직 마무리를 잘하지 못하면 결국에 가서는 곤궁해질 것이다.

난자풀이 |

1 是(시) : 앞뒤의 말이 도치될 때 그 가운데에 들어가는 말이다.
2 之(지) : 앞뒤의 말이 도치될 때 그 가운데에 들어가는 말이다.
3 治(치) : 안정된 상태. 잘 다스려진 상태.

懋乃攸績(무내유적)하며 睦乃四隣(목내사린)하며 以蕃王室(이번왕실)하며 以和兄弟(이화형제)하며 康濟小民(강제소민)하라 率自中(솔자중)이요 無作聰明(무작총명)[1]하여 亂舊章(난구장)[2]하며 詳乃視聽(상내시청)하여 罔以側言(망이측언)으로 改厥度(개궐도)하면 則予一人(즉여일인)이 汝嘉(여가)하리라

국역 |

네가 쌓아야 할 바의 공적에 힘쓰고, 너의 사방 이웃을 화목하게 만들며, 왕실을 보호하고 형제끼리 화합하며 소민들을 편안하게 구제하라. 속에서 우러나는 마음을 따르고, 잔꾀를 부려 옛 법도를 어지럽히지 말며, 너의 보고 들음을 자세히 해서 치우친 말로 법도를 고치지 않으면 나 한 사람은 너를 가상하게 여길 것이다."

난자풀이 |

1 聽明(총명) : '모든 것을 다 듣기 위해 귀를 곤두세우고 모든 것을 다 보기 위해 눈을 똑바로 뜨는 것'을 말하므로, 여기서는 '자신의 이익을 위해 잔

꾀를 부리는 것'을 의미한다.
[2] 章(장) : 법도

王曰 嗚呼라 小子胡아 汝往哉하여 無荒棄朕命하라
(왕왈 오호 소자호 여왕재 무황기짐명)

국역 |

왕이 말했다. "아아! 어린 조카 호야. 너는 가거라. 나의 명을 거칠게 받아들이거나 버리지 말아라."

강설 |

역시 주공이 왕으로 하여금 명령을 하게 한 것이다.

多方 | 다방

성왕成王이 친정을 하게 되었을 때, 엄奄나라와 회이淮夷 등이 반란을 일으켰으므로 성왕이 엄奄을 벌하고 돌아와 여러 지방의 사람들에게 회유하는 글을 보냈는데, 그것을 기록한 것이 다방多方이다. 『금문상서今文尙書』와 『고문상서古文尙書』에 다 들어 있다.

유오월정해 왕래자엄 지우종주 주공왈
惟五月丁亥에 王來自奄하여 至于宗周하니 周公曰

왕약왈 유 고이사국다방 유이은후윤민
王若曰 猷[1]라 告爾四國多方하노라 惟爾殷侯尹民[2]아

아유대강이명 이망부지 홍유도천지명
我惟大降爾命하노라 爾罔不知로다 洪惟圖[3]天之命하

불영인념우사 유제강격우하 유하탄
여 弗永寅念于祀하니라 惟帝降格于夏어시늘 有夏誕

궐일 불긍척언우민 내대음혼 불극종일
厥逸하여 不肯慼[4]言于民하고 乃大淫昏하여 不克終日[5]

권우제지적 내이유문
勸于帝之迪은 乃爾攸聞이니라

국역 |

5월 정해일에 왕이 엄에서 와서 종주에 이르니, 주공이 말했다. "왕께서는 다음과 같이 말한 것으로 되어 있습니다. '아아! 너희 네 나라의 여러 지방 사람들에게 고하노라. 오직 너희 은나라 제후들과 목민관들이여, 내가 너희에게 크게 명을 내리노라. 너희들은 (다음 사실들을) 알지 않음이 없을 것이다. (하나라 사람들은) 크게 하늘의 명을 꾸며, 제사에 대해 길이 경건하지도 않고 생각하지도 않았다. 오직 하느님께서 하나라에 강림하셨는데, 하나라 사람들이 방일한 일을 크게 추구하여 백성들에 대해서 슬퍼하거나 언급하려고도 하지 않고, 크게 음란하고 혼미하여 줄곧 하느님의 인도하심에 따라 힘쓰지 않은 것은 너희들이 들은 바이다.

난자풀이 |

1 猷(유) : 아아!
2 尹民(윤민) : 목민관.
3 惟圖(유도) : 꾸미는 것을 생각하여. 꾸며서.
4 慼(척) : 근심하다. 슬퍼하다.
5 終日(종일) : 종일이란 말은 하루종일을 뜻하는 것이 아니다. '내내' '줄곧' 등을 뜻한다.

강설 |

왕이 엄이란 곳에서 오자, 주공은 그간에 왕 대신으로 내린 명령의 내용에 대해서 설명을 했다. 말하자면, "제가 왕이 안 계실 동안에 왕 대신 다음과 같은 명령을 왕의 명령이란 이름으로 내렸습니다"라고 하고 그 내용을 설명한 것이다. 그러므로 여기서 '왕약왈王若曰'로 시작되는 문장의 내용은 왕이 말한 것이 아니라 실은 주공이 말한 것이다. 그래서 '왕약왈'은 '왕께서는 다음과 같이 말한 것으로 되어 있습니다'로 이해하면 될 것이다.

궐도제지명 불극개우민지리 내대강벌
厥圖帝之命하여 不克開于民之麗[1]하고 乃大降罰하여
숭란유하 인갑우내란 불극령승우려 망
崇亂有夏하니 因甲[2]于內亂하여 不克靈承于旅하며 罔
비유진지공 홍서우민 역유유하지민 도
丕惟進[3]之恭하여 洪舒于民이요 亦惟有夏之民은 叨[4]
치 일흠 의할하읍
懫[5]를 日欽[6]하여 劓[7]割夏邑하니라

국역 |

(하나라의 임금은) 아마도 하느님의 명을 꾸며, 백성들이 뒤엉킨 것을 풀어주지 못하고, 벌받을 일들은 많이 실시하여, 하나라를 혼란하게 만드는 것을 숭상하니, 그로 인해 내란에 선도자가 되어, 백성들의 뜻에 대해 신통하게 받아들이지 못하며, 오직 다가오는 자에게만 매우 공손하게 대해주고, 백성들에 대해서는 널리 편안케 해주지 못했다. 또한 하나라의 백성들은 탐내고 성내는 것만을 날마다 추구하여 하나라를 갈라지게 만들었다.

난자풀이 |

1 麗(리) : 연결되다. 뒤엉키다.
2 甲(갑) : 으뜸. 시작하다. 선도하다.
3 丕惟進之恭(비유진지공) : 지之가 도치된 말의 가운데에 들어가는 말이므로, 이 구절은 비공유진丕恭惟進으로 해석하면 될 것이다. 진進은 다가오는 자이다.
4 叨(도) : 탐내다.
5 懫(치) : 성내다.
6 欽(흠) : 공경하다. 공손하게 추구하다.
7 劓(의) : 코를 베다. 코를 베는 형벌.

강설 |

하늘은 만물을 사랑하는 존재이므로 하늘의 뜻을 알고 따르는 사람은 만물을 사랑한다. 그러한 사람은 모두에게 추앙을 받고 사랑을 받는다. 그러한 사람은 하늘의 뜻을 따르도록 사람들을 인도한다. 그래서 사람들 또한 하늘을 좋아하고 따른다.

그러나 하늘의 뜻을 모르는 사람은 만물을 사랑하지 않는다. 그러한 사람은 모두에게 추앙 받지 못하고 사랑 받지 못한다. 그럴수록 그러한 사람은 사랑을 받고 싶고 추앙을 받고 싶기 때문에 하늘의 뜻을 알고 따르는 사람의 방식을 모방한다. 말하자면 하늘의 뜻을 꾸미는 것이다. 그리하여 자기는 하늘이 무엇인지 모르면서 남들에게 하늘의 뜻을 따르도록 강요한다. 그래서 사람들은 그러한 사람들을 싫어할 뿐만 아니라 급기야는 하늘도 싫어하고 거부한다.

하나라의 마지막 임금이 그러한 사람이었고, 하나라 말기의 백성들 또한 그러한 사람들이었다.

天惟時求民主(천유시구민주)하사 乃大降顯休命于成湯(내대강현휴명우성탕)하사 刑殄(형진)有夏(유하)하시니라 惟天不畀(유천불비)는 純乃惟以爾多方之義民(순내유이이다방지의민)으로 不克永于多享(불극영우다향)이요 惟夏之恭多士(유하지공다사)는 大不克明保(대불극명보) [1] 享于民(향우민)이요 乃胥惟虐于民(내서유학우민)하여 至于百爲(지우백위)히 大不克開(대불극개)하니라 [2]

국역 |

하늘이 이에 백성들의 주인을 구하시어, 탕임금에게 드러나고 아름다운 명을 크게 내리시어, 하나라를 벌주어 멸망시켰다. 오직 하늘이 (걸에게 명을) 주지 않음은 순전히 오직 너희들이 여러 지방의 의로운 백성들을 데리고 많이 누리는 일을 오래 지속하지 못했기 때문이고, 오직 하나라의 공손한 많은 선비들이 백성들을 밝게 보존하여 누리는 일을 전혀 하지 못했기 때문이고, 서로 백성들에게 학대하여 모든 행위에 이르기까지 전혀 이끌어주지 못했기 때문이었다.

난자풀이 |

[1] 大不克(대불극) : '크게 하지 못했다'는 말인데, 문맥을 부드럽게 하기 위해 '전혀 하지 못했다'로 번역했다.
[2] 開(개) : 열어주다. 이끌어주다.

강설 |

하늘의 뜻을 따르지 않을 때 나타나는 결과에 대해서 설명한 것이다.

乃惟成湯(내유성탕)이 克以爾多方簡(극이이다방간)[1]으로 代夏(대하)하사 作民主(작민주)하시니라 愼厥麗(신궐리)하여 乃勸(내권)하신대 厥民刑(궐민형)하여 用勸(용권)하니라 以至于帝乙(이지우제을)히 罔不明德愼罰(망불명덕신벌)하사 亦克用勸(역극용권)하시니라 要囚(요수)[2]에 殄戮多罪(진륙다죄)도 亦克用勸(역극용권)이며 開釋無辜(개석무고)도 亦克用勸(역극용권)이니라 今至于爾辟(금지우이벽)하여 弗克以爾多方(불극이이다방)으로 享天之命(향천지명)하니라 嗚呼(오호)라

국역 |

오직 탕임금은 너희들 여러 지방의 대표들을 데리고 하나라를 대신하여 백성들의 주인이 되셨다. 그 뒤엉킨 것을 조심조심 풀어주시어 권장하시니, 그 백성들이 본을 받아 열심히 노력했다. 제을에 이르러 덕을 밝히고 벌을 신중히 하지 않음이 없어 또한 (백성들이) 잘 격려되었다. 죄수를 판결함에 죄 많은 자를 모조리 죽이는 경우도 또한 (백성들을) 격려하는 것이었고, 무고한 자를 열어서 석방하는 경우도 또한 격려하는 것이었다. 그런데 지금 너희들의 임금에 이르러서는 너희 여러 지방의 사람들을 데리고 하늘의 명을 누리지 못했구나. 아아!"

난자풀이 |

1 簡(간) : 간택하다. 뽑다. 선발하다. 뽑힌 대표.
2 要囚(요수) : 죄수를 판결하다.

강설 |

주공은 제후들을 인도하기 위해, 역사 속에서 흥할 때의 모습과 망할 때의 모습을 설명하는 방식을 택했다. 거울은 언제나 역사 속에 있다. 역사를 공부하는 것도 이러한 이유에서일 것이다.

王若曰 誥告爾多方하노라 非天庸釋有夏며 非天庸釋有殷이시니라 乃惟爾辟이 以爾多方으로 大淫圖天之命하여 屑[1]有辭하니라

국역 |

"왕께서는 다음과 같이 말한 것으로 되어 있습니다. '너희 여러 지방의 사람들에게 깨우쳐 말하노라. 하늘이 하나라를 놓아버린 것이 아니며, 하늘이 은나라를 놓아버린 것이 아니다. 오직 너희들의 임금이 너희 여러 지방의 사람들을 데리고 매우 지나치게 하늘의 명을 꾸며서 자질구레하게 변명하는 말이 있었기 때문이다.

난자풀이 |

[1] 屑(설) : 부스러기. 자질구레한 것.

강설 |

나라가 망하고 사람이 망하는 것은 하늘의 탓이 아니다. 하늘은 언제나 모든 나라와 모든 사람을 사랑하고 구원하신다. 하늘은 인자한 어머니와 같다. 인자한 어머니는 어느 한 자녀라도 버리지 않는다. 그런데도 빗나가는 자녀가 있는 것은 그 자녀가 어머니의 뜻을 저버리기 때문이다. 사람은 스스로 하늘의 뜻을 저버릴 때 패망하고, 국가 역시 스스로 하늘의 뜻을 저버릴 때 패망한다.

乃惟有夏圖厥政(내유유하도궐정)하되 不集于享(부집우향)한대 天降時喪(천강시상)하사 有邦(유방)으로 間之(간지)하시니라 乃惟爾商後王(내유이상후왕)이 逸厥逸(일궐일)[1]하여 圖厥政(도궐정)하되 不蠲烝(불견증)한대 天惟降時喪(천유강시상)하시니라

국역 |

오직 하나라가 정사를 도모하되 (천명을) 향유하는 것에 힘을 모으지 않았기 때문에, 하늘이 이 멸망의 벌을 내리시어 다른 나라가 끼어든 것이다. 오직 너희 상나라의 마지막 왕이 방일한 일에 치달아, 정사를 도모하되 깨끗하고 풍성하게 하지 못하여, 하늘이 오직 이 멸망의 벌을 내리셨다.

난자풀이 |

[1] 逸厥逸(일궐일) : 방일한 일로 치달아서.

강설 |

사람이 멸망하는 것은 전적으로 사람에게 달려 있다. 사람이 하늘의 뜻을 어길 때 멸망의 길로 가는 것이다. 이를 총체적으로 표현할 때 하늘이 멸망케 했다고 표현하는 것이다.

惟聖(유성)이라도 罔念(망념)하면 作狂(작광)하고 惟狂(유광)이라도 克念(극념)하면 作聖(작성)하나니 天惟五年(천유오년)을 須暇之子孫(수가지자손)하사 誕作民主(탄작민주)어시늘 罔可念聽(망가념청)하니라 天惟求爾多方(천유구이다방)하사 大動以威(대동이위)하여 開厥顧天(개궐고천)이어시늘 惟爾多方(유이다방)이 罔堪顧之(망감고지)하니라

▌국역 |

오직 성인이라도 생각하지 않으면 광인이 되고, 오직 광인이라도 잘 생각하면 성인이 되는 것이니, 하늘이 오직 5년간을 자손에게 기다려 주고 짬을 주어, 크게 백성의 주인이 되게 하셨으나, 생각하거나 들을 가능성조차 없었다. 하늘이 이에 너희 여러 지방의 사람들을 구하시고자 하시어, 위엄을 가지고 크게 동요시켜 하늘을 돌아보도록 인도하셨는데, 너희 여러 지방의 사람들이 감당하여 돌아보지 못했구나.

> 惟我周王(유아주왕)이 靈承于旅(영승우려)하사 克堪用德(극감용덕)하사 惟典神天(유전신천)이실새 天惟式敎我用休(천유식교아용휴)하사 簡畀殷命(간비은명)하사 尹爾多方(윤이다방)하시니라

▌국역 |

오직 우리 주나라의 왕께서 신통하게도 백성들의 뜻에 맞추시고 덕으로 잘 감당하시어, 오직 신령스런 하늘을 본받으셨으므로, 하늘이 오직 본보기로 우리들에게 아름다운 명으로 가르치시고, (우리들을) 선택하여, (우리들에게) 은나라의 명을 주시어, 너희 여러 지방을 다스리게 하셨다.

▌강설 |

주나라가 성공을 한 것은 하늘의 뜻을 따랐기 때문이라는 말로 은

나라의 유민들을 설득했다. 아마도 하늘의 뜻을 중시하는 은나라 유민들에게 상당한 설득력이 있었을 것이다.

今我는 曷敢多誥리오 我惟大降爾四國民命하나 爾曷不忱裕之于爾多方고 爾曷不夾介[1]乂我周王享天之命고 今爾尙宅爾宅하며 畋爾田하나니 爾曷不惠王熙天之命고 爾乃迪屢不靜하나니 爾心未愛로다 爾乃不大宅天命이로다 爾乃屑播天命이로다 爾乃自作不典하여 圖忱于正이로다

국역 |

지금 내가 어찌 감히 많이 깨우치려 하겠는가. 나는 오직 너희 네 나라의 백성들에게 명령을 내렸는데, 너희들은 어째서 너희 여러 지방에 대해서 정성을 들이거나 넉넉하게 여기지 않는가? 너희들은 어째서 우리 주나라의 임금이 하늘의 명을 누리는 것을 돕지 않는가? 지금 너희는 여전히 너희들의 집에서 살며, 너희들의 밭에서 농사지으면서, 너희들은 어째서 왕이 하늘의 명을 넓히는 일에 따르지 않는가? 너희들은 인도하기를 여러 번 해도 안정되지 않으니 너희들은 마음으로는 아직 사랑하지 않는구나. 너희들은 전혀 천명을 편안하게 여기지 않는

구나. 너희들은 천명을 자질구레하게 여겨서 버리는구나. 너희들은 스스로 불법을 저지르면서 바른 것에 정성 드리는 체 꾸며대고 있구나.

난자풀이 |

[1] 夾介乂(협개예) : 협夾 · 개介 · 예乂 모두 '돕는다'는 뜻이 있다.

강설 |

은나라의 유민과 지도자들이 주공의 말을 듣지 않자, 주공은 그들이 오히려 천명을 어기고 있다고 나무람으로써 역으로 그들을 설득한다.

아유시기교고지　아유시기전요수지　지우
我惟時其教告之하며 我惟時其戰要囚之하여 至于
[1]
재　지우삼　내유불용아강이명　아내기대
再하며 至于三하니 乃有不用我降爾命하면 我乃其大
벌극지　비아유주병덕불강녕　내유이자
罰殛之하리니 非我有周秉德不康寧이라 乃惟爾自
[2]
속고
速辜니라

국역 |

우리들이 오직 이렇게 가르쳐 통고하기도 하고, 우리들이 오직 이렇게 싸워서 잡아 가두기도 하여, 두 번에 이르고 세 번에 이르니, 그런데도 내가 너희에게 내린 명령을 듣지 않으면 나는 크게 벌하여 죽일 것이다. 우리 주나라가 마음을 쓰는데 편하지 않아서가 아니라, 오직 너희들이 스스로 죄를 부른 것이다.'"

난자풀이 |

[1] 時(시) : 시是와 통용.

[2] 秉德(병덕) : 덕을 붙잡다. 덕은 '올바른 마음가짐'이므로, '덕을 붙잡는 것'은 '올바른 마음을 쓰는 것'이다.

강설 |

주공은 말을 듣지 않을 경우에 사형이라는 강력한 벌로 다스릴 것이라는 협박으로 마무리했다. 이러한 것은 정치하는 사람들에게서 일반적으로 나타나는 것으로 보인다. 그러나 이러한 방식의 정치가 최상의 것은 아니다. 최상의 정치는 어머니의 마음으로 다스리는 정치이다. 최후까지 포기하지 않고 사랑을 실천하는 정치이어야 최상의 정치이다.

왕 왈 오 호 유 고 이 유 방 다 사 기 은 다 사
王曰 嗚呼라 猷라 告爾有方多士와 暨殷多士하노라

금 이 분 주 신 아 감 오 사 월 유 유 서 백 소 대 다
今爾奔走臣我監이 五祀어니라 越惟有胥[1]伯小大多

정 이 망 불 극 얼 자 작 불 화 이 유 화 재
正아 爾罔[2]不克臬[3]이어다 自作不和면 爾惟和哉리오

이 실 불 목 이 유 화 재 이 읍 극 명 이 유
爾室不睦하면 爾惟和哉리오 爾邑克明이라사 爾惟

극 근 내 사
克勤乃事니라

국역 |

왕이 말했다. "오호라! 아! 너희들 지방의 여러 선비들과 은나라의 여러 선비들에게 고하노라. 지금 너희들은 우리 감독에게 열심히 신하 노릇한 것이 5년이로다. 서胥와 백伯과 크고 작은 여러 관리들아. 너희들은 일을 잘 하도록 하라. 스스로 불화를 일으키면 너희들은 화목할 수 있겠는가. 너희 왕실이 화목하지 않으면 너희들은 화목할 수 있겠는가. 너희들의 나라가 매우 밝아야 너희들은 너희들의 일을 열심히 할 수 있을 것이다.

난자풀이 |

1 胥(서) : 관직의 이름. 백伯과 정正도 마찬가지로 관직의 이름이다.
2 罔不(망불) : 이중 부정을 하는 말이므로 번역하지 않아도 뜻이 통한다.
3 臬(얼) : 일.

강설 |

여기의 문체에서 보면 내용은 왕이 직접 말한 것으로 되어 있지만, 실지로 주공이 이미 말한 내용을 왕에게 보고한 것인지, 아니면 주공이 왕의 말을 대신해서 말한 것인지, 아니면 왕이 직접 말한 것인지 알 수 없다. 그러나 문체로 보아 왕이 직접 말한 것은 아닐 것이다. 주공이 이미 말한 것을 왕에게 보고한 것이거나, 아니면 왕의 말을 대신해서 주공이 말한 것으로 보인다.

爾尚不忌于凶德[1]하고 亦則以穆穆으로 在乃位하며 克閱于乃邑하여 謀介[2]하라 爾乃自時洛邑으로 尚永力畋爾田하면 天惟畀矜爾하시며 我有周도 惟其大介賚[3]爾하여 迪簡在王庭하리니 尚[4]爾事어다 有服在大[5]僚니라

국역 |

너희들은 부디 (반란자를 잡아죽이는 일 등의) 흉악한 일을 하는 것에 대해 꺼리지 말고, 또한 근엄하게 너희들의 자리를 지키면서 너희들 나라의 일에 대해 잘 살펴 (우리들에게) 협조를 잘 하도록 하라. 너희들은 이 낙읍으로부터 부디 너희들의 밭을 오래도록 힘써 경작하면, 하늘이 너희들을 가엾게 여겨주실 것이며, 우리 주나라도 크게 너희들을 도와주어 (너희들을) 인도하고 선발하여 왕의 조정에 서게 할 것이니, 부디 너희들의 일을 잘 받들어라. 큰 관직에서 일하게 될 것이다."

난자풀이 |

[1] 凶德(흉덕) : 사람을 잡아죽이는 등의 흉악한 일.

[2] 謀介(모개) : 도울 일을 꾀하다.

[3] 賚(뢰) : 주다. 하사하다.

[4] 尙(상) : 잘 받들다. 부디 잘 받들다.

[5] 大僚(대료) : 큰 관직.

강설 |

소외된 사람들을 설득시키는 가장 좋은 방법은 참여시켜주겠다고 약속하는 것이다.

왕 왈 오 호 다 사 이 불 극 권 침 아 명 이 역 즉
王曰 嗚呼라 多士아 爾不克勸忱我命하면 爾亦則

유 불 극 향 범 민 유 왈 불 향 이 내 유 일 유
惟不克享이라 凡民惟曰不享이라하리니 爾乃惟逸惟

파 대 원 왕 명 즉 유 이 다 방 탐 천 지 위 아
頗[1]하여 大遠王命하면 則惟爾多方 探[2]天之威라 我

즉 치 천 지 벌 이 적 이 토
則致天之罰하여 離逖爾土하리라

국역 |

왕이 말했다. "아아! 많은 선비들이여. 너희들이 우리들이 받은 천명에 정성을 다하여 애쓰지 않는다면 너희들도 또한 (천명을) 누리지 못할 것이고, 모든 백성들도 오직 '(천명을) 누리지 못한다'고 말할 것이니, 너희들이 오직 안일하고 오직 바르지 못하여 왕명을 크게 멀리하면, 오직 너희 여러 지방에서 하늘의 위엄을 범하는 것이다. 나는 하늘의 벌을 다하여 너희들의 땅에서 멀리 떠나게 할 것이다."

난자풀이 |

[1] 頗(파) : 바르지 못하다.
[2] 探(탐) : 찾다. 더듬다. 만지다. 만지거나 더듬는 것은 범하는 것이다.

강설 |

왕의 명을 따르지 않으면 천명을 누리지 못할 것이라고 말한 것은 왕이 하늘의 뜻을 대행한다는 전제에서 성립한다. 그러므로 하늘의 뜻을 대행하지 않으면서 이 말을 하는 정치가가 있다면 그는 독재를 하기 위해 하늘을 이용하는 자이다. 그러므로 똑같은 말을 하는 정치가라 해서 다 똑같은 것은 아니다. 훌륭한 정치가도 있고, 나쁜 정치가도 있다.

王曰(왕왈) 我不惟多誥(아불유다고)라 我惟祗告爾命(아유지고이명)이니라 又曰(우왈) 時惟爾初(시유이초)니 不克敬于和(불극경우화)라도 則無我怨(즉무아원)하리라

국역 |

왕이 말했다. "내가 오직 많이 깨우치려는 것이 아니다. 나는 다만 너희들에게 명령을 내릴 뿐이다." 또 말했다. "이는 오직 너희들의 시작이니, 조화를 잘 이루어내지 못하더라도 나를 원망하지 말라."

강설 |

마지막으로 주공은 다방의 선비들에게 협박을 함으로써 끝을 맺었다. 마지막에는 명령을 내리고 그 명령을 듣지 않아 조화를 이루지 못하고 큰 재앙이 있게 되더라도 원망하지 말라는 협박으로 끝을 맺은

것이다. 주공의 정치는 설득과 협상을 통해서 진행되는 것이었다. 이러한 정치의 배경에는 항상 힘이 밑바탕이 되어 있다. 그렇기 때문에 협상이 결렬될 때는 항상 폭력으로 결말을 맺는다. 그러나 맹자의 정치형태에 있어서는 정치가의 정치방식이 다르다. 정치가는 부모에 해당하고 백성은 자녀에 해당하기 때문에 백성이 말을 듣지 않으면 정치가는 자기의 덕德 없음을 반성해야 한다. 아무리 반성해도 되지 않을 때는 물러나야 한다. 물러나지 않을 때는 혁명革命을 해서 강제로 물러나게 할 경우도 있다.

立政 | 입정

이제 주공周公이 은퇴할 때가 되었다. 그래서 주공은 자기가 통치할 때의 신하들을 물갈이하고 다시 새로운 신하들을 임명해야 했다. 그래서 주공은 신하들을 임명하는 방법에 대해 왕에게 간한 것이 이 입정立政의 내용이다. 『금문상서今文尙書』와 『고문상서古文尙書』에 다 들어 있다.

周公若曰(주공약왈) 拜手稽首(배수계수)하여 告嗣天子王矣(고사천자왕의)로이다 用咸(용함)
戒于王曰(계우왕왈) 王左右(왕좌우)는 常伯(상백)①과 常任(상임)②과 準人(준인)③과 綴衣(철의)④와
虎賁(호분)⑤이니이다 周公曰(주공왈) 嗚呼(오호)라 休兹(휴자)나 知恤(지휼)이 鮮哉(선재)니이다

국역 |

주공이 다음과 같이 말했다. "손 짚어 절하고 머리를 조아리며 천자의 자리를 이어받은 왕에게 고합니다." 그러자 (다른 신하들이) 모두의 입장에서 왕에게 경계하며 말했다. "왕의 좌우에 있어야 할 신하로는 상백과 상임과 준인과 추의와 호분입니다." 이에 주공이 말했다. "아아! 이들은 아름다우나 걱정할 줄 아는 이가 드뭅니다.

난자풀이 |

1 常伯(상백) : 목민관의 장.
2 常任(상임) : 인사를 담당하는 관직.
3 準人(준인) : 법을 관장하는 관직.
4 綴衣(추의) : 의복이나 기물을 담담하는 관리.
5 虎賁(호분) : 근위병.

강설 |

주공이 정치를 할 동안에도 주위의 신하들 중에는 주공에 대해 상당히 불만을 가진 자들이 있었던 것으로 보인다. 그래서 주공이 떠날 때가 되어 주공이 관리 임명에 대해 언급하려 하자, 이에 반발하며 자기들의 주장을 내세운 것으로 보인다. 그러나 개인적으로 반발하면 위험하기 때문에 모두의 의견으로 꾸며 다 같이 왕에게 관리로 임명해야 할 사람들을 추천했다. 그렇지만 주공은 거기에 굴하지 않고 자기의 의견을 관철시킨다. 주공은 자기의 주장을 관철시킬 때, 자기의 의견을 내세우지 않고 옛날의 훌륭한 사람들의 방식을 열거함으로써 권위를 강화했다.

古之人이 迪하니 惟有夏乃有室大競하여 籲俊尊上帝하니 迪知忱恂[1]于九德[2]之行하여 乃敢告教厥后曰 拜手稽首后矣로이다 曰 宅[3]乃事[4]하며 宅乃牧[5]하며 宅乃準[6]이라사 兹惟后矣니 謀面을 用丕訓德[7]하여 則乃宅人[8]하면 兹乃三宅에 無義民하리이다

국역 |

옛 사람이 인도한 선례가 있습니다. 하나라가 왕실이 강성했을 때 준걸들을 불러 하느님을 받들었으니, (준걸들이) 잘 인도하여 아홉 가지 덕을 행하는 일에 정성스럽게 하고 미덥게 할 줄을 알아서, 감히 그 임금에게 깨우쳐 말하기를, '임금님께 손 짚어 절하고 머리를 조아립니다' 하고서, '그대의 비서직을 임명하여 확정하고, 그대의 행정직을 임명하여 확정하며, 그대의 사법직을 임명하여 확정해야 이에 오직 임금 노릇을 할 수 있습니다. 겉으로만 꾸미는 자를 매우 교양 있고 덕 있는 자로 여겨서 그런 사람들을 임명하여 확정하면, 이 세 정승 자리에는 의로운 사람들이 없을 것입니다'라고 했습니다.

난자풀이 |

[1] 恂(순) : 믿다.

[2] 九德(구덕) : 정치에 있어 행해야 할 아홉 가지 행동강령. 구체적으로 무엇인지는 알 수는 없다. 『중용』의 구경九經으로 이해할 수도 있을 것이다.

[3] 宅(택) : 안정시키다. 확정시키다.
[4] 事(사) : 비서직.
[5] 牧(목) : 행정직.
[6] 準(준) : 사법직.
[7] 訓(훈) : 가르치다. 가르침이 있는. 교양 있는.
[8] 宅(택) : 자리. 임금이 임명한 정승 자리.

강설 |

예나 지금이나 정치에 있어 가장 민감한 부분은 역시 인재등용일 것이다. 인재를 등용할 때는 모두 민감해진다. 주공이 물러날 즈음에 마지막까지 최선을 다한 것이 바로 인재등용에 관한 것이었다.

> 桀德(걸덕)은 惟乃弗作往任(유내불작왕임)하고 是[1]惟暴德(시유포덕)이라 罔後(망후)하니이
> 다 亦越成湯陟[2](역월성탕척)하여 丕[3]釐上帝之耿命(비리상제지경명)하사 乃用三有
> 宅(내용삼유택)으로 克卽宅(극즉택)하시며 曰三有俊[4](왈삼유준)하여 克卽俊(극즉준)하사 嚴惟
> 丕式(엄유비식)하사되 克用三宅三俊(극용삼택삼준)하시니 其在商邑(기재상읍)하여는 用協
> 于厥邑(용협우궐읍)하시며 其在四方(기재사방)하여는 用丕式見德(용비식견덕)하시니이다

국역 |

걸의 마음 씀씀이는 오직 지난날의 적임자들을 세우지 않고, 오직

포악한 덕을 가진 사람들을 옳게 여겼기 때문에, 뒤로 이어짐이 없게 되었습니다. 또한 탕임금이 즉위함에 이르러, 하느님의 밝은 명을 매우 잘 받드시어, 세 정승들을 데리고 정승의 지위에 잘 나아가게 하시고, '세 준걸'을 말하여 준걸의 지위에 잘 나아가게 하시며, 엄숙하고 크게 모범이 되시어, 세 정승과 세 준걸들을 잘 활용하셨으므로 상나라의 도읍지에서는 그 도읍지를 조화롭게 만드시고, 사방에서는 크게 모범이 되시어 덕을 드러내셨습니다.

난자풀이 |

1 是(시) : 옳게 여기다.
2 陟(척) : 즉위하다.
3 釐(리) : 다스리다. 처리하다. 천명을 처리한다는 것은 '잘 받드는 것'을 말한다.
4 俊(준) : 재주가 있는 자. 삼택三宅이 장관이라면, 삼준三俊은 차관 정도가 될 것이다.

강설 |

주공은 인재의 등용에 앞서, 걸이 망한 것과 탕임금이 성공한 것이 인재의 등용에서 비롯되었음을 밝힘으로써 인재등용의 중요성을 강조했다.

嗚呼(오호)라 其在受德暋(기재수덕민)[1]하여 惟羞刑暴德之人(유수형포덕지인)[2]이 同于厥(동우궐)邦(방)하며 乃惟庶習逸德之人(내유서습일덕지인)이 同于厥政(동우궐정)한대 帝欽罰(제흠벌)

之하사 乃伻我有夏하여 式商受命하여 奄甸萬姓하시니이다
(之 지, 乃伻我有夏 내팽아유하, 式商受命 식상수명, 奄甸萬姓 엄전만성; 式[3], 奄[4])

국역 |

아아! 주왕 때에는 덕이 혼미하여 형벌을 좋아하고 포악한 덕을 가진 사람들이 그 나라에 함께 살았고, 여러 가지 나쁜 습관에 빠지고 덕이 나태한 사람들이 그 정치에 함께 참여했으므로 하느님께서 엄격하게 벌을 주시어 우리 하족으로 하여금 상나라가 받았던 명을 받들어 만백성을 다스리게 하셨습니다.

난자풀이 |

[1] 暋(민) : 번민하다. 번뇌하다.

[2] 羞刑(수형) : 형벌에 나아가다. 형벌에 나아가는 사람은 형벌을 좋아하는 사람이므로, 여기서는 '형벌을 좋아하다'로 번역했다.

[3] 式(식) : 본받다. 받들다.

[4] 奄(엄) : 문득. 갑자기.

강설 |

주공은 인재등용의 실패가 나라를 망하는 원인이 된다는 것을 밝혀 인재의 등용에 신중하도록 주의를 환기시켰다.

그런데 여기서 주공이 '우리 하족'이란 말을 쓴 것을 보면, 주공을 위시한 주나라 사람들은 자기들이 옛날 서쪽에 살았던 하나라를 이어받았다는 의식을 가지고 있었다는 사실을 알 수 있다. 하나라와 주나라는 서부족으로서 같은 민족이고, 은나라는 동부족으로서 이민족이었다. 이러한 관점에서 보면 하은주 삼대의 역사는 동부족과 서부족의 중원쟁탈의 역사였음을 알 수 있다.

亦越[1]文王武王(역월문왕무왕)하여 克知三有宅心(극지삼유택심)하시며 灼見三有俊心(작견삼유준심)하사 以敬事上帝(이경사상제)하시며 立民長伯(입민장백)하시니이다 立政(입정)에 任人(임인)과 準夫(준부)와 牧(목)으로 作三事(작삼사)하시니이다

국역 |

또한 문왕과 무왕 때에 이르러 세 정승의 마음을 잘 알고, 세 준걸의 마음을 환하게 파악하시어, 경건하게 하느님을 섬기시고, 백성들의 우두머리를 세우셨는데, 정치할 사람을 임명함에 있어서는 임인과 준부와 목으로 세 분야의 정사를 관장케 하셨습니다.

난자풀이 |

[1] 越(월) : 급及과 같은 뜻.

강설 |

문왕과 무왕 때에 삼대 요직에 등용되었던 세 사람을 열거함으로써 바람직한 인재등용의 방법을 깨우친 것이다.

虎賁(호분)과 綴衣(추의)와 趣馬(취마)와 小尹(소윤)과 左右攜僕(좌우휴복)과 百司(백사)와 庶府(서부)와 大都(대도)와 小伯(소백)과 藝人(예인)과 表臣百司(표신백사)와 太史(태사)와 尹伯(윤백)과 庶常(서상)과 吉士(길사)와 司徒(사도)와 司馬(사마)와 司空(사공)과 亞(아)와 旅(여)와 夷(이)와 微(미)와 盧(노)의 烝(증)[1]과 三亳(삼박)과 阪(판)의 尹(윤)이니이다

국역 |

(세 분야의 관직명으로는) 호분과 추의와 취마와 소윤과 좌우의 휴복과 여러 유사와 정부의 여러 관리와 대도와 소백과 예인과 표신인 여러 유사와 태사와 윤백과 서상과 길사와 사도와 사마와 사공과 아와 여와 이와 미와 노의 임금과 삼박과 판의 윤尹이었습니다.

난자풀이 |

[1] 烝(증) : 임금.

강설 |

구체적인 관직명을 열거함으로써, 관리를 등용하는 구체적인 방법을 제시하고자 한 것이다. 여기에 나오는 관직명은 모두 고대의 관직명이다.

文王이 惟克厥宅心하사 乃克立茲常事司[1]牧人하사되 以克俊有德하시니이다 文王은 罔攸兼于庶言庶獄庶愼하시고 惟有司之牧夫를 是訓用違[2]하시니라 庶獄庶愼은 文王이 罔敢知于茲하시니라

국역 |

문왕이 마음을 단단히 먹고 이 상사를 세우시고 목인을 정하시되, 슬기로운 자와 덕 있는 자로 했습니다. 문왕은 서언庶言과 서옥庶獄과 서신庶愼에 대해서는 겸직시키지 않으시고, 오직 유사有司 중에서 목부牧夫만은 잘 가르쳐서 겸직시키셨습니다. 서옥과 서신은 문왕이 감히 그에 대해 알려고 하지 않으셨습니다.

난자풀이 |

[1] 司(사) : 맡다. 벼슬. 관리. 벼슬자리를 정하다.
[2] 違(위) : 어기다. 위의 원칙을 어기는 것이므로 다르게 하는 것이 된다. 겸직시키지 않는 것을 어기는 것은 겸직을 시키는 것이다.

강설 |

문왕은 언론, 사법, 제사, 의료 등의 관직은 중요하기 때문에 겸직시키지 않았다. 특히 사법과 제사 및 의료를 담당하는 관리들은 독립성이 인정되어야 하기 때문에 그들에 대해 알려고도 하지 않았던 것이

다. 서언은 언론관이고, 서옥은 사법관이며, 서신은 제사나 질병을 담당하는 관직이다. 유사는 관리를 말하고, 목부는 행정관이다.

亦越武王(역월무왕)하여 率惟敉功(솔유미공)[1]하사 不敢替厥義德(불감체궐의덕)하시며 率惟謀從容德(솔유모종용덕)하사 以並受此丕丕基(이병수차비비기)하시니라

국역 |

무왕에 이르러서는 (문왕의) 일을 다 완성하시어 좋은 덕을 가진 자들을 감히 버리지 않으시며, 너그러운 덕을 가진 자들을 생각하여 따라주셨으므로 이 크고 큰 터전을 모두 받았습니다.

난자풀이 |

[1] 敉(미) : 어루만지다. 편안하게 하다. 완성하다.

강설 |

정치의 근본은 덕으로 인도하는 것이다. 덕 있는 자를 임용하고, 덕 있는 자의 말을 듣고 따를 수 있어야 정치가 안정될 수 있다.

오 호 유 자 왕 의 계 자 금 아 기 립 정
嗚呼라 孺子王矣시니 繼自今으로 我其立政해야하니

입 사 준 인 목 부 아 기 극 작 지 궐 약
이다 立事와 準人과 牧夫에는 我其克灼知厥若하여

비 내 비 란 상 아 수 민 화 아 서 옥 서 신 시 즉 물
丕乃俾亂相我受民하고 和我庶獄庶愼하여 時則勿

유 간 지 자 일 화 일 언
有間之自一話一言해야하니이다

국역 |

아아! 어린 조카는 왕이시니 지금부터 계속해서 우리가 정치를 할 관리를 세워야 합니다. 사와 준인과 목부를 세울 때는 우리가 그들의 순조로움에 대해 환히 알아서 (그들로 하여금) 우리가 받은 백성을 잘 다스려 돕게 하시고, 우리 서옥과 서신을 화목하게 만드시어, 이야기 한 마디나 말 한 마디라도 이간하지 않게 하셔야 합니다.

강설 |

여기서 주공이 제시한 정치방식은 행정관료를 잘 등용하는 것과, 소송을 담당하는 관직과 제사나 질병을 담당하는 관직은 사람의 생명을 다루는 것이기 때문에 고도의 인품이 요구되는 분야이다. 그들이 타락하여 서로 싸우고 헐뜯는 일이 있으면 정치는 매우 어려워진다. 그래서 주공은 특별히 이를 강조한 것이다.

아 즉 말 유 성 덕 지 언 이 예 아 수 민 오
我則末[1]惟成德之彥[2]으로 以乂我受民케해야하니이다 嗚

호 여 단 이 수 인 지 휘 언 함 고 유 자 왕 의
呼라 予旦은 已受人之徽言하여 咸告孺子王矣로니

계 자 금 문 자 문 손 기 물 오 우 서 옥 서 신
繼自今으로 文子文孫은 其勿誤于庶獄庶愼하시고

유 정 시 예 지
惟正是乂之하소서

국역 |

우리들은 끝내 덕이 완성된 슬기로운 사람을 데리고 우리가 받은 백성들을 다스리게 해야 합니다. 아아! 나 단은 이미 남의 아름다운 말을 수용하여 모두 어린 조카인 왕에게 보고했습니다. 지금부터는 교양 있는 아들, 교양 있는 손자께서는 서옥과 서신에 대해 그르치지 마시고 오직 바른 관리만을 다스리십시오.

난자풀이 |

[1] 末(말) : 끝내.
[2] 彥(언) : 슬기로운 사람.

자 고 상 인 역 월 아 주 문 왕 입 정 입 사
自古商人으로 亦越我周文王하여는 立政하시고 立事

목 부 준 인 즉 극 택 지 극 유 역 지
와 牧夫와 準人하사되 則克宅之하사 克由繹之케하사

> 자내비예
> 茲乃俾乂케하시니이다

국역

옛날 상나라 사람에서부터 우리 주나라 문왕에 이르러서는 정치 담당자를 임명하시고 사와 목부와 준인을 임명하시되, (적재적소에) 잘 안착시키시어, (좋은 정치를) 잘 유도하여 풀어내게 하시어, 잘 다스리게 하셨습니다.

강설

초기의 상나라와 문왕의 정치가 훌륭한 까닭은 인재를 잘 등용하여 적재적소에 배치했기 때문임을 또 한번 강조한 것이다.

> 국즉망유립정 용섬인 불훈우덕 시망현
> 國則罔有立政에 用憸人이니 [1] 不訓于德이라 是罔顯
> 재궐세 계자금 립정 기물이섬인
> 在厥世하리이다 繼自今으로 立政에 其勿以憸人하시
> 기유길사 용매상아국가
> 고 其惟吉士하사 用勱相我國家하소서 [2]

국역

나라에서는 정치 담당자를 세울 적에 간사한 사람은 쓰지 않아야 하는 것이니, (그들은) 바른 마음을 쓰는 데에 익숙하지 않으므로 세상에 빛나지 않을 것입니다. 지금부터 정치 담당자를 세우심에 간사한 사람을 쓰지 마시고 오직 길한 선비만 쓰셔서 우리 나라를 힘써 돕게 하십시오.

난자풀이 |

1 憸(험) : 간사하다.
2 勱(매) : 힘쓰다.

강설 |

덕이 있는 사람을 등용하는 것 이상으로 중요한 것은 간사한 사람을 쓰지 않는 것이다.

今文子文孫孺子王矣시니 其勿誤于庶獄하시고 惟有司之牧夫하소서 其克詰爾戎兵[1]하여 以陟禹之迹하여 方行天下하여 至于海表히 罔有不服케하사 以覲文王之耿光하시며 以揚武王之大烈하소서 嗚呼라 繼自今으로 後王은 立政에 其惟克用常人하소서

(금문자문손유자왕의 기물오우서옥 유유사지목부 기극힐이융병 이척우지적 방행천하 지우해표 망유불복 이근문왕지경광 이양무왕지대렬 오호 계자금 후왕 입정 기유극용상인)

국역

지금 교양 있는 아들, 교양 있는 손자이신 어린 조카는 왕이시니, 서옥에 대해 실수하지 마시고, 오직 유사 중의 목부에게 맡기십시오. 그대의 군복과 병기를 다스려, 우왕이 남긴 자취만큼 높아져, 천하를 방방곡곡 돌아다녀서 바다 밖에 이르기까지 복종하지 않는 자가 없게 하시어, 문왕의 밝은 빛을 보시고 무왕의 큰 공을 드날리십시오. 아아! 지금부터 후왕께서는 정치 담당자를 세우심에 오직 정상적인 사람을 등용하십시오."

난자풀이

[1] 詰(힐) : 묻다. 따지다. 다스리다.

강설

최후까지 주공은 송사를 맡는 관리의 중요성을 강조하고 있다. 오늘날의 사법부의 중요성을 생각해보면 이를 이해할 수 있을 것이다.

周公若曰(주공약왈) 太史(태사)[1]아 司寇蘇公(사구소공)[2]이 式敬爾由獄(식경이유옥)하여 以(이)長我王國(장아왕국)하니 茲式有愼(자식유신)하여 以列用中罰(이렬용중벌)하라

국역 |

주공이 다음과 같이 말했다. "태사여. 사구인 소공이 그대를 공경하여 옥사 다스리는 일을 잘 말미암아서 우리 왕국을 오래가게 만들었으니, 이를 본받아 조심하여 알맞은 벌을 나열하여 쓰도록 하라."

난자풀이 |

1 太史(태사) : 사관.
2 蘇公(소공) : 『좌전左傳』 성공成公 십일년十一年에 나오는 소분생蘇忿生을 말한다.

강설 |

주공은 마지막으로 태사에게 부탁하여 송사를 맡는 관리의 중요성을 강조했다. 태사는 역사를 관장하는 관리다. 그에게 부탁하여 기록을 하게 한 것은 오랫동안 안정된 정치가 지속되기를 희망했기 때문이다.

周官 | 주관

성왕成王이 백관들에게 훈계한 내용을 기록한 것이 이 주관周官이다. 『금문상서今文尙書』에는 없고 『고문상서古文尙書』에는 들어 있다.

유주왕 무만방 순후전 사정불정 수
惟周王이 撫萬邦하여 巡侯甸하여 四征弗庭[1]하여 綏

궐조민 육복군벽 망불승덕 귀우종주
厥兆民한대 六服群辟이 罔不承德이어늘 歸于宗周

동정치관
하여 董正治官하다

국역 |

주나라의 왕이 만방을 어루만지고, 후복과 전복의 제후를 순행하며, 조정과 통하지 않은 자들을 사방으로 정벌하여, 억조 백성들을 편안케 하니, 여섯 등급의 여러 제후들이 덕을 받들지 않는 자가 없었다. 이에 종주로 돌아와 다스리는 관리들을 감독하여 바로잡았다.

난자풀이 |

[1] 庭(정) : 뜰. 조정. 조정과 통하다.

강설 |

주관은 주공이 은퇴를 한 뒤 주나라 성왕이 친정하면서 관직을 정비하는 내용을 설명한 것이다.

왕왈 약석대유 제치우미란 보방우미위
王曰 若昔大猷에 制治于未亂하며 保邦于未危하나라

국역 |

왕이 말했다. "옛날 크게 도가 행해졌을 때와 같은 경우에는 혼란하기 전에 다스림을 실시했고, 위험하기 전에 나라를 튼튼히 했다."

강설 |

최고의 치료는 아프기 전에 실시하는 것이다.

曰(왈) 唐虞稽古(당우계고)하여 建官惟百(건관유백)하시니 內有百揆四岳(내유백규사악)하고 外有州牧侯伯(외유주목후백)하여 庶政(서정)이 惟和(유화)하여 萬國(만국)이 咸寧(함녕)하니라 夏商(하상)은 官倍(관배)하나 亦克用乂(역극용예)하니 明王立政(명왕립정)은 不(부)惟其官(유기관)이라 惟其人(유기인)이니라

국역 |

(왕이) 말했다. "당우는 옛 것을 참고하여 백 가지 종류의 관직을 제정하셨으니, 안으로는 백규와 사악이 있었고 밖으로는 주목과 후백이 있어 여러 정치가 조화로웠고 만국이 편안했다. 하나라와 상나라는 관직의 수는 두 배였으나 또한 잘 다스렸으니, 왕덕을 밝히고 정책을 세우는 것은 오직 관직에만 달려 있는 것이 아니라 사람에게 달려 있다.

강설 |

관직과 제도가 아무리 잘 정비되어 있어도 그것을 운용하는 사람이 잘못하면 소용이 없다. 가장 중요한 것은 역시 사람이다.

今予小子(금여소자)는 祗勤于德(지근우덕)하여 夙夜不逮(숙야불체)하여 仰惟前代(앙유전대) 時若(시약)[1]하여 訓迪厥官(훈적궐관)하노라 立太師太傅太保(입태사태부태보)하노니 茲(자) 惟三公(유삼공)이 論道經邦(논도경방)하며 燮理陰陽(섭리음양)하리라 官不必備(관불필비)라 惟其人(유기인)이니라

국역 |

지금 나 소자는 마음 씀씀이에 경건하고 부지런하여 아침 일찍부터 밤늦게까지 노력해도 못다 할 것처럼 여겨, 우러러 오직 전대의 방식을 따라, 관원들을 훈계하고 인도하노라. 태사와 태부와 태보를 세웠으니, 오직 이들 삼공이 도를 논하고 나라를 경영하며, 음양을 조화롭게 다스릴 것이다. 관직은 반드시 완비되어야만 하는 것은 아니다. 오직 사람에게 달려 있다.

난자풀이 |

[1] 若(약) : 순順과 같은 뜻.

강설 |

삼공의 관직을 정하고 그 역할에 대해 설명했다.

少師少傅少保는 曰三孤니 貳公이라 弘化하여 寅亮天地하여 弼予一人하나니라 冢宰는 掌邦治하니 統百官하고 均四海하나니라 司徒는 掌邦教하니 敷五典[1]하여 擾[2]兆民하나니라

국역 |

소사와 소부와 소보는 삼고라 하는 것이니, 삼공 다음가는 직책이다. 교화를 넓히고 천지의 이치를 경건하게 밝혀, 나 한 사람을 보필할 것이다. 총재는 나라의 정치를 담당하는 자이니, 백관을 통솔하고 사해를 균등하게 다스려야 한다. 사도는 나라의 교육을 담당하는 자이니, 오륜을 펴고 억조 백성을 길들여야 한다.

난자풀이 |

[1] 五典(오전) : 오륜.
[2] 擾(요) : 길들이다.

강설 |

삼공 다음의 관직으로 삼고를 정하고 그 역할에 대해 설명했다.

> 宗伯(종백)은 掌邦禮(장방례)하니 治神人(치신인)하여 和上下(화상하)하나니라 司馬(사마)는 掌邦政(장방정)하니 統六師(통륙사)하여 平邦國(평방국)하나니라 司寇(사구)는 掌邦禁(장방금)[1]하니 詰(힐)[2]姦慝(간특)하며 刑暴亂(형포난)하나니라 司空(사공)은 掌邦土(장방토)하니 居四民(거사민)하며 時地利(시지리)하나니라

국역 |

종백은 나라의 예를 담당하는 자이니, 신과 사람을 다스려 상하를 화목하게 해야 한다. 사마는 나라의 정치를 담당하는 자이니, 여섯이나 되는 (나라의) 군대를 통솔하여 나라를 화평하게 해야 한다. 사구는 나라의 법을 담당하는 자이니, 간특한 자를 다스리고 포악하고 어지러운 자를 처벌해야 한다. 사공은 국토를 담당하는 자이니, 사방의 백성들을 잘 거주하게 하고 땅의 이로움을 옳게 활용해야 한다.

난자풀이 |

[1] 禁(금) : 법.
[2] 詰(힐) : 힐문하다. 공격하다.

강설 |

다음으로 각부 장관에 해당하는 관직을 정하고 그 역할에 대해 설명했다.

六卿은 分職하여 各率其屬하여 以倡九牧하여 阜成[1] 兆民하나니라 六年에 五服이 一朝어든 又六年에 王乃時巡하여 考制度于四岳[2]이니라 諸侯各朝于方岳[3]이어든 大明黜陟[4]하나니라

국역 |

육경은 직책을 분담하여 각기 그 관속을 거느리고 구목을 이끌어 억조 백성을 넉넉하게 이루어야 한다. 육 년에 오복의 제후들이 한 번 조회하면 또 육 년에 왕이 (제후의 나라에) 순행하여 사악에서 제도를 살필 것이다. 제후가 각기 방악에서 조회를 하면 매우 분명하게 상벌을 실시할 것이다.

난자풀이 |

[1] 阜(부) : 언덕. 크다. 넉넉하다.
[2] 四岳(사악) : 천자가 사방의 제후를 접견하는 사방의 장소.
[3] 方岳(방악) : 각각의 지방에서 천자를 접견하는 장소.

4 黜陟(출척) : 내치거나 올려주는 것. 상벌.

강설 |

다음으로는 육경이라는 관직을 정하고 그 역할에 대해서 설명했다. 육경은 사방 제후들을 관리하는 관리이다. 제도를 살핀다는 것은 그간에 달력이나 계절에 관한 것 등이 제대로 실시되고 있는지를 살피는 것이다.

王曰 嗚呼라 凡我有官君子아 欽乃攸司하며 愼乃出命하라 令出이면 惟行이니 弗惟反이라 以公滅私하면 民其允懷하리라 學古入官하여 議事以制하여사 政乃不迷하리니 其爾는 典常으로 作之師하고 無以利口로 亂厥官하라 蓄疑하면 敗謀하며 怠忽하면 荒政하며 不學하면 牆面이라 莅事惟煩하리라

국역 |

왕이 말했다. "아아! 관직에 있는 나의 모든 군자들이여. 너희들의 맡은 바 직책을 경건하게 다스리며, 너희들이 명령하는 것을 조심하라.

명령이 내려지면 오직 행해져야 하는 것이니, 오직 역행하면 안 되는 것이다. 공적인 마음으로 사심을 없애면 백성들은 참으로 그리워하게 될 것이다. 옛 법을 배우고서 관에 들어가 일을 의논하여 잘 실시해야 정사가 혼미하지 않을 것이니, 그대들은 원칙적이고 정상적인 방법으로 그들의 스승이 되어야 하고, 말재주로 관직을 어지럽혀서는 안 된다. 의심나는 일을 쌓으면 일을 그르치고, 나태하고 소홀하면 정사를 황폐하게 하며, 배우지 않으면 담을 향해 서는 것 같아서 일에 임하여 번거롭기만 할 것이다.

강설 |

각 관직의 관리들에게 관리로서의 지침을 지시한 내용이다. 그 내용은 다음과 같다. ① 맡은 바 직책을 확실히 할 것 ② 명령하는 것을 조심할 것 ③ 옛 법을 배워 관에 들어가 일을 의논하여 잘 실시할 것 ④ 원칙적이고 정상적인 방법으로 하급 관리들의 스승이 될 것 ⑤ 말재주로 관직을 어지럽히지 말 것 ⑥ 의심나는 일을 쌓지 말 것 ⑦ 나태하거나 소홀하지 말 것 ⑧ 배움을 계속할 것 등이다.

戒爾卿士(계이경사)하노니 功崇(공숭)은 惟志(유지)요 業廣(업광)은 惟勤(유근)이니 惟克果斷(유극과단)하야사 乃罔後艱(내망후간)하리라 位不期驕(위불기교)[1]며 祿不期侈(녹불기치)니 恭儉惟德(공검유덕)이요 無載爾僞(무재이위)하라 作德(작덕)하면 心逸(심일)하여 日休(일휴)하고 作僞(작위)하면 心勞(심로)하여 日拙(일졸)[2]하나니라

▌국역 |

너희 경사들에게 주의를 주겠다. 공이 높은 것은 오직 뜻이 좋기 때문이고, 업이 넓어지는 것은 오직 부지런하기 때문이다. 오직 과단성이 있어야 뒤에 어려워지는 일이 없을 것이다. 지위로 인해 교만함으로 나아가서는 안 되고, 녹봉으로 인해 사치스러움으로 나아가서는 안 되는 것이니, 공손하고 검소함을 오직 실천덕목으로 삼아 너의 거짓을 일삼지 말라. 덕을 행하면 마음이 편안해져 날마다 아름다워지고, 거짓을 하면 마음이 고달파져서 날마다 옹졸해지는 법이다.

▌난자풀이 |

1 期(기) : 기대하다. 기약하다. 목적으로 삼다.
2 拙(졸) : 옹졸해지다.

▌강설 |

경사들은 지방의 제후를 관리하는 역할을 해야 하기 때문에 그에 걸맞는 지시를 내렸다. 그 내용은 다음과 같다. ① 뜻을 좋게 가지고, 부지런히 할 것 ② 과단성 있게 할 것 ③ 지위로 인해 교만하지 말 것 ④ 녹봉으로 인해 사치스러움으로 나아가지 말 것 ⑤ 공손하고 검소함을 실천덕목으로 삼을 것 ⑥ 거짓을 일삼지 말 것, 등이다.

居寵思危(거총사위)하여 罔不惟畏(망불유외)하라 弗畏(불외)면 入畏(입외)하리라 推賢(추현)
讓能(양능)하면 庶官(서관)이 乃和(내화)하리니 不和(불화)하면 政厖(정방)1하리라 擧能(거능)

기관 유이지능 칭비기인 유이불임
其官이 惟爾之能이며 稱匪其人이 惟爾不任이니라

국역 |

총애를 받게 되면 위태로워질 것을 생각하여 오직 두려워하지 않음이 없어야 할 것이니, 두려워하지 않으면 두려운 일에 들어가게 될 것이다. 현명한 자를 추대하고 유능한 자에게 양보하면 여러 관직이 화평해질 것이며, 화평해지지 않으면 정사가 잡스러워질 것이다. 천거된 자가 자기의 관직을 잘 수행하면 그것은 오직 그대의 능력이고, 일컬은 자가 적임자가 아니면 오직 그대가 감당하지 못한 것이다."

난자풀이 |

1 厖(방) : 섞이다.

강설 |

관리된 자는 총애를 받을수록 위태로워질 것을 생각하여 대처해야 하고, 현명한 자를 추대하고 유능한 자에게 양보해야 한다.

왕왈 오호 삼사기대부 경이유관 난이유정
王曰 嗚呼라 三事暨大夫아 敬爾有官하며 亂爾有政

이우내벽 영강조민 만방 유무역
하여 以佑乃辟하여 永康兆民하여 萬邦에 惟無斁케하라

국역 |

왕이 말했다. "아아! 삼사와 대부들이여. 그대들의 관직을 경건하게 수행하고, 그대들의 정사를 잘 다스림으로써 그대의 임금을 도와, 억조 백성을 영원히 편안케 하여, 만방에 오직 싫은 일이 없게 하라."

강설 |

마지막으로 삼사와 대부들에게 지시를 내리고서 관리에 대한 훈계를 끝맺었다. 성왕의 훈계의 수준이 높은 것을 보면, 주공의 인도로 인해 성왕 자신의 수준이 많이 높아졌을 수도 있다. 아니면 이 훈계의 문서 역시 당시의 훌륭한 보좌관들이 작성을 한 것일 수도 있을 것이다.

君陳 | 군진

군진君陳은 신하의 이름이다. 성왕成王이 군진을 재상으로 삼아 주공周公을 대신하여 훌륭한 일을 하도록 당부하였는데, 그 내용을 기록한 것이 이 군진이다. 『금문상서今文尙書』에는 없고 『고문상서古文尙書』에는 들어 있다.

王若曰(왕약왈) 君陳(군진)아 [1] 惟爾令德(유이령덕)은 孝恭(효공)이니 惟孝(유효)하며 友于(우우)兄弟(형제)하여 克施有政(극시유정)할새 命汝(명여)하여 尹茲東郊(윤자동교)하노니 敬哉(경재)

하라 昔(석)에 周公(주공)이 師保萬民(사보만민)하신대 民懷其德(민회기덕)하나니 往愼(왕신)乃司(내사)하여 玆率厥常(자솔궐상)하여 懋昭周公之訓(무소주공지훈)하면 惟民其乂(유민기예)하리라

국역 |

왕이 다음과 같이 말했다. "군진아. 오직 그대의 아름다운 덕은 효성스럽고 공손한 것이니, 오직 효도를 하고 형제에게 우애 있어 정사에 베풀어지는 것이다. 그대에게 명하여 이 동쪽 교외를 다스리게 할 것이니 조심하라. 옛날에 주공이 만민을 가르치고 보호하였으므로 백성들이 그 덕을 그리워한 것이다. 가서 그대의 맡은 일을 조심해서 처리하고 정상적인 것으로 인솔하여, 주공의 가르침을 힘써 밝히기만 하면 백성들은 다스려질 것이다.

난자풀이 |

1 君陳(군진) : 성왕이 주공의 뒤를 이어 큰 정치를 담당케 했던 신하.

강설 |

정치를 할 수 있는 자격요건 중에 가장 먼저 갖추어야 할 요건은 효자이어야 한다. 정치의 근본은 사람을 사랑하는 것이다. 부모에게 효도하고 형제에게 우애 있는 사람이라야 다른 사람을 사랑할 수 있다. 성왕은 군진이 그러한 사람이라는 것을 알고 주공의 후계자로 삼으려 한 것이다.

아문 왈 지치 형향 감우신명 서
我聞호니 曰 至治는 馨香하여 感于神明이라하니 黍
직 비형 명덕 유형 이상식시주공지유
稷이 非馨이라 明德이 惟馨이니 爾尙式時周公之猷
훈 유일자자 무감일예
訓하여 惟日孜孜하여 無敢逸豫하라
1

국역 |

내가 들으니, '지극히 잘 다스려진 세상은 향기로워서 신명에게까지 감동시킨다'고 하는구나. 기장 등의 곡식이 향기로운 것이 아니라 밝은 덕이 오직 향기로운 것이니, 그대는 부디 주공의 도리와 교훈을 본받아, 날마다 부지런히 힘써야 하는 것이니, 감히 방일하거나 즐기지 말라.

난자풀이 |

1 孜孜(자자) : 부지런히 애쓰는 모양.

강설 |

사람의 몸은 마음을 담고 있는 그릇이다. 그렇기 때문에 몸에는 언제나 마음이 배어 나온다. 그래서 덕이 있는 사람에게서는 향기가 난다. 향기는 덕이 몸으로 배어 나올 때 느껴지는 기운이다. 반면에 덕이 없는 사람에게는 혐오스러운 기운이 넘쳐흐른다.

凡人이 未見聖하여는 若不克見하다가 旣見聖하여는 亦不克由聖하나니 爾其戒哉어다 爾는 惟風이요 下民은 惟草니라 圖厥政하되 莫或不艱하여 有廢有興에 出入[1]을 自爾師虞[2]하여 庶言同則繹[3]하라

국역 |

모든 사람은 성인을 보기 전에는 볼 수 없는 것처럼 (안타까워) 하다가도, 막상 성인을 보고 나서는 또한 성인을 따르지 못하는 것이니, 그대는 경계해야 할 것이다. 그대는 바람이요, 저 아래 백성들은 풀이다. 정사를 도모하되 혹시라도 어렵게 여기지 않음이 없어야 할 것이다. 어떤 것을 폐지하거나 새로 만들 때, 넣고 빼는 것을 그대의 백성들의 입장에서 헤아려, 여러 말들이 다 같아지면 거기에서 실마리를 찾아 실시하라.

난자풀이 |

[1] 出入(출입) : 넣고 빼는 것.
[2] 虞(우) : 헤아리다.
[3] 繹(역) : 풀어내다. 실마리를 찾아내다.

강설 |

사람들은 성인을 보지 못해 안타까워한다. 공자나 석가모니 또는 예

수가 나타난다면 모두가 그를 따를 것이다. 그러나 그러한 성인들은 이미 오랜 세월을 거쳐 성인으로 추앙을 받았기 때문에 그리워하는 것이다. 성인이 생존했을 당시에는 그렇지 않았다. 성인을 모함하는 사람도 있었고, 성인에게 돌을 던지는 사람도 있었다. 심지어는 성인을 죽이려는 사람도 있었다. 진리를 배우기 위해 성인을 따르는 사람은 그리 많지 않았다.

지금 성인이 나타난다고 하더라도 마찬가지일 것이다. 동료나 선배들은 그를 시기할 것이다. 후배나 제자 중에서도 제대로 알고 따르는 자들이 그리 많지는 않을 것이다. 많은 세월이 흘러 그의 훌륭함이 검증된 뒤에는 또다시 많은 사람들이 그를 만나고 싶어 안타까워할 것이다. 이를 이해한다면 아무리 훌륭한 사람이라 할지라도 조심하지 않을 수 없다. 모두가 따르리라는 생각을 한다면 그것은 착각이다.

爾有嘉謀嘉猷(이유가모가유)어든 則入告爾后于內(즉입고이후우내)하고 爾乃順之(이내순지)于外(우외)하여 曰(왈) 斯謀斯猷(사모사유) 惟我后之德(유아후지덕)이라하라 嗚呼(오호)라 臣人(신인)이 咸若時(함약시)라사 惟良顯哉(유량현재)인저

국역 |

그대에게 아름다운 계책이나 아름다운 일이 있으면 궁 안에 들어가 그대들의 임금에게 알리고, 그대는 밖에서 순조롭게 실행하여, '이 계책과 이 일은 오직 우리 임금의 덕이다'라고 말하라. 아아! 신하가 모두 이와 같아야만 어질게 되고 드러나게 될 것이다."

강설 |

임금은 신하를 부모가 자녀를 사랑하듯 사랑해야 하고, 신하는 임금을 자녀가 부모를 사랑하듯 해야 한다. 그렇기 때문에 임금은 공을 세웠을 때 신하들의 노고 덕분으로 돌리고, 신하는 공을 세웠을 때 임금의 공으로 돌린다.

다만, 임금이 부모와 같은 마음으로 신하들에게 대하지 못하면서 신하들에게 자녀들이 부모를 받들 듯이 받들라고 명령하는 것은 어패가 있다.

따라서 성왕의 이 훈시의 내용은 약간의 문제점을 가지고 있다.

王曰 君陳아 爾惟弘周公丕訓하여 無依勢作威하며 無倚法以削하고 寬而有制하며 從容以和하라 殷民在辟이어든 予曰辟이라도 爾惟勿辟하며 予曰宥라도 爾惟勿宥하고 惟厥中하라

국역 |

왕이 말했다. "군진아. 그대는 오직 주공의 큰 교훈을 넓혀, 세력을 믿고 위엄을 부리지 말 것이며, 법을 믿고 (남을) 깎아 내리지 말 것이며, 너그럽고 절제함이 있으며, 조용하게 화합하라. 은나라 백성들이 죄에 걸렸으면 내가 '죄를 주라'고 하더라도 그대는 죄주지 말 것이며,

내가 '용서하라'고 하더라도 그대는 용서하지 말고 오직 중용을 따르도록 하라.

강설 |

성왕은 군진에게 주공과 같은 역할을 하기를 바랐다. 그렇기 때문에 자기의 명령을 곧이곧대로 실시하지 말고 스스로 알아서 중용을 지키라고 말한 것이다.

有弗若于汝政하며 弗化于汝訓이어든 辟以止辟이라사 乃辟하라 狃于姦宄하며 敗常亂俗은 三細라도 不宥니라 爾無忿疾于頑하며 無求備于一夫하라

국역 |

그대의 정사에 따르지 않으며 그대의 가르침에 교화되지 않는 자가 있으면, 죄 줌으로써 죄를 그치게 할 수 있도록 죄를 주라. 간악한 도적질에 익숙하며, 정상적인 것을 무너뜨리고 풍속을 어지럽히는 것은 이 세 가지에 한해서 작은 것이라도 용서하지 않아야 한다. 그대는 완고한 자에 대해서는 화를 내거나 미워하지 말고, 한 사람에게 완전한 것을 구하지 말라.

강설

성왕은 여기서 매우 중요한 주문을 했다. 나쁜 자를 죄줄 때 가장 중요한 것은 다시 죄를 짓지 않도록 죄를 주는 것이다. 훌륭한 정치를 하지 못하는 사람이 죄를 주면, 죄를 받은 사람은 반발을 하고 앙심을 품기 때문에, 죄를 받은 다음 더 큰 죄를 저지르게 된다. 그러나 훌륭한 정치를 하는 사람이 죄를 주면, 죄를 받은 사람이 참회를 하기 때문에 죄를 받은 다음 다시는 죄를 짓지 않게 된다.

또 용서하지 말아야 하는 것 중의 세 가지는 간악한 도적질에 익숙한 자와 정상적인 것을 무너뜨리는 자, 그리고 풍속을 어지럽히는 자이다. 이는 정치의 기강을 무너뜨리는 것이기 때문이다.

또 조심해야 할 것은 자기에게 완고하게 항의하는 자에게 너그러워야 한다는 것이다. 훌륭하지 못한 정치가는 자기의 약점을 지적하는 자에게 너그럽지 못하지만, 훌륭한 정치가는 자기의 약점을 지적하는 자에게 고마워한다.

또 사람을 부릴 때 중요한 것은 각각의 재능에 맞게 부려야 한다는 것이다. 능력이 모자라는 정치가는 아랫사람이 자기의 부족한 것을 모두 보충해주기를 바라기 때문에 섬기기 어렵다. 그러나 능력 있는 정치가는 아랫사람의 재능을 알아서 재능에 맞는 일을 시키기 때문에 섬기기 쉽다.

必有忍(필유인)이라사 其乃有濟(기내유제)하며 有容(유용)이라사 德乃大(덕내대)하리라 簡厥修(간궐수)하되 亦簡其或不修(역간기혹불수)하며 進厥良(진궐량)하여 以率其(이솔기)或不良(혹불량)하라

▌국역 |

반드시 참는 것이 있어야 이룸이 있을 것이며, 포용함이 있어야 덕이 커질 것이다. 잘 닦여진 자를 선발하되 또한 간혹은 닦여지지 않은 자도 선발해야 할 것이다. 그리고 어진 자를 등용하여 어질지 못한 자를 통솔하게 하라.

▌강설 |

여기서 성왕이 주문한 것은 정치가의 덕목과 인재를 등용하는 법에 대한 것이다. 정치가의 덕목으로는 참을성과 포용력이고, 인재를 등용하는 법칙은 어진 자를 우선하는 것이다. 또한 완전한 자를 등용하는 것이 좋지만, 가능성을 보고 등용할 줄도 알아야 한다.

惟民生厚(유민생후)하나 因物有遷(인물유천)[1]이라 違上所命(위상소명)하고 從厥攸好(종궐유호)[2]하나니 爾克敬典在德(이극경전재덕)하면 時乃罔不變(시내망불변)이라 允升于大猷(윤승우대유)하리니 惟予一人(유여일인)이 膺受多福(응수다복)[3]하며 其爾之休(기이지휴)도 終有辭於永世(종유사어영세)하리라

▌국역 |

오직 백성들은 태어날 때는 후하지만, 외부의 유혹으로 인해 변하는

법이다. 그리하여 윗사람이 명령하는 것을 어기고 자기가 좋아하는 것을 따른다. 그대가 경건하게 모범을 보여 마음 씀씀이를 바르게 하면, 바뀌지 않을 자가 없어서 참으로 대도가 행해지는 세상으로 승화될 것이다. 그렇게 되면 나 한 사람이 많은 복을 받을 것이며, 그대의 아름다운 공도 마침내 영원한 세상에서 일컬어질 것이다."

난자풀이 |

1 物(물) : 밖에 있는 요인. 남.
2 厥(궐) : 기其와 같은 뜻. 자기.
3 膺(응) : 받다.

강설 |

무심의 상태에서 천명을 따르는 정치가 제일 높은 수준이라면, 백성을 위하는 일념으로 정치하는 것이 그 다음 수준이 될 것이다. 그러나 복을 받기 위해서 좋은 정치를 하는 것은 그보다 훨씬 낮은 수준이 될 것이다. 성왕의 정치수준은 세 번째로 볼 수 있다.

顧命 | 고명

성왕이 임종함에 이르러 여러 신하들에게 분부한 내용과 임종하고 난 뒤에 행한 장례 절차에 대해 기록한 것이 이 고명顧命이다. 『금문상서今文尚書』와 『고문상서古文尚書』에 다 들어 있다.

惟四月哉生魄(유사월재생백)에 ① 王不懌(왕불역)하다 甲子(갑자)에 王乃洮頮水(왕내조회수)어 ② ③ ④ 늘 相被冕服(상피면복)한대 憑玉几(빙옥궤)하다 乃同召太保奭(내동소태보석)과 芮伯(예백)과 彤伯(동백)과 畢公(필공)과 衛侯(위후)와 毛公(모공)과 師氏(사씨)와 虎臣(호신)과 百尹(백윤)과 御事(어사)하다

국역 |

4월 16일에 왕이 기쁘지 않았다. 갑자일에 왕이 물로 손을 씻고 얼굴을 씻자 돕는 자가 면류관과 옷을 입히니 옥궤에 기대었다. 그리고 태보인 석·예백·동백·필공·위후·모공·사씨·호신·백윤·어사를 함께 불렀다.

난자풀이 |

① 哉生魄(재생백) : 처음으로 음이 생겨나는 때. 음력 16일.
② 洮(조) : 손을 씻다.
③ 頮(회) : 세수하다.
④ 水(수) : 수水 앞에 이以가 있으면 좋을 것인데, 생략된 것으로 보인다.

강설 |

임종을 맞이한 성왕이 신하들에게 유언을 내리는 장면이다.

왕 왈 오 호 질 대 점 유 기 병 일 진 기 미 류
王曰 嗚呼라 疾이 大漸惟幾[1]하여 病日臻[2]하여 旣彌留[3]

공 불 획 서 언 사 자 여 심 훈 명 여 석 군
할새 恐不獲誓言嗣하여 茲予審訓命汝하노라 昔君

문 왕 무 왕 선 중 광 전 려 진 교 즉 이 이 불
文王武王이 宣重光하사 奠[4]麗陳敎하신대 則肄肄[5]不

위 용 극 달 은 집 대 명
違하여 用克達殷하여 集大命하시니라

국역 |

왕이 말했다. "아아! 병이 크게 번져 거의 죽게 되었다. 병이 날로 더하여 이미 심해지고 차도가 없으니, 서약하는 말로 (내 뜻을) 잇지 못할까 두려워, 이에 내가 그대들에게 자세하게 깨우쳐 명하노라. 옛날 임금 문왕과 무왕이 중후하고 빛나는 업적을 베푸시어, 엉킨 것을 해결하고 가르침을 펼치시니, (백성들이) 열심히 따르고 어기지 않아, 은나라에까지 통달했으므로 큰 명을 모으셨다.

난자풀이 |

[1] 幾(기) : 거의. 여기서는 '거의 죽게 되었다'는 말이다.
[2] 臻(진) : 이르다.
[3] 留(류) : 머물다. 병이 머물러 있는 것은 차도가 없다는 뜻이다.
[4] 奠(전) : 결정하다. 해결하다.
[5] 肄肄(이이) : 열심히 노력하는 모습.

在後之侗[1]은 敬迓天威하여 嗣守文武大訓하여 無敢昏逾[2]호라 今天이 降疾하사 殆弗興弗悟로소니 爾尙明時朕言하여 用敬保元子釗[3]하여 弘濟于艱難하라

국역 |

뒤를 이은 미련한 나는 하늘의 위엄을 경건하게 맞이하여 문왕과 무왕의 큰 가르침을 이어받고 지켜서, 감히 혼미하거나 제멋대로 하지 않았다. 지금 하늘이 병을 내리시어 거의 일어나지 못하고 정신이 뚜렷하지도 않으니, 그대들은 부디 이 나의 말을 분명히 기억하여 원자인 교를 경건하게 보호하여 어려운 일에도 널리 해결하도록 하라.

난자풀이 |

[1] 侗(동) : 무지하다. 크다. 미련하다. 어리석다. 여기서는 '자기'를 지칭하는 말로 쓰였다.
[2] 逾(유) : 넘다. 분수에 넘치다. 제멋대로 하다.
[3] 釗(교) : 성왕의 태자의 이름. 강왕康王.

강설 |

일반적으로 임금이 내리는 유언 중에서 가장 중요한 것은 후계자를 잘 보필해 달라는 것이다. 성왕도 예외는 아니었다.

柔遠能邇하며 安勸小大庶邦하라 思夫人은 自亂于威儀니 爾無以釗로 冒貢于非幾하라 1

국역

멀리 있는 자를 부드럽게 어루만지고 가까이 있는 자를 능력 있게 만들어, 크고 작은 여러 나라들을 편안하게 해주고 잘 권장하라. 생각건대 사람은 스스로 위의를 다스려야 하는 것이니, 그대들은 교를 조짐이 나쁜 일에 무모하게 추천하는 일이 없어야 할 것이다."

난자풀이

1 貢(공) : 바치다. 추천하다. 천거하다.

兹既受命還커늘 出綴衣于庭하더니 1 越翼日乙丑에 王崩하시다 太保命仲桓 南宮毛하여 俾爰齊侯呂伋 2 으로 以二干戈와 虎賁百人으로 逆子釗於南門之外하여 延入翼室하여 恤宅宗하시다 3

국역 |

이에 명을 받고 돌아가자, 추의를 뜰에 내어놓았는데, 다음날인 을축일에 왕이 죽었다. 태보가 중환과 남궁모에게 명하여 제후인 여급으로 하여금 두 개의 방패와 창, 그리고 호분 백 명으로 아들 교를 남문 밖에서 맞이하게 하여, 옆방으로 인도해 들어와 휼택을 지키는 맏상주가 되게 했다.

난자풀이 |

1 綴衣(추의) : 소렴이나 대렴을 할 때 쓰는 수의라는 설, 장막이라는 설 등이 있다. 어쨌든 옛날에는 임종 직전에 마당에 추의를 내어놓는 의식을 행했던 듯하다.

2 呂伋(려급) : 태공의 아들인 정공玎公의 성명.

3 恤宅(휼택) : 매장하기 전에 시신을 안치해놓고 문상을 받는 집.

강설 |

이하는 장례식의 절차에 대한 설명이다.

丁卯(정묘)에 命作冊度(명작책도)하다 越七日癸酉(월칠일계유)에 伯相(백상)이 命士(명사) 須[1]材(수재)하니라 狄[2](적)이 設黼[3]扆綴衣(설보의추의)하니라

국역 |

정묘일에 작책에게 (장례식의) 법식을 만들라 명했다. 7일이 지난 계유일에 백상이 사에게 명하여 장례식의 물품들을 갖추게 했다. 적이 도끼 무늬로 된 병풍과 추의를 진설했다.

난자풀이 |

1 須(수) : 갖추다.
2 狄(적) : 일을 거드는 하급 관리.
3 黼扆(보의) : 도끼 모양을 수놓은 병풍.

牖間에 南嚮하여 敷重篾席黼純하고 華玉仍几하다 西序에 東嚮하여 敷重底席綴純하니 文貝仍几러라 東序에 西嚮하여 敷重豐席畫純하니 雕玉仍几러라 西夾에 南嚮하여 敷重筍席玄紛純하니 漆仍几러라

국역 |

(북쪽 벽의) 창문 사이에 남향하여 도끼 무늬로 선을 두른 멸석을 이중으로 깔고, 화려한 옥으로 꾸며진 잉궤를 두었다. 서서에서는 동향으로 여러 문채로 선을 두른 저석을 이중으로 깔고, 조개 무늬로 꾸며진 잉궤를 두었다. 동서에서는 서향으로 그림으로 선을 두른 풍석을

이중으로 깔고, 조각한 옥으로 된 잉궤를 두었다. 서쪽의 협실에서는 남향으로 검은 색을 섞어 선을 두른 순석을 이중으로 깔고, 옻칠을 한 잉궤를 두었다.

난자풀이 |

[1] 篾席(멸석) : 대껍질로 만든 자리.

[2] 黼純(보준) : 도끼 무늬로 선을 두르다. 순純이 '가장자리' 또는 '선을 두른다'는 뜻으로 쓰일 때는 음이 '준'이다.

[3] 華玉(화옥) : 화려한 옥.

[4] 仍几(잉궤) : 생시에 쓰던 안석을 따로 꾸미지 않고 그대로 쓰는 안석.

[5] 序(서) : 방이 동서 양쪽 옆으로 긴 경우 그 양쪽 끝 부분을 말하는 듯하다. 동서의 계단 위라는 설도 있다.

[6] 底席(저석) : 부들로 만든 자리.

[7] 綴純(철준) : 여러 가지 채색으로 선을 두른 것.

[8] 豐席(풍석) : 왕골로 만든 자리.

[9] 筍席(순석) : 죽순으로 만든 자리.

[10] 玄紛純(현분준) : 검은 색을 섞어 선을 두르다.

강설 |

장례식을 할 때 필요한 설치물에 대한 설명이다.

越玉五重(월옥오중)하며 陳寶(진보)하니 赤刀(적도)[1]와 大訓(대훈)[2]과 弘璧(홍벽)[3]과 琬琰(완염)[4]은 在西序(재서서)하고 大玉(대옥)[5]과 夷玉(이옥)[6]과 天球(천구)와 河圖(하도)는 在東序(재동서)하고 胤之舞衣(윤지무의)와 大貝(대패)와 鼖鼓(분고)[7]는 在西房(재서방)하고 兌之戈(태지과)와 和(화)

之弓과 垂之竹矢는 在東房하니라

(지궁 / 수지죽시 / 재동방)

국역 |

보배와 옥을 오중으로 진열하니, 적도와 대훈과 홍벽과 완염은 서서에 있고, 대옥과 이옥과 천구와 하도는 동서에 있으며, 윤이 만든 춤추는 옷과 큰 조개와 큰북은 서쪽 방에 있고, 태가 만든 창과 화가 만든 활과 수가 만든 대나무 화살은 동쪽 방에 있었다.

난자풀이 |

1 赤刀(적도) : 붉은 색으로 장식한 칼. 무왕이 주紂를 칠 때 썼던 칼이라는 설이 있다.
2 大訓(대훈) : 요전·순전과 같은 큰 가르침이 기록된 문건.
3 弘璧(홍벽) : 큰 벽옥.
4 琬琰(완염) : 옥을 갈아서 만든 홀.
5 大玉(대옥) : 큰 옥.
6 夷玉(이옥) : 보통의 옥.
7 鼖(분) : 큰북.

강설 |

역시 장례식을 할 때 필요한 설치물에 대한 설명이다. 문맥으로 보아 월옥오중越玉五重과 진보陳寶의 자리가 바뀐 것으로 보인다. 진보월옥오중陳寶越玉五重이면 문맥이 부드럽다. 이케다 스에토시의 설을 참고하여 바로잡는다.

大輅는 在賓階하여 面하고 綴輅는 在阼階하여 面하고 先輅는 在左塾之前하고 次輅는 在右塾之前하니라

국역 |

대로大輅는 서쪽 섬돌에 있으면서 남향하고, 철로綴輅는 동쪽 섬돌에 있으면서 남향하고 선로先輅는 좌숙의 앞에 있고 차로次輅는 우숙의 앞에 있었다.

난자풀이 |

1 賓階(빈계) : 손님이 오르는 서쪽 섬돌.
2 面(면) : 남쪽으로 향함.
3 阼階(조계) : 주인이 오르는 동쪽 섬돌.

강설 |

왕의 수레의 위치에 대해 설명한 것이다. 왕의 수레는, 성백효의 주에 의하면, 옥으로 끝을 장식한 대로, 금으로 끝을 장식한 철로, 상아로 끝을 장식한 상로象輅, 가죽으로 위를 덮고 옻칠을 한 혁로革輅, 가죽을 덮지 않고 옻칠만 한 목로木輅의 다섯 가지가 있다. 이 중에서 목로가 가장 먼 자리에 있기 때문에 선로先輅라 하고, 그 다음이 혁로와 상로이기 때문에 차로라 한다.

二人은 雀弁[1]으로 執惠[2]하여 立于畢門[3]之內하고 四人은 綦弁[4]으로 執戈上刃하여 夾兩階戺[5]하고 一人은 冕으로 執劉[6]하여 立于東堂하고 一人은 冕으로 執鉞하여 立于西堂하고 一人은 冕으로 執戣[7]하여 立于東垂[8]하고 一人은 冕으로 執瞿[9]하여 立于西垂하고 一人은 冕으로 執銳[10]하여 立于側階하니라

국역 |

두 사람은 작변을 쓰고, 세모진 창을 잡아 필문 안에 서고, 네 사람은 기변을 쓰고 창을 잡되 칼날을 위로 향하게 하여 계단 양쪽에 박아 놓은 돌을 끼고 서며, 한 사람은 면류관을 쓰고 도끼를 잡아 동쪽 마당에 서고, 또 한 사람은 면류관을 쓰고 도끼를 잡아 서쪽 마당에 서며, 한 사람은 면류관을 쓰고 양지창을 잡아 동쪽 끝에 서고, 한 사람은 면류관을 쓰고 창을 잡아 서쪽 끝에 서고, 한 사람은 면류관을 쓰고 창을 잡고서 옆 계단에 섰다.

난자풀이 |

[1] 雀弁(작변) : 참새 머리 모양을 한, 적흑색의 무인용의 두건.
[2] 惠(혜) : 세모진 창.
[3] 畢門(필문) : 정침正寢의 문.

[4] 綦弁(기변) : 얼룩무늬를 한 두건.
[5] 戺(사) : 계단 양쪽에 박아 놓은 돌.
[6] 劉(류) : 창.
[7] 戣(규) : 양지창.
[8] 垂(수) : 끝.
[9] 瞿(구) : 창의 일종.
[10] 鋭(예) : 창의 일종.

강설 |

호위하는 자들의 위치와 모습에 대해서 설명한 것이다.

王(왕)이 麻冕黼裳(마면보상)으로 由賓階(유빈계)하여 隮(제)커늘 卿士邦君(경사방군)은 麻冕蟻裳(마면의상)[1]으로 入卽位(입즉위)하니라 太保太史太宗(태보태사태종)은 皆麻冕彤裳(개마면동상)이러니 太保(태보)는 承介圭(승개규)하고 上宗(상종)은 奉同瑁(봉동모)[2][3]하여 由阼階隮(유조계제)하고 太史(태사)는 秉書(병서)하여 由賓階隮(유빈계제)하여 御王(어왕)[4] 冊命(책명)하니라

국역 |

왕이 삼으로 된 면류관을 쓰고, 도끼 무늬로 된 바지를 입고, 빈계를 따라 오르자, 경사와 나라의 제후들은 삼으로 된 면류관과 검은 바지

를 입고 들어와 자리로 나아가고, 태보·태사·태종은 모두 삼으로 된 면류관과 붉은 바지를 입었는데, 태보는 큰 규를 받들었고, 상종은 옥 술잔을 받들어 조계로 올라가고, 태사는 책을 잡고 빈계로 올라가 왕을 맞이하여 책으로 명하였다.

난자풀이 |

1 蟻裳(의상) : 검은 바지.

2 同(동) : 술잔이라는 설도 있고, 관주를 할 때 술을 붓는 그릇이란 설도 있다. 이 외에도 여러 가지 설이 있다. 동모同瑁를 '옥 술잔'으로 보는 것이 좋을 듯하다.

3 瑁(모) : 규라는 설도 있고, 잘못 들어간 글자라는 설 등이 있으나, 동모를 '옥 술잔'으로 보는 것이 좋을 듯하다.

4 御(어) : 맞이하다.

강설 |

새 왕과 대신들의 법식과 역할에 대해 설명한 것이다.

曰(왈) 皇后憑玉几(황후빙옥궤)하사 道揚末命(도양말명)[1]하사 命汝(명여)하여 嗣訓(사훈)하여 臨君周邦(임군주방)하여 率循大卞(솔순대변)[2]하여 燮和天下(섭화천하)하여 用答(용답) 揚文武之光訓(양문무지광훈)하라하시다

국역 |

(태사가) 말했다. "위대한 임금께서 옥궤에 기대어 마지막 명령을 내리시어, 그대에게 '(문왕과 무왕의) 가르침을 이어받아, 주나라에 임금으로 임하여, 큰 법에 따라 천하를 조화시키고, 문왕과 무왕의 빛나는 교훈을 드러내어 보답하라'고 명하셨습니다.

난자풀이 |

1 道揚(도양) : 말하여 드러내다.
2 卞(변) : 법.

강설 |

새로운 왕을 추대하는 내용에 대해 설명한 것이다.

왕 재배흥 답왈 묘묘여말소자 기능이란
王이 再拜興하여 答曰 眇眇予末小子는 其能而亂
사방 이경기천위 내수동모 왕 삼
四方하여 以敬忌天威하리이다 乃受同瑁하다 王이 三
숙 삼제 삼타 상종왈 향
宿 三祭 三咤한대 上宗曰 饗하소서

국역 |

그러자 왕이 두 번 절하고 일어나, "조그마한 나 말소자는 능력을 발휘하여 사방을 다스림으로써 하늘의 위엄을 공경하고 삼가겠습니다" 하고 대답하고는, 마침내 옥 술잔을 받았다. 왕이 세 번 신에게 나아가, 세 번 술을 올리고, 세 번 물러나니, 상종이 "흠향했노라" 하고 말했다.

강설 |

새로운 왕의 법식에 대한 설명이다. 삼숙三宿 · 삼제三祭 · 삼타三咤에 대해서는 너무나 많은 설들이 있어 정확한 내용을 알기 어렵다.

太保受同(태보수동)하여 降盥(강관)하고 以異同(이이동)으로 秉璋[1]以酢[2](병장이작)하고
授宗人同(수종인동)하고 拜(배)한대 王(왕)이 答拜(답배)하다 太保受同(태보수동)하여
祭嚌[3](제제)하고 宅(택)하여 授宗人同(수종인동)하고 拜(배)한대 王(왕)이 答拜(답배)하다
太保降(태보강)하여 收(수)커늘 諸侯出廟門(제후출묘문)하여 俟(사)하니라

국역 |

태보가 술잔을 받아 놓고, 내려와 손을 씻고, 딴 술잔에다 홀을 잡고 술을 따른 뒤, 종인에게 술잔을 준 다음 절하자, 왕이 답배했다. 태보가 술잔을 받아 제사를 지낸 뒤 술을 입에만 대고 제 자리로 물러가 종인에게 술잔을 주고 절을 하자, 왕이 답배했다. 태보가 내려와 (술잔 등을) 거두자 제후들은 사당의 문을 나와 기다렸다.

난자풀이 |

1 璋(장) : 홀.
2 酌(작) : 술을 따르다.
3 嚌(제) : 맛보다.

강설 |

대신들과 새 임금이 나누어야 하는 법식에 대해 설명한 것이다.

康王之誥 | 강왕지고

성왕成王이 죽은 뒤 강왕康王이 여러 제후들을 접견하고 제후들에게 당부한 내용을 기록한 것이 이 강왕지고康王之誥이다. 『금문상서今文尙書』와 『고문상서古文尙書』에 다 들어 있다. 다만 『금문상서』에는 고명편顧命篇에 들어있다.

왕 출재응문지내 태보 솔서방제후 입응
王이 出在應門[1]之內어늘 太保는 率西方諸侯하여 入應
문좌 필공 솔동방제후 입응문우 개포
門左하고 畢公은 率東方諸侯하여 入應門右하니 皆布[2]
승황주 빈칭봉규겸폐 왈 일이신위 감집
乘[3]黃朱러라 賓稱奉圭兼幣하여 曰 一二臣衛[4]는 敢執
양전 개재배계수 왕의사 덕답배
壤[5]奠이라하고 皆再拜稽首한대 王義嗣[6]라 德[7]答拜하다

국역 |

왕이 나와 응문 안에 있자, 태보는 서방의 제후를 인솔하여 응문의 왼쪽으로 들어오고, 필공은 동방의 제후를 인솔하여 응문의 오른쪽으로 들어오는데, 모두 베옷을 입고 황주색의 슬갑을 차고 있었다. 제후들은 (각자에게) 걸맞은 홀을 받들고 폐백을 가지고 말하기를, "한두 신위는 감히 흙을 가지고 와서 바칩니다" 하고 모두 두 번 절하고 머리를 조아리니, 왕은 임시로 왕위를 이은 처지라, 마음만으로 답배를 했다.

난자풀이 |

1 應門(응문) : 『주례周禮』에 보면, 왕궁의 문은 다섯 종류가 있다. 그 중에서 가장 안에 있는 문이 노문路門이고 노문路門 바깥에 있는 문이 응문應門이다.

2 布(포) : 일본의 이케다 스에토시池田末利는 여러 주석을 참고하여 포布를 보불黼黻 무늬가 있는 베옷으로 보았다.

3 乘(승) : 역시 일본의 이케다 스에토시는 여러 주석을 참고하여 승을 불市, 불芾, 불紼 등의 글자이어야 하나 잘못하여 오자가 된 것으로 보고 있다. 불芾은 글자의 모양이 승乘과 비슷한 점과, 문맥으로 보면 일리가 있으므로 따르기로 한다. 불芾은 앞치마처럼 무릎을 감싸는 슬갑이다. 천자는 적색赤色의 슬갑을 차고, 제후는 황주색黃朱色의 슬갑을 찬다고 한다.

4 臣衛(신위) : 호위하는 신하. 지방에서 천자를 호위하는 신하란 뜻으로, 제후를 말한다.

5 執壤奠(집양전) : 자기 나라의 흙을 가져와 바치는 일. 옛날에는 새 임금에게 배알할 때, 자기나라를 전부 바친다는 상징적인 의미로, 자기 나라의 흙을 가지고 와서 바치는 예禮가 있었던 것으로 보인다.

6 義嗣(의사) : 임시로 임금의 자리를 이은 것. 본래의 것이 없을 때 그것을 대신해서 임시로 채워 넣은 것을 의義라는 개념으로 설명한다. 예를 들면 치아가 빠지고 없을 때 치아대신 임시로 끼워 넣은 틀니를 의치義齒라 하고, 원래의 손이 없어서 대신 끼워 넣은 손을 의수義手라 하며, 형이 없어 다른 사람으로 대신하는 것을 의형義兄이라 한다. 이에서 보면 임금이 죽고 없을

때, 세자는 3년간의 상喪을 끝내야 정식으로 즉위를 하는데, 즉위하기 전에 임시로 전왕의 뒤를 잇는 것을 의사義嗣라 하는 것으로 보인다.

7 德(덕) : 여기서의 덕德은 '순수한 마음가짐'이란 뜻이다. 아직 정식의 임금이 아니기 때문에, 정식으로 격식을 갖추고 선물을 전하면서 답배를 하는 것이 아니라, 격식이나 예물을 갖추지 않고 순수한 마음가짐만으로 답배를 하는 것이 덕답배德答拜일 것이다. 원래는 이덕답배以德答拜이어야 하지만, 이以가 생략된 것으로 보인다.

강설 |

제후들과 새 왕의 첫 접견에 대해 설명한 것이다. 왕은 상중이라 예물로 답례를 하지 않고 마음으로만 감사하며 답배를 한 것이다.

태보기예백 함진상읍 개재배계수 왈 감
太保暨芮伯으로 咸進相揖하고 皆再拜稽首하여 曰 敢

경고천자 황천 개대방은지명 유주
敬告天子하노이다 皇天이 改大邦殷之命이어시늘 惟周

문무탄수유약 극휼서토 유신척왕 필
文武誕受羑若[1]하사 克恤西土하시니이다 惟新陟[2]王이 畢

협상벌 감정궐공 용부유후인휴 금왕
協賞罰하사 戡定厥功하사 用敷遺後人休하시니 今王은

경지재 장황륙사 무괴아고조과명
敬之哉하사 張皇六師하사 無壞我高祖寡命[3]하소서

국역 |

태보와 예백이 함께 나아가 서로 읍하고 모두 두 번 절하고 머리를 조아리며 말했다. “감히 마음을 가다듬어 천자께 고합니다. 하늘이 큰 나라 은의 명을 바꾸시니, 오직 주나라의 문왕과 무왕께서 유리에서 크게 받으시어 서쪽 땅을 구휼하셨습니다. 새로 승하하신 왕께서 상벌을 모두 합당하게 하시어 (문왕과 무왕의) 일을 잘 정착시켜 뒷사람에게 아름다운 것을 남겨 주셨으니, 지금 왕께서는 마음을 가다듬으시어 육사를 키우셔서, 우리 고조께서 이루신 명을 무너뜨리지 마소서.”

난자풀이 |

[1] 羑若(유약) : 유리羑里 같은 곳. 유리는 문왕이 은殷의 주왕紂王에 의해 유폐되어 있던 곳. 이 부분은 난해하여 많은 설들이 있고, 해석 불가능하다고 결론 내린 주석가들도 여럿 있다.

[2] 陟(척) : 오르다. 올리다. 임금이 승하하다.

[3] 寡(과) : 임금의 일에 붙이는 상투적인 말.

강설 |

최초로 대신들이 임금에게 권고의 말을 드렸다.

王若曰 庶邦侯甸男衛아 惟予一人釗는 報誥하노라
(왕약왈 서방후전남위 유여일인교 보고)

昔君文武 丕平富하시며 不務咎하사 底[1]至齊信하사 用
(석군문무 비평부 불무구 저지제신 용)

昭明于天下어시늘 則亦有熊羆之士와 不二心之臣
(소명우천하 칙역유웅비지사 부이심지신)

이 保乂王家하여 用端命于上帝하니 皇天이 用訓[2]厥[3]道
(보예왕가 용단명우상제 황천 용훈궐도)

하사 付畀四方하시니라
(부비사방)

국역 |

왕이 다음과 같이 말했다. "여러 나라의 후・전・남・위여. 오직 나 한 사람 교는 (그대들에게) 답하여 고하노라. 옛날 임금이셨던 문왕・무왕께서 크게 공평하시고 넉넉하셔서, 허물 되는 일에 힘쓰지 않으시고, 지극히 정돈되고 미더운 사회를 만드시어, 천하를 밝게 만드시니, 또한 곰이나 큰곰 같은 용사와 두 마음을 먹지 않는 신하가 있어 왕실을 보호하고 도와, 하느님께 명을 받을 실마리를 만드니, 하늘이 제대로 된 도로 인도하시어 사방을 주시고 다스리게 하셨다.

난자풀이 |

1 底(저) : 이르다. 지至와 통용.
2 訓(훈) : 인도하다.
3 厥道(궐도) : 제대로 된 도.

강설 |

새 임금이 제후들에게 훈시한 내용이다.

乃命建侯樹屛은 在我後之人이니 今予一二伯父는
(내명건후수병 재아후지인 금여일이백부)
[1] [2] [3]

尙胥暨顧綏爾先公之臣服于先王하여 雖爾身在
(상서기고수이선공지신복우선왕 수이신재)

외　　내심　　망부재왕실　　용봉휼궐약　　무유
外하나 乃心은 罔不在王室하여 用奉恤厥若하여 無遺

국자수
鞠子羞하라
[4]

국역 |

이에 명하여 제후를 세우시고 번병을 세우신 뜻은 우리 후인들에게 있었다. 지금 우리 한두 백부들께서는 부디 서로 더불어 그대들의 선공께서 선왕에게 신복했던 것을 돌아보고 편안히 여겨, 그대들의 몸은 비록 밖에 있더라도 그대들의 마음만은 왕실에 있지 않음이 없어서, 걱정하는 마음을 받들고 순하게 따라서, 과인에게 부끄러운 일을 끼치지 않도록 하라."

난자풀이 |

[1] 樹(수) : 세우다.
[2] 屛(병) : 울타리. 천자를 보호하는 제후국을 일컬음.
[3] 伯父(백부) : 천자가 동성의 제후를 일컫는 말.
[4] 鞠子(국자) : 궁한 아이. 강왕康王이 자신을 낮추어 일컫는 말. 과인.

강설 |

역시 제후들에게 훈시한 내용이다.

群公(군공)이 既皆聽命(기개청명)하고 相揖趨出(상읍추출)이어늘 王(왕)이 釋冕(석면)하고 反喪服(반상복)하다

국역 |

여러 공이 모두 명령을 듣고 나서, 서로 읍하고 종종걸음으로 나가니, 왕이 면류관을 벗고 상복으로 갈아입었다.

강설 |

왕이 죽으면 새로운 왕이 상을 입기 전에 먼저 왕위에 올라 일단 대신들과 제후들을 접견하여 정치의 대강을 지시한 뒤에 상을 입었다는 사실을 우리는 여기서 알 수 있다.

畢命 | 필명

강왕康王이 필공畢公에게 성주成周의 사람들을 잘 다스리도록 명한 내용을 기록한 것이 이 필명이다. 『금문상서今文尙書』에는 없고 『고문상서古文尙書』에는 들어 있다.

유 십 유 이 년 육 월 경 오 비 월 삼 일 임 신 　 왕 조 보 자
惟十有二年六月庚午朏[1]越三日壬申에 王朝[2]步自

종 주 　 지 우 풍 　 이 성 주 지 중 　 명 필 공
宗周[3]하여 至于豐하여 以成周[4]之衆으로 命畢公하여

보 리 동 교
保釐東郊하다

국역 |

12년 6월 초사흘 경오일에서 3일이 지난 임신일에 왕이 처음으로 종주에서 와서 풍 땅에 이르러 성주의 무리를 데리고 필공에게 명하여 동쪽 지방을 보호하고 다스리게 했다.

난자풀이 |

[1] 朏(비) : 초사흘. 초승달. 경오비庚午朏는 '경오일 초사흘'인데, '초사흘 경오일'로 번역하는 것이 부드럽다.

[2] 朝(조) : 처음으로.

[3] 宗周(종주) : 주周나라에서 으뜸인 곳. 호경鎬京을 지칭함.

[4] 成周(성주) : 주나라가 낙읍으로 옮겨 도시를 이루었으므로, 낙읍을 성주成周라 했다.

왕 약 왈 　 오 호 　 부 사 　 유 문 왕 무 왕 　 부 대 덕 우 천
王若曰 嗚呼라 父師[1]아 惟文王武王이 敷大德于天

하 　 용 극 수 은 명 　 유 주 공 　 좌 우 선 왕
下하사 用克受殷命하시니라 惟周公이 左右[2]先王하여

수정궐가 비은완민 천우락읍 밀이왕
綏定厥家하시고 毖[3]殷頑民하여 遷于洛邑하여 密邇王

실 식화궐훈 기력삼기 세변풍이
室하시니 式[4]化厥訓하여 旣歷三紀[5]하여 世變風移하여

사방무우 여일인 이녕
四方無虞하니 予一人이 以寧하라

국역 |

왕이 다음과 같이 말했다. "아아! 부사여. 오직 문왕과 무왕께서 큰 덕을 천하에 펴시어, 은나라의 명을 받아내시었다. 오직 주공께서 선왕을 보좌하여 왕실을 안정시키시고, 은나라의 완고한 백성들을 징계하여 낙읍으로 옮김으로써 왕실에 매우 가깝게 하시니, 그 가르침에 교화되어 삼기가 지나자 세대가 변하고 풍속이 바뀌어, 사방에 걱정이 없으니 나 한 사람은 이래서 편안하니라.

난자풀이 |

[1] 父師(부사) : 강왕이 주공周公의 역할을 대신하는 필공을 높여 부르는 칭호.
[2] 左右(좌우) : 보좌하다.
[3] 毖(비) : 삼가다. 근신하다.
[4] 式(식) : 모범적으로.
[5] 紀(기) : 기년紀年의 단위. 12년을 일기一紀라 한다. 삼기三紀는 36년이다.

강설 |

강왕이 필공을 태사로 임명한 뒤 훈시한 내용이다.

道有升降하며 政由俗革하니 不臧厥臧하면 民罔攸勸하리라 惟公이 懋德으로 克勤小物하여 弼亮四世하여 正色率下한대 罔不祗師言하여 嘉績이 多于先王하니 予小子는 垂拱仰成하노라

국역 |

세상이 운행되는 길은 오르내림이 있고, 정치방식은 풍속을 따라 바뀌니, 좋은 것을 좋게 여겨주지 않으면 백성들은 열심히 하지 않을 것이다. 오직 공은 덕을 힘써 작은 것에까지도 부지런히 노력하여, 4대를 보필하여 밝게 하며, 얼굴 색을 바르게 하고 아랫사람을 통솔하니, 태사의 말을 공경하지 않는 이가 없어, 아름다운 공적이 선왕 때보다도 많으니, 나 소자는 손을 드리워 공수하고 있으면서 우러러 성공을 바라노라."

강설 |

태사에게 훈시한 내용이 계속되고 있다.

왕 왈 오 호 부 사 금 여 지 명 공 이 주 공 지 사
王曰 嗚呼라 父師아 今予祗命公以周公之事하노니
[1]

왕 재 정 별 숙 특 표 궐 택 리 창 선 단 악
往哉어다 旌別淑慝하여 表厥宅里하며 彰善癉惡하여
[2] [3] [4]

수 지 풍 성 불 솔 훈 전 수 궐 정 강 비 극 외
樹之風聲하며 弗率訓典이어든 殊厥井疆하여 俾克畏
[5]

모 신 화 교 기 신 고 봉 수 이 강 사 해
慕하며 申畫郊圻하며 愼固封守하여 以康四海하라
[6] [7]

국역 |

왕이 말했다. "아아! 부사여. 지금 나는 공에게 주공이 한 일을 공경하게 명하니, 가서 다스려라. 좋고 나쁜 것을 분명하게 구별하여 그 집과 마을을 표창하며, 선을 드러내고 악을 병들게 하여 명성을 세워주며, 교훈과 법도를 따르지 않거든 경계를 달리하여 두려워하고 사모하게 하며, 거듭 구획을 정리하여 영역 지킴을 삼가 튼튼하게 하여 사해를 편안케 하라.

난자풀이 |

[1] 父師(부사) : 태사인 필공.
[2] 旌(정) : 기. 기는 드러내는 것이므로, '드러내다' '확실하게 하다' 등의 뜻이 된다.
[3] 淑慝(숙특) : 좋은 것과 나쁜 것.
[4] 癉(단) : 병들다.
[5] 風聲(풍성) : 풍문. 명성.
[6] 畫(획) : 긋다. 구획을 짓다. '그림'이란 뜻일 때는 음이 '화'이다.
[7] 圻(기) : 지경. 경계.

강설 |

역시 강왕이 태사인 필공에게 주공과 같은 역할을 해주도록 훈시한 내용이다.

政貴有恒(정귀유항)이요 辭尙體要(사상체요)라 不惟好異(불유호이)니 商俗(상속)이 靡靡(미미)하여 利口(이구)를 惟賢(유현)이러니 餘風未殄(여풍미진)하니 公其念哉(공기념재)어다 我聞(아문)호니 曰(왈) 世祿之家(세록지가) 鮮克由禮(선극유례)하여 以蕩陵德(이탕릉덕)하고 實悖天道(실패천도)하며 敝化奢麗(폐화사려)하여 萬世同流(만세동류)니라 [1]

국역 |

정치는 일관성이 있는 것이 귀하고, 말은 구체적이고 간결한 것이 돋보인다. 오직 기이한 것을 좋아하지 않아야 하는 것이다. 상나라의 풍속은 사치스러워서 말 잘하는 것을 현명하게 여겼는데, 아직도 남은 풍속이 다 없어지지 않았으니, 공은 유념해야 할 것이다. 나는 들으니, '대대로 관직에 나아가는 집에서는 예를 따르는 자가 드물어서, 방탕한 자가 덕 있는 자를 능멸하고, 실로 천도를 어지럽히며, 교화를 무너뜨려 사치하고 화려하며, 만세토록 함께 몰려다닌다'고 하였다.

난자풀이 |

① 流(류) : 물이 흐르듯이 악이나 이익이 되는 곳으로 몰려다니는 것을 말한다.

강설 |

대대로 관직에 나아가는 집안의 사람들은 관직에 나아가는 것에 익숙해져서 그것을 당연한 것으로 받아들이기 쉽다. 그렇게 되면 방탕해진다.

자은서사 석총 유구 호치멸의 복미우
茲殷庶士는 席寵이 惟舊하여 怙侈滅義하여 服美于

인 교음긍과 장유악종 수수방심
人하며 驕淫矜侉하여 將由惡終이러니 雖收放心하나

한지유간 자부능훈 유이영년 유덕
閑之惟艱하니라 資富能訓이면 惟以永年이니 惟德

유의 시내대훈 불유고훈 우하기훈
惟義 時乃大訓이니라 不由古訓이면 于何其訓이리오

국역 |

이 은나라의 여러 선비들은 임금의 총애 받는 자리에 있는 것이 참으로 오래여서, 세력을 믿고 사치하며 의로운 일을 멸시하며, 복식이 다른 사람들보다 아름다우며, 교만하고 음란하고 거만하고 잘난 체하여, 악으로 끝마치려 하니, 비록 방탕한 마음을 수습하려 하나 그것을 막아내기가 참으로 어렵다. 풍부함을 밑천으로 삼아 잘 가르치면 (나라를 유지하는) 햇수를 길게 이어갈 수 있을 것이다. 오직 덕을 갖는 것, 오직 의롭게 행하는 것, 이것이 큰 가르침이니, 옛 가르침을 말미암지 않는다면 무엇으로 가르치겠는가."

강설 |

은나라의 옛 관리들은 대대로 관직에 나아갔기 때문에 방탕해졌다. 따라서 그들을 다스리는 일은 신중해야 한다.

王曰 嗚呼라 父師아 邦之安危는 惟茲殷士니 不剛不柔라사 厥德允修하리라 惟周公이 克愼厥始하여늘 惟君陳이 克和厥中하여늘 惟公이 克成厥終하여 三后協心하여 同底于道[1]하여 道洽政治[2]하여 澤潤生民하여 四夷左衽[3]이 罔不咸賴하니 予小子는 永膺多福이로다

국역 |

왕이 말했다. "아아! 부사여. 나라의 안위는 오직 이 은나라의 선비들에게 달려 있으니, 너무 강하게 하거나 너무 부드럽게 하지 않아야 그 덕이 진실로 닦여질 것이다. 오직 주공이 그 처음을 신중히 하였고,

군진이 중간을 조화롭게 하였으며, 공이 그 마지막을 잘 이루어, 세 임금이 마음을 합하여 함께 도에 이르렀으니, 도가 펴지고 정사가 다스려짐으로써 생민을 윤택하게 하여, 사방 오랑캐로서 옷깃을 왼쪽으로 여미는 자들이 모두 의지하지 않음이 없게 되었으니, 나 소자는 영원히 많은 복을 받을 것이다.

난자풀이 |

1 底(저) : 이르다.
2 洽(흡) : 적시다. 두루 미치다. 펴지다.
3 左衽(좌임) : 옷깃을 왼쪽으로 여미는 오랑캐들의 풍속.

강설 |

또한 강왕이 필공에게 내린 훈시의 내용이다. 훈시의 내용이 은나라의 유민을 다스리는 것으로 되어 있는 것을 보면 강왕 때까지도 은나라의 유민들이 주나라에 반발한 것임을 알 수 있다. 주나라와 은나라는 동족이 아니었기 때문에 은나라의 반발은 계속되었다. 그 반발이 점점 커져서 나타난 현상이 바로 춘추시대와 전국시대의 혼란이었다.

公其惟時成周에 建無窮之基하면 亦有無窮之聞하라니 子孫이 訓其成式하여 惟乂하리라 嗚呼라 罔曰弗克이라하여 惟旣厥心하며 罔曰民寡라하여 惟愼厥事하여

(공기유시성주 건무궁지기 역유무궁지문 자손 훈기성식 유예 오호 망왈불극 유기궐심 망왈민과 유신궐사)

1 2

흠 약 선 왕 성 렬 이 휴 우 전 정
欽若先王成烈하여 以休于前政하라

국역 |

공이 이 성주에 무궁한 바탕을 세우면 또한 무궁한 명예가 있을 것이니, 자손들이 그 완전한 법식에 익숙해져서 잘 다스려질 것이다. 아아! 해낼 수 없다고 말하지 말고 오직 그 마음을 다할 것이며, 백성들이 적다고 말하지 말고 오직 그 일을 신중히 하여, 선왕이 이루어놓은 일을 공경하고 잘 따라서 옛 정사보다도 아름답게 하라."

난자풀이 |

1 時(시) : 시是와 통용.
2 成周(성주) : 낙읍.

강설 |

이 내용을 보면 역시 주나라가 은나라의 유민을 복종시키기 위해 얼마나 애를 쓰고 있었던가를 알 수 있다.

君牙 | 군아

군아君牙는 신하의 이름이다. 목왕穆王이 군아를 대사도大司徒로 임명하면서 당부한 내용을 기록한 것이 군아이다. 『금문상서今文尚書』에는 없고 『고문상서古文尚書』에는 들어 있다.

왕약왈 오호 군아 유내조내부 세독충정
王若曰 嗚呼라 君牙아 惟乃祖乃父 世篤忠貞하여
[1] [2]

복로왕가 궐유성적 기우태상 유여소자
服勞王家하여 厥有成績이 紀于太常하니라 惟予小子
[3]

사수문무성강유서 역유선왕지신 극좌우
嗣守文武成康遺緖함은 亦惟先王之臣이 克左右하

난사방 심지우위 약도호미 섭우춘빙
여 亂四方하니 心之憂危 若蹈虎尾하며 涉于春冰호라

국역 |

왕이 다음과 같이 말했다. "아아! 군아여. 네 할아버지와 네 아버지가 대대로 충정을 돈독하게 하며 왕실에 복종하고 수고하여, 이룩한 업적이 태상에 기록되어 있다. 오직 나 소자가 문왕과 무왕과 성왕과 강왕이 남겨 놓은 전통을 이어 지킴은 또한 선왕의 신하들이 잘 보좌하여 사방을 다스렸기 때문이니, 마음에 걱정하고 위태롭게 여김이 범의 꼬리를 밟는 듯하고 봄의 얼음을 건너는 듯하다.

난자풀이 |

[1] 王(왕) : 강왕康王의 손자인 목왕을 말한다.
[2] 君牙(군아) : 목왕 때의 신하. 대사도大司徒가 되었다.
[3] 太常(태상) : 해와 달을 그린 천자의 기. 주周나라 때에 큰 공이 있는 자는 해와 달을 그린 왕의 깃발인 태상에 그 이름을 기록했다.

강설 |

목왕이 대사도로 임명한 군아에게 내린 훈시의 내용이다.

今에 命爾하노니 予翼하여 作股肱心膂하여 纘乃舊服하여 無忝祖考하라 弘敷五典하여 式和民則하라 爾身克正하면 罔敢弗正하리니 民心을 罔中하고 惟爾之中하라

(독음: 금 명이 여익 작고굉심려 찬내구복 무첨조고 홍부오전 식화민칙 이신극정 망감불정 민심 망중 유이지중)

국역 |

지금 그대에게 명하나니, 나를 도와서 팔다리와 심장과 등뼈가 되어, 그대의 (조상들이 하던) 옛 일들을 이어서 할아버지와 아버지께 욕되게 하지 말아라. 오륜을 널리 펼쳐 백성들의 삶의 법칙을 조화롭게 실시하라. 그대의 몸이 지극히 바르면 감히 바르지 않을 사람이 없을 것이니, 백성들의 마음을 중용으로 인도하려 하지 말고, 오직 그대의 마음을 중용으로 유지하라.

난자풀이 |

1 膂(려) : 등골뼈.
2 之(지) : 앞뒤의 말이 도치되었을 때 가운데에 들어가는 글자.

강설 |

남을 다스리는 사람으로서 갖추어야 할 요건 가운데 가장 중요한 것이 수신修身이다. 수신이 되지 않은 사람이 남을 잘 다스릴 수는 결코 없다. 목왕이 군아에게 주문한 것도 바로 수신이었다.

夏暑雨(하서우)에 小民(소민)은 惟曰怨咨(유왈원자)하며 冬祁寒(동기한)①에 小民(소민)은 亦惟曰怨咨(역유왈원자)하나니 厥惟艱哉(궐유간재)인저 思其艱(사기간)하여 以圖(이도)其易(기이)하면 民乃寧(민내녕)하리라

국역 |

여름에 무덥고 비가 내리면 소민들은 오직 '원망스럽고 한탄스럽다'고 말하고, 겨울에 크게 추우면 또한 소민들은 '원망스럽고 한탄스럽다'고 말하니, 참으로 어렵구나. 그 어렵게 될 것을 헤아려 쉬울 때 도모하면, 백성들은 편안해질 것이다.

난자풀이 |

① 祁(기) : 크다. 성하다. 많다.

강설 |

백성들은 어렵고 힘들 때 참지 못한다. 따라서 백성들이 참기 어려운 상황을 만들지 않는 사람이 훌륭한 정치가다. 어려운 상황을 만들지 않는 최선의 방법은 어려운 상황을 해결하는 것이 아니라, 어려운 상황이 되기 전에 미리 방지하는 것이다.

嗚呼(오호)라 丕顯哉(비현재)라 文王謨(문왕모)여 丕承哉(비승재)라 武王烈(무왕렬)이여 啓(계)佑我後人(우아후인)하사되 咸以正罔缺(함이정망결)하시니 爾惟敬明乃訓(이유경명내훈)하여 用奉若于先王(용봉약우선왕)하여 對揚(대양)[1]文武之光命(문무지광명)하며 追配(추배)[2]于(우)前人(전인)하라

국역 |

아아! 크게 빛나도다. 문왕의 업적이여. 크게 이어받았도다. 무왕의 훌륭함이여. 우리 후인들을 인도하고 도와주시되 모두 바르고 결함이 없게 해주셨으니, 그대는 오직 그대의 가르침에 대해 조심하고 분명히 해서, 선왕에 대해 받들고 따르듯이 하여, 문왕과 무왕의 빛나는 명을 하나하나 드러내어, 전인과 같아지도록 하라."

난자풀이 |

[1] 對揚(대양) : 하나하나 대칭이 되게 드러내다.
[2] 追配(추배) : 짝이 되도록 노력하다.

강설 |

주나라 정치의 모범은 문왕과 무왕의 정치였다. 따라서 후대의 임금들이 대신들에게 명할 때 언제나 문왕과 무왕의 정치를 예로 들었다.

王若曰 君牙아 乃惟由先正舊典하여 時[1]式하라 民之治亂이 在玆하니 率乃祖考之攸行하여 昭乃辟之有乂하라

국역 |

왕이 다음과 같이 말했다. "군아여. 그대는 오직 선왕의 옛 법을 따르고, 그것을 본받아라. 백성들이 다스려지고 어지럽게 되는 것이 여기에 달려 있으니, 그대의 할아버지와 아버지가 했던 것을 따라, 그대 임금의 다스림을 밝게 드러내도록 하라."

난자풀이 |

[1] 時(시) : 시是와 통용.

강설 |

여기서 말한 선왕이란 주로 문왕과 무왕을 말한다.

冏命 | 경명

목왕穆王이 백경伯冏을 태복정太僕正으로 임명하면서 당부한 내용을 기록한 것이 이 경명冏命이다. 『금문상서今文尙書』에는 없고 『고문상서古文尙書』에는 들어 있다.

王若曰(왕약왈) 伯冏(백경)아 惟予弗克于德(유여불극우덕)하여 嗣先人宅丕后(사선인택비후)하니 怵惕惟厲(출척유려)하여 中夜以興(중야이흥)하여 思免厥愆(사면궐건)하노라

국역 |

왕이 다음과 같이 말했다. "백경아. 나는 덕을 실천하는 데 능력이 없으면서, 선인을 이어 큰 임금의 자리에 있으니, 두렵고 걱정이 되며 참으로 뼈를 깎는 아픔이 있어, 한밤중에 일어나 허물을 벗어날 방도를 생각하노라.

난자풀이 |

1 伯冏(백경) : 목왕 때 태복정이 되었던 사람.
2 宅(택) : 집. 자리잡고 있다.
3 怵(출) : 두려워하다. 가엽게 여기다.
4 厲(려) : '숫돌에 갈다'라는 뜻의 '려礪'와 통용되어, '뼈를 깎는 듯한 아픔'이란 뜻이 된다.

강설 |

역사적으로 보면, 정치하는 사람이 자신의 덕 없음을 알아서 고민하는 정도만 되어도 상당한 수준이라 하겠다. 대부분의 치자들은 그런 생각조차 하지 않는다.

석재문무 총명제성 소대지신 함회충
昔在文武하사 聰明齊聖이어시늘 小大之臣이 咸懷忠
량 기시어복종 망비정인 이단석 승필
良하며 其侍御僕從이 罔匪正人이라 以旦夕에 承弼
궐벽 출입기거 망유불흠 발호시령 망유
厥辟일새 出入起居에 罔有不欽하며 發號施令에 罔有
부장 하민 지약 만방 함휴
不臧한대 下民이 祗若하며 萬邦이 咸休하니라

국역 |

옛날 문왕과 무왕 때에 있어서는 총명하시고 엄숙하시며 성스러우셨으니, 크고 작은 신하들이 모두 충성스러움과 어진 것을 좋아하며, 모시는 종복들도 바른 사람이 아님이 없었다. 그리하여 아침저녁으로 그 임금을 받들고 보좌하였으므로 출입하고 기거함에 공경하지 않음이 없었으며, 호령을 발포하여 시행함에 좋게 여기지 않음이 없었으니, 하민들이 공경하고 순종하며 만방이 모두 아름다웠다.

강설 |

목왕은 문왕과 무왕 때의 정치 실상을 언급하면서 모범으로 삼고자 했다.

유여일인 무량 실뢰좌우전후유위지사 광
惟予一人이 無良하여 實賴左右前後有位之士 匡
기불급 승건규류 격기비심 비극소선
其不及하며 繩愆糾謬[1]하여 格其非心하여 俾克紹先

렬　　금여명여　　작대정　　정우군복시어
烈하노라 今予命汝하여 作大正하노니 正于群僕侍御
지신　　무내후덕　　교수불체
之臣하여 懋乃后德하고 交修不逮[2]하라

국역 |

오직 나 한사람이 어질지 못하여, 실로 관직에 있는 좌우와 전후의 인사들이 부족한 점을 바로잡아주고, 허물을 바로잡아주며 오류를 고쳐주고 잘못된 마음을 바로잡아, 선조의 공업을 이을 수 있게 해 준 공에 힘입고 있다. 이제 나는 그대에게 명하여 대정으로 삼으니, 모시고 있는 여러 신하들에게 모범이 되어, 그대 임금의 덕을 높이도록 힘써서, 부족한 점을 서로 닦도록 하자.

난자풀이 |

[1] 繩(승) : 바로잡다.
[2] 不逮(불체) : 미치지 못하는 점. 불급不及.

강설 |

목왕은 백경과 서로 부족한 점을 닦도록 함께 노력하자고 권유했다.

신간내료　　무이교언령색편벽측미　　기유길
愼簡乃僚하되 無以巧言令色便辟側媚하고 其惟吉
사　　복신정　　궐후극정　　복신유　　궐후자성
士하라 僕臣正이면 厥后克正하고 僕臣諛면 厥后自聖

후덕 유신 부덕 유신 이무닐우섬
하리니 后德도 惟臣이며 不德도 惟臣이니라 爾無昵①于憸②

인 충이목지관 적상이비선왕지전
人하여 充耳目之官하여 迪上以非先王之典하라

국역 |

그대의 관료들을 신중히 간택하되, 말 잘하고 얼굴을 잘 꾸미며 치우치고 아첨하는 자를 뽑지 말고, 오직 길한 선비를 뽑도록 하라. 모시는 신하들이 바르면 그 임금이 바르게 되고, 모시는 신하들이 아첨하면 그 임금은 자기를 성인으로 착각할 것이니, 임금의 덕 있음도 신하에 달려 있으며, 덕이 없는 것도 신하에 달려 있다. 그대는 간사한 사람과 친하여 귀와 눈의 감각을 (그들의 말과 일로) 채워서, 임금을 선왕의 법이 아닌 것으로 인도하지 말라.

난자풀이 |

① 昵(닐) : 친하다.
② 憸(섬) : 간사하다. 알랑거리다.

강설 |

신하의 중요함을 역설한 부분이다. 훌륭한 임금과 훌륭한 신하가 함께 존재해야 비로소 바람직한 정치를 기대할 수 있다.

비인기길 유화기길 약시환궐관 유이
非人其吉하고 惟貨其吉하여 若時瘝厥官하면 惟爾
대불극지궐벽 유여여고
大弗克祗厥辟이니 惟予汝辜하리라

국역 |

사람을 길하게 여기는 것이 아니고, 재화를 길하게 여겨서, 만약 관직을 병들게 할 것 같으면, 오직 그대가 임금을 크게 공경하지 못한 것이니, 나는 그대를 탓할 것이다."

강설 |

마지막으로 목왕은 백경에게 책임감을 부여하고, 책임을 다하지 못할 경우에 벌할 것이라는 말로 마감했다. 책임소재를 확실히 하는 것이 일반적인 정치방식에서는 중요한 것으로 보인다.

왕왈 오호 흠재 영필내후우이헌
王曰 嗚呼라 欽哉하여 永弼乃后于彝憲하라
①

국역 |

왕이 말했다. "아아! 조심하라. 그대의 임금을 제 길로 가도록 길이 도와라."

| 난자풀이 |

1 彝憲(이헌) : 떳떳한 법. 제대로 된 길. 원칙적인 길. 도리.

呂刑 | 여형

여후呂侯가 천자天子의 사구司寇가 되자 목왕穆王이 명하여 형벌을 가르쳐 사방을 다스리게 했는데, 그 내용을 기록한 것이 여형呂刑이다. 『금문상서今文尙書』와 『고문상서古文尙書』에 다 들어 있다.

惟呂(유려)에 命(명)하다 王(왕)이 享國百年(향국백년)에 耄荒(모황)[1]하여 度作刑(탁작형)[2]하여 以詰四方(이힐사방)[3]하다

| 국역 |

여후에게 명했다. 왕이 나라를 누린 지 백 년이 되어 늙고 거칠어져서 형벌을 잘 만들어 사방을 다스렸다.

| 난자풀이 |

1 耄(모) : 늙은이.

2 度(탁) : 헤아리다. 탁작度作은 잘 헤아려 만드는 것이므로, '잘 만든다'로 번역했다.

[3] 詰(힐) : 묻다. 힐문하다. 따지다. 따지는 것은 따져서 다스리는 것이므로, 여기서는 '다스리다'로 해석했다.

강설 |

형벌이 없어도 잘 다스려지는 세상이 가장 좋은 세상이다. 사람들이 본래 타고난 착한 마음으로 살아간다면 형벌은 쓸데가 없다. 다만 사람들이 타락하여 악을 저지르고 사회를 혼란하게 하기 때문에 부득이 형벌을 만들어 지키기를 강요하는 것이다.

왕왈 약고 유훈 치우유시작란 연급우
王曰 若古에 有訓[1]하니 蚩[2]尤惟始作亂한대 延及于
평민 망불구적 치의간귀 탈양교건
平民하여 罔不寇賊하여 鴟[3]義姦宄하며 奪攘矯虔하니
묘민 불용령 제이형 유작오학지형왈
라 苗民이 弗用靈[4]하고 制以刑하여 惟作五虐之刑曰
법 살륙무고 원시음위의이탁경 월
法이라하여 殺戮無辜하니 爰始淫爲劓刵椓黥[5]하여 越
자리형 병제 망차유사
茲麗[6]刑하여 幷制하니 罔差有辭하니라

국역 |

왕이 말했다. "옛날에 경계할 본보기가 있으니, 치우가 처음으로 난을 일으키자, (화가) 평민에게까지 미쳐서, 도적이 되어 의로운 이를 해치고 도적질하며, 빼앗고 가로채며 경건한 마음을 왜곡시키지 않음이 없었다. 묘족의 백성들이 (하늘에서 타고난) 신령한 마음을 쓰지 않고, 형벌로 제압하여 오직 다섯 가지 학대하는 형벌을 만들어, 법이라 이름하고, 죄 없는 자들을 살육하니, 이에 처음으로 코 베고 귀 베고 거세하고 먹줄 넣는 형을 지나치게 행하여, 이에 (모든 것을) 법에 걸어 아울러 제압하니, 변명하는 말에 차이가 없었다.

난자풀이 |

[1] 訓(훈) : 본보기. 교훈.

[2] 蚩尤(치우) : 황제黃帝 때 동쪽에 있던 제후였는데, 황제의 공격을 받고 패망했다.

[3] 鴟(치) : 솔개. 솔개는 많은 작은 짐승들을 해치기 때문에 여기서는 '해친다'로 번역했다.

[4] 靈(령) : 신령하다.

[5] 椓(탁) : 궁형. 거세하는 형벌.

[6] 麗刑(리형) : 법에 걸리다. 麗가 '걸다' '연결시키다' 등의 뜻으로 쓰일 때는 음이 '리'가 된다.

강설 |

포악한 정치를 하면서 반항하는 자들을 법에 걸어 학대한다면, 법에 걸려 처벌을 당하는 자들의 불만은 모두 같아진다. 그것은 재수가 없어서 법에 걸렸다는 것이다. 그들은 법망에서 벗어나려고만 할 뿐 수치심은 없다.

民興[1]胥漸(민흥서점)하여 泯泯[2]棼[3]棼(민민분분)하여 罔中[4]于信(망중우신)이요 以覆詛[5](이복저)盟(맹)하니 虐威庶戮(학위서륙)이 方告無辜于上[6](방고무고우상)한대 上帝監民(상제감민)하

시니 罔有馨香(망유형향)하고 德刑發聞(덕형발문)[7]하니 惟腥(유성)[8]이러라

국역 |

백성들의 흥분이 서로 차츰차츰 파급되어, 자꾸 혼란스러워지고, 신의에 맞게 행동하는 것이 없어져 맹세한 말을 번복하니, 학대받고 위협을 당하여 여러 벌받은 자들이 바야흐로 하느님께 죄 없음을 호소하였다. 하느님께서 백성들을 살펴보시니, 향기로움이 있지 않고 덕 있는 자가 벌을 받아 소문이 나니, 오직 비린내뿐이었다.

난자풀이 |

1 興(흥) : 흥분하다.
2 泯泯(민민) : 뒤섞이다. 혼란하다. 혼란한 모양.
3 棼棼(분분) : 어지러운 모양.
4 中(중) : 맞게 행동하다.
5 詛盟(저맹) : 맹세하다. 맹세한 말.
6 上(상) : 하느님.
7 發聞(발문) : 소문이 나다.
8 腥(성) : 비리다. 비린내가 나다.

강설 |

도가 있는 나라에서는 죄 있는 자들이 벌을 받지만, 도가 없는 나라에서는 죄 없는 자들이 벌을 받는다.

皇帝哀矜庶戮之不辜하사 報虐以威하사 遏絶苗民하여 無世在下하시니라 乃命重黎하사 絶地天通하사 罔有降格케하신대 群后之逮在下 明明棐常하여 鰥寡無蓋하니라

(황제애긍서륙지불고 보학이위 알절묘민 무세재하 내명중려 절지천통 망유강격 군후지체재하 명명비상 환과무개)

국역 |

위대하신 임금께서 여러 형벌 받은 자들의 무고함을 가엾게 여기시어, 사나운 자들에게 위엄으로 갚아, 묘족의 백성들을 막고 끊어 대대로 하토에 있지 못하게 하셨다. 이에 중과 여에게 명하시어, 땅이 하늘과 통하는 것을 막아, (천신의) 강림함이 없게 하시니, 여러 제후들에서부터 아래에 있는 사람들에 이르기까지, 밝고 밝게 바른 도로써 돌봐, 홀아비나 과부까지도 무시하지 않았다.

난자풀이 |

1 皇帝(황제) : 위대하신 임금. 여기서는 순임금을 말함.
2 重(중) : 소호少昊의 후손인 희羲씨를 말함.
3 黎(려) : 고양高陽의 후손인 화和씨를 말함.
4 蓋(개) : 덮다. 덮어버리는 것은 무시하는 것이므로, 여기서는 '무시하다'로 번역했다.

강설 |

땅이 하늘과 통하면, 땅위의 사람이 모두 하늘과 통하게 된다. 그렇

게 되면 땅위의 사람들이 각자가 하늘과 통한다고 하여 모두가 일인천하가 될 것이어서 세상이 혼란해질 것이다. 그러므로 천자는 땅이 하늘과 통하는 것을 막아 사람들로 하여금 직접 하늘과 통하지 못하게 하고, 오직 천자를 통해서 간접적으로 통하게 한 것이다.

이러한 논리는 서부족다운 논리이다. 서부족 사람들은 하늘의 존재를 잘 모른다. 하늘을 모르면 이 세상을 안정으로 이끌어 가는 원동력이 무엇인지 알 수 없기 때문에 늘 이 세상을 불안하게 여긴다. 그래서 천자 한 사람을 중심으로 하나의 체계로 통일되지 않으면 안 된다고 생각한다. 이러한 관점에서 보면 사람들이 제각각 하늘과 통하는 것은 각각 서로 다른 길을 가는 것으로 이해되기 때문에 불안하여 견디지 못한다. 그래서 위대한 임금이 사람들로 하여금 땅이 하늘과 통하는 것을 막았다고 설명했다.

그러나 동이족의 생각은 이와 다르다. 사람을 믿을 수 없는 까닭은 사람이 하늘을 모르기 때문이라고 생각한다. 따라서 사람들에게 하늘과 통하도록 유도하는 것을 오히려 세상을 안정시키는 지름길로 생각한다.

皇帝淸問下民(황제청문하민)하시니 鰥寡有辭于苗(환과유사우묘)어늘 德威(덕위)하신대 惟畏(유외)하고 德明(덕명)하신대 惟明(유명)하니라

국역 |

위대하신 임금님께서 하민들에게 맑은 마음으로 물으시니, 홀아비와 과부들이 묘족에 대해서 이런 저런 말을 하였다. 이에 덕으로 위엄

을 보이시자 참으로 두려워했고, 덕으로 밝히시자 참으로 밝아졌다.

강설 |

여기서는 사람을 교화하는 두 요소로서 덕과 위엄을 들었다. 덕이 있으면 저절로 위엄은 따르는 법이다.

> 乃命三后(내명삼후)하사 恤功于民(휼공우민)하시니 伯夷(백이)는 降典(강전)하여 折民惟刑(절민유형)하고 禹平水土(우평수토)하여 主名山川(주명산천)하고 稷降播種(직강파종)하여 農殖嘉穀(농식가곡)하니 三后成功(삼후성공)하여 惟殷于民(유은우민)하니라 士制百姓于刑之中(사제백성우형지중)하여 以教祗德(이교지덕)하니라

국역 |

마침내 세 제후를 명하여 백성들에 대한 사업을 잘 보살피게 하시니, 백이는 법전을 공포하여 백성들을 형벌로 제압하고, 우는 물과 땅을 다스려 명산 대천의 제주가 되었으며, 직은 파종하는 법을 공포하여 농사가 번창하고 곡식이 잘 되었으니, 세 제후가 공을 이루어 백성들에게 풍성하게 해주었다. 사가 형벌 가운데에 있는 백성들을 통제하여 덕을 공경하도록 가르쳤다.

강설 |

여기서 제시한 정치의 삼대 요소는 경제와 법률과 예법의 확립이다. 예법을 확립하는 일은 수기修己에 해당하고 경제를 건설하고 법률을 제정하는 것은 치인治人에 속한다.

穆穆在上하며 明明在下하여 灼于四方하여 罔不惟德之勤하니 故乃明于刑之中하여 率乂于民하여 棐彝하니라 典獄은 非訖于威라 惟訖于富니 敬忌罔有하여 擇言在身①하여 惟克天德이라야 自作元命②하여 配享在下하리라

국역 |

(군주는) 근엄하게 위에 있고, (신하는) 밝고 밝게 아래에 있어, 사방에 빛나면서 오직 덕에 힘쓰지 않음이 없으니, 그러므로 형벌 가운데에서 밝게 인도하여 백성들을 인솔하고 다스리며, 바른 도리를 가지고 도운 것이다. 옥을 맡은 자는 위엄으로 끝내는 것이 아니라, 오직 (마음을) 넉넉하게 해 주는 것으로 마쳐야 한다. 공경하고 조심하고 (마음에 욕심을) 가지는 일이 없이, 말을 가리고 몸을 살펴 하늘의 덕을 잘 간직해야 스스로 큰 명을 일으켜 (하늘의 뜻과) 하나되어 지상에서 누릴 것이다."

난자풀이 |

[1] 在(재) : 살피다.
[2] 元命(원명) : 하늘의 명. 큰 명. 하늘의 뜻대로 이 세상을 이끄는 것이 바람직한 정치다.

강설 |

형벌을 집행할 때의 마음가짐에 대해서 설명한 것이다.

왕 왈 차 사 방 사 정 전 옥 비 이 유 작 천 목 금 이
王曰 嗟라 四方司政典獄아 非爾惟作天牧가 今爾
하 감 비 시 백 이 파 형 지 적 기 금 이 하 징 유
는 何監고 非時伯夷播刑之迪가 其今爾何懲고 惟
시 묘 민 비 찰 우 옥 지 리 망 택 길 인 관 우
時苗民이니 匪察于獄之麗[1]하며 罔擇吉人하여 觀于
오 형 지 중 유 시 서 위 탈 화 단 제 오 형 이
五刑之中이요 惟時庶威奪貨하고 斷制五刑하여 以
란 무 고 상 제 불 견 강 구 우 묘 묘 민 무
亂無辜한대 上帝不蠲[2]하사 降咎于苗하시니 苗民이 無
사 우 벌 내 절 궐 세
辭于罰하여 乃絶厥世하니라

국역 |

왕이 말했다. "아아! 사방에서 정치를 담당하고 감옥을 맡은 자들아. 그대들은 오직 하늘의 목민관이 되지 않았는가. 지금 그대들은 무엇을

거울삼을 것인가. 백이가 형벌을 베풀어 인도한 것이 아니겠는가. 지금 그대들은 무엇을 경계로 삼을 것인가. 오직 묘족의 백성들일 것이다. (그들은) 감옥에 연루시키는 것에 대해서 살피지 않고, 길한 사람을 택해 오형을 알맞게 쓰는 것에서 살피지 않으며, 오직 여러 가지로 위협하여 재물을 빼앗으며, 다섯 가지 형벌로 단죄하고 제압하여 무고한 자들을 어지럽히니, 하느님께서 깨끗하게 여기지 않으시고 묘족들에게 벌을 내리시니, 묘족의 백성들이 벌받는 일에 대해 변명하지 못하고 그 대를 끊게 되었다."

난자풀이 |

[1] 麗(리) : 연루되다. 걸리다. 이 때의 음은 '리'.

[2] 蠲(견) : 깨끗하다. 밝히다.

강설 |

형벌의 중요성에 관해 설명한 것이다.

왕 왈 오 호 염 지 재 백 부 백 형 중 숙 계 제
王曰 嗚呼라 念之哉어다 伯父와 伯兄과 仲[1]叔[2]과 季[3]弟

유 자 동 손 개 청 짐 언 서 유 격 명 금 이
와 幼子와 童孫아 皆聽朕言하면 庶[4]有格命하리라 今爾

망 불 유 위 일 근 이 망 혹 계 부 근 천 제 우 민
罔不由慰日勤하니 爾罔或戒不勤이로다 天齊于民이

비 아 일 일 비 종 유 종 재 인 이 상 경 역 천
라 俾我一日非終이나 惟終이 在人하니 爾尚敬逆天

명 이 봉 아 일 인 수 외 물 외 수 휴 물 휴
命하여 以奉我一人하여 雖畏나 勿畏하며 雖休나 勿休

하여 惟敬五刑(유경오형)하여 以成三德(이성삼덕)하면 一人有慶(일인유경)하며 兆民(조민)賴之(뢰지)하여 其寧惟永(기녕유영)하리라

국역 |

왕이 말했다. "아아! 유념할지어다. 백부와 백형과 둘째, 셋째, 막내 동생과 어린 조카들과 손자 아이들아. 모두 나의 말을 들으면 강림하는 천명을 받게 될 것이다. 지금 그대들은 날마다 부지런하다고 자위하지 않음이 없으니, 그대들은 조금도 부지런하지 않을까 염려하지 않는구나. 하늘은 백성들에 대해 똑같이 사랑하는 지라, 나로 하여금 하루만 살고 끝나게 한 것이 아니지만, 끝나는 것은 사람들의 손에 달려 있으니, 그대들은 부디 경건하게 천명을 맞이하여 나 한 사람을 받들어, 두려운 일이 있더라도 두려워하지 말고, 아름다운 일이 있더라도 아름답게 여기지 말아서, 오직 다섯 가지 형벌을 경건하게 실시하여 세 덕을 이루면 한 사람에게 경사가 있고 억조 백성들이 힘입어 그 편안함이 참으로 오래갈 것이다."

난자풀이 |

1 仲(중) : 둘째.
2 叔(숙) : 셋째.
3 季(계) : 끝. 막내.
4 庶(서) : 아마도 ~할 것이다.

강설 |

역시 형벌의 중요성에 관해 설명한 것이다.

王曰 吁라 來하라 有邦有土아 告爾祥刑하노라 在今爾安百姓인댄 何擇고 非人가 何敬고 非刑가 何度고 非及가 兩造具備어든 師聽五辭하되 五辭簡孚어든 正于五刑하고 五刑에 不簡이어든 正于五罰하며 五罰에 不服이어든 正于五過하라

국역 |

왕이 말했다. "아! 이리 오라. 나라를 가지거나 국토를 가진 자들아. 그대들에게 좋은 형법에 대해서 말해 주겠다. 지금 그대들이 백성을 편안하게 하려 한다면 무엇을 가려야 하는가? 사람이 아니겠는가? 무엇을 조심해야 하는가? 형법이 아니겠는가? 무엇을 헤아려야 하는가? 형 집행이 아니겠는가? (원고와 피고) 양측이 이르러 (증거가) 구비되면, 사사가 5형에 대한 죄상을 듣되, 5형에 대한 죄상이 간명하고 확실하면 5형으로 교도하며, 5형에 해당하는 지가 분명하지 않으면 5벌로 교도하며, 5벌에 해당하지 않으면 5과로 교도해야 할 것이다.

난자풀이 |

[1] 及(급) : 형에 미치다. 형에 미치는 것은 형을 집행하는 것이다.

[2] 五辭(오사) : 오형의 각각에 해당하는 죄상에 대한 설명.

[3] 正(정) : 바로잡다. 교도하다.

[4] 簡(간) : 간단하다. 분명하다.

[5] 五罰(오벌) : 다섯 가지 벌금형.

[6] 服(복) : 해당하다.

[7] 五過(오과) : 다섯 가지의 훈방 조치.

강설 |

형을 집행하는 방법에 대해 설명한 것이다. 형을 집행할 때 무엇보다도 중요한 것은 사랑하는 마음을 잃지 말아야 한다는 것이다.

五過之疵(오과지자)는 惟官(유관)과 惟反(유반)과 惟內(유내)와 惟貨(유화)와 惟來(유래)니[1] 其罪惟均(기죄유균)하니[2] 其審克之(기심극지)하라 五刑之疑(오형지의) 有赦(유사)하고 五罰之疑(오벌지의) 有赦(유사)하니 其審克之(기심극지)하라 簡孚有衆(간부유중)이어든 惟貌有稽(유모유계)하고 無簡(무간)이어든 不聽(불청)하여[3] 具嚴天威(구엄천위)하라

국역 |

5과로 교도할 경우 생길 수 있는 흠은 관권에 관한 것, 보답하는 것,

궁녀의 청탁에 관한 것, 뇌물에 관한 것, 재물을 요구하는 것이다. 그 죄가 (죄인과) 똑같으니, 자세히 살펴서 잘 처리하라. 5형 중에서 의심스러운 것은 사면해야 하고 5벌 중에서 의심스러운 것은 사면해야 하니, 자세히 살펴서 잘 처리하라. 간명하고 확실한 증거가 많이 있으면 얼굴을 살펴보아야 하고, 간명한 증거가 없으면 단죄하지 않아서 모두 하늘의 위엄을 두려워하라.

난자풀이 |

1 來(래) : 재물을 오게 하는 것. 재물을 받고 봐주는 것.
2 均(균) : 죄지은 사람과 같다.
3 聽(청) : 죄인들의 말을 듣고 재판을 결정하는 것. 단죄하다.

강설 |

사람의 죄는 하늘만이 단죄할 수 있는 것이기 때문에, 사람이 사람을 단죄하는 것은 하늘을 대행하는 것이다. 그러므로 자칫 잘못하면 하늘을 모독하는 것이 되고, 월권하는 것이 된다. 매우 조심해야 할 일이다. 특히 의심스러운 죄에 대해서는 형벌을 집행하지 않아야 한다.

墨辟[1]疑赦(묵벽의사)는 其罰百鍰(기벌백환)이니 閱實其罪(열실기죄)하라 劓辟疑赦(의벽의사)는 其罰惟倍(기벌유배)니 閱實其罪(열실기죄)하라 剕辟疑赦(비벽의사)는 其罰倍差(기벌배차)니 閱實其罪(열실기죄)하라 宮辟疑赦(궁벽의사)는 其罰六百鍰[2](기벌육백환)이니 閱實(열실)

其罪하라 大辟疑赦는 ③ 其罰千鍰이니 閱實其罪하라 墨罰之屬이 千이요 劓罰之屬이 千이요 剕罰之屬이 五百이요 宮罰之屬이 三百이요 大辟之罰이 其屬이 二百이니 五刑之屬이 三千이니 上下比罪하되 無僭亂辭하며 勿用不行이요 惟察惟法하되 其審克之하라

국역 |

먹물을 넣는 형벌 중에서 의심스러워 사면하는 경우는 벌금이 백 환이니, 그 죄를 조사하여 확실하게 하라. 코를 베는 형벌 중에서 의심스러워 사면하는 경우는 그 벌금이 배이니, 그 죄를 조사하여 확실하게 하라. 발을 베는 형벌 중에서 의심스러워 사면하는 경우는 그 벌금이 배하고도 차이가 있으니, 그 죄를 조사하여 확실하게 하라. 거세하는 형벌 중에서 의심스러워 사면하는 경우는 그 벌금이 6백 환이니, 그 죄를 조사하여 확실하게 하라. 사형 중에서 의심스러워 사면하는 경우는 그 벌금이 천 환이니, 그 죄를 조사하여 확실하게 하라. 먹물 넣는 형벌에 해당하는 종류가 천 가지이고, 코를 베는 형벌에 해당하는 종류가 천 가지이며, 발을 베는 형벌에 해당하는 종류가 5백 가지이고, 거세하는 형벌에 해당하는 종류가 3백 가지이며, 사형에 해당하는 형벌에도 그 종류가 2백 가지이니, 다섯 가지 형벌에 해당하는 종류가 3천 가지이다. 무거운 것에서 가벼운 것까지 죄를 차례로 정하되 어지러운 말로 어그러뜨리지 말며, 이미 시행되지 않는 법을 쓰지 말

고, 오직 살피고 오직 법대로 하되, 자세히 살펴서 잘 처리하라.

난자풀이 |

1 辟(벽) : 법. 허물. 형벌.
2 鍰(환) : 무게의 단위. 여기서는 돈의 단위로 쓰였음. 여섯 냥.
3 大辟(대벽) : 사형.

강설 |

형벌을 집행할 때는 매우 신중해야 한다. 다섯 가지 형벌에 해당하는 종류가 3천 가지이니, 오직 살피고 오직 법대로 하되, 자세히 살펴서 잘 처리해야 한다.

上刑(상형)이라도 適輕(적경)이어든 下服(하복)하며 下刑(하형)이라도 適重(적중)이어든 上服(상복)하라 輕重諸罰(경중제벌)에 有權(유권)하며 刑罰(형벌)이 世輕世重(세경세중)하나니 惟齊非齊(유제비제)나 有倫有要(유륜유요)하니라

국역 |

죄목이 무거운 형벌이라도 가볍게 적용해야 할 경우에는 아래로 낮추어서 적용하고, 죄목이 가벼운 형벌이라도 무겁게 적용해야 할 경우에는 위로 올려서 적용하라. 벌에 대해 가볍게 하고 무겁게 하는 것에 권도가 있으니, 형벌이 어떤 시대에는 가벼워지고 어떤 시대에는 무거

워지는 것이 있나니, 같지 않은 것을 적용함으로써 고르게 해야 하지만, 질서가 있고 요령이 있는 것이다.

난자풀이 |

[1] 上刑(상형) : 죄목이 무거운 형벌.
[2] 下服(하복) : 아래로 낮추어 적용하는 것.
[3] 齊非齊(제비제) : 상황에 따라 다르게 적용하여야 공평한 것이므로, '같지 않게 적용하는 것을 고른 것으로 여긴다'는 말이 성립된다.

강설 |

같은 죄를 지었어도 시대적 상황에 따라 벌이 무거울 수도 있고, 가벼울 수도 있다. 동성연애를 했다면 과거에는 중벌을 받았을 것이지만, 오늘날에는 그렇지 않은 것과도 같다. 또 같은 죄를 지었어도 보다 중벌을 주어야 할 경우도 있고, 경미한 벌을 주어야 할 경우도 있다. 따라서 형벌을 집행해야 하는 사람은 상황을 잘 판단하여 그에 맞게 집행하는 융통성을 발휘해야 한다. 이것이 공자가 말한 시중時中이고, 맹자가 말한 권도權道이다.

罰懲(벌징)이 非死(비사)나 人極于病(인극우병)[1]하나니 非佞(비녕)이 折獄(절옥)[2]이라 惟良(유량)
이 折獄(절옥)이라사 罔非在中(망비재중)하리라 察辭于差(찰사우차)하면 非從惟從(비종유종)
하리라 哀敬折獄(애경절옥)하며 明啓刑書(명계형서)하여 胥占(서점)이라사 咸庶中(함서중)
正(정)하리니 其刑(기형)[3]其罰(기벌)을 其審克之(기심극지)하여사 獄成而孚(옥성이부)하며 輸(수)

而孚(이부)하리라 其刑(기형)은 上備(상비)하되 有幷兩刑(유병량형)하라

국역 |

벌금으로 징계하는 것은 죽게 하는 것은 아니나, 사람들이 지극히 괴로워하는 것이니, 말 잘하는 자가 송사를 단죄할 것이 아니라, 어진 사람이 송사를 단죄해야, 정확하게 되지 않는 것이 없을 것이다. 진술하는 말에서 어긋나는 것을 잘 살피면 따르지 않던 자도 따를 것이다. 송사를 단죄하는 것을 슬퍼하고 공경하며, 형법에 관한 책을 분명하게 펼쳐보고, 점을 살펴보아야 모두 알맞고 바르게 될 것이니, 형을 주고 벌을 주는 일을 자세히 살펴 잘 처리해야 송사가 끝나 언도를 해도 (사람들이) 믿어줄 것이며, 그것을 통보하더라도 믿어줄 것이다. (두 가지 범죄를 저지른 경우에) 형벌 주는 것은 무거운 쪽으로 적용시키되 때로는 두 형벌을 함께 주는 경우도 있어야 할 것이다."

난자풀이 |

1 極于病(극우병) : 아파하는 것을 극도로 하다. 지극히 괴로워하다.
2 折獄(절옥) : 송사를 단죄하다.
3 其刑(기형) : 두 가지의 범죄를 저지른 자에게 형벌 줄 경우를 말한다. 여기서는 문맥으로 볼 때, '두 가지의 범죄를 저지른 자에게' 라는 말이 생략된 것으로 보아야 한다.

강설 |

송사를 맡을 판사는 아무나 될 수 있는 것이 아니다. 말 잘하거나 똑똑한 사람보다도 어진 사람이 담당해야 한다. 그래야 어떠한 변수가 생겼을 때 흔들리지 않고 제대로 판결을 할 수 있을 것이기 때문이다.

王曰(왕왈) 嗚呼(오호)라 敬之哉(경지재)어다 官伯族姓(관백족성)아 朕言[1](짐언) 多懼(다구)하니라 朕敬于刑(짐경우형)하노니 有德(유덕)이라사 惟刑(유형)일새니라 今天相民(금천상민)이시니 作配在下(작배재하)어다 明淸于單辭(명청우단사)라도 民之亂(민지란)에 罔不中(망부중)이나 聽獄之兩辭(청옥지량사)라야 無或私(무혹사)리니 家[2]于獄之兩辭(가우옥지량사)하라 獄貨(옥화)는 非寶(비보)라 惟府[3]辜功[4](유부고공)이면 報以庶尤(보이서우)하리니 永畏(영외)는 惟罰(유벌)이니라 非天不中(비천부중)이니 惟人在[5]命(유인재명)하니라 天罰不極(천벌불극)이니 庶民(서민)이 罔有(망유)면 令政(영정)이 在于天下(재우천하)하리라

국역

왕이 말했다. "아아! 조심할지어다. (옥사를 맡은) 관장과 친족들이여. 나는 두려움이 많다. 나는 형벌에 대해서 조심하나니 덕이 있는 사람만이 오직 벌을 내릴 수 있기 때문이다. 지금 하늘이 백성을 돕고 계시니, 지상에서 하늘의 뜻과 하나가 되어야 할 것이다. 한 쪽의 진술에 대해 분명하고 맑게 살피기만 하더라도 백성을 다스리는 데 정확하지 않음이 없을 것이지만, 옥사에는 양쪽의 말을 들어야 사적인 판단에 빠지지 않을 것이니, 옥사에서 양쪽의 말을 듣는 것에 전념하도록 하

라. 송사에서의 돈은 보배가 아니다. 잘못된 일들을 많이 쌓으면 여러 허물로 되돌아올 것이니, 영원히 두려워할 것은 형벌이니라. 하늘이 알맞게 처리하지 않는 것이 아니니, 오직 사람이 (하늘의) 명을 살펴야 하는 것이다. 하늘이 내리는 벌은 모질지 않으니, 서민이 (욕심으로) 가지려는 마음만 없으면, 아름다운 정치가 천하에 시행되리라."

난자풀이 |

[1] 言(언) : 조음소.
[2] 家(가) : 일가를 이루다. 전념하다. 전문이 되다.
[3] 府(부) : 곳집. 창고. 많이 쌓다.
[4] 功(공) : 일.
[5] 在(재) : 살피다.

강설 |

사람이 하는 일 중에서 가장 두려워해야 할 것은 형벌을 주는 것이다. 하늘이 하는 일을 대신하는 것이기 때문에 실수를 하는 것은 하늘에 죄를 짓는 것이다.

王曰 嗚呼라 嗣孫아 今往何監고 非德가 于民之中에 尙明聽之哉어다 哲人惟刑하여 無疆之辭는 屬于五[1]極하여 咸中하여 有慶일새라 受王嘉師는 監于玆祥刑이어다

국역 |

왕이 말했다. "아아! 뒤를 잇는 후손들아. 지금부터 이후로 무엇을 거울삼아야 할 것인가. 덕이 아니겠는가. 백성들 가운데에서 부디 밝게 들을지어다. 철인이 형벌을 실시하여 무한한 칭송을 받는 것은 다섯 가지 극형에 속하는 것에서 모두 적중하여 경사가 있기 때문이다. 왕의 아름다운 백성을 받은 자들은 이 좋은 형법을 거울삼아야 할 것이다."

난자풀이 |

1 五極(오극) : 다섯 가지 극형極刑.

강설 |

형벌을 실시할 수 있는 자격이 있는 사람은 오직 덕 있는 사람뿐이다. 덕이 있는 사람은 하늘과 한마음이 되는 사람이다. 그러므로 덕 있는 사람만이 하늘이 하는 일을 대신하여 형벌을 실시할 수 있다.

文侯之命 | 문후지명

유왕幽王이 견융犬戎에게 피살되자 진晉나라 문후文侯가 정鄭나라 무공武公과 더불어 태자 의구宜臼를 맞아 즉위시켰는데, 그가 평왕平王이다. 평왕이 문후를 방백方伯으로 삼으면서 당부한 내용을 기록한 것이 이 문후지명文侯之命이다. 『금문상서今文尙書』와 『고문상서古文尙書』에 다 들어 있다.

王若曰 父義和아 丕顯文武 克愼明德하사 昭升于上하사 敷聞在下하시니 惟時上帝 集厥命于文王하시고 亦惟先正이[1] 克左右하여 昭事厥辟하니 越小大謀猷罔不率從이라 肆先祖 懷在位하시니라 嗚呼라 閔予小子嗣나 造天丕愆하여 殄資澤于下民이라 侵戎我國[2]家純커늘[3] 卽我御事 罔或耆壽俊이[4] 在厥服하니[5] 予則罔克호라

국역 |

왕이 다음과 같이 말했다. "아버지이신 의화여. 크게 빛나는 문왕과 무왕께서 삼가 덕을 밝히시고, 밝게 윗자리에 오르시어, 아래에 있는 사람들에게 명성을 펼치시니, 이에 하느님께서 문왕에게 천명을 모아 주시고, 또 선정들이 잘 보좌하여 그 임금을 밝게 섬기니, 크고 작은 일들이 잘 진행되지 않음이 없었소이다. 이에 조상들께서 (문왕과 무왕이) 자리에 있는 것을 좋아하셨소이다. 아아! 불쌍한 나 소자가 뒤를 이었으나, 하늘의 큰 꾸중을 만나, 하민에게 주어야 할 재물과 혜택을 다 잃었소이다. 또 오랑캐가 우리나라를 침략해온 것이 매우 거세거늘, 나의 어사들 중에 노련하고 빼어난 자가 그 직책에 있지 않으니, 나는 잘 해낼 수가 없소이다."

난자풀이 |

1 先正(선정) : 선대의 정치인들.
2 侵戎(침융) : 융침戎侵이어야 할 것이지만, 순서가 잘못되었다. 오랑캐가 침략을 하다.
3 純(순) : 크다. 여기서는 침략을 크게 해온 것이므로 '거세게'로 번역했다.
4 耆壽(기수) : 늙은이. 장수하는 자. 원로.
5 服(복) : 일하는 자리. 직책.

강설 |

평왕은 문왕과 무왕의 덕을 따르지 못하고 어려운 처지에 놓이게 된 자신을 한탄했다.

曰 惟祖惟父아 其伊恤朕躬이어다 嗚呼라 有績予
一人이면 永綏在位하리라 父義和아 汝克昭乃顯祖
하고 汝肇刑文武하여 用會紹乃辟하여 追孝于前文
人하라 汝多修扞[1]我于艱하니 若汝는 予嘉니라

국역 |

(왕이) 또 말했다. "할아버지뻘 되고 아버지뻘 되는 자들께서는 부디 나의 몸을 보살펴 주소서. 아아! 나 한 사람에게 공을 세워주신다면 영

원토록 편안하게 자리에 있게 하리다. 아버지이신 의화여. 그대는 그대의 빛나는 조상을 밝게 드러내고, 그대는 그리하여 문왕과 무왕을 본받아, 그대의 임금에게 (민심을) 모아주어 (자리를) 이어가게 하며, 전대의 교양 있는 사람들을 따라 효도하도록 하소서. 그대는 나를 어려움에서 해결해주고 막아줌이 많았으니, 그대와 같은 이는 내가 가상하게 여길 것이외다."

난자풀이 |

[1] 修(수) : 수리하다. 닦다. 고장난 것을 수리하는 것은 해결하는 것이므로 여기서는 '해결한다'로 해석했다

강설 |

어려움에 처하게 된 평왕이 아버지뻘 되고 할아버지뻘 되는 사람들에게 도움을 요청한 내용이다.

왕왈 부의화 기귀시이사 녕이방 용뢰
王曰 父義和아 其歸視爾師하여 寧爾邦하라 用賚[1]

이거창일유 동궁일 동시백 노궁일 노시
爾秬[2]鬯[3]一卣[4]와 彤弓一과 彤矢百과 盧[5]弓一과 盧矢

백 마사필 부왕재 유원능이 혜강
百과 馬四匹하노니 父往哉하여 柔遠能邇하며 惠康

소민 무황녕 간휼이도 용성이현덕
小民하여 無荒寧하여 簡恤[6]爾都하여 用成爾顯德하라

국역 |

왕이 말했다. "아버지이신 의화여. 돌아가 그대의 군사를 돌보고, 그대의 나라를 평안케 하소서. 그대에게 검은 울창주 한 동이와 붉은 활 하나와 붉은 화살 백 개와 검은 활 하나와 검은 화살 백 개와 말 네 필을 하사하니, 아버지시여. 가시어 멀리 있는 사람을 부드럽게 어루만지시고 가까이 있는 자들을 능력자로 만드시며, 소민들에게 은혜를 베풀어 평안케 하시고, 거칠게 하거나 편안히 쉬지 않아서 그대의 도읍지를 확실하게 돌보시어 그대의 빛나는 덕을 완성하소서."

난자풀이 |

1 賚(뢰) : 주다. 하사하다.
2 秬(거) : 찰기장. 검은 기장.
3 鬯(창) : 울창주. 신에게 바치는 술.
4 卣(유) : 술통. 동이.
5 盧(로) : 검다.
6 簡(간) : 간단함. 확실함.

강설 |

평왕이 의화에게 당부한 말을 기록한 것이다.

費誓 | 비서

비費는 노魯나라에 있는 지명地名이다. 노나라 임금이 노략질을 일삼는 회이淮夷와 서융西戎을 정벌하러 가면서 비費에서 여러 군사들에게 연설한 내용을 기록한 것이 이 비서費誓이다. 『금문상서今文尙書』와 『고문상서古文尙書』에 다 들어 있다.

公曰(공왈) 嗟人(차인)아 無譁(무화)하고 聽命(청명)하라 徂[1]茲淮夷徐戎(조자회이서융)이 竝興(병흥)이로다 善敹[2]乃甲冑[3](선료내갑주)하며 敿[4]乃干(교내간)하되 無敢不弔[5](무감부적)하며 備乃弓矢(비내궁시)하며 鍛乃戈矛(단내과모)하며 礪乃鋒刃(여내봉인)하되 無敢不善(무감불선)하라

국역 |

공이 말했다. "아! 사람들아. 떠들지 말고 나의 명을 들어라. 지난번에 회이와 서융이 함께 일어났었다. 그대들의 갑옷과 투구를 잘 고르고, 그대들의 방패를 잘 동여매되, 감히 세밀하지 않음이 없게 하며, 그대들의 활과 화살을 갖추며, 그대들의 창들을 단련하고, 그대들의 칼과 칼날을 갈되, 감히 좋지 않음이 없도록 하라.

난자풀이 |

[1] 徂(조) : 지난번에.
[2] 敹(료) : 고르다. 가리다.
[3] 冑(주) : 투구.
[4] 敿(교) : 매다. 동여매다.
[5] 弔(적) : 이르다. 구석구석 이른다는 말은 세밀하다는 뜻이다.

강설 |

노나라 임금이 전쟁에 임할 때 전사들에게 내린 훈시이다.

금 유 음 사 곡 우 마 두 내 확 염 내 정 무
今惟淫舍牿牛馬하리니 杜乃擭하며 斂乃穽하여 無
[1] [2] [3] [4]
감 상 곡 곡 지 상 여 즉 유 상 형 마 우 기
敢傷牿하라 牿之傷하면 汝則有常刑하리라 馬牛其
풍 신 첩 포 도 물 감 월 축 지 복 지 아 상
風하며 臣妾逋逃어든 勿敢越逐하며 祗復之하라 我商
[5]
뢰 여 내 월 축 불 복 여 즉 유 상 형
賚汝하리라 乃越逐하며 不復하면 汝則有常刑하리라
무 감 구 양 유 원 장 절 마 우 유 신 첩
無敢寇攘하며 踰垣墻하여 竊馬牛하며 誘臣妾하라
여 즉 유 상 형
汝則有常刑하리라

국역 |

지금 우리에 있는 소와 말을 크게 풀어놓을 것이니, 그대들의 덫을

걷고, 그대들의 함정을 막아서 우리에 있는 것을 상하게 하지 말라. 우리에 있는 것을 상하게 하면 그대들은 일정한 벌을 받을 것이다. 마소가 발정을 하며 신첩이 도망하거든 감히 (담을) 넘어 좇아가지 말 것이며, (또 그들을 붙잡으면) 솔직하게 돌려주도록 하라. 내가 헤아려 그대들에게 상을 내리겠다. 그대들이 (담을) 넘어 좇아가거나 돌려주지 않으면 그대들은 일정한 벌을 받을 것이다. 감히 훔치거나 노략질하거나 담을 넘어 마소를 훔치거나 신첩을 유인하지 말도록 하라. 그대들은 일정한 벌을 받을 것이다.

난자풀이 |

[1] 淫(음) : 지나치게 많이.
[2] 舍(사) : 사捨와 통용. 풀어놓다.
[3] 牿(곡) : 우리. 마소를 기르는 우리.
[4] 擭(확) : 덫. 얻는다는 뜻일 때는 음이 '획'이다.
[5] 風(풍) : 발정을 하다. 바람이 나다.

강설 |

군사들에게 내린 벌칙의 내용을 기록한 것이다.

갑술 아유정서융 치내구량 무감불체
甲戌에 我惟征徐戎하리니 峙[1]乃糗[2]糧하되 無敢不逮[3]하

여즉유대형 노인삼교삼수 치내정간
라 汝則有大刑하리라 魯人三郊[4]三遂[5]아 峙乃楨[6]榦[7]하라

갑술 아유축 무감불공 여즉유무여형
甲戌에 我惟築하리니 無敢不供하라 汝則有無餘刑[8]이

나 非殺(비살)이니라 魯人三郊三遂(노인삼교삼수)아 峙乃芻茭(치내추교)⑨하되 無敢不(무감불)多(다)하라 汝則有大刑(여즉유대형)하리라

국역 |

갑술일에 나는 서융을 정벌할 것이니, 그대들의 군량미를 준비하되 감히 모자라지 않도록 하라. (그렇지 않으면) 그대들은 큰 벌을 받을 것이다. 노나라 사람 중에 삼교와 삼수에 속하는 사람들아. 나무기둥들을 준비하라. 갑술일에 내가 성을 쌓을 것이니, 감히 바치지 않음이 없도록 하라. (그렇게 하지 않으면) 그대들은 남겨 놓는 형벌이 없을 것이나, 죽이지는 않을 것이다. 노나라 사람 중에 삼교와 삼수에 속하는 사람들아. 그대들의 꼴과 마초를 준비하되 감히 많지 않음이 없게 하라. (그렇게 하지 않으면) 그대들은 큰 형벌을 받을 것이다."

난자풀이 |

① 峙(치) : 쌓다. 준비하다.
② 糗(구) : 볶은 쌀. 미싯가루.
③ 不逮(불체) : 미치지 않다. 모자라지 않다..
④ 三郊(삼교) : 서울의 교외에 있는 부대.
⑤ 三遂(삼수) : 교외보다 약간 더 먼 곳에 있는 세 부대.
⑥ 楨(정) : 기둥.
⑦ 幹(간) : 기둥.
⑧ 餘刑(여형) : 시행하지 않고 남겨 둔 형벌.
⑨ 茭(교) : 꼴.

강설 |

군량미를 비축하는 일과 성을 쌓는 일 등의 지시 사항을 기록한 것이다.

秦誓 | 진서

채침蔡沈에 의하면, 『좌전左傳』에 기자杞子가 정鄭나라로부터 사람을 시켜 진秦나라에 알리기를, "정나라 사람이 나로 하여금 북문의 열쇠를 관장하게 했으니, 만약 군대를 몰래 보내오면 나라를 얻을 수 있다." 하였다. 목공穆公이 이 내용을 건숙蹇叔에게 물으니, 건숙은 "안 된다"고 했다. 공은 듣지 않고 맹명孟明·서걸西乞·백을白乙을 시켜 정을 치니, 진晉나라의 양공襄公이 군사를 이끌고 효殽라는 땅에서 진秦나라의 군대를 패퇴시키고 그 세 장수를 가두었다. 목공이 허물을 뉘우치고 여러 신하들에게 맹세를 하였는데, 사관이 그 내용을 기록한 것이 이 진서秦誓이다. 『금문상서今文尙書』와 『고문상서古文尙書』에 다 들어 있다.

공왈 차아사 청무화 여서고여군언지수
公曰 嗟我士아 聽無譁[1]하라 予誓告汝群言之首[2]하노라

고인유언왈 민글자약시다반 책인 사무난
古人有言曰 民訖[3]自若是多盤[4]하나니 責人이 斯無難

유수책비여류 시유간재 아심지우 일월
이라 惟受責俾如流 是惟艱哉인저 我心之憂는 日月

유매 약불운래
逾邁[5]라 若弗云[6]來니라

국역

공이 말했다. "아! 나의 무사들아. 나의 말을 듣고 떠들지 말라. 나는 맹세코 그대들에게 여러 말들 중에서 으뜸 되는 것만을 고하겠다. 옛 사람이 말하기를, '백성들은 모두 스스로 이와 같이 즐기는 것이 많으니, 사람을 책하는 것이 어려운 것이 아니라, 오직 책하는 말을 받아들이는 것을 물 흐르듯 하기가 오직 어렵다'고 했다. 내 마음의 근심은 세월이 흘러가 다시 오지 않을 것 같은 것이다.

난자풀이

1 譁(화) : 시끄럽다.
2 首(수) : 으뜸.
3 訖(글) : 모두. '이르다' '마치다' 등의 뜻일 때는 음이 '흘'이다.
4 盤(반) : 즐기다. 편안하다.
5 逾邁(유매) : 지나다. 흘러가다.
6 云(운) : 조음소.

강설

진나라 목공이 다른 사람의 충고를 듣지 않았다가 실패하여 뉘우친 내용을 기록한 것이다. 실패를 했을 때 가장 두려운 일은 기회가 다시 오지 않는 것이다.

유고지모인 즉왈미취여 기 유금지모인
惟古之謀人은 則曰未就予라하여 忌하고 惟今之謀人

고장이위친 수즉운연 상유순자황발
은 姑將以爲親하니 雖則云然이나 尙猷詢茲黃髮하면
1 2

則罔所愆하리라

(즉망소건)

국역 |

옛날에 일을 도모하던 사람들은 '자기를 따르지 않는다'고 하면서 피하고, 지금 일을 도모하는 사람들은 우선 친하려고만 하는구나. 비록 그러나 오히려 노인들에게 묻기를 꾀한다면 잘못되는 것이 없을 것이다.

난자풀이 |

1 姑(고) : 우선.
2 黃髮(황발) : 노인들.

강설 |

뜻이 높은 사람들은 자기들과 뜻이 통하지 않는 사람들과 구차하게 어울리지 않고 피한다. 옛날에 일을 도모하던 사람들이 그러했다. 그러나 그렇지 않은 사람들은 세속적인 이익을 위해 아부를 한다. 이 두 부류의 사람들 중에서 대개의 사람들은 아부하는 사람들과 친하기 쉽다. 경계할 일이다.

番番[1]良士는 旅力[2]既愆[3]하나 我尚有之하고 仡仡[4]勇夫는 射御不違나 我尚不欲하니 惟截截[5]善諞[6]言하여 俾君

(파파량사 여력기건 아상유지 흘흘용부 사어부위 아상불욕 유절절선편언 비군)

자 이사 아황다유지
子로 易[7]辭를 我皇[8]多有之아

국역 |

머리가 흰 훌륭한 무사는 등뼈의 힘이 쇠하였지만, 나는 오히려 그들을 남겨둘 것이고, 날래고 용감한 무사는 활 쏘고 말 달리는 데 틀림이 없으나, 나는 오히려 그들을 바라지 않는다. 오직 요리조리 말을 교묘하게 하여 군자로 하여금 말을 꾸미게 하는 자를 내가 많이 남겨둘 여유가 있겠는가.

난자풀이 |

1 番番(파파) : 파파皤皤와 통용. 머리가 흰 모양.
2 旅(려) : 여膂와 통용. 등골뼈.
3 愆(건) : 어그러지다.
4 仡仡(흘흘) : 날랜 모양.
5 截截(절절) : 요리조리 말을 꾸미는 것.
6 諞(편) : 말 교묘하게 하다.
7 易(이) : 다스리다. 꾸미다.
8 皇(황) : 황遑과 통용. 겨를. 여유.

강설 |

몸의 힘이나 능력도 중요하지만, 그보다는 마음이 더 중요하다.

昧昧我思之하니 如有一介臣이 斷斷猗[1]無他技나 其心休休焉이면 其如有容이라 人之有技를 若己有之하며 人之彥聖을 其心好之하되 不啻如自其口出이면 是能容之라 以保我子孫黎民이니 亦職[2]有利哉인저

국역 |

곰곰이 내 생각해보니, 만일 한 사람의 신하가 있어 단순하여 다른 기술이 없으나 그 마음이 느긋하면 용납함이 있는 것 같은지라, 남에게 기술이 있는 것을 자기가 가지고 있는 듯이 여기며, 남의 슬기롭고 성스러운 점을 그 마음으로 좋아하되, 다만 자기 입에서 나온 것처럼 하지만 않는다면, 이는 능히 포용함이 있어, 우리 자손과 백성들을 보호할 것이니, 또한 이로움이 있을 것이다.

난자풀이 |

[1] 猗(의) : 감탄사.
[2] 職(직) : 다만.

강설 |

관리의 우두머리를 선택할 때 무엇보다도 중요한 것은 인간성이다. 재주가 없어도 인간성이 훌륭한 사람이어야 다른 사람들을 용납할 수

있다. 인간성이 훌륭한 사람은 다른 사람의 좋은 점을 보면 진정으로 좋아하여 입에 발린 말로 칭찬하고 그치지 않는다.

人之有技(인지유기)를 冒[1]疾以惡之(모질이오지)하며 人之彥聖(인지언성)을 而違之(이위지)하여 俾不達(비부달)하면 是不能容(시불능용)이라 以不能保我子孫黎民(이불능보아자손려민)이니 亦曰殆哉(역왈태재)인저

국역 |

남에게 기술이 있는 것을 시기하고 미워하며 남의 슬기롭고 성스러운 점을 싫어하여 다른 사람에게 알려지지 않도록 하면, 이는 포용할 수 없어서 우리 자손과 백성들을 보호할 수 없으니, 또한 '위태롭다'고 말해야 할 것이다.

난자풀이 |

[1] 冒(모) : 모媢와 통용. 시샘하다. 강새암하다.

강설 |

재주가 있고 능력이 있는 사람은 남보다 앞서기 좋아한다. 그러한 사람은 남이 자기보다 나은 것을 용납하지 못한다. 그러한 사람은 남을 포용하기 어렵다. 그러한 사람은 리더로서는 적합하지 않다. 그러

나 많은 사람들은 그러한 사람들을 기용해야 발전할 것이라는 착각을 하기 때문에, 그러한 사람들을 선호한다. 그것은 빨리 발전을 하려는 욕심에 기인한다.

방지올얼 왈유일인 방지영회 역상일인
邦之杌隉은 曰由一人이며 邦之榮懷는 亦尚一人
지경
之慶이니라

국역 |

나라의 위태로움은 '한사람으로 말미암는다'고 말해야 할 것이고, 나라의 영화와 평화 또한 '오히려 한 사람의 경사로 말미암는다'고 해야 할 것이다."

난자풀이 |

1 亦(역) : 역亦 다음에 왈曰이 생략된 것으로 보아야 할 것이다.
2 尙(상) : 상尙 다음에 유由가 생략된 것으로 보아야 할 것이다.

강설 |

세상을 바꾸는 것도 한 사람에게 말미암고, 세상을 어지럽히는 것도 한 사람에게 말미암는다. 수신이 되지 않은 사람이 세상을 평화롭게 인도할 수는 없다. 한 사람이 수신이 되면 세상을 바꿀 수도 있다. 그러나 그렇지 못한 사람이 정치권력을 잡으면 세상은 혼탁해진다. 한 사람이 그만큼 중요한 것이다.

이기동

1951. 경북 청도 출생
1975. 성균관대학교 유학과 졸업
1979. 성균관대학교 대학원 동양철학과 졸업
1985. 일본 츠쿠바대학 대학원 철학 · 사상연구과 졸업
1985. 성균관대학교 동양철학과 조교수
1991. 성균관대학교 유학과 교수
2001. 성균관대학교 유학 · 동양학부 학부장
2003. 성균관대학교 동아시아학술원 유교문화연구소 소장
2014. 성균관대학교 대학원장
2017. 성균관대학교 명예교수

주요 저서

東アジアにおはる朱子學の地域的全開(東京 東洋書院刊)
『대학 · 중용강설』, 『논어강설』, 『맹자강설』, 『시경강설』,
『주역강설』, 『동양 삼국의 주자학』(성균관대학교 출판부).

서경강설

1판 1쇄 발행 2007년 1월 22일 2판 1쇄 발행 2011년 2월 1일
2판 8쇄 발행 2022년 3월 10일

역해자 이기동 **펴낸이** 신동렬 **펴낸곳** 성균관대학교 출판부

등록 1975년 5월 21일 제1975-9호 **주소** 03063 서울특별시 종로구 성균관로 25-2
전화 02)760-1252~4 **팩스** 02)762-7452 **홈페이지** http://press.skku.edu

 값 28,000원

ISBN 978-89-7986-700-8 04140
978-89-7986-524-0 (세트)